U0894962

中国数字政府建设技术蓝皮书

国家信息中心◎组织编写

杨绍亮　禄凯　赵睿斌◎著

清華大学出版社
北　京

内容简介

本书是由国家信息中心推出、反映我国数字政府发展进程和进展、研究和分析数字政府建设领域重要理论及实践问题的年度报告。

全书以"加快推进数字政府建设，打造高质量发展新引擎"为主题，围绕数字政府的定义与内涵、建设现状、建设目标、内容体系、技术体系、建设实践和发展趋势7个方面，结合我国部分省（自治区、直辖市）政府各部门将数字技术广泛应用于政务服务、"互联网监管"、社会治理等方面的实践，以通俗易懂的方式对数字政府建设从制订法规法制到落地服务全流程做了一个系统、全面的阐述。全书精选了38个案例，概括了数字治理的前沿理念，涵盖了全国各地最为典型的数字政府探索经验，是数字政府具体应用的全方位展示，具有很强的示范性和指导性，为新阶段提升中国数字政府建设水平提供借鉴和参考。

本书适合政府、院校、研究单位工作人员，以及社会各界从事数字化建设，或对数字政府建设感兴趣的人员阅读参考。

图书在版编目（CIP）数据

中国数字政府建设技术蓝皮书 / 国家信息中心组织编写 ；杨绍亮，禄凯，赵睿斌著．— 北京：清华大学出版社，2022.5（2022.11重印）
ISBN 978-7-302-60557-7

Ⅰ.①中… Ⅱ.①国… ②杨… ③禄… ④赵… Ⅲ.①电子政务—建设—研究报告—中国 Ⅳ.①D63-39

中国版本图书馆CIP数据核字（2022）第064047号

责任编辑：贾小红
封面设计：秦　丽
版式设计：文森时代
责任校对：马军令
责任印制：宋　林

出版发行：清华大学出版社
网　　址：http://www.tup.com.cn，http://www.wqbook.com
地　　址：北京清华大学学研大厦A座　　邮　　编：100084
社 总 机：010-83470000　　邮　　购：010-62786544
投稿与读者服务：010-62776969，c-service@tup.tsinghua.edu.cn
质量反馈：010-62772015，zhiliang@tup.tsinghua.edu.cn
印 装 者：小森印刷（北京）有限公司
经　　销：全国新华书店
开　　本：185mm×260mm　　印　　张：26.75　　字　　数：549千字
版　　次：2022年5月第1版　　印　　次：2022年11月第2次印刷
定　　价：398.00元

产品编号：095100-02

《中国数字政府建设技术蓝皮书》

课题组

专家顾问组

主　　任　郭仁忠

主任委员　拜英奇　常　艳　陈　钟　程　璟　杜军龙　范　渊　郭　森
黄智刚　黄明祥　侯建宁　李大进　李　丹　李　良　李　锐
李晓伟　刘秀如　罗　锐　骆含雨　齐光鹏　孙士玉　孙海波
唐文豪　唐　云　吴飞舟　王　伟　肖稳田　熊赢新　徐逸智
闫启英　张佳春　周　俊

课题研究组

组　　长　禄　凯

研究人员　杨绍亮　赵睿斌　张　灏　方景鑫　康霄普　王佳颖　赵雅君
刘　蓓　闫桂勋　章　恒　李万仓　张建利　范鉴发　吴　鹏
王艳春　郑鹏程　雷　莹　梁　铮　张　凯　吕孝明　张影强
樊兴悦　李　艳　边　赢　丁　熙　戚志军　郭鹏飞　夏　鹏
任子骙　王　昱　赵建华　叶浩恒　吴秀丹

序　一

信息技术的快速发展和广泛应用促进了社会的全面转型，数字政府、数字经济、智慧城市等是社会各个层面和各个领域在这个转型中出现的新生态、新范式。主动适应、科学引领这个转型有助于国家的发展和民族的进步，使我们在未来的竞争中取得有利地位。

在各类社会转型中，政府的数字化转型具有特殊意义和价值，它可以提升政府本身的运作效率和决策水平，优化社会治理，改善公共服务。同时，它对于社会经济活动的全面数字化转型具有深刻的带动、促进和示范作用。我们无法设想一个以传统方式运作的政府能够引领社会的数字化转型。

党的十八大以来，以习近平同志为核心的党中央高度重视推进国家治理体系和治理能力现代化。“十三五”期间，在国家相关政策要求指引下，我国数字政府建设取得显著进展。政务信息系统整合共享实现新突破，建成了国家政务服务平台体系和国家数据共享交换平台体系，初步实现了网络通、数据通和业务通。随着相关重大建设项目的推进以及相关业务应用的不断完善，政府治理水平和公共服务能力得到大幅度提升。

随着新时代科学技术的不断发展，尤其是数据作为新兴生产要素的受重视程度不断提高，党中央、国务院在《中华人民共和国国民经济和社会发展第十四个五年规划和 2035 年远景目标纲要》中对数字政府的建设做出更为全面系统的新部署，要求“迎接数字时代，激活数据要素潜能，推进网络强国建设，加快建设数字经济、数字社会、数字政府，以数字化转型整体驱动生产方式、生活方式和治理方式变革”。以实现政府决策的科学化、社会治理的精准化、公共服务的高效化、权力运行的透明化为目标的数字政府建设正在全国蓬勃开展。我们有理由相信，在以习近平同志为核心的党中央正确领导下，我国的数字政府建设将取得更大成就，推动社会的全面进步。

当然，我们应当承认，数字政府建设在不断进步、取得成就的同时，也存在一些涉及多领域、多维度的发展不平衡问题，面临着不同地区数字政府建设分层、分级梯度发展的客观现实。数字政府建设总体上是创新、是改革，需要大胆探索，也需要相互学习、相互借鉴。近年来，从中央到地方的数字政府建设中涌现出大量成功案例，技术上有突破、模式上有创新、体制机制上有改革。全面总结和宣传推广这些成功的经验和做法，对于加快工作进程、降低探索成本、减少重复建设具有直接意义。国家信息中心组织专家编写了《中国数字政府建设技术蓝皮书》，这是一项十分及时、十分有意义的工作，相信这一力作的出版将对我国数字政府建设事业起到积极的推动和引导作用。

序　二

实施数字政府战略是全面建设社会主义国家的历史性、全局性、战略性任务。党的十八大以来，以习近平同志为核心的党中央，立足信息时代的历史定位和国际格局的发展趋势，顺应时势的新变化、新要求，站在党和国家事业发展全局的高度，科学谋划了数字赋能的治国理政方略，勾勒推进国家治理体系和治理能力现代化的宏伟蓝图。党的十九大明确要求，推进数字政府建设，加强数据有序共享，提升公共服务、社会治理等数字化、智能化水平，为我国数字政府建设提供了根本遵循，指明了前进方向。

各地区、各部门认真贯彻落实党中央、国务院的统一部署，紧紧抓住信息时代向数字化时代转型的历史机遇，以建设人民满意的服务型政府为目标，持续推进整体协同、运行高效、服务精准、管理科学的政府数字化建设，努力实现政府决策科学化、社会治理精准化、公共服务高效化，不断提升国家治理体系和治理能力的现代化水平。

在当今中国的政务信息化发展中，数字治理已经成为引领国家治理体系现代化的先导力量，秉承“人民至上”的执政理念已经成为数字治国理政的指导方针，深化数据资源的开发利用已经成为数字政府建设的着力点和关键基石，数字服务的范式创新已经成为公共服务的突破口和高效模式。

环视国际风云，百年不遇之大变局加速演进，大国博弈已聚焦于数字空间。纵观人类社会的发展变迁，第四次科技革命浪潮汹涌而至，人类社会正在迈向数字化和智能化的崭新阶段。世界经济论坛创始人兼执行主席克劳斯·施瓦布（Klaus Schwab）在《第四次工业革命》一书中指出，这场革命正以前所未有的态势向我们袭来，全世界进入颠覆性变革新阶段，政府、各类组织机构以及教育、医疗和交通体系正在被重塑。

美国和欧盟等西方国家从数字空间地缘政治的领先地位出发，纷纷制定带有明显针对性、攻击性和扩张性的数字发展战略，企图在新一轮科技竞争中抢占战略高地，确保数字领域的优势地位。与此同时，这些国家积极构建高科技领域的同盟机制和垄断壁垒，妄图将数字空间变为遏制和打压中国崛起的主要战场。随着中美关系走向“竞争、对立、对抗”的态势日趋加剧，我国数字政府建设面临的安全风险将更加突出、挑战将更加严峻。

当前，我国数字政府的建设正在经历从“互联网 + 政务服务”到政府数字化转型与升级的历史阶段。数字政府建设将成为“十四五”乃至 2035 年推进政府职能转变和运行模式变革的重大战略任务。

《“十四五”推进国家政务信息化规划》明确了到2025年政务信息化建设的总体目标，即“政务信息化建设总体迈入以数据赋能、协同治理、智慧决策、优质服务为主要特征的融慧治理新阶段，跨部门、跨地区、跨层级的技术融合、数据融合、业务融合成为政务信息化创新的主要路径，逐步形成平台化协同、在线化服务、数据化决策、智能化监管的新型数字政府治理模式，经济调节、市场监管、社会治理、公共服务和生态环境等领域的数字治理能力显著提升，网络安全保障能力进一步增强，有力支撑国家治理体系和治理能力现代化”。

展望未来，我们必须以互联网、大数据、云计算、人工智能和区块链等新一代信息技术为重要驱动力，“用心甚专，用力甚勤”，满怀信心地迎接我国数字政府建设和发展的高光时刻。

《中国数字政府建设技术蓝皮书》探索了数字政府建设的战略目标、基本原则、任务框架和建设思路，介绍了国外数字政府建设的发展现状、主要特征和发展趋势，给我国数字政府建设提供了可借鉴和参考的发展范式。本书还系统梳理了我国不同省（自治区、直辖市）政府在数字政府建设中的政策部署、技术架构和建设实践，为推动政府数字化转型提供了路径指引和技术范式。

本书课题组历经深入调研、博采众长、反复推敲、咨询论证，获得了较为丰富的数据资源，通过对海量数据去粗取精、去伪存真、核对校正、正本清源的加工整编，保证了本书数据的真实性、可靠性和完整性，基本思路的创新性，实施路径的合理性，基本观点的正确性，文字表述的严谨性，逻辑层次的严密性，提升了阅读参考的实用价值。

数字政府成在当下，赢在未来。数字政府的建设和发展承载着人民的期盼和梦想，滋润着人民的情怀和初心，凝聚着人民的智慧和力量，必将推进政府管理和社会治理模式的创新，引领数字中国、智慧社会迈向信息化发展的新阶段。

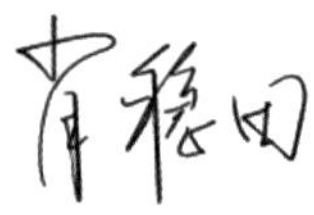

前　言

从 20 世纪 90 年代初美国提出“国家信息基础设施”计划，兴建国家“信息高速公路”开始，全球信息化浪潮席卷各国政府。2005 年，美国达雷尔 · 韦斯特在其著作中第一次把数字政府概念带入公众的视野。在此后长达 17 年的数字政府建设发展过程中，随着数字化技术的不断推陈出新，诸如电子政务、流程再造、服务传递、移动办事等具体的建设场景逐步丰富数字政府的建设理论体系。而云计算、大数据、区块链、量子计算、人工智能、5G 以及芯片等技术快速迭代，不断影响数字政府的治理能力和行政效率。

按照电子政务建设发展脉络，政府信息化发展经历了四个阶段：一是电子政府阶段，在这一阶段政府以更新信息化的软硬件辅助处理政务业务和政府门户网站的建设为特征；二是网络政府阶段，在这一阶段政府以利用物联网等技术推动政务服务数字化建设为特征，核心理念是由以政府部门为中心转向以人为本；三是数字政府阶段，自从 2015 年我国部署实施《促进大数据发展行动纲要》以及“互联网 +”战略以来，数字政府正式进入以数据要素为核心的建设阶段，数据治理、数据资产化成为关键；四是智慧政府阶段，智慧政府是数字政府发展的终极模式，将对数字政府技术体系、管理模式、服务模式等进行不断的迭代和智能创新。

近年来，我国通过强化顶层设计、坚持统筹推进、推动试点示范，已形成极具中国特色的一体化政务服务有效推进路径。在统筹谋划方面，党中央、国务院高度重视电子政务和政务服务发展，建立健全了国家电子政务统筹协调机制。我国政府敏锐抓住信息化发展的历史契机，发挥信息化在改善公共服务、优化营商环境、提高治理水平等方面的作用，以互联网思维促进信息技术与政府管理深度融合，在政府职能转变、优化营商环境、提升服务质量等方面取得显著成效。

党的十九届五中全会指出，要发展数字经济，加强数字社会、数字政府建设，提升公共服务、社会治理等数字化、智能化水平。会议首次明确了数字化发展内涵，即以数字经济、数字社会、数字政府为三大支柱开展数字技术创新与应用。《中华人民共和国国民经济和社会发展第十四个五年规划和 2035 年远景目标纲要》明确提出：“提高数字政府建设水平。将数字技术广泛应用于政府管理服务，推动政府治理流程再造和模式优化，不断提高决策科学性和服务效率”。“十四五”规划将数字政府作为数字化发展三大支柱之一进行强调，将极大推动我国数字政府的制度建设和实践探索。

数字政府是指以新一代信息技术为支撑，以政务数据治理为驱动，以政府治理体系数字化建设、社会服务体系智能化建设为主要内容，通过重塑政务信息化管理架构、业务架构、技术架构，为实现政府决策科学化、社会治理精准化、公共服务高效化、权力运行透明化等目标而建立的一种新型政府形态。通过构建大数据驱动的政务新机制、新平台、新渠道，进一步优化调整政府内部的组织架构、运作程序和管理服务，全面提升政府在经济调节、市场监管、社会治理、公共服务、环境保护等领域的履职能力，形成“用数据对话、用数据决策、用数据服务、用数据创新”的现代化治理模式。

在“十四五”时期，数字政府的资源整合度将得到进一步提升。政府主动适应数字化时代背景，对施政理念、方式、流程、手段、工具等进行全局性、系统性、根本性重塑，通过“三融五跨”实现流程再造，提升政府治理体系和治理能力现代化水平。打造数字政府、培育数字经济、构建数字社会是一个有机的整体发展过程，其中数字政府的发展起着关键的支撑作用。政府数字化转型就是一种最深层次的改革，首先是政府运行模式观念的转变，政务的数字化转型是对思维方式的一次转变甚至可能是颠覆性改变；数字化转型不是单纯的技术转型，而是战略业务转型，涉及各个部门的协同组织变革。其次是政府运行流程的变革，政府数字化不同于企业的变革，传统的政务流程的复杂与结构有关，为适应扁平化、并行化的趋势，需要重新设计政府部门的业务流程，通过信息技术协同服务，实现从“办事跑政府不同部门”到按事务流程解决的转变。最后是政府业务数字化变革，传统电子政务数据存在“孤岛现象”，导致数据采集难度大、质量差，限制了大数据在政务方面的发展。未来在“业务数据化”的趋势下，政府业务越来越离不开数据资源的支持。无论是政府的外部行政批准、公共服务，还是内部的日常办公和科学决策过程，都会形成数据信息。政务的业务数字化就是改善这些分散的信息与企业之间的联系，形成一定的变革价值。

推进数字政府建设，是推动国家治理体系和治理能力现代化的重大举措，是迎接数字时代浪潮、适应经济社会全面数字化转型的必然要求。为贯彻落实党中央、国务院关于加快建设数字中国和网络强国、实施大数据战略、全面深化“放管服”改革、深入推进“互联网＋政务服务”等重大决策部署，国家信息中心《中国数字政府建设技术蓝皮书》课题组开展对未来数字政府建设模式和技术路径的相关研究。课题组基于数字政府建设的发展特征和发展趋势，围绕数字政府实现的总体愿景，明确以加强环境保障、加强数字治理建设、便捷数字服务和提升数字经济四位一体为主要任务，促进整体协同、运行高效、服务精准和管理科学的数字政府建设。

目前，数字政府建设体系的五个主要抓手分别是“一网通办”“一网统管”“一网协同”“数字基础”和“运行管理”。此外，我国还结合工作实际，围绕跨省通办、政务服务“好差评”、电子证照等多个专项工作，积极推进试点示范工作，以重点突破带动全面发展。课题组在对各地数字政府建设实践案例进行系统性梳理、对多地政府部门业务需求开展深入调研的基础上，将理论研究与实践相结合编撰成本书。本书从数字政府未来建设发展方向出发，重点围绕数字政府的定义与内涵、建设现状、建设目标、建设内容和技术体系、建设发展趋势等几个方面进行研究阐述，形成一套当前各地数字政府建设的理论模型和不同维度的最佳实践路径。通过典型案例展示部分省（自治区、直辖市）数字政府建设经验和应用实践情况，为各地数字政府建设提供参考和指引。希望通过对数字政府建设的深入研究，加快推动政府治理流程再造和模式优化，提高政府履职信息化、智能化、智慧化水平，提升各地政府治理体系和治理能力现代化水平，激发数据要素市场活力，赋能数字经济快速高效发展。

由于技术飞速发展，模式不断创新，个人水平有限，书中难免存在疏漏和不妥之处，恳请批评指正。

致谢

数字政府建设是推进政府治理体系和治理能力现代化的重要举措，国家信息中心《中国数字政府建设技术蓝皮书》课题组以新技术应用推进政府数字化转型为核心研究方向，提出了我国数字政府建设的目标、原则、思路，系统阐述了相应的内容体系和技术框架。课题组在研究过程中，结合了大量各地数字政府建设实践，提出了数字政府建设的技术路线，并设计出数字政府建设的技术体系，能够对各级政府数字化转型提供系统性指导，对进一步推动我国数字政府建设与长远发展起到促进和参考作用。本书的主要内容来自国家信息中心课题组研究成果，课题组在研究过程中得到了北京市经济社会发展研究院、贵州省信息中心、湖北省大数据中心、江西省信息中心、新疆维吾尔自治区发展和改革委员会、贵州省黔南布依族苗族自治州大数据发展管理局、北京思特奇信息技术股份有限公司、阿里巴巴（中国）有限公司、杭州安恒信息技术股份有限公司、中国电信股份有限公司宁夏分公司、浪潮集团有限公司等单位和人员给予的支持。

课题组在本书的基础上，将持续对数字政府建设相关领域开展深入研究，重点在数字政府建设技术评价方面展开进一步探索和研究。通过数字政府建设技术评价进一步分析各地政府在数字化转型方面的优势与不足，以建促评、以评促建形成全国一盘棋，进一步加快推动各地政府数字化转型。

目　录

第 1 章　数字政府的定义与内涵

1.1　数字政府的提出与发展

1.1.1　国外数字政府的提出与发展

数字政府理念的实践起源于 1993 年美国克林顿政府提出的《政府改革议程》，该项议程旨在通过电子政务的实现克服信息时代下美国政府在管理和服务上的问题。1998 年 1 月，美国副总统戈尔发表题为“数字地球——新世纪人类星球之认识”的演说，首次提出“数字地球”概念。此后，“数字国家”“数字政府”“数字城市”等概念相继出现。随着政务信息化建设的发展，发达国家的建设重点转向通过政府数字化转型，实现创新的设计和供给公共服务，许多国家相继提出数字政府战略或方向。

2009 年，英国公布《数字英国》白皮书，指出将实现数字化管理、全国联网、有机统一的政府管理模式；2012 年 11 月，推出《政府数字化战略》，并于 2013 年对该战略进行了升级和完善；2017 年又公布了《政府转型战略（2017—2020）》等国家层面的数字化发展规划，对 2020 年之前英国政府转型需要达到的水平、目标和重点任务提出了要求，制定了具体的工作计划措施，并对英国政府 2020 年以后的发展愿景进行了展望。2009 年，日本发布《数字日本创新计划》，指出将打造全国性服务平台，为建立数字日本政府奠定基础。2012 年，美国发布《数字政府：构建一个 21 世纪平台以更好地服务美国人民》战略规划，确立了美国政府的三大目标和四项原则（以信息为中心、共享平台、以客户为中心、安全和隐私原则）。根据这四项原则，美国政府提出了相应的规划方案。随后，美国在 2017 年发布《政府技术现代化法案》，提出要在以往数字化转型基础上提升联邦政府信息网络的安全保护水平，建立 IT 资本基金，实施系统及数据迁移至云端等 IT 现代化升级举措。韩国在 2012 年 6 月实施了《智慧政府实施计划》，又提出了“数字化政府”的发展战略；2019 年又发布《数字政府革新推进计划》，提出将加大投入，实施数字政府革新计划，包括引进电子身份证、增加各类电子证明的发放、推行国民个人定制行政服务指南等。新加坡于 2011 年发布《电子政府 2015》，旨在打造以电子政务为核心的政府服务和管理平台，2014 年发布《智慧国家 2025 计划》，秉持“大数据治国”的全新理念，致力推动建成全国性数据连接、收集、分析的操作系统，并通过对大数据的处理和分析，准确预测公民需求，优化公共服务供给，使公民享受到更加及时和优质的公共服务。欧盟于 2016 年公布《数字政府行动计划》。丹麦发布《2016—2020 年数字战略》，明确提出要建设一个“灵活的、极具适应性的社会以及数字化程度更高的国家”。澳大利亚在 2018 年发布《政府数字化转型战略（2018—2025）》，提出将利用量子、区块链和人工智能等技术推进澳大利亚全面数字化转型，在 2025 年之前进入“全球三大数字政府”行列，成为其他国家学习和借鉴的样板。

显然，随着科技的发展和互联网的普及，建立数字政府逐渐成为全球大多数国家实现公共管理改革的路径选择，部分国家和组织的数字政府战略如表 1-1 所示。

表 1-1 部分国家和组织的数字政府战略

国家和组织	提出时间	战略规划	愿景目标
美国	1993 年	《政府改革议程》	通过电子政务的实现克服信息时代下美国政府在管理和服务上的问题
	2012 年	《数字政府：构建一个 21 世纪平台以更好地服务美国人民》	确立了美国政府的三大目标和四项基本原则（以信息为中心、共享平台、以客户为中心、安全和隐私原则），根据四项原则提出了相应的规划方案
	2017 年	《政府技术现代化法案》	要在以往数字化转型基础上提升联邦政府信息网络的安全保护水平，建立 IT 资本基金，实施系统及数据迁移至云端等 IT 现代化升级举措
英国	2009 年	《数字英国》	将实现数字化管理、全国联网、有机统一的政府管理模式
	2012 年	《政府数字化战略》	2013 年对该战略进行了升级和完善，其核心是将数字化作为政府提供公共服务的优先方式。该战略制定了详细的实施路线图和主要考核指标，具体包括构建统一的数字化技术平台、提供应用接口、开放政府数据、帮助第三方机构创新业务服务方式等
	2017 年	《政府转型战略（2017—2020）》	旨在加快推进政府数字服务，强化“数字政府即平台”理念，其目标和重点任务概括为五方面：第一，推动跨政府部门业务的整体转型；第二，培养数字人才、技能和文化氛围；第三，优化数字工具、流程和治理体系；第四，提升数据应用、分析和管理能力；第五，创建共享平台、组件和业务复用能力
日本	2009 年	《数字日本创新计划》	将其作为优先实施的政策，打造全国性服务平台，希望信息通信技术（ICT）能帮助日本走出危机的阴影，为建立数字日本政府奠定基础

续表

国家和组织	提出时间	战略规划	愿景目标
韩国	2012 年	《智慧政府实施计划》	智慧政府的总体定位是“与公民一起实现世界顶级的电子政府”，实施策略为四个方面：第一，智慧政府要求政府的开放性；第二，智慧政府要求政府服务和 IT 技术进行整合；第三，智慧政府要求政府与第三方或私营机构实现合作；第四，实现可持续的绿色增长，达到低碳目标
	2019 年	《数字政府革新推进计划》	将加大投入，开展数字政府革新计划，包括引进电子身份证、增加各类电子证明的发放、推行国民个人定制行政服务指南
新加坡	2011 年	《电子政府 2015》	旨在将系统、流程和服务的整合由政府内部扩展到政府外部，建立一个与国民互动、共同创新的合作型政府
	2014 年	《智慧国家 2025 计划》	计划重点在于信息的整合以及在此基础上的执行，未来侧重于在收集数据的基础上，预测民众需求，提供更好的服务
欧盟	2016 年	《数字政府行动计划》	提出进一步向数字公共行政、沟通交流与电子服务转型
丹麦	2016 年	《2016—2020 年数字化战略》	该战略重点关注领域包括用户友好、简洁的数字公共部门等。强调公共部门必须与商界、利益攸关方组织和其他各方合作，建设一个“灵活的、极具适应性的社会以及数字化程度更高的国家”
澳大利亚	2018 年	《政府数字化转型战略（2018—2025）》	通过建设开放式的政务数据库，改善公共服务交付方式，目标是到 2025 年将澳大利亚建成全球领先的三大数字政府之一

1.1.2 国内数字政府的提出与发展

20 世纪末 21 世纪初，英、美等发达国家进入数字时代（以政府借助数字技术广泛供给公共服务为标志），中国也于同一时期进入数字时代，数字时代治理理论开始在学术界及产业界兴起。中国数字政府建设可以追溯到 2000 年，习近平同志在福建省任职期间首次提出建设“数字福建”，标志着中国数字政府建设的初步探索。2003 年，时任浙江省委书记的习近平同志提出了建设“数字浙江”的决策部署，并将其作为引领浙江发展总纲领“八八战略”的重要内容。2010 年前后，大数据、云计算和物联网等技术在诸多国家的数字治理过程中产生重要影响，数字治理的“第二波浪潮”由此出现，这意味着数字治理进入 2.0 时代，数字时代治理理论也出现阶段性发展。“数字政府”一词于 2017 年出现在政府管理视野。广东省于 2017 年在国内率先提出打造数字政府，希望运用互联网思维和新一代信息技术构建一体化的数字政府。2019 年 10 月，十九届四中全会通过的《中共中央关于坚持和完善中国特色社会主义制度推进国家治理体系和治理能力现代化若干重大问题的决定》中明确提出，“建立健全运用互联网、大数据、人工智能等技术手段进行行政管理的制度规则。推进数字政府建设，加强数据有序共享，依法保护个人信息”。这也是在国家层面文件中首次明确提出数字政府建设要求。2020 年，党的十九届五中全会指出，要发展数字经济，加强数字社会、数字政府建设，提升公共服务、社会治理等数字化、智能化水平，首次明确了数字化发展内涵，即以数字经济、数字社会、数字政府为三大支柱开展数字技术创新与应用。其中，数字政府意指政府的数字化转型，对数字经济、数字社会起牵引性、带动性作用，保障数字经济和数字社会持续、安全、有效发展。

1.1.3 学术界数字政府的提出与发展

在国外，数字政府的实践普及促使其作为一门新型课题迅速在学术界得以重视，相应的研究理论也应运而生。其中，英国学者帕却克·邓利维（Partrick Dunleavy）是数字治理理论的代表人物，他基于“新公共管理运动的衰微”“数字时代治理兴起”的时代背景对数字治理理论展开阐释，主张将信息技术和信息系统引入公共管理过程之中，提出西方国家于 2010 年开始进入数字治理 2.0 时代，主张通过引入大数据、云计算等先进的数据处理技术，强化数字时代的公共服务供给，并指出新公共管理的改革浪潮已经逐步退出历史舞台，取而代之的是“数字时代治理”，“数字政府不但可以打破部门间的数字鸿沟，还可以降低政府与公众间的交易成本”。他认为信息时代的数字政府治理具有“整体性政府”“开放性政府”“去中介化”趋势，并细致论述了数字政府的特点。帕斯卡来瓦（Paskaleva）则认为，数字治理理论能够在理论指导、民主活动、决策过程和公民参与等方面提升城市管理者的决策能力。伦敦经济学院教授克里斯托弗·胡德（Christopher Hood）的“数字时代政府工具”理论更是从多维度提出了一个区分数字政府的枢纽工具、法制工具、财税工具和行动工具的框架。而美国哈佛大学肯尼迪政府学院教授简·芳汀（Jane E. Fountain）则从本质存在的层面对数字政府的构建提出了“虚拟政府”理论，认为数字政府存在于各组织网络和基于计算机载体的互联网中，而非传统意义上的官僚机构。吉尔·加西亚（Gil-Garcia）等则提出数字政府是公共部门通过使用信息和通信技术，来改善信息和服务供给，鼓励公民参与决策的过程。在这个定义中，技术促进政府行政过程更加负责、透明和有效。

更多的学者则认为，数字政府代表着一种新的治理模式。玛丽亚·卡森尼斯（Maria Katsonis）和安德鲁·波特罗斯（Andrew Botros）指出，数字政府通过灵活的方式实现跨部门、跨系统的运作，这些方式包括统一的服务通道、支持使用移动终端设备、安全地对外开放数据以及支持数据驱动的决策等。国际数字政府学会前主席特雷莎·A. 帕多（Theresa A. Pardo）则进一步对这种新的治理模式进行总结，认为数字政府至少包括以下创新性活动：① 民众能够随时随地获取政府信息；② 通过提供数字服务来促进民众遵守规则；③ 针对特定的群体或者组织提供个性化的服务；④ 通过招标、购买和支付等政府采购活动实现数字化；⑤ 政府部门之间信息和服务相融合；⑥ 支持诸如在线选举注册、投票和参与政策论坛讨论等民众参与活动。经济合作与发展组织（Organization for Economic Co-operation and Development，OECD）在评价瑞典的数字政府中提出数字政府在模式上具有六个基本特征：用户驱动、主动性与前瞻性、数据驱动、政府治理全过程的数字化设计、政府即平台以及默认开放。

国内最早使用数字政府概念的是华中科技大学梁木生教授、徐顽强教授等，他们主要探讨信息化发展对政府管理体制带来的改变。在复旦大学竺乾威教授于 2008 年正式译介帕却克·邓利维数字治理理论相关学术成果后，国内学术界开始真正了解数字治理理论的内核。竺乾威认为，数字治理理论顺应的是新公共管理（而非新公共服务）理论的逻辑。此后，国内学者在实践基础上不断深化理论研究。复旦大学陈水生教授认为，数字治理理论出现于公共管理在 21 世纪初面临挑战之时。南宁师范大学尹文嘉教授认为，理论层面存在的一些因素会阻滞数字治理理论的发展。韦斌认为，数字治理理论有助于解决电子政务碎片化问题。孟庆国教授和关欣教授认为，数字治理理论重塑了政府管理体制。

后来国内陆续出现了对国外数字政府建设经验的介绍。例如，孙志建介绍了国际数字政府的阶段模型、前沿理论、主要评估等；金江军、陆峰等介绍了 2012 年美国发布的数字政府战略。在此阶段，数字政府多被界定为政府信息化和电子政府网建设，强调利用信息技术手段提升政府管理效率，对数字政府的其他内涵关注不足。2017 年，建设“数字中国”被写入党的十九大报告。作为数字中国的有机组成部分，数字政府的关注度骤然增加，2017 年山东师范大学举办“第一届数字政府治理学术研讨会”；《中国行政管理》杂志开设“数字政府治理”专栏，探讨解决信息社会下政府治理面临的新机遇、新情况、新任务和新问题。

另外，国内不少学者还对数字政府的实现和建构提出了多方面的见解。例如，刘歌宁、彭国普、颜佳华、吕荫荫等从建设政府文化的角度阐述了信息时代背景下依据数字技术发展政府文化的重要性，同时指出我国目前在实现数字政府的过程中存在重技术、轻文化的问题。而李传军、杜治洲等则从数字政府对政府管理的作用机制这一方面做出了详细分析，肯定了电子政务和数字政府建设在节约成本、提高绩效、实现职能转变、促进民主政治等方面的积极作用。更多的学者从中国的实际情况出发，结合国外的成功案例，提出了相应的数字政府建设的策略研究，如沈大风、陶文昭等详细介绍了美国、日本、英国、新加坡等国家的数字政府、电子政府战略，并提出国外一站式的政府管理服务经验对我国建设数字政府的启示。《新时代数字政府建设创新探讨》指出，“数字政府是指以现代互联网、物联网、大数据、人工智能、区块链等技术为支撑，充分契合政府发展的客观规律与政府建设创新的主观能动性的一种多元化协同、多维度互动、多空间泛在的新时代高效行政服务模式。”

1.2 电子政务到数字政府的演变

1.2.1 国外数字政府的演变

电子政务（electronic government，又称电子政府）称谓源于美国，1993 年由美国总统克林顿提出，现在已被世界各国采用。由于其内涵不断丰富和发展，以及人们对其理解存在差异，国内外尚未对电子政务形成一个统一、公认的定义。综合相关叙述，电子政务的概念包含四层含义：① 电子政务的实现主要依靠现代网络通信技术与计算机技术，这是电子政务的基础和保障手段。② 电子政务处理的是政府履行管理和服务职能的事务。③ 电子政务不是简单地用现代网络技术处理传统政务，而是要求对政府的管理和服务职能进行优化再造。④ 电子政务的实施目的是提高政府的治理能力和工作效率，改善政府与社会各层面的关系，为公众提供优质、高效、廉洁的服务。

数字政府是 20 世纪初现代信息技术爆发性增长和进步的产物，最早在美国政府新公共管理改革中提出，其整合性、一体化、信息化的管理模式能有效契合信息时代的治理需求，并获得瞩目的成效，随之在多个国家的政府改革中逐渐推广开来。对数字政府的定义，可以理解为政府机构全面应用信息技术以及网络等信息服务设施，在进行组织变革和内、外部关系转变的基础上，将其信息和管理服务职能移到网络中运行，以改革行政体制，构建更好的政府。

数字政府与电子政务具有一定的通用性，尤其在国外的文献中，数字政府往往被作为电子政府的同义词而交互使用。不过也有西方学者从理论上对两者进行了区分，认为从电子政务到数字政府的治理发展过程可以划分为五个阶段：存在、互动、交易、转化和数字政府，其中前四个阶段属于电子政务的范畴，只有第五个阶段才是真正通过双向互动为所有公众或企业提供高质量服务的数字政府阶段，在这个阶段最终会实现技术与服务的高度融合。

数字政府发展经历了一段较长的时间，不同学者对其发展阶段的划分有所不同。美国《数字政府》一书的作者达雷尔·韦斯特认为数字政府的发展可以分为公告板、部分服务提供、门户网站和互动式民主四个阶段。还有学者提出数字政府系统变革需要经历五个发展阶段，即“火炉管”式组织、整合化组织、全国性入口、组织间整合和需求驱动的协同型政府。客观而言，这些阶段划分主要基于各国的数字政府发展经验，因而没有刻画我国数字政府发展的阶段性特征。

第十二届全国政协副主席王钦敏则认为，关于数字政府与电子政务的关系，前期二者定义有所区别。数字政府即 e-government 强调的是信息化政府；而 e-governance

意为信息化政务管理和服务，即电子政务。目前国际上（包括联合国）在二者之间是画等号的。

1.2.2　国内数字政府的演变

过去数十年间，电子政务无论是实质内容还是核心价值，都有了巨大的进步和发展。首先，网民数量剧增，在提高电子政务平台使用率的同时，促使相关的政务信息和服务的提供实现升级，从静态化转向实时动态化，从单向管理走向双向的、有规律性的更新和互动；其次，电子政务的系统性发展简化了事务处理的流程，极大降低了政府和公民的时间成本，节约了社会资源等，实现电子政务从“以政府为中心”向“以人民为中心”的转变，以人民需求为价值导向；再次，电子政务实现了多端窗口接入，社会多样化主体可有效集合在一起，以政府为主导的社会协同治理理念得到增强。这些转变无疑对政府部门提出了更高的治理要求，从电子政务向数字治理的转型也势在必行。我国政务信息化的发展路径如图 1-1 所示。

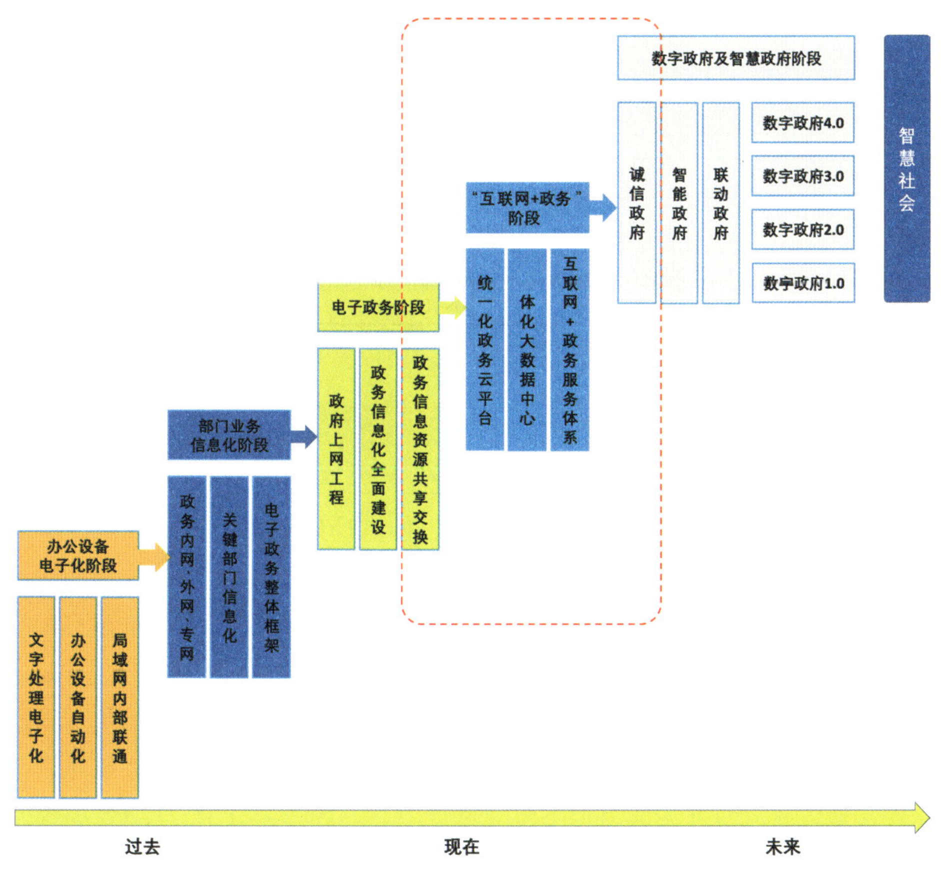

图 1-1　我国政务信息化的发展路径

从我国政务信息化的发展路径看，电子政务自20世纪80年代以来，经历了办公设备电子化、部门业务信息化、电子政务、“互联网＋政务”四个阶段，现已进入数字政府阶段，未来将进一步走向政府服务智慧化阶段，即智慧政府阶段。我国数字政府的演变阶段如表1-2所示。

表1-2 我国数字政府的演变阶段

特点	阶段				
	办公设备电子化阶段	部门业务信息化阶段	电子政务阶段	“互联网＋政务服务”阶段	数字政府阶段
时间	20世纪80年代—1992年	1993—1998年	1999—2011年	2012—2017年	2018年至今
理念	以政府为中心	以政府为中心	以政府为中心向以人民为中心转变	以人民为中心	以人民为中心
目标	办公自动化	提高行政效率	深化政府职能转变	推进国家治理体系与治理能力现代化	推进国家治理体系与治理能力现代化
应用场景	以“点”为主，实现数据统计和文档写作电子化和无纸化办公	以“条”为主，实现部门内部信息化、自动化	以“块”为主，建设政府门户网站	“条”“块”结合，多场景应用	“条”“块”融合，全场景应用
驱动力量	职能、业务驱动	职能、业务驱动	公民网络参与驱动	数据驱动	数据驱动
建设模式	政府主导	政府主导	行政吸纳	政府主导、政企合作	政府主导、政企合作、管运分离
资源配置方式	科层制	科层制	网络	平台	中台＋平台
数据观念	数据是资料（封闭）	数据是资料（封闭）	数据是工具（公开）	数据是资源（开放、共享）	数据是生产要素（开放、共享、流通）

1. 办公设备电子化阶段

20世纪80年代初期，我国开始政府信息化建设，起初主要是实现政府经济管理信息化。随着各级各类国家机构信息中心的建立与发展，隶属事业单位人事管理制度的政府信息技术人才队伍逐步形成。1983年，国家计划委员会（2003年改组为国家发展和改革委员会）成立信息管理办公室，负责国家信息管理系统的规划和建设，以及相关总体方案、法律法规和标准化的研究工作。1986年，国务院批准建设国家经济信息系统并组建国家经济信息中心。1987年1月24日，国家计划委员会所属的计算中心、预测中心和信息管理办公室合并，组建国家经济信息中心，全面负责国家信息系统规划与建设工作。与此同时，中央其他政府部门也开始开展信息系统建设工作，此后，各级地方政府及有关部门相继建立信息中心。1988年1月22日，国家经济信息中心更名为国家信息中心。这一阶段以初步的办公自动化为主，以个人计算机、办公软件为标志，实现了数据统计和文档写作电子化和无纸化办公。

2. 部门业务信息化阶段

1993 年，我国开展了“金关”“金卡”“金税”等工程建设，推进了政府信息化工作。1996 年，国务院信息化工作领导小组成立，并于次年召开第一次全国信息化工作会议，会议要求信息化建设要遵循“统筹规划、国家主导；统一标准、联合建设；互联互通、资源共享”的原则。政府信息化阶段的行政理念是以政府为中心，目标是提高行政效率，政府信息化主要通过“条”的自上而下的工作推动，倡导办公自动化和电子业务系统建设。在此期间，信息技术只是被视作改进政府内部组织效率的工具，政府服务改进的动力来自职能和业务驱动。由此，政府信息化是在政府主导下进行的业务信息化，资源配置方式以科层制为主，信息技术对当时政府治理变革的作用是有限的。在这一阶段，数据是一种资料，不对外公开，处于保密状态。

3. 电子政务阶段

1999 年，我国实施政府上网工程，进入电子政务阶段。2002 年，《国家信息化领导小组关于我国电子政务建设指导意见》正式发布，文件指出电子政务对“加快政府职能改变，提高行政质量和效率”具有重要意义。之后，随着我国“网络社会”的崛起，公民网络参与成为一种不可忽视的社会力量，其推动行政理念开始从以政府为中心向以人民为中心转变。政府逐渐把信息技术作为提高组织内部效率的工具，“块”状的各级政府开始建设政府门户网站，推出政务微博，及时回应公众网络参与需求，积极改进政府服务。由于政府服务改进的动力来自不断迸发的公民网络参与，因此电子政务是在政府主导下对公民网络参与的吸纳，其资源配置方式开始以网络作为新机制，形成对科层、市场配置方式的重要补充。在电子政务阶段，数据是一种工具，并在《中华人民共和国政府信息公开条例》的规范和要求下，逐渐对外公开，保障公众的知情权。

4. “互联网 + 政务服务”阶段

党的十八大以来，以习近平同志为核心的党中央高度重视以信息化推进国家治理体系和治理能力现代化，强调要加快推动电子政务，打通信息壁垒，构建全流程一体化在线服务平台，助力建设人民满意的服务型政府。国务院将“互联网 + 政务服务”作为深化“放管服”改革的关键环节，专门印发文件，做出全面部署。一些部门和地方积极探索，深入推进“互联网 + 政务服务”，加强信息共享，优化政务流程，局部区域和部分领域开始探索实践政务服务“一网通办”“只进一扇门”“最多跑一次”等改革，一批堵点、难点问题得到初步解决，服务创新典型不断涌现，引领政务服务创新改革不断取得新成效。

5. 数字政府阶段

2018 年，广东省人民政府印发《广东省“数字政府”建设总体规划（2018—2020 年）

实施方案》，率先在全国部署“数字政府”改革建设，将其作为推动经济高质量发展、再创广东营商环境新优势的着力点和突破口，充分运用政务互联网思维，构建“政企合作、管运分离”的建设运营模式，以数据开放释放“数字红利”，提升政府治理体系和治理能力现代化水平。2019年，党的十九届四中全会明确提出，“建立健全运用互联网、大数据、人工智能等技术手段进行行政管理的制度规则。推进数字政府建设，加强数据有序共享，依法保护个人信息”。新时期数字政府建设改变了过去分散建设、单部门建设模式，重点从组织扁平化、业务协同化、数据共享化改革入手，重塑组织架构、业务架构、技术架构，最终目标是建成线上线下融合的一体化服务型政府。这一时期数字政府建设的核心使命是支撑国家治理体系和治理能力现代化，对内推动政府系统性、协调性变革，对外建设人民满意的服务型政府；关键环节是实现技术融合、业务融合、数据融合；重点方向是实现跨层级、跨地域、跨系统、跨部门、跨业务的协同管理和服务建设。

1.3 数字政府的定义和有关概念

1.3.1 数字政府的定义

根据过去几年的实践、有关政策文件、“十四五”规划，数字政府的定义归纳描述如下：数字政府是指以新一代信息技术为支撑，以政务数据治理为驱动，以政府治理体系数字化建设、社会服务体系智能化建设为主要内容，通过重塑政务信息化管理架构、业务架构、技术架构，为实现政府决策科学化、社会治理精准化、公共服务高效化、权力运行透明化等目标而建立的一种新型政府形态。

1.3.2 数字政府相关概念

近年来，国内各级政府从各种维度推进数字政府建设，包括“互联网+政务服务”、智慧城市、城市大脑（数据大脑、安全大脑、经济大脑和顶层决策大脑）、一网通办、一网统管等。数字政府相关概念介绍如下。

1. “互联网+政务服务”

“互联网+政务服务”的本质是指以政务服务平台为基础，以公共服务普惠化为内容的业务。自2016年政府工作报告中提出“大力推进‘互联网+政务服务’”以来，“互联网+政务服务”先后经历了信息惠民试点、全面建设、“一网、一门、一次”改革、跨省通办等各个阶段。目前，我国有31个省级政府建成了省级网上政务服务平台，各地区网上政务服务能力持续增强，一体化网上政务服务平台服务效能显著提升。

2. 智慧城市

智慧城市有广义和狭义之分。从广义概念上来讲，智慧城市是以全面的信息基础设施和先进的新一代互联网络等技术来促进经济增长和提高居民生活水平的一种比较高级的、让城市变得更加“聪明”的城市形态。从狭义概念上来讲，智慧城市是按照科学的城市发展和规划理念，利用新型信息技术，在全面感知和泛在互联的基础上，将人、物、事有机结合，从而实现城市经济发展、社会管理效能提高、公共服务改善、居民生活水平提高、生态环境友好，以及人、物和城市相互协同、和谐统一的高级城市发展形态。

3. 城市大脑

城市大脑是城市建设伴随着 21 世纪互联网架构的类脑化过程，逐步形成城市的中枢神经（云计算）、感觉神经（物联网）、运动神经（工业 4.0，工业互联网）、神经末梢（边缘计算）、智慧（大数据与人工智能）、神经纤维（5G、光纤、卫星等通信技术）。在这些城市类脑神经系统的支撑下，形成城市建设的两大核心：一是城市神经元网络（城市大社交网络），实现城市中人与人、人与物、物与物的信息交互；二是城市大脑的云反射弧，实现城市服务的快速智能反应。云机器智能和云群体智慧是城市智慧涌现的核心动力。这种基于互联网大脑模型的类脑城市架构称为城市大脑。

应该说这是一种基于互联网大脑模型的概括，此后产业界和研究机构分别从超级人工智能系统和城市生命体的角度对城市大脑进行了解读，如“城市大脑要搭建的是整个城市的人工智能中枢，是一个对城市信息进行处理和调度的超级人工智能系统”“城市大脑就是基于城市生命体理念，以系统科学为指引，将散落在城市各个角落的数据（包括政务数据、企业数据、社会数据、互联网数据等）汇聚起来，用云计算、大数据、人工智能等前沿技术构建的平台型人工智能中枢。通过对城市进行全域的即时分析、指挥、调动、管理，实现对城市的精准分析、整体研判、协同指挥，帮助管理城市”。

1）城市数据大脑

城市数据大脑是一个按照城市学“城市生命体”理论和“互联网＋现代治理”思维，创新运用大数据、云计算、人工智能等前沿科技构建的平台型人工智能中枢。其汇集政府、企业和社会数据，在城市治理领域进行融合计算，实现城市运行的生命体征感知、公共资源配置、宏观决策指挥、事件预测预警、“城市病”治理等功能。

2）城市安全大脑

城市安全大脑是智能产业深度融合安全产业的重要场景，是智能化安全保障系统应用于城市辖区各级安全风险管理中智能决策的最高框架，其核心是知识图谱与数据融合驱动的城市风险预警、应急决策框架。

例如，360城市安全大脑是以数据智能为核心，覆盖社区安全、公共安全等多个细分领域，结合360在大数据、人工智能、IoT、边缘计算等方面的特长的一个全场景、全在线、全实时、全智能、全防护的城市安全综合治理平台。

3）城市经济大脑

城市经济大脑是借助“数据资源是未来城市发展中的决定性资源”的理念，对城市进行全局即时解析，有效调配公共资源，修正城市运行中的缺陷，成为治理城市资源和能力的全新平台。该平台不仅可以从宏观角度监测区域产业经济发展现状，研究区域经济特征，预测区域未来经济和产业的发展趋势；还可以从宏观角度监测各产业发展现状，分析区域产业特征、产业生态环境和空间布局，为产业定位、产业服务提供数据分析和政策建议支持；并通过微观角度监测企业发展现状，分析企业发展轨迹和阶段性特征，挖掘企业发展诉求，从企业发现、企业扶持、企业发展的视角培育企业生态环境。

4）顶层决策大脑

顶层决策大脑依据数字政府决策部门对属地以及相关区域进行经济决策的数字化、智能化手段，通过对辖区内企事业单位、公司、团体等全量经济产出单位的水电纳税等多维度数据的智能化分析，为区域经济决策提供敏捷有效的智力支持。

4. 一网通办

一网通办指打通不同部门的信息系统，群众只需操作一个办事系统，就能办成不同领域的事项，解决办不完的手续、盖不完的章、跑不完的路这些“关键小事”，实现“进一张网，办全部事”。政务服务一网通办除了要实现各行各业不同部门信息系统的连接，还要打通线上线下政务服务平台，是关系政务服务工作实效和群众办事体验的基础性工作，剑指网上办事服务由来已久的顽疾。

5. 一网统管

一网统管指从政府和管理者角度出发，高效处置一件事。与一网通办不同，一网统管重在统筹与管理，服务对象是政府管理者，目的是高效处置事件。国家“互联网＋监管”系统是一种一网统管系统，该系统主要通过统筹建设连接各地区和国务院有关部门的“互联网＋监管”系统，开发建设统一事项管理、统一标准规范、统一风险预警、统一业务协同、统一投诉举报、统一门户服务、统一评估评价等“七个统一”的能力，实现规范监管、精准监管，联合监管、监管全覆盖和监管的“监管”。

1.4 数字政府的内涵

数字政府作为实现国家治理体系和治理能力现代化的战略支撑，是数字中国的重要组成部分，是优化营商环境、推动社会经济高质量发展的重要抓手和引擎，是践行新发展理念、增强发展动力、增强人民福祉的必然选择。

数字政府的建设需要遵循以人为本的指导理念，以 5G、大数据、人工智能、物联网、区块链等数字技术为支撑，以通信网络改造、数据中心建设等数字基础设施为基础，以政务数据治理、共享为驱动，以数字安全和信息安全为保障，以促进政府内部高效协同为路径，以提升政府公共服务、社会治理、经济调节等履职能力为根本目标。

1.4.1　基础设施集约高效

数字政府基础设施是“云、网、数、用”一体化的基础支撑体系，推动实现资源集约、网络高效、数据共享，通过统一构建应用支撑体系为公众、行业、企业提供丰富的应用服务，是政府数字化、网络化、智能化变革中新生态体系的载体。

数字政府基础设施建设的架构设计应以集约共享、开放便捷、安全可靠、高效易维为原则，采用层次清晰、结构完善、技术开放的架构，具体应包括数据中心基础设施、政务云平台、数据共享开放平台、应用支撑平台和政务网络，同时，具备符合国家和行业规范的运维保障和安全保障体系以及标准体系。

要建设集约高效的基础设施体系，需要统筹建设互联互通的政务云，完成“两地三中心”（即同城生产数据中心、灾备中心、异地灾备中心）容灾备份体系建设；全面推行云优先战略，加快各级政务信息系统向政务云平台迁移，实现计算资源、存储资源、服务支撑、安全保障等共性基础资源集约共享；加快电子政务外网升级改造，按需拓展网络覆盖范围，按照相关网络安全标准和要求，加快推进各部门业务专网向电子政务内网或外网迁移整合和融合互联；建设跨部门、跨层级、跨地区的物联网感知体系，统筹各种传感器的选型、空间布局，实现各类物理感知数据共享使用。

1.4.2　数据资源共享赋能

数字政府要强化数据共享，坚持数据资源统筹管理，构建覆盖各级、各部门政务信息资源的一体化大数据中心体系，打破信息孤岛，拔掉数据烟囱，实现跨层级、跨地域、跨系统、跨部门、跨业务共享应用；依托电子政务云平台，建设政务大数据统一支撑平台，实现公共数据资源一体化管理；建立统一公共数据资源目录体系，完善公共数据交换平台和共享平台，推进基础数据资源向部门数据仓、大数据中心汇集，强化数据资源统筹规划、分类管理、整合共享；建成人口综合库、法人综合库、公共信用信息库、自然资源和空间地理信息库等基础数据库，围绕审批服务、执法监管、投诉举报、决策辅助、应急预警等跨部门、跨层级、跨地区协同应用，建设各类主题数据库，为政府履职提供数据支持；推进各部门专业档案的数字化、数据化，建设共建共享的档案信息库；加强数据质量治理，建立数据及时更新和快速校核机制。健全数据共享和开发利用机制，为各级政府及其部门开展大数据分析应用提供数据支撑；加快推动政务数据开放和社会化利用，建设统一公共数据开放平台，建立完善数据开放制度，在确保国家安全、企业和个人合法权益的前提下，优先满足与民生紧密相关、社会效益显著的数据开放应用需求。

1.4.3 部门协同在线有序

建设数字政府，体现的是借助信息化手段，对政府外部服务和内部业务的流程再造，以进一步提升政府工作效能，最终推动政府治理转型。跨部门、跨区域、跨层级的协调与协同是实现良治、善治的前提，协同政务就是指在电子政务的环境下，以政府工作人员间的协作为核心，厘清政府各系统、各部门间的关系，强化政务信息资源共享、优化政府工作流程以及促进政府信息化建设，也就是政务流程再造。要把以政府职能为中心的传统行政模式转变为以政府客户为中心的行政模式，要以新公共管理理论和新公共服务理论倡导的价值体系为核心。通过政务流程再造，可以确定每个政务流程应该采集的信息，并通过应用系统实现信息在整个流程上的共享使用；可以充分授予办事人员相关权限，发挥每个公务员在业务流程中的作用；可以将传统业务流程的串联模式变成并联模式，提高办事效率；可以在变革中不断整合政府职能，不断提升政府绩效水平。

1.4.4 政务服务便捷高效

数字政府建设要以人民为中心，打造服务型政府。党的十八大以来，为适应经济社会发展的需要，我国以“放管服”为重点，加快推动政府职能的深刻转变，深入推进“互联网 + 政务服务”，着力创造优良政务服务环境，进一步优化政务服务。

一是要推动政府职能体系从以部门为中心向以“一次通办”为目标的转型升级；完善以数据共享为基础的跨部门、跨主体协作体系；推动审批流程再造，缩短不必要的审批流程；完善权力清单、责任清单，在梳理各部门、各主体职能和能力，以及部门间和主体间的协作基础上，以数字化塑造协作有力的全新行政生态。

二是要在现有的“一站式”“一窗式”服务上，加快推进政务服务流程由“物理集成”向“化学融合”的转型升级；加强对政务服务前后台之间、后台部门之间的统筹管理、系统整合和数据共享，解决影响办事效率和企业群众获得感的难点、堵点问题，持续优化跨部门政务协同办公流程。

三是要整合优化办事环节和流程，全面推行“当场办”和“一件事一次办”，并通过事中事后监管、诚信档案、联合惩戒等多重方式将“一次办”风险降到最小。

四是要以用户为中心，全面提升个性化、精准化、主动化、智能化服务水平；加强用户个性化信息的归集和分析，基本实现个人和企业高频常用档案信息全覆盖；不断完善用户画像，加强对惠企利民政策的分类梳理，提升政策及服务的精准推送能力；深化主动提醒服务功能，梳理优化提醒规则，持续探索更多主动化服务内容；不断优化“一网通办”知识总库内容的共建共用运营管理机制，持续提升智能客服的精准度、便捷度；实现咨询、受理、查询、支付、评价等事项办理的全程电子化和全程可交互服务。

五是要全面落实政务服务标准化建设，以标准化促进服务能力再提升；贯彻落实国家和省市对政务服务标准化的各项要求，推进政务服务事项、办事指南、服务流程、平台建设、服务公开、监督评价的标准化建设；结合本地建设要求，细化、量化政务服务标准，编制发布政务服务办事指南、政务公开工作管理规定、政务服务“好差评”工作制度和其他规范性文件；建立便利畅通的线上线下监督投诉渠道，做好对一体化在线政务服务“好差评”系统平台的建设和运营。

1.5　数字政府与数字经济和数字社会的关系

党的十九大报告提出建设数字中国。2017 年 12 月 8 日，中共中央政治局就实施国家大数据战略进行第二次集体学习。习近平总书记在主持学习时强调，“加快建设数字中国”“构建以数据为关键要素的数字经济”。2018 年 4 月 22 日，习近平总书记在致首届数字中国建设峰会的贺信中再次强调，“加快数字中国建设”。数字中国战略，以网络强国建设为基石，以数字经济建设为引擎，以“互联网 +”发展为抓手，以智慧社会发展为亮点，是新时代国家信息化的升级版，将全面服务于国家“五位一体”建设的硬实力与软实力的整体提升。

数字中国以数字化方式推进了国家治理体系和治理能力现代化，其构建了基于政府“自上而下”与企业、社会组织、公民自发“自下而上”相融合的内生驱动的治理体系，通过还数于民的实施，加强政府与公众之间的联系，促进社会公共信息在社会成员之间的可获取和可共享，实现共同参与，协同治理。数字中国构建了社会全要素资源正向、良性互动、相互赋能的体系，以数字化手段辅助社会治理，解决信息不对称、资源碎片化、运作条块化、社会运行成本高、快速反应能力不足等问题，整合社会资源，赋能他人，实现公共利益最大化和效益最大化。

数字政府是数字中国的重要组成部分，是数字经济、数字社会、数字文化、数字生态的核心结合部，数字中国的建设需要充分发挥数字政府的引领和统筹作用，并进一步推进政府管理和社会治理模式创新，推动以部门为中心的建设模式向数据共享、业务协同方向转变，持续提高政府信息化水平、科学决策水平和网络安全保障水平，建成权责清晰、协调高效的服务型政府。

1.5.1 数字政府与数字经济的关系

数字经济是随着互联网的发展而产生的一种新的经济形态。《二十国集团数字经济发展与合作倡议》中给出了数字经济的定义："数字经济是指以使用数字化的知识和信息作为关键产生要素、以现代信息网络作为重要载体、以信息通信技术的有效使用作为效率提升和经济结构优化的重要推动力的一系列经济活动。"数字经济是继农业经济、工业经济之后全新的社会经济发展形态，也是世界经济创新发展的主流模式。数字经济强调的是数字产业化的发展以及产业数字化的转型，造就了以数字化为核心的现代产业集群，并且参与了国际数字化的发展竞争。近年来，全球经济数字化发展趋势愈加明显，传统产业加速向数字化、网络化、智能化转型升级，数字经济规模持续扩大，数字经济增加值的规模由 2018 年的 30.2 万亿美元增长至 2019 年的 31.8 万亿美元，数字经济已成为全球经济发展的新动能。从单个国家数字经济发展情况来看，美国凭借技术创新优势，走在全球数字经济前列，数字经济规模蝉联全球第一，2019 年达到 13.1 万亿美元；中国凭借强大的国内市场优势，倒逼技术革新与模式创新，2019 年数字经济体量位居全球第二，规模为 5.2 万亿美元。

数字经济和数字政府是数字中国建设的两个重要方面，二者互相融合、相辅相成。中国信息通信研究院 2020 年 7 月发布的《中国数字经济发展蓝皮书（2020 年）》中指出，数字经济进入数字产业化、产业数字化、数字化治理和数据价值化的"四化"协同发展阶段。其中数字化治理包括治理模式创新，利用数字技术完善治理体系，提升治理能力等，是推进国家治理体系和治理能力现代化的重要组成部分。因此，数字政府建设与数字经济发展水乳交融、密不可分：数字经济发展为数字政府建设提供新技术、新能力、新模式，数字政府建设为数字经济发展提供数据要素、优化营商环境。

在数字经济市场条件下，针对发展所面临的挑战，数字政府能够加快要素释放与主体培育、强化市场秩序有效维护以及公共政策的动态调整与创新，赋能数字经济。更为重要的是，立足公共数据开放、市场需求快速响应、市场主体信用画像、在线协同共管以及场景关联下的政策创新，我国数字政府建设逐步探索形成了赋能数字经济发展的创新路径。

1.5.2 数字政府与数字社会的关系

数字社会是网络社会或虚拟社会的一种更为形象化的表达。数字社会在其基本架构和整体运行上最为突出的一个特点是它在数字化转换的前提下，依托互联网络，从最具有基础性意义的技术保障和运作机制层面，解决人们在社会生活中必须要面对的一系列基本问题，得益于数字化、网络化和智能化的助推，建构起了活动平台和通行路径。数字社会和网络生活在运行状态上显现四方面的本质特征：跨域连接与全时共在、行动自主与深入互动、数据共享与资源整合、智能操控与高效协作。数字社会是新一代信息技术同社会转型深度融合的产物，也是推动精细化社会管理的手段和方法创新。而数字政府是运用信息技术和大数据，创新行政管理、服务监管方式，实现政府效能优化提升的新型治理模式。

数字社会强调的是以数字化发展推动智能化、精准化的社会管理、社会服务和社会公共品的供给，其特征是社会性、普惠性和智慧的提升和发展，进而引领高品质的社会生活。而数字政府在中国场景下特别强调运用数字化、智能化的手段和方法改变公共服务的样式，改善公共决策质量，改进公共管理品质，以更好的方式和效果服务于社会进步和经济发展；以确定性连接将人、事、物等要素进行全方位的“数字赋能”，构建线上线下融合、数字孪生、精准研判、跨部门联动的数字社会三元空间，在创新数字生活方式、带动信息消费、支撑高质量公共服务、构建现代化治理体系方面发挥引领作用。

第 2 章　国内外数字政府建设现状

2.1　国外数字政府建设实践

随着互联网、大数据、区块链等现代信息技术的不断发展与普及，越来越多的国家积极利用信息技术创新政府运作方式，推动数字政府建设。2020 年，新型冠状病毒肺炎疫情（以下简称新冠肺炎疫情）在全球暴发，进一步推动数字技术在政府信息公开、便民服务、动态监管、智能决策等方面的运用。根据 2020 年 7 月发布的《2020 联合国电子政务调查报告》，全球电子政务发展指数（EGDI）从 2018 年的 0.55 上升到 2020 年的 0.60，EGDI 处于“高”或“非常高”级别的成员国共有 126 个，占所有成员国的 65%。由全球 EGDI 持续上升可看出，世界大多数国家积极推动数字政府建设，重视整合线上和线下渠道，以实现政府数字治理能力的现代化。

电子政务发展处于领先地位的国家（在 EGDI 非常高的组别中领先的国家）包括丹麦、韩国、爱沙尼亚、芬兰、澳大利亚、瑞典、英国、新西兰、美国、荷兰、新加坡、冰岛、挪威和日本，如图 2-1 所示。

国家	EGDI等级（子组）	区域	在线发展指数	人力资本指数	通信基础设施指数	EGDI指数（2020）	EGDI指数（2018）
丹麦	VH	欧洲	0.9706	0.9588	0.9979	0.9758	0.9150
韩国	VH	亚洲	1.0000	0.8997	0.9684	0.9560	0.9010
爱沙尼亚	VH	欧洲	0.9941	0.9266	0.9212	0.9473	0.8486
芬兰	VH	欧洲	0.9706	0.9549	0.9101	0.9452	0.8815
澳大利亚	VH	大洋洲	0.9471	1.0000	0.8825	0.9432	0.9053
瑞典	VH	欧洲	0.9000	0.9471	0.9625	0.9365	0.8882
英国	VH	欧洲	0.9588	0.9292	0.9195	0.9358	0.8999
新西兰	VH	大洋洲	0.9294	0.9516	0.9207	0.9339	0.8806
美国	VH	美洲	0.9471	0.9239	0.9182	0.9297	0.8769
荷兰	VH	欧洲	0.9059	0.9349	0.9276	0.9228	0.8757
新加坡	VH	亚洲	0.9647	0.8904	0.8899	0.9150	0.8812
冰岛	VH	欧洲	0.7941	0.9525	0.9838	0.9101	0.8316
挪威	VH	欧洲	0.8765	0.9392	0.9034	0.9064	0.8557
日本	VH	亚洲	0.9059	0.8684	0.9223	0.8989	0.8783

图 2-1　2020 年全球电子政务发展处于领先地位的国家

2.1.1　全球政务数字转型发展的主要特征

1. 各国政府数字化转型加快推进

当前，推进政府数字化转型成为发达国家实现政府治理现代化、提升经济发展水平、增强公民参与度与社会创新力的共同战略选择。从国际上来看，面对技术创新与政府改革浪潮，许多国家相继出台并实施了以信息通信技术（或数据）驱动政府转型与创新的综合战略，如丹麦的《2018—2021 年丹麦网络和信息安全战略》、韩国的《电子政务 2020 总体规划》、英国的《政府转型战略（2017—2020）》、新加坡的《智慧国家 2025 计划》等，以应对数字政府建设中面临的基础设施、业务流程、领导战略、人才征召等方面的新挑战。同时，许多国家已经进行了机构改革，以更好地支持数字政府转型。在 193 个联合国成员国中，有 145 个国家设有首席信息官或类似职位。各国政府正在利用数字技术创新政府运作方式，并不断转变信息公开、政府决策和公共服务的方式，积极了解公众需求，解决公众关注的热点问题。

2. 数据治理与隐私保护逐步完善

政务数据具备规模大、种类多、价值高的特点，跨部门的业务数据需求越来越明显，政务信息化多年的建设成果——政务大数据汇集了各级政府部门的业务数据，这些数据种类众多，且事关百姓生活的方方面面，数据的潜在价值巨大。2010 年以来，许多国家制定了有关政府数据开放的国家战略，如英国发布了《开放数据白皮书》、澳大利亚颁布了《公共数据政策宣言》、新西兰制定了《新西兰数据和信息管理原则》等。这些文件不仅强调了政府数据在提升透明度、促进参与以及鼓励创新和保持数字经济增长中的巨大作用，而且要求将政府数据作为资产进行管理，并在相关操作性文件中对数据开放的目标、范围、标准、元数据、数据质量以及利用原则、数据安全等数据治理的核心问题予以明确。越来越多的政府开始重视数据安全与公民隐私保护，尤其是随着大数据在社会日常生活中的普遍应用，数据呈现规模性、多样性与复杂性的特点，使得在大数据收集、存储、共享与开放过程中的数据安全与数据隐私问题日渐凸显。在实践中，大多数国家经历了从信息系统安全到政府数据内容安全与开发利用流程安全并重的转变。例如，美国先后经历了从克林顿时期的《信息时代保护关键基础设施》《保卫美国的网络空间——信息系统保护国家计划》到布什时期的《国土安全法案》《联邦信息安全管理法案》，再到奥巴马时期的《网络空间行动战略》《网络情报共享与信息法》，政策体系的修订完善促使政府数据安全管理的内容框架逐步清晰全面，并要求政府机构将隐私保护和数据风险防范纳入数据生命周期管理的每个阶段，分领域制定完整的数据安全标准和指南。

3. 政府数字化推动数字经济发展

数字经济时代，数据资源成为继土地、人力、资本、技术之后的重要经济发展要素，数字经济与实体经济的融合能够优化资源配置、促进产业升级、推动社会进步。同时数字经济的蓬勃发展重塑了经济社会形态，引发了数字经济治理的根本性变革，传统的治理理念、治理工具等均面临前所未有的挑战。面对数据产权模糊、平台企业垄断、电商假货横行等各类现象，政府治理普遍面临服务缺失、规则缺乏、监管缺位等问题。处理好政府与市场的关系是经济行稳致远、健康发展的关键。纵观国际电子政务发展实践，将政府数字化转型与国家发展战略融为一体，通过电子政务的创新发展促进服务型政府建设，提升公共服务效能，创新政府管理方式，实现经济社会可持续发展已成为世界各国政府的普遍共识。各国政府在数字应用上率先推动政府服务的数字变革，通过内化 ICT 工具和提供在线服务等，发挥先行引导作用，同时通过数据开放、数字主体培育、数字市场监管、数字营商环境优化等赋能数字经济。

4. 新冠肺炎疫情加速政府数字化转型

自 2020 年初新冠肺炎疫情发生以来，各国政府一直处在利用技术手段和数据分析进行快速紧急响应的最前沿。政府 IT 部门成功地启动了远程办公项目，为群众提供了更多线上服务。Gartner 调研结果显示，新冠肺炎疫情已加快了政府的数字化旅程。各国政府通过其国家门户网站、移动应用程序和社交媒体平台公开信息，快速响应公众需求。很多国家开通了专门的防疫网站和应用程序，在信息和资源更新方面表现出极大的灵活性。在此次共同抗疫过程中，法国政府上线了全面细致的疫情信息公开平台，并推出追踪新冠肺炎患者的手机应用程序，政府借助这一平台与民众保持联系并及时分析数据、做出决策。日本政府力促所有行政手续都能在线办理，以防破产、保就业、刺激内需为目的设立的各种救济发放业务都有赖于该国政务电子化水平的不断提高。沙特政府推出了 TATAMAN 软件，可为处在居家隔离和强制隔离期的居民提供健康防疫指导，还可追踪处于恢复期患者的健康状况，指导其平稳度过恢复期。加纳、肯尼亚、乌干达等非洲国家逐渐建立起“开放式创新中心”这一数字化服务形式，民众、社区、企业、非政府组织及政府部门可以共享包括疫情在内的各类信息，共同利用数字平台商讨公共政策。中国疫情防控阻击战取得重大战略成果，电子政务的快速发展发挥了重要作用。中国利用大数据、健康码等一系列数字化手段，公开、及时地向社会公布最新疫情动态，相关经验受到关注。

2.1.2 丹麦——电子政务领先者

丹麦政府早在 20 世纪 90 年代就意识到了信息网络技术的重要性。经过二十多年的发展，丹麦已经成为电子政务建设全球领先的国家，其电子政务的建设模式受到许多国家的关注与推崇。

1. 建设历程

1994 年，丹麦推出了第一个信息化计划——《信息社会 2000》，提出了五项战略性措施，使丹麦在信息技术的应用方面处于国际前列。随后，丹麦政府根据该计划成立了科技及创新部以及国家信息和通信局，这一举措标志着丹麦信息化建设的起步。1995 年，丹麦在《信息社会 2000》的基础上制定了“从幻想到行动”的首次年度信息化行动计划。1996 年，丹麦出台了第二个信息化行动计划《全民信息社会——丹麦模式》，开始强调政府信息公开。

1998 年，丹麦研究及信息技术部成立了数字丹麦委员会，为丹麦政府未来的信息技术政策及策略起草草案。1999 年，数字丹麦委员会发布了《数字丹麦——向网络社会的转变》报告，取代《信息社会 2000》成为丹麦信息化政策的基础。该报告描述了发展网络社会的目标及具体实施的建议，鼓励公共部门为公民提供更多更好的电子化服务，将丹麦建设成一个保持福利社会价值的信息技术领先国家。

2000 年，丹麦实施《电子签名法》，该法案遵循欧盟关于电子签名的指示。根据丹麦公布的《官方数字签名方案》，所有公民都能免费收到一个基于软件的数字签名，为公共部门和个人企业的交易提供足够的安全。2001 年，丹麦发起了“丹麦 XML 项目”，成立了 XML 委员会，以实现电子政务建设的标准化。

2002 年，丹麦发布了《走向电子政务：丹麦公共部门的设想和战略》，提出了丹麦电子政务建设的设想，即系统地运用数字技术，引入新的思考方式和组织文化，重组工作流程，实现职能转变，提升行政服务效率和质量。2003 年，丹麦为推动电子政务的快速发展，又相继推出了 eDay 和 eDay2 项目。前者侧重电子邮件服务，目的在于促使政府内部通信完全脱离纸介质而用电子邮件；后者主要侧重使用数字签名和加密技术，以消除电子邮件的安全性障碍。

2004 年，丹麦公布《2004—2006 年新电子政务战略》，该战略的主要目标是建成一个高效、以客户为中心、能为公民和企业提供高质量服务的公共部门。

2007 年，丹麦发布《2007—2010 年公共部门数字化战略》，该战略强调通过用户参与改善电子政务，通过组织改革和绩效评估提高政务效能，最后通过政府内部协同化解兼容性的问题。

2011 年底，丹麦正式启动《2011—2015 年公共部门数字化战略》，提出逐步减少纸质表格和邮递信件的使用，尽可能将公民向公共部门递交的申请、报告、信件等书面通信数字化；同时，各个公共部门之间应该相互合作，建立更加紧密的信息网络来提高服务效率。

2016 年，丹麦通过《2016—2020 年数字化战略》，进一步向数字公共行政、沟通交流与电子服务转型。该战略旨在建立一个强大而安全的数字丹麦，要求建立用户友好、简洁的数字公共部门，更好地利用数据以及更快速地处理问题，将公共部门数据作为一个促进增长的推动力，做好公共部门数据保护等。该战略要求加强公共部门与企业、利益相关者组织和其他各方的合作。

2018 年 1 月，丹麦再次推出两项新的数字战略。第一项是《丹麦数字增长战略》，包括 38 项举措。该战略旨在使丹麦走在数字发展的前沿，为丹麦公司创造最好的基础，并开发新的数字增长来源。第二项战略是《2018—2021 年丹麦网络和信息安全战略》，重点是改善互联网安全，涉及 13 个部委。相关举措包括两项：一是通过多方合作，建立一个具有促进信息共享和抵御网络威胁功能的国家网络形势中心；二是构建完善的信息门户。

2. 主要特点

1）以服务公民和企业为核心

丹麦提出电子政务应该以公民和企业的需求以及实际情况为出发点，使不同类型的公民和企业根据不同需求充分访问政府的网站并获得服务，且对服务的满意度应不断上升。丹麦在《2016—2020 年数字战略》中指出，随着政府数字化的转型，公共部门与公民沟通的渠道将更加便利且多样化，要最大限度地关注数字边缘群体的公共利益和服务需求，建立多方群体利益表达的补充渠道。丹麦将加强政府部门网站的可访问性和技术的可获得性作为提高数字包容度的重要举措，主要体现在公共服务的提供和数字身份（NemID）、数字邮箱（Digital Post）等基础设施组件的应用上；制定数字方案时，必须考虑数字边缘群体的特殊需求。例如，为使人人能够使用 IT 技术，丹麦政府特别关注消除残疾人和老年人的使用壁垒问题，为残疾人和老年人开发语音合成技术等。

2）中央和地方政府通力合作

丹麦电子政务发展历程中，中央政府发挥领导各部门、地方政府通力合作，共同推进电子政务建设。2001 年，丹麦中央政府、地区和地方当局发起了“联合电子政务工程”，为公共部门的数字化成立了联合委员会。委员会委员主要来自五大政府部门、市政当局和郡议会协会。联合委员会由科技创新部和数字特别工作组提供技术支持。2004 年，丹麦中央政府与地区、地方政府以及三家供应商共同签署框架合同，开始启用“联合电子文档管理系统”。该举措的目的在于通过鼓励公共实体引入完全的数字化流程以提高工作质量和生产率。2011 年，丹麦在财政部下成立了数字化机构（Agency for Digitisation），旨在推进丹麦数字化进程，贯彻落实丹麦在公共部门的数字化目标，提高中央和地方政府的办事效率，扩大开放资源，实现丹麦福利社会的服务现代化。

3）以公私合作促进良性发展

丹麦是开放政府伙伴关系（Open Government Partnership，OGP）成员国之一，在伙伴关系中，公共部门制定长期目标并提供稳定的框架条件，私营部门提供实现愿景所需的创新、解决方案和投资。在《2016—2020 年数字化战略》中，丹麦认为政府的数字化转型将极大地减轻商界的行政负担，激发企业的经济活力。在丹麦，多元主体间的合作参与为电子政务的发展提供了强有力的依托。企业作为重要主体之一，有着极其重要的贡献。与此同时，丹麦良好的营商环境使得企业拥有参与电子政务建设的内生动力。例如，在电子采购方面，早在 1999 年便将电子采购列为其中一项内容，重点在于界定哪些货物和服务的采购可以应用电子采购，并确定要建立标准化的电子化采购系统。丹麦并没有建立单一的、政府经营的电子化采购平台，而是使用第三方企业提供的电子化采购平台。丹麦的国家采购公司代表丹麦所有的政府机构负责协调采购、处理标书以及谈判合同框架等，该公司是由国家和地方权力机构共同出资组建的股份有限公司。

4）注重发挥政务数据的价值

2002 年，为了提升公共部门的工作效率和服务质量，丹麦财政部颁布了《促进公共数据免费开放协议》，首次将政府所有的地址数据无偿对外开放。此举产生了巨大的经济效益和社会效益，进一步推动了政府将其他领域的数据开放共享。丹麦政府《2011—2015 年公共部门数字化战略》要求提供高质量的核心数据，统一政府部门的核心数据，利用数据集散器使传播更加高效与可靠；《2012—2015 年电子政务策略》明确了公共部门应开放的基础数据项目，其中包括房地产、地址、道路和地区、水和气候、地理、个人和企业等方面的数据，并对每类数据的具体开放时间进行了详细规划；《2016—2020 年数字化战略》要求进一步推进基础数据项目，对公共数据促进经济增长进行引导，并解决数据使用的安全保障问题。

2.1.3　韩国——建设透明、有能力与服务型政府

韩国政府从 1996 年开始发展国内电子政务，每五年制定一次国家电子政务战略，曾一度问鼎联合国发布的《全球电子政务调查报告》中电子政务发展指数最高的国家。自 2013 年起，韩国政府根据建设透明的政府、有能力的政府、服务型政府的理念，宣布实施政府 3.0 计划。

1. 建设历程

韩国数字政府建设经历了如下阶段。

1）启动期（1979—1996 年）

20 世纪 70 年代后期，韩国开始推进行政业务的电算化；20 世纪 80 年代中期，政府投入 2 亿美元启动“国家基础信息系统工程”，该工程覆盖了韩国的多个领域，促使政府简化了诸多办事流程，使公民能够不受时间、地域的限制获取各种文件，政府的办事效率得到提升。

2）基础期（1997—2000 年）

1996 年，韩国出台《促进信息化基本法》，为推进政府各部门之间信息化发展提供了法律保障，推进了各部门之间信息化的发展，基本实现了政府各部门之间电子文档的交换、电子邮件的应用。政府投资 1313 亿美元建设“韩国信息基础设施工程”，在大力发展基础设施的同时，建立相应的社会、文化环境。

3）数字政府 1.0 时期（2001—2007 年）

韩国建立了“一站式”的电子政务门户网站，向公众提供在线服务。2001 年，韩国数字政府特别委员会公布了 11 项数字政府的任务，分为四大类，分别是先进的基础设施、透明和高效的政府、优质的公共服务、提升的商业环境。2001 年 7 月正式实施《关于实现电子政府和促进行政业务电子化的法律》，逐步完善的立法在电子政务发展中功不可没。

4）数字政府 2.0 时期（2008—2012 年）

韩国发布《国家信息化基本规划》和《国家信息化实施规划（2009—2012）》，部署了电子政务的发展方向和具体的实施计划。

5）数字政府 3.0 时期（2013 年至今）

2013 年，韩国根据建设透明的政府、有能力的政府、服务型政府的理念提出了“政府 3.0”概念，即超越以往单方向的政府 1.0 构建双方向的政府 2.0，再以此为基础开启追求每个人的幸福的政府 3.0 时代。韩国在透明的政府、有能力的政府与服务型政府三大战略领域中，提出了 10 项推动任务，以实现开放、共享、沟通与合作的社会价值。2019 年，韩国政府发布《数字政府革新推进计划》，旨在适应以人工智能、云计算等尖端信息通信技术为主导的数字化转型趋势，以提升工作效率、更好为民服务为目的，改善现有的电子政府服务。2020 年，韩国科技信息通信部发布数字新政推进计划，重点推进数字大坝、智能政府和国民安全社会间接资本数字化等核心项目，要求到 2025 年将所有公共部门系统转型为云计算形式，打造数字政府。

2. 主要特点

1）强有力的国家级决策保障

韩国领导人十分重视电子政务建设，将其视为提高国家竞争力的重要手段之一。韩国第十五届总统金大中认为电子政府建设在韩国就是“总统工程”。韩国第十八届总统朴槿惠提出“政府 3.0”概念，并宣布实行政府 3.0 推进基本计划。从 1987 年开始，韩国政府就开始进行公共业务计算机化的试点，同时大力推进全社会的信息化，扶持 IT 产业。此后，开始制定标准化格式，着手统一全国的各项电子行政系统。2001 年，特别设立了电子政务特委会（SCEG），以保障电子政务建设在各部门间的协作问题。SCEG 作为公民和政府间的桥梁，在政府改革中享有一定的特殊地位，始终拥有韩国领导人的决定性支持。2014 年，政府进行机构调整，将安全行政部（MOSPA）改革为内政部（MOI），负责政府组织管理与推动政府 3.0 计划。同时，成立了政府 3.0 促进会议、实务会议以及民间咨询团，加强内政部、未来创造科学部、中小企业局等部门在数据开放、平台建设、公共服务、支持数据再利用开放等方面协调合作。

2）科技应用赋能数字政府

韩国政府积极运用信息技术加强统一平台与数据库建设，打造移动电子政务（m-government）。通过建设公共数据门户网、信息公开门户网、24 小时公共服务在线网，方便公众“一站式”获取信息与办理事项，充分实现公民与政府间随时随地的交流互动。韩国在数字政府建设中，突出移动电子政务的作用，设计政务移动客户端，方便公众利用智能手机等随时获取公共信息，表达公共服务需求。通过物联网和人工智能应用提高在线服务效率，提高国家管理的效率和服务的速度，使用公共数据库最大限度地精简投资过程，发挥政府作用。韩国行政自治部和信息化振兴院共同发布了《2017 年电子政府十大技术趋势》报告，宣布将电子政府逐渐发展成为结合数据分析、机器人技术，提供更周到服务的以数据为中心的政府。2019 年，韩国发布《数字政府革新推进计划》与《人工智能（AI）国家战略》，旨在适应以人工智能、云计算等尖端信息通信技术为主导的数字化转型趋势，以提升工作效率、更好地为民服务为目的，改善现有的电子政府服务，并提出利用两年时间将世界级水平的韩国电子政府脱胎换骨为以人工智能为基础的新一代智能政府。根据《数字政府革新推进计划》，截至 2022 年，韩国政府将投入超过 7.2 千亿韩元用于革新数字政府，其中包括引进电子身份证、扩大各类电子证明的发放、推出国民个人定制行政服务指南等便民措施的推进。

3）健全电子政务法律法规

在推进电子政务发展的过程中，韩国政府一直把完善相关的立法作为一项根本性的任务，现已形成了较为完善的电子政务法律体系。1996 年，韩国制定了《信息化促进基本法》；2001 年，韩国通过了《关于实现电子政府和促进行政业务电子化的法律》（又称《电子政府法》），在这样一部以电子政府为名的法律出台后，韩国的电子政府得到了突飞猛进的发展。为健全和完善电子政府法体系，韩国政府还先后修订或颁布了一系列的法律法规，其中包括《信息化促进基本法》《政府信息公开法》《对公众机构的公众档案管理条例》《数字内容管理条例》《建立与运用国家地理信息系统条例》《缩小数字鸿沟条例》《信息通信基础设施保护法》《信息化促进框架法》《信息网络利用促进法》《促进信息和通信网络利用及信息保护法》等。

2.1.4　英国——数字政府平台化

2012 年，英国政府颁布《政府数字化战略》，并于 2013 年对该战略进行了升级和完善，其核心是将数字化作为政府向公众提供公共服务的基础方式，旨在为选择使用数字化渠道享受服务的民众提供条件，为无法使用数字化渠道的民众创造条件提供服务。该战略制定了详细的实施路线图和主要考核指标，具体包括构建统一的数字化技术架构平台、提供统一应用接口、开放政府数据共享、帮助第三方机构创新业务服务模式等，并且鼓励用户通过统一门户网站 GOV.UK 访问政府业务，为用户提供更好的信息和服务。为此，英国持续优化升级其 GOV.UK 政府网站，在共享平台和组件、开放源代码、模式创新等方面取得积极成效。英国政府数字服务成为世界各国学习模仿的典范，为其实施新的数字政府转型战略打下了重要基础。

然而，随着信息技术日新月异迅猛发展，英国政府 2012 年制定实施的战略已经无法继续指导其数字化进程，因为该战略并没有涉及跨政府部门协同、数字人才培养、数据增值服务利用、用户隐私保护、网络空间安全、复用平台组件、降低运维成本等内容。为继续保持在全球数字政府领域的领先地位，2017 年英国出台《政府转型战略（2017—2020）》。该战略将英国政府官网作为集合中央、地方政府部门和第三方政府服务外包机构的线上政务起始端口，旨在打造统一的线上政务平台，促进政务数字化转型，提升政府治理能力，更好使用政府公共数据，为政务办理提供跨部门共享平台。此后，英国还出台了《公共服务标准》，为完善数字政务服务的用户体验和满意度设立了 14 条标准。

英国于 2017 年出台《数字发展战略》，旨在推动政府、企业数字化转型，为将英国打造为全球数字经济创新中心打下基础。《数字发展战略》重视通过数字化提高政府服务效率和质量，使得公共服务能够以简单、便捷、快速的方式惠及公民、企业和其他各类非政府组织。从英国数字经济发展整体战略来看，对数字政府建设的重视起到了先导作用。在《数字发展战略》出台后，与之相配套的《政府转型战略（2017—2020）》对建设数字政府做出了进一步规划。根据《政府数字服务：2021—2024 年战略》，数字政府着重解决跨政府部门联合服务问题，并建立适用于所有人的单一数字身份，推出在线政务服务的单点登录方案，归口线上政府服务至单一平台。新冠肺炎疫情凸显了数字经济的韧性和发展潜力，数字经济的重要性上升促使英国政府不断更新其数字发展战略。下面以《政府转型战略（2017—2020）》为例对英国数字建设状况进行简要分析。

1. 目标任务

英国政府发布的《政府转型战略（2017—2020）》旨在加快推进政府数字化服务，强化“数字政府即平台”的理念，促进跨政府部门建设共享平台，提高政府数字服务效能，改善民众与政府之间的关系。该战略的目标和重点任务概括为以下五个方面。

1）推动跨政府部门业务的整体转型

扩大跨政府部门在线服务覆盖范围有利于数字化转型，并在客观上需要政策制定者和在线服务设计者开展更加密切的配合。英国政府数字服务既要覆盖政府部门内部工作，也要覆盖面向民众提供的全部政府服务。政府通过设计和提供一站式在线服务，在为公共部门开展更广泛的转型奠定基础的同时，进一步拓宽了在线服务、电话服务和面对面服务等多种公共服务渠道。政府部门通过构建标准化的数字服务，多渠道为民众提供可用公共服务，并不断更新技术实施准则和其他应用标准指南。同时，政府部门还将构建监测评估数字化转型进程的方法，建立跨部门的合作机制，以形成共同的语言、工具和技术体系。在借鉴私营部门经验的基础上，处理政府转型面临的重大变革问题。

2）培养数字人才、技能和文化氛围

英国的目标是拥有世界上最具数字技能意识的公务员队伍。为实现这一目标，首先需要提升领导者在数字项目管理方面的技能。英国在政府部门中提供数字、数据和技术职业机会，建立良好的职业发展道路和奖励机制，依托各类教育机构为数字、数据和技术专业人员提供最优质的学习和受教育机会。通过建设数据科学院校，实施数据科学加速培训计划，建立政府数据科学应用能力，使政府成为对数字、数据和技术等人才队伍最具吸引力的理想工作场所。同时，通过与公务员人力资源部门合作，让非数字技术领域的专家能够理解数字化工作方式的优势。

3）优化数字工具、流程和治理体系

在公务员采用的日常通用技术、业务方案管理、内部控制流程、支持快速决策、政府商业采购、服务质量控制、服务保障措施、服务价值转化等方面，政府机构开展了丰富的实践。基于统一数字市场理念，政府的数字服务采购合同体现以用户为中心、以设计为导向、以数据为驱动的开放方式。英国政府通过相关研究为公务员提供数字服务经典案例，并使之一般化为标准的政府业务流程，从而形成通用数字工具，使所有政府部门都能管理、资助和有效运营包括跨部门服务在内的各种数字服务。英国还计划在 2024 年底，重点解决跨部门联合服务的问题。

4）提升数据应用、分析和管理能力

数据是一切在线服务的基础，是实现更高效能政府公共服务、满足民众需求的关键资源。2017 年 4 月 27 日，英国上议院通过《数字经济法（2017）》。同时，选拔任命新的政府首席数据官，设立新的数据咨询委员会，统筹协调利用各政府部门数据，推动利用政府数据的业务发展，提升政府建立和扩展数据科学分析能力，更好地运用数据支持决策。英国政府实施了安全可靠的管理和使用数据制度，确保公务员能够清楚其掌握的数据是否可以共享，并建立国家级的数据基础设施登记注册制度，确保数据基础设施能够安全可靠地运行。

5）创建共享平台、组件和业务复用能力

英国基于共享机制和业务平台组建在线服务功能，实现数字技术、业务流程和公务人员的有效组合。英国运用 GOV.UK 网站实现跨政府部门边界的服务，包括第三方提供的服务、地方政府服务或者外包服务。为提供敏捷、低成本且易于组合的数字服务，英国将构建更多可重复使用的共享组件和平台，为所有接受政府服务的用户提供统一的使用体验。英国政府在2020年终止与大型、单一的供应商开展合作，不再签订持续多年的IT项目合同，而是通过建立共享组件和平台，扩展正在使用的平台功能，提供更多的政府数字服务。2021年3月，英国政府公布了发展数字经济的“十大技术优先事项”，其中包括建设千兆宽带和5G数字基础设施、消除数据共享和使用的障碍等。

2. 主要特点

作为数字社会形态下政府整体转型的一种尝试，英国政府的数字转型战略不仅仅局限于工具层面的信息化、数字化，而更多体现为理念层面、行为层面、制度层面的转型与发展。正因为如此，其涵盖了政府工作的方方面面，并因此体现出较为宏大而复杂的改革场景。

1）体现以人为本的原则

政府将更多地从用户需求出发，致力于改善民众与政府之间的关系，把更多的权力移交给民众。基于网络用户数据和访问使用习惯，更好地分析、掌握民众需求，更好地响应民众需求。基于互联网设计原则、数字服务标准和技术实施准则开展实践，英国将为公民提供不受政府决策影响、更加稳定可靠的政府数字服务体验。另外，英国政府认识到政府公务员、中介机构和企业也是用户，必须了解并且满足其需求，才能全面实现政府数字化成功转型。

2）体现高度的灵活性

英国政府采纳了更加灵活并可扩展的策略，通过优化政府采购、协同治理、案例分析、人力配置、使用通用技术等措施，创建、运营、迭代和嵌入共享平台，加快推广组件共享模式，逐步建立开放标准，从而提升了平台可重复应用的业务能力。另一方面，技术进步也使得建设、变革和运行政府的成本和时间大幅度减少，有利于节约政府公共财政资金，使政府能够更快更好地应对经济和政治方面的变革。

3）体现更强的包容性

政府部门计划在GOV.UK网站上建立具备高可靠性、高安全性以及高效能的在线服务，将为2500万用户提供更好的服务。为更好地满足用户需求，进一步拓宽用户需求的外延，对需要使用政府应用程序编程接口（API）的第三方用户给予支持，在政府内部和外部扩大应用API批量服务的范围。

4）重视隐私与数据安全

政府需要确保个人数据和敏感数据能够在可靠的治理框架内得到安全且符合社会公德的保护，并且安全、可靠地管理和运用数据，才能赢得和维持民众的信任。因此，政府需要在数字化转型过程中确保采用可靠的网络安全和隐私保护措施。此外，政府的活动也需要更加透明，并且在安全可靠的情况下重复利用公共数据和非个人隐私数据。政府需要在建立安全防护系统的基础上，确保数字化转型的每一个阶段都能免受网络犯罪的袭击。

自 2012 年以来，英国已经向数字政府迈出坚实的一步，为适应数字时代的需要，政府实施了转型计划。然而，数字政府转型建设是一个持续的过程，英国在执行这些计划的同时，通过积极探索和准备出台了新的数字服务规划。根据《政府数字服务：2021—2024 年战略》，数字政府着重解决跨政府部门联合服务问题，并建立适用于所有人的单一数字身份，推出在线政务服务的单点登录方案，归口线上政府服务至单一平台。上述措施都将在未来重塑英国的政府机构，甚至改变未来政府部门的设置方式。为实现这些目标，需要应对任何可能发生的变化，通过制定政策，最终实现以民众为中心、提供数字化服务、能快速适应调整的政府转型。

2.1.5　美国——领先技术稳固数字政府发展

美国数字政府的探索与建设开始于 20 世纪 80 年代，“信息高速公路”工程是美国数字政府建设的开端。经过近 40 年的发展，美国依托先进的技术创新和持续的制度改革，推进政府数字化转型，并在新兴信息技术、人工智能和物联网技术及其驱动的数字政府发展等诸多方面居全球领先地位。

1. 建设历程

1）克林顿政府时期

克林顿政府充分重视互联网的重要性，敦促美国各政府机构加快官方门户网站的研发设计进程。1993 年，美国国家绩效评估委员会正式成立，首次提出构建“电子政府”，在政府中使用先进的信息网络技术。克林顿政府颁布了《国家信息基础设施行动》和《全球信息基础设施行动计划》，加大对信息基础设施建设的投资力度。1996 年，美国政府推行“重塑政府运动”，积极推行政务电子化，应用网络通信技术推进政府的公共服务职能，实现政府机构的优化和政府行政绩效的提高。

2）乔治·沃克·布什（又称小布什）政府时期

小布什政府提出了“电子政务”的概念，实现了网站从仅仅提供浏览信息到可以实现办事服务的转变，从“以信息技术为中心”转变为“以公民为中心”。2001 年，美国白宫管理与预算办公室宣布成立“电子政务特别工作小组”，并于 2002 年公布了《电子政务战略——简化面向公民的服务》，提出以公民为中心、以结果为导向、以市场为基础的三大原则。

3）奥巴马政府时期

奥巴马政府强调政务信息的公开，通过大数据及信息技术的应用，推动公平、透明、开放的美国数字政府建设。2009 年，美国联邦政府的数字政府战略由“电子政府”转向“开放政府”，并推动政府采用最新的技术趋势。2012 年，美国白宫发布了数字政府战略，旨在为美国公民提供更优质的公共服务，主要实现三个目标：一是让美国公民可以在任何时间、任何地点，利用任何设备获取所需的高质量的政府信息和数字服务；二是确保美国政府适应新数字时代，抓住机遇，以智慧、安全和经济的方式采购并管理设备、应用和数据；三是公开政府数据，激发国家创新活力，提升政务服务的质量。奥巴马政府在此时期高度重视大数据的应用，进而系统改造传统国家与政府治理手段及体系，促进了美国经济的快速增长。奥巴马政府提出的数字政府战略是美国积极向数字经济、数字城市、数字治理和数字政府转型的重要标志。

4）特朗普政府时期

特朗普政府强调先进数字技术的利用，以更好地提升政府服务。特朗普政府时期美国政府数字化转型主要有三个目标：一是要让公众能够使用任意设备，在任意时间、任意地点获取政府提供的优质服务；二是政府要逐步适应数字化的发展进程，能够经济、安全、有效地管理数据应用和资产；三是强调社会创新与对创新工具的采购。

2. 主要做法

美国联邦政府和各州政府等通过政府数字化转型提高民众的生活水平与质量。美国在数字政府建设方面主要采取六种做法。

1）设立首席信息官职位，推动跨层级信息共享和业务协同

美国首席信息官（CIO）的职位设立在白宫管理与预算办公室，负责领导和监督整个联邦政府的 IT 支出。政府的首席信息官是世界数字政府排名中的一个重要指标。美国是世界上最早建立首席信息官制度的国家，并在制度中明确规定联邦及州政府部门的首席信息官的职责是：及时向政府首脑和其他高层管理人员提供政府信息化发展建议与协作、指导，监督所在部门信息技术等其他事务的实施，确保部门信息化工作顺利开展，维护一个和谐、稳定的整体化信息架构，对信息资源进行有效管理，提升本部门的信息资源管理运作效率，制定规范有效的工作流程。近些年来，美国联邦政府与公众、企业、社会、各州政府之间的数字政务互动有所增加，主要由于在管理与预算办公室内设立数字政府行政办公室，努力开发和促进数字政府服务和流程，通过大数据、云计算等信息技术，增加美国公民对政务服务的参与，同时推动数字政府服务的机构间合作，通过整合相关职能和使用内部数字政府程序，努力简化政务服务手续，优化数字政府服务流程。

当前，美国联邦政府在线政府建设重点是跨层级信息共享和业务协同。联邦政府以大门户链接和绩效评估为主要手段，重点促进联邦政府、州政府等之间的协同。全美以“大门户”的形式链接共计 10 000 多个各级政府网站，构成整体政府网。联邦政府通过年度绩效评估推动全体政府数字化转型；引入数字分析项目和客户管理理念，通过衡量政府业绩和公众满意度提高政府的服务质量。同时，每周对 4000 多个网站和 400 个行政部门进行绩效评价，并向全社会公开评价结果。绩效评估有效地推动了政府数字服务的开发和交付。

2）构建动态安全的数字政府网络，建立数字政府管理标准

由于数字产品的市场是动态的，需要制定互联网的管理标准。美国数字政府网络建设通过政府和更广泛的公共部门的标准实现。这些标准支持多种目标：互操作性、保护安全性和公民隐私权，并实现有效的服务。政府管理关键的市场，而不是把自己看作一个被动的参与者。政府之间的协调也是必需的，以便整个市场能够被理解和管理。美国通过建立数字政府管理标准，增强数据存储的安全，保障信息的准确可靠，增加公众对政府的信任度，确保公民关键数据的安全，如医疗保健记录、财务信息和社会保障号不受到损害。

区块链平台为美国数字政府提供了一种全新的高容量解决方案。区块链技术能够解决状态管理系统数据的安全性和协调性问题。区块链技术基于数据块链的原理和先进的加密算法，使得分布式账本成为最安全、最方便的数据存储和传输介质，而加密货币工具和智能契约将减少政府的腐败。

3）实施国家大数据战略，构建数据驱动战略体系

美国积极利用大数据，在国家战略领域已实现突破。2012 年，白宫发布《大数据研究和发展计划》，由白宫科学和技术政策办公室牵头成立大数据高级指导小组，该计划通过对海量和复杂的数字资料进行收集、整理，从而提升对社会经济发展的预测能力。

为加速 2012 年提出的“大数据研发行动”进程，2016 年 5 月，美国政府发布《联邦大数据研究与开发战略计划》，提出七大战略，涵盖大数据技术、可信数据、共享管理、安全隐私、基础设施、人才培养和协作管理等与大数据研发相关领域，构建数据驱动战略体系。美国利用新兴的大数据基础、技术和功能激发联邦机构和整个国家的新潜能，加速科学发现和创新进程，并培育 21 世纪下一代科学家和工程师，促进经济增长。该计划涉及 15 个联邦机构，对各联邦部门制定与大数据相关的计划和投资提出了指导意见。

4）构建公私合作伙伴关系，重新构建数字政府服务采购模式

美国将政府使用数字技术和公共部门信息作为其未来数字化议程的重要内容之一。许多州已利用公私合作伙伴（public-private partner，PPP）关系模式推动公民聚焦数字化政府。

为鼓励政企合作，对数字政府涉及的部分信息技术采取“外包”模式。目前，美国政府对私营部门在想法、概念、技术和信息共享方面的开放程度逐渐提升。在数字政府建设过程中，通过将部分公共服务及惠民项目外包给互联网巨头公司来提升政府信息技术。例如，苹果（Apple）、微软（Microsoft）、亚马逊（Amazon）、脸书（Facebook）以及谷歌（Google）等知名互联网企业凭借优秀的人力资本和强大的资金保障，可在规定时间内为政府部门提供优质高效的信息技术服务，政府职员在此基础和平台上负责信息采集、分析等工作。这种技术外包手段不仅提升了政务效率，而且为政府提供

了安全、可靠和经过检验的解决方案、软件和专业知识，也为互联网巨头公司提供了更多的商业机会，有助于使用“无成本”契约模式实现公私合作。

5）注重运用人工智能、物联网等新兴技术，提升政府治理能力

根据国际数据公司发布的《2021年V1全球物联网支出指南》数据显示，2020年全球物联网(IoT)支出达到6904.7亿美元。IDC预测，到2025年全球物联网市场将达到1.1万亿美元，年均复合增长11.4%。公共部门是仅次于私营企业物联网技术的第二大采用者。政府使用物联网技术首要和最重要的事项是收集和分析海量用户数据，降低成本，并使政府流程更高效。美国总务管理局智能建筑计划的基本方法之一就是在政府设施中安装支持物联网的智能建筑应用程序。该项目于2012年实施，迄今已在近100座政府建筑中安装了传感器。实践证明，在公共管理中使用人工智能应用程序有助于提高数字政府在线服务的效率，国家机构通过使用公共数据库最大限度地精简投资过程，提高国家管理的效率和服务的传输速度。智慧城市是与物联网相关的概念，美国数字政府服务与智慧城市建立关联，并考虑城市的特点，包括通过线上医疗服务推广，实施线上教育，发展移动通信服务，提高和加快能源使用率，特别注重使用绿色环保清洁能源推动社区的医疗保健。目前物联网在美国的公共交通、公共安全、数据实时采集与管理等方面发挥着基础性的作用。

6）发展移动数字政府，利用云计算提升数字政府服务效能

2017年以来，特朗普政府开始推行“移动政府”建设，由公民服务和创新技术办公室负责，隶属总务管理局。该部门运行着digitalgov.gov网站，致力于为政府机构提供建议、培训和服务工具，也为公民提供更多高效率、有价值的服务。美国国务院、农业部、人口普查局、国税局以及更多的部门和机构都提供iOS和Android版本的智能手机应用程序。国务院的特色应用程序被称为“智慧旅客”，该程序允许用户查看签证要求、当地相关的法律、大使馆和医院地址以及各国的旅行注意事项。门户的设计使用户能够轻松地找到广泛的、有特点的信息，享受具体的、个性化的服务。政府还制定了前瞻性的企业发展路线图，为政府现代化的下一阶段指明前进的方向。

云计算帮助数字政府提高服务效率，其优点体现在：一是提供迅速、便利的共享数据与信息，并帮助政府部门实现数据库共享；二是降低政务信息系统的开发运行和管理维护成本，从而加大数字政府的硬件和软件系统的投资，进而改善政务服务。公共部门可通过云计算技术，对海量数据进行存储、分析、研究，从而打破数据壁垒，实现信息共享。

2.1.6 新加坡——规划设计引领数字政府建设

在世界经济论坛发布的《2017—2018年度全球竞争力报告》中，新加坡居亚太地区之首。世界经济论坛评估各国政府的效率和竞争力的标准，在于政府开支的浪费情

况、政府管制的负担及政策制定的透明度。在世界银行发布的《2017 年全球经商环境报告》中，新加坡位居第二，在过去十年，新加坡一直高居第一。根据国际货币基金组织发布的 2020 年世界各国人均 GDP 的排名显示，新加坡全球排名第七，人均 GDP 达 5.89 万美元，位居亚洲第一。反映贫富差距的基尼系数，也在过去十年间逐渐下降。政府的效率、做生意的难易度、居民的生活质量，很大程度取决于政府为企业、居民提供服务的质量和效率。在这个信息量巨大、环境多变的时代，新加坡政府之所以能高效运转并取得一系列瞩目的成绩，科学技术无疑是关键要素之一。

1. 建设历程

从 20 世纪 80 年代至今，新加坡数字政府的建设大致经历了四个阶段：启动期、基础期、成长期及成熟期。

1）启动期（1980—1990 年）

新加坡政府的信息和数字化建设始于 1980 年国家信息化委员会的成立，政府先后制定了《国家计算机计划（1980—1985）》《国家 IT 计划（1986—1991）》等战略规划。为提高政府公共管理效率，促进政府部门间的数据共享以及政企间的数据交换，新加坡政府使用信息及通信技术，专注工作自动化以及办公无纸化，先后开发了 250 多套计算机管理系统，并建立了一个覆盖 23 个部门的计算机互联网络。

2）基础期（1990—2000 年）

新加坡政府于 20 世纪 90 年代制定了《国家科技计划（1991—2000）》《IT2000 智慧岛计划（1992—1999）》，于 1996 年宣布实施《覆盖全国的高速宽带多媒体网络计划（Singapore One）》，并建成了国内第一个宽带网络。新加坡政府致力于打通信息孤岛，促进数据交换共享和互联互通，并开始基于互联网为公众提供服务。

3）成长期（2000—2006 年）

2000 年，新加坡政府提出将新加坡发展成电子政务领先的国家，并出台了第一个电子政务行动计划——*e-Government Action Plan I*。随后推出新计划，在未来三年打造一个网络化的政府，实现数字化业务系统的部门全覆盖。在此期间，新加坡政府为促进 IT 技术的整合与应用，打造信息服务高效能社会，还推出了《信息通信 21 世纪》《互联网新加坡》等战略规划。

4）成熟期（2006 年至今）

2006 年，新加坡政府为将新加坡打造成一个信息技术应用无处不在的智慧国家、一个全球化的城市，提出《智能城市 2015 计划》。该计划从根本上加快了数字政府建设，实现了“多个部门、一个政府”的目标。2014 年，《智能城市 2015 计划》提前达成目标。2014 年 6 月，提出升级版《智慧国家 2025 计划》，这是全球首个政府统筹的智慧国家发展蓝图。《智能城市 2015 个计划》侧重 ICT 建设，而《智慧国家 2025 计划》注重“大数据治国”，通过对大数据的处理和分析，准确预测公民需求，为公民提供更加及时和优质的公共服务。

新加坡数字政府的建设过程如表 2-1 所示。

表 2-1 新加坡数字政府的建设过程

阶 段	主要政策规划	主 要 目 标
启动期：信息技术普及（1980—1990 年）	《国家计算机计划（1980—1985）》 《国家 IT 计划（1986—1991）》	以信息技术提升公共服务能力
基础期：国家科技计划（1990—2000 年）	《国家科技计划（1991—2000）》 《IT2000 智慧岛计划（1992—1999）》 《覆盖全国的高速宽带多媒体网络计划（Singapore One）》	将新加坡建设成为智慧岛
成长期：电子政务行动计划（2000—2006 年）	*e-Government Action Plan I* *e-Government Action Plan II* 《信息通信 21 世纪》 《互联网新加坡》	建设全球信息通信之都，挖掘信息通信潜力，创造新价值，在网上实现“多个部门，一个政府”
成熟期：智慧国建设计划（2006 年至今）	《智能城市 2015 计划》 《智慧国家 2025 计划》	建设以信息驱动的智能化国家，打造以公民为中心的整体型政府

2. 主要做法

1）出台系列政策法规推动数字政府建设

从电子政务发展之初，到现今的数字政府、智慧国家建设，新加坡政府一直注重制定系统的政策法规来推动建设。相应的政策法规大体上分为两类：一是数字政府建设的战略规划（见表 2-1）；二是与数字政府建设相关的法律法规，如《电子交易法》《新加坡电子交易规则》《滥用计算机法》等。

2）建立信息化特派员数字政府管理运行制度

新加坡政府在原有三大权威机构，即新加坡资讯通信发展管理局（IDA）、首席信息官（CIO）、政府首席资讯办公室（GCIO）的基础上建立了政府信息化特派专员制度，采取集中指导和分权执行相结合的信息化管理运作模式。IDA 通过财政和评估树立集中指导权威性，同时派驻专人与各部门的 CIO 建立信息沟通和协调，IDA 派驻专员可直接担任某些部门的 CIO，由各派驻专员负责具体执行 IDA 统一制定的技术方案。

3）开发方便快捷的数字政务服务项目

新加坡政府不断开发便民数字政务服务项目，2015 年推出 So Easy 项目，通过视频会议、实时通信等方式，建立跨部门、集成式办公环境；2016 年推出 One Service 等数字化服务项目，公众使用一个手机 App 就能咨询各类社区事务；2017 年发布 MyInfo 一站式的政务服务网站，归集了公民在政府网站上的所有信息，只需登记一次，资料就会自动同步并可以随时调用。除此之外，还有 Health Hub、SG Secure、Sing Pass 等一系列数字化便民服务项目，如表 2-2 所示。

表 2-2　新加坡数字化服务项目与平台

项目与平台名称	主 要 功 能	项目与平台名称	主 要 功 能
Health Hub	实验室检测结果查询	mGov@SG	政务服务移动端应用
SG Secure	紧急状况发送求救信息	CPF	中央公积金数字服务
Sing Pass	公民网络个人账户	NLB	国立掌上图书馆平台
Data.gov.sg	可公开访问的政府数据库	Cube	协作型社交网络平台

4）推动政府大数据的开放与管理

“大数据治国”理念贯穿新加坡数字政府建设全过程。新加坡在大数据建设方面的主要措施有：一是重视数据平台的开发与管理，目前，新加坡政府数据开放平台已经开放了 60 余个机构与部门的 8600 多个数据集，二是成立政府技术局，负责统筹各公共部门，整合推动数字政府建设战略；三是重视大数据的收集与应用，采用基于云计算的“大数据沙盒”模式对信息技术进行实际应用监测，吸引百度、阿里、腾讯等互联网企业入驻数据中心园。

5）利用物联网传感技术助力城市数字化建设

利用物联网传感技术打造数字化城市。新加坡政府在打造数字化城市过程中的主要措施有：一是建立全国性的传感器品质标准，政府计划打造一张全国性传感网络，发布物联网、传感器等领域的产品标准和设计准则；二是开展“超链接建筑”工程，通过在不同建筑之间实现数据链接与共享，汇集公民在社会生活中的各类活动数据，并将数据分析结果作为政策制定的重要参考；三是建设“虚拟新加坡”，打造汇集所有物联网传感器的大型城市数据模型，人们可通过手机 App 进入建筑物内部深入了解其细节。

6）重视公民隐私保护与数据安全

数据安全在公民个人信息和数字化交易过程中非常关键。新加坡政府在保护隐私和数据安全方面的主要措施有：一是使用公民身份的双重认证系统，公民在政府网站登录个人账户时，必须经过电子口令和手机密码生成器的双重认证；二是注重隐私保护与数据安全的立法。新加坡政府在 2013 年颁布实施了《个人资料保护法令》，规定企业在收集用户个人信息之前必须征求用户的意见，并解释收集用户信息的原因。政府在 2017 年对该法案进行了修订，允许企业在一定限制条件下，利用用户个人资料进行合理的商业活动。

7）打造公民参政议政的网络数字平台

通过数字政府建设推进公民参政议政有利于公共政策更加合理合法地输出、制定。新加坡在该方面的主要做法有：一是打造透明的信息对话平台，政务网站成立民意反馈组织，通过开放电子信箱，收集公民的各类投诉和反馈信息并及时给予回应；二是打造公民参政议政的政策论坛。公民可在论坛内了解政府、党派等多方面的政策信息，同时就热点话题及相关政策发表自己的意见和看法。政府在调查研究和采纳各方建议的基础上开展相关的政策制定及修订工作。

2.2 国内数字政府建设进展

2016 年 4 月，习近平总书记在网络安全和信息化工作座谈会上提出，网络安全和信息化事业要发展，必须贯彻以人民为中心的发展思想；要以信息化推进国家治理体系和治理能力现代化，统筹发展电子政务，构建一体化在线服务平台，分级分类推进新型智慧城市建设，打通信息壁垒，构建全国信息资源共享体系。2017 年 12 月，中共中央政治局就实施国家大数据战略进行第二次集体学习。习近平总书记在主持学习时强调，大数据发展日新月异，我们应该审时度势、精心谋划、超前布局、力争主动，推动实施国家大数据战略，加快完善数字基础设施，推进数据资源整合和开放共享，保障数据安全，加快建设数字中国，更好地服务我国经济社会发展和人民生活改善。2018 年 4 月，习近平总书记在全国网络安全和信息化工作会议上强调，要运用信息化手段推进政务公开、党务公开，加快推进电子政务，构建全流程一体化在线服务平台。2019 年 10 月，习近平总书记在主持中共中央政治局第十八次集体学习时强调，要探索利用区块链数据共享模式，实现政务数据跨部门、跨区域共同维护和利用，促进业务协同办理，深化“最多跑一次”改革，为人民群众带来更好的政务服务体验。在数字时代背景下，习近平网络强国战略思想与时俱进地提出了发展大数据、电子政务、智慧城市等战略布局，坚持以人民为中心，提升人民的获得感、幸福感、安全感，为提升国家治理能力、完善国家治理体系准备了思想条件，为数字政府建设奠定了理论基础。

2.2.1 国家及地方有关政策规划

1. 国家有关政策规划

为加快推进政务服务改革，激发数据要素流通新活力，促进信息化建设健康发展，国家近几年围绕政务服务、“互联网 + 监管”、“互联网 + 督查”、政务服务“好差评”、数据共享开放、信用体系、全国一体化大数据中心、网络安全保障发展等方面出台了多项政策法规。

1）政务服务

（1）习近平总书记在全国网络安全和信息化工作座谈会上的讲话。

2018 年 4 月，习近平总书记在网络安全和信息化工作座谈会上强调，要运用信息化手段推进政务公开、党务公开，加快推进电子政务，构建全流程一体化在线服务平台。

（2）《国务院关于加快推进“互联网 + 政务服务”工作的指导意见》（国发〔2016〕55 号）。

指导意见要求：2017 年底前，各省（区、市）人民政府、国务院有关部门建成一体化网上政务服务平台，全面公开政务服务事项，政务服务标准化、网络化水平显著提升。2020 年底前，实现互联网与政务服务深度融合，建成覆盖全国的整体联动、部门协同、省级统筹、一网办理的“互联网 + 政务服务”体系，大幅提升政务服务智慧化水平，让政府服务更聪明，让企业和群众办事更方便、更快捷、更有效率。

（3）《国务院办公厅关于印发“互联网 + 政务服务”技术体系建设指南的通知》（国办函〔2016〕108 号）。

《“互联网 + 政务服务”技术体系建设指南》按照“坚持问题导向、加强顶层设计、推动资源整合、注重开放协同”的原则，以服务驱动和技术支撑为主线，围绕“互联网 + 政务服务”业务支撑体系、基础平台体系、关键保障技术、评价考核体系等方面，提出了优化政务服务供给的信息化解决路径和操作方法，为构建统一、规范、多级联动的“互联网 + 政务服务”技术和服务体系提供保障。

（4）《国务院关于加快推进全国一体化在线政务服务平台建设的指导意见》（国发〔2018〕27 号）。

指导意见提出：加快建设全国一体化在线政务服务平台，推进各地区各部门政务服务平台规范化、标准化、集约化建设和互联互通，形成全国政务服务“一张网”。政务服务流程不断优化，全过程留痕、全流程监管，政务服务数据资源有效汇聚、充分共享，大数据服务能力显著增强。政务服务线上线下融合互通，跨地区、跨部门、跨层级协同办理，全城通办、就近能办、异地可办，服务效能大幅提升，全面实现全国“一网通办”，为持续推进“放管服”改革、推动政府治理现代化提供强有力支撑。

2018 年底前，国家政务服务平台主体功能建设基本完成，通过试点示范实现部分省（自治区、直辖市）和国务院部门政务服务平台与国家政务服务平台对接。制定国家政务服务平台政务服务事项编码、统一身份认证、统一电子印章、统一电子证照等标准规范，各省（自治区、直辖市）和国务院有关部门按照全国一体化在线政务服务平台要求对本地区本部门政务服务平台进行优化完善，为全面构建全国一体化在线政务服务平台奠定基础。

2019 年底前，国家政务服务平台上线运行，各省（自治区、直辖市）和国务院有关部门政务服务平台与国家政务服务平台对接，全国一体化在线政务服务平台标准规范体系、安全保障体系和运营管理体系基本建立，国务院部门垂直业务办理系统为地方政务服务需求提供数据共享服务的水平显著提升，全国一体化在线政务服务平台框架初步形成。

2020 年底前，国家政务服务平台功能进一步强化，各省（自治区、直辖市）和国务院部门政务服务平台与国家政务服务平台应接尽接、政务服务事项应上尽上，全国一体化在线政务服务平台标准规范体系、安全保障体系和运营管理体系不断完善，国务院部门数据实现共享，满足地方普遍性政务需求，“一网通办”能力显著增强，全国一体化在线政务服务平台基本建成。

2022 年底前，以国家政务服务平台为总枢纽的全国一体化在线政务服务平台更加完善，全国范围内政务服务事项基本做到标准统一、整体联动、业务协同，除法律法规另有规定或涉及国家秘密等外，政务服务事项全部纳入平台办理，全面实现“一网通办”。

（5）《国务院办公厅关于印发进一步深化“互联网 + 政务服务”推进政务服务“一网、一门、一次”改革实施方案的通知》（国办发〔2018〕45 号）。

通知要求：到 2018 年底，“一网、一门、一次”改革初见成效，先进地区成功经验在全国范围内得到有效推广。在“一网通办”方面，省级政务服务事项网上可办率不低于 80%，市县级政务服务事项网上可办率不低于 50%；在“只进一扇门”方面，市县级政务服务事项进驻综合性实体政务大厅比例不低于 70%，50% 以上政务服务事项实现“一窗”分类受理；在“最多跑一次”方面，企业和群众到政府办事提供的材料减少 30% 以上，省市县各级 30 个高频事项实现“最多跑一次”。

到 2019 年底，重点领域和高频事项基本实现“一网、一门、一次”。在“一网通办”方面，省级政务服务事项网上可办率不低于 90%，市县级政务服务事项网上可办率不低于 70%；在“只进一扇门”方面，除对场地有特殊要求的事项外，政务服务事项进驻综合性实体政务大厅基本实现“应进必进”，70% 以上政务服务事项实现“一窗”分类受理；在“最多跑一次”方面，企业和群众到政府办事提供的材料减少 60% 以上，省市县各级 100 个高频事项实现“最多跑一次”。

（6）《国务院办公厅关于加快推进政务服务“跨省通办”的指导意见》（国办发〔2020〕35 号）。

指导意见要求：从高频政务服务事项入手，2020 年底前实现第一批事项“跨省通办”，2021 年底前基本实现高频政务服务事项“跨省通办”，同步建立清单化管理制度和更新机制，逐步纳入其他办事事项，有效满足各类市场主体和广大人民群众异地办事需求。

（7）《国务院办公厅关于进一步优化地方政务服务便民热线的指导意见》（国办发〔2020〕53 号）。

指导意见要求：加快推进除 110、119、120、122 等紧急热线外的政务服务便民热线归并，2021 年底前，各地区设立的政务服务便民热线以及国务院有关部门设立并在地方接听的政务服务便民热线实现一个号码服务，各地区归并后的热线统一为“12345 政务服务便民热线”（以下简称 12345 热线），语音呼叫号码为“12345”，提供 7×24 小时全天候人工服务。同时，优化流程和资源配置，实现热线受理与后台办理服务紧密衔接，确保企业和群众反映的问题和合理诉求及时得到处置和办理，使政务服务便民热线接得更快、分得更准、办得更实，打造便捷、高效、规范、智慧的政务服务“总客服”。

（8）中共中央、国务院《法治政府建设实施纲要（2021—2025 年）》（以下简称《纲要》）。

《纲要》重点提出要健全法治政府、建设科技保障体系，全面建设数字法治政府。坚持运用互联网、大数据、人工智能等技术手段促进依法行政，着力实现政府治理信息化与法治化深度融合，优化革新政府治理流程和方式，大力提升法治政府建设数字化水平。

在加快推进信息化平台建设方面，《纲要》提出分级分类推进新型智慧城市建设，促进城市治理转型升级。加强政府信息平台建设的统筹规划，优化整合各类数据、网络平台，防止重复建设。

在加快推进政务数据有序共享方面，《纲要》提出构建全国一体化政务大数据体系，加强政务信息系统优化整合。加快推进身份认证、电子印章、电子证照等统一认定使用，优化政务服务流程。加强对大数据的分析、挖掘、处理和应用，善于运用大数据辅助行政决策、行政立法、行政执法工作。建立健全运用互联网、大数据、人工智能等技术手段进行行政管理的制度规则。在依法保护国家安全、商业秘密、自然人隐私和个人信息的同时，推进政府和公共服务机构数据开放共享，优先推动民生保障、公共服务、市场监管等领域政府数据向社会有序开放。

在深入推进“互联网 +”监管执法方面，《纲要》要求 2022 年底前实现各方面监管平台数据的联通汇聚。积极推进智慧执法，加强信息化技术、装备的配置和应用。推行行政执法 App 掌上执法。探索推行以远程监管、移动监管、预警防控为特征的非现场监管，解决人少事多的难题。

（9）《国务院办公厅关于印发全国一体化政务服务平台移动端建设指南的通知》（国办函〔2021〕105 号，以下简称《建设指南》）。

《建设指南》指出，要以习近平新时代中国特色社会主义思想为指导，坚持以人民为中心的发展思想，坚持新发展理念，坚持推动高质量发展，围绕加快转变政府职能、深化“放管服”改革、持续优化营商环境，加强和规范全国一体化平台移动端建设管理，推动各地区各部门政务服务平台移动端标准化、规范化建设和互联互通，全面提升移动政务服务能力和水平，最大程度利企便民。

《建设指南》提出，2022 年底前，各省（自治区、直辖市）和国务院部门移动政务服务应用与国家政务服务平台移动端“应接尽接”“应上尽上”，移动政务服务能力显著提升，形成以国家政务服务平台移动端为总枢纽的全国一体化平台移动端服务体系。实现各级移动政务服务应用标准统一、整体联动、业务协同。

《建设指南》明确了全国一体化平台移动端的总体架构。

2）“互联网+监管”

2018年10月22日，李克强总理主持召开国务院常务会议，确定建设国家“互联网+监管”系统。为完善事中事后监管，加强和创新“双随机、一公开”等监管方式，会议决定，依托国家政务服务平台建设“互联网+监管”系统，强化对地方和部门监管工作的监督，实现对监管的“监管”，并通过归集共享各类相关数据，及早发现防范苗头性和跨行业跨区域风险。

2019年9月，《国务院关于加强和规范事中事后监管的指导意见》（国发〔2019〕18号）提出：依托国家“互联网+监管”系统，联通汇聚全国信用信息共享平台、国家企业信用信息公示系统等重要监管平台数据，以及各级政府部门、社会投诉举报、第三方平台等数据，加强监管信息归集共享，将政府履职过程中形成的行政检查、行政处罚、行政强制等信息以及司法判决、违法失信、抽查抽检等信息进行关联整合，并归集到相关市场主体名下。充分运用大数据等技术，加强对风险的跟踪预警。探索推行以远程监管、移动监管、预警防控为特征的非现场监管，提升监管精准化、智能化水平。

3）“互联网+督查”

2019年4月22日，国务院办公厅印发通知：为深入推动党中央、国务院重大决策部署和政策措施贯彻落实，按照国务院关于实施“互联网+督查”的工作部署，国务院办公厅从即日起设立国务院“互联网+督查”平台，开通国务院“互联网+督查”小程序，围绕中央经济工作会议部署和《政府工作报告》提出的目标任务，面向社会征集四个方面问题线索或意见建议：一是党中央、国务院有关重大决策部署和政策措施不落实或落实不到位的问题线索；二是政府及其有关部门、单位不作为慢作为乱作为的问题线索；三是因政策措施不协调不配套不完善给市场主体和人民群众带来困扰的问题线索；四是改进政府工作的意见建议。

国务院办公厅将对收到的问题线索和意见建议进行汇总整理，督促有关地方、部门处理。对企业和群众反映强烈、带有普遍性的重要问题线索，将由国务院办公厅督查室直接派员进行督查。经查证属实、较为典型的问题，将予以公开曝光、严肃处理。

4）政务服务“好差评”

2019年，《国务院办公厅关于建立政务服务“好差评”制度提高政务服务水平的意见》（国办发〔2019〕51号）要求：2020年底前，全面建成政务服务“好差评”制度体系，建成全国一体化在线政务服务平台“好差评”管理体系，各级政务服务机构（含大厅、中心、站点、窗口等）、各类政务服务平台（含业务系统、热线电话平台、移动服务端、自助服务端等）全部开展“好差评”。

2020 年 12 月 28 日，国家市场监督管理总局发布《政务服务评价工作指南》《政务服务“一次一评”“一事一评”工作规范》两项国家标准，并于 2021 年 1 月 1 日正式实施。

5）数据共享开放

（1）《国务院关于印发促进大数据发展行动纲要的通知》（国发〔2015〕50 号）。

通知要求：① 推动政府数据资源共享。2017 年底前，明确各部门数据共享的范围边界和使用方式，跨部门数据资源共享共用格局基本形成。② 形成政府数据统一共享交换平台。到 2018 年，中央政府层面实现数据统一共享交换平台的全覆盖，实现金税、金关、金财、金审、金盾、金宏、金保、金土、金农、金水、金质等信息系统通过统一平台进行数据共享和交换。③ 形成国家政府数据统一开放平台。2018 年底前，建成国家政府数据统一开放平台。2020 年底前，逐步实现信用、交通、医疗、卫生、就业、社保、地理、文化、教育、科技、资源、农业、环境、安监、金融、质量、统计、气象、海洋、企业登记监管等民生保障服务相关领域的政府数据集向社会开放。另外，到 2018 年，跨部门共享校核的国家人口基础信息库、法人单位信息资源库、自然资源和空间地理基础信息库等国家基础信息资源体系基本建成，实现与各领域信息资源的汇聚整合和关联应用。加快建立统一社会信用代码制度，建立信用信息共享交换机制。

（2）《国务院关于印发政务信息资源共享管理暂行办法的通知》（国发〔2016〕51 号）。

通知要求：各政务部门形成的政务信息资源原则上应予共享，涉及国家秘密和安全的，按相关法律法规执行。因履行职责需要使用共享信息的部门提出明确的共享需求和信息使用用途，共享信息的产生和提供部门应及时响应并无偿提供共享服务。按照国家政务信息资源相关标准进行政务信息资源的采集、存储、交换和共享工作，坚持“一数一源”、多元校核，统筹建设政务信息资源目录体系和共享交换体系。国家发展改革委负责组织推动国家共享平台及全国共享平台体系建设。

（3）《国务院办公厅关于印发政务信息系统整合共享实施方案的通知》（国办发〔2017〕39 号）。

通知要求：2017 年 12 月底前，整合一批、清理一批、规范一批，基本完成国务院部门内部政务信息系统整合清理工作，初步建立全国政务信息资源目录体系，政务信息系统整合共享在一些重要领域取得显著成效，一些涉及面宽、应用广泛、有关联需求的重要政务信息系统实现互联互通。2018 年 6 月底前，实现国务院各部门整合后的政务信息系统接入国家数据共享交换平台，各地区结合实际统筹推进本地区政务信息系统整合共享工作，初步实现国务院部门和地方政府信息系统互联互通。完善项目建设运维统一备案制度，加强信息共享审计、监督和评价，推动政务信息化建设模式优化，政务数据共享和开放在重点领域取得突破性进展。

6）信用体系

（1）《国家发展改革委、人民银行关于印发〈社会信用体系建设规划纲要（2014—2020 年）任务分工〉和〈社会信用体系建设三年重点工作任务（2014—2016）〉的通知》（发改财金〔2014〕2850 号）。

通知要求：加强重点领域信用记录建设。以工商、纳税、价格、进出口、安全生产、产品质量、环境保护、食品药品、医疗卫生、知识产权、流通服务、工程建设、电子商务、交通运输、合同履约、人力资源和社会保障、教育科研、消防安全等领域为重点，完善行业信用记录和从业人员信用档案。建立行业信用信息数据库。各部门要以数据标准化和应用标准化为原则，依托国家各项重大信息化工程，整合行业内的信用信息资源，实现信用记录的电子化存储，加快建设信用信息系统，加快推进行业间信用信息互联互通。

（2）《国务院办公厅关于加快推进社会信用体系建设 构建以信用为基础的新型监管机制的指导意见》（国办发〔2019〕35 号）。

指导意见指出：要以习近平新时代中国特色社会主义思想为指导，按照依法依规、改革创新、协同共治的基本原则，以加强信用监管为着力点，创新监管理念、监管制度和监管方式，建立健全贯穿市场主体全生命周期，衔接事前、事中、事后全监管环节的新型监管机制，不断提升监管能力和水平，进一步规范市场秩序，优化营商环境，推动高质量发展。

指导意见要求：各地区各部门要加强组织领导，细化责任分工，加强与其他“放管服”改革事项的衔接，组织开展信用建设和信用监管试点示范。加快建章立制，推动制定社会信用体系建设相关法律法规。通过各种渠道和形式，深入细致向市场主体做好政策宣传解读工作。

7）全国一体化大数据中心

（1）《关于支持新业态新模式健康发展 激活消费市场带动扩大就业的意见》（发改高技〔2020〕1157 号）。

意见提出：激发数据要素流通新活力。推动构建数据要素有序流通、高效利用的新机制。依托国家数据共享和开放平台体系，推动人口、交通、通信、卫生健康等公共数据资源安全共享开放。在修订税收征收管理法的基础上，健全适应数据要素特点的税收征收管理制度。加快全国一体化大数据中心体系建设，建立完善跨部门、跨区域的数据资源流通应用机制，强化数据安全保障能力，优化数据要素流通环境。

（2）《关于加快构建全国一体化大数据中心协同创新体系的指导意见》（发改高技〔2020〕1922 号）。

指导意见提出：加强全国一体化大数据中心顶层设计。优化数据中心基础设施建设布局，加快实现数据中心集约化、规模化、绿色化发展，形成“数网”体系；加快建立完善云资源接入和一体化调度机制，降低算力使用成本和门槛，形成“数纽”体系；加强跨部门、跨区域、跨层级的数据流通与治理，打造数字供应链，形成“数链”体系；深化大数据在社会治理与公共服务、金融、能源、交通、商贸、工业制造、教育、医疗、文化旅游、农业、科研、空间、生物等领域协同创新，繁荣各行业数据智能应用，形成“数脑”体系；加快提升大数据安全水平，强化对算力和数据资源的安全防护，形成“数盾”体系。

到 2025 年，全国范围内数据中心形成布局合理、绿色集约的基础设施一体化格局。东西部数据中心实现结构性平衡，大型、超大型数据中心运行电能利用效率降到 1.3 以下。数据中心集约化、规模化、绿色化水平显著提高，使用率明显提升。公共云服务体系初步形成，全社会算力获取成本显著降低。政府部门间、政企间数据壁垒进一步打破，数据资源流通活力明显增强。大数据协同应用效果凸显，全国范围内形成一批行业“数据大脑”、城市“数据大脑”，“全社会算力资源”、数据资源向智力资源高效转化的态势基本形成，数据安全保障能力稳步提升。

（3）《关于印发〈全国一体化大数据中心协同创新体系算力枢纽实施方案〉的通知》（发改高技〔2021〕709 号）。

通知提出：统筹围绕国家重大区域发展战略，根据能源结构、产业布局、市场发展、气候环境等，在京津冀、长三角、粤港澳大湾区、成渝，以及贵州、内蒙古、甘肃、宁夏等地布局建设全国一体化算力网络国家枢纽节点（以下简称“国家枢纽节点”），发展数据中心集群，引导数据中心集约化、规模化、绿色化发展。国家枢纽节点之间进一步打通网络传输通道，加快实施“东数西算”工程，提升跨区域算力调度水平。同时，加强云算力服务、数据流通、数据应用、安全保障等方面的探索实践，发挥示范和带动作用。国家枢纽节点以外的地区，统筹省内数据中心规划布局，与国家枢纽节点加强衔接，参与国家和省之间算力级联调度，开展算力与算法、数据、应用资源的一体化协同创新。

8）网络安全保障发展

党的十八大以来，习近平总书记就网络安全和信息化工作提出了一系列新理念、新思想、新战略，系统阐述事关网络安全和信息化事业发展的一系列重大理论和实践问题，形成了关于网络强国的重要思想。2019 年以来，我国网络安全顶层设计不断完善，《中华人民共和国密码法》《信息安全技术　网络安全等级保护基本要求》等多项网络安全相关法律法规、配套制度及有关标准陆续向社会发布。中央网络安全和信息化委员会办公室（以下简称中央网信办）发布《关于做好个人信息保护利用大数据支撑联防联控工作的通知》；2021 年 9 月 1 日，《中华人民共和国数据安全法》正式施行，2021 年 11 月 1 日，《中华人民共和国个人信息保护法》正式施行，进一步强调对数据安全和个人信息的保护；2020 年 1 月 1 日，《密码法》正式施行，这是我国密码领域的综合性、基础性法律。中央网信办、工业和信息化部、公安部等多部门开展了网站安全、App 违法违规收集使用个人信息、电信和互联网行业提升网络数据安全保护能力、“净网 2019”等专项行动，切实维护了网络空间秩序，网络安全综合治理能力水平不断提升。

（1）《国家信息化领导小组关于加强信息安全保障工作的意见》（中办发〔2003〕27 号）。

2003 年 9 月 7 日，中共中央办公厅、国务院办公厅发出通知，转发《国家信息化领导小组关于加强信息安全保障工作的意见》（以下简称《意见》），并要求各地结合实际认真贯彻落实。《意见》是为进一步提高信息安全保障工作的能力和水平，维护公众利益和国家安全，促进信息化建设健康发展而提出的。具体意见有以下几点：① 加强信息安全保障工作的总体要求和主要原则；② 实行信息安全等级保护；③ 加强以密码技术为基础的信息保护和网络信任体系建设；④ 建设和完善信息安全监控体系；⑤ 重视信息安全应急处理工作；⑥ 加强信息安全技术研究开发，推进信息安全产业发展；⑦ 加强信息安全法制建设和标准化建设；⑧ 加快信息安全人才培养，增强全民信息安全意识；⑨ 保证信息安全基金；⑩ 加强对信息安全保障工作的指导，建立健全信息安全管理责任制。

《意见》是党中央顺应时代进步潮流和世界发展趋势做出的重大决策，是我国实现工业化、现代化的必然选择，是促进生产力跨越式发展、增强综合国力和国际竞争力、维护国家安全的关键环节，是覆盖现代化建设全局的战略举措。在党中央、国务院领导下，我国信息化建设取得了重要进展。信息技术得到广泛应用，信息产业持续快速增长，信息立法、标准、培训等基础性工作也不断得到加强。同时也要看到，我国信息化进程与发达国家相比仍然存在较大差距，信息化建设中还存在一些不容忽视的问题。我国信息化建设既要加快步伐，又要从实际出发。《意见》指出坚持以信息化带动工业化，以工业化促进信息化，走新型工业化道路。要做好五个结合：一是信息化与经济社会发展相结合；二是信息化与提高政府管理水平相结合；三是军事信息化与经济社会信息化相结合；四是保障信息安全和促进信息化发展相结合；五是政府引导与发挥市场机制作用相结合，走出一条中国特色信息化的新路子。

（2）中共中央网络安全和信息化委员会办公室成立。

2014 年 2 月 27 日，国家成立中共中央网络安全和信息化领导小组办公室，由中共中央总书记、国家主席、中央军委主席习近平担任组长。该领导小组将着眼国家安全和长远发展，统筹协调涉及经济、政治、文化、社会及军事等各个领域的网络安全和信息化重大问题，研究制定网络安全和信息化发展战略、宏观规划和重大政策，推动国家网络安全和信息化法治建设，不断增强安全保障能力。

2018 年 3 月，根据中共中央印发的《深化党和国家机构改革方案》，中共中央网络安全和信息化领导小组改为中共中央网络安全和信息化委员会，设立中共中央网络安全和信息化委员会办公室。将国家计算机网络与信息安全管理中心由工业和信息化部管理调整为由中共中央网络安全和信息化委员会办公室管理。

（3）《中华人民共和国网络安全法》。

《中华人民共和国网络安全法》（以下简称《网络安全法》）由第十二届全国人民代表大会常务委员会第二十四次会议于 2016 年 11 月 7 日通过，自 2017 年 6 月 1 日起施行。《网络安全法》是我国第一部全面规范网络空间安全管理方面问题的基础性法律，是我国网络空间法治建设的重要里程碑，是依法治网、化解网络风险的法律重器，是让互联网在法治轨道上健康运行的重要保障。

《网络安全法》在以下几个方面值得特别关注。

第一，维护我国网络空间主权。《网络安全法》第一条“立法目的”开宗明义，明确规定要维护我国网络空间主权。第二条明确规定《网络安全法》适用于我国境内网络以及网络安全的监督管理。这是我国网络空间主权对内最高管辖权的具体体现。第二，网络安全与信息化发展并重。《网络安全法》第三条明确规定，国家坚持网络安全与信息化发展并重，遵循积极利用、科学发展、依法管理、确保安全的方针；既要推进网络基础设施建设，鼓励网络技术创新和应用，又要建立健全网络安全保障体系，提高网络安全保护能力，做到“双轮驱动、两翼齐飞”。第三，明确提出我国网络安全战略的主要内容，即明确保障网络安全的基本要求和主要目标，提出重点领域的网络安全政策、工作任务和措施。《网络安全法》第七条明确规定，推动构建和平、安全、开放、合作的网络空间，建立多边、民主、透明的网络治理体系。第四，明确了政府各部门的职责权限，完善了网络安全监管体制。《网络安全法》第八条规定，国家网信部门负责统筹协调网络安全工作和相关监督管理工作，国务院电信主管部门、公安部门和其他有关机关依法在各自职责范围内负责网络安全保护和监督管理工作。第五，强化了网络运行安全，重点保护关键信息基础设施。《网络安全法》强调在网络安全等级保护制度的基础上，对关键信息基础设施实行重点保护，明确关键信息基础设施的运营者负有更多的安全保护义务，并配以国家安全审查、重要数据强制本地存储等法律措施，确保关键信息基础设施的运行安全。第六，将监测预警与应急处置措施制度化、法制化。《网络安全法》第五章将监测预警与应急处置工作制度化、法制化，明确国家建立网络安全监测预警和信息通报制度，建立网络安全风险评估和应急工作机制，制定网络安全事件应急预案并定期演练。这为建立统一高效的网络安全风险报告机制、情报共享机制、研判处置机制提供了法律依据，为深化网络安全防护体系，实现全天候全方位感知网络安全态势提供了法律保障。

（4）习近平总书记“4.19”重要讲话。

2016 年 4 月 19 日上午，中共中央总书记、中央网络安全和信息化领导小组组长习近平在京主持召开网络安全和信息化工作座谈会并发表重要讲话，强调按照创新、协调、绿色、开放、共享的发展理念推动我国经济社会发展，是当前和今后一个时期我国发展的总要求和大趋势，我国网络安全和信息化事业发展要适应这个大趋势，在践行新发展理念上先行一步，推进网络强国建设，推动我国网络安全和信息化事业发展，让互联网更好造福国家和人民。

习近平强调，网信事业要发展，必须贯彻以人民为中心的发展思想。要适应人民期待和需求，加快信息化服务普及，降低应用成本，为老百姓提供用得上、用得起、用得好的信息服务，让亿万人民在共享互联网发展成果上有更多获得感。

习近平指出，网络安全和信息化是相辅相成的。安全是发展的前提，发展是安全的保障，安全和发展要同步推进。要着力推动互联网和实体经济深度融合发展，以信息流带动技术流、资金流、人才流、物资流，促进资源配置优化，促进全要素生产率提升，为推动创新发展、转变经济发展方式、调整经济结构发挥积极作用。网络空间是亿万民众共同的精神家园。网络空间天朗气清、生态良好，符合人民利益。网络空间乌烟瘴气、生态恶化，不符合人民利益。

习近平指出，大国网络安全博弈，不单是技术博弈，还是理念博弈、话语权博弈。我们提出了全球互联网发展治理的“四项原则”“五点主张”，特别是我们倡导尊重网络主权、构建网络空间命运共同体，赢得了世界绝大多数国家赞同。我们要掌握我国互联网发展主动权，保障互联网安全、国家安全，就必须突破核心技术这个难题，争取在某些领域、某些方面实现“弯道超车”。

（5）《中华人民共和国国家安全法》。

2015 年 7 月 1 日，第十二届全国人民代表大会常务委员会第十五次会议通过《中华人民共和国国家安全法》（以下简称《国家安全法》）。国家主席习近平签署第二十九号主席令予以公布。《国家安全法》对政治安全、国土安全、军事安全、文化安全、科技安全等 11 个领域的国家安全任务进行了明确，共七章八十四条，自 2015 年 7 月 1 日起施行。《国家安全法》是为了维护国家安全，保卫人民民主专政的政权和中国特色社会主义制度，保护人民的根本利益，保障改革开放和社会主义现代化建设的顺利进行，实现中华民族伟大复兴，根据《中华人民共和国宪法》制定的法规。

（6）信息安全等级保护 2.0。

2019 年 5 月 13 日，国家市场监督管理总局、国家标准化管理委员会召开新闻发布会，通报国家标准制定流程改革的有关情况，同时发布了一批重要国家标准。在网络安全领域，等级保护 2.0 相关的《信息安全技术 网络安全等级保护基本要求》《信息安全技术 网络安全等级保护测评要求》《信息安全技术 网络安全等级保护安全设计技术要求》等国家标准正式发布，于 2019 年 12 月 1 日正式实施。此系列标准的正式发布，标志着持续多年的等级保护标准体系修订完善工作已经基本完成，我国网络安全等级保护工作将正式进入“2.0 时代”。等级保护 2.0 标准体系以《中华人民共和国网络安全法》为依托，将基础信息网络（广电网、电信网等）、信息系统（采用传统技术的系统）、云计算平台、大数据平台、移动互联网、物联网和工业控制系统等纳入了等级保护对象范围。为适应云计算、大数据、移动互联、物联网和工业控制等新技术、新应用情况下等级保护工作的顺利开展，等级保护 2.0 标准针对共性安全保护需求提出安全通用要求，针对云计算、大数据、移动互联、物联网和工业控制等新技术、新应用领域的特性化安全保护需求提出安全扩展要求。

等级保护 2.0 国家标准体系主要包括：

《计算机信息系统 安全保护等级划分准则》（GB 17859—1999）

《信息安全技术 网络安全等级保护定级指南》（GB/T 22240—2020）

《信息安全技术 网络安全等级保护基本要求》（GB/T 22239—2019）

《信息安全技术 网络安全等级保护安全设计技术要求》（GB/T 25070—2019）

《信息安全技术 网络安全等级保护测评要求》（GB/T 28448—2019）

《信息安全技术 网络安全等级保护实施指南》（GB/T 25058—2019）

《信息安全技术 网络安全等级保护安全管理中心技术要求》（GB/T 36958—2018）

《信息安全技术 网络安全等级保护测评过程指南》（GB/T 28449—2018）

《信息安全技术 网络安全等级保护测试评估技术指南》（GB/T 36627—2018）

《信息安全技术 网络安全等级保护测评机构能力要求和评估规范》（GB/T 36959—2018）

（7）《中华人民共和国密码法》。

《中华人民共和国密码法》由第十三届全国人民代表大会常务委员会第十四次会议于 2019 年 10 月 26 日通过，自 2020 年 1 月 1 日起施行。《中华人民共和国密码法》是为了规范密码应用和管理，促进密码事业发展，保障网络与信息安全，维护国家安全和社会公共利益，保护公民、法人和其他组织的合法权益而制定的法律，是中国密码领域的综合性、基础性法律。

密码是国家的重要战略资源，是保障网络与信息安全的核心技术和基础支撑。密码工作是党和国家的一项特殊重要工作，直接关系国家政治安全、经济安全、国防安全和信息安全。新时代密码工作面临许多新的机遇和挑战，担负更加繁重的保障和管理任务。

密码法立法主要有三方面的目的。第一，坚决贯彻党管密码根本原则，落实中央指示批示精神。制定密码法，就是要以习近平新时代中国特色社会主义思想为指导，全面贯彻落实习近平总书记关于密码工作的系列重要指示批示精神，以及中央关于密码工作的方针政策，确保党的主张通过法定程序成为国家意志，立足我国国情，走中国特色密码发展道路。第二，规范密码应用和管理，促进密码事业发展。制定密码法，就是要将国家对关键信息基础设施商用密码的应用要求及时上升为法律规范，并对现行商用密码管理制度做出调整，切实为企业松绑减负，促进密码科技进步和创新，促进密码产业健康发展。第三，保障网络与信息安全，维护国家安全和社会公共利益，保护公民、法人和其他组织的合法权益。制定密码法就是要更好地促进密码产业发展，营造良好市场秩序，为社会提供更多优质高效的密码，充分发挥密码在网络空间中信息加密、安全认证等方面的重要作用。

（8）《中华人民共和国数据安全法》。

2021年6月10日，第十三届全国人民代表大会常务委员会第二十九次会议通过《中华人民共和国数据安全法》（以下简称《数据安全法》），自2021年9月1日起施行。《数据安全法》是为了规范数据处理活动，保障数据安全，促进数据开发利用，保护个人、组织的合法权益，维护国家主权、安全和发展利益而制定的法律。

《数据安全法》是我国第一部有关数据安全的专门法律，也是国家安全领域的一部重要法律。《数据安全法》的出台不仅保障国家、企业及个人的数据安全，也有望为未来数据流通和商业变现落地保驾护航，极大推动国家数字经济的发展。

（9）《中华人民共和国个人信息保护法》。

2021年8月20日，中华人民共和国第十三届全国人民代表大会常务委员会第三十次会议通过了《中华人民共和国个人信息保护法》（以下简称《个人信息保护法》），并于2021年11月1日起施行。

作为我国首部针对个人信息保护的专门性立法，《个人信息保护法》的制定涉及法律名称的确立、立法模式问题、立法的意义和重要性、立法现状以及立法依据、法律的适用范围、法律的适用例外及其规定方式、个人信息处理的基本原则、与政府信息公开条例的关系、对政府机关与其他个人信息处理者的不同规制方式及其效果、协调个人信息保护与促进信息自由流动的关系、法律在特定行业的适用问题、关于敏感个人信息问题、法律的执行机构、行业自律机制、信息主体权利、跨境信息交流问题、刑事责任问题，构建了完整的个人信息保护框架。

2. 地方有关政策规划

截至2020年底，各省(自治区、直辖市)均在不同程度推进数字政府建设，多个省(自治区、直辖市)印发了数字政府建设规划，如表 2-3 所示。

表 2-3　部分省（自治区、直辖市）数字政府建设规划

省（自治区、直辖市）	发　文
北京市	《北京市大数据工作推进小组关于印发〈北京市“十四五”时期智慧城市发展行动纲要〉的通知》
天津市	《天津市人民政府关于印发天津市优化营商环境三年行动计划的通知》
河北省	《河北省数字政府服务能力提升专项行动计划》
山西省	《山西省人民政府办公厅关于印发山西省数字政府建设规划（2020—2022 年）的通知》
内蒙古自治区	《内蒙古自治区人民政府关于推进数字经济发展的意见》
辽宁省	《辽宁省人民政府办公厅关于印发数字辽宁发展规划（1.0 版）的通知》
吉林省	《推动电子信息产业和数字政府建设 促进“数字吉林”快速发展工作方案》
黑龙江省	《黑龙江省人民政府关于印发“数字龙江”发展规划（2019—2025 年）的通知》
上海市	《关于全面推进上海城市数字化转型的意见》
江苏省	《2021 年全省大数据工作要点》
浙江省	《中共浙江省委全面深化改革委员会关于印发〈浙江省数字化改革总体方案〉的通知》
安徽省	《安徽省人民政府关于印发安徽省“数字政府”建设规划（2020—2025 年）的通知》
福建省	《福建省人民政府办公厅关于印发福建省“十三五”数字福建专项规划的通知》
江西省	《江西省人民政府办公厅关于印发江西省数字经济发展三年行动计划(2020—2022 年)的通知》
山东省	《山东省人民政府办公厅关于印发山东省数字政府建设实施方案（2019—2022 年）的通知》
河南省	《河南省人民政府关于印发河南省数字政府建设总体规划（2020—2022 年）的通知》
湖北省	《省人民政府关于印发湖北省数字政府建设总体规划（2020—2022 年）的通知》
湖南省	《湖南省人民政府办公厅关于印发〈湖南省 2020 年政务管理服务工作要点〉和〈湖南省 2020 年政务公开工作要点〉的通知》
广东省	《广东省人民政府关于印发广东省“数字政府”建设总体规划(2018—2020 年)的通知》
	《广东省人民政府关于印发广东省数字政府改革建设“十四五”规划的通知》
广西壮族自治区	《广西壮族自治区人民政府办公厅关于印发广西推进数字政府建设三年行动计划（2018—2020 年）的通知》
海南省	《智慧海南总体方案（2020—2025 年）》
重庆市	《重庆市新型智慧城市建设方案 (2019—2022)》
四川省	《四川省人民政府关于加快推进数字经济发展的指导意见》
贵州省	《关于印发〈贵州省数字经济发展规划（2017—2020 年）〉的通知》
云南省	《云南省加快推进一体化在线政务服务平台建设工作实施方案》
西藏自治区	《“数字西藏”建设三年实施方案（2020—2022 年）》《“智慧西藏”建设三年实施方案（2020—2022 年）》
陕西省	《陕西省人民政府办公厅关于印发 2021 年深化“放管服”改革优化营商环境工作要点的通知》

续表

省（自治区、直辖市）	发　文
宁夏回族自治区	《自治区人民政府关于印发宁夏回族自治区数字政府建设行动计划（2021—2023年）的通知》
青海省	《青海省人民政府关于印发青海省加快推进“互联网+政务服务”工作方案的通知》

1）《浙江省数字化改革总体方案》（以下简称《总体方案》）

《总体方案》提出，未来五年内，浙江将以数字化改革撬动各领域各方面改革，统筹运用数字化技术、数字化思维、数字化认知，对省域治理的体制机制、组织架构、方式流程、手段工具进行全方位、系统性重塑，推动各地各部门流程再造、数字赋能、高效协同、整体智治，整体推动质量变革、效率变革、动力变革，高水平推进省域治理体系和治理能力现代化，争创社会主义现代化先行省。《总体方案》提出加快构建“1+5+2”工作体系，搭建好数字化改革的“四梁八柱”。

到2021年底，初步构建一体化、智能化公共数据平台，5个综合应用实现功能全上线、省市县全贯通，初步建立数字化改革的内涵、目标、思路、举措、项目等理论体系，初步建立数字化改革平台技术支撑、业务应用管理、数据共享开放、网络安全保护等制度规范体系，初步形成党政机关科学决策、高效执行、有力监督、精准评价的整体智治体系，基本建成“掌上办事之省”“掌上办公之省”“掌上治理之省”。4月底前，上线运行数字化改革总门户；8月底前，上线运行5个综合应用。

到2022年底，数字化改革总门户和5个综合应用高效运行，市场活力进一步激发，发展动力更加强劲，数字化改革理论体系和制度规范体系更加健全，全面建成“掌上办事之省”“掌上办公之省”“掌上治理之省”。

到2025年底，全面形成党建统领的整体智治体系，数字化改革理论体系丰富完备、制度规范体系成熟定型，基本建成全球数字变革高地，数字化改革成为“重要窗口”的重大标志性成果。

2）《安徽省“数字政府”建设规划（2020—2025年）》（以下简称《建设规划》）

《建设规划》按照“11171”的总体思路，集约化、一体化推进“数字政府”建设，即通过“一套基础强支撑、一个中心汇数据、一个平台推服务”，全面推进行政办公、经济调节、市场监管、社会治理、公共服务、生态环保、区域协同等七个方面的数字化转型，通过全国一体化政务服务平台，实现“一个通道连国网”，建成网络互联、系统互通、数据共享、业务协同的“线上政府、智慧政府”。

一套基础：统筹建设“云网”共性基础支撑能力，打造全省统一的政务“一朵云”，形成覆盖全省电子政务外网“一张网”。

一个中心：建设江淮大数据中心，搭建省级总平台、行业部门分平台、各市子平台的平台框架体系，汇聚政务、社会、经济等数据资源，为“数字政府”建设提供数据支撑。

一个平台：全面创新升级“皖事通办”平台，支撑政府服务管理数字化运行，为市场主体和群众提供无差别、全覆盖、高质量、高效便利的政务服务和社会服务，实现政府一个平台“推服务”、群众一个平台“找政府”。

七类应用：依托“皖事通办”平台，构建服务行政办公、经济调节、市场监管、社会治理、公共服务、生态环保、区域协同等七类政务应用体系，加快部门业务系统与“皖事通办”平台对接，促进业务流程革命性再造、数据融合共享和深度应用。

3）《山东省数字政府建设实施方案（2019—2022 年）》（以下简称《实施方案》）

《实施方案》明确了五个方面的数字化转型任务。一是在政务服务方面，对外着力建设一体化在线政务服务平台及 App，叫响“爱山东”品牌；对内着力建设一体化协同办公系统及 App，打造“山东通”平台。二是在公共服务方面，围绕公众关心的就业、社保、教育、文化、出行、健康养老、救助等领域，提出了七项具体任务，提升公共服务均等化、普惠化水平，让老百姓的生活更便捷、更智能。三是在社会治理方面，围绕平安山东、应急指挥、防灾减灾、生态治理、“互联网 + 监管”、社会信用、法治山东等重点领域，提出数字化转型的具体任务及路径。四是在宏观决策方面，通过加强大数据的统筹汇聚、关联分析、挖掘应用，推动经济调节、统计监测、辅助决策更加科学高效，全面提升政府的科学决策能力和风险防范水平。五是在区域治理方面，统筹城乡、陆海，围绕城市、园区、社区、乡村、海洋等重点区域治理，加强信息基础设施建设，深化数据技术应用，开展示范创新引领，提升区域治理的数字化、智能化水平。

4）《广东省数字政府改革建设“十四五”规划》（以下简称《规划》）

《规划》提出，到 2025 年，全面建成“智领粤政、善治为民”的“广东数字政府 2.0”，构建“数据 + 服务 + 治理 + 协同 + 决策”的政府运行新范式，加快政府职能转变，不断提高政府履职信息化、智能化、智慧化水平，持续提升群众、企业、公职人员获得感，有效解决数字鸿沟问题，加快实现省域治理体系和治理能力现代化，打造全国数字政府建设标杆。数字政府改革建设“广东模式”趋于成熟，对数字经济、数字社会、数字生态发展的带动和促进效果进一步彰显。广东省全面数字化发展持续走在全国前列，努力成为数字中国创新发展高地。

根据《规划》，到 2025 年，广东省力争实现如下“五个全国领先”。一是将努力实现政务服务水平全国领先，高频服务事项 100%“零跑动”、100%“省内通办”“跨省通办”“湾区通办”。二是将努力实现省域治理能力全国领先，在全国率先构建五级联动的省域治理体系，建成“一网统管”基础平台“粤治慧”，实现行业应用全覆盖。三是将努力实现政府运行效能全国领先，全面构建“指尖政府”，实现“粤政易”与内部系统 100% 连通，各级政府部门视频会议系统全覆盖。四是将努力实现数据要素市场全国领先，政府内部应共享数据需求满足率达到99%以上，向社会开放不少于10 000个公共数据资源集，数据要素市场化交易制度规则和平台机构体系基本建立。五是将努力实现基础支撑能力全国领先，集约高效、安全可靠的技术架构进一步完善，政务外网接入率达到90%，电子证照用证率超过80%，政府部门电子印章覆盖率98%。此外，广东省数字政府改革建设还将贯彻国家部署要求，融入全国一体化平台；积极探索省际协同，实现省际基础平台互通、政务服务协同、营商环境共建；坚持“全省一盘棋”统筹布局，以珠三角地区为“头雁”，其他地区因地制宜开展应用创新，共同打造数字政府改革建设“雁阵效应”。

5）《宁夏回族自治区数字政府建设行动计划（2021年—2023年）》（以下简称《行动计划》）

《行动计划》提出，到2023年，全区统一的云网数底座和基础支撑体系基本完备，跨层级、跨地域、跨行业、跨部门、跨业务的一体联动应用体系初步形成，网络化办公、数字化执法、智能化治理、智慧化服务成效明显，一网通办、一网统管、一体协同的工作格局逐步强化。数据治理能力不断加强，数据要素市场化应用稳步推进，“互联网+教育”“互联网+医疗健康”“互联网+城乡供水”等示范区建设成果丰硕，政府数字化转型迈出坚实步伐，智能化应用取得积极进展，智慧化发展实现新的突破，数字政府、数字经济、数字社会融合生长、蓬勃发展。

《行动计划》围绕20个方面提出了60项重点任务，确立了“12345”的总体架构。“1”是指构建全区统一的数字政府基础底座，包括政务云、电子政务外网、政务大数据中心与数据共享交换等基础平台设施和统一的身份认证、电子证照、电子签章、公共支付等共性应用支撑体系。“2”是指打造数字政府两大移动入口，主要是“我的宁夏”政务App办事入口，“宁政通”政务App办公入口。“3”是指政务服务、社会治理、政府运行三条应用主线，主要目标是实现一网通办、一网通管、一体协同（一屏通联）。“4”是指四大保障体系，主要是统一标准体系、统一安全防护体系、统一投诉反馈体系、统一联动的运营运维体系。“5”是指自治区、市、县、乡、村五级贯通、一体联动的应用体系。

2.2.2 国家及各省（自治区、直辖市）建设进展

1. 政务网络现状

政务外网主要运行政务部门面向社会的专业性服务业务，支持跨地区、跨部门的业务应用、信息共享和业务协同，以及不需要在政务内网上运行的非涉密业务。由中央政务网络和地方政务网络组成，与互联网逻辑隔离。目前政务外网已覆盖连接31个省（自治区、直辖市）和新疆生产建设兵团全部市、县及近200家中央部门和相关

单位，各级政务部门根据业务需要分别接入相应层级的政务网络。28 个省（自治区、直辖市）实现下级乡镇的纵向覆盖，乡镇（街道）接入政务外网总数新增至 29 640 个，覆盖率达到 74.3%（截至 2019 年底）。

政务外网 IP 网络按照管理层次，由中央、省级、地（市）、县（区）四级网络平台组成。在网络物理结构上，可以分为广域网和城域网，广域网用于纵向覆盖各级行政区划，城域网用于横向连接本级政务部门，并建设安全接入平台和统一互联网出口。广域骨干网新增上海、广州、成都、西安 4 个核心节点，支持中央部门异地数据中心（灾备中心）接入。中央级政务外网已具备 IPv6 业务承载能力。

在管理模式上，采取统一指导、分级建设运营的方式。国家电子政务外网管理中心（国家信息中心）负责国家政务网络指导，以及中央级政务网络的建设、运营；省、市、区县各级外网管理部门自行建设、运营各级政务网络骨干网；各级政府部门自行建设、运营部门局域网。

2. 政务云建设

自 2013 年《基于云计算的电子政务公共平台顶层设计指南》印发以来，国家鼓励应用云计算技术持续深化电子政务，推进政务信息化的资源共享和业务协同。在政务云实践过程中，政府部门往往以发展智慧政务、智慧城市、数字政府等为导向建设集约化政务云平台，通过整合利用各类信息资源，融合大数据和人工智能技术，实现电子政务相关的创新型应用。

截至 2018 年年中，在我国 31 个省级行政区（不含港澳台）中，有 30 个省级行政区已经建有或者正在建设（完成招标）政务云；在我国 334 个地级行政区中，有 235 个地级行政区已经建有或者正在建设（完成招标）政务云，如图 2-2 所示。在上云程度方面，政务云建设在国家政策指导和各级部门的大力推进下，取得了较好的上云推进效果，近 90% 的部门、70% 的业务系统已经在云上运行。在建设和运营成本方面，与传统模式相比，政务云建设模式可以为政府节约三成以上的成本，有效提高资源利用率。在应用成效方面，政务云能够显著提高政务办公和民众办事效率，部分政务事项的办理时间缩短 90% 以上，“最多跑一次”事项比例超过 95%。

上海市政务云体系以政府购买服务的方式，依托政务外网，统一为各部门提供服务。部分委办局根据现有业务规模、机房环境、技术力量和条线要求等情况，形成 5 个左右云分中心；随后逐步实现云分中心向市级云中心整合。16 个区政府自主建设区级云，与市级云在逻辑上实现一体化。全市最终形成“1+16”市、区两级云体系。市级云架构由设施资源层、中间平台层、业务应用层组成，在政务云管理体系和安全体系保障下，通过各类用户终端，为政府内部提供统一信息化支撑，向社会公众提供高效外部服务。

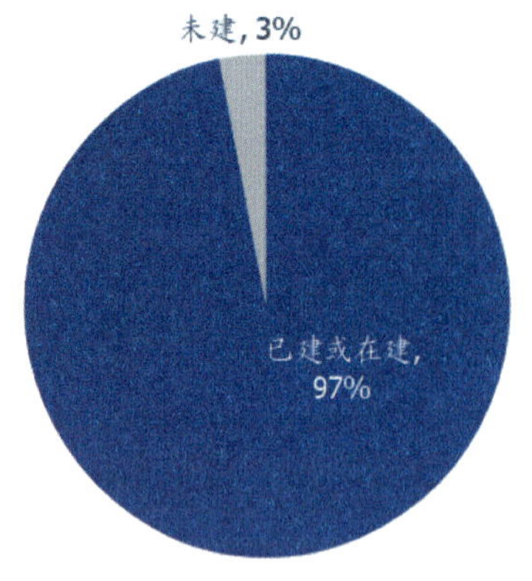

（a）省级行政区政务云建设情况统计

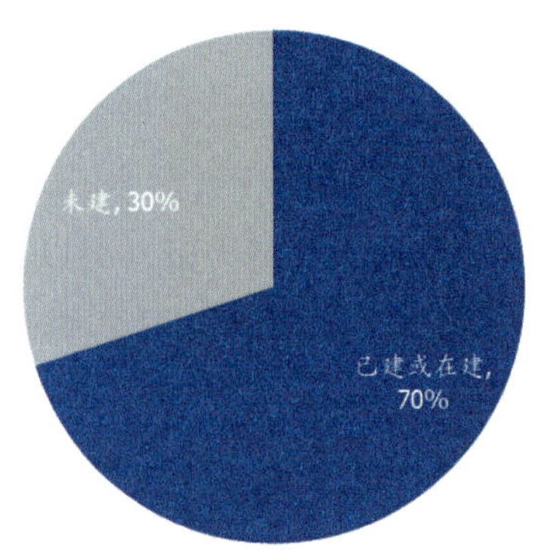

（b）地级行政区政务云建设情况统计

图 2-2 我国政务云建设情况

（资料来源：中国信通院，国盛证券研究所）

重庆市自 2019 年 6 月起，启动建设以市政府主要领导任“总云长”，6 位市领导任“系统云长”，68 个市级部门、38 个区县政府和 4 个开发区主要负责人任“云长”的“云长制”体系。截至 2020 年底，全市“云长”单位达到 110 个，累计推动 2458 个信息系统上云，上云率由实施前的 26.6% 上升至 98.9%，并通过“数字重庆”云平台形成电子政务云“一云承载”服务体系。通过建设“数字重庆”云平台，将此前分散的市级部门和区县云系统进行整合，形成“一云承载”的电子政务云平台规划布局。2020 年，重庆市启动建设的“数字重庆”多云管理平台、智慧城市运行管理平台等一揽子政务平台项目，推动形成了全面、系统的云平台管理体系。同时，重庆市相继出台《重庆市公共数据开放管理暂行办法》《重庆市大数据标准化建设实施方案（2020—2022 年）》等文件，成立大数据标准化技术委员会，制定完善大数据资源管理的政策、法规、标准体系，增强数据安全管理能力。目前，重庆市已建成以“两个系统 + 四个基础库 +N 个主题库 +N 个部门数据池”为框架的城市大数据资源中心，即通过构建完善数据共享系统、开放系统，升级自然人、法人、地理空间基础数据库和电子证照基础数据库，围绕应用建设若干主题数据库，并根据各市级部门责任清单建成企业融资、政务服务等多个主题数据库，推动公共企事业单位的数据资源按照“依法依规、安全可控”原则纳入共享范畴。

目前，全国各地“国资云”建设如火如荼。在加快国企数字化转型和加强数据安全的大背景下，国资云是大势所趋。国资云是指由各地国资委牵头投资、设立、运营，推动国企加快数字化转型的数据安全基础设施云平台。国资云是地方政务云体系的一种有益补充。

3. 数据共享开放

1）数据共享

截至 2019 年，全国一体化数据共享交换平台建成，打通了 42 个国务院部门垂直管理的信息系统。在前置接入方面，数据共享交换平台共接入 76 个中央政务部门和 32 个省级平台（2019 年 6 月）。在服务申请受理方面，截至 2020 年 11 月底，国家数据共享交换平台上线目录累计超过 64 万条，发布共享接口 1200 余个，平台开通以来累计提供查询 / 核验超过 20 亿次。2020 年 1—11 月，最高单月提供查询 / 核验服务 1.75 亿次，累计提供服务超过 10.8 亿次，与 2019 年相比，月均查询 / 核验接口调用次数从 5900 万次提高到 9800 万次，数据共享成效显著。全国多个地区建立了公共信息资源开放平台，截至 2019 年 4 月，已有 82 个开放平台，其中省级平台 13 个、副省级平台 10 个、地市级平台 59 个。

2020 年 12 月 25 日，全国信用信息共享平台项目（二期）（国家信息中心建设部分）顺利通过了竣工验收。全国信用信息共享平台依托国家电子政务外网建设，横向联通 94 个中央部门，纵向贯通 31 个省（自治区、直辖市）和新疆生产建设兵团，并实现与 77 个社会信用机构互联互通及信息共享，平台累计归集信用信息数据量达 618.42 亿条，累计推送数据 1313.64 亿条，提供接口实时查询 / 核验服务 21.36 亿次，为推进建立联合惩戒与守信激励机制、促进信用体系建设等提供重要支撑。

2）数据开放

数据开放方面，截至 2020 年 10 月，我国已有 142 个省级、副省级和地级政府上线了数据开放平台，上海、浙江、天津等 3 个省级地方和威海、连云港、福州、哈尔滨、青岛等 5 个副省级和地级地方出台了专门针对政府数据开放的地方政府规章或规范性文件，海南、宁波、南京、湖州等多地制定的公共数据管理办法中也有专门针对政府数据开放的章节。此外，上海、广东、浙江、贵州、山东、江西等省市还制定了专门针对政府数据开放的标准规范。

地方和部门在政务信息资源开发利用方面也取得了初步成效。例如：国家卫生健康委员会与山东省人民政府、济南市人民政府合作共建国家健康医疗大数据北方中心及产业园，推动健康医疗数据开发利用；福建省福州市联合第三方公司授权开展健康医疗大数据运营服务，目前已汇聚福州市 37 家医疗机构、165 亿条数据；贵州鼓励大数据“大家干、大家用”，培育了一批政务数据开发利用典型应用。这些探索在释放数字红利、繁荣数字经济方面发挥了积极作用。

4. 政务服务建设

1）全国一体化政务服务平台

截至 2020 年 12 月，我国互联网政务服务用户规模达 8.43 亿，较 2020 年 3 月增长 21.6%，占网民整体的 85.3%。党的十九届五中全会提出“加强数字社会、数字政府建设”“推动政务服务标准化、规范化、便利化”。互联网政务服务是推动数字政府建设的出发点，也是数字政府服务老百姓的落脚点。2020 年，党中央、国务院顺应和把握全球信息革命最新发展趋势和特点，从推进国家治理体系和治理能力现代化全局出发，切实践行以人民为中心的发展理念，充分发挥全国一体化服务体系建设成效，大力推进数字政府建设，切实提升群众和企业的满意度、幸福感和获得感，为扎实做好“六稳”工作，全面落实“六保”任务提供服务支撑。各地区各级政府“一网通办”“异地可办”“跨区通办”渐成趋势，“掌上办”“指尖办”逐步成为政务服务标配，营商环境不断优化。

2019 年，以国家政务服务平台为总枢纽的全国一体化政务服务平台初步建成，推动更多政务服务事项从“线下跑”转向“网上办”，全方位提升了网上政务服务能力和水平。各省“互联网 + 政务服务”平台全部上线，“最多跑一次”“一网通办”“秒批”等办事服务标准模式不断提出，政务信息基本实现“网络通、数据通”的阶段性目标。截至 2019 年 12 月，中国政府网站数量由 2016 年 6 月的 60 673 个缩减为 14 474 个，累计下降 76.1%。同时，各地区政务服务平台加速向统筹建设、协同共享转变，截至 2020 年 12 月，国家政务服务平台已接入 45 个国务院部门，涵盖 1376 项政务服务事项，31 个省（自治区、直辖市）和新疆生产建设兵团的 495 万多项政务服务事项，其中大部分实现了省、市、县、乡、村的五级全覆盖，全国一体化政务服务不断优化健全。中国互联网络信息中心 (CNNIC) 发布的第 47 次《中国互联网络发展状况统计报告》显示，截至 2020 年 12 月，全国一体化政务服务平台实名用户总量达 8.09 亿，其中国家平台注册的个人用户 1.88 亿，法人用户 7.07 亿。

中央党校（国家行政学院）电子政务研究中心发布的《省级政府和重点城市网上政务服务能力（政务服务“好差评”）调查评估报告（2020）》显示，各地区依托全国一体化平台，推动政务服务逐步从低效到高效、从被动到主动、从粗放到精准的转变，政务服务能力和水平持续增强，全国一体化平台的影响力、辨识度、知晓度、美誉度显著提升，全国一体化平台已经成为企业和群众办事的重要渠道。网上政务服务能力指数如图 2-3 所示。

各地区将全国一体化平台建设作为创新行政管理和服务的新方式、新渠道、新载体，不断提升网上政务服务能力，群众获得感持续增强。网上政务服务能力指数为“非常高”的省级政府从 2016 年的 3 个增加到 8 个，指数为“高”的地区从 2016 年的 9 个增加到 15 个，网上政务服务能力指数为“低”的首次为零。另据《2020 联合国电子政务调查报告》，我国电子政务发展指数国际排名从 2018 年的第 65 位上升至 2020 年的第 45 位，同时，作为衡量国家电子政务发展水平核心指标的在线服务指数排名提升至全球第 9 位。

2019年度调查评估的结果再次印证，在大力推进全国一体化政务服务平台建设的指引下，各地区依托全国一体化政务服务平台，推动政务服务从低效到高效、从被动到主动、从粗放到精准的转变，网上政务服务能力和水平持续增强，一体化政务服务平台的辨识度、知晓度、美誉度显著提升，一体化政务服务平台已经成为企业和群众办事的主要渠道。

北京“营商环境优化”、上海“一网通办”、江苏“不见面审批”、浙江“政府数字化转型”、安徽“皖事通办”、福建“数字福建”、广东“数字政府改革”贵州“全省通办”等创新经验，已经成为全国一体化平台建设的典型标杆，在全国发挥了较强的引领和示范作用，从“盆景”到“风景”，网上政务服务最佳实践层出不穷，头雁示范效应凸显。

重点城市方面，广州、南京、杭州、青岛、深圳、宁波和合肥7个城市的网上政务服务能力总体指数为非常高（超过90），占比为21.88%，14个重点城市的网上政务服务能力总体指数为高（90～80），占比为43.75%。

省（自治区、直辖市）级政府网上服务能力总体指数前10名

排名	省级政府
1	广东 浙江
2	上海
3	江苏 贵州
4	北京
5	安徽
6	福建
7	四川
8	湖北
9	河南
10	河北

重点城市网上服务能力总体指数前10名

排名	重点城市
1	深圳
2	杭州 南京 广州
3	宁波
4	合肥
5	青岛
6	哈尔滨
7	武汉
8	南昌
9	福州
10	长沙

省（自治区、直辖市）级政府网上政务服务能力水平分布

非常高 ≥90	高 90～80	中 80～65	低 ≤65
北京（+）	天津	吉林	
上海	河北（+）	黑龙江（-）	
江苏	山西	山东（-）	
浙江	内蒙古（+）	西藏	
安徽	辽宁	陕西	
福建（+）	江西	甘肃	
广东	河南（+）	青海	
贵州	湖北	新疆（+）	
	广西	新疆兵团	
	海南		
	重庆		
	四川		
	云南		
	宁夏		

重点城市网上政务服务能力水平分布

非常高 ≥90	高 90～80	中 80～65	低 ≤65
广州	武汉	长春	
南京	哈尔滨	济南	
杭州	沈阳	大连	
青岛	成都	石家庄	
深圳	西安	太原	
宁波	厦门	呼和浩特	
合肥	福州	海口	
	南昌	拉萨	
	郑州（+）	兰州	
	长沙	西宁（+）	
	南宁	乌鲁木齐	
	贵阳		
	昆明（+）		
	银川		

省（自治区、直辖市）级政府方面，北京、上海、江苏、浙江、安徽、福建、广东和贵州8个省（自治区、直辖市）级政府的网上政务服务能力总体指数为非常高（超过90），15个省（自治区、直辖市）级政府的网上政务服务能力总体指数为高（90～80），占比为46.87%，得益于近年来一体化网上服务的大力推进，省（自治区、直辖市）级政府的网上政务服务能力在过去一年水平显著提升，网上政务服务能力总体指数和五项分项指数均有不同程度提高，网上政务服务能力总体指数为“非常高”的地区从2016年的3个地区增加到8个地区，指数为“高”的地区从2016年的9个地区增加到15个地区，网上政务服务能力指数为“低”的地区首次为零。

图 2-3　网上政务服务能力指数

北京市从 2019 年初开始实行以市民服务热线为主渠道的“接诉即办”改革。两年来，12345 热线共受理群众反映问题 1800 多万件，其中直接解答 1100 万件、派单办理 700 多万件。“接诉即办”围绕深化党建引领“街乡吹哨、部门报到”改革，完善了“一套体系、一号响应、一单到底、一刊直报、一把尺子、一库分析”的工作制度，强化了“眼睛向下”“脚步向前”到基层一线解决问题的鲜明导向，群众获得感、幸福感、安全感不断增强。

浙江省于2016年底首次提出“最多跑一次”改革。2018年，浙江省政府全面推行“一窗受理、一网通办、一证通办、一次办结”，截至 2020 年底，浙江省已经实现 56 件个人和企业全生命周期事项实现“一件事”全流程办理，机关事业单位人员职业生涯全周期管理“一件事”改革全面完成，企业开办时间压缩至 1 个工作日，实现一般企业投资项目审批“最多 80 天”，国际贸易进出口业务全部实行“单一窗口”办理；以信用为基础的新型监管机制加快建立，实现“信用差多检查、信用好不打扰”。浙江省还深入实施数字经济“一号工程”，基于“浙政钉”“浙里办”等应用实现“一次不用跑”服务，扎实推进数字乡村和新型智慧城市建设，取得明显成效。

广东省“粤省事”是我国首个集成民生服务微信小程序，也是广东省“数字政府”改革建设的重要成果。自 2018 年 5 月上线至 2019 年 7 月，已有约 1317 万实名用户，

597 项服务实现“零跑动”，累计查询和办理业务 2.1 亿件。本地居民只需要刷脸登录平台，就可以一站式“指尖办理”687 项高频政务服务，还可以关联身份证、社保、驾驶证等 59 类电子证照，实现“一机在手”带齐所有证照。“粤省事”已成为广东省居民日常生活的重要工具。“粤商通”涉企移动政务服务平台则构建整体推进、政企合作、管运分离的“数字政府”，进一步优化营商环境。

上海市“一网通办”以“高效办成一件事”为目标，注重前端和后台的联动发力，持续推进行政审批制度改革；不断加强技术平台建设，构建坚实的技术支撑体系，服务能力不断提升，已经成为上海市优化营商环境的金字招牌。目前，“一网通办”总门户已接入 2321 项服务事项，其中，行政审批事项已应接尽接，82.1% 具备“全程网办”能力，93.87% 具备“最多跑一次”能力。实现办事时间总体减少 59.8%，办事材料总体减少 52.9%。收到 130 多万人次（企业）评价，好评率 99.7%。同时，上海市着力推动业务流程再造，推动从“以部门为中心”到“以用户为中心”的转变，重点推动减环节、减时间、减材料、减跑动，确保群众进一网、跑一次、能办成，不断增强企业和群众的获得感和满意度。

2）“互联网 + 督查”

2019 年 4 月 22 日，按照国务院关于实施“互联网 + 督查”的工作部署，国务院办公厅设立国务院“互联网 + 督查”平台，开通国务院“互联网 + 督查”小程序。

国务院“互联网 + 督查”平台上线两年多来，获得上亿次的平台访问量、千万量级的留言、根据受理范围推动解决实际问题 10 万余个：在水电气暖等民生问题方面，“互联网 + 督查”即来即办，推动解决了 300 余个暖气断供、室温不达标问题，400 余个“煤改气”“煤改电”改造不到位、气电供应不足、补贴发放不及时问题，400 多个饮用水质差、自来水时断时续、灌溉用水难问题。2020 年 2 月以来，为推动“六稳”“六保”政策措施早落地早见效，转办国有房屋免租政策不落实、转供电主体截留工商业电价降价红利等问题线索 300 余条，促进有关方面向小微企业和个体工商户兑现政策红利数十亿元。2019 年 11 月和 2020 年 11 月，先后两次通报部分银行分支机构、保险机构、助贷机构违规借贷搭售、转嫁成本及违规收费问题，督促退还小微企业违规收费 6000 多万元。平台开通以来，国办督查室持续将减税降费政策作为重点，先后转办问题线索 600 余条，直接派员督查和通报曝光各地违规征税、乱收费乱涨价问题，推动取消和纠正违规收费、不合理收费、征收过头税费等近百项，每年为企业减负超过 10 亿元。国务院“互联网 + 督查”平台已成长为国内覆盖面最广、影响力最大、社会参与度最高的政府监督平台。

3）政务服务“好差评”

截至 2020 年 11 月底，共有 22 个省（自治区、直辖市）级政府发布了相关政策文件（包括试行办法、征求意见稿），如表 2-4 所示。

表 2-4　部分地区“好差评”管理办法

省（自治区、直辖市）	主管部门	相关文件	发文时间
贵州省	政务服务中心	《贵州省政务服务“好差评”管理办法（试行）》	2020.11.01
辽宁省	营商环境建设局	《辽宁省政务服务“好差评” 管理办法》	2020.10.23
安徽省	创优“四最”营商环境工作领导小组办公室	《安徽省政务服务“好差评”制度实施方案（试行）》	2019.06.29
上海市	政府办公厅	《建立“一网通办”政务服务“好差评”制度工作方案》	2019.07.23
河南省	“放管服”改革协调小组办公室	《关于进一步做好政务服务“好差评”工作的通知》	2019.07.30
广东省	人民政府办公厅	《广东省政务服务“好差评”管理办法》	2020.02.19
河北省	“放管服”改革协调小组办公室	《河北省政务服务“好差评”评价办法（试行）》	2019.08.09
		《河北省政务服务“好差评”评价办法》	2020.05.10
湖北省	政务管理办公室	《湖北省政务服务“好差评”管理办法（试行）》	2019.09.17
浙江省	人民政府办公厅	《浙江省建立政务服务“好差评”制度工作方案》	2019.10.08
重庆市	人民政府办公厅	《重庆市政务服务“好差评”工作实施方案》	2019.10.10
内蒙古自治区	政务服务局	《内蒙古自治区政务服务“好差评”工作制度（试行）》	2019.10.18
黑龙江省	营商环境建设监督局	《关于建立政务服务“好差评”制度工作的通知》	2019.10.22
福建省	行政审批制度改革工作小组	《福建省政务服务“好差评”管理办法（试行）》	2019.10.25
四川省	人民政府办公厅	《四川省政务服务“好差评”工作方案》	2019.11.14
广西壮族自治区	大数据发展局	《广西壮族自治区政务服务“好差评”制度（试行）》	2019.11.26
北京市	政务服务管理局	《关于建立政务服务“好差评”制度 提高政务服务水平的实施意见》	2019.12.30
天津市	政务服务办公室	《天津市建立政务服务“好差评”制度工作方案》	2020.01.21
甘肃省	人民政府办公厅	《甘肃省建立政务服务“好差评”制度 提高政务服务水平实施方案》	2020.01.22
云南省	人民政府办公厅	《关于建立云南省政务服务“好差评”制度的通知》	2020.02.11
江西省	人民政府办公厅	《江西省政务服务“好差评”管理办法》	2020.02.14
海南省	人民政府办公厅	《海南省政务服务“好差评”实施办法》	2020.02.24
吉林省	政务服务和数字化建设管理局	《吉林省开展政务服务“好差评”工作方案（试行）》	2020.03.09

截至2020年底，全国政务服务“好差评”渠道基本建立，绝大多数省级和重点城市均依托政府网站（政务服务平台）、移动端等建设了政务服务“好差评”渠道，有效促进了我国政务服务质量的提升。

当前我国数字政府建设已进入全面提升阶段，数字政府成为推进服务型政府建设的重要抓手、一体化政府建设的重要助推器、提升治理智慧化水平的重要工具。

4）社会治理

党的十八届三中全会首次提出“推进国家治理体系和治理能力现代化”这个重大命题，并把“完善和发展中国特色社会主义制度，推进国家治理体系和治理能力现代化”确定为全面深化改革的总目标，从而大大加快了制度建设和治理能力建设的步伐。党的第十九届中央委员会第四次全体会议通过了《中共中央关于坚持和完善中国特色社会主义制度 推进国家治理体系和治理能力现代化若干重大问题的决定》，提出了坚持和完善国家制度和国家治理的更高要求，阐明了到我们党成立一百年、二〇三五年和新中国成立一百年时，坚持和完善国家制度、推进国家治理体系和治理能力现代化的总体目标。数字政府建设能够运用互联网、大数据、人工智能等技术手段，建立有效的科学决策机制；能够运用信息技术的精准性、智能化等特点，全数据分析并及时跟踪评估政府决策的科学性；能够运用信息技术手段建立健全社情民意反馈机制和反馈渠道，通过数据采集、脱敏、分析等手段，及时从海量数据中掌握民众对政府部门重大决策的意见、建议，建立畅通的民意反馈渠道。因此，数字政府建设能够促进社会治理实现精准化，是推进国家治理现代化的重要途径。

近年来，各地积极探索社会治理智能化，开创了基层社会治理新格局，提高了居民的认可度、参与度，使居民的获得感、安全感、幸福感在家门口升级。山东省充分依托市域较为完备的社会治理体系和资源调配职能，用好用活在立法、司法、行政、人事、资源等方面的决定权和决策权，努力把市域打造成风险隐患化解在萌芽、解决在基层的最直接、最有效的治理层级。在浙江省，大数据、云计算、人工智能等数字技术的深度应用，在新冠肺炎疫情期间大显身手。“一图一码一指数”、防疫和医疗物资管理、对疑似和确诊病人密切接触者的精准发现，处处体现着智治理念。江苏省南通市设立全国首个市域治理现代化指挥中心，汇聚了南通市64个部门、10个县市区数十亿量级的数据，一旦城市出现突发情况，指挥平台可以及时下达指令到具体执行部门，迅速处理。此次新冠肺炎疫情防控的实践证明，市域日益成为重大矛盾风险的产生地、集聚地。各地政法机关主动作为，搭台子、压担子、出点子，在攻坚克难中推动市域社会治理创新发展，市域社会治理现代化驶入快车道。辽宁省沈阳市以大数据创新社会民生治理手段，通过“互联网+”的智慧管理，把社区人员从繁重的日常事务中解放出来，形成了“出门一把抓，回来再分家”的工作流程，让网络服务真正成为解决民忧的“连心桥”和化解矛盾的“减压阀”。广东省推进人口、车辆等公安基础数据与政务数据的深度融合应用，推出 100 项“打防管控服”智能化应用，推动社会治安防控从事后被动应对向事前精准预警、趋势预判和主动服务转变。

5）政府信用

2014 年 6 月，国务院印发《社会信用体系建设规划纲要（2014—2020 年）》，明确要求：到 2020 年，社会信用基础性法律法规和标准体系基本建立，以信用信息资源共享为基础的覆盖全社会的征信系统基本建成，信用监管体制基本健全，信用服务市场体系比较完善，守信激励和失信惩戒机制全面发挥作用。政务诚信、商务诚信、社会诚信和司法公信建设取得明显进展，市场和社会满意度大幅提高。全社会诚信意识普遍增强，经济社会发展信用环境明显改善，经济社会秩序显著好转。

国家发展和改革委员会、中国人民银行共同牵头组建了社会信用体系建设部际联席会议制度。2015 年 6 月，由国家发展和改革委员会、中国人民银行指导，国家公共信用信息中心主办，并由国家信息中心、中经网提供技术支持的社会信用体系建设部际联席会议门户网站“信用中国”上线。

2019 年 7 月，国务院办公厅发布《国务院办公厅关于加快推进社会信用体系建设构建以信用为基础的新型监管机制的指导意见》，要求各级政府加强社会信用体系建设，深入推进“放管服”改革，进一步发挥信用在创新监管机制、提高监管能力和水平方面的基础性作用，更好激发市场主体活力，推动高质量发展。

目前，信用信息共享共用的全国“大动脉”已经贯通，以全国信用信息共享平台、“信用中国”网以及各级政府的门户网站为载体，形成国家部委到地方立体的信用建设网络。全国信用信息共享平台成为信用信息归集共享的总枢纽，“信用中国”网站成为面向社会公众、弘扬诚信惩戒失信的总窗口，并与所有接入部门和地方平台实现了核心数据机制化共享，每周定时向各部门和地方推送行政许可和行政处罚、各类红黑名单、企业经营异常名录等信息。据不完全统计，到 2020 年 12 月底，全国已经有 310 多个城市完成了信用信息共享平台建设。

5. 数字化运行

政府数字化运行是中国数字政府建设的全新阶段，是实现政府部门横纵贯通，跨部门、跨层级、跨系统、跨地域高效协同，数据资源流转通畅、社会治理精准有效、公共服务便捷高效的重要途径。从数字政府的规划、建设、运营及用户反馈闭环来看，当前我国数字政府建设正在步入全新的数字化运营阶段，政府数字化运营正在成为推进服务型政府建设的重要抓手，一体化政府建设的重要助推器，以及政府治理智慧化的重要工具。

1）数据管理

据统计，我国有 17 个省（直辖市）、203 个市（州、盟）组建了专门的大数据管理机构，这些部门在开展数字政府基础设施、综合型平台建设工作的基础上，不仅需要组织协调数据资源采集、整合、归集、应用、共享及开放等工作，而且需要完成项目审批、资金管理等工作，实现对各部门系统建设工作的统筹。

各省数字政府建设的重要基础是政务大数据平台。政务大数据平台即以城市统一的人口、法人、部门、行业等信息资源为基础，围绕各部门资源共享范围和授权使用范围建设的信息化支撑平台，加快促进跨部门协同应用与创新，其不仅是国家大数据战略的重点项目，也是数字政府建设的重要内容。

数据运营机构主要负责政府数据运营相关工作，其核心内容主要包括：一是受政府委托，采取特定形式进行政务相关数据运营；二是在政府的有效监管下，开展数据清洗、脱敏等工作，对敏感信息进行严格把控；三是为政务数据创新应用提供有力支撑。

2）运营模式

当下，各级政府正在如火如荼地进行数字政府建设，部分省目前已经实现了全场景或部分场景数字化运营，如表 2-5 所示。

表 2-5 部分省数字政府运营单位和建设运营内容

省	运营单位	建设运营内容
山西省	山西数字政府建设运营公司	承担省直部门政务信息化系统的开发、建设任务，并承接原有非涉密信息系统的运维工作。提供基础设施服务、软件开发服务、运维服务以及技术支持服务
吉林省	吉林祥云信息技术有限公司	“吉林祥云”云网一体化大数据智能平台提供设计、建设、实施、咨询、服务开通、日常运维以及安全防护等事项，吉林省政务服务和数字化建设管理局提供监管
河南省	正数网络技术有限公司	为数字政府建设和“互联网＋政务服务”提供系统管理、应用开发、数据融合、安全机制等专业化综合服务
湖北省	湖北省楚天云有限公司	专门承担楚天云工程的建设、运维和数据整合
广东省	数字广东网络建设有限公司	提供数字政府改革建设工作技术支撑，承担方案设计以及省级电子政务基础设施和系统的建设运维工作，提供解决方案、系统管理、数据融合、容灾备份等专业化的技术服务，并设立现场运维团队，保障系统稳定运行
广西壮族自治区	数字广西集团有限公司	作为广西政务大数据运营开发应用主体，是广西数字经济产业的投资平台、合作平台和孵化平台
海南省	数字海南有限公司	承担海南省电子政务基础设施、公共平台和共性平台的建设运维工作
贵州省	云上贵州大数据（集团）有限公司	是云上贵州系统平台的建设运营主体。云上贵州系统平台作为贵州省自主搭建的全国首个实现政府数据“统筹存储、统筹共享、统筹标准和统筹安全”的关键信息基础设施，是贵州省政府数据“集聚、融通、应用”的重要支撑，为政府和企事业单位提供云计算、云储存、数据库、云安全及数据共享开放等服务
陕西省	陕西省大数据集团有限公司	是省政府批准成立的国资股份制企业，省政府唯一授权运营政务数据和智慧陕西的企业
甘肃省	丝绸之路信息港股份有限公司	是经甘肃省政府批准大数据领域的股权多元化省属国有企业，是丝绸之路信息港的建设主体，建设数字甘肃的骨干企业，甘肃省政务数据的开发运营主体

广东省政府于 2017 年印发《广东“数字政府”改革建设方案》，启动“数字政府”改革。广东省运用整体政府理论，以系统性、整体性思维推进各级政府部门政务信息化的职能融合、技术融合、业务融合与数据融合，探索一条构建信息时代整体政府的可行路径，让纵向与横向、政府与企业、业务与技术这三对重要关系得到很好协调，如图 2-4 所示。

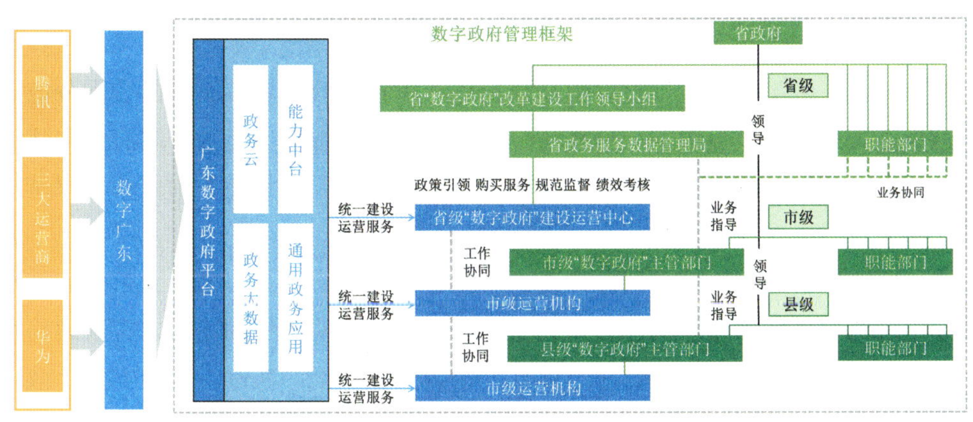

图 2-4　广东省“政企合作、管运分离”的数字政府模式

首先，在省、市、县（区）三级均成立专门负责“数字政府”改革建设管理的部门，撤销业务部门内设的信息化机构，将业务部门的部分信息化职能分离出来，该由市场承担的交给市场，该由政府承担的交给“数字政府”主管部门，以有限的机构改革，实现了“数字政府”改革建设管理的高度整合。其次，在技术运营侧推进整合，既保证了政府的主导性，又提升了技术运营的专业性和持续性。从实践来看，作为“数字政府”运营中心的企业发挥了市场主体快速响应、机制灵活的优势，广东省的“粤省事”“粤商通”等品牌在极短的时间内完成部署，都离不开运营中心对政府需求全力以赴的响应。此外，广东省将腾讯、华为、三大运营商等最优质的资源组织起来，组建了数字广东网络有限公司。在管理端，把政府的职能回归到行政单位，从事信息化的顶层设计管理；在建设端，把社会的优势资源集中在一起，按照市场化的方式进行运作，有效解决了人才不足、建设机制相对僵化、系统建设落后等问题。总之，广东省“数字政府”改革在不打破政府行业管理专业分工结构的前提下，实现了政府在信息化领域组织边界的突破，形成了整体推进的格局，降低了改革阻力；通过新型政企合作模式，最大限度地调动了市场积极性，扩大了整体推进的边界，增强了改革的动力。

2.3 我国数字政府建设面临的挑战

近年来，我国数字政府建设取得了诸多成就，但其持续推进过程中仍然面临诸多问题有待解决。

1. 顶层规划设计适用性不准

部分地区在数字政府建设过程中暴露出一些短板：政府现有系统的管理分散，制度规范不健全，造成重复采集、口径不一致等问题。归根结底是数字政府整体建设顶层设计不足，对全局考量不充分，没能以智能数据决策和分析能力为龙头、以基层认可为基础。

部分地区数字政府建设顶层设计大而不当，用大概念、大口号、大目标代替整体建设理念、建设目标、建设特色，内涵相对宽泛，缺乏实质性的建设内容落地路径，不能结合当地自身区位优势特点，导致规划设计定位不准，实际上对地方数字政府建设发展指导作用不强。

2. 标准规范指南系统性不及

随着数字政府建设进程的不断深化，数字政府建设相关法律法规逐步完善，但数字政府建设相关标准规范指南不足的问题也逐渐显现出来。关于数字政府建设的法律规定目前以行政法规、部门规章或地方性法规为主，有关数字政府的标准规范指南尚存在空白，数字政府建设标准规范指南框架体系也未完全建立。

标准规范指南层面上的不足为数字政府建设带来诸多制约问题，例如数字行政行为的主客体及内容边界难以界定、数字政务服务缺少标准程序规范等，这些问题会造成数字政府实际建设效果不佳、百姓难以享受数字化政策便利。

3. 信息基础设施集约性不足

理想中的数字政府基础设施建设是集约性的，但在实际建设过程中存在诸多问题。一是信息基础设施多头申报、重复建设等现象严重，电子政务“层云密布”“专网林立”，统一政务云建设发展滞后，物联感知资源一体化利用率低。二是各自为政、自建自用、自营自管的网络和机房等信息化基础设施运维难度大，服务效能低，无法形成集约效应。三是全方位、多层次、一致性的自主可控网络安全防护体系尚未形成，存在“木桶效应”。

4. 数据资源开放可用率不高

数字政府建设实际中，政府数据资源的整体打通和共享开放是关键要素，在目前建设实践中也存在一定的难点。一是未形成规范的数据治理标准体系，数据资产不可知、资产关系不可敛、数据质量不可控。二是受多级财政、垂直业务管理等影响，跨区域、跨行业、跨部门、跨层级全方位的数据资源共享交换体制尚不完善。三是在全社会数据资源方面，共享开放力度明显不强，开发利用深度不足，交易增值潜能有待激活。四是在数据作为新的生产要素后，随着数据确权、数据资产、数据服务等行为的兴起，有可能形成新的、更大的数据孤岛。五是在具体政务垂直领域，各层级大量政务数据向上集中，尤其是中央部委掌握了全国的行业数据，导致各地数字政府建设实践中的“上级瓶颈”。

5. 惠民利企服务获得感不强

数字政府建设的目的，一方面是通过数字化手段提升便民水平，另一方面是通过优化营商环境中“多证合一”等细则为企业发展提供诸多便利，但在实际建设过程中存在很多不足。一是部分地区数字政府建设在群众侧和企业侧缺乏感知和获得感。二是以供给侧为导向建设的政务服务载体或渠道仅停留在“物理聚合”阶段，并未完全提供以对象为中心的整体式政务服务，导致服务应用碎片化、场景碎片化。三是移动互联网、大数据、人工智能等新技术在医疗、教育、健康等重点民生领域应用不足，与各地数字政府发展定位、社会公众需求仍有很大差距。

6. 社会治理决策支撑力不够

数字政府建设是推进治理体系和治理能力现代化的重要途径，在推进过程中面临诸多问题。一是基层网格化管理快速感知尚未形成，数据分析能力和现代化治理手段不足，各类“城市指挥中心”未能全面实现分级联动，在重大响应事件（如新冠肺炎疫情的预警防控、决策指挥和应急处置等）中未发挥重要支撑作用。二是政府监管模式与信息化融合创新不相适应，“互联网 + 监管”创新服务大多处于法规和政策的“灰色地带”，亟须建成多元共治、各方参与的市场机制。三是征信体系建设条块分割，信用法规不健全，失信惩戒和守信激励机制不完善。

7. 保障机制运行一体化不畅

数字政府在建设实施过程中面临各种复杂因素，需要一体化运行机制保障建设体系的良好运行，而在实践中，一体化建设运行保障机制通常是不畅的。一是集约化基础设施带来一系列新的安全风险。如原有安全边界的变化、原有安全技术产品功能和性能受限等问题，都给云安全保障体系的建设带来新的风险和挑战。二是多服务商参与带来监管难题。政府购买 IT、数据等服务的方式降低了数字城市管理者对城市数字基础设施的直接控制能力，使得服务提供商对数字城市基础设施中的资产和数据具有较高的访问和控制权限，容易导致内部人员和供应商合法服务人员被数据的价值吸引，产生违规、违法获取、处理和泄露数据的行为。三是数据流通加大数据安全风险。大数据复杂环境下的数据存储和流动场景，使得数据在传输、存储、共享交换以及开放的过程实现加密变得异常困难，同时海量数据的密钥管理也是亟待解决的难题。四是数据安全保障和监管机制仍未建立。需要针对数据采集、传输、存储、共享利用、开放、销毁等过程中的每个环节进行监控；需要对各种场景下的数据使用情况、敏感数据访问情况等进行多维度监管，如对数据是否有违规、越权使用的情况进行监管，对敏感数据在流转过程中脱敏状态、加密状态进行验证和监管，对数据流转链路的安全情况进行监管。五是安全联动管理未形成统一机制。各地联动的网络安全协调机制尚未成型，防护系统独立运行、通报预警成效甚微、应急响应缺乏联动、安全事件互相推诿、安全风险感知羸弱等问题依然突出。

第 3 章　数字政府建设目标、原则和思路

3.1　建设目标

数字政府建设的本质是在数字化大背景下的政府履职理念、观念、方式、流程、手段、工具的全局性、系统性和根本性重塑，是以数字技术为基础，借助其创新动能在政府各方面进行深化应用，提高政府信息的数字化水平和共享程度。数字政府建设是践行以人民为中心的发展思想，增强政府履职的整体效果，打造统一的共享平台，实现以数据为核心的业务协同，进而构建“政府有为、市场有效、企业有利、百姓受益”的体制机制新优势。其最终建设目标是通过数字技术应用促进政府数字化转型，以达到政府决策科学化、社会治理精准化、公共服务高效化、权力运行透明化。

3.1.1　政府决策科学化

传统政府决策的调查研究、科学论证和风险评估等治理环节，受人为因素、模式经验以及因果推理影响较大。在公共政策实践中，政府的重大决策仍然容易被领导干部的个人领导方式、领导能力和领导风格所干扰，然而随着公共事务的日益繁杂和相关数据的急速增长，决策者难以全面了解当下发生的一切并根据个人看法做出正确的判断，这使政府决策结果的科学性风险陡增。同时，政府决策容易被本地以往成功先例或域外政府部门的经验模式所左右，由于内部优势劣势、外部机遇风险以及时空因素的差异，常常导致政府决策的效果出现偏差。此外，传统的政府决策基于有限信息样本，依赖单纯的因果推理过程，难以承受海量数据的现实挑战，从而导致决策的科学化水平不高。

另一方面，由于政府部门内部以及各级政府之间存在数据体制、定密标准和信息

公开等方面的问题，导致政府决策活动中信息互通不充分的瘀点、痹点或痛点广泛存在。信息不充分，主要体现在信息不对称。信息贫乏的决策者处于不利地位，掌握的信息不准确、不深入或不一致，从而导致决策结果面临失误的风险。此外，信息不全面也是一个重要的问题。传统的政府部门掌握的数据量小、数据类型单一、数据互通频率低，但在大数据时代，数据在体量、结构与速率等方面已经发生了质的提升，仅仅依赖数据本身进行规划决策已经无法满足现代化的需求。

基于这一情境，政府部门想要改善决策的科学性，就需要通过数字技术收集大量数据，将经济和社会运作规则进行可视化处理，再通过相应的数据挖掘统筹收集、统计和分析所有相关数据流形成决策数据集，以此打造政府决策的强大神经中枢。在决策阶段，政府在数字技术加持的大数据背景下对所得数据进行科学分析，并在充分了解客观事实的基础上做出最终决策，做到用数据思考、用数据说话、用数据办事，从而可以大大提高决策的准确性、适用性和科学性。其次，在决策执行效果的跟踪和反馈阶段，通过数字技术的应用，可以快速收集大量客观数据，并将实施过程和效果实时呈现给决策者，帮助其更充分地掌握决策实现效果，从而科学地给出下一步的发展方向。大数据时代政府循证决策机制的运行路径如图 3-1 所示。

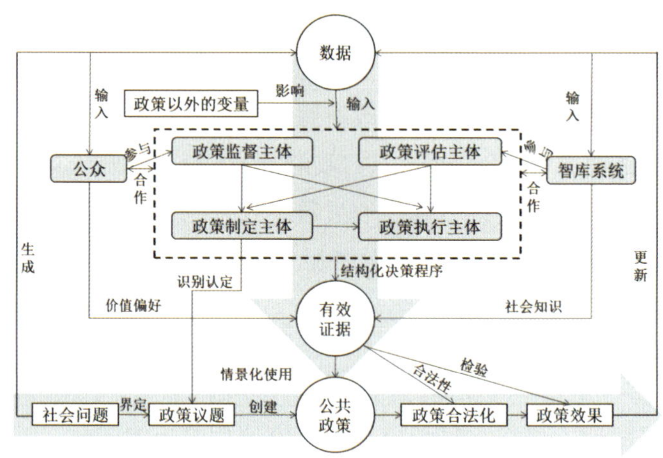

图 3-1 大数据时代政府循证决策机制运行路径

3.1.2 社会治理精准化

随着国家治理体系与治理能力现代化的不断深化，各级政府都意识到了由政府管理向社会治理转变的重要意义，但是观大概略细节、重管控轻治理等颗粒度粗放的共性问题仍然广泛存在。尤其是当前中国特色社会主义进入新时代，社会趋势环境更加波谲云诡，社会利益诉求更加个性多样，社会热点问题更加错综复杂，使得传统的粗放型社会治理模式遇到重重考验。

长期以来，我国企业、组织和公众都习惯于事务规划依赖政府牵头，活动执行依靠政府主导，摊子处置依附政府兜底。虽然政府表面上事无巨细，无所不能，可是各部门间的实际情况是，“名义上谁都管，出了事没人管”。粗放型的管理方式下，政府“样样精通，样样稀松”。这种奉行干预主义的治理模式已经难以应对社会治理精准化的需求。

在此情境下，基于数字技术的数字政府建设为社会精准治理创新带来新的契机。数字政府借助大数据平台与众多社会力量建立良好的合作关系，转变单一的治理主体为多元的综合治理主体，形成以党组织为核心，以政府组织、社会机构和公民群体为治理主体的框架，将各治理主体归于统一的网状拓扑结构中。理论上，任何两个节点都可以直接连通，而不必通过第三节点。在新的治理框架中，政府在数量占比上变少了，但是轻量化后的政府可以集中精力、资源与时间从事核心治理事务，在行政管理与服务质量上获得了极大提升。同时，通过数字技术的辅助，可与其他治理主体实现实时、动态的高效沟通，构建双向交互式的政府治理通道，根据社会需求律动达到精确服务，从而实现主动式、自动化、精细化的消息推送，逐步实现主动式响应治理代替被动式管理，大大促进了政府社会治理能力的快速提升。此外，借助数字技术可以直观反映社会某个行业、产业或领域的最新态势，及时掌握社会舆情趋势，对市场监管风险进行有效研判，对失信企业进行跨部门信用联合惩戒。同时，通过数据挖掘提取背后的隐藏信息，进而完成未来趋势的虚拟推演，让政府真正用数字说话，实现靶向治理，使得治理手段和治理方式更加数字化、网络化、智能化，在降低了行政办公成本的同时，提升了政府行政效率，也促进了社会治理的精准化水平。精准治理的运行模式分类如图 3-2 所示。

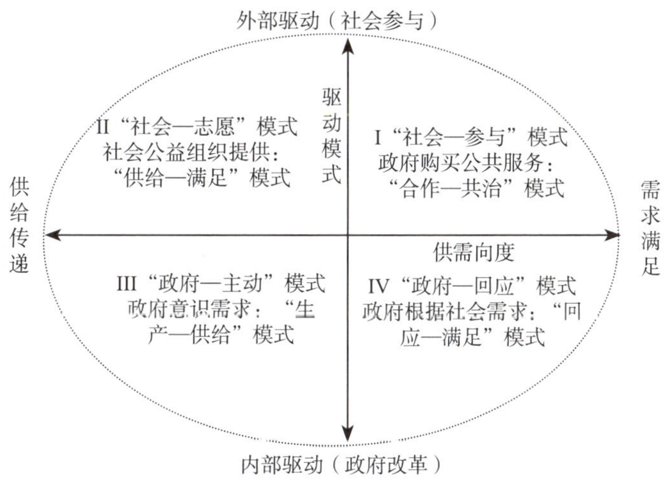

图 3-2　精准治理的运行模式分类

3.1.3 公共服务高效化

数字科技的到来开启了一次重大的时代变革，随着政府业务量的不断增长，其庞大的体量、繁杂的类别对传统的公共服务体系提出了严峻挑战，随之而来的是低效的治理与服务窘境。

首先，缺乏规划，重复建设，难以共建。传统的政府部门之间对于各自管理系统都是独立牵头、调研和规划的，一定程度上满足了便捷性、保密性和低成本等现实需求，但客观上不可避免地导致了公共服务低水平重复建设现象。此外，各政府公共服务部门间林立的横向数据藩篱，仍然使得统筹共建公共服务体系的系统工程难以及时落地。

其次，物理隔离，数据壁垒，难以共享。由于政府公共服务内容的自身特殊性，使得数据脱敏、清洗以及传输等共享环节的行政成本居高不下，最终导致结构驳杂，兼容不良，难以共治。低效的公共服务印象，进而固化政府形象，如遇突发的公众危机事件就极易嬗变为公共服务信任风险，所以迫切需要更新、改造和升级既有平台以适应政府高效提供公共服务的现代化需求。政务服务改革基本模式的逻辑运行模型如图 3-3 所示。

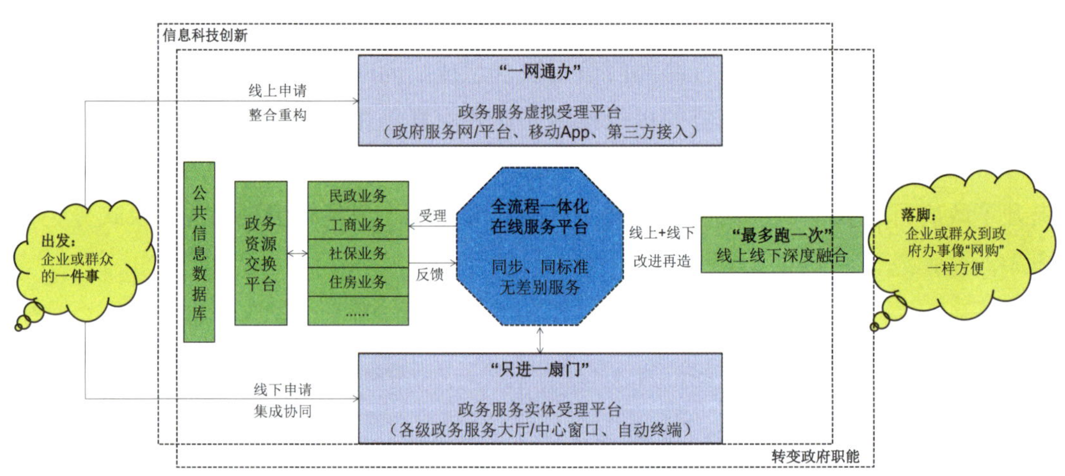

图 3-3 政务服务改革基本模式的逻辑运行模型

基层公共服务的目标，归根结底是满足人民日益增长的美好生活需要。在此基础上，通过数字技术的应用促进政府数字化治理转型，可以大大提高公共服务的运行效率，提升服务效果和降低运维成本，对落实以人民为中心的发展思想、改善营商环境等起到积极作用，已成为提升基层公共服务水平的必然选择。首先，数字技术在公共服务中的应用打破了数据脱敏的桎梏，在保障信息安全的同时提升了共享效率。政务公共服务跨地区、跨部门、跨层级的协同共享是全方位实现“一网通办”的关键所在，由此可以打破部门界限，优化办事流程，也就降低了企业、群众的交易成本和行政负担。

其次，在公共服务过程中，经常涉及诸如身份识别、服务类型、受理条件、办理程序、申报材料、收费标准以及监督电话等众多内容，这些信息广泛分布在各公共服务部门系统之中，数字技术通过对数据的清洗、建模或移植，保证公共服务所需数据的全面、翔实和准确，使公共服务更趋规范化、标准化和高效化。此外，数字平台的方便快捷，极大拓展了人们的生活半径，打破地域阻隔和时空限制，增强了公共服务供给的针对性和有效性，更好地满足了人民群众对高水平公共服务的期待和需求，同时也在便利城乡居民生活、促进脱贫攻坚事业发展等方面提供了有力支撑。数字化转型的深入推进是改善公共参与，旨在利用数字技术改变政府与公众、企业和其他非政府行为者之间的关系，以增加公共服务供给系统的可得性，提高便利性和有效性，让公众参与政治和民政事务，发展基于知识的社会和经济，并追求其他高价值的公共政策目标，最终达到各公共服务参与者的高效共赢。基于大数据应用的公共服务供给模式优化如图 3-4 所示。

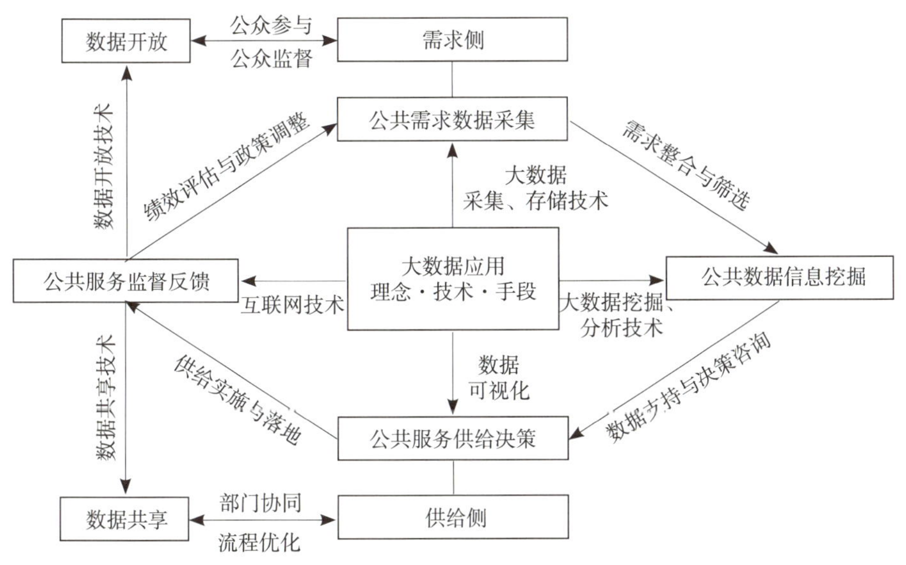

图 3-4　基于大数据应用的公共服务供给模式优化

3.1.4　权力运行透明化

经济社会的飞速发展对行政权力公开透明运行提出了更高的要求，这是建设服务型政府的重要内容，也是建立网络化和扁平化政府管理新模式的必然趋势。行政权力的公开透明，促进了政府信息公开工作更为规范，为监督提供了条件，有利于干部作风的转变和部门工作效率的提高。同时，政府要让人民满意，必须做到为民、务实、清廉、公正，而推动行政权力和政务服务规范、透明、高效地运行是基础性的一步。让权力在阳光下运行，政府的工作自然会引来无数双眼睛的审视，一方面，这对政府优化服务、提高效能起到良好的促进作用；另一方面，政府的工作在百姓的监督下开展，可以促进公众与政府部门之间的沟通，从而提高政府各部门的服务质量及公众满意度，更是一种民主、开放、进步的表现。由此可见，阳光权力，各方收益。

近年来，国家始终在规范权力运行流程和推进各级政府及其工作部门权力清单制度的建设。相较于传统政府，数字政府可以更好地固化权力运行和业务操作程序，明确权力运行的方法步骤、时限要求与具体边界，使隐性权力公开化、显性权力规范化，限制自由裁量权，确保权力运行的每个环节都有程序规定，防止权力滥用。同时，数字政府可以更为便捷地推行权力清单制度，全力锻造法治约束“笼子”，为政府各部门依法行政提供根本依据，进一步深化行政权力的公开透明和动态管理，从而保障人民群众的知情权、参与权、监督权，提高政府工作透明度和公信力，推动廉政建设和反腐工作深入开展，最终达到权力的规范透明运行和优质高效管理。公众监督路径如图 3-5 所示。

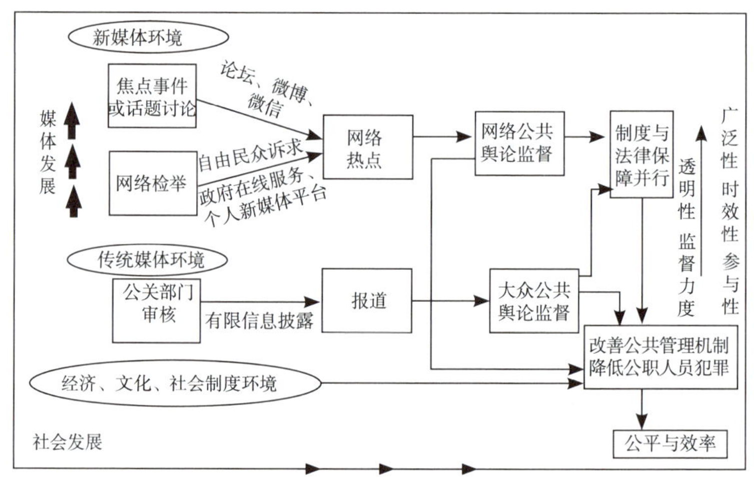

图 3-5 公众监督路径

数字政府的核心是数据开放与公共参与。政府在政策制定和服务交付中参与多个角色定位并产生大量数据，而数字政府使得由政府部门、公共机构或政府控制的实体直接产生或委托产生的数据，可供其他人使用和再分配。在这种条件下，政府数据的获取、再利用和再分配不仅为公共部门机构创造了价值，更为整个社会创造了价值，使所有利益相关方能够全面地获取公共数据，并让个人有机会评估行政机构的表现，从而改善公众参与。随着数字技术应用的深入，数字政府这个开放式平台可以让更多人获得关键记录，数据获取的便捷性使得公众有机会就公共政策给出建议，并有机会参与政策的制定和对服务的设计，不断创造发展机会，从而提高数据资源的使用效率，改善公共服务供给，最终实现多方受益的共赢局面。社会治理中公众参与模式框架如图 3-6 所示。

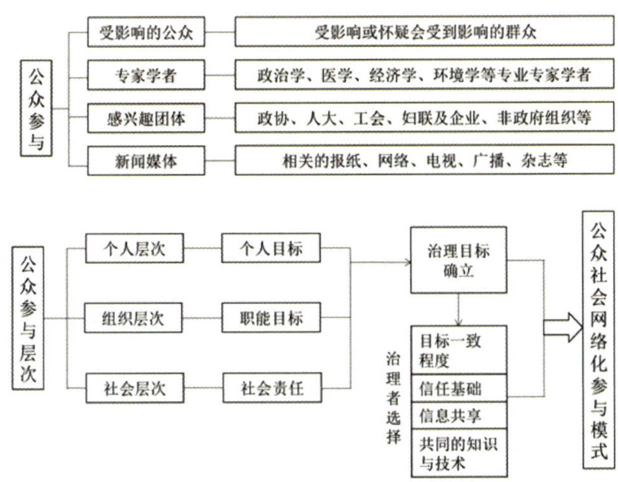

图 3-6 社会治理中公众参与模式框架

3.2 建设原则

数字政府建设依据以下 5 项原则。

1. 坚持以人民为中心

数字政府作为一种新型的政府形态，同样需要确立以人民为中心的发展思想和原则。政府之所以不断进行自我革命，建设数字政府，就是为了变“群众跑腿”为“信息跑腿”，变“群众来回跑”为“部门协同办”，给群众方便，让群众满意。建设数字政府，就是要有以奋斗目标奔人民而去，让手中权力为人民所用，将根本利益为人民所谋，评工作好坏以人民而定的理念，把人民的利益放到最高位置，用最短的时间、最快的速度，把服务企业和群众的事项办理好，让群众成为改革的监督者、推动者、受益者。同时，以人民的需要和体验为出发点，考虑公共服务的目标、内容和流程，构建协同体系，降低政府部门利用“信息差”相互推诿的可能性，最大限度地减少百姓与政府打交道过程中的堵点和痛点，让人民群众办事更高效、更方便，更有获得感、幸福感。

2. 坚持政府数字转型

大数据、云计算、物联网等信息技术已广泛应用，为了顺应这类新兴数字技术的迅猛发展，适应经济社会的数字化转型，急切需要政府从技术上改进治理方式、治理手段和治理机制，从而全面提升政府的履职能力，所以加快推动政府数字转型，越来越成为提高政府行政效率、提升政务服务水平的重要路径。同时，政府数字转型也是牵一发而动全身的重大改革和重大集成创新，是解决跨部门协同的重大任务、重大共性问题、重大决策、普惠性助企惠民服务的重要支撑，更是促进政府治理体系和治理能力现代化的必由之路。更好地运用数字技术助力政府转型，可以加快形成即时感知、科学决策、主动服务、高效运行、智能监管的新型治理形态、治理模式，推动决策更加科学、治理更加精准、服务更加高效、权力更加透明。

3. 坚持数据要素驱动

数据是数字时代的核心生产要素和关键治理资源，同时也是数字政府建设的基础。坚持以数据要素为驱动进行数字政府的建设，才能使政府信息通过数字化方式在不同部门之间流动与共享，构建协同推进机制，从而真正形成“用数据说话、用数据管理、用数据创新”的现代化治理体系，这将大大提高政府部门的工作质量，丰富政府的治理技术工具箱，使政府治理能力得到迅速提升。同时，数字政府的核心是数据开放与公众参与。在以数据要素驱动的基础上，做好数据资源的开放与共享应用，才能充分释放数据要素的潜能，更好地发挥数据的基础资源作用和创新引擎作用，从而实现以数据为核心的服务与创新，构建一个开放、透明与包容的数字政府形态，充分体现数字政府的价值。此外，数字政府的关键是决策与支撑。充分利用大数据辅助政府进行决策并对未来开展规划，可以帮助政府实现从经验决策向数据决策、从事后诸葛向事前预测、从随意决策向确定性决策等方面的转变，大大加强数字政府决策的科学性。

4. 坚持统筹集约发展

数字政府建设强调整体协同、融合互通。要通过建立上下贯通、横向协同的领导推进机制，加强顶层设计，加强政策法规与标准规范保障，形成数字政府建设、管理、运行、维护一体化机制；通过梳理政务服务目录、机构改革、体制机制再造等措施，实现各部门之间业务的互联互通；通过统筹共性应用建设与需求，梳理政务数据资源，实现政务数据的共享共用；通过区域、部门协同系统的共建共用，实现跨部门、跨地区的业务协同；通过构建覆盖全区域的技术体系，实现数字政府的共建共用以及政务服务的普惠共享。

5. 坚持数字经济引领

当前我国经济发展进入以数字经济为核心动力的新阶段，处理好政府与市场的关系是经济行稳致远、健康发展的关键。同时，数字经济和数字政府是数字中国建设的两个重要方面，数字经济发展为数字政府建设提供了新技术、新能力、新模式；反过来，数字政府建设为数字经济发展提供了稳定需求源，还能够提供数据要素、优化营商环境，二者互相融合、相辅相成、密不可分。数字政府赋能数字经济后，可以加快要素释放与主体培育、强化市场秩序有效维护以及公共政策的动态调整与创新，使得市场自主协调的可能性大幅提升，并增强和发展每个主体的意志行使能力和经济活动能力，降低经济主体自发协调与合作的交易成本，为分散化的协调试验及破解市场失灵创造有利条件，最终实现数字经济发展和数字政府建设互相促进、融合发展。

3.3 建设思路

1. 以一盘大棋战略构建高效推进机制

数字政府首先是“整体政府”，要做到整体，就要实现“一盘棋”。从政府数字化演进路线看，当前数字政府建设更侧重从政府组织模式、治理体系变革、资源配置机制等全新视角引领政府治理模式创新发展。各地推进数字政府建设，就需要建立统一领导、上下贯通、协同推进、执行有力的一盘棋工作机制，发挥各级政府和部门合力，形成统一领导、分工合理、责任明确、运转顺畅的数字政府顶层推进机制，推动数字政府各项改革建设任务落实。

2. 以顶层规划统筹技术支撑体系建设

数字政府建设是一项系统的工程，良好数字政府的运行需要建设统一开放的应用支撑体系、共建共享的数据资源体系、集约整合的基础设施体系、严密可靠的安全保障体系，构建形成大平台共享、大数据慧治、大系统共治的顶层架构和全局统筹、整体联动、部门协同、一网通办的“互联网＋政务服务”体系。各地应顺应政府数字转型发展趋势，开展顶层设计，形成以系统化、集成化、规模化、智能化为一体的整体数字政府规划与实施方案。

3. 以公共数据应用推进数据汇聚治理

以推进数据资源整合利用为目标，构建数据汇聚、数据管理、数据应用、数据运维、数据评估等全生命周期的管理体系，实现数据汇聚、流通与治理，为上层业务应用提供一体化的数据和技术能力。通过政务信息资源的共享与应用机制，推动数据共享申请、审核、反馈线上办理，缩短数据共享申请流程，提高数据使用效率；通过数据提取、数据关联、数据对比、数据清洗、数据融合等对数据进行处理；通过形成数据标准管理、数据资产管理、数据运维管理等规范对数据进行管控，实现主题分类、检索查询、数据订阅、智能分析等数据应用服务。

4. 以数据流通应用促进政务跨域协同

以“零边界”思维，打破数据壁垒，畅通共享渠道，实现政务信息资源的无条件流动、按需求共享、有选择开放，形成全局“一盘棋”的大数据发展格局，实现政府部门之间跨层级、跨区域、跨系统、跨部门、跨行业的数据共享流通零边界，推进经济调节、社会治理、生态环境保护、公共服务、政府运行等方面数字化应用，创新数字政府治理模式。

5. 以业务场景驱动公共服务创新发展

将满足公众需求作为工作重点，以用户为中心，坚持服务导向、需求导向、问题导向，打破组织壁垒，使政府各部门间共享信息，为公众提供无缝的公共服务；转变政府的行为方式，各单位各部门建设标准业务模块，形成主动协调、密切合作的服务机制；对政府内部流程进行优化梳理，重新界定权力与责任，从而提高服务协调程度、社会效益和公众满意度。

6. 以底线思维筑牢网络信息安全屏障

数字政府建设的重点是推进政务数据的整合、共享和开放，随着数字化改革进程的推进，系统的集约化程度进一步提升，数据高度融合，安全风险也更加集中，因此必须坚持系统安全观，强化政务网络安全体系，构建全天候、全方位网络安全态势感知系统，增强网络安全防御能力和威慑能力。数字政府安全建设要以保障公共服务为目标，建立数字政府网络安全保障架构体系；以维护数据安全为底线，明确政务数据安全责任主体和监管主体，确保责任落实到位；以开展整体安全监管运营为手段，构建安全事件应急处理体系，加强政务安全风险预警工作，提升政务安全管理的预警和应急能力。

第 4 章　数字政府建设内容体系和实施路径

4.1　数字政府内容体系框架

数字政府建设要以新一代新型基础设施为底座，通过政务大数据资源体系的建设推动各部门政务数据共享交换，进一步通过数据要素融合应用、业务流程整合赋能政府各部门业务职能。同时，通过技术方式创新政府履职方式，并通过政务流程再造推进政府数字化转型升级，为公众、企业、社会提供数字化、在线化、便捷化的政务服务。数字政府内容体系框架如图 4-1 所示。

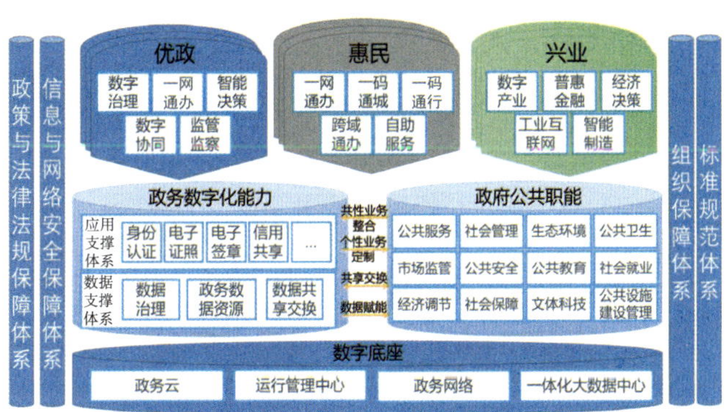

图 4-1　数字政府内容体系框架

4.1.1　数字底座

数字政府上层应用和服务的繁荣需要基础设施的有力支撑，我们把一体化大数据中心、政务网络、政务云、运行管理中心等统称为数字政府的“数字底座”。2018 年以来，国家多次提出推进信息网络等新型基础设施建设。数字政府基础设施包括“云、网、数、用”一体化的基础支撑体系，推动实现资源集约、网络高效、数据共享，通过统一构建应用支撑体系为公众、行业、企业提供丰富的应用服务，是政府数字化、网络化、智能化变革中新生态体系的载体。

1. 一体化大数据中心

数据中心基础设施作为新基建中信息基础设施，支撑着政务云平台、数据共享开放平台及应用支撑平台的建设与运行，是数字政府平台能够平稳运行的硬件保障。通过构建统一的“数字底座”，推动实现资源集约、网络高效、数据共享。

2. 政务网络

政务网络是数字政府运行的关键支撑力量，无论是政务外网还是互联网区，除传统 IPv4 的网络支撑外，目前各地政府正在进行 IPv6 的升级改造，随着 5G 的商用逐渐落地，其必然会和 IPv6 进行深度融合，为政府提供安全、稳定的网络传输环境以及高效的数据传输速度，提升数字政府办公效率。

3. 政务云

政务云平台是数字政府基础设施建设中的关键基础支撑，包含虚拟化云、容器云以及上层的云管平台。虚拟化云将计算资源、存储资源、网络资源进行统一池化，实现了信息资源统一存放、统一管理，解决了政府运行过程中的资源浪费、信息孤岛等问题；容器云为容器化的应用提供部署运行、资源调度、服务发现和动态伸缩等一系列完整功能，提高了大规模容器集群管理的便捷性；云管平台提供资源管理、多云管理等功能，管理整个政务云平台的运行。此外，随着数字政府建设程度加深，云边协同的广泛应用也会推动政务云平台在垂直行业的应用场景中发挥统筹作用，促使政府在垂直行业的管理更加精准化、科学化。

4. 运行管理中心

运行管理中心是政府治理、决策的重要抓手和智能中枢，数字政府运行管理中心通过对城市应急、规划、交通、公安、水务、环保、疾控、安监、城管、气象等委办局的业务信息和实时数据进行整合，建立统一的实时运行态势和体征监测系统，提升政府综合管理、公共服务和应急处置的效率与水平。

4.1.2 公共支撑——政务数字化能力

从政府职能运行角度，数字政府的建设是通过运用数字技术创新政府各部门业务履行方式，同时进一步推动政府职能转变。数字政府建设的公共支撑——政务数字化能力包括数据资源体系和应用支撑体系。

1. 政务大数据资源体系与平台

数字政府在线运行，实现“数据多跑路”，关键在于政务大数据资源体系的建设。2020 年 3 月，中共中央、国务院印发《关于构建更加完善的要素市场化配置体制机制的意见》，提出：“推进政府数据开放共享。优化经济治理基础数据库，加快推动各地区各部门间数据共享交换，制定出台新一批数据共享责任清单。研究建立促进企业登记、交通运输、气象等公共数据开放和数据资源有效流动的制度规范。”

数据共享交换平台是实现“数据多跑路”的核心技术支撑，要发挥信息资源目录中心、共享交换服务中心、共享数据资源中心的重要作用，构建区域统一、多级互联的数据共享交换平台体系，完善平台数据调度功能，加强数据供需对接匹配，使其具备跨层级、跨地域、跨系统、跨部门、跨业务的数据调度能力，及时响应各地方、各部门服务需求。建立数据共享授权机制和限期反馈机制。按照数据共享条件和共享接口管控要求，明确授权主体和授权流程。规范数据申请审批使用统一流程，明确申请条件，不断提升数据共享交换平台服务响应水平。

高质量数据资源是数据畅通流动、开放共享的基本条件。基础信息资源具有基准性、稳定性、共享需求普遍的特点，要遵循“一数一源、多元校核、动态更新”原则，持续推进人口基础信息库、法人单位基础信息库、自然资源和地理空间基础信息库、社会信用信息库等国家基础信息资源库的建设完善。

政务信息资源目录是实现政务部门之间信息资源共享和面向社会进行数据开放的基础和依据。目录质量直接影响政务信息资源检索、定位与获取的效率和服务的可用性，要建立动态更新机制，建立以应用效果为导向的考核制度，持续推动数据资源目录完善。

2. 政务应用支撑体系与平台

数字政府建设的理念之一是整体政府，即以系统性、整体性思维推进各级政府部门政务信息化的职能融合、技术融合、业务融合与数据融合。其中业务融合的关键是各部门共性应用的统筹规划与建设。目前数字政府建设涉及的共享应用支撑主要包括以下几个方面。

（1）构建区域统一的身份认证支撑系统，并实现在各专业系统的更新替代，实现身份认证的一致性、权威性，为一网通办、一证通办夯实基础，促进流程重构重塑和业务深度协同。

（2）构建区域统一的电子证照支撑系统，将各级党政机关签发的不涉及国家秘密的证件、执（牌）照、证明文件、鉴定报告等，实时向电子证照库全量推送归集。

通过电子证照共享服务系统，与国家电子证照共享服务系统对接，实现全国范围内互信互认。

（3）构建区域统一的电子签章支撑系统，为各级党政机关、审批部门、执法部门、政务服务机构提供制章、用章、验章等服务。进一步建设完善个人和法人电子签（印）章平台，推进法人电子签章在招投标、办税、合同签订等领域的应用，推进个人电子签名在合同备案、承诺背书、待遇申领等领域中的应用。

（4）构建区域统一的信用信息共享交换平台，在行政许可、行政处罚等信用信息公开上网公示的基础上，按照统一的技术构架和数据标准，将各级政府部门产生的信用信息，通过电子政务外网，实现数据系统对接交换和信息归集共享，建成统一的信用信息共享交换平台。

除此之外，从应用支撑角度还包括统一地理空间信息系统、统一用户管理支撑系统、统一业务规则与流程中心等。

4.1.3 应用体系

1. 优政：整合业务，统一平台，推进政务服务“一网通办”

数字政府建设通过打通业务数据与社会治理需求，形成多种智能监管的业务场景，推进社会治理现代化。建设完善多级联动指挥调度体系，实现各级指挥中心互联互通，实现应急事件统一指挥、分级响应、上下联动。通过推进建设“互联网＋监管”平台，推动监管事项全覆盖，监管过程全记录和监管数据可共享、可分析、可预警。通过加强监管数据汇聚和开发应用，建立完善相关风险预警模型。统一数据接口，对接国家“互联网＋监管”系统，推动形成统一规范、信息共享、协同联动的全国“互联网＋监管”体系。

通过完善一体化政务服务平台建设，推动政务服务能力提升。在持续完善线下办事大厅、网上办事大厅、自助服务终端和移动端服务渠道建设的同时，实现线上线下服务渠道业务融合、整体协同。大力推行掌上办、在线办、不见面审批，全面推行政务服务“一网通办”。

2. 惠民：创新公共服务，不断提升惠民服务水平

数字政府建设通过大力推进在线办事，借助电子签名、电子印章、电子证照等能力支撑，推动“政务服务申报—鉴权—审批出证”全流程电子化，实现全流程网上办理。推进政务服务“免证办”，通过扫码授权，自动调取电子证照库内的相关电子证照，实现对相关实体证照的替代。不断扩大数字服务应用场景范围，积极推进数字身份在酒店住宿、乘机办理、身份查验、图书借阅、景点验票等场景的应用。努力打通社保、

医保等后台数据，积极推进电子健康码、社会保障码等多码融合，努力实现数字身份在就医、买药、养老等场景应用中“一码通行”。

3. 兴业：培育数字产业，增强数字经济发展动能

数字政府建设能够为数字经济发展提供数据要素、优化营商环境。经过政务电子化、网络化阶段，政府内部累积了大量基础数据、流程数据和结果数据，同时政府部门是连接经济、社会部门的重要节点，从企业到居民，从服务到消费，能够触达的数据可谓包罗万象。数据开放是政府部门主动供给公共物品，释放数据这一核心要素的重要选择。数据开放赋予了市场主体调用公共数据的权利，鼓励其利用技术优势和服务经验对公共数据的潜在价值进行挖掘。

数字政府能够强化政府部门针对市场的协调与相应能力。数字政府建设实现了政府与市场主体的“双在线”，面对多样化需求，政府通过跨部门、跨系统、跨辖区的业务整合推进“前台一口受理，后台协同办理”，原有职能框架下的稳态服务转为需求框架下的敏捷服务，“移动办”“24 小时在线办”“政府秒批”等模式提供了多类别、多渠道的便捷服务。

数字政府建设能够实现经济、产业乃至企业的要素画像，从而为政府制定经济发展政策、推动市场主体培育提供政策依据。在数字政府的实践中，关于市场主体信用信息的开发、共享以及开放更为便利，基于信用的监管价值进一步凸显。一是部门之间实现了信用信息的快速共享，红黑名单、信用评价、信用档案的完善等为部门业务协作提供了支撑。二是政府与企业“双在线”为信用评价的透明化和场景创新提供了可能。三是公共信用数据的开放有效激发了社会信用评价机构的积极参与，有利于加快完善社会信用体系。市场主体的信用画像为政府实施联合奖惩和科学监管提供了支撑，也为数字经济发展营造了良好的信用环境。

4.2　数字政府建设实施路径

《中华人民共和国国民经济和社会发展第十四个五年规划和 2035 年远景目标纲要》（以下简称“‘十四五’规划和远景目标纲要”）将“加快数字化发展 建设数字中国”作为独立篇章，从打造数字经济新优势到加快数字社会建设步伐，从提高数字政府建设水平到营造良好数字生态，勾画未来五年数字中国建设新图景。

数字政府建设既是落实网络强国战略、建设数字中国的重要内容，也是引领和全面带动数字经济、数字社会、数字生态和谐发展的举措。

数字政府建设是一个长期的螺旋式迭代过程，要把握好节奏和力度：建设初期充

分调研、统筹规划；建设之中通过政策标准的规范引导，集约节约地统建支撑体系、允许应用场景大胆创新；建设之后有持续提升和协同运营的可持续性保障，以“工匠”精神做实做细做好各项工作。

4.2.1 调研摸清家底

1. 宣贯统一方向

由政府出面组织会议，宣贯确定建设方向。可通过全体大会与专题会结合的方式，确保信息层层传达到位。通过会议宣贯，可在前期树立共同的建设目标、调动参与单位和部门的积极性，同时为后续的调研、设计工作开展奠定协同的基础，并可初步约束规划期的时间节点。

2. 调研明确需求

由主管单位组织协调、参与单位和部门与设计单位共同配合，开展需求现状调研。调研方式可综合现场访谈、问卷调研、现场查看、资料收集等多种手段。根据项目范围，设计、发放调研问卷与访谈问卷，制订现场访谈和查看计划，收集发展战略、业务规划、管理制度、信息系统文档等相关资料，开展有关访谈工作，编写访谈纪要，回收调研问卷。

3. 梳理整合规划

由设计单位基于各单位和部门的调研情况，理解政府发展的战略与业务规划，识别其内生动力和外部要求，理解发展目标与关键业务举措，明晰建设现状和面临的业务挑战。通过梳理、归纳，总结重点需求与重点问题，整合形成整体的项目需求规划。

4.2.2 顶层规划设计

1. 厘清远近期目标

在充分理解政府现状和需求的情况下，明确建设的指导思想、建设原则、愿景目标。坚持远近结合的原则，进一步厘清近期、中期、长期的“时间表”“路线图”，设计战略蓝图架构。

2. 规划总体架构

通过先进、成熟的架构方法论，基于项目需求规划开展架构设计，包括业务架构、应用架构、信息架构、技术架构、安全架构、运维架构及配套的保障体系设计。

3. 明晰建设任务

在远近期目标的指导下，进一步明晰各阶段的建设任务。要确保每阶段的目标任务明晰、可分解、可考核。以一批引领性、带动性、标志性的重大项目支撑强化建设任务，达到预期目标。

4. 筹建组织体系

根据建设范围筹建对应的组织保障体系，分层分级明确对应职责。在跨部门、跨领域、跨层级的项目上，有必要确立“一体统筹”的原则，设置“专人”“专班”联动作战，与日常性的党政机关工作体系形成“双回路”。通过体系化、制度化、常态化地运作，整合打通力量资源，形成有力支撑。

完善工作推进机制，加强定期调度，压紧压实各单位、部门的责任，加大督查考核力度，通过项目化、清单化抓好发展重点任务的落地见效。

4.2.3 制定政策标准

1. 出台政策法规

伴随着数字政府建设，新的制度、业务、流程不断出台，相应的政策法规也要随之调整、更新。数字政府建设配套政策法规的核心思想是“守底线、框边界、促创新”，即在守住法律、经济、道德、安全的底线基础上，框定一个相对宽松的边界作为创新环境，在此范围内既能适应数字政府建设带来的变化，又能促进体系、理念的不断创新迭代，进而推动政策法规不断演化完善。

2. 制定标准规范

基于标准规范现状，设计梳理体系结构和标准规范明细表。对照分析，明确现行的标准规范与目标的差距，确定标准处置策略，并制订标准体系编制计划。

依据标准规范的管理体系，逐步对标准规范细则进行编制、修订、评审与发布。通过系列标准规范的出台，建立新的标准规范体系。

标准规范可包括业务类标准规范、数据类标准规范、测试类标准规范、版本类标准规范、集成类标准规范、安全和运维等相关制度等。

对于标准规划体系较完备的政府，还可考虑建设或升级标准管理平台，以信息化方式助力体系的长效运行。

3. 建立安全保障

安全保障体系是一个动态发展的体系，在实践中，完全解决安全问题难度极大，必须同时从数字安全的范畴和标准入手，明确在当前阶段重点的风险和可接受的安全标准，进而建立一套切实可行、鼓励发展、守住底线的安全体系。

数字政府的安全建设必须充分考虑组织保障、管理政策及流程的落地，实现从云到端的协同安全防御体系。遵照国家已经出台的重要安全准则，层层剖析，全面深入地挖掘政府的安全需求，通过智能化的安全能力建设，建立以基础设施安全、网络安全、应用安全、数据安全等为关注重点，以管理、技术和人员三者有机结合的立体安全保障体系。通过协同安全防护能力建设，发挥各级政府联合作战的优势。通过安全运营能力建设，提升数字政府的安全应急响应能力。

4.2.4 搭建基础设施

1. 升级政务网络

升级电子政务外网与政务应急通信网。

（1）电子政务外网：完善市、县、乡、村四级电子政务外网全覆盖，推进融合量子通信技术的城市电子政务专网升级建设。

（2）政务应急通信网：加强政务应急指挥通信网、卫星通信网和无线通信网三网融合通信建设，实现城市指挥调度“一张网”。

2. 统筹政务云建设

云计算平台是数字政府建设中基础设施的重要一环，承载着各类核心应用系统，提供统一的云计算服务。在云平台建设方面应遵循开放技术路线，利用云计算虚拟化技术实现对业务资源需求的动态调配。

根据业务属性和需要选择合适的部署模式，在设计时兼顾考虑私有云 / 专有云的本地化、私密性和公有云 / 公共云的弹性与敏捷优势。政府的核心数据按监管要求部署在专有云上，“最多跑一次”等业务需要应对海量公众客户访问，适合部署在公共云上。在建设混合云时，应选择有规模化服务能力，同时公有云和专有云属同构技术栈、有统一管理界面的厂商，避免“混而不合”。

按照业务要求和主管单位管理实际情况，合理规划政务云平台部署的网络结构。一般网络规划为政务外网区和互联区，主要承载非涉密的业务。云平台区域的整体架构可细分为弹性计算区域、分布式存储区域、关系型数据库区域、负载均衡区域、专线接入区域、互联网接入区域以及核心交换路由区域。

为确保用户的业务安全、数据安全，通过虚拟隔离技术为用户提供云服务，区域内的资源与其他用户完全隔离。用户在本区域内按需配置自己的计算资源、存储资源、网络资源及安全策略等，实现资源自由分配，弹性扩展。

基于政务信息化的实际情况，充分考虑利用现有数据中心、新一代政务外网等，搭建政务云平台，构建统一硬件资源池，在平台基础上构建 IaaS、PaaS、SaaS 层云架构服务体系。

在自建数据中心时，应避免建造传统的“物理机房”，依据“低碳绿色”的原则，通过服务器、存储、软件、网络、安全等软硬件设备的一体化，建设“规模集约、整体高效、绿色节能”的新一代云数据中心，通过技术创新，降低能耗。

3. 升级优化感知体系

在已有的感知体系基础上，进一步借助物联网、高精度定位、5G、遥感等技术创新，协同发展云服务与边缘计算服务，扩大感知对象范围、提高监测频度、提升感知智能化分析水平，培育行业感知网、工业互联网、医疗物联网等，完成云网一体的大闭环，共同构建泛在感知的物联体系。

（1）视频专网：优化完善城市视频专网，汇聚接入城市监控图像数据资源，提升网络承载能力。

（2）物联感知网：依托窄带物联网，搭建城市物联感知专网，构建感知网络“一张图”，提升城市管理全面感知、分析预警能力。

（3）5G 通用网络：组织网络运营商加快布局 5G 网络基础设施建设，提升城市核心干网水平和覆盖面，满足大带宽和泛在连接的网络接入需要。

4.2.5　数据汇聚共享

1. 统一数据标准

强化标准建设，建立统一的数据支撑标准、数据共享标准、业务管理标准、技术应用标准、政务服务标准、安全运维标准、系统应用集成标准等。在国家信息化标准安全体系框架下，积极构建地方标准体系，推动标准有效实施。

2. 梳理数据资产

基于国家和地方出台的数据分类分级标准并结合业务场景对数据进行分类分级管理。通过对数据的梳理和标记，设置细粒度的安全保护措施，有效避免数据过度授权和授权不足的情况，实现数据安全使用。

探测数据库信息并清晰描述资产的变化内容，对数据资产进行梳理，形成数据资产目录，建立资产数据的全局唯一标识。通过目录确认资产存在情况、归属信息等内容，为引入外部数据提供有效的参考。

3. 汇聚共享数据

扩大公共数据按需归集和管理范围，实现全领域数据高质量供给。完善地方统一公共数据目录系统，推动数据目录全域性、动态化管理，建设智能化标签系统。逐步扩大公共数据归集范围，将医疗、教育、环保、水电气等社会化公共数据纳入公共数据管理范围，推动社会化公共数据与政府公共数据的融合打通，实现数据“按需归集、应归尽归”，并提升数据时效性、完整性。加强全链路数据质量监控，建成高保障、高可用的数据供应链体系。加强数据治理，完善数据质量快速响应机制。按照“谁提供、谁负责”的原则，建立健全数源单位数据质量主体责任制，建立重点数据 7×24 小时保障机制。

4. 搭建一体化平台

基于中台理念，建设共建共享的一体化数据资源平台，为政府数字化转型提供重要数据支撑。构建公共数据的基础域、共享域、开放域：基础域包括公共数据资源目录系统、数据归集系统、数据治理系统、基础库等；共享域包括数据共享系统、分析挖掘工具、算法模型、省域治理专题库、部门数据仓等；开放域包括开放授权系统、沙箱系统、开放数据空间和融合计算、开放算法库等。

4.2.6 搭建支撑平台

基于大数据、人工智能、区块链等新一代信息技术，构建包含数据、业务、技术等在内的城市级中枢共性支撑平台，为城市大脑、经济大脑等上层业务应用的构建提供全面、开放、安全、高效的赋能支撑服务，统一提供数据、业务、技术等资源开放支撑。

通过支撑平台的搭建，以数据的手段提升政府现代化治理能力和水平，以“最多跑一次”为驱动，整合城市政务数据。

1. 梳理流程事项

围绕一件事一次办、自助办、区域通办和智能审批等业务的要求，以民众和企业实际办事需求为导向，深入推进事项精细化梳理，支撑政务服务创新业务场景建设。

通过事项情形化梳理，对事项办理中可能涉及的业务情形进行标准化梳理，输出每类情形下需上传的材料和业务表单信息，系统根据所选情形智能过滤不需要填写的表单和材料信息，便于申报人或者窗口接件人快速办理业务。

2. 抽取共性功能

统筹规划共建共享的一体化应用支撑体系，通过建设可信身份认证、电子签章（签名）、业务中台、智能中心、公共信用、空间治理等共性组件，强化业务中台的交互、表单、路由等集成功能。通过不断丰富共性组件，为各部门开发业务应用提供公共支撑。建设数据中台，将城市范围内政务、物联、经济、社会化等方面的数据要素进行汇聚、治理、融合，并依据业务场景需求进行加工、封装，形成城市级公共数据服务子平台，加速推动城市跨部门间数据要素的协同融合、安全流动，全面实现城市数据要素的聚、治、通、用。

建立一体化共性应用组件目录，强制类组件要求数字化改革应用必须使用，推荐类组件可选择使用。针对数字化改革过程中的新任务、新需求，开发共性适用的应用支撑组件，汇聚各地各部门优秀组件，推进共建共享，丰富应用支撑体系；加强各地各部门的培训，强化技术支持，提升共性支撑组件的利用率。

3. 建设业务支撑

按照“大中台、小前台”理念，建设一体化应用支撑平台。可通过不断完善的中台建设，形成统一的业务支撑。建设业务中台，以数据定义服务，建立统一的事项目录体系，规范事项基本属性、表单、流程、材料、数据对接、系统对接、办件等要素标准，完善政务知识图谱，形成可机器处理的结构化语言。建设事项中心，通过统一的事项目录体系，规范办事事项的基本要素标准。建设消息中心，实现客户服务、跟踪评价等交互体验。建设流程中心，实现流程的灵活复用和按需定制。建设用户中心，建立标准化的用户管理体系，有效支撑多业务之间的统一用户管理。

4. 建设技术支撑

为避免标准技术组件重复建设，建设技术中台，将通用软件底层框架、标准技术引擎、程序中间件、通用技术平台等技术工具聚合、引入、封装，最终以技术能力的方式实现公共技术工具的共建、共享、共用，集中建设、统一赋能，避免重复、降低成本。

技术支撑和业务支撑的建设过程相辅相成，可根据业务需要不断更新和吸纳新的技术组件，也可以考虑将一些不具有明显业务含义的通用组件通过抽象和标准化设计后纳入技术中台统一管理。

4.2.7　建设应用系统

1. 整合已有系统

遵循“一体化”原则开展新一代应用系统的总体规划与建设工作，对已有系统加强以数据中台为依托的互联互通和集成整合，强化数据资源的联系与贯通。在此基础上，根据各系统的使用年限和应用现状，分批采用迁移、合并、替换等方式，推进已有系统的“上云”工作，使所有系统实现最大程度的集约化和在线化。系统整合过程应注意利用标准规范为信息化工程的建设提供翔实的依据和指导，使不同开发者、维护者能够对资源进行科学利用，提高应用系统 / 模块运行效率，避免重复建设，减少资源浪费。

2. 打通信息孤岛

各类应用系统应共同组成一个健康生长的有机生命体，在技术层面实现创新推动，着力打破信息汇聚过程中的壁垒。利用多源多态的数据采集和汇聚技术建设新一代大数据资源仓库，同时满足离线计算、实时在线分析、流式数据分析等不同时效性的计算能力需求，打造视觉计算、语音识别、图像分析以及数据资源融合计算能力，为多种形态的上层应用提供统一的存储和计算支撑。打破原有的“数据烟囱”体系，通过统一的数据资源层实现所有信息系统的数据资源“全落地”，并通过统一的数据融合计算产生反馈结果，打造数据闭环，支持各单位新一代智慧系统的建设和创新，真正实现数据流与业务流的有效融合。

3. 创新业务应用

从“领导决策切实需要、公众生活广泛关注”的角度出发推进业务创新工作，打破部门藩篱，利用“专班”和“共创”等新方法，聚焦亟待解决的核心问题，充分引入“协同”和“智能”发展成果，从数据采集、数据融合、数据智能、流程再造等方面入手，促进应用从传统“流程型”向“数据智能型”升级。在创新过程中，根据各城市、行业、区域的发展现状，可针对部分重点领域开展先行建设，树立一批大数据应用的典型标杆，通过取得示范效应推动创新工作的全面开花结果。创新应用也应注重打破原有系统独立、割裂的底层架构，提炼各类业务所需的共同底层需求，形成共享能力，统一推进能力提升。

4. 增强移动互联

移动互联网已成为互联网发展的主要驱动力。移动技术的快速发展实现了线上线下资源的打通，在政府数字化转型的过程中有助于打造强协同、提效能、促公开、助决策的政务新模式。移动协同平台可以有效优化城市资源的调度与配置，新一代低代码技术与移动平台的结合也能够显著提升城市面对突发情况时的响应速度。基于强大移动能力的大协作，源源不断地将数字政府的能力触达每一个人，形成“全包围”的服务和“全触达”的管理，让每一个人享受到全体系、全要素、最好水平的服务，也让社会的每一个角落获得全方位、全连接的治理。各政府机构应对移动信息化浪潮给予足够的重视，综合运用新一代移动信息技术，建设完善统一、安全可靠的移动应用支撑平台，实现各政府单位的组织在线，加快推行掌上办公，强化共享协同，通过移动化模式有效优化工作流程，提升政府整体运行效率，提高政府社会治理和民生服务能力，促进社会经济发展，进一步推进政府的数字化转型进程。

4.2.8 长效稳定运行

1. 坚持管运分离

为保障长效、稳定的可持续化运行，在新型数字政府的建设过程中，需要重塑管理模式和服务模式，通过加强政企之间的协作，引入市场化机制，支持有能力的企业组建运营团队经营开发，政府只负责牵头管理、购买服务。

政府摆脱了技术、人才、成本与运营等方面的制约，能够紧跟技术进步与时代发展，专注于业务创新。以公司为长效运营的主体，可从单一的项目建设机制逐步过渡到“建设 + 运营”的长效机制。

2. 形成敏捷响应

数字化技术的应用为提高政府运行的整体协同能力提供了一个重要抓手，通过组织在线、沟通在线、协同在线构建政府、企业、市民之间的无边界沟通、协同机制，解决了政府部门之间传统的各自为政的管理弊端。

以流量入口端切入，通过政务服务 App、官方网站等，提供“24 小时在线、随时可触达”的服务。通过数据打通，“让数据多跑路、让群众少跑路”，提供“一件事一次办”“不见面审批”等服务。考虑到中老年人群的需求，结合行政大厅、线下服务网点等，提供可面对面的窗口。通过办事流程优化，缩短办事时间，提升办事效能。

3. 建立评价机制

依托政务服务平台的“好差评”能力，面向各级政务服务机构、各类政务服务平台、服务事项及相关工作人员，建立全面评价机制。通过线上线下全面融合，让群众对政务服务进行点赞或打分，表达办事体验，达到“一事一评”“一次一评”，“不满意”“非常不满意”即为差评，差评将“件件有整改、有反馈”。通过建立评价机制，增强群众办事的获得感、参与感、满足感，营造良好的营商环境。基于评价反馈数据，建立评价考核奖惩机制，将政务服务“好差评”情况纳入绩效评价。

4. 强化安全合规

贯彻落实国家网络安全等级保护制度和分级保护制度。建立统一、可视、全天候的安全态势感知体系和应急体系，提高关键基础设施和网络安全预警、应急处置能力。在确保安全、稳定的前提下，加快推进关键设备的国产化，实现技术自主、安全高效。

除了要从合规角度出发做好防护，还要树立风险必然发生的底线思维和韧性意识。在安全风险的评估、管理和运营中，既要注重预留安全余量，又要注重从业务运行循环的整体视角评估数据资源和智能应用的完整性、可用性、保密性。

4.2.9 持续创新迭代

1. 建立产业生态

在管运分离的机制保障下，进一步发挥政府的引领作用，聚集高校、企业，建立产业生态。新型数字城市建设需要进行跨部门、跨领域的融合，从技术支持上，也依赖于各类企业在产品与技术方面进行融合，保证专业公司做专业的事情，进而形成一个开放的生态体。通过产业聚集，高校、企业可基于其优势特长为新型数字政府建设贡献力量。

2. 沉淀数据资产

在数据治理的基础上，进一步依靠数字运营公司的机制来沉淀数据资产、挖掘数据价值，做到数据资产化、数据服务化、数据业务化，通过数字化治理、运营、分析的闭环，加速沉淀，相互精进；以数据赋能业务，真正将数据转化为可增值的资产。

第 5 章　数字政府建设技术体系

在信息技术时代建设的众多政府信息化项目，因为缺乏统一的标准规范和数据载体，形成了一个个的信息孤岛和能力孤岛。这些孤岛成为阻碍政府数字化转型进入深水区的关键。“十四五”规划明确提出，“将数字技术广泛应用于政府管理服务，推动政府治理流程再造和模式优化，不断提高决策科学性和服务效率”。在“十四五”的新起点上推动政府数字化转型、改革，必须综合运用云计算、大数据、物联网、区块链、人工智能、5G 等新一代的信息技术为支撑，助力政府不断探索业务协同和流程再造的可行性。在技术之间交叉融合发展的同时，融合业务场景的应用也在不断落地和持续升级。

5.1　数字政府建设技术体系框架

在数字政府建设过程中，通过构建分层分级、互联互通的数字政府一体化技术架构（见图 5-1），解决标准不统一、规范不一致、技术不兼容、数据难共享、应用不好用等基础性问题，实现统一技术支撑底座、统一数据资源汇聚、统一应用服务规范、统一管理保障和统一运维支撑。

1. 基础支撑体系

基础支撑体系主要为数字政府建设提供基础设施，基础支撑体系包括一体化大数据中心、政务云平台、政务网络、计算存储中枢、物联网等。数字政府建设以云计算技术作为融合各类信息技术的大底座，建设集约共享、可靠安全、高效稳定的基础设施，统一部署提供计算（大数据计算、视觉智能计算、物联网计算）存储、安全等基础设备设施和通用软硬件平台服务。

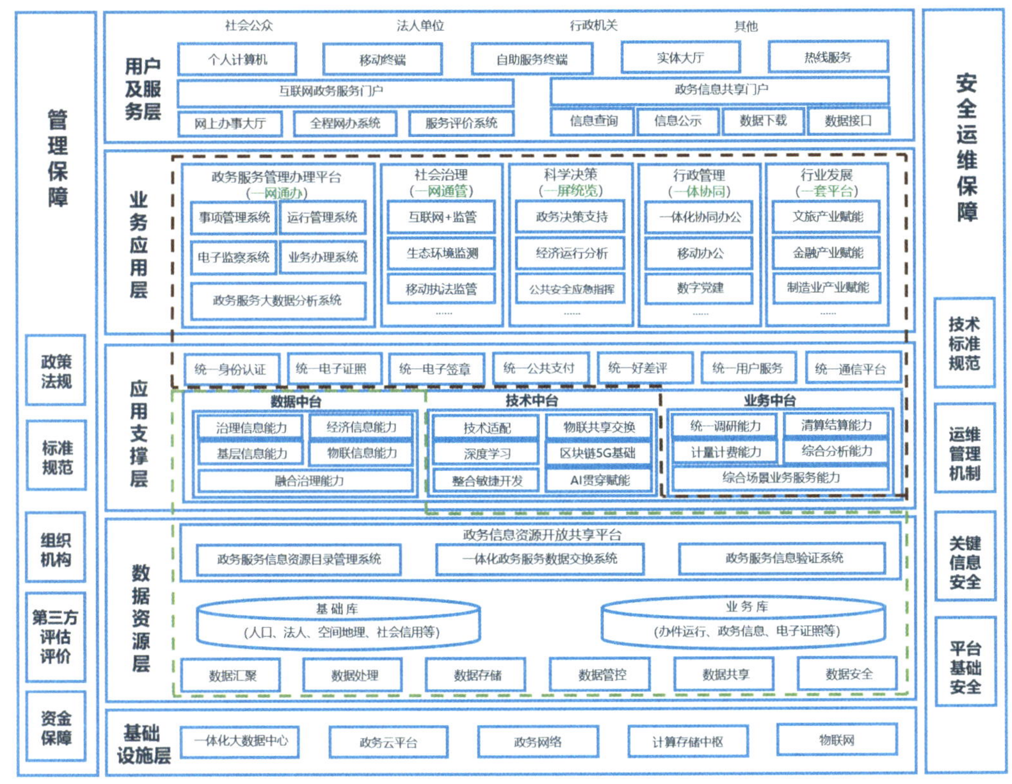

图 5-1 数字政府建设技术体系框架

2. 数据资源体系

数据资源体系包括数据资源层，基于人口、法人、空间地理、社会信用等形成基础库，基于办件运行、政务信息、电子证照等形成业务库，通过数据汇聚、数据处理、数据存储、数据管控、数据安全、数据共享等技术手段实现数据资源共建共享，构建资源目录共享系统、数据交换系统、信息验证系统等，共同构成政务数据资源中心，为数字政府一体化网上政务服务平台提供统一的数据支撑。

数据资源从宏观上贯穿数据自产生至销毁全生命周期的数据管理体系。数据资源是数字政府建设的关键，围绕数据标准、梳理、采集、加工、使用、管理等方面展开，主要涉及大数据平台建设、数据治理、基础库、主题库、专题库等内容。通过数据资源整体建设，实现跨部门、跨区域的数据共享共用。

通过数据的打通使数据业务化是数字政府建设的趋势。数据业务化主要为数字政府建设提供事项图谱、证照图谱等知识图谱，全文检索、多源比对等知识服务能力，以及政务服务知识、政策法规知识等数字政府知识库。

3. 服务应用体系

围绕政务服务、社会治理、科学决策、产业发展等应用领域，通过统一身份认证、统一电子证照、统一电子签章等应用支撑手段，丰富和强化跨领域、跨行业的智慧、智能业务应用，推进全业务快速响应和高效协同，促进政府全要素数字化转型升级，大幅提升数字政府竞争力、吸引力和创新力。

数字政府服务应用建设包括应用支撑、业务应用、用户及服务等，分别对应用底层进行技术支撑，对业务应用体系自身进行呈现，对外部进行服务、决策、治理和赋能。

1）应用支撑

应用支撑主要包括数据中台、业务中台、技术中台以及由此构建的统一身份认证、统一电子证照、统一电子签章、统一用户服务等政务支撑系统。通过建设数据中台、业务中台和技术中台，提供全域数据汇聚、加工、融合、治理、挖掘及可视化展示的能力，实现对数据的全生命周期管理，为智能应用提供标准规划的业务支撑。

2）业务应用

业务应用包括各类在线政务服务管理办理平台、行政管理平台及应用、社会治理、政务决策以及行业发展等有关应用。

业务应用层基于应用支撑层提供的能力，面向不同业务建设丰富的应用系统。推动政府监管精细化、资源调度协同化、应急处置实时化。

3）用户及服务

用户及服务包括互联网政务服务门户、政务信息共享门户等，通过自助服务终端、移动终端、个人计算机等为个人、法人、行政机关提供政务服务。

面向管理决策和开放服务，以“端到端”的智能应用交互为信息出入口，在政府领导、政务人员、公众和企业之间建立连接，通过网络协同感知人民群众和企业的需求、反馈，以数据智能驱动管理决策和社会治理的智能化。

4. 管理保障体系

管理保障是数字政府建设过程中关于组织机构、政策法规、管理服务标准、第三方评估评价等一系列措施的总称。管理保障是推进数字政府建设的基石，通过制定和出台一系列保障措施，推动数字政府工作持续有效开展。

1）政策法规

伴随数字政府建设带来的业务流程、管理边界等变化，及时制定配套的政策法规，营造开放创新的政策土壤。

2）管理服务标准

为集约化、规范化建设，通过标准规范体系形成约束，指导数字政府建设相关工作在统一框架下开展。

3）组织机构

合理设置与数字政府建设范围匹配的组织形态，调配建设整体所需资源，有效保障建设开展。

4）第三方评估评价

通过独立第三方评估评价或委托第三方评估评价，弥补数字政府自我评估的缺陷，作为一种必要而有效的外部制衡机制，可以促进服务型数字政府建设有效开展。

其他措施还有资金保障，即设立数字政府建设相关财政资金分级投入机制，优化项目立项审批管理，确保经费保障到位。

5. 安全运维保障体系

安全运维保障体系是在数字政府建设运行过程中，按照网络安全和政府数字化转型“一体两翼”来建设，做到统一谋划、统一部署、统一推进、统一实施。安全运维保障体系包括技术标准规范、运维管理机制、关键信息安全以及平台基础安全等方面，在数字政府建设实施过程中进行整体维护。

1）技术标准规范

标准规范是规范、统一数字政府建设管理和运行管理的重要基础，也是平台信息和软件资源共享、有效开发和顺利集成、安全运行和平稳更新完善的重要保证，包含信息系统技术规范、管理制度规章等内容。

2）运维管理机制

通过对数字政府建设实施全生命周期业务发展、管理完善、能力拓展等过程和行为的管控与规范，使运维管理工作体系化、制度化，有效保障发展可持续、完善易有序、拓展能稳定。

3）关键信息安全

对数字政府建设中数据共享后的关键信息依据数据安全法和个人信息保护法的相关要求，积极调配安全措施，有效保障关键信息安全。

4）平台基础安全

完善基础设施平台网络安全监测预警和强化应急响应能力，加强安全管理和全流程闭环运营，提升网络安全态势感知和应急处置能力。

5.2 数字政府基础设施建设

我国政务信息化经过“十一五”全面建设、“十二五”转型发展，到“十三五”时期，电子政务建设逐步迈入“集约整合、全面互联、协同共治、共享开放、安全可信”的新阶段，传统的“自建自用、自营自管”电子政务基础设施建设应用模式已难以有效满足新的发展需要。在《“十三五”国家政务信息化工程建设规划》中，首次提出了“大平台共享新设施”的理念：加快构建新型电子政务基础设施大平台，不仅有助于降低电子政务投资成本和建设周期、提高需求响应速度和应用部署效率，而且对打破信息孤岛和数据烟囱、促进信息共享和业务协同、提升综合应用效能和整体投资效益等具有重要意义。

国家发展改革委、中央网信办、工业和信息化部、国家能源局于 2020 年联合发布《关于加快构建全国一体化大数据中心协同创新体系的指导意见》，提出以深化数据要素市场化配置改革为核心，优化数据中心建设布局，推动算力、算法、数据、应用资源集约化和服务化创新。

随着数字政府建设的深入推进和信息技术的快速更迭，在上述政策的引导下，基础设施建设模式也在不断演进优化。云计算作为一种新的技术架构、计算方式、服务模式，为构建“集约绿色、高效安全、共用共享”的新型基础设施提供了新路径、新模式。云成为数字政府的基础底座，为数字政府提供集约、安全、稳定的计算、存储、大数据、物联网、安全保障等基础服务。核心算力支撑是数字政府体系的核心竞争力，而政务云更成为地方政务数字化转型的关键基础设施。

地方政府通过政务云建设，实现地方电子政务的集约化发展，为下一步政务大数据、“互联网 + 政务服务”等发展奠定了平台基础，创造了可持续发展的条件。政务云的建设过程不仅是技术平台的搭建过程，也是地方电子政务研发体系、服务体系、运营体系的生态共建和升级过程。基于云，数字政府的发展将公共服务和社会治理的触角触达每一个细节和角落，并以云为基础，实现数字政府科学决策的数据化、公共服务的智能化、协作沟通的网络化。

目前，各地政府现有的云平台是由各级部门分头建设的，提供的云产品规模、服务范围和能力因为服务商的不同各不一致，容易导致云平台之间技术架构和规范的不统一、不兼容，从“信息孤岛”变成“云孤岛”。

5.2.1　一体化数据中心

近年来，国家出台了相关政策，规范和指引数字中心的发展。2013 年，工业和信息化部、国家发展改革委、国土资源部等五部委印发《关于数据中心建设布局的指导意见》，规范了数据中心建设和布局；2016 年，在中共中央政治局第三十六次集体学习时明确提出“建设全国一体化的国家大数据中心”，从根本上解决信息孤岛的问题，推动政府信息共享互通；自 2018 年开始，工业和信息化部四年连续出版《全国数据中心应用发展指引》，引导数据中心合理优化；2020 年 3 月，习近平总书记在中共中央政治局常务委员会上强调，要“加快 5G 网络、数据中心等新型基础设施建设进度”，将数据中心作为一种新型基础设施上升为数字经济时代区域和国家竞争力的核心战略资源。2020 年 5 月，国家发展改革委《关于 2019 年国民经济和社会发展计划执行情况与 2020 年国民经济和社会发展计划草案的报告》中，明确将“实施全国一体化大数据中心建设重大工程，布局 10 个左右区域级数据中心集群和智能计算中心”纳入新基建发展年度重点任务。2020 年 12 月，在国家大力发展“新基建”的浪潮下，国家发展改革委、中央网信办、工业和信息化部、国家能源局四部委联合印发《关于加快构建全国一体化大数据中心协同创新体系的指导意见》（发改高技〔2020〕1922 号），明确指出“加强全国一体化大数据中心顶层设计”。2021 年 3 月，我国“十四五”规划和远景目标纲要明确提出，“加快构建全国一体化大数据中心体系，强化算力统筹智能调度，建设若干国家枢纽节点和大数据中心集群，建设 E 级和 10E 级超级计算中心”，为“十四五”期间促进数据中心集群的高质量发展指明了方向。2021 年 5 月 24 日，国家发展改革委、中央网信办、工业和信息化部、国家能源局四部委下发《关于印发〈全国一体化大数据中心协同创新体系算力枢纽实施方案〉的通知》（发改高技〔2021〕709 号）。

1. 全国一体化大数据中心协同创新体系

全国一体化大数据中心协同创新体系总体框架如图 5-2 所示，主要由国家“数网”体系、“数纽”体系、“数链”体系、“数脑”体系、“数盾”体系五大部分组成，既涵盖工程建设内容，也囊括政策工具内容。

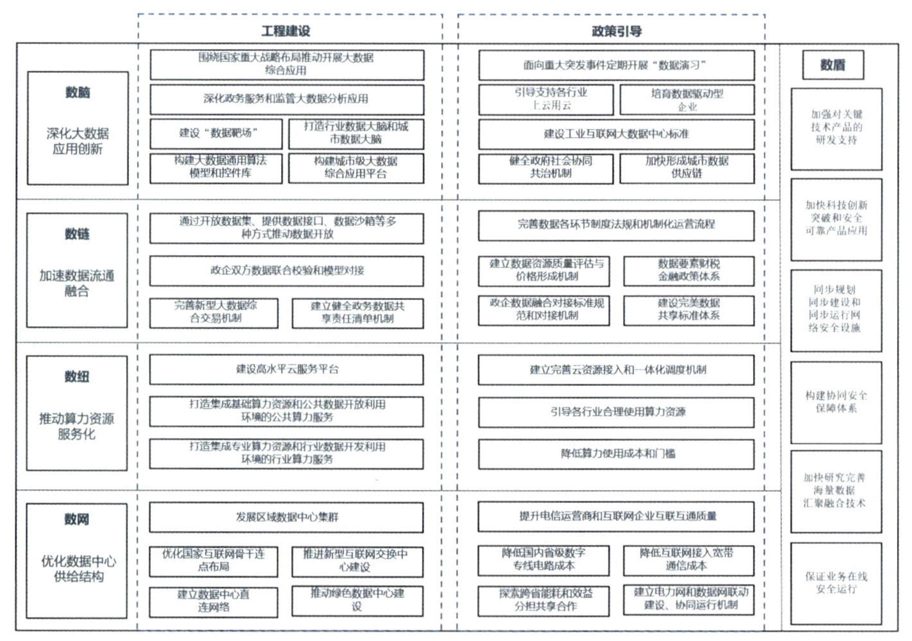

图 5-2 全国一体化大数据中心协同创新体系总体框架

1）国家“数网”体系：优化数据中心基础设施建设布局

重点解决过去十几年里我国东中西部算力资源布局在取得长足进步的同时，依然存在算力资源发展不平衡不充分及区域间割裂严重的问题。通过“数网”体系建设，能够极大提升网络通信、数据中心等基础设施的集约化建设水平，有效提高政府投资效率，引导区域范围内数据中心集聚，促进规模化、集约化、绿色化发展。同时，通过国家“东数西算”战略的实施，建立针对东部地区算力需求的分级分类响应体系，以市场需求为导向，有序发展规模适中、集约绿色的数据中心，服务本地区算力资源需求，有效引导东部部分对时延要求不高的应用需求有序向西部迁移，协同解决算力资源结构性失衡问题，实现总体时空布局优化、成本优化、安全管控优化。

2）国家“数纽”体系：有效降低算力使用成本和门槛

重点解决当前企业面临的上云前“平台安全‘难信任’、供需关系‘难对接’”，上云时“多云厂商‘难抉择’、提供服务‘难全面’”，上云后“跨云业务‘难迁移’，算力成本‘难降低’”等诸多问题，通过培育壮大类似于第四方物流的“第四方云服务”产业，通过政企合作，为社会化企业提供响应更加便捷、成本更加低廉、配置更加高效的一体化算力服务，有助于大幅提高各行业企业上云比例，提升国民经济各行业数字化转型普及率，推动企业上云健康有序发展，助力企业数字化转型。对于需后台加工存储、对网络时延要求不高的业务，引导向能源丰富、气候适宜地区的数据中心集群调度；对于面向高频次业务调用、对网络时延要求极高的业务，引导向城市级高性能、边缘数据中心调度；对于其他算力需求，引导向本区域内数据中心集群调度。

3）国家“数链”体系：加速数据流通融合打造数字供应链

重点解决当前“政－政”“政－企”“企－企”等各个通道间数据资源流通共享要件体系缺失问题。通过构建数据质量评估、可信流通、联合建模等数据资源流通调度新型机制，构建覆盖原始数据、脱敏处理数据、模型化数据和人工智能化数据等不同数据开发层级的新型大数据综合交易机制，实现在数据用见分离的前提下数据资源化、资产化、资本化层面的生产要素流通分配。积极完善数据资源采集、处理、确权、使用、流通、交易等环节的制度法规和机制化运营流程，实现数据供应链化和供应链数据化相结合，为全面构建数据要素统一大市场奠定基础，有效释放全国数据资源红利。

4）国家“数脑”体系：深化各行业数据智能应用创新

重点针对当前经济社会运行感知能力不足、宏观决策和风险研判水平不高等问题，打造“行业数据大脑”和“城市数据大脑”，围绕国家重大战略布局，推动大数据在各行业领域的融合应用，促进提升城市治理水平和服务能力。另外，积极建设面向重大突发事件处置的“数据靶场”，定期开展“数据演习”，为重大突发事件期间开展决策研判和调度指挥提供数据支撑，加快形成数据驱动型的综合展示、科学决策、协同治理、智慧指挥新格局。

5）国家“数盾”体系：强化对算力和数据资源安全防护

重点解决当前数据安全领域出现的一系列全新挑战和问题，围绕服务器芯片、云操作系统、云数据库、中间件、分布式计算与存储、数据流通模型等环节，推动关键核心技术突破及应用，通过建立网络和数据一体化安全防护体系和面向数据、算法、算力等资源流通的综合监管体系，强化大数据安全保障，有效提高数字经济发展整体安全水平，有效促进国产化数据安全产业发展。

2. 绿色节能数据中心建设

目前，集约化构建全国一体化大数据中心协同创新体系主要受到三方面因素制约。第一，网络连通。传统运营商网络布局以本地需求而非以跨域大数据资源调度为导向，导致西部地区网络直联点相对不足。第二，能耗限制。根据国家能源局发布的《能源发展“十三五”规划》，全国在“十三五”期间实施单位 GDP 能耗和能源消费总量的双控行动。在巨大的数据中心能耗需求面前，北京、上海、深圳等一线城市纷纷出台控制政策，或在中心城区全面禁止新建和扩建数据中心，或限制新建数据中心的电源使用效率（PUE）及规模。第三，用电成本。在数据中心建设运行成本中，超过 60% 为电费消耗。由于电力网建设成本高、配套差等原因，其建设周期长于数据网建设周期，数据中心“数等电”的情况时有发生。

随着“碳中和、碳达峰”写入“十四五”规划，数据中心的建设模式将发生深刻的变革，建设绿色低碳数据中心成为必然方向，在数据中心全生命周期内最大限度地节能、节地、节水、节材将是大势所趋。部分地方政府在筹备建设时就提出将数据中心绿色等级纳入推荐范围，如《上海市数据中心建设导则》（2021 版）明确指出，数据中心绿色等级应达到 G4，宜达到 G5（G1 ～ G5 对应绿色等级为 A ～ 5A）。

按照国家绿色数据中心的建设标准和等级评估要求，从建设规划、电力利用、运营维护、数据存储等全链路环节，以先进的数字技术推动一体化云数据中心的建设，达到“碳中和、碳达峰”的目标。

1）合理规划新一代云数据中心

按照新一代云计算标准建立并运营数据中心，通过服务器、存储、软件、网络、安全等软硬件设备的一体化，基于云计算架构设计数据中心的计算、存储以及网络资源，根据用户的实际需求提供弹性极高的服务。采用高算力、高功率密度的 IT 硬件设备，提升 CPU 和服务器功率，实现性能和资源的零损耗。公有云集约化存储会带来 PUE 的提升，用户按需使用存储空间在某种程度上会比用户自行存储数据减少部分无效数据存储空间。

2）数字新技术降低能耗

传统数据中心的耗能中约有 43% 用于 IT 设备的散热，与 IT 设备自身的能耗基本持平。为降低能耗，可采用浸没式液冷、新风自然冷却、高效电源等技术。

为了更高效地散热，采用液冷技术直接把服务器浸泡在绝缘冷却液里，运算产生的热量被冷却液直接吸收进入外循环冷却，散热全程无须风扇、空调等制冷设备，整体节能可超 70%，年均 PUE 大幅降低，如图 5-3 所示为全浸没式液冷服务器集群。

图 5-3　全浸没式液冷服务器集群

因地制宜地利用自然冷源：华北、东北等自然气温平均较低的区域，可采用新风自然冷却技术；在靠近大江大河的区域，可考虑采用“水水换热”的自然冷却。例如，在内蒙古乌兰察布市气候凉爽，大幅减少了空调耗电量，因此很多数据中心选择建在乌兰察布，并且采用自然风冷散热。

采用更高效的电源，如锂电。相对传统铅酸电池，锂电池的生命周期是铅酸电池的两倍，同时在占地面积、运维效率、使用寿命和安全性等方面存在优势，可节省用地面积 70%，实现供电系统的高密化和模块化。

3）使用“绿电”

在清洁能源供应的现行政策框架下，采取电力交易的方式保障风能、太阳能等清洁能源供应，依托电网主干通道，通过市场化直购“绿电”，降低对环境的影响。此外，为数据中心配套建设热回收系统，这也是一种新型节能方案。

4）海量数据冷热分层存储

基于节能以及成本角度考量，目前对需长期合规保存的海量数据进行冷热分层存储已经逐渐成为数据存储行业比较合理的选择。如果选用高密度光磁融合存储技术对冷数据进行存储，每 TB 冷数据存储每年将减少消耗 60 ～ 100 度工业用电，相当于每年少排放 47.1 ～ 78.5 千克的二氧化碳。

5.2.2　新一代网络建设

在《“十三五”国家政务信息化工程建设规划》中提出要“一体化推进国家电子政务网络”“支撑各级政务部门纵横联动和协同治理”。“十四五”规划和远景目标纲要中着重指出“完善国家电子政务网络”。在相关政策指引下，政务网络由初期的安全顾虑、各自独立建网到目前的互联互通、协同调用、资源共享，大大减少了重复建设。而随着数字政府向智能化、协同化建设的推进，各级政府部门的职能调整、流程优化也在不断进行，承载政务的网络也需要相应进行升级改造。

1. 网络提升和改造

基于政务网络的现状，进行提升和改造，重点在为政务服务、民生服务、城市治理、经济发展等重点领域提供网络支撑，有效支持5G赋能下的数字政府智慧化发展。可按照实际需求，分步推进5G网络、物联网、工业互联网、北斗星联网、电子政务外网、电子政务视联网等新一代信息基础设施的建设改造。

在重点区域，如交通干线、重要交通枢纽场所、热点区域、3A以上景区、高速沿线等范围，加强5G网络覆盖，打造互联互通新型网络体系。

基于5G网络，大力推进千兆光纤宽带建设，提升千兆光纤网络覆盖范围和质量，加快升级骨干网络；完善电子政务外网IPv6网络基础环境，按照国家统一部署，推进IPv6改造，提高互联互通水平。

网络运维优化工作及电子政务网安全防护是一个持续改进、不断完善的过程，针对存在问题，只有夯实电子政务网基础设备，不断提升网络的健壮性，才能确保电子政务网络为急速增长的政务业务提供坚实的网络基础。

上海市政府在发展“一网通办”“一网统管”、雪亮工程、智能安防和政务云化改革的同时，建成一张高质量的F5G城市光纤网来支撑电子政务外网，实现了网络性能提升、带宽提升，解决了数据集中、专网整合的问题。天津市建设了骨干带宽高达8T的电子政务外网“一张网”，满足天津市400余个政府部门年均流转各类文件约75万件以及召开视频会议200余次的政务需要。

2. 视频专网建设

在电子政务发展过程中，日趋需要高清视频的支持，如各级政府横向和纵向间的视频会议、部门间的视频通信、视频监控资源联网应用、实时政务信息发布、应急指挥等。可基于视联网技术和电信运营商提供的专线链路建设电子政务视联网，提供综合视频服务、可视化指挥调度服务、通信服务和信息服务的综合高清视频网络系统。电子政务视联网在实际应用中，促进了政务信息化系统由“小带宽的政务应用为主”向“大带宽的高清视频应用”的转变，优化了政务工作流程，创新了政府服务模式，强化了内部监管力度，提升了办公效率和管理水平，提高了应急管理的能力，促进了服务型政府的建设，实现了高清视频业务的大规模并发、高质量服务，将电子政务推向大规模高清可视化应用的全新时代。在我国第十四届运动会举办期间，51个竞赛场馆同步4K直播，每个场馆依托政企专网，为第十四届运动会打造了高可靠、0丢包的4K超高清承载网，使观众可以通过4K高清视频观看这场体育盛宴。

5.2.3　区块链安全底座

国家政策高度重视以区块链为代表的新型基础设施在新的技术革新和产业变革中的重要作用，积极推进区块链技术与产业创新、经济社会融合的高速发展。2020 年 4 月 20 日，国家发展改革委首次提出“新基建”范围，明确区块链属于新型基础设施中的新技术类基础设施。2021 年 3 月 11 日，“十四五”规划和远景目标纲要中提出“加强网络安全基础设施建设，强化跨领域网络安全信息共享和工作协同，提升网络安全威胁发现、监测预警、应急指挥、攻击溯源能力”。随着区块链应用在国计民生多领域落地探索，为上层区块链应用提供存储、传输、计算、开发和测试等资源能力的区块链基础设施的发展已成为推动区块链业务主流化的决胜关键所在。区块链基础设施通过建立区块链底层架构和平台，为区块链技术、产业和应用落地提供区块链底层核心能力、资源和服务，可有力清扫区块链落地进程中底层性能不足和开发技术门槛过高等障碍，逐步成为区块链竞争新热点领域。

在电子政务外网顶层建设开放、可扩展的基础链，以安全监管为抓手，依托中心高度集约化资源，实施对各省级、各地市链的进出管控，操作行为的审计、责任溯源，强化基础支撑环境和公共服务平台建设，促进区块链生态企业和从业者高效协作，推动有效市场和有为政府更好结合，有效激发区块链内生发展动力。

通过建设政务网络安全区块链基础设施，实现国家、省、市三级基于区块链基础设施的政务网络安全保障体系建设。基于区块链技术，打破政务网络安全信息与数据壁垒，实现跨层级、跨地域、跨系统、跨部门、跨业务的区块链数据共享和安全管理。以业务为抓手，验证区块链技术在政务网络安全领域的深度应用，制定政务网络安全区块链基础设施标准规范，为各级政府政务区块链建设、跨链接入、业务系统上链、安全管理、数据可信共享等提供引导和规范，为全国电子政务服务平台区块链应用推广提供基础支撑。

1. 技术框架

政务网络区块链安全基础设施采用“统一规划、顶层设计”的思路，基于信创（即信息技术应用创新产业）软硬件环境打造“1+M+N 主子链架构”特色的政务区块链安全基础设施平台，采用分级、解耦的层次化设计结构，总体技术框架如图 5-4 所示。

政务网络区块链安全基础设施自下而上分为信创基础设施层、跨链层、区块链平台层、应用层、用户层五个层次，同步建设区块链系统接入规范和跨链安全保障体系。

信创基础设施层采用信创软硬件，提供政务网络区块链安全基础设施的软硬件及网络环境支撑。由区块链密码节点机、网络设备、密码硬件及信创服务器等基础设备组合而成。

跨链层由政务主链组成，支持“1+M+N”主子链架构，即“中心主链 +M 个省市主链 +N 个业务子链”的模式。功能模块包括主链管理、子链管理、P2P 网络通信、跨链异常处理、跨链路由、事务管理、跨链节点、跨链安全防护、跨链日志和跨链交互协议等。跨链交互协议支持接入业务子链，为跨链数据交互提供支撑。

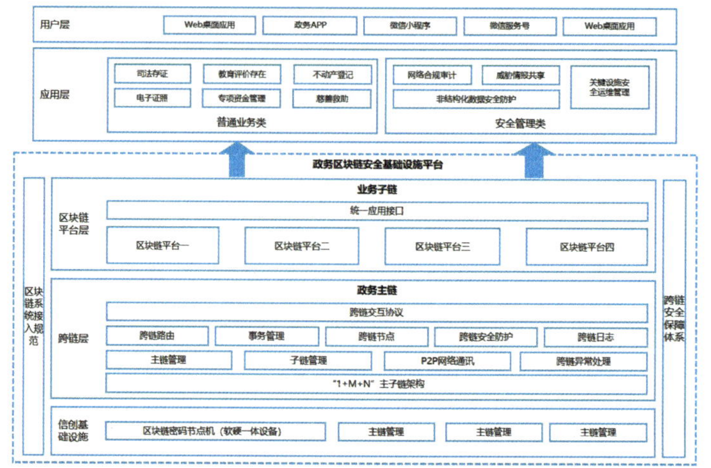

图 5-4　政务网络区块链安全基础设施技术框架

区块链平台层由业务子链组成，业务子链可以由不同厂商、不同架构的区块链平台组成。各区块链平台层采用统一的应用接口对不同的应用提供服务。

应用层主要提供政务业务支持，主要包括普通业务类、安全管理类两类，其中安全管理类包括网络合规审计、威胁情报共享、关键信息基础设施安全运维管理和非结构化数据安全防护等应用内容。

用户层主要为应用层提供人机交互界面，为用户提供终端接入，包括 Web 桌面应用、政务 App、微信小程序、微信服务号和其他政务终端等。

2. 网络架构

政务网络区块链安全基础设施规划建设“1+M+N”主子链网络架构（见图 5-5）。

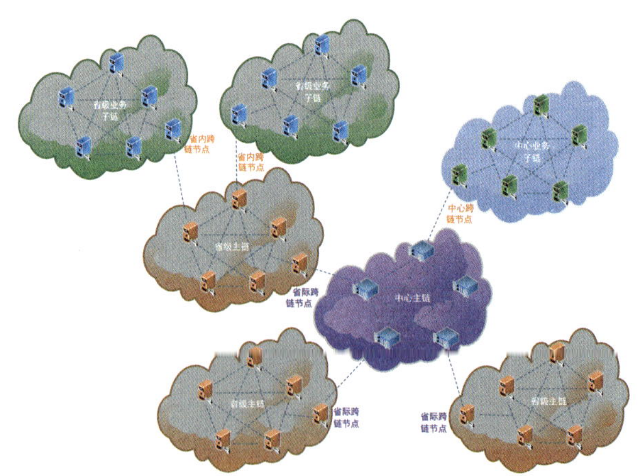

图 5-5　政务网络区块链安全基础设施网络架构

政务网络区块链安全基础设施首先将建设中心主链，中心主链可以管理省级主链和中心业务子链，并为不同区块链之间的跨链交互提供路由支持。

省级主链可以管理升级省市业务子链，并为省内区块链的跨链数据交互提供路由支撑。省级主链通过一级跨链节点接入中心主链。

业务子链通过跨链节点与同级的主链进行对接，如中心业务子链通过中心跨链节点与中心主链进行通信，省级业务子链通过省内跨链节点与省级主链进行通信。

3. 业务框架

政务网络区块链安全基础设施将规划建设网络合规审计、威胁情报共享、关键信息基础设施安全运维管理等应用内容，同时包含区块链管理及统计服务等，其业务框架如图 5-6 所示。

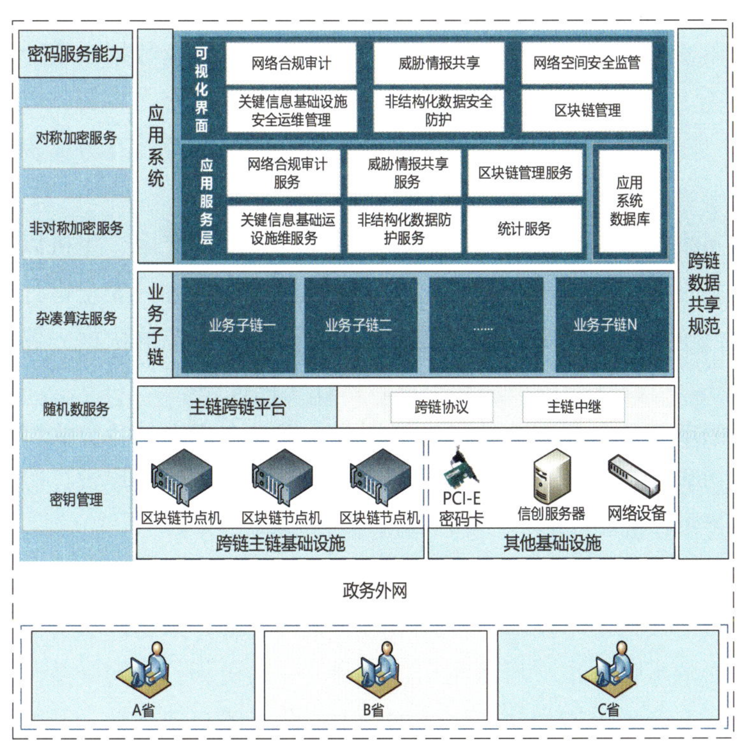

图 5-6 政务网络区块链安全基础设施业务框架

政务网络区块链安全基础设施统一建设于政务外网，基础设施包括跨链主链基础设施、其他基础设施等。跨链主链基础设施由专用的区块链节点机组成，其他基础设施包括 PCI-E 密码卡、信创服务器、网络设备等。

主链跨链平台包括跨链协议和主链中继两部分，跨链协议完成主链与不同异构业务子链之间的集成与对接，主链中继提供链管理和跨链中继功能。

业务子链由不同厂商、不同架构的区块链平台组成。

应用系统包含前端和后端，前端以可视化界面的方式呈现，后端以应用服务层的方式为前端提供业务逻辑处理，包含网络合规审计、威胁情报共享、关键信息基础设施安全运维管理、网络空间安全监管等应用业务，同时包含区块链管理及统计报表等。

密码服务能力为各个业务模块提供国密（国家安全局认定的国产密码算法）安全保护服务，包括对称加密服务、非对称加密服务、杂凑算法服务、随机数服务及密钥管理等。

4. 典型场景

1）网络合规审计

依据《网络安全法》以及国家等级保护等相关法规标准，合规性安全审计满足标识事件、分析事件、收集相关证据以及为策略调整和优化等提供支撑，有效地控制信息安全风险，落实安全策略应用情况，保障网络、业务以及数据的安全运营，通过建设合规性审计能力，与信息安全策略的制订和落实紧密结合在一起，以数据挖掘和数据仓库等技术，实现在不同的环境中对网络资源、业务资源以及数据资源等进行监控和管理，并进一步对历史审计数据进行分析、处理和追踪。

对现有的网络资源（包括网络、边界、资产、数据、应用、主机以及系统等）和审计对象（包括设备、数据库、业务、终端以及用户等）进行安全审计，记录所有发生的事件，提供给系统管理员，作为安全维护以及安全防范的依据，保障网络信息的机密性、完整性、可控性、可用性和不可否认性（抗抵赖）。

按照不同的审计角度和实现技术进行划分，网络合规审计可分为网络空间链路合规审计、网络边界合规审计、网络资产合规审计、网络行为合规审计以及关键信息基础设施运维合规审计等。

2）威胁情报共享

区块链威胁情报共享系统依托政务网络安全区块链，采用区块链技术实现威胁情报库在各级平台的可信共享、可信调用，达到“一次更新，全网受益”，实质性提升全网威胁感知、安全预警能力。区块链的去中心化、账户匿名性、开放性、自治性、不可篡改性和智能合约机制等特点或功能，可以满足网络安全威胁情报共享中的隐私保护、根据贡献值进行奖励、威胁情报可追溯、自动预警响应等需求。

电子政务平台基础链可在威胁情报共享系统运行中，其相关安全系统对情报的比对、获取、调用、流转等关键环节进行全面存证监管，确保威胁情报信息在各级政务平台的合法合规使用、流转。威胁情报共享技术架构如图 5-7 所示。

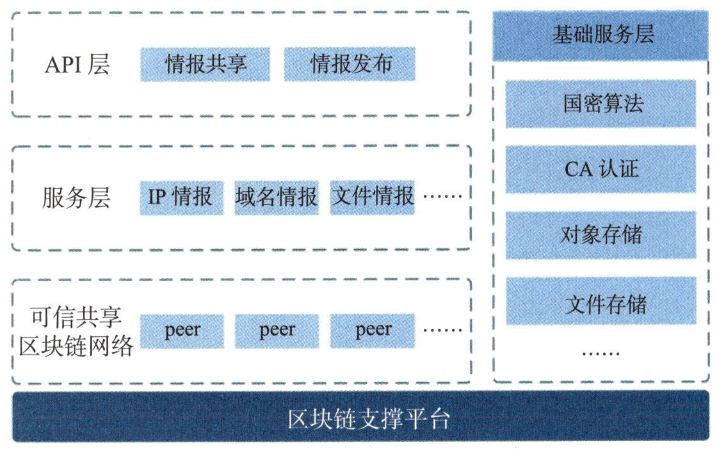

图 5-7　威胁情报共享技术架构

区块链威胁情报共享系统利用区块链防篡改、数据同步存储的特性，基于可信共享的区块链网络，采用国密算法加密、CA 认证等密码技术，结合对象存储、文件存储等存储方式，在此基础上运行 IP、域名、文件、漏洞等威胁情报服务，通过 API 层提供情报共享、情报发布等接口，可与攻击检测、攻击防御、攻击溯源等众多应用场景对接，提升威胁信息共享的效率和整体的网络威胁态势感知能力。

威胁情报共享系统应用场景如图 5-8 所示。相关安全管理人员通过威胁情报共享系统，定期更新威胁情报库，系统自动生成文件目录索引并上链流转。试点单位相关安全系统或安全管理人员可通过威胁情报链实时比对，实时获取最新的威胁情报信息。结合相关安全防护系统，提升自身安全防护及预警能力。

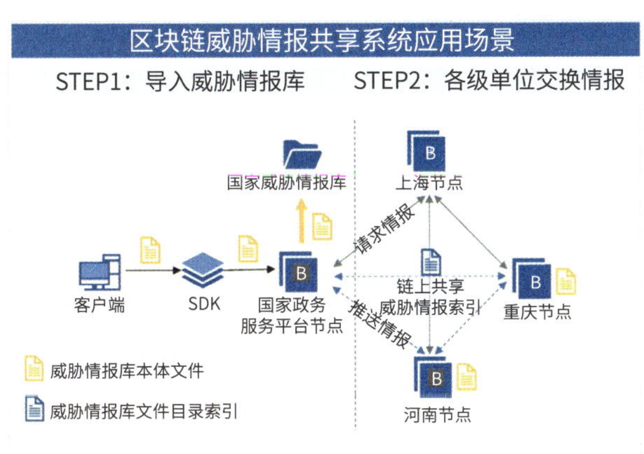

图 5-8　威胁情报共享系统应用场景

3）关键信息基础设施安全运维管理

关键信息基础设施直接面向用户，涉及不同行业领域的应用场景和用户交互，该应用层的业务类别多样、交互频繁等特征导致各类安全隐患集中，成为攻击者实施攻击、突破区块链系统的首选目标。应用层安全风险涉及私钥管理安全、账户窃取、应用软件漏洞、DDoS 攻击、环境漏洞等。

区块链技术本质是一个去中心化的共用数据库，主要由链式数据机构、分布式存储、点对点传输、共识机制、智能合约和加密算法几项技术组成，在对区块链技术进行研究的过程中发现，应用区块链技术可以在关键信息基础设施监管过程中起到一定的作用，并保证数据的高可靠性、有效性。

因为基于关键信息基础设施的安全运维操作的风险来源于管理模式、用户、操作等各个方面，所以需要提供一个对操作进行集中管理，对身份、访问、权限、审计进行控制，真正帮助用户降低运维操作风险的整体解决手段，而不是一个单纯的安全系统。

4）非结构化数据安全防护

立足我国目前档案管理工作实际情况，基于电子政务专网、区域档案工作网、档案长期保存局域网环境设计和搭建“基于国密区块链非结构化数据凭证中心系统”的运行环境，部署非结构化数据凭证管理和应用的功能系统，建立多库分离的非结构化数据凭证数据库，支撑档案等数据的出入口、常规质检、阶段性抽检等关键管理环节的基本业务和多元化服务等高端业务的开展，实现电子档案等非结构化数据安全、合规、高效的自动质量管理。利用区块链技术的不可篡改、信息透明等特点，将区块链技术应用到电子档案等非结构化数据安全保护的凭证管理系统中，两者有效结合，利用区块链技术在分布式和安全性方面的能力，实现非结构化数据凭证管理跨机构和组织的协同工作，使得身份标识等数据能在多个节点之间共享复制，抵御故障和防篡改，保证非结构化数据在利用过程中具有真实性和不可否认性。

5.2.4 集约化政务云平台

“十四五”规划和远景目标纲要中着重指出“集约建设政务云平台和数据中心体系”。集约化政务云平台由部门主管单位主导，专业技术服务机构规划、实施、运营，通过虚拟化、微服务、容器、分布式系统、软件定义网络、资源调度、服务编排等云计算技术，立足于电子政务实际应用和发展需求，以服务为中心，各级政务云平台一般按“四横三纵”的逻辑架构进行建设，为各级政府部门提供基础资源设施、IaaS、PaaS、SaaS（四横）和统一标准规范体系、网络安全保障体系、运行维护管理体系（三纵）等服务，构建实现政务信息资源共享和业务协同的电子政务综合性服务云平台，提供随时获取、弹性使用、弹性计量和弹性计费的云计算服务。

政务云平台的总体架构如图 5-9 所示。

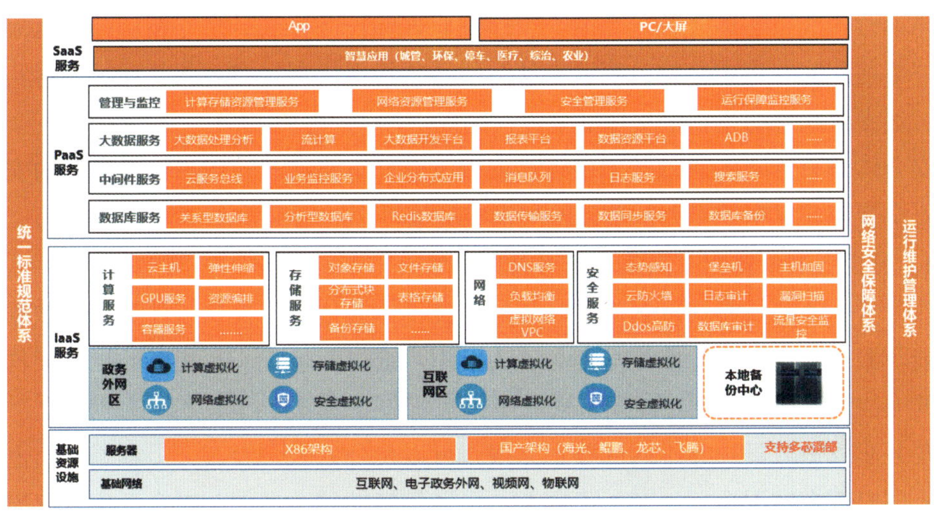

图 5-9　电子政务云平台总体架构

1. 集约化政务云平台的要求与能力

1）国产化“自主可控”的云平台系统能力

国家信息基础设施的安全问题日益突出，各种国际安全事件频发，越发体现出“自主可控”的重要性。国家专门成立互联网信息办公室主抓信息安全管理工作。多个国家机构明确发文表示推动信息系统的国产化进程，并提出明确的指标。采用国内厂商自主研发、安全可控的信息技术产品已经成为政府 IT 发展的明确趋势。同时，在“自主可控”的大背景下，政务云平台选型过程中将坚持在安全可靠的基础上，尽可能采用国产化的自主可控的系统。

2）全方位安全防护体系

根据国家对政务云平台的法律法规要求，构建集安全技术、网络安全管理和安全运营于一体的云平台安全保障体系。

政务云平台安全技术体系是指覆盖纵深防御、监测分析、响应处置和态势管理，从物理环境、网络通信、设备计算、应用数据、云计算和移动互联几个层面形成整体的技术防护框架，防护措施针对全面业务、数据、网络和信息系统。政务云平台安全技术架构分为两层：平台安全和用户安全。平台安全架构包括云平台管理系统和云产品安全架构，强调对系统的控制力；用户安全架构强调用户层的安全策略。另外，云产品本身既有前台服务，又有后台系统。

政务云平台安全管理体系是确保云平台网络安全责任明确和建章立制的核心，结合网络安全管理体系的风险管理模式，需要建立可持续改进的安全管理体系架构，覆盖组织架构岗位职责、安全管理制度、人员安全管理和安全培训等安全管理控制。

政务云平台安全运营体系是要全面落实并形成“同步规划、同步建设、同步运行”

的整体运营模式，整体完善配套的组织岗位职责和任务分工；建立相应的规范流程，形成“事前预防、事中监控、事后审计”的运营管理机制，在运营管理机制落实的过程中，逐步建立自动化平台支撑安全运营工作。

安全体系总体架构通过技术手段贯彻行政管理策略实现，包括信息系统的安全策略、安全管理、安全技术和基础设施与领导决策。

3）可扩展的一体化、高集成技术架构体系

政务云平台应具备统一框架和可扩展的技术体系规划，提供云计算、大数据、人工智能等服务，各服务功能无缝组合，为云用户提供一体化、高集成的技术架构。基于此的一体化架构可以支持面向未来的业务创新和持续增长，提供灵活的扩展。

政务业务上云可选择不同的技术路线，可以是公共云、专有云、容器云，也可以是多云同时存在的混合云。从平衡安全、灵活等特性综合考虑，混合云优势突出。考虑到对数据监管和安全可控的需求，政府机构倾向于将云服务部署在管辖范围的专有云，针对非敏感、对外频繁交互的系统适量选择政务公有云。政府机构正越来越多地采用混合云模式，尤其在面向公众服务的系统中，通过提高架构的灵活性最大化云计算的价值，加速自身的数字化转型。混合云允许同时兼顾多种云服务的优势，如在专有云上存储关键数据，而在政务公有云上运行应用程序，但统一化的管理意味着必须在不同云平台间进行整合、兼容，管理复杂性高，对技术要求也很高。政府机构考虑安全性、灵活性、可扩展性、成本效率等各方面因素，越来越多地选择与业务需求相匹配的混合云方式的部署和服务。

4）统一的云平台管理体系

政务云平台具有统一的运维管理系统，包含云服务操作控制和运维监控。云平台统一化的运维管理系统实现统一账号、统一权限、统一运维、统一运营。统一的运维管理系统可以通过控制台进行账号管理、分配云服务资源、处理告警、升级系统、审计管理等操作。通过运管平台，不仅可以集中管理政务云的各种资源，还可以统一管理企业不同架构的云基础设施，以及企业原有 IT 设施，向上提供统一的计算、存储、网络等资源及服务。云管理平台除了提供统一的 IaaS 层服务，还集成安全、管理、运营、运维以及 PaaS 平台服务，让用户可以享受到真正的云服务。

5）全面兼容开放的云平台体系

政务云平台对系统兼容性和开放性要求日益提高。兼容性是指政务云平台具有不同架构的云基础设施为各用户提供服务。开放性一般可以分为技术开放、接口开放、事实开放三个方面，技术开放指能够将系统的技术领先性、优势通过公开渠道对外公布，能够让更多用户了解功能原理；接口开放指提供 Open API 及文档，能够让用户的应用系统简单地基于平台的服务功能进行开发；事实开放指利用云厂商或者云服务商的先进技术经验，成为业界或者某个行业的使用规范，成为事实的标准。

6）丰富政务云服务目录体系

政务云平台需要构建丰富的产品服务和运维来为各委办局提供服务，通常包含集基础物理环境、网络、计算、存储、数据库、大数据组件、中间件、安全、备份容灾和运维于一体的服务，政务云服务目录基于十余个大类几百个子类提供不同的服务，各级服务目录一般包含如下服务：

基础物理环境服务一般包含机房、机柜租赁服务；网络（包含互联网、电子政务外网、视频网、物联网）租赁服务；计算服务一般包含虚拟云服务器、裸金属服务、弹性计算、弹性伸缩等服务，满足一般应用计算、高性能等不同场景的业务需求；存储服务包含块、分布式对象、分布式文档等不同的存储服务，满足文件、图片、视频和表格等各种存储需求；数据库、大数据和中间件服务能力具体包括关系型数据库、非关系型数据库、分析型数据库、大数据计算、大数据开发、消息队列、实时监控、容器服务、日志服务等服务；安全服务是为了保障政务云平台中部署的业务应用系统的安全，并按照等保测评需要达到的安全服务功能配备相应的服务；备份容灾服务是对业务系统中生产数据、操作系统本身及操作系统中的数据、数据库本身及数据库中的数据、虚拟化镜像及数据、其他应用业务中的数据进行保障；运维服务是基于客户的应用、数据发生故障后的分析及处理。

2. 统筹化政务云平台的管理与运营

电子政务云平台的建设及应用是一项系统工程，涉及业务应用、管理制度、技术支撑等方方面面，不可能毕其功于一役，要分阶段分层次稳步有序推进，还要有统筹化的平台运营思维。建设一个完善、健康和可控的政务云平台，应注意以下几点。

1）安全保障

根据国家信息安全等级保护相关标准的要求，建设安全合规的政务云计算中心。安全域包括机房、网络、主机、操作系统、应用、数据、灾备系统等多个层面，涵盖身份鉴别、访问控制、安全审计、入侵防范、恶意代码防范、网络设备防护、剩余信息保护、通信完整性、通信保密性、抗抵赖、软件容错、资源控制、数据完整性、数据保密性等多方面要求。

2）按需供应

政务云平台所提供的计算资源（如服务器、网络、存储、数据库、中间件等）以自助服务的方式自动提供给用户，用户不需要与服务提供者进行面对面的交互。用户按需付费，即使用多少功能支付多少费用。这种费用类型一般体现为运营费用，而不像传统的 IT 系统构建需要转换为资产费用。

3）快速交付和弹性扩展能力

政务云平台提供的计算能力可以根据需求被迅速且伸缩自如（即弹性能力）地提供（即提供者可以快速部署资源，而使用者可以快速获得服务）。在某些应用场景中，计算资源需要被迅速地自动扩展增加，且能够迅速自动释放，以满足对计算资源的突发性使用需求。对用户来说，平台提供的计算资源理论上应该是可以无限扩展的，当需要时可以在任何时间购买任何数量的计算资源。

4）标准和开放性

云计算平台系统设计以标准和开放性为基本原则。遵循业界通用标准，提供丰富的服务接口，可实现与外部平台的互联。采用松耦合的层级架构，有利于系统今后的升级和扩展，做到业务平台因时而动，随需而变。

5）业务连续性保证

政务云平台能够提供不间断计算能力。这意味着平台应用系统可以利用软件与硬件分离的分布式软件层保持应用软件即使在升级时也可以持续活动。在政务云中一般不需要为软件维护预留停机时间。

6）构建面向方便使用的政务云服务

政务云平台充分利用云的特性，通过使用面向服务的方法来打造低耦合、模块化、语义互操作的 IT 能力提供平台。虽然云计算系统不一定要使用面向服务的方法构建，但通过面向服务的方法构建的云系统能提供更好的可靠性、可扩展性及灵活性。

7）自动化运维管控能力

政务云平台采用自动化系统来帮助解决管控问题，自动化使得规模巨大且复杂的系统依然保持成本效率。

8）低成本使用

基于云计算思路构建的政务云平台是一种资源交付和使用模式，用户可根据自己的需求灵活动态地调整所需资源的数量，仅需为自己使用的资源付费，从而避免为了应对长时间周期才会出现一次的峰值运算需求而超额购买大量的硬件，有利于控制成本。同时，政务云平台基于规模经济性构建，其构建的单位成本较低，且基于标准化技术及自动化管控技术构建使其运维成本也较低。

9）可度量的服务

政务云平台可以对所提供的服务（如存储、处理器、内存、网络带宽、数据库、中间件等）在适当的层面进行抽象。基于对这些抽象后的服务的度量，云计算系统可以自动地控制及优化资源。同时，可以监控用户对计算资源的使用并自动生成报告以提供给用户，做到服务使用的透明化。基于完善的自动化监控度量管理手段，云计算系统能提供更好的服务。

总之，打造统筹化的运营平台，一是要推进政务云平台建设的主管单位强化顶层设计、全面布局。二是分层次推进，在实施层面分阶段推进，对新增的应用系统要严格按照云优先的原则，全部采用云服务模式，对已有系统要先易后难，逐步迁移到云平台。可先从 IaaS 资源服务入手，逐步向 PaaS、SaaS 服务层层推进。首先采用 IaaS

资源服务，将部门分散化、碎片化的设施设备统筹整合，形成统一的基础设施平台，在此基础上逐步形成统一的业务支撑平台，对于一些共性、通用的服务系统，如邮件、公文、考核等系统可采用 PaaS、SaaS 服务，以“平台 + 服务”的方式满足各方面的应用需求。三是搭建统一的政务云资源管理平台，推动建立云资源统一调度和动态管理机制，打造集成基础算力资源和公共数据开发利用环境的公共算力服务，提升云资源使用效能，降低各级部门算力使用成本和门槛。

5.3　数字政府数据资源建设

社会对数据价值的认知一直在持续演进。2015 年，国务院印发《促进大数据发展行动纲要》，把数据作为“国家基础性战略资源”，后又提出“实施国家大数据战略，推进数据资源开放共享”的工作要求。2017 年 12 月 8 日，习近平总书记在中共中央政治局第二次集体学习时强调：“以数据集中和共享为途径，推动技术融合、业务融合、数据融合，打通信息壁垒，形成覆盖全国、统筹利用、统一接入的数据共享大平台，构建全国信息资源共享体系，实现跨层级、跨地域、跨系统、跨部门、跨业务的协同管理和服务”。至 2019 年底，22 个省建立了省级政务数据管理机构，近三年省级政务数据治理相关项目共 1822 个，国家数据共享交换平台交易量超过 600 亿条，在数据资源的共享共建方面成效显著。

在推进政府与社会数据从封闭走向共享开放，实现数据在法律、伦理与安全框架下的自由流动方面，我国仍面临着数据开放整体法律框架缺失、数据战略顶层设计不足、数据治理与运营缺乏统筹、数据开放共享执行不到位、数据价值创新有待加强、数据专业人才与能力稀缺等挑战。2020 年，《中共中央 国务院关于构建更加完善的要素市场化配置体制机制的意见》中提出加快培育数据要素市场，要推进政府数据开放共享、提升社会数据资源价值、加强数据资源整合和安全保护。习近平总书记也多次提及，“构建以数据为关键要素的数字经济”“要运用大数据提升国家治理现代化水平”“要运用大数据促进保障和改善民生”。

通过统一数据标准、数据归集、数据治理和数据共享开放应用，构建一体化、智能化的公共数据平台，是把数据作为创新社会服务公共基础设施的体现。数字政府建设对各部门的业务进行梳理、整合优化，将分散的部门业务架构有序凝聚为一体，构建分工有序、紧密合作、数据融合的业务体系，如图 5-10 所示。通过引入共享、开放等数据构建基于对象的数据模型，包括事项图谱模型、证照图谱模型等公共模型以及数据共享模型、监管分析模型等业务模型，最终通过融合数据输出服务，包括数据画像、服务转换、知识图谱等服务。

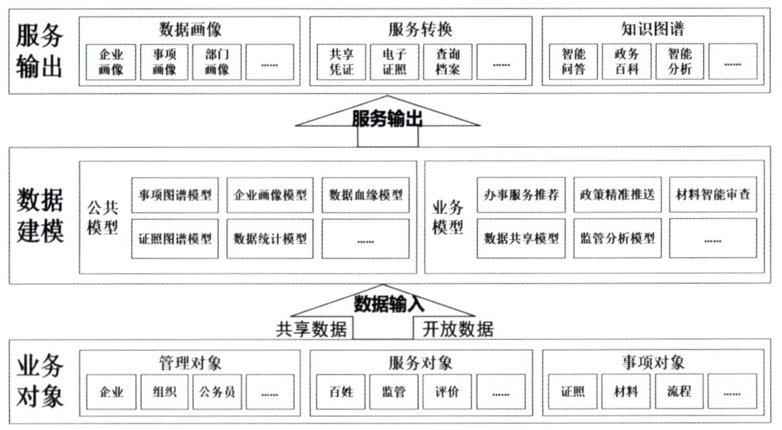

图 5-10 数字政府业务体系参考框架

5.3.1 统一数据标准

数据标准规范是实施数据治理和数据共享共用的前提条件，对数据治理的成效起着决定性作用。简言之，没有标准规范，无从数据治理；标准规范不全，则数据治理不全。

对于政务大数据来说，要做好治理，需要建立健全以下规范。

（1）元数据标准。要全面建立元数据标准，做到对全域数据的覆盖。

（2）数据元标准。要有选择地为主要数据实体建立数据元标准。

（3）数据分类编码标准。要为重要数据建立分类编码标准，并为基础数据建立编码字典表。

（4）数据目录规范。要在尽可能大的范围内，建立统一的政务数据资源目录规范，在最大程度上规范目录编码和操作。

（5）数据质量标准。要从准确性、一致性、重复性、及时性、完整性等指标角度，建立全面的数据质量标准，并给出评估指标和评估方式。

（6）数据治理流程规范。流程化是治理有序的保障，要将数据治理流程化，建立相应的流程规范，通过流程规范提升治理有序水平。

数据标准建设的目标是通过统一的数据标准制定和发布，结合制度约束、系统控制等手段，实现政府大数据平台数据的完整性、有效性、一致性、规范性、开放性和共享性管理。

5.3.2 数据归集

数据归集是对数据汇聚过程的规范性要求，其涉及数据汇聚的方式、数据存储的方式、数据更新的方式、异常处理的机制等。数据归集提供数据对接服务、部门前置库维护服务、数据初始化服务、数据更新服务、数据汇聚异常处理服务和数据对账服务等内容，实现将分散在各业务系统，不同类型、不同来源的数据资源在一体化大数据平台进行整合，为数据深度共享应用创造条件，如图 5-11 所示。

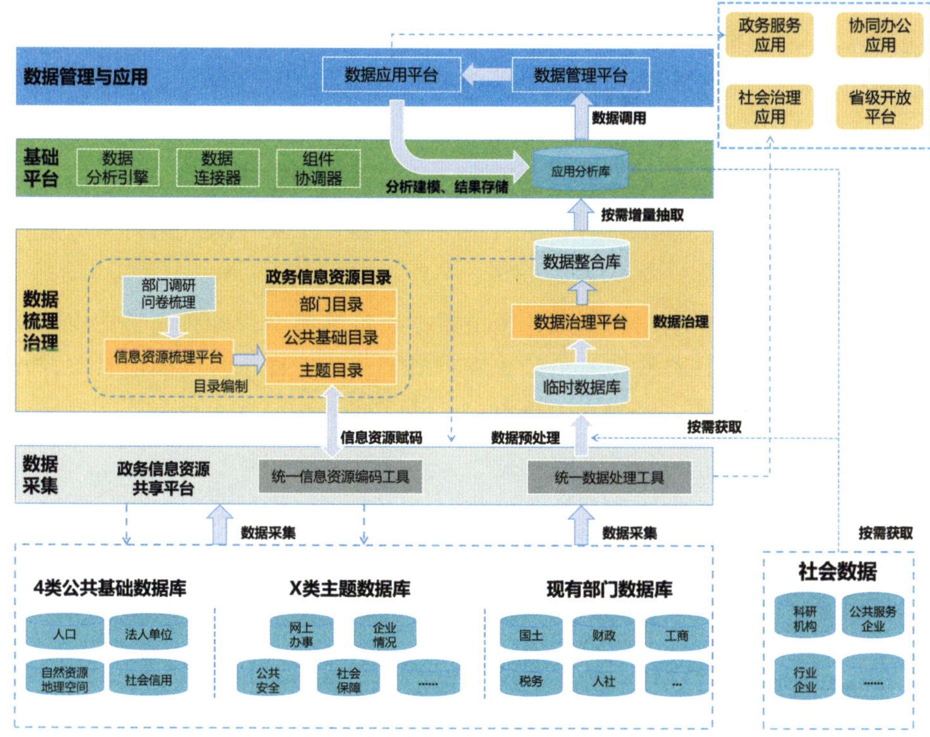

图 5-11　数据资源梳理归集

1. 数据归集建模

依托数据资源平台的相关系统和能力，实现对地市和部门的数据归集，并且依托数据归集的结果，结合标准化设计，实现数据治理、元数据管理、数据质量及反馈建设，最后结合业务的诉求，开展面向主题的建模服务。

1）数据治理

数据治理是将数据作为组织资产而开展的一套体系（组织、制度、流程、技术组合）的具体化工作，是数据资产管理体系的一个重要组成部分。数据治理总体目标即围绕数据的使用，建立数据标准规范和管理机制流程，提升数据质量，促进数据融合，提高数据管控水平。实现数据资源在市级各部门间更精准、更高效的共享，更加有质有量地推进部门间信息资源的整合、对接和共享。

2）元数据管理

元数据管理建设实现了数据信息的描述和分类格式统一，有助于理解汇集统一后各类数据的真实含义，为数据资源的管理和数据应用奠定基础。元数据管理是数据资产管理的重要基础，是为获得高质量、整合的元数据而进行的规划、实施与控制行为。元数据管理的关键活动包括理解政府元数据管理需求，开发和维护元数据标准，建设元数据管理工具，创建、采集、整合元数据，管理元数据存储库，分发和使用元数据，元数据分析（血缘分析、影响分析、数据地图等）。通过元数据管理活动，可以使数据信息的描述和分类格式统一，有助于理解数据的真实含义，为数据资源的管理和数据应用奠定了基础。

3）数据质量及反馈建设

数据质量及反馈建设是基于数据资源平台的数据质量管理模块和扩展模块，实现问题数据“发现—反馈—修正”的数据质量闭环管理，主要开展数据目录质量、开放数据质量和归集数据质量校验及反馈工作。

数据质量是保证数据应用的基础，衡量数据质量的典型指标有完整性（数据是否缺失）、规范性（数据是否按照要求的规则存储）、一致性（数据的值是否存在信息含义上的冲突）、准确性（数据是否错误）、唯一性（数据是否重复）、时效性（数据是否按照时间的要求进行上传）。

数据质量管理是指运用相关技术来衡量、提高和确保数据质量的规划、实施与控制等一系列活动。通过开展数据质量管理工作，可以获得干净、结构清晰的数据，是组织开发大数据产品、提供对外数据服务、发挥大数据价值的必要前提，也是组织开展数据资产管理的重要目标。

为了能够及时分析、查找、评估和解决数据共享和数据分析各环节的数据质量问题，保证数据质量的稳定和可靠，需要构建一套数据质量的管理体系，为数据共享和分析工作提供强有力的系统支撑，从而帮助用户更好地理解数据的结构、特征，进行数据清洗，在数据的整个生命周期内进行质量探查、告警、提升、评估和考核，帮助用户分析定位质量问题，降低出现数据问题的风险和不确定性。

以杭州城市大脑为例，到 2020 年 4 月建设的城市大脑 3.0 版本，已归集数据超过 837 亿条，覆盖杭州的政治、经济、文化、社会、生态五大领域，构建纵向到区县（市），横向到各部门的组织架构，日均协同数据 1.2 亿条。

2. 指标运营服务

指标运营服务通过对地市和部门业务数据进行梳理，形成一整套可执行、可调整、可量化的指标体系，实现对数据和数据资源平台内部数据的整体评估。

（1）指标梳理服务。从地市和部门业务出发，以主题、关系、应用等各种维度，实现对各数据项的指标梳理。

（2）指标适配服务。将指标与数据资源平台的相关工具和系统进行对接，并实现对底层数据的整体梳理，通过指标形成对各业务数据的适配。

（3）指标调整服务。对于指标的变化，需要以地市和部门业务的发展实现动态和及时的调整。

（4）指标闭环服务。以指标体系实现对地市和部门业务数据的客观、科学评估，并形成各项数据质量报告，帮助地市和部门业务提升数据能力。

（5）指标输出服务。将指标进行编排，形成某个业务领域维度的指标集，并结合指标集形成地市和部门侧的数据分析报告。

5.3.3　供需对接

数据共享共用的内涵是解决供需数据不对称的问题。政务数据共享不是一个简单技术平台或工具的建设，而是提供了一个需要持续进行运营的沟通枢纽。从全国数据共享开放平台的建设现状和运营情况来看，业务需求和数据需求之间仍然存在着一条鸿沟，要消除数据共享开放流通供、需之间的矛盾，需要架设起需求与数据间的桥梁。这一桥梁可以深入需求方的业务场景，理解其真正的痛点，找到解决问题的方案；也可以深入理解数据的产生和处理过程，绕过数据应用过程中的“坑”，避免数据的误读和误用。要同时理解业务需求与数据处理过程，让有业务背景的人理解数据，或让有数据背景的人理解业务，都不是一件容易的事。因此，不能只期望单纯通过数据共享开放平台这座桥梁完全解决问题，而应该期望将供、需两种背景的组织不断靠近，直至双方一起共享“桥梁”。

数据需求管理是基于元数据和资源目录，提供数据资源共享、开发和使用等需求的统一协作平台，为需求提出方和响应方提供需求关联的元数据和数据资源信息，提高共享和协作的透明性。数据需求管理首先需要明确需求流程定义，支持根据数据资源类型或共享属性的不同，自定义需求管理流程，根据数据资源管理和使用权属，发起对应的需求流程。其次，提供对数据需求信息的维护，支持富文本描述和关联信息定义，能够从元数据存储库中引用已有的业务术语、数据标准、业务代码、指标等元数据，提供数据需求模板。最后，需要加强共享的管理，注重需求审计。共享管理提供数据资源共享需求在线申请、审核和授权功能，支持按目录分类选择需共享的资源目录和数据资源清单，按管理权属生成并流转需求任务，对需求状态进行跟踪和管理。需求审计按照部门和资源目录对共享需求实现情况进行审计，支持对无申请和审核记录的资源授权进行审计，提供对特定需求和数据资源的审计。如图 5-12 所示为合肥市区块链数据需求管理平台的界面。

通过搭建数据供需桥梁，对数据共享交换平台已发布资源的申请、审核、撤销等全过程进行记录、管理，并与上级数据和下级数据共享交换平台实现业务流程级联。为供、需双方提供资源撤销沟通、应用标签（政务事项、堵点问题、应用业务等）维护、管理，为资源需求方提供资源申请、申请状态查询、撤销资源申请等功能，为资源提供方提供资源申请审核、收回审核授权等功能，为本级数据共享交换平台管理方提供配置管理、资源申请审核等功能。本级数据共享交换平台管理方对资源申请审核超期时限、服务接口调用超载等进行配置管理，系统将自动对审核超期、服务接口调用超载发出预警通知。

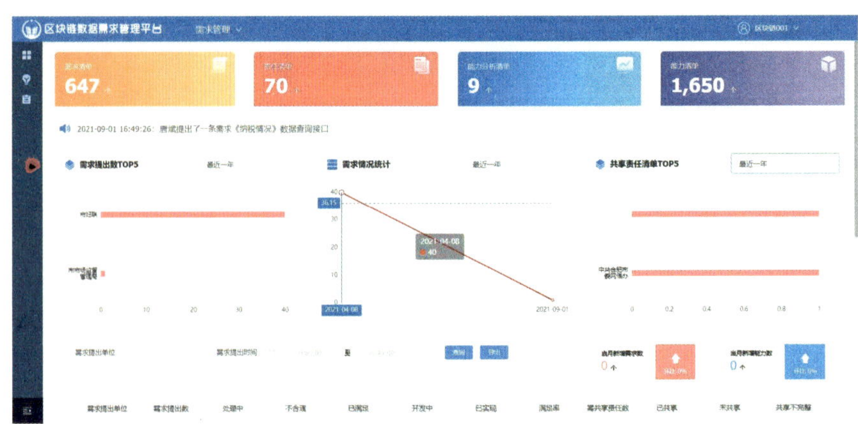

图 5-12　合肥市区块链数据需求管理平台界面

5.3.4　数据治理

数据治理建设框架包括顶层设计、数据治理环境、数据治理域和数据治理过程四大部分，如图 5-13 所示。

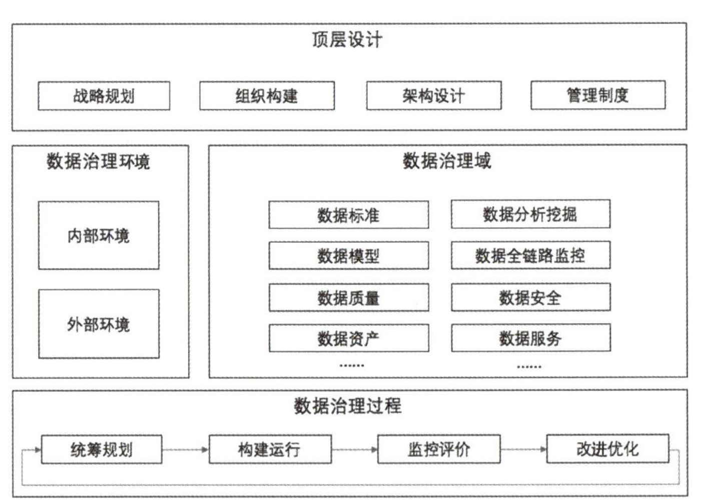

图 5-13　数据治理建设框架

顶层设计包括数据相关的战略规划、组织构建、架构设计和管理制度，是数据治理建设实施的基础。

数据治理环境包括内外部环境，是数据治理建设实施的保障。

数据治理域包括数据标准、数据模型、数据资产、数据分析挖掘、数据安全、数据质量、数据服务、数据全链路监控等，是数据治理建设实施的对象和内容。

数据治理过程包括统筹规划、构建运行、监控评价及改进优化，是数据治理建设实施的方法。

1. 数据治理技术参考模型

数据治理体系建设的目的是建立数据拥有者、使用者、数据以及支撑系统之间的和谐互补关系，从全局视角协调、统领各个层面的数据管理工作，确保内部各类人员能够得到及时、准确的数据支持和服务。通常认为，数据治理包括：基础资源、数据汇聚、数据融合、数据分析挖掘、数据资产、数据服务、数据标准、数据质量、数据全链路监控、数据安全。

数据治理技术参考模型立足数据治理全生命周期建设过程，支撑实现数据治理需要的技术要素及需求，确定数据治理技术参考模型，主要内容如下。

（1）基础资源：提供数据治理所需的数据存储、数据计算、网络通信以及相关软件环境等资源。

（2）数据汇聚：采用不同的技术手段实现对各类来源数据的离线、实时采集，以满足数据仓库层的数据加工需求。

（3）数据融合：基于各行业或领域的业务知识，对采集后的数据进行离线批量处理，或实时对数据进行处理加工及业务逻辑沉淀，保障数据服务层、数据应用层对数据使用的需求。

（4）数据分析挖掘：通过构建实体关系模型，使用标签化数据支持画像分析、业务模型分析、多维度数据分析等分析型数据应用，挖掘数据的使用价值。

（5）数据资产：提供数据编目、数据上线、数据申请、数据资产服务、数据下线等数据管理和使用模式。

（6）数据服务：通过数据和服务的融合，支撑数据应用层，为具体应用提供所需的各种服务。

（7）数据标准：构建标准体系，为数据治理中数据处理、加工提供标准依据，确保所有的数据处理符合相关的标准规范。

（8）数据质量：结合各行业业务知识及相关标准规范，构建数据质量体系，并借助各环节的数据质量稽核，实现对数据质量的监管和保障。

（9）数据全链路监控：为数据治理建设提供整体的运行期维护机制，确保数据治理全流程稳定和长效运行。

（10）数据安全：为数据治理建设构建安全管控体系，实现账号体系管理、数据源信息安全、数据存储安全、数据使用安全等安全机制。

总体来说，数据治理基于各类基础资源，依赖相关标准体系构建，由数据采集层从各个数据来源采集数据，通过数据融合处理、数据分层组织、数据智能挖掘分析等流程处理形成数据资产，并借助数据服务层提供的各类数据服务，对内部或外部应用提供数据支撑。

数据治理技术参考模型是从技术层面出发，通过合理的技术选型、技术架构串联构建、技术指标设定等系列手段，确保数据管理的各类活动规范、有序、可控，确保数据资产价值的最大化。

2. 数据治理技术要求

为了实现跨部门、跨领域和跨地域的数据融合，需要完成域内数据集中、域外数据共享交换、域边界依规则柔性扩展。

平台的数据采集就是多源异构数据的采集接入。“多源异构”中的“多源”是指数据源的多样性。横向上，平台的大数据来源涉及各部门、社会行业和互联网等。数据范围上涵盖网上、网下等，地域上涉及境内、境外活动，获取方式上包括技术手段获取的数据和管理类数据等。纵向上，大数据从省、市、区级数据中心向部级数据中心扁平化汇聚。区级数据中心也可根据数据的共享范围，按需将数据分发到市级和省级数据中心。“异构”是指来源数据格式和存储结构的差异性。数据格式上，来源数据涉及结构化和非结构化数据。对接的存储系统上，各来源数据可能存在于关系数据库、MPP、消息总线等。

为广泛适应多源异构数据的接入，需要按照标准化模块的方式，建立可适配的多源异构数据资源接入模式，为各部门、各区市省或其他来源的数据抽取汇聚提供接口通道。支持对各种数据源的适配采集管理，支持关系型数据库、MPP 数据库、消息总线等多种数据采集方式。支持被动接受和主动拉取两种数据获取方式。

数据采集主要包括离线采集和实时采集两种模式。离线采集即离线数据采集，以批量的方式，通过分布式模式，高并发地实现大数据量的异构数据库或文件系统之间高速数据交换、数据同步。离线数据采集主要应用于对数据同步或数据接入的时效性要求较低，但所需接入或交换的数据量却十分庞大的场景。一般而言，离线数据采集的数据刷新频率可以是小时级别，甚至可以是天。

实时采集即实时数据采集，数据以数据流的方式不间断地接入数据仓库层，数据刷新频率在秒级别。一般而言，实时数据采集多应用于日志数据、交易数据等时效要求较高的数据接入场景，要求数据源端所有的更新变化，以尽可能快地、实时地在数据仓库层、数据应用层予以展现，其数据延迟必须控制在秒级别内。因而，对于时效要求不高的场景就无须采用实时采集的数据接入方式，以降低资源消耗等。

5.3.5　数据共享开放应用

数字政府建设是实现政府治理现代化的重要支撑，数据信息的开放共享和互联互通则是建设数字政府的必然要求。《2021 年政务公开工作要点》《关于加快构建全国一体化大数据中心协同创新体系的指导意见》都明确要求“加强数据互联互通工作”，在统一目标的统筹协调下，进一步破除在不同层级、地域、部门、系统之间的数据壁垒，强化政务数据的共建、共治、共享。

围绕重大改革和重点应用领域，坚持“以终为始”的原则，加强公共数据平台对多业务协同应用的支撑，建立省市县共用的“一地创新、全局受益”的数据共享应用模式。加快与国家级业务系统全面对接，推动跨地区公共数据共享，健全完善数据闭环流转机制，促进数据回流赋能基层治理。加快形成统一规范、互联互通、安全可靠的城市数据供应链，构建城市级大数据综合应用平台，打通城市数据感知、分析、决策和执行环节，促进提升城市治理水平和服务能力。围绕医疗健康、普惠金融、市场监管、社会保障、交通出行等重点领域，探索建立分行业、分场景的可控数据开放机制，优先开放民生密切相关、社会迫切需要、经济效益明显的公共数据，安全有序推进公共数据与社会数据的融合创新和开放应用。持续组织数据开放创新应用大赛，充分发挥地方特色，开发出兼具创新性与可实施落地的数据应用，推动全社会利用政府开放数据创造价值。

在数字政府建设过程中，数据孤岛现象比较严重。大量数据仅在各政府部门内部流动，对于共享的数据仅是简单存储在数据中心，难以进行有效分享。一方面因为难以界定数据的所属权而导致无法对数据的可靠性进行担保，另一方面因为难以保证数据的实时性而导致使用部门对数据的使用有所顾虑。

为了克服以上难点，为政府各部门业务协作提供安全、可靠的数据交互渠道，可以采用区块链基础设施（主链）加上各部门应用链子链以及各部门区块链节点的政务区块链架构，适应政务信息化系统众多、业务复杂、数据交互频繁的特点，如图 5-14 所示。

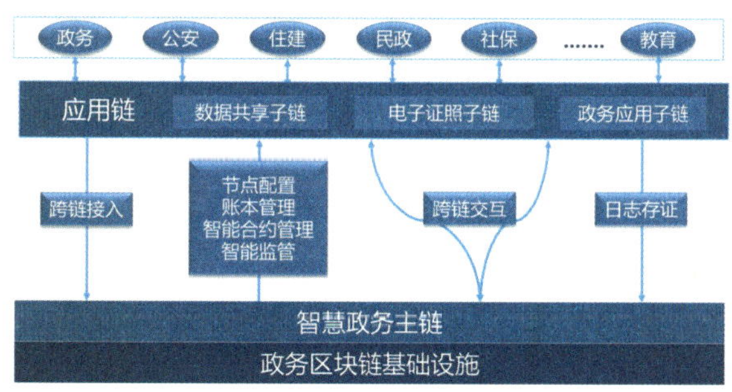

图 5-14　政务区块链建设架构

各部门在主链的基础上开发区块链应用，避免了重复建设区块链基础设施，也能让所有业务数据都在链上生成、存储，为数据流通和跨部门业务协作提供了基础数据资源；节点之间的数据交互流通都在链上进行，保证了数据共享过程的安全、可追溯，为数据流通和跨部门业务协同提供了可靠的渠道。

在区块链底层平台的先进性上，创新性地采用自主研发、基于国产密码的区块链基础设施，确保了政务信息系统的安全性与可靠性，避免了在新兴基础软件领域再次被“卡脖子”的遭遇。

使用该模式，可有效避免政府区块链应用建设没有顶层设计、没有统一规划问题的发生，也可防止政府各部门区块链应用建设过程发生底层技术平台各异、资源无法复用、跨链认证困难等问题。

2020 年 6 月 30 日，全国首个基于自主区块链平台的区级政务区块链基础设施——深圳市坪山区政务区块链平台正式上线，其信息化架框如图 5-15 所示。

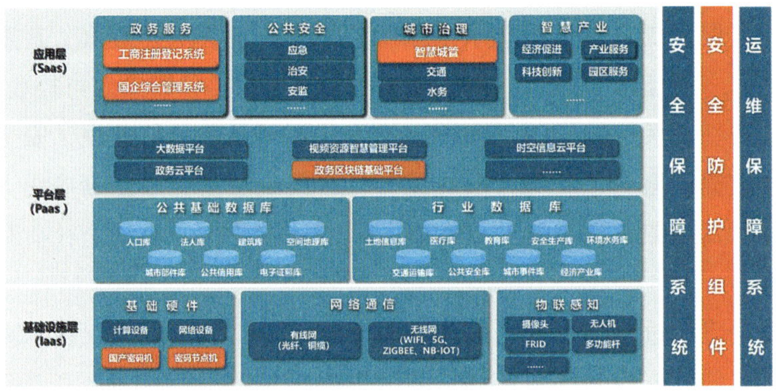

图 5-15 坪山区政务信息化架构

坪山区创新性地将政务区块链基础平台作为智慧城市建设的基础支撑系统进行上线，与大数据平台、政务云平台等基础平台一样，为上层政务服务应用、城市治理应用提供底层平台支撑，有效地支撑政务信息化，并且实现与现有系统无缝衔接、集成友好，解决了坪山区政府信息系统数据共享难、业务跨部门协作难的问题。

5.4 数字政府服务应用建设

5.4.1 完善共性支持应用

1. 构建中台服务能力

中台的理念起源于互联网行业，在政务领域得到应用。中台是资源整合和能力沉淀的平台，通过对海量业务进行高度抽象，将组织机构中的基础服务、基础资源进行沉淀，并开放给前台使用，形成政务服务的基础设施。一方面可以大大降低业务的应用成本，另一方面能够大大增强业务应用的灵活反应。政府通过构建这样统一而强大的政务基础设施，让各个部门、政府内外可以便捷、高效地开发多种多样的场景应用。

运用中台的理念和技术，着眼信息惠民和信息惠企，可围绕身份证异地办理、医保异地接续、跨区域市场准入协同、跨区域公平交易执法协同、跨区域消费维权合作等方面，健全完善相关技术标准和跨地区互认共享标准，推动跨地区业务协同。

1）数据中台

全面汇聚政务数据，按需汇聚社会数据、互联网数据、物联感知数据，开展模型治理、数据加工清洗，并依据业务场景需求进行标准化加工、目录管理和封装，形成数据中台。数据中台最终以信息能力的方式加速推动跨部门间数据要素的协同融合、安全流动，全面实现数据要素的汇、通、管、用。

2）业务中台

业务中台常以共享服务中心的形式存在，通过提炼各个业务域的共性需求，打造成组件化的资源包，将核心业务能力（如服务认证、服务路由、服务管理、网关服务等）以服务的方式进行有效沉淀，实现了服务在不同场景中的业务能力的重用，然后以接口的形式提供给前台使用，形成共性支撑，从而最大限度地减少政府信息化建设中“重复造轮子”的问题。

3）技术中台

技术中台的前台是各类业务应用，后台是基础设施（网络、存储、计算等资源），为业务中台的建设提供标准化、端到端、柔性（可变化）的软件生产能力。技术中台是业务中台建设的关键技术基础，主要包括对微服务等分布式技术架构体系化的设计、开发和架构演进能力；也可根据需要扩展到对设备、网络等基础资源的自动化运维和管理能力。

2. 集约建设共性支撑

集约建设统一身份认证、统一电子印章、统一电子证照、统一消息服务等共性支撑组件体系，将城市上层业务应用系统中的公共部分抽取出来，封装形成城市级数字化公共业务服务平台，以业务能力的方式实现不同业务系统之间的协同互通，通过公共业务能力的供给实现业务标准化、流程一体化和服务场景化，满足各类业务应用敏捷开发、灵活创新、快速发布需求，实现业务服务的协同、融合、智慧和标准化。

1）统一身份认证

国家政务服务平台基于自然人身份信息、法人单位信息等国家认证资源，建设全国统一身份认证系统，积极稳妥与第三方机构开展网上认证合作，为各地区和国务院有关部门政务服务平台及移动端提供统一身份认证服务。各地区和国务院有关部门统一利用国家政务服务平台认证能力，按照标准建设完善可信凭证和单点登录系统，解决企业和群众办事在不同地区和部门平台重复注册验证等问题，实现“一次认证、全网通办”。各地区各部门已建身份认证系统按照相关规范对接国家政务服务平台统一身份认证系统，如图 5-16 所示。

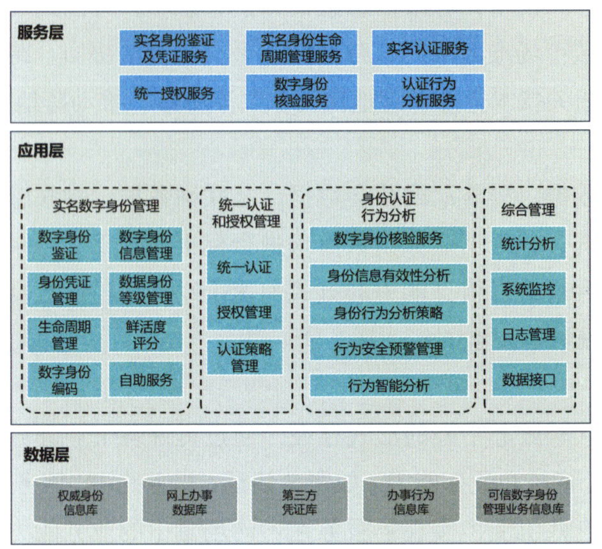

图 5-16　统一身份认证系统

2）统一电子印章

制定政务服务领域电子印章管理办法，规范电子印章全流程管理，明确加盖电子印章的电子材料合法有效。应用基于商用密码的数字签名等技术，依托国家政务服务平台建设权威、规范、可信的国家统一电子印章系统。各地区和国务院有关部门使用国家统一电子印章制章系统制发电子印章。未建立电子印章用章系统的按照国家电子印章技术规范建立，已建电子印章用章系统的按照相关规范对接。

3）统一电子证照

依托国家政务服务平台电子证照共享服务系统，实现电子证照跨地区、跨部门共享。各地区和国务院有关部门按照国家电子证照业务技术规范制作和管理电子证照，上报电子证照目录数据。电子证照采用标准版式文档格式，通过电子印章用章系统加盖电子印章或加签数字签名，实现全国互信互认，切实解决企业和群众办事提交材料、证明多等问题。

4）统一消息服务

综合考虑应用系统以及移动端之间消息交互的需求，在消息的接收、发送、监控等方面统一规划，建设及时响应各类消息请求、准确高效发送信息、满足各应用消息配置的服务，满足消息业务的完整闭环流程。

5.4.2　整合优化业务协同

业务办理协同化是指以申请人的目标需求为导向，两个或两个以上部门或地区通过系统、数据、人员相互协同的方式，实现政务服务业务跨部门、跨区域、跨层级办理。重点关注以下几种业务：自然人与法人证照异地办理、社会保险关系转移接续，投资项目多评合一、多图联审、商事登记证照联合办理等跨部门协同办理，以及按照自然人和法人的需求程度，能并行办理的尽量并行办理。

跨部门业务办理协同化的要求为一个收发窗口、一张告知清单、一个流转平台。明确牵头部门与协办部门，牵头部门负责建立协同流程，制定申请材料清单，控制办理时限；协办部门相应调整工作流程，配合业务协同办理。

跨区域业务办理协同化的要求简化描述为一套共享数据、一个受理标准。跨区域业务协同由共同的上级政务服务管理机构牵头协调，相关区域政务服务管理机构和涉及的政务服务实施机构共同配合，统一数据接口、受理标准和服务规范。

1. 统筹协同应用建设

加强数据获取、数据共享、系统集成，加快政府履职方式方法系统性数字化重塑，支撑和整合党政机关相关职能，形成各级党政职能部门核心业务全覆盖、横向纵向全贯通的全方位数字化工作体系，推进党政机关谋划、决策、执行、督查、反馈等数字化协同工程建设，实现跨层级、跨地域、跨部门、跨系统、跨业务的协同管理和服务。强化数据驱动的党政机关管理运行改革创新，提升党建、财政、审计、规划、档案等业务数字化水平。建设高效协同、开放共享、安全可控的政务协同平台，构建统一办公应用生态。围绕决策、执行、监督等机关履职全过程，实施机关内部"一件事"集成改革。以数据共享开发推动建设基层减负应用，探索构建"还数于基层、服务于基层"的现代化治理体系。

持续迭代完善基础平台和应用支撑能力，为各类应用提供统一的用户体系、工作流、电子签章（签名）、密码服务等公共支撑服务组件，实现通讯录安全可控、文档高效协同、政企互联互通。以平台为统一入口，整合各类办公、管理、学习等移动应用，实现面向基层工作人员的移动应用一端集成。

构建政府机关智能化综合应用是统筹主要领域进行重大任务综合集成的创新载体，是政府机关开展多跨协同、推进数字赋能、实施闭环管控的数字化应用集成。依托一体化、智能化公共数据平台构建政府机关智能化综合应用，通过政务网络连接省市县各部门，建设、丰富和完善系统功能模块组，包括重大任务、主要领域（核心业务事件组）以及执行链管理、数据链管理、权限管理等模块。其中，重大任务和主要领域（核心业务事件组）模块实行开放式管理，成熟一个、纳入一个，形成"滚雪球"效应，并面向不同层级、不同部门构建综合应用场景，支持个性化定制，有力促进各部门业务协同、流程再造、系统重塑，有力支撑纵向到底、横向到边的整体智治系统运行。根据数据信息的不同涉密等级，在政务内网和外网分别部署综合应用，同步建设内网移动办公系统，安全对接内外网两个综合应用，最终实现内外网一体化运行。

2. 打通部门业务孤岛

聚焦“全程网办、全网通办”目标，打通部门业务孤岛。全面推进政务服务事项统一入口、统一预约、统一受理、统一赋码、协同办理、统一反馈。继续推进“一网、一窗、一门、一次”改革，打破数据壁垒，规范服务标准，提高窗口服务效率和水平。面向企业和公众提供网站、App、小程序、热线系统、实体大厅、自助终端等各类渠道的统一服务。重点推进交管、税务、医疗、不动产等重点服务事项移动端办理，打造移动端服务新生态。构建多端统一的政务服务线上智能客服体系，实现网上办事相关咨询投诉“一网通答”。围绕提高群众办事的便捷度、满意度等，深化政务服务“好差评”指标体系建设，促进政务服务水平持续改善。聚焦企业群众反映强烈的民生卡办卡周期长、发卡数量多、应用服务少等问题，推动民生卡领域电子卡应用，建设一体化的民生卡体系，提升政务服务供给能力和市民生活用卡便捷度。

1）全面细致梳理，确定办事事项

各部门根据党内法规、法律法规、部门“三定”规定以及有关规范性文件等，在广泛征求本系统和同一层级其他单位意见基础上，参照群众和企业到政府办事的统一要求，以申请办事单位“一件事情” 的标准，梳理确定部门间办事事项的主项名称、子项名称、适用依据、申请材料、办事流程、办理时限、表单内容等。由本部门牵头办理或本部门会同主管单位联合办理的办事事项均要纳入本部门间办事事项的梳理范围。

2）优化办事流程，编制办事指南

各部门对梳理出来的部门间办事事项及流程进行重新论证，通过减少环节、变串联为并联、容缺受理等方式，进一步优化办事流程。对办事材料能合则合、能减尽减，做到没有法定依据的一律取消、由本部门出具的一律取消、能通过现有材料证明的一律取消、能采取书面承诺方式解决的一律取消、能通过网络获取核验的一律取消。对多部门联办的事项，探索实行“一口受理”方式。

3）跨部门协同难，区块链来打通

政府部门内部业务协同的前提在于数据的流通，然而目前系统之间的数据交互存在天然的壁垒，无法在保证数据安全、数据隐私的前提下进行可靠的数据交互，使得大量跨部门协作的业务仍需要线下完成，导致了跨部门协同工作难以进行。

以政府机构政法部门协同办案需求为例。随着市域社会治理现代化建设进程的推进，针对社会治理资源分散、缺乏统筹整合、市域内各部门间协同不足、数据安全防护不足等问题，对市域社会治理信息系统的建设提出更高要求，现有信息系统已无法满足政法协同办案的业务需求，面向市域社会治理政法领域对于业务协同的需求，开展基于区块链的协同办案应用探索。

利用区块链技术，在政法业务协同办案中实现各个参与方的高效协同，保证政法业务协同办案数据安全性，打破数据壁垒，实现数据安全共享，链上社会治理数据检验核对，推动政法业务案件卷宗电子化进程，简化工作流程，构建风险分析模型，建立异常预警机制，提高办事效率，加强政法相关业务部门的线上办案流程协同作业，各部门节点办案记录数据存证可追溯，如图 5-17 所示。

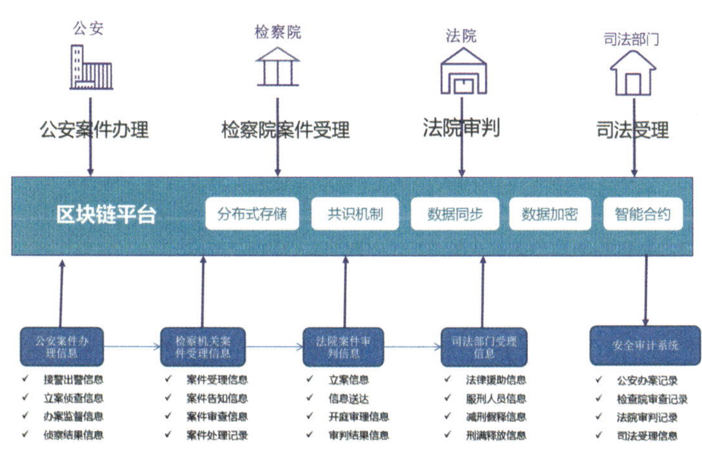

图 5-17　基于区块链的协同办案架构

通过该模式建设，在社会治理协同办案过程中基于区块链技术实现数据可信存证、流程协同、全过程监管等功能，保证社会治理数据安全性，推动社会治理智能化和可信任政府建设，探索数据大融合、业务大协同、治理大联动的社会治理新模式。

2020 年，厦门市市域社会治理智能化平台建设和示范应用项目中，采用区块链技术解决区级社会治理部门信息共享应用支撑不足的问题，组建政法业务协同联盟链网络，运用多中心化的分布式账本、共识算法实现办案数据、办案文件的可信协同，从而实现政法业务协同，运用国产密码保障社会治理数据的安全和不可否认，利用智能合约实现业务协同过程中主动审计，从而构建可信、高效的社会治理环境，如图 5-18 所示。

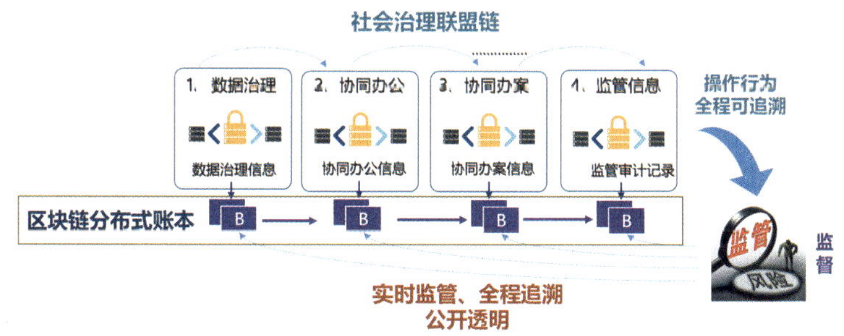

图 5-18　厦门市市域社会治理政法业务协同全过程监管

3. 实现区域在线协同

加强数字政府组织内部和不同部门、区域之间的协同将是打造“平台驱动的数字政府”的重要一环。这种全面协同型的新工作方式依托于五个在线，即组织在线、沟通在线、协同在线、业务在线、生态在线。通过五个在线，让政府组织整体性大大提升，构建广泛联系公众、企业、公务员和所有政府机构的平台，从数字政府建设和运行模式的变革入手，让各级政府能够在平台中持续地实现数字资源的能力化和数字能力的共享化，对外提供优质政务服务，对内提供高效办公协同，实现政府组织数字化转型。

1）通用协同办公能力建设

建立通用的协同办公平台，作为办公统一入口。为政务部门提供统一组织通讯录、即时通信、消息必达、工作门户、待办事项、日程、公告、工作通知、云视频会议、云盘和管理后台等功能。

2）低代码开发平台建设

建设面向 IT 人员和业务人员的零代码或低代码应用开发平台，基于元数据模型、页面、表单、逻辑、流程、规则引擎快速构建业务应用的能力。

3）协同效能分析平台建设

建设基于平台中组织机构、群、工作人员的协同效能分析平台，对沟通、会议、工作台使用等功能使用效率、应用活跃率、用户行为等进行分析与公示，为平台健康成长、制订科学运营计划提供数字化支撑。

4）平台集成与开放能力建设

建设三方能力和应用的集成配置能力，提供数字化协同办公平台对外开放能力，支持微应用与小程序的开发与集成。

江西省人民政府对标“作示范、勇争先”目标定位，持续整治“怕、慢、假、庸、散”作风顽疾，深化“五型”政府建设，打造了“赣政通”平台（见图 5-19），为全省公务人员提供统一的内部办公门户。以推进政府治理能力现代化为目标，按照“统一平台、一体在线、协同高效”的原则，集约化建设的全省政务办公协同大平台，覆盖省、市、县、乡四级，面向各级政务工作人员提供沟通、办公、审批、执法等各类服务，实现政务工作“手机一开，说办就办”。“赣政通”平台已联通 10 544 个政务部门，接入 312 个政务应用，注册实名用户数达 28 万余人。

“赣政通”平台通过多技术融合、多业务梳理、多数据治理，全面实现“组织在线化、沟通在线化、协同在线化、业务在线化和生态在线化”，充分整合全省政务办公系统，打破区域、部门、层级之间的限制，推动政府部门办公系统互联互通和数据共享，大大提升了跨区域、跨部门、跨层级沟通效率，实现了文、会、督及日常办公“一网办”。平台开发的在线通信、通用 OA、协同办公、统建应用和数据分析等功能独具江西特色，特别是督查督办功能在全国率先实现与国务院“互联网 + 督查”系统贯通，使数据上报、受理转办、跟踪督办更加便捷高效，如图 5-20 所示。

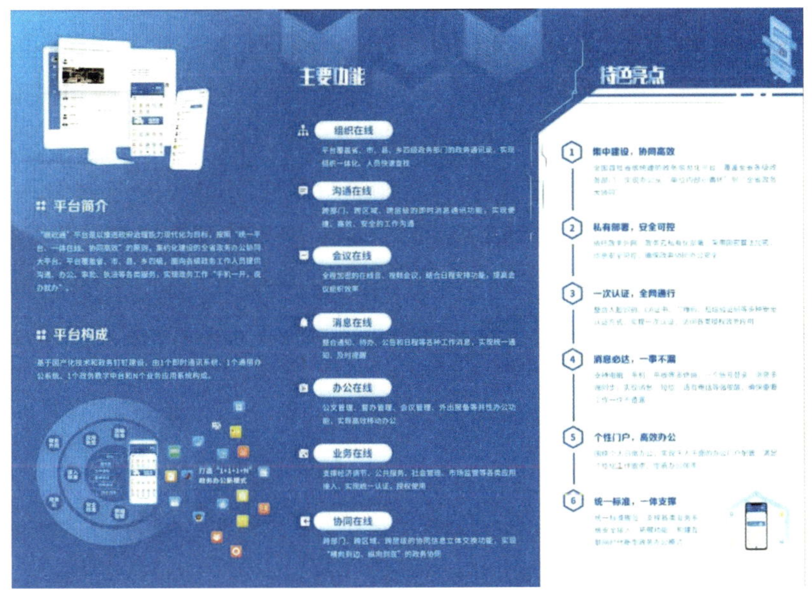

图 5-19　江西省“赣政通”平台

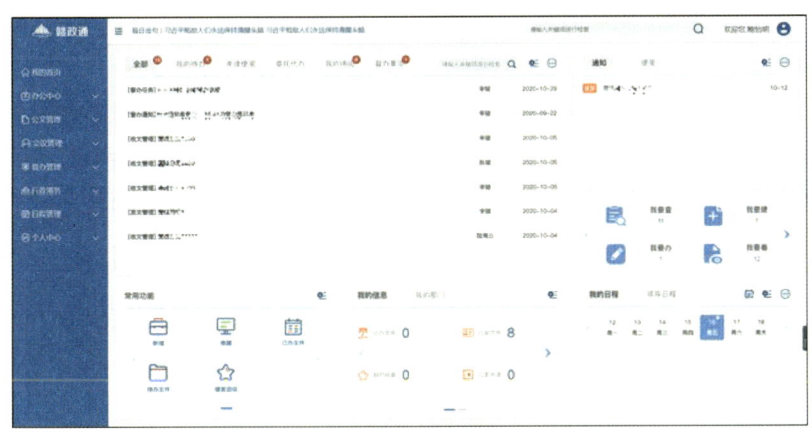

图 5-20　“赣政通”政务办公界面

4. 督察督办精准高效

目前，全国数字化政务建设逐渐把督查督办工作信息化作为重要的组成部分进行推进。充分利用云计算、大数据、人工智能、知识管理等新一代信息技术，构建面向政府及各级部门，统一网络环境、统一计算存储、统一安全认证、统一信息门户、统一应用支撑、统一数据管理、统一业务协同、统一系统集成的目标督查督办管理系统，整合利用现有软硬件资源，为新建业务系统提供平台支撑，对政府目标督查督办业务流程进行资源整合、流程优化，探索构建督查工作协同智能、管理高效精准、决策科学智慧、社会综合效益显著管理模式，全面提升政府督查工作信息化、智能化水平。以顶层设计为指导，融合大数据、云计算、人工智能等新一代信息技术，全面构建政府目标督查督办管理系统，打造现代化督办管理网络化系统。改变原有目标管理模式，实现目标明确、执行力强、公平公正、分享协作、沟通及时，“以人为中心”的新型目标督查督办管理。在“互联网 + 工作落实”的指导方向下，利用新技术实现对目标督查管理理念、督查职能结构、督查工作机制进行重构。

以目标为导向、以过程管理为基础、以结果考核为手段的督查管理机制在数字政府建设中的重要意义越发显现。

通过建设督查督办管理平台，可以达到提升政府综合治理能力的目的，具体体现如下五个方面的价值。

1）实现追踪落实，提高督办主动权

督查督办网络平台运行后，由督查室把所有督查事项细化分解到各承办单位和协办单位，落实到具体的牵头领导和责任人，各单位则通过网络及时在线反馈。对快到期的督查任务，系统将提前一天进行催办，如在规定时限内仍未办理反馈，系统将自动把“待办件”转换为“超时未办件”，提醒承办单位抓紧办理反馈，从而实现督查任务“网上发布、网上督查、网上反馈”。

2）实现过程监控，提高督查效率

系统对所有督查任务均能实现在线发布、反馈与督查，并具备自动催办、结束、归档和进展导出等功能，形成完整的“督查台账”，减少了中间交换环节，提高了督查资料的流转速度。如在办理代表建议和委员提案过程中，答复办理截止期限将到时，督查部门可通过系统的自动导出功能，了解所有建议、提案的办理情况，对未完成工作任务的单位进行系统和人工“双提醒”。另外，领导也可通过网络随时对自己分管事项的进展情况进行查询，对关注的问题及时做出批示，推进工作任务的落实。

3）实现协同共享，减少重复劳动

系统和政务协同办公系统无缝连接，一网双职，整合了网络资源。同时，党委和政府督查事项在同一网络系统发布，增进了党政抓落实过程中的信息交流，减轻了办理单位的负担。特别是对“一事多送”的信访批示件的办理，减少了无谓的重复劳动，大大缩短了办理反馈时间。系统所有资料由统一的服务器管理，有效避免了因督查人员流动而影响工作资料的交接。

4）实现自动记录，落实权责对应

系统采取任务管理模式，以每项督查任务为单位，对每项任务的阶段性进展和完成过程都有详细的记录，且不能随意更改。责任单位和协办单位对同一任务有一样的浏览权限，可随时了解工作进展情况，增进了单位之间的沟通联系，避免推诿扯皮。

5）实现督查全覆盖，提升服务水平

系统自动实行任务建立、分类、流转、回应、跟踪、反馈、分析、统计、检索、报告、归档等工作流程，并提供超时警告、搜索引擎、年度结转、考评分析等功能，犹如建立了“全单位的督查办事大厅”，使督查干部从以往的督办、催办、反馈、汇总等事务性工作中解脱出来，把更多的精力投入工作落实情况的调研中，分析部分工作进展缓慢的原因，及时提出推进工作的建议意见，为领导决策服务，为发展大局服务。

作为目标督查督办方案应用于实践的典型案例，成都市高新区目标督查智能管理平台和青海省督查督办“710”政务系统的成功上线及运用，对督查事项全筛查，通过关键信息、办理主体、完成时间等多维度进行筛查和统计分析，对内容相同或相似事项进行整合，杜绝“重复督查”“多头督查”，有效提升了政府目标督查工作的信息化、规范化、制度化水平。两地的实践对于目标督查督办在政府数字化转型中发挥的作用有很好的参考价值。

5.4.3　政务服务流程再造

党的十八大以来，各地区各部门认真贯彻党中央、国务院决策部署，围绕转变政府职能、深化简政放权、创新监管方式、优化政务服务，深入推进“互联网＋政务服务”，加快建设地方和部门政务服务平台，一些地方和部门依托平台创新政务服务模式，“只进一扇门”“最多跑一次”“不见面审批”等改革措施不断涌现，政务服务平台已成为提升政务服务水平的重要支撑，对深化“放管服”改革、优化营商环境、便利企业和群众办事创业发挥了重要作用。但同时，政务服务平台建设管理分散、办事系统繁杂、事项标准不一、数据共享不畅、业务协同不足等问题较为普遍，政务服务整体效能不强，办事难、办事慢、办事繁的问题还不同程度存在，需要进一步强化顶层设计、强化整体联动、强化规范管理。各地区部门需进一步厘清服务清单、优化办事流程、完善共性支持应用、打通区域服务隔阂。

科学统筹电子政务发展已经成为加快推进国家治理现代化的重要支撑。“十三五”时期，我国电子政务政策环境持续优化，国际认可度不断提升，网上政务服务供给能力持续改善，政务信息资源开发利用深入推进，企业和群众的获得感不断增强。同时，电子政务也面临治理现代化提速、应急应对高效、人民群众需求个性化和开放共享透明等多重挑战。“十四五”时期亟须加强统筹推进机制，深化数据资源开发利用，打造整体协同网上政务服务体系，探索多元参与的电子政务建设模式，提升领导干部信息素养，促进电子政务可持续发展，提升电子政务建设整体效能。

我国网上政务服务具有覆盖广、需求多、弹性大的特点。根据《2020 联合国电子政务调查报告》中数据，我国电子政务发展指数从 2018 年的 0.6811 提高到 2020 年的 0.7948，排名提升了 20 位，名列全球第 45 位，取得历史新高，达到全球电子政务发展“非常高”的水平。其中，作为衡量国家电子政务发展水平核心指标的在线服务指数上升为 0.9059，指数排名大幅提升至全球第 9 位，在线服务达到全球“非常高”的水平。

在智慧政务方面，“十四五”规划提出：推进政务服务一网通办，推广应用电子证照、电子合同、电子签章、电子发票、电子档案，健全政务服务“好差评”评价体系。

1. 厘清服务清单

政务服务事项包括行政权力事项和公共服务事项。编制全国标准统一的行政权力事项目录清单，按照统一规划、试点先行、突出重点、逐步完善的实施路径，以依申请办理的行政权力事项为重点，推动实现同一事项名称、编码、依据、类型等基本要素在国家、省、市、县四级统一。全面梳理教育、医疗、住房、社保、民政、扶贫、公共法律服务等与群众日常生产生活密切相关的公共服务事项，编制公共服务事项清单及办事指南，逐步推进公共服务事项规范化。完善政务服务事项受理条件、申请材料、中介服务、办理流程等信息要素，实现办事要件和办事指南标准化、规范化。建设国家政务服务平台事项库，与各地区和国务院有关部门政务服务事项库联通，推动实现一库汇聚、应上尽上。建立全国联动的政务服务事项动态管理机制，逐步实现各区域、各层级、各渠道发布的政务服务事项数据同源、同步更新，推动实现同一事项无差别受理、办理流程和评价标准统一，如图 5-21 所示。

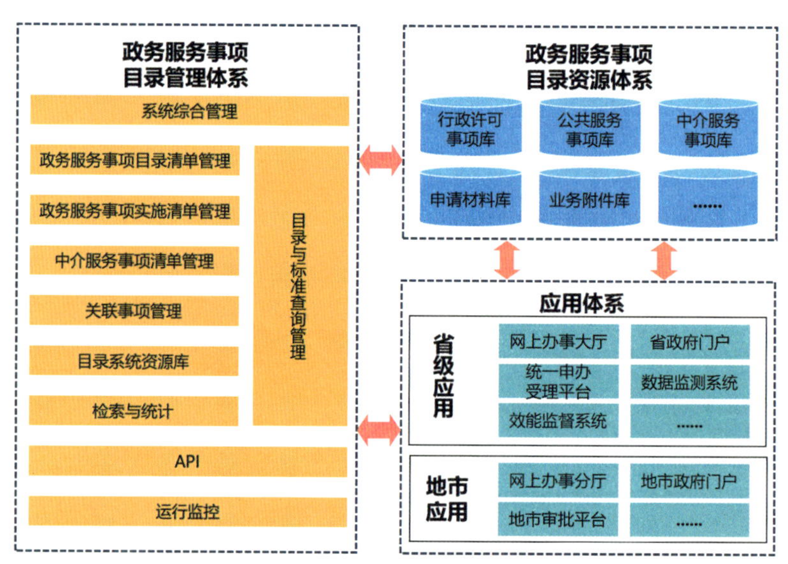

图 5-21 政务服务事项体系

政府服务事项目录清单和事项实施清单包含行政许可、行政处罚、行政强制、行政征收、行政给付、行政裁决、行政确认、行政奖励、行政检查及其他行政权力事项等 10 类行政权力事项和公共服务事项。其中事项目录清单包含事项名称、基本编码、设定依据、事项类型等要素，确保与“四级四同”事项要求保持一致，并根据相关政策要求及时调整市级、县区、街镇事项目录清单。事项实施清单是基于事项目录清单中本机构的政务服务事项进行颗粒化拆分和梳理后的实际办理事项清单，清单要素包含事项名称、基本编码、设定依据、事项类型、实施编码、行使内容等全要素，是编制政务服务事项办事指南，进行政务服务事项运行和管理的基础。

事项梳理以事项目录管理系统中已有事项和上级相关文件要求为基础。其中本级行政审批服务局事项按照“一事一调研、一事一梳理、一事一确认”的要求进行梳理；其他部门和下级事项，按照标准规范，由下级行政审批局人员、各部门人员和项目组组建工作团队，通过开展业务培训、集中办公、多级核验等方式推进事项梳理。

政务服务可按其事项性质、服务对象、实施主体、服务主题、服务层级、服务形式、行政管辖等进行分类。

（1）按事项性质分类：可分为行政权力事项和公共服务事项。

（2）按服务对象分类：可分为面向自然人和法人的政务服务事项。

（3）按实施主体分类：按照事项的管理归属部门进行分类。

（4）按服务主题分类：可按面向自然人和法人的不同主题进行分类。① 面向自然人的主要有：生育收养、户籍办理、民族宗教、教育科研、入伍服役、就业创业、设立变更、准营准办、抵押质押、职业资格、行政缴费、婚姻登记、优待抚恤、规划建设、住房保障、社会保障（社会保险、社会救助）、证件办理、交通出行、旅游观光、出境入境、消费维权、公共安全、司法公证、知识产权、环保绿化、文化体育、公用事业、医疗卫生、离职退休、死亡殡葬、其他（含个体工商户，按照人类生命周期排序）等。② 面向法人的主要有：设立变更、准营准办、资质认证、年检年审、税收财务、人力资源、社会保障、投资审批、融资信贷、抵押质押、商务贸易、招标拍卖、海关口岸、涉外服务、农林牧渔、国土和规划建设、交通运输、环保绿化、应对气候变化、水务气象、医疗卫生、科技创新、文体教育、知识产权、民族宗教、质量技术、检验检疫、安全生产、公安消防、司法公证、公用事业、法人注销、档案文物、其他（按照法人生命周期排序）等。

（5）按服务层级分类：可分为国家级、省级、市级、县级、乡级、村级（代办）政务服务事项。

（6）按服务形式分类：可分为线上办理、线下办理、线上线下一体化办理的政务服务事项。

（7）按行政管辖分类：可分为定点办理、跨地区通办的政务服务事项。

2. 优化办事流程

按照“一网通办”要求进一步优化政务服务流程，依托国家政务服务平台身份认证、电子印章、电子证照等基础支撑，推动证照、办事材料、数据资源共享互认，压缩办理环节、精简办事材料、缩短办理时限，实现更多政务服务事项的申请、受理、审查、决定、证照制作、决定公开、收费、咨询等环节全流程在线办理。整合优化企业开办、投资项目审批、工程建设项目审批、不动产登记等涉及多个部门、地区的事项办理流程，逐步做到一张清单告知、一张表单申报、一个标准受理、一个平台流转。积极推进多证合一、多图联审、多规合一、告知承诺、容缺受理、联审联办。通过流程优化、系统整合、数据共享、业务协同，实现审批更简、监管更强、服务更优，更多政务服务事项实现“一窗受理、一次办成”，为推动尽快实现企业开办时间再减一半、项目审批时间再砍一半、凡是没有法律法规依据的证明一律取消等改革目标提供有力支撑。

推动政务服务事项清单、办事指南、办理状态等相关信息在政务服务平台、移动终端、实体大厅、政府网站和第三方互联网入口等服务渠道同源发布。依托全国一体化在线政务服务平台，推进线上线下深度融合，逐步实现线上线下一套服务标准、一个办理平台。推动政务服务平台和便民服务站点向乡镇（街道）、村（社区）延伸，如图 5-22 所示。

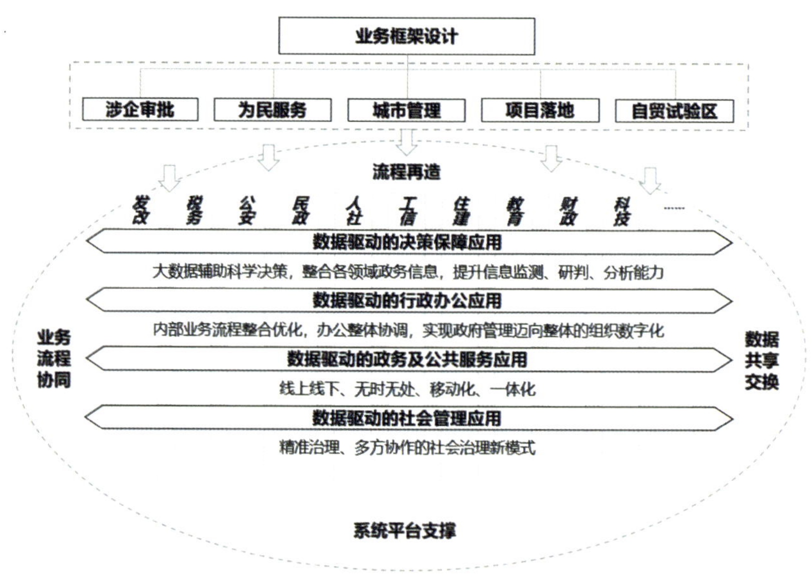

图 5-22 政务服务平台业务框架设计

突破传统业务条线垂直运作、单部门内循环模式，以数据整合、应用集成和服务融合为目标，以服务对象为中心，以业务协同为主线，以数据共享交换为核心，构建“整体协同”的业务体系，聚焦各部门核心业务职能，不断推动业务创新和改革。

为进一步优化营商环境，打造新旧动能转换和高质量发展新优势，全面开展政务服务流程再造，通过线上线下联动，以“一次办好”为导向，以便捷高效为原则，深入推进体制机制创新，构建服务最优、成本最低、百姓满意的政务服务流程。

（1）全面推行“一窗受理”。按照“应进必进”的原则，推动所有依申请政务服务事项进厅办理，并逐步实现无差别综合受理，建立“前台综合受理、后台分类审批、综合窗口出件”的服务模式，办事人只需“跑一次腿、进一扇门、交一次件”。

（2）全面推行“一链办理”。以“群众眼光”全面审视办事流程，以方便快捷、省心顺心为目标，对服务事项进行全链条梳理优化，打造“一件事一条链”服务流程，实现从“单件事”向“整件事”迭代，变“纵向型多链条串链审批”为“扁平化同步并联审批”。

（3）全面推行“一网通办”。充分运用大数据、云计算，加强数据归集，促进信息资源跨行业、跨领域、跨系统共享，建立完善政务服务云、网、平台和客户端，实现“网上办”“掌上办”。

3. 打通区域服务壁垒

李克强总理在 2020 年政府工作报告中明确指出，“加强数字政府建设，建立健全政务数据共享协调机制，推动电子证照扩大应用领域和全国互通互认，实现更多政务服务事项网上办、掌上办、一次办。企业和群众经常办理的事项，今年要基本实现‘跨省通办’”。

推进政务服务“跨省通办”是转变政府职能、提升政务服务能力的重要途径，是畅通国民经济循环、促进要素自由流动的重要支撑，对于提升国家治理体系和治理能力现代化水平具有重要作用。近年来，党中央、国务院陆续出台审批服务便民化、“互联网＋政务服务”、优化营商环境等一系列政策文件，全国一体化政务服务平台初步建成并发挥作用，政务服务“一网通办”深入推进，各地区各部门积极开展政务服务改革探索和创新实践，政务服务便捷度和群众获得感显著提升。但企业（包括个体工商户、农民专业合作社，下同）和群众异地办事仍面临不少堵点、难点问题，“多地跑”“折返跑”等现象仍然存在。

1）重点任务

聚焦保障改善民生，推动个人服务高频事项“跨省通办”。围绕教育、就业、社保、医疗、养老、居住、婚育、出行等与群众生活密切相关的异地办事需求，推动社会保障卡申领、异地就医登记备案和结算、养老保险关系转移接续、户口迁移、住房公积金转移接续、就业创业、婚姻登记、生育登记等事项加快实现“跨省通办”，便利群众异地办事，提升人民群众获得感。

聚焦助力惠企利企，推动企业生产经营高频事项“跨省通办”。围绕生产要素自由流动、企业跨地区生产经营、产业链供应链协同和建立全国统一大市场，推动企业等各类市场主体登记注册和涉企经营许可等事项“跨省通办”，简化优化各类跨地区投资项目审批、工程建设项目审批等流程手续，方便企业开展生产经营活动，提升跨区域政务服务水平，激发市场主体活力。

鼓励区域“跨省通办”先行探索和“省内通办”拓展深化。在全国高频政务服务“跨省通办”事项清单基础上，支持京津冀、粤港澳大湾区、长三角、成渝等地区，进一步拓展“跨省通办”范围和深度，为区域协调发展提供支撑保障。支持劳动力输出输入、东西部协作等省区市点对点开展“跨省通办”。支持各地区拓展深化，推动更多政务服务事项“省内通办”。有关行业主管部门要加强对本行业承担公共服务职能企事业单位的指导、监督，鼓励将有需求、有条件的服务事项纳入“跨省通办”范围。

如图 5-23 所示为杭州—恩施“跨省通办”事项清单示例。

第一批杭州—恩施“跨省通办”事项清单

序号	事项名称	办理方式	申请材料	办理网址	事项层级	事项名称（浙江）	办理方式	申请材料	办理网址
1	档案的接收和转递	网办	调档函	http://zwfw.hubei.gov.cn/webview/bszn/search/search.html?Keyword=%E6%A1%A3%E6%A1%88%E7%9A%84%E6%8E%A5%E6%94%B6%E5%92%8C%E8%BD%AC%E9%80%92&p_region_code=422800000000&curText=%E6%81%A9	县级	流动人员人事档案接收	网办	有效身份证	http://www.zjzwfw.gov.cn/zjservice/item/detail/index.do?localInnerCode=ED923F60A42C1E2C6B7636F0BD0AEFD9
2	出具《参保凭证》	网办	通过国家医保服务平台App、支付宝平台、微信平台申领	http://zwfw.hubei.gov.cn/webview/bszn/search/search.html?Keyword=%E5%87%BA%E5%85%B7%E3%80%8A%E5%8F%82%E4%BF%9D%E5%87%AD%E8%AF%81%E3%80%8B&p_region_code=422800000000&curText=%E6%81%A9	县级	领取基本医疗保险就医凭证	网办	参保人员社会保障卡或身份证	http://www.zjzwfw.gov.cn/zjservice/item/detail/index.do?localInnerCode=16111603-db90-4c23-b26d-8f5ca2b58a05
3	城镇企业职工社会保险单位参保证明查询打印	网办	单位统一信用代码	http://zwfw.hubei.gov.cn/webview/bszn/search/search.html?Keyword=%E5%9F%8E%E9%95%87%E4%BC%81%E4%B8%9A%E8%81%8C%E5%B7%A5%E7%A4%BE%E4%BC%9A%E4%BF%9D%E9%99%A9%	县级	单位参保证明查询打印	网办	单位介绍信	http://www.zjzwfw.gov.cn/zjservice/item/detail/index.do?localInnerCode=6B140075B40DC32DC895333DA889FD1
4	出入境进度查询	网办	微信关注国家移民管理局公众号——政务服务——官方政务服务平台——证件信息查询——办证进度查询	http://zwfw.hubei.gov.cn/webview/bszn/search/search.html?Keyword=%E5%87%BA%E5%85%A5%E5%A2%83%E8%BF%9B%E5%BA%A6%E6%9F%A5%E8%AF%A2&p_region_code=422800000000&	县级	出入境证件办理进度查询	网办	1. 受理条形码 2. 身份证	http://www.zjsgat.gov.cn:8080/was/portals/webSend/crj.jsp

图 5-23　杭州 - 恩施“跨省通办”事项清单示例

2）优化政务服务“跨省通办”业务模式

深化“全程网办”。除法律法规规定必须到现场办理的事项外，按照“应上尽上”的原则，政务服务事项全部纳入全国一体化政务服务平台，提供申请受理、审查决定、颁证送达等全流程全环节网上服务，实现申请人“单点登录、全国漫游、无感切换”，由业务属地为申请人远程办理。进一步改革制约全流程网上办理的规章制度和业务流程，不得强制要求申请人到现场办理。政府部门核发的证照批文，能通过数据共享查询、核验的，不再要求申请人到现场核验原件。

拓展“异地代收代办”。对法律法规明确要求必须到现场办理的政务服务事项，在不改变各省区市原有办理事权的基础上，通过“收受分离”模式，打破事项办理的属地化管理限制，申请人可在政务服务大厅设置的“跨省通办”窗口提交申请材料，窗口收件后对申请材料进行形式审查、身份核验，通过邮件寄递至业务属地部门完成办理，业务属地部门寄递纸质结果或网络送达办理结果。同步建立异地收件、问题处理、监督管理、责任追溯机制，明确收件地和办理地的工作职责、业务流转程序等，确保收件、办理两地权责清晰、高效协同。支持各地进一步深化“异地受理、无差别办理”服务。

优化“多地联办”。对需要申请人分别到不同地方现场办理的政务服务事项，减少申请人办理手续和跑动次数，改革原有业务规则，整合申请人多地办理流程，改由一地受理申请、各地政府部门内部协同，申请材料和档案材料通过全国一体化政务服务务平台共享，实现申请人只需到一地即可完成办理。建立多地协同办理工作机制，明确办理流程和责任。

4. 拓展移动政务应用

移动政务平台满足公众通过移动端获取政府服务和公共服务的新需求，基于信息资源共享交互平台的数据资源，整合各单位分散的服务资源和服务渠道，提供统一的政务服务入口，在社保、住房、公积金、教育、医疗、交通等方面提供查询、验证、预约、推送等服务；公共事业方面，提供水、电、燃气费查询缴费服务和多种渠道支付方式，同时接入各类第三方智慧应用，让更多市民便捷地享受数字政府建设成果。

2021 年 11 月，国务院办公厅印发《全国一体化政务服务平台移动端建设指南》，要求 2022 年底前，各省（自治区、直辖市）和国务院部门移动政务服务应用与国家政务服务平台移动端“应接尽接”“应上尽上”，移动政务服务能力显著提升，形成以国家政务服务平台移动端为总枢纽的全国一体化平台移动端服务体系，其技术架构如图 5-24 所示。

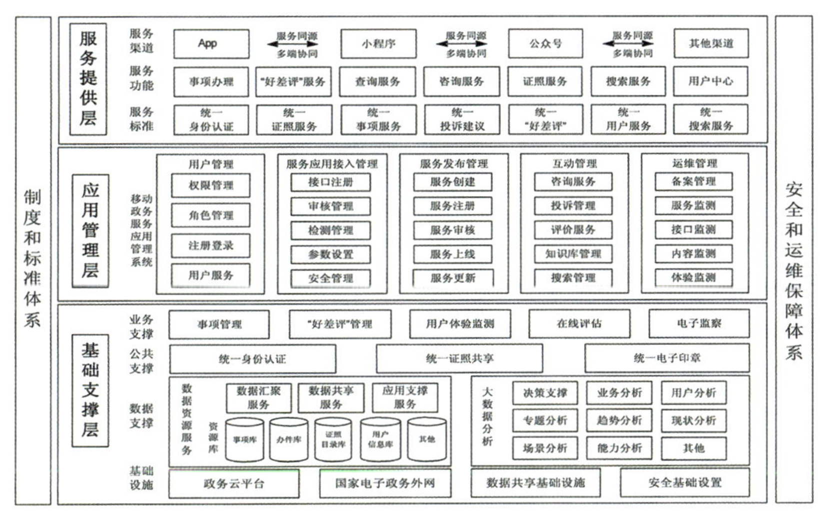

图 5-24　全国一体化政务服务平台移动端技术架构图

1）市民认证系统建设

基于自然人身份信息、法人单位信息等国家认证资源，依托国家政务服务平台统一身份认证系统，建立统一身份认证体系，实现用户身份信息跨地区、跨部门互信互认、“无感漫游”。市民通过手机认证、身份证认证、银行认证，并结合线上线下认证等方式，可以在市民认证平台获得身份认证。

2）运营管理系统建设

将所有后端运营、管理功能全部汇总集成到一个平台中，提供给运营人员、管理人员统一使用。根据实际的应用场景分为三大模块：运营管理、平台管理、监控统计。

通过运营监控平台，政府可以监控移动政务客户端当前的运营情况。通过可视化展示使用者的位置信息、社会舆论、在线用户、活跃用户的情况，为政府提供辅助决策功能。

3）API 数据接口管理系统建设

由于前期技术参差不齐，在与第三方数据对接时产生诸多问题，数据 API 服务中心就是专门解决该问题的平台，第三方通过接入 API 服务中心，可以将接口统一汇总并生成与移动政务对接标准的接口，从而实现安全的数据对接。

4）移动端平台

移动政务公共服务平台 App 通过平台建设，梳理各委办局、各项服务的不同样式接口，规范接口标准，应用互联网主流研发技术，实现敏捷开发，打造流畅稳定的移动应用，分别提交苹果应用商店（App Store）及各大主流安卓应用市场。App 基本覆盖市民近 99.9% 的移动设备，实现互联网和政府服务的深度融合，打通政务服务“最后一公里”，实现指尖政府服务。

5.4.4 智能协作社会治理

党的十七大以来，关于社会治理的论述在不断完善和发展。十七大报告中提到，要完善“党委领导、政府负责、社会协同、公众参与的社会管理格局”；十八大增加了“法治保障”的描述，同时强调“社会管理体制”。十九大又进一步提出了要加强和完善“党委领导、政府负责、社会协同、公众参与、法治保障的社会治理体制”。

十九届四中全会上，一是实现了从“社会治理体制”到“社会治理体系”的重要转变，体现了社会治理内涵的不断丰富，系统性、整体性和科学性不断增强。二是把“民主协商”和“科技支撑”放在社会治理体系中，使社会治理体系更加完善。

贯彻落实党的十九届四中全会精神，应充分发挥互联网、大数据、区块链等信息技术在加强和创新社会治理中的积极作用，加强不同社会群体的沟通交流，凝聚社会共识，提高社会治理精细化水平，以科技支撑社会治理共同体建设。

早在 2016 年 10 月中共中央政治局就实施网络强国战略进行第三十六次集体学习时，习近平总书记就指出，“随着互联网特别是移动互联网发展，社会治理模式正在从单向管理转向双向互动，从线下转向线上线下融合，从单纯的政府监管向更加注重社会协同治理转变。我们要深刻认识互联网在国家管理和社会治理中的作用，以推行电子政务、建设新型智慧城市等为抓手，以数据集中和共享为途径，建设全国一体化的国家大数据中心，推进技术融合、业务融合、数据融合，实现跨层级、跨地域、跨系统、跨部门、跨业务的协同管理和服务。要强化互联网思维，利用互联网扁平化、交互式、快捷性优势，推进政府决策科学化、社会治理精准化、公共服务高效化，用信息化手段更好感知社会态势、畅通沟通渠道、辅助决策施政”。

也正是从 2016 年起，政府工作报告中不断提及“互联网 +”和“智能 +”等新理念。“互联网 +”阶段的主要任务是利用互联网、物联网的技术和入口，构建人、物、内容和服务的连接能力，使政府的服务方便触达更多人群。例如，为推动党中央、国务院重大决策部署贯彻落实，便捷高效回应群众关切，减轻基层负担，国务院办公厅开通国务院“互联网 + 督查”平台，面向社会征集四个方面问题线索或意见建议。平台自 2019 年正式上线运行，至今已运行两年多。

“智能 +”阶段则是在“互联网 +”和数据化的基础上，利用大数据、云计算、人工智能等技术为政府管理者构建数据智能的运用能力，依托数据的实时共享，利用人工智能和算法提供决策支撑和精准化的治理能力，这也是当前数字政府建设的基础和关键。

以新技术驱动智能协作的新方法和新模式，实现社会治理能力、效率的全面提升，是未来相当长一段时期内政府数字化发展的重要工作，围绕这一工作目标，应主要关注以下重点领域的创新与突破。

1. 健全智能感知体系

在社会治理、城市治理的过程中，应着力突破“人力”模式的时空天花板。强化以视频采集设备、传感器、互联网、热线电话为主的信息入口，充分利用视频分析、图像识别、语音识别、文本分析等 AI 技术，向科技要人力，力求更加全面、快速、准确地感知全域态势，发现异常事件，满足各领域持续精细化发展的要求。

以智能算法为驱动的视觉计算平台、物联网感知平台已广泛应用于城市全域治理的各个子领域中，这些平台能够从基础层面解决事件 / 数据采集的实时性、准确性、及时性问题，更广泛地感知城市各个角落每时每刻发生的变化，通过事件归一、决策智能、决策优化等人工智能算法，将具有明显时空特征、分散的、离散的事件进行关联分析和融合计算，面向政府管理者提供与事件关联有关的动态、实时、全景呈现，为社会治理决策提供重要支撑和研判依据。

1）视觉智能技术

通过综合运用计算机视觉分析技术，实现多源视觉数据的智能解译和关键信息提取，改变传统人工数据判别效率低、精度差等弊端，打通并连接散落在各处的视频数据资源，让图像、视频中有价值的信息支撑管理者进行思考，从而提升整体管理效能。

视频分析和图像分析技术已广泛应用在多个行业领域中。在城市治理领域，一些城市已通过视频和图像分析技术有效实现包括人群聚集、人流超限、渣土车识别、店外经营、非法游商、违章停车、地桩地锁、积水点、堆物堆料、共享单车乱停在内的多项高频城市事件的自动发现和智能识别，可针对全域上万路视频监控进行动态调度分析，一些地方还建立了市、区、街共用的集约化视频资源利用模式；另外，广州市以大数据、视频图像 AI 分析为核心技术驱动，解决城市治理的防灾减灾业务难点、痛点，为市应急管理局、市气象局、省水利厅提供创新应用服务，实现全天候灾害监测、灾情隐患智能识别预警、大数据辅助决策、靶向应急预警、防灾设备智能调度服务。

在国土监测领域，需要对国家或地区的土地利用状况的动态变化进行定期或不定期的监视和测定，同时对违反规划的破坏和利用进行整治。湖南省自然资源厅通过遥感影像自动解译，“以前一人一天只能查看350平方千米，现在单台机器48小时就能完成湖南全省变化图斑提取，20人用10天便可完成一次湖南全省变化图斑提取、分类、上图和统计分析工作；同时，算法精度和效率领先，综合查全率达到80%。”类似技术已为自然资源监管、水利河道保护、生态环境监测、农业估产和应急防灾减灾等多个领域提供支持。

2）语音智能技术

语音智能技术基于人机语音交互的基础理论和关键技术，通过语音识别、语音合成、语音唤醒、声学设计及信号处理、声纹识别、音频事件检测等手段，为群众、企业和政府提供高质量的语音交互服务。

在新冠肺炎疫情期间，借助于智能语音技术，各级政府热线、社区和疾控中心可以自动进行疫情排查，通过智能外呼电话排查人口流动情况，并对本地居民和特定人群进行电话调查和通知工作，缓解了疫情信息采集和通知的工作压力。

遍布全国各地的政务大厅语音导航机器人，可以用人机交流式的语音交互方式，为办事群众完成各类业务的咨询与检索。将语音识别技术、防串音处理技术、自然语言理解、大数据分析等技术进行综合运用，可用于庭审语音识别与记录、案件分析等场景，如图5-25所示。目前已在全国得到广泛应用，覆盖28个省市，超过1万个法庭。

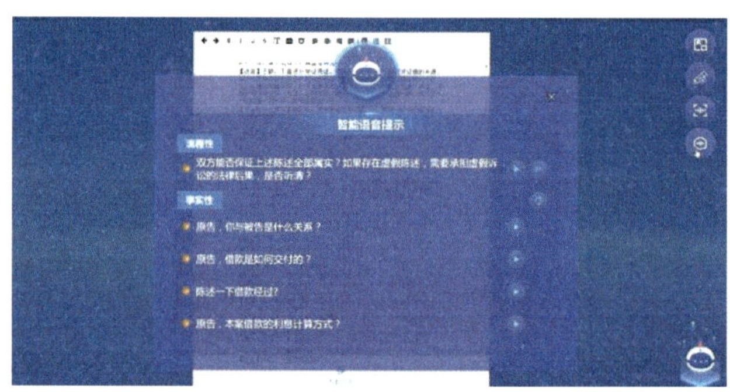

图5-25　智能庭审语音提示

3）决策智能技术

利用机器学习、数学优化、时序分析、因果推断等运筹优化技术的研究与创新，在社会治理领域构建智能决策系统，提升业务运营效率，降低社会管理和运行成本。

据不完全统计，上海市通过近年来持续的智慧城市建设，建立“一网统管”市域物联网运营中心，已初步实现560万个感知设备数据共享，实现了对城市运行状态的全方位精确感知。在人工智能的帮助下，上海市逐步实现态势全面感知、风险监测预警、趋势智能研判、资源统筹调度、行动人机协同等城市管理和决策能力。

2. 云端一体共治共赢

在云计算时代，数字化创新不仅需要云的强大基础计算能力，更需要建立良好的云端协同。云与端的紧密融合，能够优化云的使用方式，改变应用的开发方法和运行模式，进而开创一种全新的云计算形态，解决应用智能化、数据化和移动化的问题。在社会治理领域，一个更完整、更易用的云端协同平台，将为政府及时吸纳民意和回应民情提供有效的媒介和渠道，在这样的模式下，云可以提供完整的数字基础设施能力，端则提供与数字政府和民众交互的入口。

清华大学数据治理研究中心在新冠肺炎疫情期间实施了一项全国社会调查，针对疫情期间提供防控线索或提出意见建立的渠道对受访者进行询问，其中 19% 的受访者表示使用过小程序，15% 的受访者表示曾通过政务 App、政务微博或政务微信等联系政府有关部门。

另一方面，网络民情数据本身所具有的精细颗粒度和跨时空特性，为政府在特定时空范围内通过数据的颗粒缩放和处理分析，高效化、精准化、智能化回应社会的诉求和偏好提供了实现的可能。通过云智能技术和移动互联网技术，构建“云端一体”的交互终端应用，可以实现线上线下资源的打通，助力政府数字化转型，打造强协同、提效能、促公开、助决策的政务新模式。

在城市治理领域，为了有效开展全社会自治与共治，一些地方改变了当前主要以政府监督员、网格员队伍人工巡查为主的城市事件上报模式，在提升技术能力的同时，进一步拓展感知渠道，体现政府与百姓的共鸣。依托云端一体的协同平台，管理者可以向社会移动端开放自治共治小程序功能，联合互联网公益平台，创立“互联网 +AI+ 公益”模式的城管自治共治体系。其中，自治模式引入事件当事人的力量，在节省行政处置成本的同时，体现政府的执法柔性；共治模式则通过接入互联网公益平台，提升城市治理社会参与度，充分发挥人民群众的积极力量。

在深入推进“互联网 + 政务服务”领域，浙江省近年来围绕“一网通办”不断升级“掌上办事”终端——浙里办，服务于浙江省约 6000 万老百姓和 700 余万企业组织。通过这款 App，全省政务服务事项的掌上可办比例已超过 80%，从公积金和社保查询、缴学费、查违章等“民生小事”，到不动产登记证明、企业开立等“家企大事”，都可实现一站式办理。此外，还汇聚了全省医院诊疗挂号、交通违法办理等 800 多项便民服务应用，实名认证用户 5300 余万，日均活跃用户超过 130 万。“浙里办”已成为浙江省群众和企业办事的“一站式”服务窗口。

3. 全力优化事项流程

以数字化改革推动基层治理科学化、精准化、协同化、高效化，围绕跨部门多业务协同流程再造和数字化平台化集成应用两大关键，建立有记忆、可感知、会思考、善指挥、能战斗的数字化、网络化、智能化的集成应用，实现基层治理从以人为主向人机融合协同转变。

各类数据资源、信息系统、基础设施集合、集成的平台，把分散的信息集中和集成起来，将集成管理事务通过智能或人工分析研判手段进行分类分流、按责转办、精准交办，形成常态化处置机制，推进基层事务实现“一件事”综合集成，建立健全相关的指挥系统、数字赋能系统和评价系统。

在智能协作提升社会治理的过程中，通过新业务与新技术的融合，会产生一批体现融合、协同和智能的新场景、新系统。2021 年 3 月，合肥市基于政务、金融等多维度海量数据建立用户画像，运用自然语言理解、知识图谱、卷积神经网络、聚类分析等多种人工智能技术为金融机构提供精准营销、准入、反欺诈、信用评级、风险定价、贷后监控、贷后催收等金融科技服务，帮助金融机构实现包括贷前审核、贷中监控和贷后管理的风险管控。主要实现金融服务、风控服务、银企智能对接等服务，实现中小企业信贷业务“一次申请、当天审核、当天放款”的新模式，为解决中小企业融资难问题提供新的思路。

2019 年 7 月 31 日，由浙江省退役军人事务厅牵头，省委改革办、省大数据局、省委组织部、省公安厅、省人力社保厅、省医保局、团省委、省军区政治工作局等部门联合印发《浙江省推进军人退役“一件事”工作实施方案》，对退役事项办理进行了明确。在台州市黄岩区试点，将军人退役所涉及的退役报到等过去需要分头办理的 12 个事项整合成“一件事”，优化事项办理流程，对不同事项重复提交的相同证明材料进行归并，退役军人只需“进一扇门”，就能办结相应的事，如图 5-26 所示。

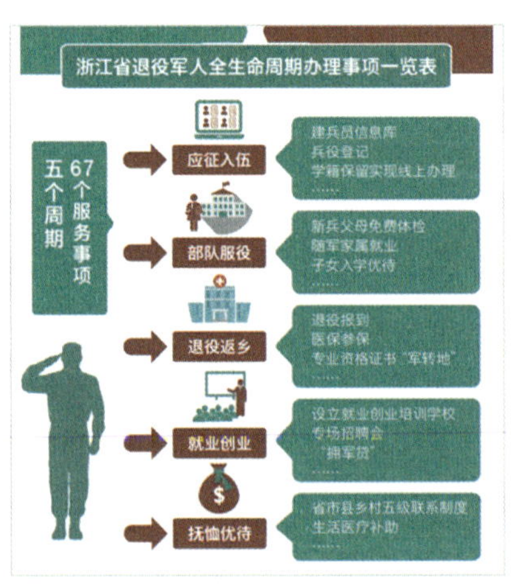

图 5-26　浙江省退役军人全生命周期办理事项一览表

4. 持续推动场景创新

以解决实际问题为导向，通过业务场景的形式，拉通相关部门资源，实现跨部门数据共享与业务协同。依托数据服务与数据治理，面向公共管理、公共服务、公共安全、城市治理等不同服务或管理领域，提供协同和智能化能力支撑。

在场景设计中，可依托人工智能手段，为事件感知、全量资源调度、全域业务协同等重要环节提供基于视觉智能、自然语言理解、自动语音识别、光学字符识别、决策智能、决策优化等先进技术的智能化支撑能力，赋能新型数字政府的应用和业务流程创新。

1）渣土车联合监管场景

渣土车乱象是当前许多城市建设期间的主要问题之一，因在不同业务环节的管理部门不一，对于渣土车的管理很难实现统一与协同。通过引入视频智能分析技术，对已有视频和传感数据进行智能化分析，可对工地扬尘、道路遗撒、渣土车未苫盖等事件实现智能识别，解决过去违规事件难以及时发现的问题。同时，渣土车辆的 GPS/BDS 模块可提供车辆定位信息，篷布密闭传感器可提供渣土车篷布密闭开关状态信息，举升传感器可提供车斗举升信息，各类物联感知设备的应用可以进一步细粒度监控车辆的运输状态，使管理部门对渣土车运输行为进行精细化判断和预警。此外，通过跨部门流程再造，打造从 AI 感知，到智能生成案件，再到统一受理的全新流程，拉通住建、城管、交警、生态环境等部门进行联合管理，可以大力提升违规事件的发现和处置效率，显著改善城市生活环境。渣土车监管示意图如图 5-27 所示。

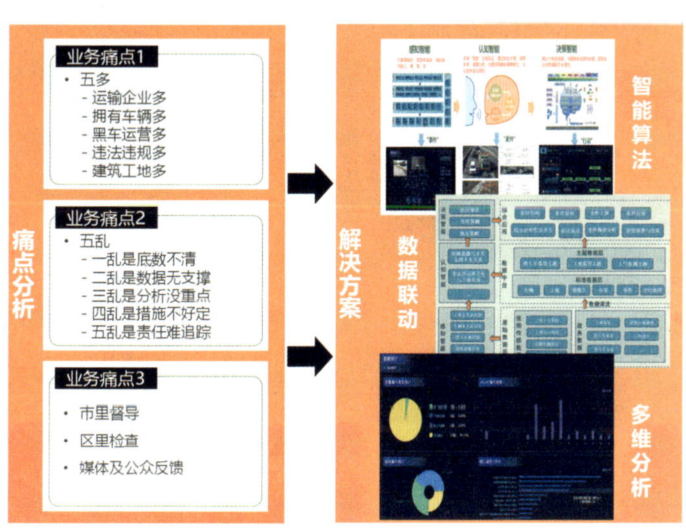

图 5-27　渣土车监管示意图

2）重大活动保障场景

城市大型文化旅游活动对拉动城市消费、刺激区域经济均成效显著，是一些城市重要的经济增长抓手。重大活动保障场景主要用于赋能大型文化活动中的审批流程落实、筹备概要制定、活动保障方案设计以及实时指挥、消费效果分析与评价等业务过程。通过场景拉通的部门包括文旅、公安、交通、科工信、公交公司、应急管理等，以实现多部门、多单位联动保障。上海市大型活动人群管理分流情况如图 5-28 所示。

图 5-28　上海市大型活动人群管理分流情况

3）一键护航场景

在火灾救援、紧急送医等特殊应急事件出现时，需全面统筹交通资源，确保特种车辆以最快时间到达现场。依托 AI 信控辅助系统及信号机双向互通，构建“自主申请－信号优先－安全通行”应急保障体系，与互联网地图联动，在对 110、120、119 以及公众服务侧的特殊线路行车等特种车辆实时监控的基础上，通过车载的卫星导航位置监控特种车辆任一时刻的信息，再有针对性地进行信号控制和交通管控，同时，基于导航平台向周边车辆精准发布提示信息，诱导前车适时避让；协同信号灯系统，实现特种车辆一路绿灯、畅通。该场景需要拉通的部门包括交通、卫健、消防等，如图 5-29 所示。

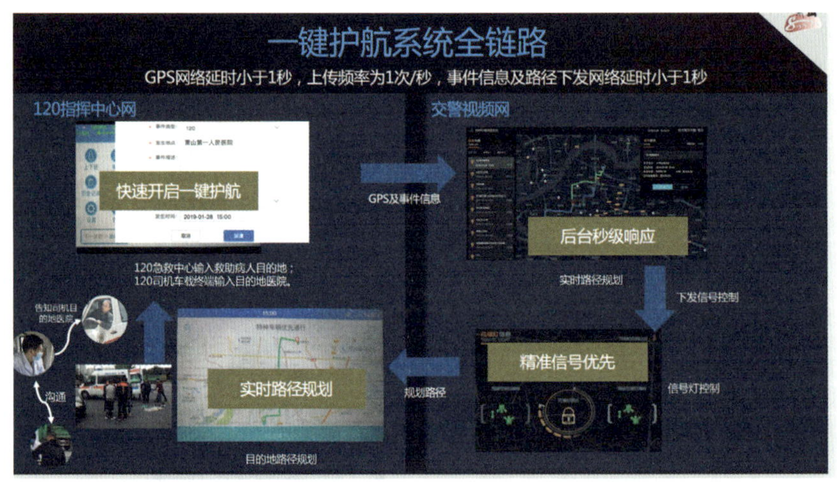

图 5-29　一键护航系统全链路

4）欠薪预警场景

在杭州市余杭区，外来务工人员多达 180 余万，新业态经济蓬勃发展，劳资纠纷日显频繁，管理部门需要能有效甄别可能存在的欠薪风险或者已经存在欠薪并可能会加重事态的事件，做到群体冲突性事件及时预防，提前介入和处置，从而达到防患于未然的目的。针对这一社会治理难题，当地依托城市数据基础设施设计了欠薪一体化预警系统，如图 5-30 所示。通过系统自动抓取在建项目工程和农民工工资专户、企业用水用电、社保欠费、经济涉诉企业、法院失信黑名单、舆情信息、工商处罚、欠薪信访等 10 方面数据，由“城市大脑”智能分析，一旦发现异常，系统就会判断企业资金流出现问题、发出预警，并交办相应部门核实情况及处置。截至目前，该系统总体预警成功率为 81.06%，发现欠薪处置率为 100%。

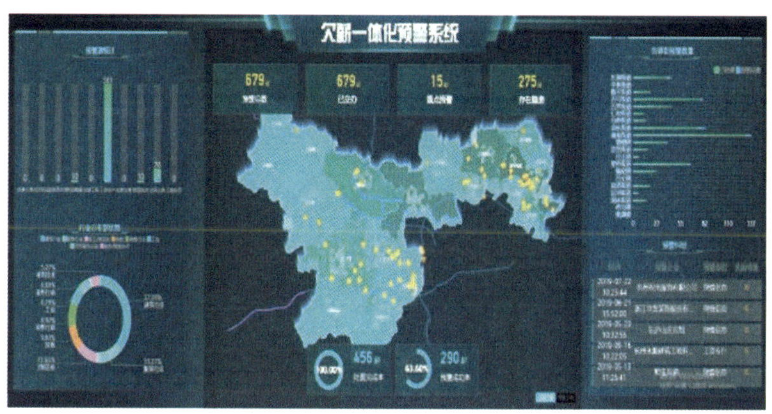

图 5-30　欠薪一体化预警系统

5. 基层社区智慧治理

2017 年 6 月，《中共中央　国务院关于加强和完善城乡社区治理的意见》（以下简称《意见》）印发实施。为实现目标，《意见》明确了四大任务：一是要健全完善城乡社区治理体系，二是要不断提升城乡社区治理水平，三是要着力补齐城乡社区治理短板，四是要强化组织保障。《意见》指出，要增强社区信息化应用能力。提高城乡社区信息基础设施和技术装备水平，加强公益性信息服务设施建设，加快城乡社区公共服务综合信息平台建设，加快互联网与社区治理和服务体系的深度融合，探索网络化社区治理和服务新模式。2021 年 1 月 28 日，习近平总书记主持召开中共中央政治局会议，审议《关于加强基层治理体系和治理能力现代化建设的意见》，要求着力抓基层、打基础，推动社会治理和服务重心向基层下移，不断提升基层社会治理水平。

围绕人、事、物、地、情，摸清基层数据和应用现状，破解数据汇聚共享堵点，打通国家、省、市、区县四级级联通道，依托上级返还的数据资源，融合本地数据资源，为基层治理提供数据、模型、工具的综合治理能力，实现基层治理的“自上而下赋能”“自下而上治理”双循环，为基层治理的智能化、精细化提供数据和平台支撑。

基于市级 / 区县级政务云提供统一的云、网、计算力等基础支撑，建设“一平台 + 四抽屉”的基层治理赋能产品，为智慧社区的应用提供数据、服务、工具等能力的支撑。其中，“一平台”是指区县级数据资源中心或者一体化大数据平台区县分平台，为区县提供数据管理功能，包含对本区县各部门的共享数据、省级或者市级返还的政务数据、申请其他区县的数据、采购的社会数据进行统一监管管理；与此同时，提供数据采集、数据治理、数据服务功能，支持对汇聚数据资源的定制服务开发。“四抽屉”是指依托于区县级数据资源平台为基层街道或者社区直接提供“治理工具抽屉”“数据服务抽屉”“数据产品抽屉”“数据模型抽屉”。“治理工具抽屉”可以为基层社区提供一些基础的数据治理服务，如地址标准化服务、数据统计服务、纸质文件电子化服务、数据上报服务等；“数据服务抽屉”可以向基层街道或社区提供区县级数据资源平台代理国家级、省级、市级授权的数据接口，以及区县数据资源自己开发的标准接口，提供统一的、标准的服务；“数据产品抽屉”可以向基层街道或社区提供区级数据资源中心建设的人口库、法人库等基础库，老年人口库、残疾人口库等对象库的数据产品服务；“数据模型抽屉”是基于基层街道或者社区的真实应用场景需求，理清业务逻辑关系，梳理所需数据资源，整合多源政务数据，建立数据应用模型，最终解决基层治理问题。

6. 税收征管以数治税

2021 年 3 月，中共中央办公厅、国务院办公厅印发了《关于进一步深化税收征管改革的意见》，从全面推进税收征管数字化升级和智能化改造、不断完善税务执法制度和机制、大力推行优质高效智能税费服务、精准实施税务监管、持续深化拓展税收共治格局等方面提出了多项具体举措，实现从“以票管税”向“以数治税”转变。

从“以票管税”向“以数治税”转变是我国税收征管改革的重大举措，也是我国数字政府建设的重要内容之一。

总体来说，“以数治税”的核心是数据，关键是治理。在数字经济时代，税收所需要的数据互通与共享机制要打破数据之间的部门壁垒、行业壁垒和地区壁垒，形成强大的以税收大数据分析为支撑的税收数据中心，这是数字政府建设的核心关键。

在政府税务部门履行税收征管、税务治理职能时积极利用数字技术转型，提升管理水平和工作效率。

利用数字技术和智能化手段提高纳税人数据申报质量。开发建设全国统一事前干预系统，从源头上把控报入“金三”系统的企业财务数据质量，确保企业获得真实数据，作为后续分析和征管工作的基础。

总局和地方税务机关与银行、市场、海关、公安等跨部门协同汇总数据，配合人工智能、云计算为主导的自动化系统对综合数据加以分析，绘制“税收地图”，通过可视化形式帮助税务机关和其他政府部门多维度、多指标了解各行业、地区和各性质企业等的经营风险情况，辅助税务机关进一步采取征管措施，同时将企业潜在风险反馈给相关部门以提前把控、协同管理。

各地税务机关通过采取云计算、大数据、人工智能等技术开发搭建统一的“以数治税”云平台。通过定制化和模块化需求开发落地，一方面面向纳税人，满足纳税人依法申报、增效赋能的需要，另一方面面向各级税务机关，更好地利用数据成果完成征管职能。

“以数治税”一方面能为纳税人赋能增效、降低成本。2021 年建成全国统一的电子发票服务平台，24 小时在线免费为纳税人提供电子发票申领、开具、交付、查验等服务。发票电子化可助益降低市场交易成本，进而活跃经济。另一方面能为税务机关智能化管税奠定基础。在发票电子化的基础上，到 2022 年基本实现法人税费信息“一户式”、自然人税费信息“一人式”智能归集，使税务机关得以归集包括企业和个人在内的每一个纳税人缴费人的全部税费信息，从而为纳税人缴费人提供精细的税费服务。同时，利用税费大数据、云平台、人工智能等现代信息技术建立的智能税务体系，对于提高征税效率，加强风控监管，以及为资金短缺、融资困难的企业提供支持以及税收优惠政策的落地应用，提供了良好的基础和发展动力。

国家税务总局湖南省税务局为有效解决重点企业财务数据来源质量问题，开发了“重点企业财务三张报表”预审软件和事后审核软件，通过事前干预手段把控数据来源质量，提高工作效率，确保申报数据及时、准确。经过一年多运行，企业财务数据报送率从 70% 提升至 100%，数据完整率从 62% 提升至 99%，准确率从 53% 提升至 99% 以上。

未来国家税务总局湖南省税务局将建设针对全省大企业的“一户式档案”管理系统、总省互联系统、税收预报系统等，引入人工智能等技术，进一步提高自动化、智能化水平，深化“放管服”，建立“无风险不打扰、有违法要追究、全过程强智控”的税务执法新体系。

税收征管体系从“以票管税”向“以数治税”转型是一个长期过程。全面实现以数治税，需要依赖于大数据、云计算、区块链、数字货币、人工智能等技术的成熟，需要赋予税收机关获取涉税数据的法律权限，需要建立起横向与纵向的数据共享机制。

7. 生态环境智慧应用

十九大报告中明确指出“坚持人与自然和谐共生”，保护好生态环境，管理好自然资源，形成绿色发展方式和生活方式，建设生态文明是中华民族永续发展的千年大计。数字政府建设过程中生态文明数字化改革是重要的一环，加强大数据及人工智能等新一代信息技术运用，提高监测预警、监管执法等应用能力，提升生态环境管理水平，把数字技术优势转化为治理效能，推动生态文明建设的质量变革、效率变革、动力变革，以数字赋能高水平推进生态文明治理体系和治理能力现代化。

完善环境监测网络，以国土空间基础信息平台为支撑，利用高分遥感、北斗卫星等地理空间数据，实现对生态要素的监测和预警。建立相关部门之间生态环境监测数据共享机制，实现相关环境数据互通整合，统一纳入主题数据库。进一步完善生态环境综合管理平台，依托环保大数据分析应用，整合环境保护、资源调度和排放管理等功能，实现环境信息资源的共建共享和精细化管理。通过技术手段集成完善污染源在线监控、水气环境质量监测监控、排污许可证证后监管、一般固体废物监管信息、危险废物管理等各类信息系统。同时，采集运用环境质量、污染源自动监控、排污许可、河湖库保护、农地土壤改良、环境风险防控等大数据进行分析，通过各级政府联动、跨部门协同，构建地上地下、陆河统筹、天空人地一体的生态环境数字治理体系和生态环境质量评价体系，全面提升生态环境整体智治水平。

整合、规范现有各类自然资源和国土空间数据，推动形成自然资源“一张图”，为国土空间规划、生态修复、地质勘查等各项业务提供支撑。建设国土空间规划“一张图”实施监督信息系统，强化规划的动态监测预警和实施监督。制定统一的空间基础信息数据共享交换规范和数据接口标准，实现部门间数据共享和业务协同，全面增强自然资源保护和治理能力。

加快推进智慧水利应用，持续完善监测网络，构建涉水信息全要素动态感知的监测、监控体系。强化水利业务与信息技术深度融合，建立感知数据汇集平台和水利视频集控体系，实现监测数据、视频数据、遥感影像等资源的汇集。推进智慧水利应用系统建设，按照构建水利“一张图”的要求，实现涉水时空信息、工程属性信息和动态监测信息的一张图管理、展示、查询、分析，统筹解决水资源、水生态、水环境、水灾害问题。

5.4.5 科学决策快速响应

政府行政决策能力直接关系到政策制定的水平和成效，关系到经济社会建设的全面发展质量。而政府决策能力作为一个综合的、开放的体系，其提升过程也涉及理念、技术等多方面的改变。

从理念上看，今天的政府不再仅仅是公众要求的回应者，更应该积极引导公众参与决策，从程序设计上提升民众参与度，通过高效沟通使双方准确掌握彼此意图和真实信息，自始至终发挥政府主导作用，做到决策权限于法有据，决策过程合法合理，决策创新坚持基本法律原则，理性地提高民主决策能力。

以应急决策为例。从技术上看，习近平总书记在中共中央政治局第二次集体学习时强调，要建立健全大数据辅助科学决策和社会治理的机制。人工智能、区块链、云计算、大数据等新一代信息技术融合发展，深刻改变了政府的决策方式，并逐渐形成了一种融合数据驱动和模型驱动的新型决策范式，即大数据驱动的“数据 - 智慧”决策模式。该模式是一种以大数据系统为支撑，经人工智能、机器学习、大数据建模、大数据分析等实现自动决策和人机协同决策的模式。

当前，我国地方政府的应急决策能力与大数据时代的要求还存在一定差距，突出表现在风险信息获取与分析、事态感知与风险识别、危机判断与决策应变、决策评估与反思学习等方面的能力有待提升。其部分原因在于，许多地方还没有真正建立起完善的政务大数据共享机制和突发事件监测预警网络，地方政府决策者也缺乏一定的从数据中挖掘有价值信息的能力，难以提前感知事态与识别风险。同时，我国有待建立统一的“纵向到底、横向到边”的应急平台，现有应急信息分散在不同的部门，形成了信息孤岛，使得地方政府危机判断与决策应变能力大打折扣；此外，一些应急决策者缺乏对历史事件的反思学习，难以应对日益增多的危机事件。

在数字政府建设和运行的过程中，基于“数据－智慧”的应急决策新模式，地方政府未来可倚重于新一代信息技术，通过揭示数据之间蕴含的信息、知识和智慧，优化决策流程和决策体系，辅助决策者更好地预测突发事件发展趋势，从而较大程度提升地方政府决策者的风险全面感知、危机精准研判、决策自动实施和即时应变能力，科学决策架框如图 5-31 所示。

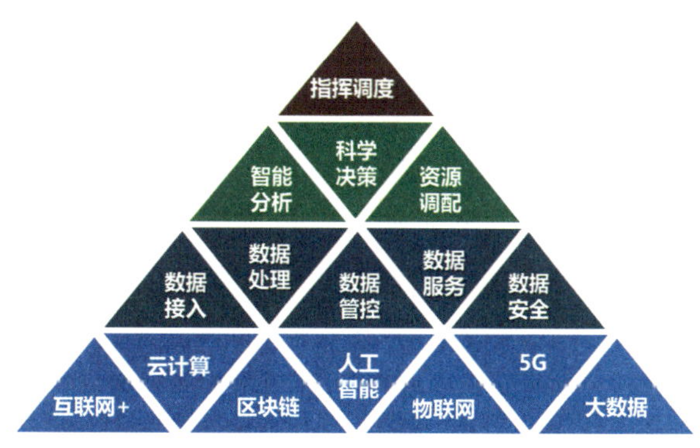

图 5-31　科学决策架构示意图

各行业、各领域通过大数据的汇聚和深度治理，注重集成与挖掘，沉淀形成丰富的数据资产；结合行业业务特性的精算分析技术，通过系统化、专业化的分析决策工具，使信息流向趋向于交互与共享，知识管理侧重于关联与融合；构建“决策规划－政策执行－运行监测－分析反馈”的管理闭环，智慧生成体现出更多的自学习、自适应过程，从而使新型突发事件决策范式呈现出大数据驱动的全景式特点，助力管理者提升政策科学决策和精细化管理水平。

政府应主动适应快速变化的数字化时代要求，以现代信息技术为支撑，对政府职能、业务流程、管理机制、运作模式、组织结构等进行系统性重塑，形成灵敏感知、科学决策、高效服务的运行模式，全面提升快速应对与响应的能力。

1. 优化全社会资源调配能力

面对错综复杂的国内外环境，特别是新冠肺炎疫情的严重冲击，2020 年中央提出，扎实做好“六稳”工作，全面落实“六保”任务。“六稳”指的是稳就业、稳金融、稳外贸、稳外资、稳投资、稳预期。“六保”指的是保居民就业、保基本民生、保市场主体、保粮食能源安全、保产业链供应链稳定、保基层运转。“六稳”“六保”旨在促进经济平衡运行，保障社会健康发展。

经济社会的稳定运行高度依赖于资源的合理配置，政府通过汇聚全域数据资源，以智能化能力支撑决策过程，可对经济运行和社会发展情况进行多维度、多视角的综合评价，全面掌握社会的整体运行水平。同时，通过精确、科学的指数反馈，实现对公共资源的优化配置和智能调度，进而为制定社会发展政策进行科学指导。另外，各类触达端、智联传感器以及各政府单位、市场侧的在线化数据，使管理者对资源、事件情况的综合感知能力得到显著提升，以数据智能为基础的实时预测预警能力与定义协同场景的业务智库相结合，可以实现事件即时感知响应与资源调度处置的闭环，而利用综合感知能力追踪运行与事件处置的效果，又进一步为优化、迭代协同能力和提高公共资源配置水平提供了依据。

例如，在数字化治理过程中，对资源的全量调度具有很强的时效性要求，这需要充分发挥跨域数据服务及智能化治理引擎的作用，实现对资源底数、生产供给能力、资源流动、资源配给等各个环节的有效掌控和管理，真正做到社会资源数据的在线化，使管理者在高速变化的应急处置过程中能够实时、精准、全面地掌握、管理、调度、配置好社会公共资源。以全感知、全协同、全智能为内核，以重点对象、重点区域、重点场所、重点事件为场景的“三全四重”社会治理体系，能以社情、警情、案情、舆情为基础定性定量分析和分级、分色预警依据，建立社会治理指数和预警系统，精准把控社会脉搏，实现风险隐患早发现、早预警、早处置的社会治理新模式。

2. 强化跨部门协同指挥体系

除了日常综合管理事务，政府还需承担专项场景（如重大活动保障、防台防涝、惠企直达等）下的组织和指挥职能，在这类跨部门、跨层级、跨系统融合指挥的场景中，应着力推动各垂直条线上的委办局在新的数字基础设施、新的协同平台上形成数字化高效协同，把各种公共资源要素在数据层面实现融合贯通，达成动态优化配置的运作模式。例如，上海市成立了市一级的城市运行管理中心作为城市运行管理中心的实体机构，依责组织、指导、协调、赋能各相关政府职能部门开展工作，但不替代、不包揽相关部门的日常运行管理职能。重点做好拟订城市运行管理智能化管理战略，编制智能化发展规划和专项规划，城市运行状态监测分析和预警预判，以及应急事件联动处置等工作。

1）事件处置协同

在政府管理过程中，事件是贯穿其中的主线，因此做好对事件的感知、识别、分拨、处置、反馈的全过程在线和闭环管理是提升过程管理能力的抓手。

事件的来源渠道众多，收集粒度不一。要实现事件的统一管理，一方面需要对常规渠道（如 12345 热线、城管等）管辖的事件输入信息进行梳理，另一方面则通过智能化的中枢系统从各部门既有感知网络中统一采集管理及突发事件信息（如违停挪车、占道经营等），做好矛盾纠纷、群众诉求、社情民意等问题收集，组织形成统一的事件库，再按照事件分级、分类标准，通过中心式平台的统一分拨流转信息，流转至相关部门和人员进行协同处理，跟踪反馈处理结果。

通过统一建库、智能派遣、高效处置和长效考核，可推动多部门联动，开展管理问题源头治理，发挥基层组织力量，整合协同政府各业务部门、社会群众、专业组织的力量共同参与到社会治理和管理过程中，实现从被动到主动、从粗放到精细、从静态到动态、从开环到闭环的转变。

2）公众参与共治协同

公众参与是政府重要的信息采集渠道之一，通过建立公众服务平台，搭建政府与公众沟通的桥梁，可畅通公众有序参与城市治理的渠道，扩大公众知情权，完善公众的建议、监督机制。将可公开的政府数据向百姓开放，能引导社会组织、市场机构和公民法人共同参与城市治理，形成多元共治、共建共享、良性互动的模式。

3）应急处置协同

在各领域的应急场景下，基于横向部门数据汇聚、治理和融合，结合外部互联网数据的接入治理，利用智能化数据应用（一事一档、事故推荐引擎、智能舆情、企业风险预警、危化品监测模型、地震灾害模型等），可以构建出覆盖安全生产和自然灾害防治全业务体系的指挥大脑中枢。以大数据分析应用为基础的事前感知、情报获取、分析研判、监测预警能力，事中指挥调度、辅助研判、资源调集、协同处置能力，事后事故报告复盘、追溯追责能力，可以使应急管理过程更加高效、实战和智能化。同时，通过机器学习、知识图谱等技术赋能，利用算法模型工场、应用工场、应用超市等为应急管理业务提供模块化、组件化、智能化的服务，将进一步支撑常态、非常态下的事前、事发、事中、事后全过程业务开展。

3. 打造高水平辅助决策平台

政府管理者的关注点可能随着事态发展的趋势而实时变化。在决策和响应过程中，应及时完成相关信息的汇聚更新，实时呈现最新的数据，进而通过科学计算形成辅助决策依据，使管理者能够借助先进技术手段对管理、服务、运行过程进行科学、精准决策。

新一代智能化决策平台应具备功能强大的事件编排工具和流式计算引擎，可实现对业务需求的快速响应，通过事件编排工具可对公共资源（如人、车、设备）设定综合调度流程，实现不同业务、系统、资源的拉通和协作。

例如，以时空地理信息数据为基础，整合各部门、各领域的业务运行数据和政府管理关键指标，打造展示、分析与运营的一体化决策辅助系统。以可视化为手段，综合展示资源现状和运行现状，形成如“管理一张图”等面向领导决策的数字驾驶舱。通过多端数字驾驶舱，可实时对管理对象进行多维全景呈现，同时，结合全量数据融合，运用 AI 分析能力和云计算能力，可以精准预警预判风险隐患，高效预防和处置各类风险，全面提升精细化治理能力。

1）可视化全景展示

新一代可视化全景展示平台一般囊括了综合展示、专题展示和移动端展示能力。综合展示以大屏页面为主要载体，汇聚跨部门业务，基于“时空一张图”形成跨部门的综合业务展示分析能力。专题展示则分部门、分专题进行建设，支持逐级下钻分析，支撑各条线业务的专业化展示分析功能。移动端展示主要为了满足移动办公的需求，可随时随地通过端来进行驾驶舱内容的查看。按权限体系进行分发流转，汇集各层级用户最关注的信息，实现指标与预警信息的一线触达。

2）自动化辅助决策

自动化辅助决策平台一方面基于 GIS 地图实现空间数据可视化、事件基础数据可视化和实时监测监控数据可视化，直观反映事件相关的地理面貌、目标详情、处置资源分布等情况，另一方面可结合智能研判模型，提供具有行业特性的人工智能辅助分析能力，帮助决策者对整体态势进行研判，实现对事件的定位、周边环境对比分析、重大风险隐患分析、危化品爆炸影响范围评估、有毒有害气体泄露扩散分析、应急资源保障等多方面、多领域的辅助决策功能。

在研判分析结果与预案数字化基础上，自动化辅助决策平台可制定应急辅助决策方案，建立面向各类突发事件的辅助决策知识体系，研判灾情，提出风险防护、救援重点、调度方案等决策建议，辅助领导指挥决策，重点解决“去哪儿救、谁去救、如何救”的问题。辅助决策能力包括事件链分析、预案链分析、应急救援队伍、专业装备与工具、灾害特征演化、救援难点分析等。

3）全域指标体系设计

全域指标分析体系涉及指标体系构建、指标全景呈现和预警中心等重点内容。其中，指标体系融合了日常运行、管理的全域数据，自顶向下进行建设和运行，可包括经济运行、社会治理、环境监测、城市运行、数据资源等多个指标板块，不同用户通过分级分权限进行查看、关注、分享操作。指标全景将指标通过同比、环比、时间趋势、地区对比、分类对比的方式进行多维展开，利用可交互的可视化图块方式进行业务分析解读。预警中心则设置有各类预警指标和预警阈值，当数据超过阈值时，推送事件进行告警。在预警中心可查看推送的指标预警事件，并通过指标进行多维度的分析解读。

4）自动化辅助运营管理

自动化辅助运营管理是支撑性的后台能力体现，可提供针对指标、看板、数据源的管理手段。其中，完善的指标体系管理运营工具可以对指标进行新增、编辑、查询、删除等操作，实现对指标目录树的编目维护和对指标体系的管理权限设置。看板则提供数字驾驶舱中的各类数据看板运营工具，实现数据指标看板的搭建、导入、上 / 下架、权限分配、目录树编排管理。数据源管理提供了接入数据的整体管理功能，可进行数据源创建、查询、修改、删除功能。

4. 构建各领域决策响应闭环

1）治理决策与响应

社会治理领域的决策和响应环节致力于利用新一代数据融合技术打造更加完整的业务和数据大闭环，即引入分布式指挥协同体系，构建扁平化、智能化的管理流程。在统一的数据资源共享平台基础上，以各领域实际业务需求为导向，对有共享需要的数据着力进行汇聚和融合，对共治、便民、便企应用场景统一提供共享服务。通过业务梳理及机器学习训练，将各领域发现的事件自动化、智能化地分类、派发到最终的执法部门，减少不必要的流转环节，大幅提升城市问题的解决效率。同时，在整个过程中做到全程留痕，供各级指挥部门和管理部门进行监督、指挥、考核、分析。

2）管理决策与响应

利用互联网赋能地区和行业监管工作，提升政府执政与管理能力是管理领域决策响应能力建设的典型代表。国家“互联网 + 监管”平台是国家政务服务平台继“互联网 + 政务服务”后的又一重要工程，是深化党中央、国务院“放管服”改革的重要内容之一。在国家“互联网 + 监管”平台的示范和引导下，各领域充分总结和学习平台建设模式，结合各地方对接过程中的经验积累，不断应用人工智能、大数据、云计算等新技术创新监管模式，在全面满足国家“互联网 + 监管”建设目标与效能评估要求的同时，提升本地监管工作的标准化、规范化、精准化、智能化水平。各地区可根据发展需要构建不同方向的统筹监管应用，以高位视角跨行业进行监管大数据分析、风险预警和决策支持，建设专题分析应用，例如泛营商经济监管、信用监管、行政执法监管等。同时，各地方还可根据市场监管、药品监管以及生态环境、卫健医保、应急、海关等行业监管需求，构建不同的行业专项“互联网＋监管”平台，在提升业务效能的同时，持续利用大数据平台建立风险预警、监管效能评估、信用模型、可视化等专项能力。

通过监管风险预警模型实现全方位监管态势感知，结合预测规则、预测模型、行业与区域风险指标及风险事件发现等要素，构成统一的风险控制系统。利用大数据技术实现监管态势感知的数据汇聚、融合、洞察、仿真，呈现监管风险态势，为监管风险研判提供依据。同时，基于投诉举报、社会舆情、群众信访、重大事故、群众评价等监管数据资源，构建可计量、可检索、可追溯、可问责的综合评价指标体系，对地方监管部门的事前准入监管、事中日常检查监管、事后执法处罚监管进行综合评价。此外，依托监管投诉举报系统，一方面接受国家“互联网＋监管”系统转来的投诉举报信息，另一方面与本地投诉举报处理系统实现业务联动，对监管投诉举报信息进行受理、转办、督办、反馈等全流程管理。

3）应急决策与响应

应急领域的智能化决策与响应闭环，应着力整合现有信息化成果，依托城市大脑等基础设施的坚实支撑，针对公共安全事件的事前预防、事发应对、事中处置和善后管理过程，构建横向互联、纵向贯通的应急体系，推动跨部门、跨业务互联互通、信息共享和业务协同，整合优化各部门应急力量和资源，增强应急能力，保障公众生命财产安全。在应急过程中，将重点提高风险监测预警、应急指挥保障和智能决策分析能力，确保资源统筹分配管理，实现信息采集网格化、预案管理数字化、预测预警智能化、联动指挥精准化、多方会议视频化，达到应急事件“看得见，叫得应，管得好”的应急管理目标，实现应急从“抗、救”（被动式应急）向“防、防救结合、服”（主动式应急）转型升级，全面打造特色的应急管理体系。

4）经济决策与响应

区域经济决策响应能力以促进经济产业高质量发展为核心目标，构建区域产业景观、全景洞察、企业画像、风控雷达、招商雷达、智能监管等核心能力平台。以融合工商数据、司法数据、政府统计数据和互联网内容数据的产业经济数据融合和多维分析展示能力为基础，建设统一的区域经济指标库，对宏观经济和微观企业表现做持续贯穿分析。根据业务和管理要求，基于机器学习和数据挖掘算法构建智能综合评估模型，对企业进行科学、客观、系统、全面地评估，量化企业创新能力与综合实力，协助区域智能评估辖区企业。根据区域产业特点和定位，对产业所在区域和对标区域建立区域竞争力模型、营商环境模型、政策影响力模型等，帮助政府对区域产业的发展建立更全面综合的了解，形成区域间比学赶超发展氛围。同时，围绕产业定位，针对招商引资的需求，通过产业链分解和企业基因库筛查，有效找出目标招商企业，并通过对政策风向标的分析，制定有效的招商项目和招商政策，吸引优质目标企业，辅助精准招商。区域经济大数据还有助于全面提升企业风险管控能力，针对企业的经营、生产、纳税、司法监管、社会舆论等风险动态计算风险因子，综合分析区域产业的风险趋势和分布，并对超过预设警戒线的风险进行报警通知。此外，通过政府侧和产业载体侧的业务信息化体系，创新政府产业服务能力，提升行政部门的服务质量和效率；通过服务主体侧的服务一网通，促进政策和扶持计划有效下达，并激励企业与政府监管部门协同。

为落实中共中央“十四五”规划关于推进产业基础高级化、提升产业链供应链现代化水平的要求，2020 年 11 月 3 日，河南省人民政府发布了《关于建立新兴产业链工作推进机制的通知》，提出在全省实行“链长制”，围绕重点新兴产业链，实行链长牵头、部门负责工作机制。河南省政府决定建设产业链数字化平台，对重点产业进行产业链研究分析，通过国有资本引领带动产业转型升级，打造成长性高、牵引力强、辐射面广的产业集群，赋能省政府实现强链、延链、补链，助力全省经济发展提速。

通过构建商品 / 服务级产业链知识图谱，平台可以实现对全部企业的产业定位，发现产业链及各商品 / 服务环节的龙头企业，识别具有发展潜力的中小微企业；通过分析地区之间的交易关系，平台可以展示各产业链总体及各项商品 / 服务环节的地区间贸易关系，为实现地区产业布局优化和补强产业转移承接能力服务；通过对比地区之间产业链上各商品 / 服务环节的各类核心指标，平台可以明确各个产业链的强链、延链和补链环节，为提升产业核心竞争力、增强自主可控能力提供决策依据。

产业链数字化平台实现了重点产业的信息监测，多维度、全视角展示出区域产业发展全景，准确鉴别影响产业发展的关键因素，精准定位区域产业发展路径和产业链补强方向，全面梳理产业链卡点、断点、堵点，为有效推动产业转型升级和高质量发展提供强有力的支持。

5.5　数字政府管理保障建设

在“十四五”的新起点上推动数字政府建设的深化，除战略思考与创新思维之外，政府决策者更应重视建设运营一体化的长效保障机制，从组织保障、运行模式、绩效考核、标准规范、制度体系、人才培训等方面综合构建“保障多面体结构”。在实践中，不同的行业、部门、区域会根据其政情、商情、民情的不同，对长效运营机制所涉及的方面进行适配调整。

组织保障和运行模式旨在通过领导班子分工协同的职能设置来构建横纵协同的网络协同体系，形成自上而下与自下而上的双向互动，拉通跨领域、跨地域、跨层级的资源协同。标准规范是通过构建涵盖数据、安全、业务、服务等多层面的标准体系，促进形成建设的新秩序。制度体系是在厘清现状的基础上，对理念、流程和服务全面升级，沉淀新的制度哲学与立法思路。人才培训则是为支撑整个运营体系提供最基础的“人”的保障。

5.5.1 组织保障

我国现行的行政体制是新中国建立后逐步形成和完善起来的。改革开放以来，我国先后进行了八次行政管理体制改革。几次大的行政体制改革均取得了比较明显的成效，一方面与经济体制改革紧密结合，适应社会主义市场经济发展需要，另一方面坚持以人民为中心的发展路线，推进政府职能优化整合，打造服务型政府，各地政府均在铺排从条块分割向协同治理迈进，国家治理体系和治理能力的现代化水平明显提高。

大部制改革、综合执法体制改革、简政放权等不同时期和不同类型的改革，虽然目标不同、侧重点有别，但是改革已然表现出打破界限，实现功能整合、结构重构和行政系统一体化的整体政府发展趋势。

随着“十四五”规划的发布和新冠肺炎疫情后数字政府面临的“常态化疫情防控”新挑战，对于组织体系的协同要求越来越高，统筹整合联动、跨界打通融合、扁平一体高效的“整体政府”以及配套的新组织机构模式应运而生。例如在跨部门、跨领域的大型项目建设中，出现专班和政企合资的数字化建设运营公司。

1. 专班：拉通资源、有力保障

在建设重大项目时，政府往往会就具体事项成立专班。这是仿照了“大部制”的思路，从机制入手整合建立针对具体目标任务的工作专班，不变机构，不增编制，但通过运转方式的转变，实现以最小阻力破除部门壁垒、条块分割带来的梗阻，让各自职能优势得到充分发挥。这种“形不变神变”的专班运作，既有严密的组织体系，又有完善的工作机制，是一种高效解决问题的机制创新。

专班一般设置有领导小组和推进办，领导小组组长由主管领导担任，推进办主任由牵头单位或部门的主要负责人担任，重点项目往往还会配备一名脱产的专职副主任，设置匹配专项资金，形成“专班 + 专员 + 专资”的模式。在不增编制的情况下，通过点将选兵、组团作战，提升组织效能、拉通资源力量。专班的部门和人员可多可少，一切围绕工作目标有效推进、统筹安排。

以杭州市为例，为推进杭州城市大脑项目，杭州市委市政府成立杭州城市大脑建设工作领导小组，由市委书记任组长，另有 6 位市领导担任副组长，一位副市长主抓，各区县（市）和各部门主要领导均为领导小组成员。下设办公室，由市数据资源管理局负责日常办公。工作专班则由 11 个市级部门专班、17 个区县专班和 1 个综合协调专班组成，如图 5-32 所示。

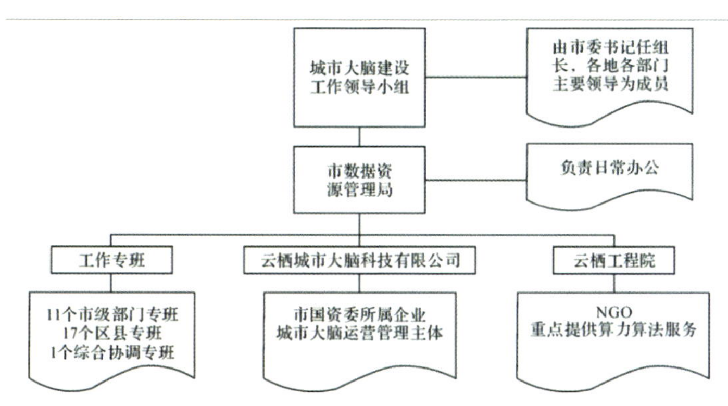

图 5-32　杭州城市大脑专班组织架构图

2. 政企合资公司：运管分离、可持续服务

在城市中每天发生的各种突发需求面前，数字城市的各项资源投入一直是个动态的变量，很难精确评估，这就需要有一支懂政府、懂场景、懂数据的“机动部队”，虽然不是正式编制，但依然来之可战，战之可胜，扮演“弹性资源池”的角色。

根据“管运分离”的原则，由政府主导，成立合资公司，对于政务信息化和大数据产业发展都具有里程碑式的重要意义。在新的运营模式下，各委办局可以更专注于业务需求和模式创新，将公共性、基础性的平台建设运维工作移交给大数据管理局来统筹。在大数据局的管理下，由公司统一承接基础建设和长期运维的工作，逐步将应用迁移到统一的政务云平台，从而降低运维管理成本、提升安全性。

例如，郑州大数据发展有限公司代表政府与阿里巴巴合资建立企业实体——数字郑州科技有限公司，负责城市大脑的建设与运营。其中，郑州大数据发展有限公司持股 60%，代表国有控股，并进行政府数据的授权；阿里巴巴持股 40%，将城市大脑的技术专利进行授权。双方派员组建公司董事会、监事会和高管团队，共同进行顶层设计和运营模式建设。

5.5.2 运行模式

1. 专班运行模式

在专班模式下，一个专班就如同一支“野战军”或一个“尖刀连”、“突击队”，被赋予代表政府行使对应职能的职责。通过建立专班报表、例会、督查等制度，形成汇总、交办、跟踪、协调、反馈、评价的回路闭环，保障其日常工作的有效推动。待其阶段性任务完成，目标达成后，专班随即撤销。

以杭州城市大脑为例。2019 年，以项目为单元建立工作专班 29 个，工作人员 350 余人，分别来自政府部门和 50 余家企业，统一进驻云栖小镇集中办公。专班既分工又合作，既独立又打通，对办公场地、后勤服务、设备设施及云资源等给予统一保障。专班间还进行大比武，开展五一劳动奖章评选。此外，全市还建立了统筹考核推动机制。全市城市大脑工作进展每周通报一次。

2. 合资公司运行模式

在政府相关部门的政策指导下，很多政府选择与一些有能力的企业（如大型互联网公司）合作，在当地成立数字城市运营公司，总集项目并持续运营。在信息化基础建设方面，落地云计算、大数据、各类中台项目实施。在细分行业的场景打造中，通过产业生态，协同各委办厅局长期合作的服务企业，将多年的积累架构在数字城市的新基建上，提高效率并创新场景。

在公司设立之初就应当明确经营宗旨，确认政企各方的出资人机构以及股份结构，针对关键管理岗位设置人选。有条件设立公司党委（党组）的企业应当尽早设置组织，并明确党委（党组）发挥领导作用，把方向、管大局、保落实，依照规定讨论和决定企业重大事项。

例如，杭州市成立了混合所有制的杭州城市大脑有限公司，由市国有企业控股，社会企业和研发团队参股。已成立杭州城市大脑停车运营有限公司，将便捷泊车的应用场景固化下来，并开始公司化运营。各区、县（市）也纷纷成立运营公司，或国有独资，或混合所有。面向市场的公司运营既解决城市大脑研发投入和运营费用问题，也将带动相关产业发展，拉动数字经济。

5.5.3 绩效考核

数字政府绩效考核体系如图 5-33 所示。

1. 专班的绩效考核

专班的绩效考核由对应的管理委办或组织部等联合评价，可根据建设进展情况和落地成效对其实行一月一分析、一月一评价，从而构建“分步记录、整体评价”的专班考核体系，将奖惩与工作业绩直接挂钩。

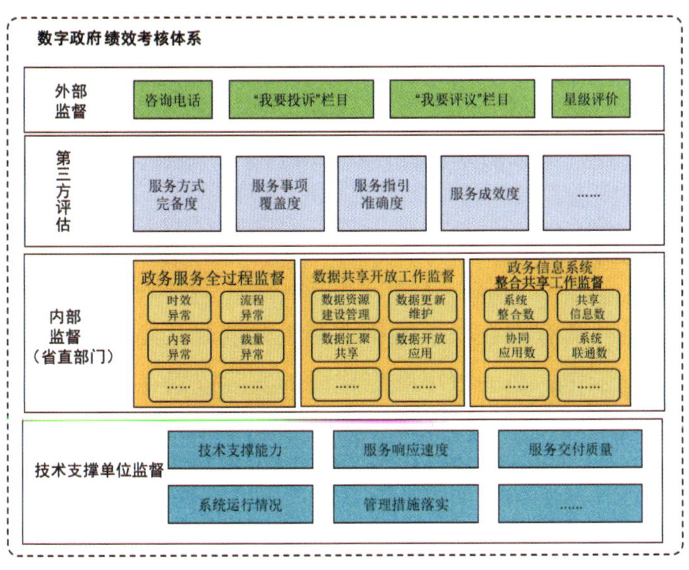

图 5-33 数字政府绩效考核体系

例如，杭州市为城市大脑项目建立的统筹考核推动机制，由市考评办、市数据资源局、市委政法委联合对全市 15 个区县（市）和功能区，101 个部门下发任务书，并列入年底考评内容。

又如，在衢州市的专班绩效考核中，有 130 余名专班干部受到表彰嘉奖，其中 2 名被评为省“担当作为好干部”；全市 213 名专班干部得到提拔重用或职级晋升，其中 12 名提任市直部门一把手；市级有 34 名表现不佳干部被调整退出专班岗位。

2. 合资公司的绩效考核

为更好地贯彻政府的管理意图，大部分政企合资公司以国有控股的形式设立。对这类合资公司的考核可参考国资委、财政部制定的《国有企业公司章程制定管理办法》，结合政府的规划方向，以确保国有资产的保值增值为目标，通过公司章程、绩效考核管理办法等规章制度来约束相关人员，达到经营目标。通过年度考核来对管理层的工作效果进行评价。

3. 政务服务的绩效考核

现场服务可在服务窗口放置评价器、二维码、书面评价表格等方便服务对象自主评价，或由窗口提供带有二维码的办件回执等供服务对象扫码评价。

网上服务设置评价功能模块或环节供服务对象进行评价，或在网上政务服务平台设置手机短信发送、回复功能，供服务对象事后对具体事项办理情况进行评价。

差评要实现“件件有整改、有反馈”。收到差评和投诉后，按照“谁办理、谁负责”的原则，限期整改，及时反馈整改结果。

政务服务将基于各类渠道的反馈数据建立评价考核奖惩机制。其中，反复被差评、投诉，弄虚作假，故意刁难甚至打击报复企业和群众的单位和人员，由责任部门处理；服务对象反映的工作人员涉嫌违纪、违法具体信息，转有关部门处理；各地区、各部门将政务服务“好差评”情况纳入公务人员的绩效评价。

5.5.4 标准规范

标准规范体系是一套有内在联系的科学有机标准规范集合，标准和规范的编制作为一项综合性的基础工作，是为数字政府建设的实际或潜在问题制定共同的和可重复使用的规则。

通过标准规范的约束作用和系统效应，能实现各项活动的最佳秩序，推动政府合理利用资源、降低消耗、提高建设质量，还可通过行业标准规范、国家标准规范等高标准的设立，增强行业技术创新、开发的能力，进一步推动创新发展。

编制标准规范之前要先梳理现行的标准规范情况，编制标准规范明细表。标准规范明细表是研究、分析和优化标准体系的重要工具，也是系统收集标准和编制标准制定计划的重要依据，是促进体系内标准达到科学、完善、有序的基础，是包括现有、应有和预计要发展的标准规范的全面蓝图。

在具体编制标准规范时，应明确如下编制原则。

（1）目标原则：要满足体系长远发展目标的需要。

（2）系统原则：要具备特定的功能，成为整个体系中有效运行的一部分。

（3）层次原则：要和其他标准通过内在联系形成具有共性和个性的、层次分明的统一体。

（4）协调原则：标准之间要协调一致，以发挥体系的整体效能。

成体系的标准规范围绕着数字政府建设的各方面，其中基础技术类标准是对基础问题及关键性技术的规范，有助于形成技术领域内共同遵守的技术依据。应用类规范的制定可实现对产品及服务的规范，以促进相应产品、设备等之间的互联互通。包括团体标准、行业标准、国家标准在内的多层次标准体系，有利于促进创新、保护创新，提高效率，降低成本，促进产业健康发展，并为防范风险提供基线。参照标准规范开展新兴技术开发及应用活动形成的结果及反馈，将成为标准进一步完善的依据，进而促进技术与业务的更新与迭代。

例如，为加强电子政务领域标准化顶层设计，推动电子政务标准体系建设，支撑电子政务实施应用，市场监管总局办公厅联合中共中央办公厅机要局、国务院办公厅电子政务办公室、中央网信办秘书局、国家发展改革委办公厅、工业和信息化部办公厅，于 2020 年发布《国家电子政务标准体系建设指南》，为全国电子政务标准的建设提供了依据。又如，杭州市通过城市大脑的建设，编制了《城市大脑建设管理规范》（DB 3301/T 0273–2018），通过这一地方标准，有效保障了城市大脑项目在浙江省内其他地市的有序推进。

5.5.5　制度体系

伴随着数字政府建设的开展，原有的制度规范很可能不再适用于数字时代的公共管理与经济发展，甚至会遇事掣肘、束缚发展。为了更好地为数字技术的创新和数字经济的发展保驾护航，政策法规需要在审慎的同时与时俱进地同步发展，并具备一定的包容性。数字政府建设地方性政策法规示例如图 5-34 所示。

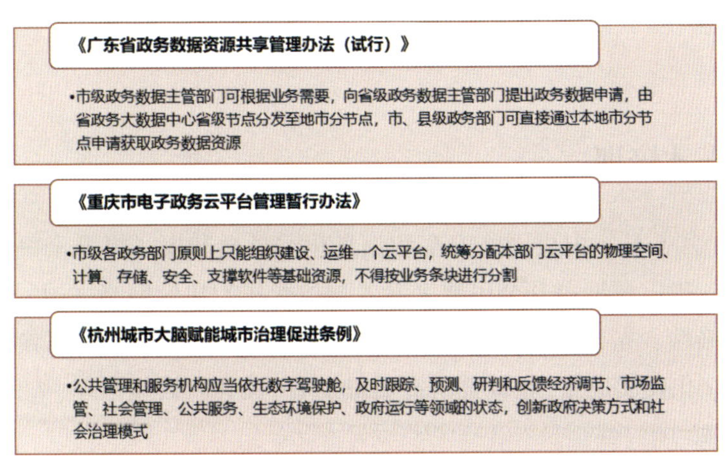

图 5-34　数字政府建设地方性政策法规示例

从“守底线”的角度，必须对发展中的风险提前进行科学评估，对可能存在的风险审慎评估，也要让政策法规在鼓励和规范之间寻找到平衡点，避免简单地“一刀切”。例如，网约车业务为百姓出行提供了便利，但因安全问题一度被国家监管部门叫停或整改。我国于 2016 年出台了全世界第一个国家层面的网约车法规——《网络预约出租汽车经营服务管理暂行办法》，与此同时，《关于深化改革推进出租汽车行业健康发展的指导意见》对外公布。这些法规最大限度地适应新业态特点，创新制度设计，量身定制许可条件，简化许可程序，支持规范发展，既肯定了互联网共享经济的模式，又让网约车有了“合法身份”，得到了合理的监管。目前，诸如远程医疗、在线教育、网络直播等数字经济新业态也在探索建立定性与定量结合的风险评估机制，逐步化解发展中的问题。

从“框边界、促创新”的角度，新的政策需要允许一段时间内的“看不见、看不清”。在总体风险可控的前提下，政策法规可以对发现中的一些“未知”抱有宽容的心态，用一定程度的“滞后”来为创新预留空间。例如，人脸识别在许多国家已经得到大量应用，给民众创造了便利，但生物特征数据的安全性和道德风险又让人们担忧，故人脸识别成为一项存在较多争议的技术。在这种情况下，更理性的政策选择是设定一段观望窗口期，研究是否有办法合理合规地运用好这项技术。

伴随各级政府机构的业务被大量数字化，数据被广泛应用于政府的业务支撑、决策，数据也不再只是被管理者拥有，上至管理者，下至一线业务岗位，都需要使用数据。数据安全将是数字政府建设中最关键的制度挑战。在 2021 年两会中，就有提案建议增强相关法律法规支持，尤其是关于数据归集共享的法律法规，要注重法律法规落地见效。

地方政府往往会根据自己的需求开展地方立法。例如《杭州城市大脑赋能城市治理促进条例》，这是我国第一部数智城市的地方立法，已于 2020 年 10 月 27 日由杭州市第十三届人民代表大会常务委员会第三十次会议通过，于 2020 年 11 月 27 日由浙江省第十三届人民代表大会常务委员会第二十五次会议批准，并自 2021 年 3 月 1 日起正式施行。

5.5.6 人才培训

2021 年 11 月 5 日，中央网络安全和信息化委员会印发《提升全民数字素养与技能行动纲要》，指出要把提升全民数字素养与技能作为建设网络强国、数字中国的一项基础性、战略性、先导性工作，切实加强顶层设计、统筹协调和系统推进，促进全民共建共享数字化发展成果，推动经济高质量发展、社会高效能治理、人民高品质生活、对外高水平开放。

各地政府要加强组织领导，一方面建立各部门参加的部际协调机制，加强部门间政策协同、资源整合和工作衔接，形成系统推进格局；另一方面要鼓励有关企业、联盟组织作为“政、产、学、研、用”搭建合作交流的桥梁和纽带，聚合资源、繁荣业态、深化应用、促进创新，加快打造政府数字化、数字产业化、产业数字化，推动整个大数据产业发展，形成可持续发展的产业生态环境。

在政府制定的发展目标中，可突出与知名高校、科研院所共建产学研协作和人才培养机制；通过标准规划的培训、认证考试等培养具有相关技术资质认证的专业人才。

以郑州市为例，“数字郑州”于2020年正式成立产业生态联盟，制定了“十百千万”的发展目标：和 30 家知名高校、科研院所共建产学研协作和人才培养机制；和 500 家本地优势企业共同构建郑州“数字军团”；每年培养大约 1000 名具有阿里云资质认证的软件专业人才；3 年培养大约 1 万名具有数字化能力的创业人才。通过数字生态的建设，培育大数据人才与产业，推进数字产业化、产业数字化，为加快推进郑州国家中心城市建设蓄势储能。截至 2020 年，联盟已纳入 166 家本地企业和 7 所高校、科研院所。

5.6　数字政府安全运维保障建设

在数字政府安全体系建设的过程中，需从业务和数据两个角度出发，并充分考虑基础设施环境的特点，结合信息安全风险分析和安全需求汇总的结果，遵循《网络安全法》、国家网络安全等级保护等的基本要求以及《中华人民共和国密码法》对密码应用的相关要求等，进行安全体系的总体规划。

设计相对应的信息安全机制和措施，制定全面、有效的安全体系和针对性的安全解决方案，有效控制基础设施的网络安全风险，保障基础设施承载的业务系统可靠、稳定、安全运行，如图 5-35 所示。

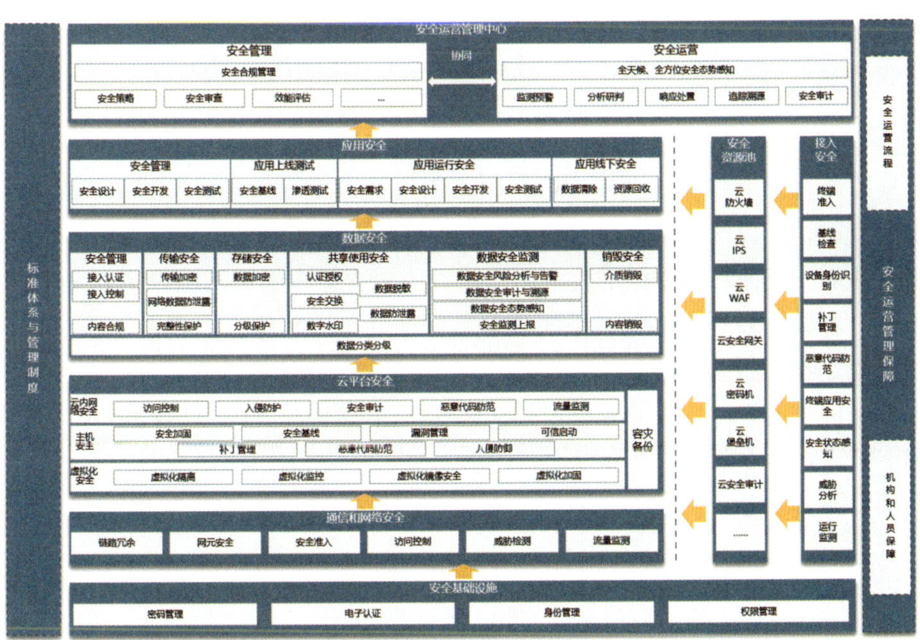

图 5-35　数字政府网络安全技术框架（参考）

5.6.1　理论与制度保障

1. 网络与数字安全顶层设计

根据数字政府安全保障以及风险控制各个阶段的评估结果，安全咨询团队可以结合未来数字化改革建设的实际需求，规划设计适用于本地数字政府建设的网络安全保障体系顶层设计文件。以规划为指导，建立健全网络安全及数据安全相关规章制度和标准规范，指导各级部门落实数据安全保障工作，以提高政府数字化转型中重要政务系统和重要数据的安全监测、纵深防御、风险管控和应急响应能力，形成具有主动防御和协同运营能力的数据安全保障体系，全面保障政务系统和公共数据的安全，有效促进政务、公共数据的共享开放业务。

2. 网络与数据安全政策制度

在技术保障和政策保障双管齐下的趋势下，各数据资源管理单位可结合各自特点组织专家团队编制数字政府建设指南等顶层战略文件，从政策层面明确安全建设目标，指导各部门、区县有序开展安全保障体系建设，落实相关管理制度和技术防护措施，从源头管控数据安全，提高政务数据资源的整体安全保障能力。

同时，各政府部门加快推进相关安全制度及规划建立，围绕政府部门责任主体和城市数据资源建设运营主体服务，让数据共享、应用、公开、保密等工作有法可依、有章可循，制度的出台能够明确安全责任认定归口部门、管理制度和处置流程，从制度层面满足数字化改革和智能化、一体化公共数据平台的安全需求。

3. 网络与数据安全标准体系

结合《国家电子政务标准体系建设指南》，从安全管理、安全技术、安全产品及服务标准方面，结合现有国家标准补充缺失标准，形成本地化数字化改革的安全标准，支撑数字政府安全保障工作标准化。标准建设应包含但不限于基础设施安全（云安全、网络安全、物联网安全、终端安全）、数据资源安全（数据生命周期安全、数据安全监管、数据安全运营）、业务支撑安全（组件安全、接口安全）、应用安全（安全开发、安全防护、内容保护）以及安全运营管理（风险评估、安全监管监测、通报预警、应急响应）等相关标准。

4. 网络与数据安全管理制度

在进行数据安全管理制度和规范的设计时，范围应覆盖数据的全生命周期。各单位可以参考区域内政务数据安全保障的地方性法规、顶层设计以及标准规范等，建立单位内部制度规范去约束和规范相关人员开展日常工作，并赋予管理人员监督管理职责。政务数据安全管理的基本制度和规范应包含但不限于以下方面。

1）政务数据资产管理

针对政务数据资产管理，一是要建立数据资产的安全管理规范，明确数据资产的安全管理目标、安全原则和登记制度，定义数据资产的数据管理者和所应承担的职责。二是要构建起综合性的业务数据资产清单，包含业务数据的总体分类、资源标签、权限层级、开放等级、基础数据元、数据保留期限等。三是依据区域内数据资产分类分级标准规范建立数据资产分类分级方法和操作指南，以及明确数据资产分类分级的变更审批流程。四是依据数据主体分级要求建立相应的标记策略、访问控制、数据加解密、数据脱敏等安全机制和管控措施。

针对政务信息系统资产管理，一是要制定信息系统资产的安全管理制度，明确信息系统资产安全管理目标和安全原则、信息系统资产的全生命周期管理要求、资产登记要求和分类标记要求，并针对安全管理制度执行定期审核和更新。二是要建立政务部门内的信息系统资产登记机制，形成整体的信息系统软硬件资产清单，明确系统资产安全责任主体及相关方，并及时更新系统资产相关信息。三是要建立和实施信息系统资产分类和标记规程，使资产标记易于填写和依附在相应的系统资产上。

2）人员授权管理

用户访问权限管理是保障数据安全的基础，完善的认证、授权相关制度规范能够有效地防范内部人员恶意窃取、泄露数据的风险，针对用户权限的管理，一是要建立用户身份标识与鉴别策略、权限分配策略和相关的操作规程。应根据用户类型（个人、组织、应用、系统、设备）对用户访问账号进行细分，对每个账号类型能够获得的最高权限进行明确规定。二是要明确用户账号权限审批流程，规定初审、复审等审批环节以及每个审批环节的责任人。权限审批应当依据权限最小化原则，同时确认所申请权限与实际工作职责匹配，超出合理需求的申请不予授权。三是要定期对用户账号进行复核，对于不再有合理需求的账号权限及时关闭。四是账号管理与人员管理紧密结合，在员工入职、转岗、离职等关键节点同步账号及权限。

3）数据备份与恢复

政务单位需要根据自身业务数据对可用性的不同要求，制定政务数据备份与恢复管理制度，一是明确不同类型和级别数据的备份存储策略，根据数据重要性程度、数据安全保护等级、业务系统对数据的依赖程度，明确冷备、热备、本地备份、异地备份等策略，对于等保三级以上政务系统数据，要求实现数据的本地和异地备份，对于业务连续性要求较高的政务系统，建议在实现数据本地和异地备份的前提下，建立异地的应用级容灾。二是明确不同数据备份策略的适用范围、备份频率、适用工具、操作过程、日志记录规范、数据保存时长等内容。三是明确要求定期开展数据恢复性演练，确保数据副本或备份数据的有效性。

4）监测预警与应急响应

一是建立并完善政务数据安全信息通报制度，将信息通报工作纳入日常的安全管理范畴，明确负责信息通报工作的主管领导和承担信息通报工作的责任部门、负责人和联络人，及时汇总本单位内部不同部门、不同渠道汇聚的与数据安全相关的信息，按照规定通报程序向区（县、市）承担数据资源管理工作的机构报告，报送应遵循及时、客观、真实、准确、完整的原则，不得迟报、谎报、瞒报、漏报和推诿责任。制度中应明确报送信息的内容，包括但不限于数据安全事件发生概况、事件发生时间、事件简要经过、初步估计的危害和影响、已采取的措施等。

二是建立政务数据安全应急管理制度，明确应急响应工作机制，参照《国家网络安全事件应急预案》及区域内政务数据应急管理的相关要求，建立完善本单位的应急响应预案，在发生政务数据安全事件时，及时按照应急预案进行应急处置，并按照规定进行通报。

5）日志审计管理

制定日志管理和安全审计制度规范，根据本单位数据生命周期活动的管控要求，明确产生日志记录信息的访问和操作行为，规范日志记录的信息内容，至少应包括时间、账号 ID、操作对象、操作类型、操作结果等字段信息。明确日志记录的保存期限、保存位置和保护措施，避免未预期的删除、修改、覆盖和丢失。

定期开展政务数据的审计工作，根据不同数据等级的差异化安全要求，明确安全审计的周期和方法。例如，由内部安全审计小组或第三方审计机构进行审计，审计工作应重点检验安全管理控制措施的有效性。

6）外包服务数据安全管理

建立外包服务安全管理制度，将对外包服务机构和人员的管理纳入整体的数据安全管理体系中，规范外包服务机构和人员的职责、权限、服务内容和服务流程。在制度中明确对外包服务商和人员在账号管理、设备管理、网络接入、运维管理等方面的要求和管控措施。例如，加强对外包服务人员的账号权限管理，禁止对外包服务人员的账号开放批量数据提取或下载权限，在外包服务人员撤场后，及时撤销相关账号及权限等。

通过合同的方式来约定外包服务商和人员遵照相关数据安全管理制度规范开展日常工作，对于能接触到业务数据的外包人员，应签订保密协议；对于能接触到大量个人信息、商业秘密、重要数据的外包服务人员，除签订保密协议外，还应进行背景审查。

5.6.2 安全技术保障

1. 政务网络安全

1）安全通信网络

政务网络通过政务外网和公共服务网络提供不同的服务，应当建立相应的传输安全措施，构建用户与服务侧两端主体身份鉴别和认证机制。对较高安全级别的业务数据传输应采用数字证书 +Ukey 的方式验证双方身份；对通道安全配置、密码算法配置、密钥管理等进行审核和监控；对敏感数据进行加密，实现敏感信息的机密性保护。

通过对关键的网络传输链路、网络设备节点实行冗余建设，保证通信传输可靠性和网络传输服务可用性。同时，可以在网络出口处部署负载均衡设备，加强网络数据处理能力，提高网络的灵活性。面向政务外网的远程接入，可利用安全资源能力池中的 VPN 网关，实现数据的安全加密传输。在重要业务场景的通信传输过程中，可利用安全资源能力池中的阻断型防泄露机制实现数据防泄露，对传输中的数据进行深度内容分析，对敏感数据进行实时检测，实现对网络传输中的敏感内容进行识别和控制。

2）安全区域边界

针对政务外网出口边界、公共服务网出口边界、政务外网中各个业务区域边界，采用安全资源能力池中的防火墙，设置严格的边界防护机制，保证跨越边界的访问安全。针对政务内外网跨网交换，采用物理隔离的机制，实现安全的数据交换。面向应用层的边界防护，利用安全资源能力池中的 WAF，对跨站脚本和注入式攻击进行检测，从而保证网站的安全。面向关键网络节点，利用安全资源能力池中的入侵防御系统，检测和阻止内部向外部或者外部向内部发起的网络攻击行为。针对边界的病毒防护，利用入侵防御系统的病毒防御功能，实现对不同的源 IP 地址、目的 IP 地址、服务、时间、接口、用户等采用不同的病毒防御策略。面向新型网络攻击以及利用 0day 进行渗透的攻击，利用安全资源能力池中的 APT 设备，实现对 Web、邮件、文件三个维度多个层次的 APT 攻击检测，弥补传统的安全产品仅依靠特征的检测方式，实现对区域边界网络流量的安全监测。

3）安全计算环境

政务网络计算环境中，各种服务器构成了重要的信息资产，特别是运行核心业务的应用服务器和数据库服务器，构成数据中心网络中最重要的信息资产，同时还包括各类网络设备、终端设备、应用系统等。

面向各种设备终端的接入，包括各类移动终端、运维终端、系统和组件，应当针对不同的接入主体增加准入控制机制，利用安全能力资源池中的终端准入与安全管控设备，实现对接入政务网络的各类终端、系统、组件等进行身份认证、安全基线的排查、安全加固以及应用和数据内容保护等，感知各类终端存在的风险和威胁，降低终端的脆弱性。针对数据中心中的数据库服务器，应当利用安全能力资源池中的数据库审计设备，实现对数据库访问行为进行实时审计，对数据库的恶意攻击、数据库违规访问等行为识别，让数据库的访问行为变得可见、可查。利用安全能力资源池中的脆弱性扫描设备，定期对网络中的重要操作系统、应用系统、数据库系统、网络设备等进行脆弱性扫描和评估，及时封堵漏洞，做到防患于未然。

2. 政务云安全

政务云平台作为政务系统的主要支撑平台，为上层应用提供基本的计算、存储和网络资源。

一是厘清云计算服务各参与方的安全职责边界，合理划分管理职责，落实安全责任制，充分考虑各参与方在云安全管理工作中的互补性，建立各参与方的联动协作机制。根据相关法规和标准，梳理并确定上云单位、云服务管理部门与云服务商的安全职责与管理要求，制定与云安全管理相关的制度与流程，并进行宣贯、执行和监督。

二是根据云安全责任矩阵，云服务商应加强对云平台的安全防护建设，重点加强云平台边界安全、虚拟资源安全、基础设施安全及物理环境安全。要求业务上云的各政府、企事业单位加强云上政务系统的安全防护建设，根据各单位的业务特点，借助云服务商提供的安全资源，设计符合自身技术及管理要求的防护方案，完成云上业务系统的安全防护建设，满足自身业务的安全需求以及等保合规的要求。

1）政务云平台安全

云安全的建设需要能够为云上系统提供集约化的安全防护能力和多样化的安全服务资源，整体提高上云政府、企事业单位业务系统的安全保障水平。

针对政务云平台的边界安全保障，可借助安全能力资源池所提供的安全产品能力，如下一代防火墙、网闸、入侵防御、防病毒等能力，为各业务系统以及场景提供定制化的安全边界类管控产品，让不同业务场景以及系统的维护单位可以根据需求设计自身的安全边界保障机制。

针对政务云平台的计算环境安全保障，需要重点加强虚拟化、云主机、云数据库、云存储、容器等应用系统的安全保障力度，可以借助综合漏洞扫描，实现对云计算平台自身基于 B/S 架构的应用系统进行安全风险的定时发现。利用安全审计类设备，实现等保对云计算安全审计的要求。

针对政务云平台的管理中心安全保障，需要满足对物理资源和虚拟资源按照策略做统一管理调度和分配，可通过安全大脑中运营平台的能力，实现统一资产管理，对全网安全事件进行集中监控、分析和处置，以及对安全风险、安全发展态势进行集中监管，从而实现一体化的网络安全保障。

例如，厦门市信创云平台按照政务云平台密码安全建设要求，构建国产密码体系、统一密码服务，建设基础统一密码服务平台对业务应用提供密码相关的服务集合，满足业务应用密码安全性评估要求，为信息系统提供统一的、符合国家密码管理部门标准的密码服务，以统一标准、统一管理、统一运维等方面服务于信创云平台信息化部门。

2）政务云租户安全

按照等级保护要求，打造一体化的云上安全资源服务体系，将安全技术能力服务化，实现按需、弹性地分配安全资源服务给云服务客户。同时，构建城市基础设施集中防护系统，为区域政府部门及企事业单位的重要系统提供基础安全防护能力。

借助安全能力资源池所提供的各类安全能力，政务云租户需要独立合规的网络安全建设形成等保套餐，包括等保二级套餐和等保三级套餐，并通过安全资源超市对外发布，云上租户可以按需订购，一键开通，自动部署。

等保二级套餐包括云堡垒机、网页防篡改、云 Web 应用防火墙、云综合日志审计、下一代云防火墙和主机安全及管理系统。

等保三级套餐包括云堡垒机、网页防篡改、云 Web 应用防火墙、云数据库审计、云综合日志审计、综合漏洞扫描、下一代云防火墙和主机安全及管理系统。

通过让安全保障与合规建设实现“傻瓜式”部署，减轻安全管理及维护的压力。为了避免资源过度浪费，同时配套安全合规检查工具，利用合规知识库定期开展合规符合度检查，确保云租户安全满足合规基线的要求。

3. 政务大数据平台安全

政务大数据平台是数据上层应用的基础，提供了政务数据共享交换等基础功能模块。政务大数据平台属于开放性平台，与之交互的外部应用系统和用户也可能是动态变化的，这就要求数据资源平台必须具备完善认证、权限和访问控制机制。同时，大数据系统组件多，数据的操作在不同组件之间的流转也需要有完善的日志审计和分析机制。因此，针对数据资源平台内部所面临的安全问题，我们主要围绕政务大数据平台基本安全保障要求中的访问控制、认证授权和安全审计三个方面进行阐述。

在访问控制方面，需要建立统一的数据安全访问控制机制（如数据安全网关）。用户不能直接访问数据资源平台的任何服务，必须通过大数据安全访问控制机制才能访问大数据里的服务。同时，在传输层面通过加密协议传输数据，确保用户数据在传输过程中不会被非法窃取。

在认证授权方面，可以为数据资源平台建立统一的认证授权机制，在认证基础之上，通过身份识别确认对象所拥有的权限。认证机制应当是双向的，既是系统 / 数据对用户的认证，也是用户对系统 / 数据的认证。在权限的分配管理方面至少应当包括增、删、改、查四个基本权限。

在安全审计方面，数据资源平台的审计重点主要集中于内部数据处理过程的审计。通过采集各个组件运行过程中产生的数据，基于关联分析引擎，进行全维度、跨设备、细粒度的关联分析，还原事件背后的信息，同时为后续的审计应用（如用户画像等）提供数据支撑，提高相关工作的准确性和效率。

4. 政务系统应用安全

1）应用开发安全

业务应用的开发应以开发作为切入点，通过服务构建起安全开发的体系、流程和安全标准，进而极大提高软件安全性。

在需求与设计阶段，针对公共数据平台具体的业务和安全开发情况，调整安全需求与设计工具的安全模板以及具体的安全需求、安全设计、测试用例，后续利用工具根据功能需求列表生成相应的安全需求、安全设计、测试用例说明。

在开发与测试阶段（包括应用系统服务端开发与移动端小程序及 App 开发），从系统的安全功能、安全策略、安全实现三个方面，采用安全的编码方法，并通过安全开发组件主动发现编码安全缺陷并持续进行整改。站在攻击者视角，充分挖掘和暴露系统的弱点，同时验证安全开发的有效性，安全策略的执行情况。

在上线发布阶段，利用安全开发工具对应用系统、应用支撑组件、小程序及 App 的整体部署环境进行上线前安全基线测评，查找应用支撑环境的操作系统、数据库、第三方组件等是否存在安全脆弱性。

在运行维护阶段，利用本地或者云端 SaaS 化的安全防御措施为本地化安全保障措施，实现对公共数据平台的相关应用支撑组件及核心业务应用进行全方位保护的同时，形成常态化的威胁发现和响应处置机制，确保业务上线运行直至系统下线过程的安全可靠。

2）应用安全防护

政务应用主要以 B/S 架构为主，通过 Web 服务方式对外提供服务，同时在移动端提供小程序、公众号等服务程序。因此利用 Web 防护系统和 SaaS 化安全防护系统提供专业的 Web 应用安全防护措施，识别、防御针对 Web 应用的攻击，防范恶意用户针对 Web 应用发起的各种攻击。

Web 防护系统中的防护引擎能有效抵御各种注入式攻击，包括 SQL 注入、系统命令注入等攻击；对于常见的 XSS 攻击的防护，结合基于语义分析和攻击指纹两种方式，相比传统只基于攻击指纹的检测方法，检测准确率更高，误报率更低，防逃避能力更强。Web 防护引擎里面还集成了一些高级防护功能，精确访问控制的自定义规则功能，防盗链、CSRF 攻击检测、CC 攻击防护、应用隐藏、防篡改，这些高级防护功能能够对 Web 站点资源进行保护，防止 HTTP Flood 攻击、内容泄露等。

SaaS 化安全防护组件通过引流的方式提供 DDoS 攻击防护、注入攻击防护、跨站脚本攻击防护、网页木马防护、信息泄露防护等一系列保护措施，并结合远程安全风险检测、安全事件监测、网站日志分析、流量分析、告警日志分析等多维度数据，进行综合安全分析、判断，及时发现有针对性的攻击行为和未被拦截的攻击。同时，互联网上大多数新型攻击都会被云防护系统第一时间感知，避免入侵系统，产生恶劣影响。

3）应用内容与特权保护

在应用内容保护方面，通过 Web 防篡改系统提供基于内核驱动级的网页防篡改能力，从 Web 服务器操作系统的最底层实现对 Web 站点页面文件的保护，确保最高权限的用户也无法对被保护的网页文件进行非法篡改。Web 防篡改系统实现对静态区域文件和动态区域文件的保护。静态区域文件保护主要是在站点内部通过防篡改模块进行文件实时监控，发现对网页进行修改、删除等非法操作时，进行保护并及时报警。动态区域文件保护主要是在站点嵌入 Web 防攻击模块，通过设定关键字、IP、时间过滤规则，对扫描、非法访问请求等操作进行拦截。

在应用特权保护方面，针对运维人员窃取敏感信息场景，利用 UEBA 技术，选取敏感数据访问相关的特征，构建人员和系统正常的活动基线和用户画像，并通过基线构建模型判断是否存在运维人员窃取敏感数据行为。通过数据库日志、回话日志、用户访问日志以及访问全流量等信息，生成敏感数据访问相关特征，如访问周期、时序、动作、频繁度等，通过时序关联和自学习算法生成敏感数据库的被访问动态基准线、用户访问动态基准线、群体访问动态基准线等多种检测场景，利用这些动态基准线，可实现对高频、越权、数据窃取等多种异常行为的分析和检测，进一步定位是否存在窃取敏感数据行为。针对利用特权账号异常访问数据库场景，通过分析数据库高危操作特征，如删表、删库、建表、更新、加密等行为，并通过用户活动行为提取用户行为特征，如登录、退出等，在这些特征的基础上，构建登录检测动态基准线、遍历行为动态基准线、数据库操作行为动态基准线等多种检测场景，利用这些动态基准线，可实现对撞库、遍历数据表、加密数据表字段、异常建表、异常删表以及潜伏性恶意行为等多种异常行为的分析和检测，将这些行为基于用户和实体关联，输出恶意用户和受影响的数据库，并提供影响数据库类型、行数、高危动作详情等溯源和取证信息，辅助用户及时发现问题，阻断攻击。

4）移动应用端安全

移动端安全建设方面，通过采取对移动应用端的安全测试来全面发现程序自身的安全漏洞。测试多以人工检测为主，各类扫描工具为辅，安全测试内容包括反编译、配置文件权限、本地硬编码信息泄露、应用完整性校验、组件安全、证书有效性测试、文件系统、内存测试、日志存储测试、异常处理测试、键盘记录、界面劫持，涉及身份鉴别、访问控制、系统安全审计、源控制、安全漏洞等多方面，可以全面发现移动应用端的安全问题。根据发现的安全隐患提出详细的解决建议等，协助移动应用端整改问题项，形成移动应用端安全风险闭环。

同时，在 App 开发过程中，开发服务商应当配合安全服务商在不改变应用客户端代码的情况下，将针对应用各种安全缺陷的保护技术集成到应用客户端内，应当涵盖应用开发、打包、发布、运行全生命周期一体化安全保障服务，有效防止针对移动应用的反编译、二次打包、内存注入、动态调试、数据窃取、交易劫持、应用钓鱼等恶意攻击行为，全面保护应用软件安全。

例如，杭州市富春区富春强制隔离戒毒所为贯彻落实《中华人民共和国密码法》关于信息系统密码应用的要求，结合《全国司法行政信息化总体技术规范》，对狱警电子点名系统中移动点名终端实现密码应用，形成了一套适用于监狱、戒毒所加强人员动态化管理的信息化解决方案。通过国密 TF 卡适配移动 PDA，实现移动应用系统与硬件的绑定。通过国密 TF 卡基于 Java 环境的调用接口，实现应用系统基于硬件的授权使用，并实现对移动终端中重要数据的加密存储与加密传输，避免重要数据在无线网络中遭到窃取及篡改。

通过密码技术与狱管实际业务场景的深度融合，实现了管理模式创新。区域管控和电子点名系统极大地解放了警力，使相关管理工作由单纯的人工管理转变为信息化的辅助管理，采用密码技术实现对身份的真实性、数据的机密性和完整性保护。管理效率也得到极大的提升，区域管控和电子点名系统通过对人员进出识别和统计，大大减少了人工环节，使管理数据更加准确、及时，进而提高了管理的时效性。同时，在进行工间点名时也无须列队和报数，缩短人数清点和统计的耗时，极大地确保了劳动效率。人员管理更加精细化。针对人员个体实施精细化管理是监管单位的信息化建设方向。只有做到实时、准确的个人身份识别，才能为实施精细化管理提供基本保障。电子点名系统还能够为个人劳动绩效、消费、会见、医疗、行为分析等各项管理工作提供技术支撑。系统的应用大大加强了对被监管人员的动态化管理能力，为监所安全和日常管理工作的开展提供技术支撑。

5.6.3 数据安全保障

在进行数据安全保障的方法设计上，除了要考虑基础的安全防护措施，如访问控制、认证授权、安全审计等，还需要考虑数据流转的过程。政务从数据的生成采集到数据被销毁，主要经历了数据采集 / 产生、数据传输、数据存储、数据使用、数据交换以及数据销毁 6 个阶段，需要根据每个阶段的数据活动特征有针对性地设计数据安全技术管控策略与工具，数据生命周期安全能力模型如图 5-36 所示。

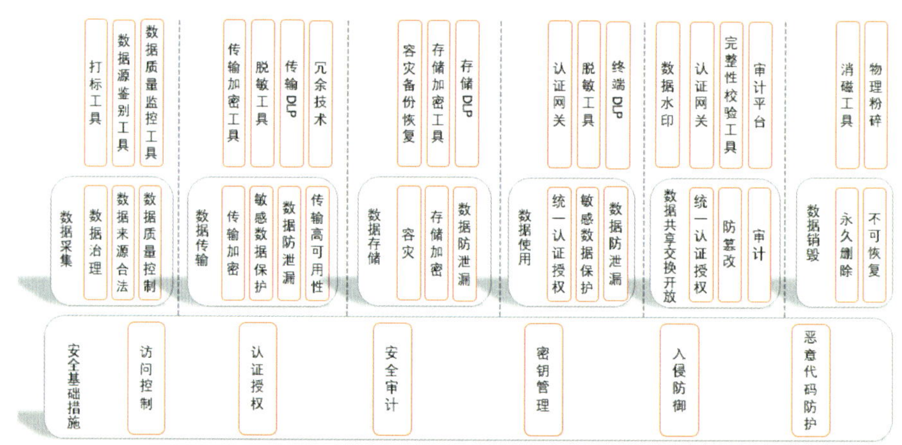

图 5-36 数据生命周期安全能力模型

1. 政务数据采集过程安全

政务大数据应用过程中涉及众多部门的数据采集，数据采集过程的安全保障与质量控制是政务数据共享交换和使用的基石，而数据采集过程中最重要的安全保障工作便是数据的治理工作。在数据安全管理制度部分我们已经阐述了数据分类分级的主要方法和原则，而在实际的应用环境中，每个部门的数据类型繁杂且数量巨大，需要通过自动化的手段进行政务数据的分级和分类工作，各政务单位可以根据自身业务的数据体量，选择合适的数据识别和分类分级标识工具，基于本单位的数据资产和分类分级标准及原则等制定分类分级策略，并通过工具对数据进行自动的分类分级打标，由人工审核后发布分类分级标识的结果。数据识别和分类分级标识工具应可以自动识别由业务应用和终端产生或者收集到的数据类型和内容，通过预设好的规则对数据的类别和安全等级进行打标，预设的规则可以包括识别范围、匹配项目、匹配方式以及匹配成功后应标识的数据类型和安全等级等，识别粒度建议能达到字段级。

众多部门数据的汇集，在数据采集的过程中需要避免采集到其他不被认可的或非法数据源（如机器人信息注册等）产生的数据，避免采集到错误的或失真的数据。为解决这个问题，一是要对政务数据采集来源进行管理，包括采集源认证和识别、采集源的安全认证机制管理，例如对数据采集源（人员、前置、数据库等）进行身份识别和记录，通过身份鉴别机制、指纹识别等技术防止数据采集点被仿冒或伪造。二是对采集的数据在数据生命周期过程中进行数据溯源的管理，政务数据在共享交换，尤其在使用的过程当中会产生大量的衍生数据，需要对数据的血缘进行分析，把数据流路径上的每次变化情况保留日志记录，保证结果的可追溯，以及数据的恢复、重播、审计和评估等功能。

在数据质量的控制上，政务单位的数据质量监控工具应能根据不同数据的度量技术指标对在线产生的业务数据和离线数据进行规则匹配和质量监控，当发现采集 / 产生的数据不符合该类型数据的指标时，及时进行告警和更正。

2. 政务数据传输安全

政务大数据从采集到服务的整个过程都离不开数据的传输。传输安全包括传输过程中保障传输对象的准确、完整，以及传输过程中数据不会被非法窃取。各政务单位应根据数据传输场景的不同，建立相应的数据传输安全措施，例如建立 VPN、专线等安全可信通道进行数据传输；在构建传输通道前对两端主体身份进行鉴别和认证，对较高安全级别的数据传输应采用数字证书方式验证双方身份；通过校验码技术或密码技术对传输数据的完整性进行检测；通过加密确保敏感信息在传输过程中的机密性。

应明确需要进行加密传输的场景，并非所有的数据都需要进行加密传输，通常需要进行加密传输的数据包括但不限于系统管理数据、鉴别信息、重要业务数据和重要个人信息等对机密性和完整性要求较高的数据。

对关键的网络传输链路、网络设备节点实行冗余建设，保证数据传输可靠性和网络传输服务可用性。政务单位数据安全管理人员应对数据传输安全策略的变更进行审核和监控，包括对通道安全配置、密码算法配置、密钥管理等保护措施的审核及监控。

在传输过程中，应当采取阻断型防泄露机制实现数据防泄露，通过对传输过程中的数据进行深度内容分析，对敏感数据进行实时检测，对通过网络传输的敏感内容进行识别和控制。

3. 政务数据存储安全

政务数据存储安全指数据在存储的过程中不会被窃取、被损坏，重点要保障数据的完整性和保密性。存储安全涉及存储介质的物理安全、存储软件的安全和存储内容的安全。云存储是目前较为可靠和经济的数据安全存储方式，但仍需要加强重要数据的异地备份，“两地三中心”的方式仍然是最主要和可靠的容灾手段。

存储数据加密也是存储安全重要的保障措施，但是政务数据量以及业务的实时性非常重要，对全部政务数据进行加密显然是不可行的，因此可以对少量的重要政务数据及政务数据的摘要信息进行加密存储，确保存储数据的保密性。

4. 政务数据处理安全

在政务数据的处理过程中，应构建统一认证授权系统来实现账号管理、认证管理、授权管理和审计管理四个方面的能力。采用集中认证的方式，为不同的用户提供统一的认证接口。账号管理机制将实现对用户主、从账号的集中管理。利用授权机制来对主账号、行为和数据资源进行授权管理，以达到对权限的细粒度控制，最大限度保护政务数据资源的安全。同时，需要对认证和授权以及账号管理的过程进行全面的审计留底。

在敏感数据防护方面，作为政务数据管理部门，最难以控制的问题就是“合法的人，做非法事”。而对于政务数据的运营以及应用开发单位，可能需要一些“非真实”的有效数据进行开发和研究，因此需要基于不同的使用场景进行数据的脱敏工作。明确数据脱敏的范围与方式，再选择合适的数据脱敏机制进行数据脱敏。

在终端使用过程中，对文件中携带的电子密级标识、文档中的涉密标识进行检测，对压缩文件、加密文件、图片文件及正文中包含图片的文档类文件进行筛选，根据关键词检索策略对所有文件的文件名、文档内容进行检查，发现敏感数据，并进行告警和阻断，防止终端的数据泄露。

5. 政务数据共享交换安全

在政务数据的共享过程中，应对数据共享终端、用户或服务组件执行有效的访问控制，保证其身份的真实性和合法性。数据共享的所有操作和行为都需要进行日志记录，并对高危行为进行风险识别。在安全事件发生后，能通过安全日志快速进行回溯分析。同时，利用数据水印技术确保数据的完整性，并实现数据流向的跟踪和溯源。

在共享过程中，可以通过两类方式实现数据共享过程安全控制，一是可以建设统一数据分发平台，作为数据离开数据安全域的唯一出口，进而在满足业务需求的同时，有效管理数据共享行为，防范数据遭窃取、泄露等安全风险。二是在统一的大数据资源平台下，利用虚拟化隔离技术，搭建一个个数据隔离空间，在同一平台下实现政务数据的共享和开发利用，数据不流出大数据资源平台，从而保障数据不泄露。

6. 政务数据销毁安全

数据销毁环节的安全目标是保证磁盘中存储数据的永久删除、不可恢复，可以通过软件或物理方式实现。数据销毁软件主要采用多次填充垃圾信息等原理，此外，硬盘消磁机、硬盘粉碎机、硬盘折弯机等硬件设备也可以通过物理方式彻底毁坏硬盘等存储介质。

7. 政务数据全流程监管与审计

结合具体业务场景建立完整的数据流转监控体系，保证数据一致性和数据血缘的完整性。安全管理人员利用安全监管工具和平台，确保数据的访问和流转记录都会在监管平台的监管组件中记录过程，并以关联形式存储，通过查找数据链的源头找到数据访问的初始发起者，达到数据过程溯源的目的。在整个数据流转过程中，通过流量解析和数据资源平台日志关联实现全链路监控，以掌握每一个环节的安全风险。

5.6.4　组织体系保障

1. 厘清安全保障权责关系

网络安全管理组织体系由数据资源管理机构和各区县（市）、各部门共同构成，共同保障。

数据资源管理机构负责政务外网、政务云、一体化智能化公共数据平台等的安全工作。应建设安全资源组件与技术支撑能力，并向各区县及委办单位提供云上安全基础服务；应对各区县（市）、各部门提出相关安全管理指导意见，并对各区县（市）、各部门应用系统云上运行的和接入一体化智能化公共数据平台进行在线监测，对发现的问题进行预警并通告给相关单位，由相关单位进行整改，并将监测到的统计数据上报给相关网络安全主管部门。

各区县（市）、各部门负责本单位在政务云上运行的和接入一体化智能化公共数据平台的应用系统和数据资源的安全管理工作，有责任配合数据资源管理部门的安全监管监测工作，充分利用数据资源管理部门提供的云上安全产品和服务建设体系化的安全防护能力，如有特殊需求可向外部安全厂商购买符合标准（外部安全厂商入云标准）的安全产品和服务，进行定制化的安全建设。对数据资源管理部门通告的安全问题进行及时整改。

2. 安全管理组织建设

建立专职网络安全机构，成立决策层，由专职安全管理机构的主要领导作为首席安全官，应对各区域网络安全“把方向、抓大事、谋全局”，在网络安全制度、技术的管理层面做出决策。数据资源管理单位首席安全官应当与委办单位建立紧密联系，以全局安全观对全市的网络安全进行主导。

应在各政务部门现有的信息安全管理组织的基础上建立或指定专职安全管理机构，形成安全管理层，明确职责及内部每个安全管理岗位的职责，根据组织的业务发展规模、增长速度，设置并及时调整安全管理机构规模和人员数量。除了传统的安全管理员、网络管理员、系统管理员、审计管理员等岗位，还应加强安全与业务的协同，根据数据的生命周期各阶段的业务活动特征和关键控制点，建立相关业务安全管理岗位。

专职安全管理机构应建立合理的分工机制，尽量将不同的工作岗位分配给不同的人员，权力不能过于集中在某个人或某些人手里，应相互牵制、相互制约。同时，应保证安全管理人员活动所涉及的范围是受到限制的，不能越权访问，任何安全管理人员都不得打听、了解或参与其职责以外的任何与安全有关的事情问题。

监审方通过建立第三方安全监管技术平台，实现对所有外包运营单位的安全监管，通过远程探测、远程验证、大数据收集与分析、行为分析与识别，实现对外包运营单位的安全漏洞监管、安全操作监管、策略执行监管、异常行为监管、安全管理监管、安全合规监管等，定期输出安全监管报告，实现对所有外包运营单位安全评价管理及安全考核管理，监督外包运营单位的运营活动和安全活动，提升外包运营单位的运营服务质量。

1）构建一体化安全运营组织

在执行层面采用“1+2+N”的模式进行管理规划，“1”是数据资源管理单位网络安全专职机构，作为数字化改革网络安全建设的统筹管理方；“2”是执行层，包括系统建设运营方和安全运营方，参与数字化改革建设、平台运营和安全运营；“N”是多个服务提供方，提供安全和业务系统的技术支撑。

数据资源主管单位专职安全机构负责编制数字化改革中涉及的基础设施、数据资源、应用支撑、业务应用等领域的安全规划，对各业务部门系统安全建设提供安全建议。通过安全服务采购的方式引进安全运营总包方，并负责对安全运营总包方进行选择、监督、管理和考核，明确安全运营总包方职能范围和工作要求。协助执行相关的管理和技术支撑工作，通过监管监测等机制，将发现的安全问题及时通报相关部门和人员进行处置和整改。

系统建设运营方负责落实平台开发建设和日常运维管理工作，根据数据资源管理机构及安全运营总包方提出的安全要求落实相关安全管控机制。可自主选择安全服务提供方协助开展业务系统生命周期安全建设、管理及运营工作，并负责监督、考核安全服务提供方的安全工作。

安全运营方主要负责落实一体化智能化公共数据平台安全监管监测、安全态势感知、通报预警、应急处置等相关技术支撑和运营工作，负责落实所辖安全监测监管、安全态势感知、通报预警、安全管理等相关系统的技术支撑和运营工作，协助数据资源管理机构进行常态化安全运营，对各区县（市）、各部门进行安全预警通报，开展定期或重保时期的安全检查工作，并接受数据资源管理机构的安全监督、考核。安全运营方负责筛选和整合第三方安全服务提供方的产品及服务，并对相关服务提供方进行监督考核。

另外，应内设监管机构或选用外部监管机构作为监审方，对公共数据安全防护工作开展监督审计，以第三方视角检验系统建设运营方和安全运营方的数据安全防护、监测等工作的落实，保障数据安全的动态更新和持续优化。

2）制定人员安全管理策略

各政务单位应当制定并完善人力资源安全策略，明确不同岗位人员的工作范畴和安全管控措施。对关键岗位要进行人员安全审查，必要时进行严格的政审、背景和资历调查，并对其业务能力进行综合考核；对于重要岗位的新进人员要签订保密协议，明确其对数据和业务系统应尽的安全保密义务；对离岗人员应实施账号清理，完成权限回收及敏感信息、数据和设备的移交，并向其重申保密协议的内容。建立在岗人员安全责任奖惩管理机制，将员工在职期间在数据安全方面的义务和职责纳入人力资源激励和惩罚的范畴，并按照规定对造成数据安全损失的人员给予相应的处理。

各政府部门应有针对性、分阶段地对不同岗位的工作人员进行必要的安全意识、安全管理体系和安全技能等方面的培训，每年应制定具体的年度培训计划，按计划落实相关培训工作，并对培训结果进行考核。

5.6.5　运营安全保障

1. 建立一体化安全运营平台

依据《国务院办公厅关于切实做好各地区各部门政务服务平台与国家政务平台对接工作的通知》（国办函〔2018〕59 号）、《国家政务服务平台网络安全保障要求》（C0116—2018）、《信息安全技术 网络安全等级保护基本要求》（GB/T 22239—2019）中安全管理中心技术要求，围绕全国一体化在线政务服务平台安全管理需求，建设政务服务平台一体化安全管理中心，构建完整的政务服务平台安全保障体系，满足网络安全等级保护“一个中心，三重防护”的基本要求和政务服务平台安全管理中心一体化要求，以综合审计技术为核心，全方位、多维度、智能化地采集国家政务服务平台安全数据，汇聚形成安全数据中心，运用大数据分析技术，实现对各种网络行为进行感知和可视化呈现，对异常行为、违规行为以及安全事件进行溯源分析并责任定位，确保政务服务平台安全稳定运行及平台数据安全。依据《国家政务服务平台安全管理中心对接要求》（C0141—2019）建设国家政务服务平台一体化安全管理中心对接体系，实现各部门、各地方政务服务平台的安全接入，国家政务服务平台一体化安全管理中心通过即时审计策略采集各地方、各部门终端、服务器、数据库、云平台、证书系统的审计行为数据，通过主动上报接口实时接收各部门、各地方主动上报的安全事件、威胁情报等。

国家一体化政务服务平台作为国家级政务服务系统，必然会面临世界范围内的具有国家背景的黑客或组织的渗透和威胁，仅靠传统的安全防护措施难以确保安全威胁识别的及时性和准确性。另外，国家政务服务平台网络的开放性、扩展性、边界的柔性、海量信息流以及云数据对安全提出更高要求，传统的静态防护技术已经不能有效保障业务安全，安全模式也应由传统的碎片化模糊管理上升到一体化、平台化、精准化管理。因此，国家政务服务平台安全保障体系按照“一个中心，三重防护”的设计思想，从统一标准、分级管理、联动防御的角度出发，建立起集中统一的安全管理中心，及时感知一体化政务服务平台安全运行态势，实现对全网安全行为、安全威胁“可知、可控、可管、可查”，达到网络安全精准管理，用数据说话，真正做到“问题可追溯、风险可控制、责任可追究”。

安全运营平台基于对安全数据的汇聚分析能力，实现全方位、全天候对安全威胁、风险、隐患态势和网络攻击情况进行监测预警，有效加强对国家重要数据、企业机密数据和个人隐私数据的识别和防护，为城市数字化改革提供全方位的安全保障。通过一体化安全运营平台建设，打通区域安全壁垒，形成立体化安全运营机制，统筹实现风险评估、监测监管、态势感知、预警通报、应急处置、合规监管，为安全运营工作提供基础能力，确保安全策略在运营流程得到正确的执行，规章制度在技术层面得到有效的支撑和体现。

安全运营平台是支撑安全运营工作高效开展的重要载体，通过梳理安全运营的日常业务场景，借助技术手段将组织、流程、工具有机结合，实现业务表单化、流转数据化、流程自动化、管理可视化，并提供一个集中式、一体化的安全管理界面为不同层级用户分配多视角、多视图的运营管理视图，实现精准化的安全运营执行和精细化的安全运营管理，有效地提高安全运营工作的输出质量和工作效率。

国家政务服务平台一体化安全管理中心基于多元多维综合审计技术，主动实时采集本级各种安全行为数据，通过协议接口采集相关网络边界检测数据，依据审计管理策略下发，即时提取接入单位相关安全行为，以综合审计为基础构建安全数据中心；同时，运用数据挖掘技术、关联分析，实现对相关行为动态感知和可视化呈现，对发生的敏感行为、异常行为、违规行为、安全事件运用网络溯源分析技术进行责任定位，保障数据不被非法操作、恶意篡改、窃取，确保平台安全稳定运行，如图 5-37 所示。

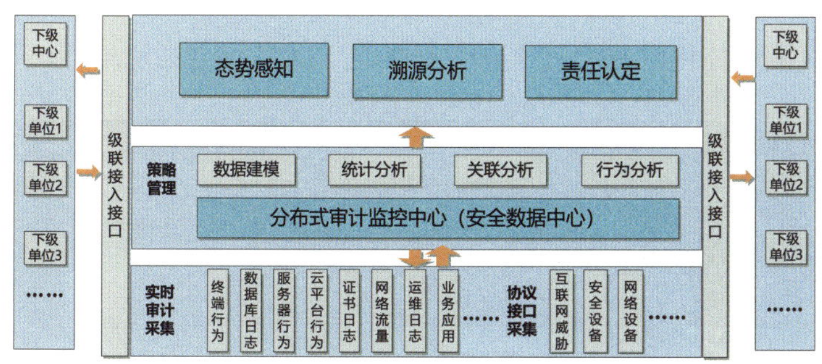

图 5-37　一体化安全管理中心总体架构图

（1）提升了国家政务服务平台的安全预警和审计管理能力，使用户可以及时发现违规行为、异常行为，为溯源取证提供了翔实的审计数据，为平台合规管理提供了有效的技术手段。

（2）提供了对安全数据统一的汇聚、集中的分析、重点的展示、高效的溯源，一个中心完成一体化管理，提升了国家政务服务平台安全管理效能。破解了传统安全的孤岛化、碎片化、模糊化的管理模式；直观化、可视化、效能化、精准化达到量化安全管理模式。

（3）提供了多种展示模型，如安全趋势、安全类型、风险排名、资产拓扑、攻击统计等，用户可以根据需要灵活配置，不同展示模型展示不同维度的信息。

（4）提供了政务服务平台全网统一的责任溯源及责任认定服务能力，有效溯源跨网、跨域网络安全事件发生的脉络，追溯事件源头，为后续的事件处置与责任认定提供真实、有效的证据。

上海市政务服务平台一体化安全管理中心通过部署综合审计系统，对平台本级的终端、服务器、数据库、云平台、证书、业务应用、网络流量、运维等操作行为及核心数据进行了实时主动审计监控，汇聚分析，确保了该平台核心数据的安全监控，重要业务和关键网络设施的正常运行，提高了该平台全网安全事件的实时响应与处置能力；借助安全管理中心态势感知，通过各种基于统计和规则的关联分析算法，关联来自于不同地点、不同层次、不同类型的安全事件，结合安全数据产生的网络环境、资产重要程度、系统漏洞级别，对安全数据、安全事件和安全行为进行深度分析，提高安全报警的信噪比，减少告警日志数量而不丢失重要信息，为安全事件审计和风险响应提供更准确的决策支持；依托安全管理中心的责任认定系统，对感知到的威胁采用主体（用户、进程等）、客体（机构、人员、应用、设备、信息等资源）以及主客体之间的操作行为进行关联分析和溯源分析，结合实名身份认证、时间戳等抗抵赖技术，按照既定的管理规则和策略，根据安全事件的涉事 IP 地址与组织机构库、资产库相关联，对平台中异常行为、违规行为、安全事件进行责任认定分析，形成责任认定结果，为责任仲裁提供辅助证据。最后，通过与国家平台实现级联对接，构建全网一体化安全监管体系，保障一体化政务服务平台数据安全、网络安全稳定运行，如图 5-38 所示。

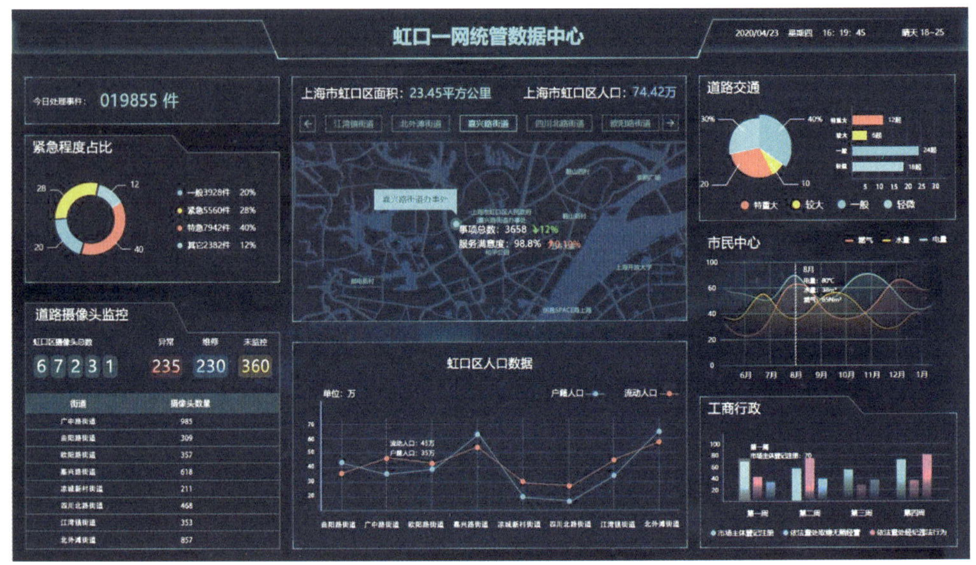

图 5-38 虹口一网统管数据中心

2. 归集区域安全数据提供支撑

归集基础设施、数据资源、业务应用的安全日志及情报数据，汇总安全运营中产生的安全威胁数据，建立统一的数据中心。数据中心进行智能化分析和决策，利用“实时、全样、精准”的安全大数据建立全程在线、全域覆盖、实时反馈的“城市网络安全态势地图”，从而快速、有效地感知、预警、调度和处置全市网络安全风险，提高管理决策的科学性和精准性，提升管理效率和应急响应能力，有效实现城市级的风险控制与应急支撑。

3. 形成全域、实时的态势感知能力

以运营平台为支撑，建立态势感知与通报预警系统，利用大数据安全态势感知、异常流量监测等安全保障技术，对互联网、电子政务网等网络出口、重要业务系统、城市监控等物联网终端系统进行全天候、全方位的安全监测，通过“实时、全样”的安全大数据建立全程在线、全域覆盖、实时反馈的“安全态势地图”，实现多维度、多层次、多视角地展现网络安全运行状态、各类网络安全措施的有效性以及安全威胁的变化态势，提前预警相关的安全威胁，及时通报网络安全事件，有针对性地推进各项防护工作的技术实现，逐步实现从“基于威胁的被动保护”安全体系向“基于风险的主动防控”安全体系的转变，保障数字化改革的健康发展。态势感知系统主要包括网络安全态势、数据安全态势。

1）网络安全态势

以网络安全角度出发，汇集政务信息系统的资产、威胁风险、网络攻击、安全事件、预警处置总体分布情况。

（1）资产态势：以资产角度出发，包括主机、安全设备终端等不同资产类型。可实时获取当前资产总数，按区域、类型、高危资产分布，还可以查看资产详细信息，包括资产所属的 IP 或 IP 段、所属系统和单位。

（2）隐患态势：以安全威胁角度出发，可实时展示当前安全威胁总数、各类型数量，按区域、数据来源分布、可用性分布、典型 0day、僵木蠕漏洞等获取分布信息。

（3）攻击态势：以攻击角度出发，从攻击、访问两个维度，实时获取当前攻击、访问总体情况，并结合地图展现攻击实况。

2）数据安全态势

从总体风险的角度分析数据使用风险情况，分别从区域、风险类型（API、数据库、应用）、敏感数据使用、合规等多角度识别风险。

（1）敏感数据分布态势：提供敏感数据类别、敏感数据分布情况、敏感数据访问、敏感数据高危告警安全事件等。

（2）安全事件态势：提供安全事件分析，包含重点监测系统数、安全事件数、安全事件分类统计、事件趋势、最新事件概览、事件类型分布、事件区域排名、事件取证展示等。

4. 建立业务视角下的安全监测监管

围绕数字政府和智慧城市建设业务应用，针对数字化转型中的重点应用场景，以业务为脉络进行安全监管监测。利用大数据、人工智能、智能算法等相关技术，通过对安全监管对象的多维度分析，实现对数据安全态势的可见、可感、可知，通过对数据安全监管对象的数据态势、攻击态势、事件态势等进行综合分析，并对发现的数据安全风险进行提前预警和处置，实现数据安全监管对象安全建设的可知、可管、可控。

通过对基础设施、数据资源、业务应用等进行全方位、全天候的持续安全监测，利用大数据技术对安全日志进行数据建模、机器学习和复杂关联分析，结合最新安全情报深度感知未知安全威胁、新型漏洞攻击，同步开展远程网站安全监控，快速发现安全事件和失陷主机，多渠道进行通报预警，辅助运营团队积极响应和处置，快速止损，定位漏洞，找出风险，通过安全设备策略优化、补丁更新、访问控制、临时下线等技术和管理手段进行安全风险控制，形成安全闭环的管理机制，提高整体安全防护能力。

5. 定期开展安全加固与风险评估工作

基于构建的统一安全运营平台，通过自动化的安全编排，对发现的安全风险问题及时进行处置，将安全流程或预案利用数字化管理起来形成安全剧本。联动业务环境中已经部署的安全防护措施，用自动化完成其中所有可能自动化的动作，无法自动化的交由人来处理，通过可视化编排工具将人、技术和流程有机结合起来，形成标准统一的、可重复的、更高效的安全运营流程。同时对分析、响应处置过程中各种复杂的分析流程和处理平台进行整合，形成自动化的能力集成，实现从静态事件响应到动态工作流跟踪的转变，提升整体的协调及决策能力。

定期对安全设备、安全产品进行巡检，分析其运行参数和运行结果，发现、研判、清除设备故障风险点，预防设备运行异常和宕机罢工，维持安全设备、安全产品的长效稳定运行。根据安全巡检结果，针对所发现的安全漏洞及安全风险，安全运营人员提出可操作性强、效果佳的整改建议，并协助用户完成安全整改。

业务应用上线后，应定期对应用系统进行风险评估，通过漏洞扫描、渗透测试、访谈调研、安全审计等手段，主动识别技术、管理安全风险并协助加固整改，完善应用安全体系。

6. 建立政务数据安全应急支撑体系

完善应急预案，明确安全责任分工，控制安全事件范围，消除安全事件影响，确保指挥渠道畅通、响应部门高效处置，防止可能发生或已发生的事件影响相关业务及平台平稳运行。

打造一支能力突出的应急处置团队，引入第三方安全服务商做好应急响应支撑工作，基于一体化安全运营平台，借助网络安全态势感知和通报预警技术及管理手段，将通报预警体系与应急响应体系进行有效整合，逐步建设成政务系统的应急响应及通报预警机制，实现安全事件的统一预警通报和应急指挥。

建立安全事件联动共享机制，统一管理应用安全事件通报预警与应急响应。制定CC攻击、网站篡改、不良信息传播、系统入侵等安全事件的应急预案以及应急演练方案，并定期开展应急演练。

7. 建立安全评价与考核机制

1）数据安全整体能力评价

使用能力成熟度模型时，应首先明确数据安全能力的目标成熟度等级，根据成熟度等级的定义，选择适合自己业务实际情况的数据安全能力成熟度目标，建议采用3级“充分定义”目标，具备3级目标的数据安全能力意味着用户能够针对数据安全的各方面风险进行有效的控制；其次，根据能力成熟度等级，选取适合用户的安全过程域，作为前期调研评估的方向，并进行安全能力评估；通过评估识别与目标等级的差异，并进行整体的规划设计；最后，结合配套服务进行组织建设、制度流程、技术工具和人员能力的实施，以保障用户的数据安全，提升数据的防护能力。

2）安全运营服务评价机制

安全运营评价体系覆盖安全运营各个阶段，包括风险发现阶段和风险处置阶段的各环节安全评价体系。其目的是强化安全运营操作流程的规范化和专业化，推动安全建设和运营的持续改进，进而更好地服务业务建设，实现安全运营价值。安全运营度量有三种方式，第一种是按对服务的评价度量方式，如及时性、满意度等；第二种是效果度量方式，如发生的安全事件程度、规模、数量等以及安全告警的精准度与全面性等；第三种是经济度量方式，如发生的安全事件对业务价值的影响、非经营性损失等。

第 6 章　数字政府建设实践

6.1　北京市——智慧城市建设篇

近年来，北京市按照国家推进数字政府建设的总体部署，坚持以人民为中心，立足首都城市战略定位，充分利用首都数字资源优势，加强新一代信息技术赋能，促进城市治理和服务的数字化、智慧化转型，智慧城市建设取得初步成效，在“一网通办”“接诉即办”和优化营商环境等方面走在了全国前列，出台了《北京市优化营商环境条例》，连续两年在中国营商环境评价中综合排名第一。目前已进入统筹推进“民、企、政”融合协调发展的智慧城市 2.0 建设阶段。

6.1.1　综述

数字政府是对传统政务信息化模式的改革提升，从早期的电子政务到现在的数字政府建设，都是国家基于信息时代背景下做出的主动变革回应。北京市高度重视数字政府建设和发展。近年来，围绕深化“放管服”改革、优化营商环境要求，满足企业和群众的实际需求，做到“民有所呼、我有所应”，依托大数据、云计算、区块链、人工智能等新技术，深化数字技术在政务服务领域的普及应用，推进政务服务数据共享开放，加大“一网通办”“一网统管”“一网慧治”覆盖程度，开展了一系列实践探索，城市治理和政务服务更加便捷高效，数字政府、智慧政府建设成效明显。

6.1.2　措施

1. 加强数字政府顶层设计，健全完善数字政府政策体系

一是健全完善数字政务顶层设计，夯实数字政府建设基础。2018 年，北京市人民

政府办公厅发布《北京市推进政务服务“一网通办”工作实施方案》，提出 2020 年底前，推动互联网和政务服务深度融合，建成覆盖全市的整体联动、部门协同的“互联网 + 政务服务”体系。同年，发布《北京大数据行动计划工作方案》，提出 2018 年初步实现政务数据汇聚共享；2019 年主要政务数据完成汇聚共享，初步实现与社会数据融合；2020 年基本实现城市大数据共享应用，大数据技术助推城市精细化管理。2021 年，印发《北京市数字政务建设行动方案（2021—2022 年）》，提出到 2022 年数字政务新生态基本形成，100% 政务服务事项支持全程网办、全域通办，95% 高频服务事项移动办理，大部分事项智慧秒办，一批事项“免申即办”，全市任一政务服务站点可办理全市所有事项。

二是加快数字政府总体谋划和顶层设计。2020 年 6 月北京市发布的《关于加快培育壮大新业态新模式促进北京经济高质量发展的若干意见》提出加快打造数字政府，全面改革创新政府服务。2021 年 3 月发布的《北京市“十四五”时期智慧城市发展行动纲要》明确提出要充分发挥智慧城市建设对政府变革、民生服务、科技创新的带动潜能，统筹推进“民、企、政”融合协调发展的智慧城市 2.0 建设；深化“一网通办”服务，助推数字政府建设。2021 年 8 月发布的《北京市关于加快建设全球数字经济标杆城市的实施方案》则提出，要加快数字政府建设，建成超大城市数字化治理体系，城市治理能力现代化水平显著提升，成为数字治理中国方案服务高地。

2. 全力推进数字政务服务建设，提升网上政务服务能力，与数字监管、数字营商互联互通，实现“一网通办”

一是整合“网上办”。持续优化一体化政务服务平台，建成覆盖市、区、乡镇（街道）、村（社区）四级网上政务服务体系，到 2021 年底，65 个市级部门、16 区和北京市经济开发区全部入驻市网上政务服务大厅。老年人服务专区、统一“好差评”、用户空间等重点应用陆续上线，电子印章、电子证照、电子档案功能持续完善。除涉密等特殊情况外，政务服务事项应上尽上，市级 90.2%、区级 81.8% 的事项实现“全程网办”。企业和个人注册用户总数达 3122 万，网上政务服务能力显著提升。

二是强化“掌上办”。4 个移动端分别上线公积金、社保、税务、医疗卫生、交通出行等领域 1000 余项服务，月活跃人数约 578 万人。推出移动端“企业服务专区”，集成了面向企业的 300 余项政策服务和网上办事入口，打造了企业服务移动端统一入口。

三是优化“智能办”。升级改版市网上政务服务大厅“统一用户空间”，结合个人和企业个性化需求，提供专属的信息展示、政策体检、个性化推荐等服务，已推送主动提醒 21.4 万余次、个性化服务 154 万余次。

四是推广“自助办”。强化便民自助平台服务功能，以民生领域为突破口，推动住房公积金、车辆检验、驾驶证换领等车管业务，银行业务网上办、自助办，推动便民服务加速向智能化方向发展。自推动自助服务功能入驻银行网点以来，已累计办理事项 12 万余笔。

五是推进“跨省通办”。推出 57 项京津冀自贸区“同事同标”事项，234 项“京津冀 + 雄安”通办事项，互设“跨省通办”窗口。依托全国一体化平台，上线北京市“跨省通办”专区，接入 92 项国家高频“跨省通办”事项和 142 项高频服务。升级京津冀“一网通办”专区，提供企业开办、公积金等 231 项服务和 190 项移动端服务。依托京津冀电子证照和数据共享平台，实现京津冀 159 个证照区块链上可共享。

3. 数字技术赋能社会治理，重点围绕“接诉即办”打造“数字化”人民城市

2021 年 1 月 6 日，《国务院办公厅关于进一步优化地方政务服务便民热线的指导意见》公布实施，政务热线成为我国数字政府建设中不可或缺的一环。北京既是国家首都，又是超大城市，智能感知城市运行、高效回应市民诉求是城市治理体系和治理能力现代化的必然要求。北京市开展的“接诉即办”改革为打造“数字化”人民城市开创了新路径，成为全国政务热线改革“先行先试”典范。

一是以 AI 技术赋能 12345“接诉即办”数字化转型。北京市从 2019 年初开始实行以市民服务热线为主渠道的“接诉即办”改革，提升 12345 市民服务热线数字化、智慧化水平，群众获得感、幸福感、安全感不断增强。发挥网上 12345“接诉即办”体系四级联动效能，通过应用 AI 技术赋能“接诉即办”智能导航和回访工作，增设智能虚拟在线座席，建设 12345 网络统一智能受理系统，实现网络诉求自助填报。加强知识库系统建设和应用，引入第三方机构合作推出利企便民服务导图。

二是持续推进区块链等技术在政务服务中的应用。将区块链作为关键基础和重点内容纳入数字政务建设，加快推动长安链 BaaS 建设，持续优化跨境贸易、不动产登记等领域区块链应用，推进区块链在“放管服”领域全场景应用。北京市大数据平台智能寻呼、视频 AI、城市码管理、“一张图”等基础服务能力初步具备；交通、环保、城管、水务等重点部门感知体系建设加快统筹。“京通、京办、京智”统一入口正在进行整合，专题应用内容不断增加，功能不断完善。

4. 以优化营商环境改革为抓手，持续推动数字政府建设

近年来，北京市持续推进营商环境 1.0 ～ 4.0 版改革，推动实现政务服务事项网上办、“最多跑一次”，企业和群众办事法治化、便利化水平不断提高，市场化、法治化、国际化营商环境加快打造。

一是健全更加开放透明、规范高效的市场主体准入和退出机制。发布《北京市市场监督管理局等七部门关于深入推进企业开办便利化深化企业开办一网通办的通知》，拓展企业开办“一网通办”业务范围。60% 以上的监管对象实行信用监管，“双随机、一公开”监管全面推行，非现场检查、非接触监管成为重要监管方式，进一步营造公

平竞争的市场环境和法治化、便利化的营商环境。

二是更好地支持市场主体创新发展。出台《北京市智能汽车基础地图应用试点暂行规定》，在确保安全的条件下试行高精度地图面向智能网联汽车使用。推进区块链技术探索应用。构建国内唯一自主可控、开源开放的软硬件一体化区块链技术体系。打造产学研共建共享创新模式和长安链生态联盟。先行先试城市全场景应用。基于长安链的电子印章系统、中小企业供应链金融服务平台、冷链食品追溯平台已在全市上线。

三是优化进出口货物查询服务，持续提升跨境贸易便利化水平。建设“空港区块链服务”和“京津冀海运数据共享”两个区块链应用场景。设立数据资产保管箱，便于企业授权后的融资等金融服务开展。

6.1.3　建设成效

1. 政务数据共享开放明显

一是推进目录链体系建设。持续提升目录区块链管控效率，推进开展市、区两级目录区块链对接。完善目录体系，市级层面，73 个市级部门、1162 个业务处室、1689 个信息系统、9538 条职责目录、92 431 条数据目录上链；区级层面，累计 16 个区、644 个区级部门、1072 个信息系统、48 890 条职责目录、177 368 条数据目录上链。

二是政务数据汇通汇聚不断加强。市级层面，实现 57 个市级部门的 2.8 万个数据项、318 亿条数据汇聚（汇聚率 31%）。央地层面，持续汇聚国家发展改革委 668 个数据项、4688 万条数据，完成中央机构编制委员会办公室、教育部、公安部等 6 个部委的 3842 万次接口调用，支撑 7 个市级部门和 2 个区的教育救助、人才引进、就业创业服务、社保转移、商事登记改革、不动产转移登记等 19 项业务应用。

三是数据共享交换通道平稳运行。累计向 52 个市级部门和 16 个区共享 358 亿条数据，陆续支撑京智、疫情防控、社会信用、数字政府、税源登记、纪检监察、“回天大脑”等市、区两级 146 项业务应用。

2. 公共服务更加智能便捷

全市一体化在线政务服务平台初步建成，64 个市级部门和公用企业全部入驻网上政务服务大厅，政务服务事项网上可办率达 97%。实施“指尖行动计划”，政务服务事项实现“北京通”App 等 4 个移动端接入，服务应用涵盖公安、教育、民政、卫健、社保等 54 个领域 1000 余项。教育、健康医疗、公用事业等信息服务业日益丰富，优质教育资源网络共享程度和居民电子健康档案覆盖明显提高。紧急启动北京“健康宝”建设和应用，全流程织密防控网，快速赢得新冠肺炎疫情防控主动权。组建北京互联网法院，开启互联网司法新模式。政务服务“一网通办”质量效率稳步提高，营商环境持续优化，信息化惠民利企成效显著。

3. 城市治理能力逐步提升

城市公共设施运行数据中心初步建成，有效汇聚城市运行、网格化管理、环境卫生等领域数据，为城市智能管理打下坚实基础。覆盖全市的“1+16+33+N”的网格化城市管理体系建成，城市精细化管理水平进一步提升。城市大脑应用探索取得重要突破，在国内首次将数字孪生引擎实际应用于城市管理运营。率先出台交通出行数据开放管理办法，打造了国内首个绿色出行一体化服务平台，开创性地开展碳普惠行动。在特定区域率先开展利用AI算法实现交通信号配时优化和时段自动划分试点应用。完成环境数据中心向环境资源中心转化，数据整合集成和共享能力不断增强。交通、环保、水务、安全生产等城市治理领域资源汇聚和协同应用成效明显。

6.1.4 经验总结

数字政府建设是一项长期性、系统性、综合性工程，数字政府建设取得的成效是多主体配合、持续推进的结果。

1. 加强顶层设计和政策推动是保障和基础

近年来，北京市结合首都城市功能定位和数字经济资源优势，实施数字经济发展战略，推动政府数字化转型发展，让公众获取更为便捷、高效和高质量的政务服务。不断加强从数字政务到数字政府的顶层设计，出台了系列政策措施，以及多项行动计划方案，推进项目化、具体化。《北京市关于加快建设全球数字经济标杆城市的实施方案》《北京大数据行动计划工作方案》加强对数字政府的顶层设计，并每年制定出台年度任务，持续推进数字政府的建设和发展。

2. 深化政务数据的开放共享、赋权赋能是核心和方向

数据开放与数据共享始终是数字政府建设进程中的核心要素。北京市在推进数字政府建设过程中，积极探索实践健全公共数据目录，统一数据接入的规范和标准，制订数据开放计划，优先将与民生紧密相关、社会迫切需要、行业增值潜力显著的公共数据纳入开放清单。深化大数据精准监管，出台政府与社会数据共享治理规则，打破数据烟囱和信息孤岛。深化重点领域数据专区建设，推动政府、社会数据深度融合，充分激发数据价值。成立大数据交易所，构建数据交易生态，探索数据跨境安全流动。

3. 重视运用现代信息技术提升政府智能化水平是关键

随着人工智能、区块链等技术的快速发展，北京市、区两级政府越来越重视人工

智能技术在数字政府领域的重要价值，并积极探索人工智能、区块链等技术与数字政府建设的结合，以提升政府决策、公共服务、市场监管等方面的科学化与智能化水平。如“一网统管”在多种技术的支持下，能够覆盖城市治理中的社会治理、交通治理、风险治理、环境治理等领域的多个治理场景，把城市运行中台系统、城市生命体征监管分析系统、城市轨道交通综合管理系统、大客流聚集管控系统、公共突发卫生应急事件管理系统等整合起来。

4. 提升政府服务效能，转变政府职能，建设服务型政府、法治型政府

数字政府建设是对传统电子政务的继承与超越，通过组织架构重塑和大数据驱动，全面提升政府治理效能。北京市推行的“网上办”“掌上办”“智能办”“自助办”“跨省通办”等改革举措，为企业和民众提供普惠化、便捷化、智能化的政务服务。这些改革举措本质上都是数字政府在不同场景下的具体应用，以全局性、整体性思维实现整合资源和流程优化，为企业减负添活力，为民众办事增便利。可见，提高数字化政务服务效能，须增强数字开发应用能力，积极拓展数字政府应用场景，构建起平台联通、流程高效、场景统筹的长效机制，让数字技术为提升政务服务效能，提升人民群众获得感、幸福感、安全感提供强大助力。

6.1.5　展望

“十四五”时期，国家将进一步加快建设数字政府，提升政务服务水平；推动政务信息共享，提升在线政务服务效率；加快转变政府职能，促进市场公平竞争；构建统一的电子证照库，实现更多事项一网通办、跨省通办。北京市将按照《“十四五”推进国家政务信息化规划》要求，进一步落实推进数字政府建设，助力深化“放管服”改革、优化营商环境，加快人民满意的服务型政府建设。作为全国营商环境创新试点六大城市之一，北京市将按照《国务院关于开展营商环境创新试点工作的意见》，用足用好国家授权，研究编制北京营商环境创新试点工作实施方案，注重单项突破和系统集成并重，重点聚焦商事制度改革、工程建设项目审批、招标投标、不动产登记、投资贸易、监管执法、市场主体退出、知识产权、数字经济、数字政务等十大领域，进一步推动数字政府相关改革。加快落实《北京市“十四五”时期智慧城市发展行动纲要》，统筹推进“民、企、政”融合协调发展的智慧城市 2.0 建设，到 2025 年，将北京市建设成为全球新型智慧城市的标杆城市，有力促进数字政府、数字社会和数字经济发展，全面支撑首都治理体系和治理能力现代化建设，为京津冀协同发展、“一带一路”国际合作提供高质量发展平台。

6.2 上海市——“一网统管”篇

6.2.1 综述

在过去的70年里，上海市取得了举世瞩目的成就——2500万左右在沪人口、270多万企业主体、轨道交通运营里程772.9千米、24万余台电梯、600多万辆汽车、建筑总量13多亿平方米、1.5万幢超高层建筑……面对全球罕有的超大城市管理基数，城市生活有多丰富，城市治理就有多复杂，传统方式和人海战术显然已难以为继，“看不清楚、管不过来、处理不了”的管理困难促使上海市迫切探索出一条符合超大城市特点和规律的治理新路，把城市全面“数字化”，从海量数据资源中及早预见潜在风险，尽早应对。

近年来，上海市抓好抓实“两张网”建设，即政务服务“一网通办”、城市运行“一网统管”，坚持从群众需求和城市治理突出问题出发，将分散式信息系统进行有机梳理整合，体现实战中管用、基层干部爱用、群众感到受用，“两张网”的建设已经成为上海市指挥城市建设的“牛鼻子”工程，是上海市数字政府建设的“一体两翼”，牵引着上海智慧城市新阶段的飞跃式发展。

2020年初，上海市以“一网统管”为引领，开启了一场超大规模的智慧城市创新实践。在管理理念上，城市居民被看作“用户”，“城市管理和服务”被看作“产品”；在组织设计上，首创城市运行管理中心，设计了城市、区、街镇三级架构。

上海城市运行“一网统管”在寒潮应对、疫情防控等重大事件应急响应中，在中秋和国庆“双节”、第三届中国国际进口博览会等重要节日和活动期间都发挥了显著作用。

1. “城市管理应该像绣花一样精细”

2017年3月，习近平总书记参加十二届全国人大五次会议上海代表团审议时指出，“城市管理应该像绣花一样精细。城市精细化管理必须适应城市发展。要持续用力，不断深化，提升社会治理能力，增强社会发展活力”。

上海市认真学习贯彻习近平总书记重要讲话精神，开展了将近一年的调查研究，于2018年1月31日正式发布施行《中共上海市委、上海市人民政府关于加强本市城市管理精细化工作的实施意见》三年行动计划（2018—2020年）。

浦东新区率先实践，2017年9月成立浦东新区城市运行综合管理中心，整合了统筹规划、信息汇聚、预警管理、联勤联动、监督考核、数据共享等职能，并于2018年11月建成浦东城市大脑2.0版，运用现代信息技术手段充分整合各种资源，有效推进部门协同和联勤联动，实现社会治理和城市管理问题的智能主动发现和快速高效处置，提高了城市治理整体能力，提升了城市管理精细化水平。2018年11月6日下午，习近平总书记来到浦东新区城市运行综合管理中心，了解上海市在推进城市精细化管理方面的做法，给出了高度肯定。

徐汇、普陀、静安等区也纷纷进行了探索和实践。在这个过程当中，有很多概念和经验做法被提炼，如精细化管理、智能化提升、城市大脑的探索等，这些都是“一网统管”的基础。

2. “一网统管”概念明确

2019年2月，上海市委书记李强提出“一屏观全域、一网管全城”的设想；6月开始初步探索；9月明确提出城市运行“一网统管”的概念；11月，习近平总书记再次考察上海，要求上海抓一些“牛鼻子”工作，抓好“政务服务一网通办”“城市运行一网统管”。自此，上海“一网统管”从设想探索进入全面建设阶段。

在上海“两张网”建设中，“一网通办”以政务服务完善全方位服务体系，着眼于“高效办成一件事”，聚焦办事全流程，强化跨部门、前后台整合精简环节和流程再造，推进网上办、掌上办、自动办，提高在线办理率、全程网办率，不断优化用户体验，使办事像网购一样方便。“一网统管”紧抓城市现代化治理“牛鼻子”，解决城市治理中的堵点、盲点，通过线上线下的联动，用实时在线数据和各类智能方法对城市运行的态势全面感知、趋势智能预判、资源统筹调度、行动人机协同，带动城市治理由人力密集型向人机交互型转变，由经验判断型向数据分析型转变，由被动处置型向主动发现型转变，实现“一屏观全域、一网管全城”。

3. 全市提速建设“两张网”

2020年4月13日，上海市召开“一网通办”“一网统管”工作推进大会，这标志着上海“一网统管”进入了提速期。上海市委书记李强在会上强调，政务服务“一网通办”、城市运行“一网统管”是城市治理的“牛鼻子”工作，牵动着改革发展稳定全局，牵动着长远发展大局。

4月16日，在市委常委会会议上，审议通过了《上海市城市运行“一网统管”建设三年行动计划（2020—2022年）》。会议指出，“一网统管”是超大城市治理的“牛鼻子”工作，必须高度重视、统一思想、合力建设。坚持顶层设计与需求导向相结合，聚焦重点领域重要场景，围绕“高效处置一件事”，加快系统整合，强化数据赋能，夯实信息安全，切实做到实战中管用、基层干部爱用、群众感到受用。

同期，为了进一步加快“一网统管”推进工作，上海市成立了城市运行管理中心（以下简称“城运中心”），作为“一网统管”的具象实体，依责组织、指导、协调、赋能各相关政府职能部门开展工作，但不替代、不包揽相关部门的日常运行管理职能。

重点做好拟订城市运行管理智能化管理战略，编制智能化发展规划和专项规划，城市运行状态监测分析和预警、预判，以及应急事件联动处置等工作。这是全国第一个城市运行管理中心的实体机构，为探索城市运行管理创新模式向前迈出了新的一步。

2020 年 9 月底，上海市城运中心指挥大厅（显示屏见图 6-1）正式启用，在短短两个多月时间内，经历了国庆长假、第三届中国国际进口博览会、上海马拉松、寒潮等几次“实战”锤炼，依托“一网统管”推进城市治理现代化，全面运用实时数据动态指挥城市运行。

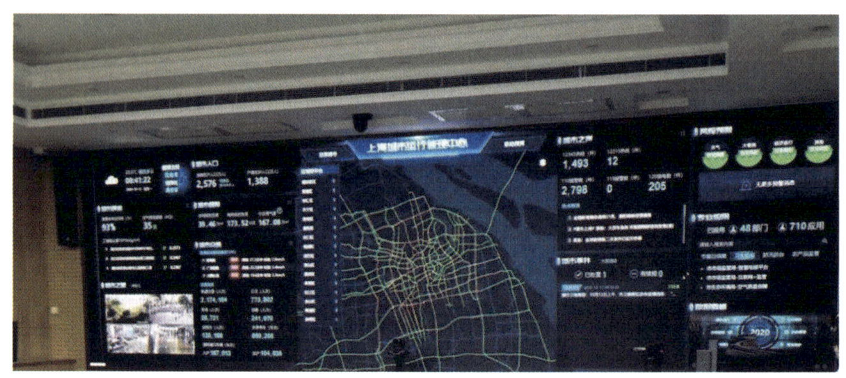

图 6-1　上海市城运中心指挥大厅显示屏

2020 年底，上海市委、市政府公布《关于全面推进上海城市数字化转型的意见》，要求深化“一网统管”建设，聚焦公共安全、应急管理、规划建设、城市网格化管理、交通管理、市场监管、生态环境等重点领域；实现态势全面感知、风险监测预警、趋势智能研判、资源统筹调度、行动人机协同；以党建为引领，加强数字赋能多元化社会治理，推进基层治理、法治建设、群团组织等领域数字化转型。该意见为“一网统管”的推进指明了建设方向，从“城市是生命体、有机体”的全局出发，统筹推进城市经济、生活、治理全面数字化转型，打造超大型城市的数字治理全球标杆，上海城市数字化转型保障如图 6-2 所示。

图 6-2　上海城市数字化转型保障举措

6.2.2　措施

“一网统管”服务城市运行，不仅是技术革新，更是一种治理模式的重塑，以现代化手段助力治理全方位改革。一是实现城运架构一体化、事件感知全量化、协同处置高效化、分析研判智能化，提升城市治理能力的现代化；二是统筹推进智慧城市公共安全、城市交通、综合治理、生态环境、市场监管、城管执法、社区管理、绿化市容八大领域建设；三是三级平台、五级应用的运行管理模式；四是打造“六个一”技术体系，即治理要素一张图、互联互通一张图、数据汇聚一个湖、城市大脑一朵云、城运系统一平台和移动应用一门户。

1. “一网统管”之观、管、防

“观”是基础、是前提，即通过数据汇聚实现一屏“观”，如图 6-3 所示。围绕城市全周期管理的“人、物、动、态”四个方面，从城市动态、城市环境、城市交通、城市保障供应、城市基础设施五个维度，一方面梳理政务系统的实时动态数据，另一方面应用智能传感、5G 等技术从神经元系统接入感知端数据，并从相关企业挖掘接入第三方数据，基于海量、多维、全息数据打造城市运行生命体征 1700 多项，每 5 秒自动刷新一次，生动鲜活地刻画反映城市运行的微观和宏观态势，使管理人员能第一时间发现城市运行中的风险和隐患，为领导科学决策提供实时动态的数据支撑。例如，大型活动出现大客流人群会触发预警，孤寡老人家里的燃气泄漏也会有系统警示。

图 6-3　上海市“一网统管”一屏“观”

“管”就是各项管理职责、管理措施落实到位。如对渣土车的管理，出土审批权在市容绿化部门，营运资质在交通委，道路违法行为在交通部门，市容违法行为在城管部门，渣土车运营企业管理的征信体系在发改委……涉及部门众多，管理十分复杂，因管理职责落实不到位、协同不够高效而引发的各类问题曾经困扰上海市各级政府。现在全市依托“一网统管”，已经形成较为成熟的智能技术 + 跨部门协同的渣土车管理模式，各类数据在后台全部打通，执法部门和审批部门能在手机端互相查看对方的数据，然后联合监管，在此基础上再进行联合惩戒。近两年，经过管理部门互通有无，统计企业一年中各类违法行为，超过 50 次就被退市。刚开始渣土车司机和企业都很诧异，认为只要在摄像头下不超速，警察就不会管。现在通过智能化的平台，警察的摄像头也帮助城管监察有无“跑冒滴漏”，交通委的 GPS 也全程对渣土车进行区间测速。

“防”就是精准预判风险隐患。大客流、安全生产、防汛防台、公共卫生、生态环境、气象灾害等都是容易发生重大突发事件的领域，如何精准有效地做好预防、预判是对地方政府执政能力和水平的重大考验。在这方面，上海市通过“一网统管”建设，构建智能化动态分析预测模型，设定安全阈值，提前预测预判预警，把管理端口最大限度前移，更好地防范“黑天鹅”“灰犀牛”等气象灾害，发现风险隐患并将其消除在萌芽状态。如大客流预警，基于运营商手机信号、视频管理、售票信息等数据的融合，实现对全市 280 个主要景点、商圈、客流枢纽等主要场所的客流情况开展监测预警。同时，坚持问题导向，围绕玻璃幕墙、大型广告牌、垃圾乱堆放、群租、电梯等城市管理当中的重点、难点问题，通过视频管理、神经元系统和数据汇集分析等智能化手段，依托网格化管理以及基层社会治理综合应用，及时发现、处置城市治理问题。比如黄浦区在南京东路步行街的大型广告牌上安装物联感知设备，实时了解广告牌的震动和倾斜情况，有了“心电图”的广告牌更安全；视频 AI 智能发现闭环管理，实现精准识别垃圾乱堆放，如图 6-4 所示。

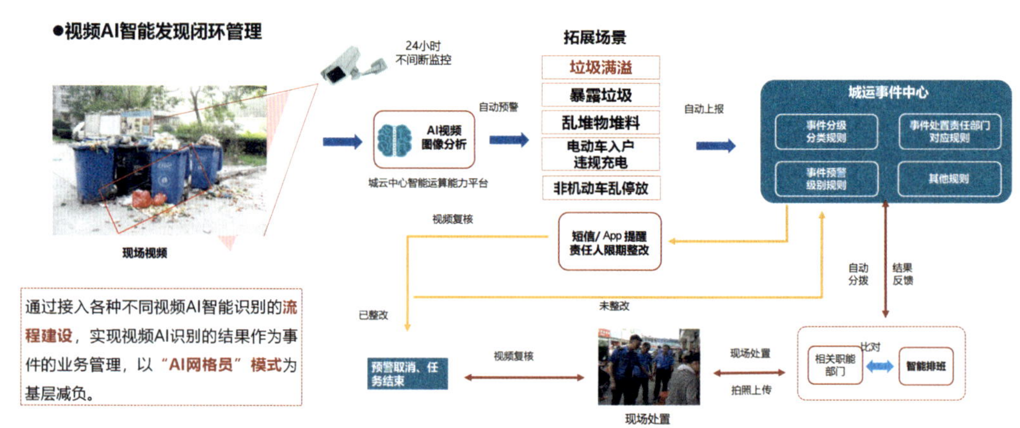

图 6-4　精准识别垃圾乱堆放

2.“一网统管”之城市运行管理平台

在“三级平台、五级应用”运行管理体系下，实现高效处置一件事所需要的全域感知城市事件中心（汇聚 12345、市政、医疗、环保、水务等城市全量事件，全面掌握城市事件态势）和关键资源在线协同中心（实现人员、车辆、视频、物资、装备等关键城市资源在线化，参与统一调度计算，通过智能视频、物联网、智能语音等实现部分事件自感知、自调度），初步实现线上线下协同、有限资源高效利用的精准处置能力。城市运行管理平台定位为城市运行的数据中心、赋能中心、生态中心。

1）城市运行的数据中心

解决系统互联互通，通过城市运行管理平台打通市、区、街三级数据和系统，实现数据横向、纵向互联互通。沉淀城市运行基础数据，数据分析决策建立在城市运行主题数据库基础上，通过平台沉淀城市运行事件、资源、指标等数据库。多源数据汇聚治理，支持政务数据、互联网数据、视频数据等多源多种结构数据的汇聚和治理。提供数据分析研判，通过数据分析能力，提供研判预警、多事件关联分析、事件影响评估等分析决策。

2）城市运行的赋能中心

一是基于统一平台支撑场景开发，实现跨部门业务协同，实现城市运行全流程可视化、业务可闭环、成效可评价。二是通过人工智能赋能城市运行管理，解决以往靠经验判断、事件无法精准关联、影响评估滞后等问题。三是视频共享赋能，提升统一视频接入、视频统一共享、视频智能分析等能力，赋能城市运行和指挥调度。四是态势感知能力，融合网格、视频、物联网等多源城市事件，实现城市事件全面感知、预警分析、风险评估。

3）城市运行的生态中心

“一网统管”是一个复杂的系统性工程，未来场景建设百花齐放、各厂家发挥自身场景业务优势，需要基于统一城市运行管理平台基础建立完整的城市运行生态体系，按照《城市运行管理服务平台技术标准》进行场景落地，打造成为链接协同创新的开放平台，形成共建、共治、共享的数字城市创新生态圈。

3. “一网统管”之三级平台、五级应用

根据城运中心抓总体、抓大事和定标准的定位，充分发挥市城市运行系统中心枢纽的作用，激活各部门建设能动性，建设城市运行系统与中枢体系，推动市、区、街镇三级业务协同和数据协同，形成中枢协议、中枢用户和中枢标准等体系，统一标准下支撑各部门多样化的城市治理业务创新，未来结合 CIM（城市信息模型）数字底座实现城市数字孪生，进而实现城市全生命周期的精细化管理。

构建以中枢体系为核心的“三级平台、五级应用”的城市运行体系，即构建三横一纵的运行架构，“一网统管”三级运行架构以城市运行系统与中枢为三横一纵立体协同的枢纽与核心，充分融合多网、多云、多库的基础设施资源，实时接入市直委局城市运行业务系统和区、街镇城市运行平台。各部门在垂直业务线分别进行数据归集、整合，形成垂直城市运行业务系统；区、街镇平台在区域内进行横向数据流转，形成区域化平台，二者通过中枢提供的业务协同能力实现系统互通，通过中枢提供的数据协同能力进行数据协同，最终形成上海市城市运行系统“王”字形运行架构，如图 6-5 所示。

4. “一网统管”之智能化提升

通过运用大数据、云计算、区块链、人工智能、物联网等现代信息技术，实现态势全面感知、趋势智能研判、资源统筹调度、行动人机协同，带动城市治理由人力密集型向人机交互型转变，由经验判断型向数据分析型转变，由被动处置型向主动发现

型转变，赋予城市更多自我感知、自我判断、自我调整的能力。

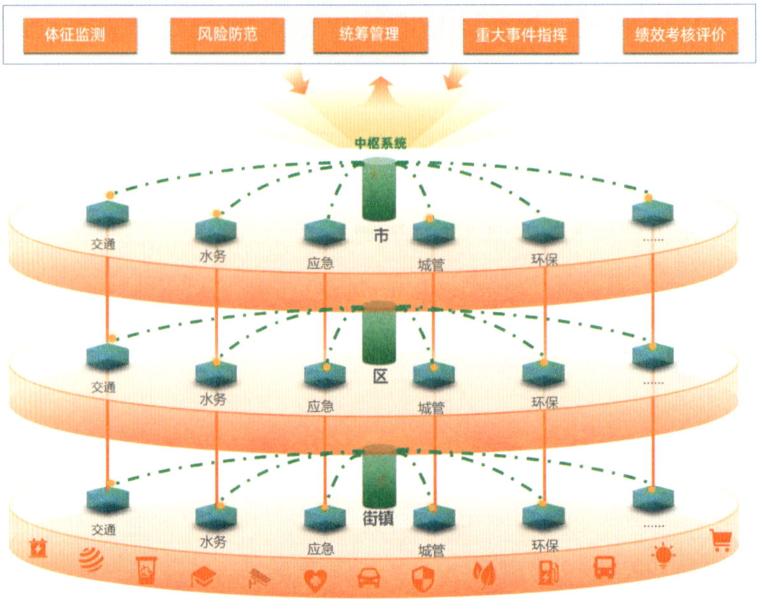

图 6-5　上海市基于中枢体系城市运行系统三级平台

5. “一网统管”之流程再造

传统的管理流程，可以看作从 1 ～ 10，逐步往下走，需要 10 步，而经过流程的优化再造，可以从 1 跳到 5，从 5 跳到 10，甚至直接从 1 跳到 10，更加科学高效。推动业务流程革命性再造，系统重构部门内部操作流程，跨部门、跨层级、跨区域协同办事及处置流程，实现对超大城市的精细化管理，努力让城市更有序、更安全、更干净。

6.2.3　建设成效

1. 市“一网统管”建设成效

2020 年 4 月，市城运中心组织开展城市运行建设大会战，将上海市电子政务云平台作为“一网统管”应用支撑的基础设施。通过区级专用城市运行平台，使用云计算能力、大数据能力和人工智能能力，逐步把相关业务系统和应用场景在云上完成原生开发和升级，实现秒级响应，支撑区城市运行各类实战化应用场景，并保证整体架构与市政务云网络链路连通，与市政务云数据交换通过统一的数据共享交换平台进行数据互联。

目前，上海市城市运行体系构建完成，防台防汛、气象先知、联动指挥、卫生防疫、经济运行、大客流管理等系统应用已投入实战，全面提升“观、管、防”的能力和水平，确保城市平稳运行，市“一网统管”至今已接入 50 个部门的 185 个系统、近千个应用，并建立“一网统管”市域物联网运营中心，已初步实现 1100 万个感知设备数据共享。

在城运中心现场，大屏幕上各类数据实时跳动，能清楚地体现城市是一个生命体。从水电气的负荷用量，到交通实况拥堵路段；从精准到全市 215 个街镇的气温统计，到各区级城运中心的工单流转进度，观测城市“生命体征”的“超大体检”实时进行，通过对城市运行态势的科学研判，推动城市运行管理从应急处置逐步向防患未然转变。

在城运中心现场，职能部门的业务数据在平台上实现资源流动。平台上有共性的服务和管理事项可以集中处理，把政府管理的成本降低、效率提高。各区各部门共同守护好这座超大城市，气象、轨道交通、水电气等实时数据背后有大量工作人员维护着生产系统，每一个数字跳动都对城市安全有序运行至关重要。

2021 年除夕一早，上海市城运中心大厅内的工作人员已经悉数到岗，由于新冠肺炎疫情影响，政府号召群众“就地过年”，为了保障春节期间市民更加丰富多彩的生活，城运中心建设了“春节假期民生保障系统”。在打通 50 个部门、185 个系统、近千个应用的基础上，“一网统管”平台又对接了淘宝、高德、饿了么等第三方企业，动态地了解春节期间城市商业活跃度以及市民出行情况，协调各方工作。

2021 年，为庆祝中国共产党成立 100 周年，上海市在黄浦江两岸设置了以“永远跟党走”为主题的光影秀，于 6 月 30 日至 7 月 4 日，每晚 19 时 30 分至 22 时 30 分，每逢半点、整点展演一次，吸引了大批的市民、游客聚集在外滩观看，峰值客流曾达到了 11.7 万。在外滩滨江这样狭小的区域中，短时间聚集了大量的人群，并且人流还要能安全、有序地进行流动，这背后也是“一网统管”在支持。公安、气象、交通委等多部门在线上通力配合，在线下高效协同处置，涉及属地的黄埔、浦东、虹口等各区也全力支撑。每天 24 小时用大客流系统关注滨江区的客流情况，从市容、灯光调度、地铁调度、电力保障、气象服务等方方面面支持着灯光秀。

7 月 3 日上海下起了小雨，在保障群众在撑伞情况下还能安全走动的考量下，通过大数据计算推演了预案，综合管控客流量不超过 6 万，很好地保障了气候不佳时仍有较好的观看效果，体现了城市管理既能管得精细，又能体现品质，还能兼顾人文关怀。

2. 区“一网统管”建设成效

“一网统管”建设是提高城市治理现代化水平、推动高质量发展、创造高品质生活的有力牵引，也带动了各区政府管理服务改进，推动了营商环境优化，促进了资本集聚、人才汇聚和服务提升。

1）浦东新区“一网统管”

浦东新区以城运中心为核心枢纽，将城市日常运行和应急联动指挥有机结合，实行“平战结合、平急融合”的创新管理模式。2018 年 11 月，习近平总书记视察了该中心并充分肯定相关做法。浦东新区通过智慧浦东协同办公平台推进政府自身数字化转型，建设扁平化、智能化、移动化的协同办公平台，支撑高效沟通和跨部门协同。推动组织在线，将组织机构搬到线上，基于“钉钉”协同办公平台，在线通讯录已覆盖全区机关、事业单位和居村的28 000多名公务人员，方便即时通信、工作联系和协同工作，数字技术帮助公务人员告别无数本纸质通讯录，如图6-6所示。以移动办公支撑疫期随时随地“不见面”高效工作。在新冠肺炎疫情防控工作的关键时期，浦东新区区委办、区政府办发出《关于进一步做好区级机关疫情防控工作安排的通知》，提倡疫期利用移动办公手段灵活调整办公方式。针对疫期大量工作人员扑在一线的状况，城运中心紧急将文件交换、邮件收发、智能填表等应用加快部署到“钉钉”协同办公平台，工作人员打开手机就可以工作，日活跃用户达到6800人。此外，协调“钉钉”免费开通302方视频会议高清专属保障通道，给全区各部门发送操作指南，推荐大家更多采用“不见面”方式召开视频会议，并紧急上线“一键报修”应用，快速响应疫期各部门移动办公的问题建议。

图6-6 纸质通讯录

2）杨浦区“一网统管”

2021年1月7日，上海市迎来当年最低温度的寒潮，20时40分，杨浦区城运中心接到热线工单：江浦路、霍山路交叉口道路结冰，有市民滑倒。20分钟内，平凉街道应急值守工作人员已到达现场并紧急铺设草垫和麻袋。1月9日凌晨4时17分，杨浦区城运中心接报平凉路渭南路口一根地下主水管爆裂。15分钟内，辖区消防、路政、水务、街道等部门已到场开展处置。寒潮预警就是“命令”。在2020年12月30日第一波寒潮到来之前，4月刚挂牌筹建的杨浦区城运中心为落实防寒抗冻各项措施，紧急部署上线“指挥保障系统”。通过“雨雪冰冻灾害专项应急预案”，强化各级值班力量，值守人员实时指挥提供保障如图6-7所示，在预案结构化和应用场景化探索的基础上，以“高效处置一件事”为目标，有效发挥指挥保障系统能效。指挥保障系统整合区总值班室、网格化管理、热线受理等多源信息；嵌入预案管理模块，明确各类事件处置流程和处置部门；建立全区处置队伍、物资仓储、应急车辆数据库，实现指挥联动；视频连线所属街道，及时沟通处置进展，减少信息流转层级，确保事件处置高效、信息报送畅通。相比以往网格巡查、热线受理与区总值班室信息报送的各自为政，案件、工单流转多层报送，个别事件职能模糊、协同处置有难点等现实障碍，雨雪冰冻灾害指挥保障模块切实发挥了实战效用，实现了城市运行管理数字化赋能。

图 6-7　值守人员实时指挥提供保障

类似的上海“一网统管”应用还有很多。通过“一网统管”服务城市运行，不仅是技术革新，更是一种治理模式的重塑，以现代化手段助力治理全方位改革。“人民城市人民建、人民城市为人民”的追求，正插上大数据和智能化的翅膀，绘出浦江两岸更为精美的画卷。

6.2.4　经验总结

“一网统管”服务城市运行，不仅是技术革新，更重要的是一种治理模式的重塑，以现代化手段助力治理全方位改革。通过线上线下的联动，上海正在推动城市治理由人力密集型向人机交互型转变，由经验判断型向数据分析型转变，由被动处置型向主动发现型转变。

1. 强化组织保障，实体部门管理

为了进一步加快“一网统管”推进工作，上海市专门成立了城市运行管理中心，作为“一网统管”的部门实体，充分发挥数据赋能、信息调度、趋势研判、综合指挥、应急处置等作用，如图 6-8 所示。

为保障“三级平台、五级应用”的城市运行体系的落实，区一级也设立了城运中心，是城 - 区联动、组织协同的落地执行部门，如图 6-9 所示。

图 6-8 上海市城运中心

图 6-9 上海市浦东新区城运中心入口

2. 加强顶层设计，健全工作体系

上海市委办公厅、上海市人民政府办公厅高度重视顶层设计，仅在 2020 年就先后印发《上海市城市运行“一网统管”建设三年行动计划（2020—2022 年）》《2021 年城市运行“一网统管”工作要点》，进一步明确了“一网统管”工作的年度任务、责任分工、节点要求等。“1+16+215”的市、区、街镇三级城市运行工作体系不断健全，形成了协同推动的良好局面。市城运中心先后制发智能气象、舆情感知、城市之眼等系统的共享规范，按需共享赋能。同时，积极与市委编办等对接，加强各级城运中心自身建设，已初步形成加强区级城运中心建设的实施意见，健全了“一网统管”工作体系。

3. 聚焦实用管用爱用，持续深化“三级平台、五级应用”

截至 2021 年 6 月，“一网统管”系统已汇集 50 多个部门的 185 个系统、近千个应用，初步覆盖经济治理、社会治理、城市治理的主要方面。2021 年以来，依托“一网统管”系统，开展智能值守、数据守“沪”，守住了城市的温度和有序。龚正市长多次到市城运中心指挥大厅，通过“一网统管”系统调度了解城市运行情况，对“一网统管”的实战实用效果予以肯定。2021 年 4 月，在浦东新区召开了“上海市推进‘一网统管’建设提升治理能力工作会议”，常务副市长陈寅、市委常委翁祖亮出席会议，部署进一步复制推广浦东新区等的经验做法，加快研究构建“三大治理”统筹推进和有机衔接的治理体系。围绕办好第四届中国国际进口博览会、第十届中国花卉博览会和长江禁渔等，谋划打造一批实战管用的精细化治理场景。各区也形成了“比学赶超”的良好氛围，纷纷结合自身特色推出创新场景。

4. 加强“两网”融合，促进数据共享赋能

推动形成自然人、法人、地理空间、电子证照等四大综合数据库，公共安全、市场监管、卫生健康等八个主题数据库，以及土地房屋、小微企业、城市部件等一批专题数据库和临时数据库，实现跨部门数据共享34.31亿条、跨层级数据交换206.15亿条，不断提升数据赋能能力。依托“一网统管”市域物联网运营中心，聚焦人、物、动、态，不断汇集分散各处可共享的物联感知设备，已初步实现上千万个感知设备数据共享，为构建城市数字体征、实现城市全生命周期管理奠定坚实基础。

5. 深入基层，开展系统调研

2021 年以来，市城运中心赴浦东、黄浦、徐汇、松江、金山等区及相关街道、乡镇召开现场会 50 多场，指导推进基层“一网统管”建设，并认真听取基层意见建议。市城运中心先后 20 余次深入区和街镇一线，考察了解基层系统运转情况；还选取两个试点区，以周为单位蹲点考察，全面总结试点经验，为进一步提升系统、完善机制提供重要参考。

6. 加大宣传力度，进一步打响“一网统管”品牌

“一网统管”相关成果让上海市先后获“世界智慧城市”“2020 亚太区领军智慧城市”“智慧政府建设优秀案例”等奖项。2021 年 4 月，在第四届数字中国建设峰会·福州上，上海城市运行“一网统管”成果引发广泛关注。中央电视台、新华通讯社、人民日报等媒体深入挖掘经验做法和典型案例，并进行报道。“一网统管”的创新理念和做法正逐渐成为国内城市运行管理的共识。

6.3　浙江省——共同富裕篇

近年来，浙江省在数字治理上走在全国前列，基于数字化技术而形成的“最多跑一次”改革，也在全国范围引起了“一网通办”的政务旋风。浙江省的政府数字化转型实践是浙江省在数字时代探索治理创新，且通过数字治理有效实现为政府赋能、为市场增效、为社会赋权的典型代表。

6.3.1　综述

“数字浙江”是习近平同志任浙江省委书记时提出的决策部署，自此，浙江省的数字化转型蓝图徐徐展开。在社会和技术的进步中，“数字浙江”的内涵不断丰富和拓展。从“四张清单一张网”，到“最多跑一次”，再到“整体智治、唯实惟先”，“数字浙

江”渐进形成了涵盖数字经济、数字社会和数字政府三位一体的宏观性、系统性论述。

2021年6月，中共中央、国务院正式发布《关于支持浙江高质量发展建设共同富裕区的意见》，这是以习近平同志为核心的党中央把促进全体人民共同富裕摆在更加重要位置做出的一项重大决策，为浙江省下一步高质量发展、促进共同富裕提供了强大动力。

1. 蓝图引领方向：“数字浙江”

在浙江省数字化转型的过程中，历任领导干部始终坚持“一张蓝图绘到底”、一任接着一任干、一锤接着一锤敲，以创新精神勇当改革先行者，全面拥抱数字技术，不断提升数字技术认知和应用水平，在政府数字化转型与治理能力现代化的探索中形成了统一、高效、开放的“浙江模式”，推动了大数据、云计算等革新技术在浙江省的纵深发展和系统运用，并在实践中积累了宝贵的数字治理经验。

1）“数字浙江”是浙江省转型发展的基础性工程

数字浙江是全面推进浙江省国民经济和社会信息化、以信息化带动工业化的基础工程。浙江省围绕数字浙江建设，前瞻性地提出“以网络系统和数据库建设为基础、应用系统建设为重点、数字城市建设为支撑”的建设理念。同时，提出要加快建设数字浙江支撑平台，积极运用数字化、网络化、智能化等信息处理技术，深度开发经济、社会等各类信息资源，逐步形成面向城乡、以中心城市为基本单位的信息资源集成、应用与共享系统，并切实加强应用系统建设，推进企业信息化，推进电子商务和电子政务发展，加快建成全省信息应用体系主体框架。

2）“数字浙江”是贯彻浙江“八八战略”的重要内容

2003年，时任浙江省委书记的习近平同志经过深入调研与思考，全面系统总结浙江发展的八个优势，面向未来提出改革发展的八项举措，简称“八八战略”，开辟了中国特色社会主义在浙江生动实践的新境界，成为引领浙江发展的总纲领。“八八战略”聚焦如何发挥优势、如何补齐短板两个关键问题，研究的不仅是省域发展的命题，更是探寻国家发展、时代发展的命题。在“八八战略”指引下，浙江大地掀起了波澜壮阔的改革浪潮，坚持以“最多跑一次”改革为牵引撬动各领域改革的抓手；全力打造数字经济“一号工程”，通过数字产业化的新业态、新模式来加速现代化新局面；大力推进数字政府建设，通过大数据的归集、整合与开放，不断推动数字浙江向更宽广的领域发展。

3）“数字浙江”的核心是创新，本质是执政为民

数字浙江的建设始终贯穿着创新发展精神和“以人民为中心”的理念。2006年1月，习近平同志在浙江省第十届人民代表大会第四次会议闭幕讲话中强调，要大力培育创新精神，并指出创新精神是“浙江精神”的内核所在，必须充分尊重和发挥群众的首创精神，大力弘扬求真务实精神，坚持一切从浙江经济、社会发展的实际出发，

从面临的形势、任务的实际出发，从全省人民愿望要求的实际出发，把握事物特点，尊重客观规律，脚踏实地，干在实处，取得实效，干出实绩，让人民群众得到更多的实惠。政府的数字化转型没有旧路可走，没有经验可循，依靠的是勇为人先的改革创新精神和执政为民的初心。这一点在形成网上审批新模式的行政审批制度改革中，在自我限权的"四张清单一张网"改革中，在以人民为中心的"最多跑一次"改革中，在建设新时代全面展示中国特色社会主义制度优越性的重要窗口过程中，一再得以体现和践行。

2. 简政放权："四张清单一张网"

2013 年，党的十八届三中全会提出"强化权力运行制约和监督体系"，要求"推行地方各级政府及其工作部门权力清单制度"。浙江省积极响应中央要求，在全国率先启动政府权力清单制度，而且在政府权力清单之外，创新性制定企业投资负面清单、政府责任清单、省级部门专项资金管理清单，把省、市、县三级行政权力全部置于浙江政务服务网运行，由此展开了以自我限权、简政放权为核心的"四张清单一张网"改革，不断转变政府职能，释放市场动能。

"四张清单一张网"围绕政府自身改革，将清权、确权、制权作为改革的关键内容，通过职能整合和组织体系再造，实现政府内部以及政府与市场、社会之间关系的重构，奠定政府治理现代化的基础。其中，权力清单，是规范各级政府及其职能部门"法无授权不可为"；责任清单，是警示各级职能部门"法定职责必须为"；负面清单，是赋予市场主体以自由权，"法不禁止即可为"；专项资金管理清单，是对省级部门现有的财政专项资金进行清理、整合和归并，维护市场经济的公平竞争；政务服务网，是为社会公众提供"一站式"在线服务，打造全天候的网上政府、智慧政府，促进政府治理现代化。

"四张清单一张网"并不是对行政权力进行简单的梳理与罗列，而是通过明确地方各级政府及其职能部门的权力边界，真正将权力关进制度的笼子，让权力在阳光下运行，使得清单之外再无权力，实际上是在用政府权力的"减法"，换取市场活力的"乘法"。有人说，如果把政府自身改革比作一块"巨石"，那权力清单制度就是"杠杆"，通过这根杠杆，可以"撬动"新一轮政府自身改革。

2014 年，"四张清单一张网"改革初见成效。省级部门行政权力从 1.23 万项精减到 4236 项，省级实际执行的行政许可事项从 1266 项减少到 322 项，非行政许可审批事项全面取消，40 多个部门全部实行一站式网上审批。与此同时，浙江省信息、旅游等新消费热点活力显现。政府权力的"减"与经济平稳的"增"，生动诠释了改革的成效、市场的力量。2015 年 6 月，浙江省政府成立深化"四张清单一张网"改革推进职能转变协调小组，由省长直接担任协调小组组长，协调推动解决改革中遇到的困难和重点难点问题，指导市县相关工作，督促各地各部门落实改革措施。

在逐步“瘦身”权力清单、“强身”责任清单、“创新”专项资金管理清单、“完善”企业投资项目核准目录清单、“提升”政务服务网的过程中，“四张清单一张网”和“放管服”改革持续深化，到2016年，浙江实现权、责两项清单省、市、县、乡四级政府部门的全覆盖，并探索推进负面清单的管理方式，开展统一政务咨询投诉举报平台和联合执法协调指挥机制建设，投资项目在线审批监管平台纵横贯通28个省级部门和所有市县区，综合行政执法改革、“双随机、一公开”市场监管改革全面推进；浙江政务服务网覆盖全省各级政府部门并向村级延伸，初步建成集行政审批、便民服务、政务公开、数据开放、互动交流等功能于一体，省市县统一架构、省市县乡四级联动的电子政务平台。“四张清单一张网”撬动的新一轮政府自身改革向纵深挺进。

3. 以人民为中心：“最多跑一次”改革

2018年，一位微博网友晒出“浙江省最多跑一次改革办公室”的牌匾，本是调侃其为“全世界最奇葩的衙门”，却未获得跟风嘲讽，反而有不少网友用亲身经历力挺这“奇葩部门”成立得好!

这个赢得网友叫好、点赞无数的改革，早在2016年底就在浙江省推出了。秉持着以人民为中心的发展理念、致力于提高民众获得感和满意度的“最多跑一次”改革，后以燎原之势在中国“遍地开花”，改革红利惠及百姓生活、企业生产的方方面面。

什么是“最多跑一次”？“最多跑一次”指的是群众和企业工作人员到政府部门办理涉及其全生命周期的“一件事”时，在满足申请材料齐全、符合法定受理的条件下，从提出受理申请到做出办理决定、形成办理结果的全过程中，最多只上门一次或零上门。“最多跑一次”是政府运用信息技术，通过整合政务资源、优化办理流程、线上线下融合等，以“数据跑路”代替“群众跑腿”的有效探索。改革序幕是在2016年12月，浙江省委副书记、代省长车俊在省委经济工作会议上提出“最多跑一次”改革的倡议中拉开的。提出要深入推行“互联网 + 政务服务”，以“最多跑一次”倒逼简政放权、优化服务。次年2月，浙江省出台《加快推进“最多跑一次”改革实施方案》，则标志着这一改革全面启动。

改革“以人民为中心”，以企业和群众实际需求的“一件事”办理为基础，政府部门以自身立场“供给”服务向提供群众“需求”的服务立场转变。政府主动转换立场，从“政府本位”转向“人民本位”，以直接面向企业和群众的政务服务事项为改革重点内容及优先顺序，整合、重构政府职能。改革以办理的效果和人民群众的获得感、满意度为评价指标，通过实施线上线下全覆盖、全汇聚、全闭环、全公开的政务服务“好差评”制度，使企业和群众能够对政府部门及工作人员在开展政务服务过程中的办事效率、便利程度、流程规范、服务态度等进行综合评价，由服务对象来评判政务服务政府做得怎么样。

4. “一站式”服务：掌上办公、掌上办事

掌上办事是“一网通办”的一体化在线政务服务平台，主要用于为百姓办事；掌上办公是浙江省统一的移动办公平台，主要用于政府内部开展数字化协同管理办公。打造“掌上办事之省”和“掌上办公之省”，是深入贯彻数字浙江建设的一项重要举措，也是“最多跑一次”改革的延伸和提升，有利于打破信息孤岛的进一步深化，增创“市场有效、政府有为、企业有利、百姓受益”体制机制新优势。在数字技术驱动之下，通过整合数据资源和信息资源，提高政府部门间协同效率，为群众、企业提供“一站式”政务服务，已成为浙江政府数字化转型和开展数字化治理的重要内容。

1）以“一证通办”回应民生诉求

围绕“好办事、易办事”，浙江省全力打造政务服务掌上平台，创新性开展群众民生“一证通办”服务，通过整合省、市两级统一管控的公共数据共享平台和“一证通办”平台，实现对电子印章、电子身份证等各类电子应用的认同；群众可以身份证作为唯一标识，在全省统一的移动政务服务平台“浙里办”App 上办理社保、医疗、公积金、教育、民政、养老、税务等与自身利益相关的各项民生业务；同时，从群众“需”端民生事项出发进行颗粒度细分，梳理“供”端政府行政权力和公共服务事项，在此基础上形成全省“一证通办”民生事项清单、证明材料数据、政策库。截至 2019 年 10 月，“浙里办”移动政务服务平台已集成 412 项便民服务，实名注册用户 2800 万；群众凭一张身份证可通办 335 项民生事；全国首创的统一公共支付平台已累计办理网上缴费业务 1.4 亿笔，共计节约办事时间约 6600 万小时。

2）以“一站式移动服务”优化营商环境

围绕市场主体需求，在浙江政务服务网、“浙里办”App、支付宝小程序、钉钉企业工作台等多端入口，推出营商服务专区，将分散在省市场监管局、省发展改革委、省经信厅、省公安厅等近 30 个政府部门的 300 多项热点涉企事项集中起来，通过“一周期、一档案、一政策”的集成创新，真正实现掌上联办的流畅体验。“一周期”意为涉及企业开办、商事登记、获得场地等企业生命周期的各类事项实现掌上办理；“一档案”意为依托政务“一朵云”平台、政务中台，建立包含证照信息、人员信息、税务信息、经营信息、资质信息和信用信息等在内的企业数字档案，可支撑证照信息共享互认；“一政策”意为浙江省将惠企稳企政策从发布、推送、办理，到企业咨询、评价与建议反馈等进行全链条服务与在线式互动，促进政策的优化落实。

3）以“浙政钉”优化政务流程

由于过往各级政府、职能部门的政务 App、工作群不统一，政务办公的碎片化成为政府工作效率提升的瓶颈。为此，浙江推行全省统一的“浙政钉”平台，整合办文办会办事、督查督办、财政预算等数字化应用，着力建设简约、高效型政府。截至 2019 年，“浙政钉”已覆盖全省党委、人大、政府、政协、群团等组织，接入机构数 6.9

万个，激活用户数 122.6 万人，建立各类工作群 29.4 万个，汇聚整合各类应用 1037 个，为建设“掌上办公之省”打下扎实基础。“浙政钉”显著提高了政府办公业务效能：通信效能方面，2019 年全年累计发送和接收“钉”消息总量 1.17 亿次，较 2018 年增长 122%；会议效能方面，2019 年累计召开视频会议 15.8 万余次，较 2018 年增长 147%；文件流转效能方面，2019 年累计传输电子文件 2.1 亿件次，较 2018 年增长 347%。

5. 数字化转型：整体智治、唯实惟先

2020 年，在防控新冠肺炎疫情的战疫大考中，浙江省依托数字经济优势，数字化赋能“硬核”抗疫，凭“智”出招，充分发挥了数字技术对疫情防控的支撑作用，有效实现了疫情防控和经济社会发展的“两手抓、两手硬”。基于疫情防控期间的“精密智控”经验，袁家军（2017.07—2020.08 浙江省委副书记、省长；2020 年 8 月省委书记）提出“整体智治、唯实惟先”的现代政府理念，推进浙江政府数字化转型走深走实。

整体，即“整体政府”理念。通过政府内部跨部门的数据共享、流程再造和业务协同，使政府服务方式从“碎片化”转变为“一体化”，群众和企业办事从“找部门”转变为“找政府”。

智治，就是要基于数字化的智慧治理。更好地运用云计算、大数据、人工智能等数字技术，加快形成即时感知、精准滴灌、科学决策、主动服务、智能研判、高效运行的新型治理形态。

唯实，就是要忠诚老实，对党绝对忠诚，增强“四个意识”、坚定“四个自信”、做到“两个维护”；要朴实务实，坚持以百姓之心为心，切实为民解忧，确保说一件、干一件、成一件；运用法治思维和法治方式扎实履职；实事求是，力戒官僚主义、形式主义。

惟先，就是要解放思想，尊重客观规律、尊重人民首创精神，敢于担当、勇于创新，把落实党中央要求、满足实践需要、符合基层期盼统一起来，奋勇争先，敢为人先，一马当先，始终走在前列、勇立潮头，人人争创最佳实践、人人争做“领跑者”。

“整体智治、唯实惟先”为数字政府转型的方式方法和未来图景指明了方向。通过整体、智治，推动政府治理更加协同高效；通过唯实、惟先，打造干在实处、走在前列的现代政府文化。在“整体智治”中，整体政府是关键基础，它不仅要求在政府内部打破藩篱、消除孤岛，实现资源整合、协同一体，而且主张治理主体的整体性和共治性，包括政府部门、社会组织、市场机构乃至公民个人在内的多元主体有效协调，共治共建；智慧治理是落脚点，它要求在治理中通过广泛运用数字技术手段，实现基于数字化的智慧治理，全方位深化政府数字化转型，不断提升政府公共治理水平和精准、高效的需求回应能力。“整体智治、唯实惟先”的现代政府治理理念为数字赋能改革、技术优势转为治理效能提供了索引。

6. 迭代深化：全省数字化改革

2021 年 2 月 18 日，一场全省数字化改革大会吹响了“数字浙江”新阶段建设的号角。会上明确了数字化改革定义、改革重点，提出加快构建“1+5+2”工作体系等重点任务。

袁家军在会上强调：把数字化改革作为今年牵一发动全身的总任务。什么叫“数字化改革”，就是围绕建设“数字浙江”目标，统筹运用数字化技术、思维、认知，把数字化、一体化和现代化贯穿到党的领导，经济、政治、文化、社会、生态文明建设五位一体的全过程各方面，对省域治理的体制机制、组织架构、方式流程、工具手段进行全方位、系统性重塑的过程。这是一个硬核的改革，也是一个重大的集成创新。希望全省能够努力打造重大改革创新的最佳实践，也努力成为“重要窗口”的标志性成果。

2021 年 4 月 20 日上午，浙江省数字化改革第一次工作例会在杭州召开。省数字化改革领导小组组长袁家军出席并讲话。他强调，数字化改革是新发展阶段全面深化改革的总抓手，也是一项牵一发动全身的重大标志性改革，要进一步准确把握数字化改革的内涵要求和重点任务，解放思想、大胆探索，只争朝夕、蹄疾步稳，全上“跑道”、都跑起来，高质量推进数字化改革，打造全球数字变革高地。

浙江省相关部门和专家学者在接受记者采访时表示，2021 年，浙江省政府工作报告把“推进数字化改革”列为“十四五”开局之年全面深化改革开放的重要举措，浙江省“十四五”规划提出，加快数字化改革，完善数字生态，加快建设国家数字经济创新发展试验区，建成数字社会建设样板省、数字政府建设先行省。

按照“十四五”规划和 2035 年远景目标纲要的要求，到 2025 年，浙江省将实现乡村网络体系全覆盖，将建成“数字三农”协同应用平台，推广生产、流通、监管等核心业务数字化应用，让乡村数字经济发展壮大，城乡“数字鸿沟”逐步消除，努力把浙江省打造成国家数字农业展示窗口、乡村数字生活的品质标杆、乡村治理现代样板。

6.3.2　措施

1. “刀刃向内”的整体性政府改革

“最多跑一次”改革提出后，随即拉开了浙江省政府“刀刃向内”改革的序幕。“最多跑一次”改革是“放管服”改革的有益探索，也是浙江省探索整体政府的重要依托。浙江省以群众和企业的实际需求出发，重新梳理政府服务供给流程，变革服务供给模式，其所探索的“整体智治”之“整体”，在目标任务、技术支撑和服务体验方面给予了生动实践和诠释。

1）目标任务整体性：从“以部门为中心”转向“以人民为中心”

“最多跑一次”改革是按照群众和企业到政府办事最多跑一次的理念和目标，从与企业和人民群众生产生活关系最紧密的领域和事项做起，逐步实现全覆盖；以简政放权、精减行政事业收费倒逼各级各部门减权、放权、治权，形成覆盖行政许可、行政处罚、行政征收、行政裁决、行政服务等领域的“一次办结”机制。同时，推行“双随机、一公开”，监管过程随机抽取检查对象、随机选派执法人员，抽查情况及查处结果及时向社会公开，杜绝多头执法、重复检查，形成“部门联合、随机抽查、按标监管”的“一次到位”机制。为推动建设整体政府，整合各项行政资源，提升部门间的协同效率，浙江省在实践中转变以往政府“以部门为中心”的思维方式，践行“以人民为中心”的发展思想，向为人民群众提供更优质的政务服务的目标前进。从群众和企业的视角出发,重新定义和梳理政府权力清单和责任清单。近年来,以“最多跑一次”“一次不用跑”“不见面审批”等为代表的地方改革实践均取得了良好的改革效果。

2）技术支撑整体性：政府数字化转型的技术体系

目前，浙江省数字化转型以“系统融合、综合集成，以场景化的多业务协同应用”为主要特征，以技术创新驱动整体性革新，以技术创新带动数据、平台与应用的融合，在平台融合、应用综合集成的基础上，开发多场景的多业务整体协同。

（1）数据整体性。群众和企业在办事过程中所要提交的大量材料，本身来自各个政府职能部门，因此，实现部门间数据归集，可以显著减少材料提交次数，提高政务服务效率。为此，浙江省先选取市民、企业办件量最多的前100个事项集中攻关，要求各部门将办事材料整理为数据目录；再由省大数据发展管理局和市大数据资源管理中心担任牵头单位，推动政府内部数据的归集和共享。完成数据整合之后，群众个人和企业办理政务服务，只需要到行政服务中心“一窗受理”，后台各政府部门即可通过数据共享提供“集成服务”，即“前台综合受理、后台分类审批、统一窗口出件”。随着“最多跑一次”改革的深化，浙江省提出建设省域共建共享数据资源体系的目标，进一步推动数据整合和共享。具体说来，要依托电子政务云平台，建立政务大数据统一支撑平台，实现公共数据资源一体化管理。要建立全省统一公共数据资源目录体系，完善省公共数据交换平台和共享平台，推进全省基础数据资源向部门数据仓、省大数据中心汇集。要建成人口综合库、法人综合库、信用信息库、电子证照库、资源地理信息库等基础数据库，如图6-10所示，以及审批服务、执法监管、决策辅助、应急预警等各类主题数据库，为政府履职提供数据支持。整体而言，浙江省涉及不同部门、不同领域的数据在省级层面已归集174亿条数据，累计在政府内部共享9.45亿次。主题库涉及部门、数据项及其相关数据主体。

图 6-10　浙江省电子政务云平台基础数据库

（2）平台整体性。是指建设统一的政府服务平台，保证数据发布在政府网站、政务服务网、“浙里办”等各个开放终端中同质同源。在统一的平台中，政府可以持续地实现数字资源的能力化和数字能力的共享化，对外提供优质政务服务，对内提供高效办公协同。事实上，目前整合分散的数据中心，既是政府数字化转型的行动指南，也是整体政府建设第二阶段的主要工作。为浙江政务服务网提供支撑的是网站集约化平台。该平台同时对政务服务网集约化站群和浙江政府网站集约化站群提供双网支撑，将支撑功能、后台管理、前端服务、信息发布进行融合，有效缩减了双网运维的成本投入。省集约化平台建设后，通过对其他平台，如政务服务平台、统一信访平台、统一依申请公开平台的整合，为全省各级网站提供统一的功能调用，并且可随着统一平台的迭代升级，实现全省网站支撑能力的同步提升，各政府和部门网站的功能定位更加清晰，全省网站的管理和服务水平也得到有效保障。

（3）应用整体性。是指在应用内容上实现整合办文办会办事、督查督办、在线培训、财政预算、绩效管理等数字化应用，在使用对象上涵盖诸如党委、人大、政府、政协和社会群众团体等组织。整合政府办公应用是整体性政府建设中的现实需求。2019 年数据显示，“浙政钉”覆盖全省党委、人大、政府、政协、群团等组织，接入机构数 6.9 万个，激活用户数 122.6 万人，建立各类工作群 29.4 万个，汇聚整合各类应用 1037 个，为建设“掌上办公之省”打下扎实基础。再如，对于基层政府而言，原先浙江省基层政务 App 众多，如平安通、河长制、资源汇、掌上 12345、司法通、民情通等，网络员走访巡查时有时身上要携带三四部手机，后来浙江省在省级层面，将基层所有的 App 整合到统一的政务服务平台“浙里办”中，大大提升了网络员的工作效率。

3）服务体验整体性：民生“一件事”与涉企“一件事”

整体主义的精髓在于“客户视角”，即从群众需求的视角出发，将政府及其提供的管理和服务视作一个整体，而不是碎片化、分散化的政府部门，其典型实践包括“一站式服务”“端对端服务”“一次性”信息搜寻等。因此，从某种意义上讲，政府部门的再整合与服务过程的数字化都是服务于整体主义这一目标，最终提高群众的服务体验。

浙江省运用整体政府思维，围绕公民和企业两个生命周期，推动政务办事“标准化零件”集成组装为“一件事”，创新思维推进政府数字化转型。2019 年，根据民生、营商两块领域，浙江省共梳理出“一件事”41 件。其中，群众牵肠挂肚“一件事”达 24 件，具体包括出生、上学、就业、婚育、置业、救助、就医、退休养老、殡葬 9 个重要阶段；企业营商环境“一件事”达 17 件，具体包括商事登记、获得场地、员工招聘、生产经营、权益保护、清算注销 6 个重要阶段。

在浙江省的整体政府改革中，以“一件事”为“牛鼻子”，倒逼“三融五跨”，打破了既有体制机制和路径惯性造成的部门藩篱，形成服务体验的整体性。在整个改革过程中，重构了行政流程，明确了以“事件”为核心的牵头部门、责任部门和协调部门，提高了群众的服务体验。以出生“一件事”为例，浙江省将卫生健康部门的出生医学证明和预防接种证、公安部门的国内出生户口登记、医保部门的城乡居民基本医疗保险参保登记和生育保险待遇核准支付、人力社保部门的社会保障卡个人零星申领实行联动办理。群众办理材料从 13 份精简到 1 份，办理环节从 6 个整合到 1 个，办理时间从 15 天压缩到 3 天。

2. 数字治理的开放与共享：以数据为核心创新与运用

在浙江省数字化转型过程中，数据的协同治理与开放创新主要体现在以下四个层次（见图 6-11）：其一是数据创新体系，形成了基于数据开放与共享的三个层次、四个维度协同治理创新模式。其二是业务创新体系构建以数据为核心的“V 字模型”，基于不同职能和领域的核心业务，展开“业务－数据－业务－系统”的分解集成创新系统应用，为各部门业务产生的海量数据的归集、整合、开放、共享，并集成于技术系统提供了可操作路径。其三是技术创新体系，建立公共数据开放平台，形成以 4 个“1”为核心的数据开放创新实践；建立全省数据交换和共享两大平台，形成“1253”数据共享体系。最后是制度创新体系，确立了我国首部省域公共数据开放立法，为规范公共数据开放、促进政府数字化转型、推动数字经济和数字社会发展，以及在数据开放与共享过程中保障公共数据安全提出了浙江方案和可行措施。

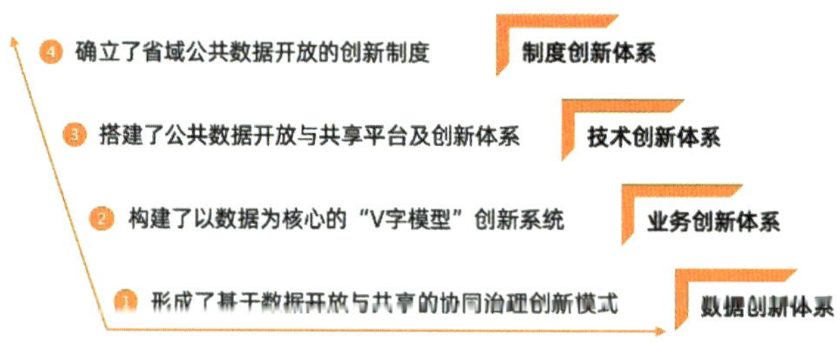

图 6-11　数据协同治理与开放创新的四个层次

1）开放与共享的数据创新及维度应用

浙江省的开放和共享创新实践包含两个过程、三个层次、三个维度。两个过程即数据先开放、后共享；三个层次表现在政府各部门数据对内的开放与共享、政府数据对社会的开放与共享，以及企业社会数据的开放与共享；三个维度表现在数据开放、平台开放与场景开放。开放与共享的探索实践背后，浙江省具有“V 字模型”的创新和应用，以及制度和技术的双重保障。

（1）数据开放：政府内部互通与外部协同的必由之路。政府部门内部的数据开放与共享。浙江省基于公共数据开放平台，将政府数据按需共享给相关职能部门，有效提升了其他相关事项办理过程中申请主体的申办效率及受理、审批人员的服务效率，促进了跨部门政务服务与管理流程的优化及相关业务流程的重组，提升了服务质量。例如，大型项目审批涉及的材料多、部门多、流程多，如果各职能部门间业务数据不流通、不共享，申请主体就要在各环节办理之前提供前置环节办理结果的证明，并须重复提交各种申请材料，受理窗口也要不断核验，对办理主体而言极为不便，对受理主体而言亦大大浪费其行政资源和工作时间。政府内部数据互通共享之后，前后环节便可自动无缝连接，沿着业务流程形成政务服务的新链条，节约申办及受理成本，提升办理主体的服务体验感。政府公共数据向社会的开放与共享。浙江省意图通过政务数据的开放共享，引导企业、行业协会、科研机构、社会组织等各类主体主动采集并开放数据，在政府和社会的更广泛范围中共享数据。在“2020 中国开放数林指数”中，浙江省位列全国第 1 名。截至 2020 年 7 月，浙江省已开放 8677 个数据集、15.2 亿条数据，实现公共数据“能开放尽开放”。其中，“十三五”期间，杭州市开放 500 个数据集、2500 项以上数据项，优先开放了普惠金融、交通出行、医疗健康、市场监管、社会保障、文化旅游等领域数据。

（2）平台开放：统一数据开放与共享平台。浙江省通过技术中台等形式，推动不同政府间共享同样的信息技术平台和底层数据库架构等，建成全省统一的数字开放平台、开放门户。在图 6-12 中，省公共数据开放网站已开放 50 家省级单位、11 个地级市的 8775 个数据集（含 4451 个 API 接口）共 38 854 项数据，涵盖经济建设、资源环境、教育科技等 21 个领域。通过开放数据的应用，涌现出包括琅琊阁、药点点、食安心药安心在内的一大批典型应用。通过统一公共数据开放平台的建设，浙江省在数据开放方面的活力得到明显加强。在政府内部数据开放与共享平台方面，浙江省针对个别关联领域建设专业领域基础信息平台，如建成国土空间基础信息平台，归集了涵盖自然资源、发改、生态环境、农业农村、林业等五大领域涉及现状、规划和管理的空间数据，实现全省贯通，省市县共享空间数据服务 7308 项。杭州市基于国土空间基础信息平台为产业用地云招商地图、土地储备全生命周期管理系统、建设用地全程监管系统、土地执法巡查系统等新建和改建系统提供了数据和功能支撑。

图 6-12 浙江省数据开放界面

（3）场景开放：政企协同提供公共服务和良好治理的渠道。浙江省依托浙江公共数据平台，通过举办“数据开放创新大赛”的方式，鼓励企业、社会组织和个人参与探索开展数据开放创新应用，以激发市场和社会活力，加快数字经济和数字社会融合发展，推进“数字浙江”建设。各地级市各类型组织参与热情高涨，“2020 浙江数据开放创新应用大赛”入围的 120 项作品中，涵盖公共卫生应急、公交线网规划、企业征信服务、中小微企业融资、智慧体育社区等各类针对政府、企业和市民的应用场景。其中，绍兴市已梳理 20 个数据开放场景，积极服务综合交通网络化、公共服务同城化、产业平台协同化、城市发展融合化等领域。

2）数字治理的业务模型创新：“V 字模型”的生成与应用

浙江省鼓励各部门、各地方使用公共数据积极开展业务创新，形成了以数据为核心的创新模式——“V 字模型”。浙江省提出的“V 字模型”系统工程模型开展数据共享顶层设计和公共数据平台搭建，按照系统工程的解决方案，通过系统分解、工作分解、责任分解，在数据整合、共享、开放等重点领域实现政府工作流程再梳理、再分解、再优化。下面以浙江省信用体系开发模型“531X”为例对“V 字模型”进行阐释。系统化分解重构步骤如图 6-13 所示。

“V 字模型”包括业务协同模型和数据共享模型。其中业务协同模型主要工作如下。

（1）定准核心业务，确定业务模块。信用体系中的核心业务涉及五大信用主体——企业、个人、中介组织、事业单位、政府，确定好面对这五大主体的业务模块为第一步。

（2）拆解业务单元，梳理业务事项。第二步是对核心业务进行业务单元的拆解和梳理，如面向企业的业务单元包括企业基本情况、金融财税、生产经营、社会责任、遵纪守法情况等。

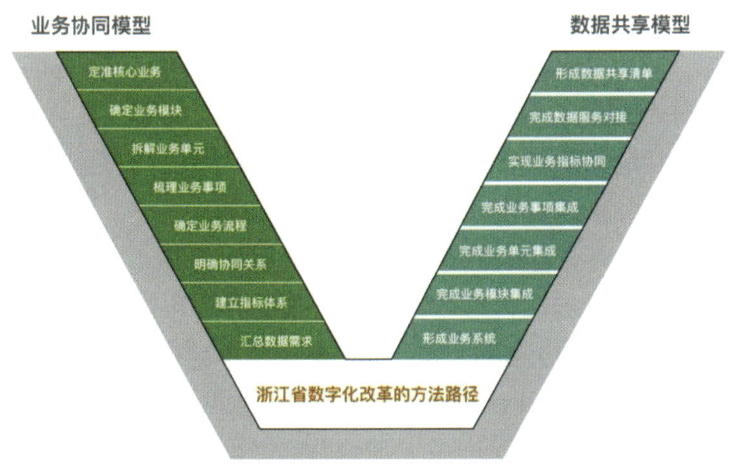

图 6-13　数字治理“V 字模型”

（3）确定业务流程，明确协同关系。此阶段是对上述业务单元分别进行业务流程的细分，如金融财税业务单元下包括金融、财税、银行贷款、缴纳费用情况等，这一阶段的业务流程会产生众多企业信用数据。

（4）建立指标体系，汇总数据需求。此阶段是在上述业务数据项基础上进行数据需求分解，通过建立指标体系，汇总不同业务的总数据需求。

至此，政府核心业务的模块、事项、流程工作经梳理形成业务协同模型，基于其汇聚的所有业务数据需求，形成数据共享清单，完成数据服务对接，实现业务指标协同，开始基于数据共享基础完成业务事项集成、业务单元集成和业务模块集成，最终将基于底层数据基础上的业务系统调试上线。

整体而言，“V 字模型”的左半部分是由业务到数据的降维分解，右半部分是由共享数据到业务模块以及业务系统的升维集成。这一模型可适用于互联网 + 政务服务、互联网 + 监管以及互联网 + 督查的任何业务场景。不同场景下的业务流程协同和再造，即在此过程中逐步完成。

3）开放与共享的技术创新：全省公共数据平台的构建

依托于省公共数据开放网站，浙江省实现全省统一一个开放平台的同时，鼓励各地在内容上多元多样；在扩大数据开放量的同时，严格强化数据开放质量。截至 2022 年初，省公共数据开放网站已开放 50 家省级单位的 19 220 个数据集、97 842 项数据项，共 532 360.97 万条数据，涵盖经济建设、资源环境、教育科技等 21 个领域，实现数据“能开放尽开放”。与此同时，按照“无低容量、无碎片化、数据量大、社会需求高”原则，结合浙江省数据治理工作，严格把控每个数据集的质量，并根据数据类型和使用场景，实现数据分类获取。

数据开放网站自 2019 年 1 月 26 日上线以来，受到公众极大关注与热烈欢迎，网站访问量月均增长 55.1%，下载调用量月均增长 72.4%。在政府数据开放数量与质量的双重保障之下，浙江省统一公共数据开放平台已取得良好成效，数据开放活力进一步增强，市场创新创造活力进一步激发。

浙江省数据开放的 4 个“1”意为 1 套数据开放目录、1 个数据开放主题库、1 个数据开放平台、1 个数据开放网站。

全省公共数据平台的构建和数据管理具体做法如下。

（1）数据开放模式统分结合。按照整体政府、集约化建设、统一标准原则，建设全省一个开放平台，原则上各市、县（市、区）不单独建设。同时，鼓励各地基于一个平台在数据开放内容上“百花齐放”。浙江省公共数据开放目录实现已归集数据“能开放尽开放”；数据开放主题库、平台已建成并支撑数据集下载、应用发布等功能。

（2）强化开放数据质量管理。按照“无低容量、无碎片化、数据量大、社会需求高”原则，结合浙江省数据治理工作，严格把控每个数据集的质量，保障数据持续更新。浙江省开放数据容量位居全国第一（根据“2020 年中国开放数林指数”报告），数据容量在 1 万以上的数据集 2826 个（占 44.9%），且无低容量数据集。自省公共数据开放网站上线以来，7 个月内动态更新的数据集 441 个（占 84.8%），新增数据集 240 个。

（3）实现开放数据分级管理。根据数据类型和使用场景，浙江省公共数据平台上的数据实行分类获取。①直接开放，用户无须注册便可获取数据，占所有开放数据的 4.8%，降低用户获取数据的门槛，如农产品、成品油电价等市场信息，场所、场馆等查询信息和天气预报信息。②认证开放，用户实名注册认证后下载，如医保药品目录查询信息、工业产品生产许可证、采矿许可证等注册、许可、处罚信息，占 45%。③高级认证开放，用户完成高级实名认证注册、明确应用场景提出申请，审核后通过 API 获取，适用于长期持续使用数据的情况，占 50.2%。

4）开放与共享的制度创新：我国省域首部公共数据开放立法

浙江省发布全国首部省域公共数据开放立法，开启了公共数据开放的新时代。2020 年 6 月 17 日发布的《浙江省公共数据开放与安全管理暂行办法》（以下简称《办法》），加快了推动数据领域立法，界定了政务数据权属，对数据使用、数据开放、数据运营、数据授权、第三方开发利用等合法合规性进行了统一规范。《办法》对公共数据开放主体在数据开放方面的优先序列予以明确阐述。根据本地区经济社会发展情况，要重点和优先开放与公共安全、公共卫生、城市治理、社会治理、民生保障等密切相关的数据，与数字经济发展密切相关的行政许可、企业公共信用信息等数据，以及自然资源、生态环境、交通出行、气象等数据。根据数据开放的风险程度，《办法》将数据分为无条件开放、受限开放、禁止开放三类，并针对不同风险类别设置了有差异的开放方式。

3. 政企社协同：数字政府可持续发展之源

1）政企共建“数字浙江”

浙江省政府从 2014 年开启“四张清单一张网”改革时就积极借鉴平台型互联网企业的经验，将其当作“政务淘宝”来打造，并与阿里巴巴等互联网平台企业共同谋划。之所以选择和互联网平台企业合作，一方面，平台型业务模式本身具有很强的公共服务和市场监管性质，且多用数字化的方式提供用户服务和平台治理；另一方面，其强大集中的科研、技术、资金等优势，为数字政府建设提供更加集约的支撑，政府无须在技术投入上“重复造轮子”。在合作过程中，浙江省政府进行业务顶层设计，提供领导、组织、政策和资源保障；阿里巴巴将数据中台和业务中台理念引入浙江数字政府建设，复用互联网公司平台治理能力，深度参与政府业务变革和数字化转型。

在数年深度合作基础上，浙江省政府与阿里巴巴于 2019 年底合作成立合资公司——数字浙江技术运营有限公司，率先突破政府单一主体建设模式局限，探索数字时代政府数字转型的新型建设模式。公司秉承“服务、赋能、创新”三大理念，为浙江全面数字化转型和“整体 + 智治”政府数字化转型提供顶层设计、平台建设、业务创新、运维保障及运营等服务。公司由阿里巴巴集团、浙江金融控股集团、浙江日报报业集团、浙江广播电视集团共同出资成立，是一家国资控股的混合所有制公司，拥有一支数百人的专业团队，技术人员占比 90%，硕士及以上学历人员占比 20% 以上。

此外，浙江省用对内对外“双开放”的方式推动创新生态建设。“一朵云、大中台、两类端”的大平台不仅对各级政府部门开放，也对外开放，所有的系统集成商、软件开发商、技术供应商及消费互联网企业都可以依托平台开发产品进行创新，也可以借助平台提供服务。

社会资本能够畅通进入浙江数字政府建设，平台企业能够为浙江数字政府建设提供有力支撑，深层原因是依托浓重商业文化形成的健全而高效的政商沟通机制，政府与企业相互信任、相互支持、相互渗透而又严明守法的沟通机制和治理氛围，成为浙江数字政府成功的重要条件。

2）基于社情民意的治理创新：“好差评”倒逼服务改进

李克强总理在 2019 年政府工作报告中指出“要建立政务服务‘好差评’制度，服务绩效由企业和群众来评判”。作为国务院办公厅确定的全国政务服务“好差评”系统建设试点省份，浙江省依托浙江政务服务网和公共数据平台的优势，整合各类线上线下政务服务评价渠道，加快建成了全省一体化的政务服务评价中心。浙江省政务服务“好差评”的先行先试探索具有如下主要特点。

一是线上线下全覆盖。省、市、县（市、区）、乡镇（街道）、村（社区）五级政务服务机构办理的 4200 余个办事事项全部纳入一体化评价中心。群众办事过程中，可以通过浙江政务服务网、“浙里办”App、支付宝小程序、扫描二维码、手机短信等线上渠道提交好差评，也可以通过各级行政服务中心、办事窗口设置的评价器、自助终端、12345热线电话等传统渠道给出评价。

二是差评处理全闭环。群众的每一个差评都是政务服务的一面“镜子”，为确保差评得到有效处理，浙江省人民政府办公厅印发《浙江省建立政务服务“好差评”制度工作方案》，要求各级各部门完善差评核实机制。收到差评的单位需在1个工作日内安排工作人员进行回访；经核实需整改的问题，在15个工作日内完成整改并向用户反馈；用户可根据整改情况进行1次追评。同时，浙江省将“好差评”系统与全省统一的掌上办公平台“浙政钉”无缝对接，建立“好差评”实时通知、督促整改、超期预警、晾晒通报的工作机制，确保差评处理及时、高效、全流程闭环。

三是评价结果全公开。办事群众做出的每个有效评价都在网上公开。公众登录浙江政务服务网、“浙里办”App，可以查看每个政务事项的满意度综合得分，查阅办事群众做出的“好差评”内容。浙江政务服务网还公开各地各部门政务服务差评率排行榜，接受社会各界监督，以公开、透明促进各级政府部门优化服务、提升绩效。对可能出现的假差评、假整改等现象，浙江“好差评”回访整改闭环流程中特别设置了由12345服务热线负责实施的申诉、整改、追评等环节，这一第三方差评核实机制，进一步完善差评整改闭环流程，确保“好差评”结果客观、真实、准确。

四是评价数据全汇聚。全省政务服务办件评价数据全量汇聚到统一的“好差评”数据库，实现“用户－办件－评价”信息全关联。群众和企业登录浙江政务服务网和“浙里办”App，可以实时查看自己给出的每个“好差评”记录和有关部门的反馈意见。这些数据也是评判各级机构和工作人员服务绩效的重要依据，通过大数据分析等手段，对每个办事机构、服务事项、办理人员的服务质量进行精准画像，将群众评价结果运用于各级各部门、工作人员的评价考核中。

政务服务“好差评”是倒逼行政质量、效率和政府公信力提升的一个“利器”，让政务服务更有“温度”，群众和企业的获得感、满意度不断增强，也体现了数字政府建设“以人为本”的本质。

3）与领先的互联网企业展开技术合作，打造强大的政务底座

“一图一码一指数”的点穴式调控是浙江省科技抗疫的一个缩影。新冠肺炎疫情暴发以来，浙江省迅速采取行动，启动公共卫生一级响应，通过“大数据＋网格化”实现疫情防控全闭环、数据全流程管理。快速上线的“疫情信息采集系统”与“疫情防控管理系统”互相结合，实现了浙江省群众联防联控、政府高效协同、医疗体系及时响应的防疫体系的大闭环。政府通过大数据分析，实现疫情防控工作三步走，从第一波紧急性应对“防输入”、第二波封闭式管控“防扩散”转向第三波精密型智控，牢牢把握主动权。

正是因为有了数字政府的底层架构和基础，有了原始数据和用户体系的积累，浙

江省才能在疫情时期将平台迅速投入开发、迭代和运转，快速响应。在“一云、两中台、三端、N 智能”构成的“123N”架构支撑下，浙江省形成技术、数据、业务三位一体的融合推进模式，完成了治理理念、治理流程和治理手段的数字化再造。

案例：24 小时上线全省疫情信息采集系统。

2020 年 1 月 27 日，浙江省卫健委联合阿里巴巴，通过阿里巴巴旗下宜搭平台，仅用一天时间便搭建出了“疫情信息采集系统”。全省群众足不出户便可了解疫情权威信息、进行疫情申报以及提供线索等。而“疫情防控管理系统”48 小时就搭建完成，用大数据与病毒赛跑，锁定传播路径。往年，疫情指导防控信息需省卫健委先下发至 11 地市卫健委，再到 90 多个区县卫健局，进而下发至 3 万多家医院、社区服务中心等单位。层层汇总上报，耗时耗力。而新系统支持多级部门数据实时导入，同步给出统计分析报表，基层能快速上报疫情，卫健部门根据实时数据提前预估疫情形势，提早调度医疗物资。

政务“一朵云”建设，已成为浙江数字政府建设的信息基础设施，是政府完善治理能力的总底座、开展业务创新的总容器、提供公共服务的总后台、保障数据安全的总堡垒。有别于传统以计算、存储、网络、数据库“四大件”为主的服务模式，浙江政务云充分利用国有最大的公有云服务商阿里云的最新技术发展成果，覆盖了计算、存储、网络、安全、运维、数据库、大数据、人工智能、中间件、同城容灾、异地备份 11 大类 50 多种云产品，确保在性能上的完备性和国际领先性。通过弹性扩张的云服务，以及一夜之间可扩容数万台服务器的技术能力，支撑新增数以亿计的应用规模。在日常运行中，浙江政府部门与阿里巴巴建立了快速高效的需求 – 反馈机制，定期迭代云上产品，并为各个政府部门提供定制化上云服务。在后台成立专家服务团队，基于全省大样本，全方位支持政府云架构和运维。各厅局采用购买服务的方式享受云资源，月结账单，用户使用简便，充分发挥了云计算作为新型基础设施的特点，有效支撑了疫情中各项数字技术应用的快速创新和高效迭代。浙江省与大型互联网科技公司的深度合作，满足了移动互联网时代快速打造政府平台服务以提升政府治理能力的需求。

4）精准施策的数字化方案：从“健康码”到“企业码”

因防疫需求而生的“健康码”和复工复产平台在实践中带来新的启示。通过“健康码”建立新的个人电子身份，可以从健康领域扩展到其他个人生活场景中；通过复工复产平台为政府和企业建立的在线、移动式对接，可以进一步创新政企服务的新模式，让政府能够精准施策，让真正有需求、合条件的企业能够享受“不打折”的服务，并通过政企互动，不断提高经济、产业治理水平。

借鉴“健康码”经验，浙江省率先推出为企业精准服务的“企业码”。2020 年 4 月，浙江省经信厅联合省委改革办、省信访局、省发改委、省人社厅、省税务局、省市场监管局、省大数据局、浙江银保监局等部门以及阿里巴巴等企业共同发起建设的浙江省“企业码”平台开发完成，并在湖州德清县开启试点。当地企业只需通过“浙里办”“钉钉”等端口扫码，就可申领“企业码”。申领后，可以使用码上政策、码上直办、码上诉求、码上融资、码上合作、码上信用等应用模块，办理贷款、申请补贴等业务。

同时，根据全省各地实际，浙江省建立了地方特色服务专区。企业不但可以获得全省共性服务，还能享受到各地区专区特色服务。截至2020年6月1日，全省已开通市级专区2个，县市区专区1个。例如，金华通过“金码名片+服务赋能”，为40多家优秀企业提供数字化“金名片”、免费智能化改造问诊等6项专属服务，并接入金华的“亲清帮”，这是当地的一个服务企业平台。德清通过“码上融资”，实现企业“秒级”授信、3天内上门放贷，已有33家企业获取贷款2.12亿元；通过“码上诉求”，为30家企业开展公益培训；通过“码上直办”，80个服务事项、15类县级项目申报事项全程线上办理，565家企业办理相关业务，共计为75家企业审核发放技改项目补助资金6000多万元，办理时间缩短近30天。

案例：德清“企业码”快速助企。

“在‘企业码’的‘码上融资’模块申请贷款，中国农业银行德清县支行秒级受理，当天上门审核资料，3天后，2200万元贷款到账。”4月23日，一收到贷款，浙江拉斯贝姆餐饮设备有限公司总经理阮占青马不停蹄地忙开了。

阮占青享受到的“码”上贷款马上到服务，与德清在全省率先开展的“企业码”应用试点密不可分。由于“企业码”接入了省金融综合服务平台、蚂蚁金服网商银行等平台，可为中小微企业提供精准金融服务，甚至是秒级金融贷款服务。截至目前，德清“企业码”实现规模以上工业企业全覆盖，已有23家企业通过“码上融资”向银行申请贷款，贷款总额达1.46亿元。

浙江省“企业码”主要有8个应用场景。

（1）扫码进码：让企业通过“浙里办”“钉钉”等端口，扫码申领企业专属的企业码，快速进入服务通道。

（2）码上名片：依托大数据，形成企业专属个性化数字名片，多维呈现企业发展概况。

（3）码上政策：及时向企业精准推送各类涉企政策，实现政策的精准直达、掌上阅览、在线办理。

（4）码上直办：聚焦企业高频办事事项，让企业快速办理税务、社保、市场监管等方面业务。

（5）码上诉求：打通省企业服务综合平台、省“三服务”小管家、省统一政务咨询投诉举报平台的数据通道，实现数据实时共享，形成诉求快速提交、后台及时受理、部门限时答复、企业满意度评价的工作闭环。

（6）码上融资：线上通过接入省金融综合服务平台、蚂蚁金服网商银行等平台，为中小微企业提供精准金融服务甚至秒级金融贷款服务。

（7）码上合作：聚焦防止产业链断链、加强产业链合作，通过开设产业链供求对接平台，解决省内企业需求和供应的精准对接，通过开设产业链合作开放平台，链接阿里巴巴 1688 平台，解决企业在全球范围内需求端的采购问题。码上合作还通过实施浙江制造拓市场“春雷计划”，与阿里巴巴合作建立产地直播基地、C2M 超级工厂、“厂货通”等，解决企业供应端的销售问题。

（8）码上信用：依托省公共信用信息平台，为企业提供企业信用查询。

浙江省“企业码”以二维码为标识，以企业基础数据仓和涉企数据供应链为数据基础，以省企业服务综合平台为应用支撑，以企业数据授权使用为突破口，围绕政策直达、公共服务、产业链合作和政银企联动等环节，解决了基层多年来如何精准服务企业的难题，它不仅打通了省、市、县三级数据通道，实现了多部门、多业务协同，也充分考虑到基层服务企业的个性化需要，实现了企业服务的“最多跑一次”，帮助企业“码上行动，码到成功”。在政府层面，则做到“码上服务，码上满意”，让这“四码”成为“四码难追”，在数字化治理服务企业中更好地发挥窗口示范作用。

4. 智慧治理：新基建与数字技术驱动的治理现代化

智慧治理的基础是数字技术及数字基础设施，通过软硬件智能化部署，实现政务服务智能化、决策执行智能化、社会治理智能化。浙江省从战略高度上充分认识新一代信息技术及新基建成果在提升省域治理现代化水平中的驱动力和重要性。坚持以新发展理念为引领，以技术创新为驱动，以信息网络为基础，加强数据资源整合、技术标准规范和基础设施建设。通过推动新基建和新技术的系统化网络部署，建设规模集约、整体高效、绿色节能的新一代云数据中心，稳步推进传统政务服务的“数字 +”“智能 +”升级，确保提供政府数字化转型建设所需的网络环境、云平台资源等运行环境保障和技术支撑，满足业务政务应用需求。

1）科技引领：数字技术的先发优势与效能转化

浙江省数字政府建设的坚实基础是数字技术发展的良好生态系统，这是多年来浙江省数字政府建设的长期积累和社会信息化发展的充分体现。正如袁家军所言，浙江数字政府建设要发挥先发优势，聚焦重点领域，加快实现从盆景到风景、从量变到质量的转变，在省域范围内，率先实现现代化。在数字防疫过程中，浙江能够心中有“数”、临阵不乱，正是得益于长期不懈的数字政府建设，打造的坚实底层架构基础和丰沛的用户数据积累。在社会层面上，多网融合的数字生态系统成为浙江数字政府建设的优良环境，尤其是移动互联网、消费互联网、物联网、社交媒体、现代物流的高速发展和快速融合，为广范围、宽领域、深层次的数字政府渗透、推广和整合提供依托。

（1）新基建：政府数字化转型的底座和基石。新基建为治理创新提供了新的动力支撑，带来系列新技术、新产品、新模式、新业态，在政府数字化转型过程中发挥底座和基石作用。例如，浙江政务云累计支撑了85个省级单位的1668个业务系统上云，杭州、宁波、湖州、绍兴、嘉兴等地正在快速推进政务“一朵云”建设，部分实现横向部门、区县部门系统的迁移工作，杭州、绍兴等地市初步实现“两地三中心模式”（即生产数据中心、同城灾备中心、异地灾备中心）。在政务云的底座上，多部门的联合创新成为可能。利用云平台“一个数据中心”的优势，通过省大数据局、省财政厅、各级医保部门、定点医疗机构之间的数据共享，浙江实现全省转移接续、零星报销等业务事项的网上办和掌上办，为全省就医人群提供“移动付”“扫码付”“医后付”等多种支付方式。浙江在全省范围内全面推行“一窗受理、一网通办、一证通办、一次办成”，群众可以像“逛淘宝”般享受政务服务，都是依托于政务云的集约化服务而实现的。作为国家数字经济创新发展首批试验区，浙江省的政府数字化建设已完成了政务云建设、电子政务外网改造、电子政务视联网投入运行和网络与数据安全防护升级等多项基础设施建设工程。目前，正在智慧公共数据平台建设、智能化公共卫生设施完善、智能化应急管理和救援设施建设、“城市大脑”建设和数字乡村建设等多个方面予以推进。

（2）中台战略：政府数字化转型的中枢应用。中台战略是浙江省依托阿里巴巴积累多年的业务中台技术而打造的。浙江省依托数据中台与业务中台进行数据资源整合和业务能力沉淀，通过将组织机构中所有的基础服务、基础资源集中于此，并开放给前台使用，对不同部门的业务进行总协调和支撑，实现平台间信息、技术等通用需求的高效高质协同共享。“最多跑一次”改革即通过“两中台”予以有效推动。“两中台”分别以数据和需求定义政务服务，数据中台让政府工作人员和服务对象的深层需求以数据形式体现，业务中台则通过沉淀办事与治理需求来迭代建设中台、优化政务服务。具体而言，数据中台解决了数字政府建设中最为关键的数据问题，将政务数据全面汇集，政务“一朵云”为各厅局委办业务提供统一基础设施和数据平台、数据基础服务，从而打破信息孤岛，实现数据共享。业务中台是数字政府的应用中枢，通过整合政务服务资源，将政务服务业务、经验等模型能力予以沉淀，形成政务服务共享能力体系。它对业务数据、事项数据等进行编辑、编译，通过数据命名标准、表单命名标准等流程，为“一证通办”“一网通办”奠定基础。

（3）城市大脑：感知城市运行的数字化支撑。城市大脑是通过充分运用城市数字资源来全面感知城市运行，系统提升社会治理能力的数字化支撑。作为具有首创经验的杭州城市大脑运营指挥中心，通过全周期管理、便民惠企的技术创新倒逼制度创新，通过线上协同促线下变革，在形成中枢系统、运行模式、组织体系等方面具有先行示范经验。“一整两通三同直达”的中枢系统有助于全面汇整杭州市各级各部门海量基础数据，通过系统互通、数据互通，促进数据协同、业务协同、政企协同，以直达民生和企业的社会治理应用场景和数字驾驶舱构建全数集成、万物智联的中枢系统。“一脑治全城、两端同赋能”的运行模式推动了城市治理者的“驾驶端”和广大人民群众的“乘客端”同向发力、交互赋能，打造更多干部非用不可的数字驾驶舱、群众爱不释手的应用场景，让各级“机长”精准有效驾驶。“系统指挥、合力执行、政企联动”的组织体系，“无形之手”与“有形之手”的结合，市委、市政府主要领导担任城市大脑领导小组组长等系列举措，综合发挥了统筹协调、中枢运维、数据协同、规则沉淀等积极作用。除杭州外，省内其他市、县，如衢州、湖州、嘉善等，都在探索完善自身城市大脑的建设运营模式。

2）数字技术创新助力政府智慧治理

浙江省通过“大数据 + 网格化”而形成的治理过程全闭环、数据治理全流程模式已然成为实现智慧治理的有效途径。新冠肺炎疫情暴发以来，快速上线的“疫情信息采集系统”与“疫情防控管理系统”结合，浙江省群众联防联控，政府高效协同，医疗体系及时响应，形成防疫体系的大闭环。政府通过大数据分析，将疫情防控工作分三步走，从第一波紧急性应对“防输入”、第二波封闭式管控“防扩散”转向第三波精密型智控，牢牢把握主动权。“一图一码一指数”实施精准、严密、智慧的点穴式调控，成为浙江智慧治理的一个典型缩影。

案例：“一图一码一指数”的浙江故事。

1. 一图：五色图

执行各行动计划，治病防疫、包车包机接员工……这背后离不开一张神奇的“五色图”。浙江省首创的“五色图”被称为县域战“疫”图。疫情风险地图以“健康码”为数据基础，把全省 90 个县（市、区）按风险高低绘制成红、橙、黄、蓝、绿五色（见图 6-14），每三天动态调整一次。图上每一小块颜色的变化，反映各县（市、区）分类管控、精准施策，全力以赴打赢疫情防控阻击战的成效。

在“五色疫情图”基础上，浙江省又新添“复工率五色图”。在不少地方还纠结于复工复产与疫情防控的两难选择时，“五色图”融入分级分类管控等科学治理的思维，用简单易懂的呈现，既为浙江有条不紊地进行科学精准有效防控提供依据，也为全省复工复产提供有效宏观引导，还缓解疏导了群众的紧张情绪，一图多得。以“疫情图”和“复工图”精准推进复工复产，为浙江实现“两手硬、两战赢”目标提供有力技术支撑、信心支撑。

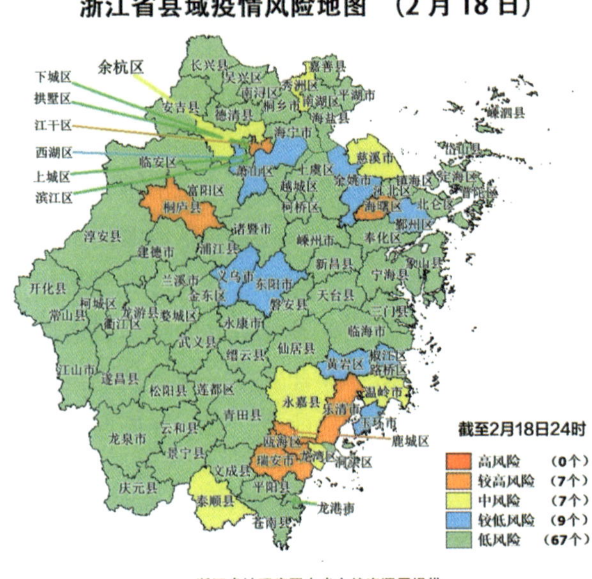

图 6-14　浙江省县域疫情风险地图

2. 一码：健康码

2020 年 2 月 11 日，杭州市政府联合阿里巴巴集团，借助阿里云大数据处理能力、政务钉钉“浙政钉”内跑平台的高效协同能力、阿里数字政务中台的事项受理能力，经过 4 昼夜开发，在全市推出“杭州健康码”，实现了疫情期间人员复工、生活、出行的数字化管理。根据重点区域疫情风险、申请人到访疫区的情况、申请人与密切接触人员的接触状况等空间、时间、人际关系维度，分别赋予红、黄、绿三色二维码，做到“管住重点人、放开健康人”。经申请者手机扫描、填报等简单几步，就可以通过技术手段将申请者个人健康状况、行动轨迹等信息汇入云中，让防疫指挥部第一时间掌握全量、实时的信息。

截至 2 月 15 日，杭州市共有 650 万人申请健康码，10 万余申请复工的企业，超过 50% 获得批复，有效地推动了企业的安全有序复工。当日晚，杭州、宁波、温州、绍兴、金华、衢州、舟山、台州和丽水“健康码”服务就在“浙里办”App 和支付宝多地同步上线。浙江省大数据局火速搭建起全省“健康码”管理信息系统框架、制定数据共享标准规范，实现“一次申报、动态管理、跨域互认、全省通用”，为浙江省回归正常秩序奠定基础。2 月 18 日，中央电视台《新闻联播》播出“浙江：一人一码大数据助力精准防疫”相关报道，向全国介绍浙江经验。

以杭州市余杭区为例，疫情暴发之初，由于人口流动数量大、频率高，杭州市余杭区迅速“中招”，确诊人数在杭州市 14 个区县居首。聚集了阿里巴巴等一批互联网企业的余杭区，“互联网思维”早已根植于社会治理中。2 月 3 日，余杭区开始实施防疫“最严禁令”；两天后，“健康码”1.0 版呱呱落地，并在 4 天后正式“上岗”。仅 1 周时间，余杭区就摘掉疫情“重灾区”的帽子，成为复工最快区县之一。截至 3 月 1 日，余杭区连续 20 天无新增确诊病例，已复工企业达 48 075 家，基本实现全部复工。

3. 一指数：精密智控指数

结合防疫和复工复产、民生保障的实际需求，浙江省科学制定了以“三流”为重点的“精密智控指数”。一是确保“动脉通”的物流畅通。利用大数据加快司机情况排查、企业复工确认，实行分批受理和分批上岗，实现精准管控，推进动脉畅通、血液流动。二是利用“健康码”来畅通人流，该管的管牢，该动的动起来。三是畅通商流，确保快递、外卖、生鲜配送等关键服务正常运行，打通全省电商快递物流“最后一百米”。截至 2020 年 3 月 22 日，浙江省连续 30 天无本地新增病例，未发生境外输入疫情本地传播病例，实现了本地确诊病例“清零”目标。

3）智慧治理推进多领域治理现代化

整体而言，作为不断推进“智慧治理”的成果，浙江省近些年来在经济调节、社会治理、公共服务、生态环境保护等多个领域的治理现代化上，取得了可喜的进步和成果。

（1）经济调节领域。浙江省依托经济运行监测分析和企业风险监测预警两大平台建设，逐步形成了统一的“经济数据池”，完成全省 3 万多家规上工业企业建模分析，实现企业、行业、区域风险的动态监测、精准识别和快速预警。浙江省建成全省规划管理数字化平台，完成“一码一库”建设，实现了规划的全流程管理。汇集全省各类规划成果 3453 项，平台得到国家发展改革委的充分肯定，并发文向全国发改系统推广学习浙江省平台建设经验。基于数字财政五大平台开发应用财政收入数据分析、全省财政经济预警分析、财政内部控制管理等，推进了基于财税大数据平台的数据创新应用，助力探索大数据辅助决策。此外，在农业农村数字化建设方面，浙江省通过推进生产管理数字化建设、促进农产品电商发展、支持新产业新业态等手段大力发展乡村数字经济，实现农产品网络零售 842.9 亿元，增长 26.3%。

（2）社会治理领域。浙江省基于基层治理四平台打通了省公共信用信息平台、省平安建设信息系统等 33 套省级部门系统、13 套市级部门系统，实现了试点地区平安通、河长通、流管通、食安通、房管通等五通融合。围绕基层需求开发了 34 个数据共享接口（涵盖 1465 个数据项），各地累计调用数据共享接口 2.4 亿次。在数字城管领域，在全国率先实现“数字城管”市县全覆盖并向镇级延伸，率先推动“数字城管”向“智慧城管”转变；在全国率先实现城乡危房动态监管及治理改造，实现与省政府基层治理四平台的对接，实现城镇危房巡查入网格；通过引入物联网设施应用率先实现农村生活污水处理设施运维监管。

（3）公共服务领域。浙江省卫生健康委联合省医保局、省人社厅、省大数据局等部门共同推进电子健康卡与电子社保卡“两卡融合、一网通办”，在“浙里办”App上线了首个国民医疗健康专区，目前电子健康卡与电子社保卡融合后的健康医保卡已在全省所有地市推广应用，实现了线上线下就医全流程服务。为推进“互联网＋社会保障”发展，全省共发行实体社保卡5366.5万张，基本实现“一人一卡”，签发电子社保卡927万张，持卡人可在电子社保卡专栏内享受人社各项线上服务。浙江省建立“之江汇教育广场”网站和互联网学校，实现省市县（市、区）教育资源公共服务平台的互联互通。推出“浙里畅行”出行应用，增强了社会公众对交通出行服务的满意度和获得感；在“浙里办”推出综合交通主题服务专区，提供一站式场景化的办事服务，“一窗办事、一点出行”取得了良好的阶段性成果。将原“智慧文化云”与“诗画浙江信息服务系统”辩证结合，形成文化和旅游信息服务平台，加快建设省、市、县三级联动的智慧文化云服务架构。

（4）生态环境保护领域。浙江省基本完成全省生态环境全要素态势感知“一张网”和协同指挥“一张图”建设。建立地下水监测信息系统、海洋卫星业务应用和海洋观测、监测信息化系统，助推地质矿产行政管理工作，有效提升全省海洋立体感知能力；启动“浙江省智慧林”珍稀树种无人监守监测保护试点项目，实现多模块监测及信息处理系统综合集成。建立污染反恐协同指挥平台，推进协同平台在省、市、县三级部署使用。开发地质灾害专业监测系统并在线运行，对全省目前233处地质灾害监测要素实时存储管理及动态展示。开发耕地保护监管信息系统和地矿综合监管系统，实现实时监管查询和分析等，不一而足。

6.3.3 建设成效

浙江省数字化转型成效显著。从整体性来看，浙江省走出了基于数据为核心的治理协同与开放创新的浙江之路，尤其是“最多跑一次”改革不断向纵深发展，全省建成统一政务云平台、统一标准体系、统一安全防护、统一运维监管模式；从开放性来看，浙江省在全国率先建成全省统一的数字开放平台、开放门户，实现全省统一的数据开放服务能力和运维管理；从协同性来看，浙江省协同技术创新企业，全面推进“网上办”“跑零次”“掌上办”等特色平台和“一证通办”“一网通办”建设，以及“最多跑一次”改革等，“以人民为中心”的服务流程逐渐形成，“跑零次”可办比达97.4%，“一证通办”民生事项比达91.4%，提升了人民群众的满足感、幸福感和安全感；从智慧性看，浙江省数字政府建设的数字基础设施和数字技术累积效应日益显现，以城市大脑为代表的城市数字基础设施已成为城市治理科学化、精细化、智能化的重要支撑，尤其在民情民意汇聚、社会风险感知、政府智能决策过程中，浙江省数字政府已经成为推进新时代智能化社会治理，实现省域治理现代化的重要力量。

当前，随着疫情后全球产业格局的变化和中国全社会数字化进展的加速，浙江省的“整体智治”现代政府建设也进入了新阶段，数字政府建设在提升服务能力和治理效能之上，也将从掌上办公、掌上办事等政务办公、民生服务向经济发展和整体治理拓展。疫情期间“健康码”等典型应用体现出全员在线、深度数字化、多元共治的数字应用新特点，展现了浙江省进入数字政府3.0阶段的一些征兆，“整体智治”现代政府的“浙江模式”雏形基本形成，为全国省域治理现代化树立了新标杆。

通过一套集理论、方法、架构和模式的政府数字化转型方法论，以及以技术创新为手段、以模式创新为保障、以制度创新为根本的“技术－模式－制度”三位一体的创新建设模式，浙江省完成了治理理念、治理流程和治理手段的数字化再造，走在了全国甚至世界前列，为全国贡献了浙江经验，为治理体系和治理能力现代化注入了浙江动力。

作为“整体智治”现代政府建设的重要内容，数字政府和城市大脑建设平行展开，各有侧重又相互交融。城市大脑在市域层面成为城市治理现代化的创新范式，与数字政府建设双轨并行。然而，两套系统从诞生之初存在治理理念差异性、技术架构复杂性、数据要素同一性和业务流程交错性，需在省域层面进一步统一思路、统一标准、统一规划、统一实施，统筹推动分层分级、互联互通的“中台”和“大脑”网络，防止因系统开发形成新的数据孤岛。在不影响两套系统各自发挥功能的前提下，增强数据融合、系统融通，双轮驱动省域治理现代化提升。

6.3.4 经验总结

“浙江模式”（见图 6-15）并非不可复制，其中的许多经验、做法可在因地制宜的基础上进行改良推广，供其他省市数字化转型借鉴。首先是建好公共数据平台。数字化治理的核心是数据的全感知、全融合、全智能和全触达。数字新生态建设的要点是数据要素的全利用，堵点是数据的全开放，难点是数据的全共享。开放共享的公共数据平台是建设数字政府、智慧城市，实现“整体智治”的基础和底座，要依托数据中台、中枢协议等支撑，在云平台上实现数据开放共享。第二是多业务协同应用。多业务协同应该遵循目标导向和问题导向。目标导向就是政府要推动的重点工作。问题导向就是群众的呼声、企业的需求，每年“两会”代表提出来的多年想解决没解决的问题，单个部门做不了的，就需要多业务协同来解决。第三是“数据集成＋算法”。把不同场景下的多业务协同任务进行梳理和分解，落实到每一个数据项。再把这些数据集成到公共数据平台，通过大数据模型计算，最终实现该场景的智慧应用。第四是省市县协同。省级政府要建设好公共数据平台，要建好自己本行业的业务平台，做好行业数据标准。市级政府要建设业务平台，开发市级应用。区县一级则基于省厅平台、市级平台，遵循标准来开发大量应用。参与建设的单位中，实力雄厚的大企业做平台和标准；属地应用由地方接触老百姓的企业建设。如此整个数字经济生态就能够建立起来。最后是社会各界共建。除政府数据外，社会和互联网上还有大量数据，应实现共享共建。通过数据云化、智能合约，社会各界共同参与建设，来实现多元协同治理，成果共同享受。这需要政府和市场共同努力，着眼数据资源全量归集、统一开发、全面开放和多方利用，打造一个基于数据开放的应用生态。

图 6-15 “浙江模式”经验总结

立足数字时代，面向“众治、共治、智治”未来，需要政府的整体性、开放性、协同性、智慧性达到世界一流水平。建成“整体智治”的现代政府，需要从全省层面进一步完善数字政府转型总体架构，构建整体协同的体制机制、全面统筹的技术支撑、开放共享的数据治理、智慧高效的业务应用四大架构体系，充分发挥基层创新作用，有效推进省域治理能力现代化。

1. 整体协同的体制机制架构是核心

整体协同包括政府内部的整体性和政府外部的协同性。在政府内部，要真正形成全省政府数字化转型的跨地区、跨部门、跨层级协调之“纵向到底、横向到边”的数字政府整体业务体系。以数据共享开放、项目建设与运营管理等重点领域改革为突破，深化政府机构和智能改革，打破传统业务条线垂直运作、单部门内循环模式，以浙江政务服务网为主平台，实现民生事项“最多跑一次”的再升级，推动基于数据的全治理领域协同治理和开放创新，实现数据整合、应用集成和服务融合。在政府外部，形成个人和企业等各类社会力量广泛参与数字政府建设和监督评价的良好局面，充分调动社会参与的积极性和能动性，与数字技术领先企业在信任、互惠、可持续原则下继续深度合作，汇聚众评众智来共促政府数字化转型的完善，形成政府－社会－个人多元协同、共促发展的数字治理生态。

2. 全面统筹的技术支撑架构是基础

数字政府技术支撑应以“省级统建框架，分级定制需求”为原则，减少各地各部门平台系统的重复建设与技术割裂，实现全省数字政府建设的技术无缝对接和平台系统融合。数字新基建、数据资源、应用支撑等平台架构的统筹，应在省、市两级平台支撑和省、市、县三级应用开发和运行保障基础上，强化省级平台、大企业平台对市县应用以及开发企业的赋能，实现与国家平台的有效对接，打造出统分结合、开放融合、集约高效的技术架构体系。完善泛在智能的设施布局，通过迭代升级政务“一朵云”平台，推动各类政务信息系统向政务云平台迁移，形成全省统一规范的公共数据资源体系。促进空天地海网络基础设施一体化互联融合，数字政府重大基础设施安全性和隐私保护能力得到显著提升。通过超前布局感知终端设施，加强对基础物联感知设施进行统筹建设、资源整合，规划建设覆盖城市全市域的感知网络。强化集约智慧的技术支撑，运用前沿技术提升治理能力和决策能力，如建成数字孪生城市，加强城市精细化治理，运用大数据精准分析和满足不同人群的差异化需求；建立完善数据分级分类安全管理机制和安全态势感知平台，以算法实现对海量个人数据的自动脱敏和处理，加强数字时代的个人隐私保护。

3. 开放共享的数据治理架构是动力

围绕公共数据归集、共享、开放和应用，构建完善的数据治理架构。破除阻碍要素流动的体制机制障碍，完善相关法规制度和标准体系，最大限度挖掘公共数据价值。促进公共数据和社会数据的汇聚融合，引导市场主体依法合理行使数据定价自主权，构建数据要素价格公示、监测预警、交易监管等制度，通过开放共享的数据要素，激活市场的创新活力，激发政社协作治理的创新场域。总而言之，要统筹数据归集，建设省、市两级政务大数据支撑平台，运用区块链等新技术设计数据底层架构。加强数据共享，完善全省公共数据平台，建成在全省各层级、各部门纵横打通的“数据高铁”专线网络，打通各类数据孤岛，赋能基层数据治理。加强公共数据开放，完善全省公共数据开放目录，拓展数据开放范围，从与民生紧密相关、社会迫切需要和产业战略意义重大的公共数据开放，拓展到不涉及隐私保密安全领域的政府全域数据开放。加强数据整合应用，推进社会数据与公共数据的融合应用创新，充分释放大数据对促进省域治理现代化的潜力，鼓励社会各方参与公共数据产品创新，最大限度盘活公共数据资源。

4. 智慧高效的业务应用架构是路径

深化政府履职数字化业务应用体系建设，鼓励地方依托城市大脑谋划重大业务场景应用，通过省级公共软硬件设施和数据资源对地方城市大脑建设的支撑和赋能，充分调动和激发地方积极性。按照标准化、专业化、智慧化要求，将地方特色应用与自建 App 集成与整合。“以人民为中心”，围绕增强应对重大任务支撑保障能力、增强公共服务能力、增强企业与群众获得感，加强线上线下业务协同，从用户体验角度优化政务服务流程和应用设计，做精做优政务服务平台的市民版和企业版，以用户爱不爱用、好不好用的结果检验数字政府成效。加快形成便民服务场景全流程质量管控体系，以政府和社会之间的即时双向触达、精准感知诉求并进行回应为依托导向，以智慧化的业务应用是否可以即时性、精准性回应不同人群的多元差异需求为考量，以用户黏合度为导向的场景建设应用评价体系，嵌入并实际应用于政府绩效考核的指标体系中，真正实现社会参与共治的智慧治理。

总之，“整体智治”要通过数据治理、技术支撑、业务应用和体制机制四大架构打造数字治理众治、共治、智治的数字治理生态，如图 6-16 所示。四大架构的运行过程中，政企协同共治共建贯穿其中，通过数字政府建设撬动数字经济和数字社会的共荣发展。此外，应直视政府内部工作人员的常态化数字教育和数字素养培育，以及政府外部的数字技术科技人才培养。要通过强化政府人员和政产学研协同创新的数字政府人才生态圈，为“整体智治”的政府 - 社会协同治理生态的形成源源不断地输送养料，保证数字治理实践的持续创新。

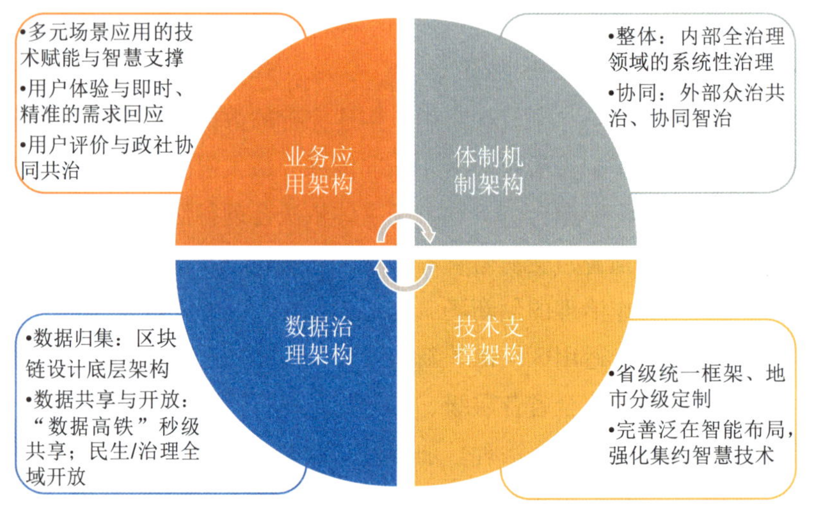

图 6-16　省域数字治理生态

浙江省在市场化、城镇化和数字化叠加的社会发展和历史进程中，通过“整体智治”现代政府理念探索数字治理实践，在省域和市域层面已形成治理现代化的典型样本，大量鲜活生动的经验案例和可行路径，为通过数字治理推进国家治理体系和治理能力现代化的进程贡献了积极力量。浙江省通过开展“刀刃向内”的整体性政府改革，创新运用以数据为核心的“V 字模型”，不断推动数据开放与共享。同时，将政企社协同共治作为数字政府可持续发展之源，引领新基建背景下的智慧治理，在一定程度上对传统治理中的信息失真、激励失常、信任失衡、效率失控以及创新失却等治理困境，均给予了有力、有效的回应与解答。数字治理的“三横六纵”体系中，诸如数据资源体系、协同治理体系、标准规范体系和数据治理体系等一些重要支柱已基本立起来，并在实践中产生了成效显著的效能转化，而开放创新体系、政策法规体系、组织领导体系、安全保障体系和建设运营体系等支柱需在未来继续加强。未来，“整体智治”现代政府建设仍任重道远。

通过数字治理而达致“整体智治”的未来图景，将在整体性、开放性、协同性、智慧性治理的基础上，不断地重塑和探索新的政府社会关系、政府对社会治理的理想状态。政府内部上下（层级）左右（部门）间数据互通互联，群众或企业的服务需求以唯一身份标识，通过一个“界面”的触达即可完成，不再需要提交各类证明材料。各部门在自己职能范围内的业务处理，可以根据需要申请其他部门的数据进行使用和处理。政务处理和治理过程的流程信息将不再是“黑箱”，将和评价数据一样可公开、可查看。政府、市场和个人将协同起来形成一个众治共同体，个人和企业的诉求将被即时感知和回应，社会主体将充分发挥其主动性和能动性，参与到政府和社会治理的全链条和全过程，并发挥其对政府行政行为的监督作用。与此同时，个人和组织产生的各类数据在区块链上的实时留痕和不可更改将使食品安全监管、环境保护、医疗卫生监管中的信息不对称和信任问题不复存在，只需调出相应时间戳下的数据即可进行追溯判定，在政府和社会治理的全域场景中实现智慧治理。当然，这一理想状态的实现，需要组织领导、开放创新、安全保障和政策法规体系等各方面全方位的充分保障，以及企业和个人等各类社会主体的全面协同与配合。

6.4　江西省——一体化平台篇

数字政府是推进数字中国发展的关键支撑，是政府治理体系和治理能力现代化的中枢核心与重要载体。党的十八大以来，江西省坚持以习近平新时代中国特色社会主义思想为指导，深入贯彻实施网络强国、数字中国战略以及大数据发展、“互联网 +”行动计划，以创新、协调、绿色、开放、共享的新发展理念为引领，以推动政府数字化转型为重点，以电子政务一体化平台建设为抓手，不断夯实一体化平台体系，加快推动数据共享，大力创新数据应用，切实提升政府决策科学化、社会治理精准化、公共服务高效化水平，创造了绿色低碳、集约共享的电子政务建设“江西模式”，为推动政府治理能力和治理体系现代化建设、助力政府职能转变、持续深化“放管服”改革、打造一流营商环境提供了强有力支撑。

6.4.1　综述

在推进政府数字化转型实践中，江西省委、省政府和省发改委始终坚持绿色发展、集约共享的发展理念，始终坚持“集中统一、整合共享、联合协同、高效安全”的总体思路，以“一张蓝图绘到底”的精神，不断地探索信息化、数字化、智能化在政府领域建设、应用和推广，不断地总结和丰富电子政务建设“江西模式”的内涵，走出了一条适合江西省实际的集约化、高标准、低成本的转型之路。

1. 电子政务建设“江西模式”

2002 年，江西省委、省政府领导明确提出集中力量建设省电子政务统一网络平台；2004 年，江西省电子政务统一网络平台全面建成开通，江西省成为全国首个电子政务内网和外网同时建设、同时提供服务的省份。2013 年，“政务网乡乡通”工程全面建成，江西省成为全国首个电子政务网络延伸到乡镇的省份，以“一网通”的方式解决各级党政机关面向乡镇的联网需要，避免了分散重复建设，被誉为电子政务建设“江西模式”，受到中央纪律检查委员会、监察部、国家发展和改革委员会、工业和信息化部等有关部委的充分肯定和高度评价。国家发展改革委发文全国推广，30 多个省市到江西省参观学习。2014 年，国家电子政务外网管理中心《星火》期刊十四期专题报道江西省电子政务建设经验。

“江西模式”核心内容包括三个方面，一是强化顶层设计，不搞重复建设，最大限度地提升资源利用率。二是坚持“集中统一、整合共享、联合协同、高效安全”的建设理念，坚持“统一组织领导、统一规划实施、统一标准规范、统一网络平台、统一安全管理”的“五统一”原则，有序推进各部门电子政务建设。三是坚持从组织体系、建设运维、标准规范、安全保障等方面开展机制创新，营造良好发展环境。

2. “破孤岛推共享”行动

为从全局上和根本上解决长期以来困扰政务信息化建设的“各自为政、条块分割、烟囱林立、信息孤岛”问题，2017 年，国务院办公厅印发《政务信息系统整合共享实施方案》。江西省积极贯彻落实国家部署，按照“一张网”“一朵云”“一个数据共享交换平台”的思路，制定《关于加快推进全省政务数据共享的工作方案》，着力开展“破孤岛推共享”专项行动，推动部门业务专网向政务外网迁移、信息系统向政务云迁移，聚焦“互联网 + 政务服务”领域，推动政务数据资源高效有序共享共用，支撑各部门基于数据共享不断优化办事流程、简化办事材料、强化业务协同，切实减轻群众和企业办事负担，实现政务服务“一网通办”“一次不跑”。

2019 年，全省信息孤岛全部打通，省市一体的数据共享交换平台体系、数据资源体系、数据共享体系初步建立并实现高效运行，数据共享应用、融合应用在政府治理、政务服务、经济调节等领域取得显著成效，有力支撑了领导决策和“互联网 + 政务服务”。通过“破孤岛推共享”行动，夯实了“一张网”“一朵云”“一个数据共享交换平台”的核心地位，避免了分散重复建设，延续和丰富了电子政务建设“江西模式”。

3. 一体化平台体系

经过多年的信息化建设，江西省电子政务外网逐步形成了一体化平台体系，为数字政府建设搭建了坚实的平台支撑。2019 年，《江西省电子政务（外网）一体化平台总体框架》中明确指出一体化平台总体框架由基础设施层、数据资源层、应用支撑层、业务应用层、服务及用户层、安全保障体系和标准规范体系组成，各地各部门信息化建设依托一体化平台进行部署。在基础设施层，建成了全省统一的政务外网平台、政务云平台、数据共享交换平台，为各地各部门电子政务建设提供统一的网络、计算、存储和数据交换服务。在数据资源层，建成了数据资源目录体系、数据资源中心，为全省政务部门提供统一的数据归集、共享、应用服务。在应用支撑层，建成了身份认证、电子证照、电子印章、网上支付、“一窗式”综合服务系统、政务 CA 认证、视频传输、网站集约等应用系统，为各地各部门开展电子政务应用提供公共支撑。在服务及用户层，建成了全省统一的赣服通、赣政通、数据开放、政府网站等平台，提供事项办理、协同办公、信息公开、数据开放等服务。江西省一体化平台体系创新成果亮相“数字中国”建设成果展览会，引起业内专家广泛共鸣，如图 6-17 和图 6-18 所示。

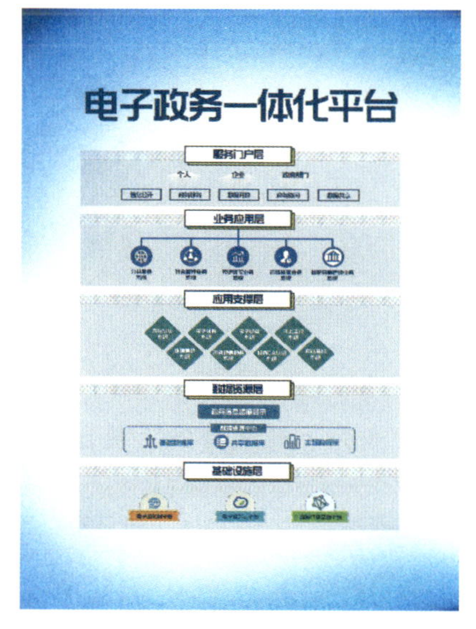

图 6-17　电子政务一体化平台

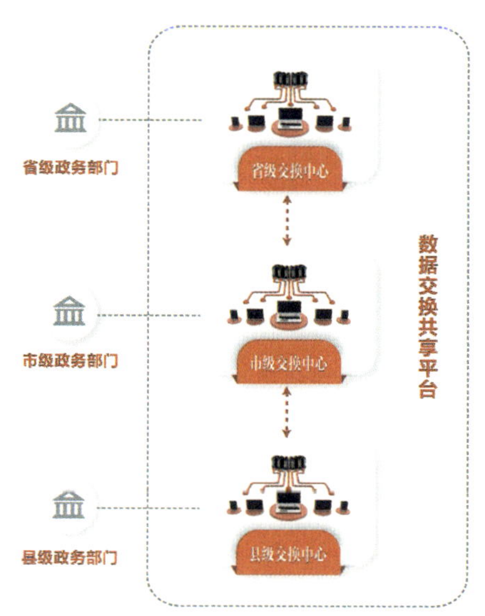

图 6-18　数据交换共享平台

6.4.2　措施

1. 集约化建设云网等基础平台

加强顶层设计，制定出台政务外网、政务云建设规划，统筹推进基础设施集约化建设。

（1）集约化建成“一张网”。按照“五统一”原则进行建设，构建“四横一纵”的电子政务网络体系，上连国家，下连省、市、县、乡四级政务部门，覆盖了 11 个设区市、122 个县（市、区、开发区）及 1772 个乡镇，为 18 000 余个政务部门、1100 余个业务系统、30 余万台终端提供网络传输服务。

（2）集约化建成“一朵云”。制定印发《江西省电子政务云建设指导意见》，采用“省市两级、物理分散、逻辑统一、按需共享”的模式进行建设，建立了统一的技术体系、运维体系和安全体系，确保省市两级政务云技术路线统一、平台互联互通、资源共享利用、安全稳定可靠。截至 2021 年 11 月底，省级政务云平台部署虚拟服务器 6551 台，为 108 家省直单位 647 个业务系统提供云资源服务。

（3）集约化建成一个数据共享交换平台。依托统一的电子政务网络和政务云集约化建设了纵向贯通省、市、县三级的数据共享交换平台，横向连接本级政务部门，是国内数据交换平台中覆盖范围最广、接入单位最多、承载交换业务量最大的平台，能够较好地满足“互联网 + 政务服务”和政务数据资源共享开放背景下各类政务信息系统数据交换共享需求，为全省范围内跨部门、跨区域、跨层级的数据交换共享和业务协同提供有力支撑。截至 2021 年 11 月底，数据共享交换平台部署了 75 个交换中心（省级 1 个，市级 11 个，县级 63 个）和 1457 个跨部门、跨区域节点，累计实现 646.89 亿条数据和 5.12TB 图片、视频及文档的共享交换。

江西省集约化建设基础平台的模式得到了业内专家的高度肯定和评价，其中电子政务网络平台荣获江西省科技进步奖二等奖、江西省信息技术应用奖特等奖；政务云平台荣获中国信息协会颁发的“中国信息化最佳实践奖”；数据共享交换平台荣获中国信息协会颁发的“中国信息化成果一等奖”、国家经济信息系统优秀研究成果一等奖、江西省科技进步三等奖。

2. 统筹建设共性支撑平台

按照“共建共用”的思路，统一建设一批共性支撑平台，避免分散重复建设，为各地各部门开展信息化应用提供支撑。

（1）身份认证系统。省级统一建设，省级集中部署，通过开放服务接口的方式，为各级政务部门提供自然人和法人的实名实人核验服务。

（2）电子证照系统。省级统一建设，省、市分级部署，为各级政务部门提供电子证照归集、管理和共享服务，为减少纸质证明、简化办事流程、方便群众办事提供支撑。

（3）电子印章系统。省级统一建设，省级集中部署，通过开放服务接口的方式，为各级政务部门提供电子印章使用、管理和校验服务。

（4）网上支付系统。省级统一建设，各地按需部署，通过开放服务接口的方式，为各级政务部门提供便捷的网上支付服务。

（5）“一窗式”综合服务系统。省级统一建设，省、市分级部署，通过开放服务接口的方式，为各级政务部门提供统一接件和出件服务，实现政务服务办理“线上线下一体化受理、内部流转至业务部门后台分类审批、统一平台出件”。

（6）政务 CA 认证系统。省级统一建设，省级集中部署，通过开放服务接口的方式，为各级政务部门提供政务外网数字证书认证服务。

（7）视频传输系统。省级统一建设，省、市、县分级部署，通过网络接入的方式，为各级政务部门提供视频图像、视频会议传输等服务。

3. 开展“破孤岛、推共享”行动

为破解信息孤岛难题，江西省专门出台《关于加快推进全省政务数据共享的工作方案》，成立专项工作领导小组，全面推动破孤岛行动。

（1）打破信息孤岛。开展摸底调研，梳理省直部门家底，确定省级信息孤岛清单，编制《2019 年省直部门政务数据共享工作任务分工表》，明确各部门任务分工。聚焦目标任务，列出清单挂图作业，明确打通方案、完成时限，定期编印简报调度进展情况。截至 2020 年，省级 116 个和市县 427 个信息孤岛已全部打通，完成省生态厅等 3 个部门专网迁移和 358 个省级信息系统上云。

（2）构建共享体系。组织编制全省政务信息资源目录以及共享开放责任清单，各部门依托数据共享交换平台挂载、订阅资源，实现数据按需、高效共享。目前，省数据共享交换平台共挂载数据资源 23 903 项，这些资源累计被调用 38.07 亿次，数据交换总量 646.89 亿条。建成人口、法人、电子证照等 16 个高频共享库，归集数据 33.36 亿条，提供 443 项高频数据服务，累计被调用 5.8 亿次。

（3）推动数据开放。建设了全省政务数据开放网站，向社会公众开放了 34 个省直单位的 122 个数据集，共计 816 万余条数据。举办数据开放创新应用大赛，开放生态环境、民生经济、道路交通等领域公共数据 2 亿条，推动数据开放提质增效。

（4）建立长效机制。制定出台《江西省政务信息化建设项目审批工作规程》，实施技术评审机制，重点把握“两个必须”要求，即新建非涉密信息系统必须部署在省政务外网，不再新建业务专网；新建和改造升级的非涉密信息系统必须部署到政务云平台，不再新建机房，不再采购计算、存储等硬件设备，对未按要求落实的信息化项目一律不审批。从源头避免新的重复建设和信息孤岛。

（5）强化技术统筹。统一标准规范，编制接口对接、平台接入等 21 个省级地方标准，作为全省信息系统对接和数据交换的技术规范，为系统互通和数据共享扫清障碍。

“破除信息孤岛，推动共享应用”入围 2019 年中国数字政府 50 强案例，获数字政府示范引领奖。江西省受邀在中国电子政务论坛和智慧中国年会主论坛上介绍“破孤岛推共享”的经验做法，得到与会领导和专家的高度肯定。

4. 推动政务数据共享应用

鼓励和支持各部门基于业务需求和实际应用场景开展数据共享应用，通过数据共享赋能政务服务“减、便、快”和政府治理“科学化、精准化、高效化”。例如，省委组织部在公务员录用、调任考察过程中依托公共信用信息平台查询社会信用记录，

作为公务员录用、调任的审查条件，截至 2021 年 10 月，已开展 226 批次 7290 人次的社会信用记录查询。省公安厅通过跨部门数据复用和数据共享，自动识别复用办理人留存指纹、照片等数据信息，免去办理人亲赴现场拍摄照片、反复提交身份信息流程，实现网上全流程身份证补换领。身份证补换领功能自上线以来，已经成功为全省 8 万多名群众提供了在线补换证服务。省税务局依托江西省政务共享交换平台和江西省综合治税平台，共享省直有关部门的涉税数据，开展税收风险动态监控，依据不同风险等级实施智能分级分类应对，推动税收征管工作从“以票管税”向“以数治税”分类精准监管转变。截至目前，建立 1245 个中风险监控指标、35 个低风险提醒提示指标、5 个高风险业务阻断指标，搭建偷逃税款的风险管理模型 13 个，共扫描出 53 536 户风险纳税人，2021 年 1 ～ 9 月查补税款 9.28 亿元。省民政厅通过“数字民政”核对平台，与公安、人社、税务等 10 个省直部门、21 家驻赣银行、145 家法人机构实现了户籍、车辆、社会保险、纳税、不动产、用电、金融资产等 36 大类信息联网查询，科学评估申请家庭经济状况，助力精准救助、精准脱贫，累计完成核对 306.28 万人次，对疑似收入、财产超标不符合条件的救助对象，向社会救助管理部门发出核对预警 77.67 万人次。省人社厅构建养老保险待遇领取资格“静默认证”新型模式，通过数据共享多方校验核实领取待遇人员生存状态，在家就可实现“无感免认证”、自动递延认证周期。截至 2021 年 9 月，累计实现“静默认证”774 万人，年度养老待遇领取资格认证完成率达 94%。省金融监管局应用社保、公积金及个人信用等数据建立风控模型，为银行个人贷款产品提供数据支撑。截至目前，累计为省内数家银行的十余款金融产品提供服务，为超过 3 万用户提供信用数据补全，银行机构累计授信金额超过 5 亿元，平均利率下降约 15%。

6.4.3 建设成效

得益于电子政务一体化平台建设，江西省政务领域信息系统能够在省、市两级或者省、市、县三级快速部署，并率先实现数据共享和业务协同，各地各部门广泛开展信息化应用，全省“互联网 + 政务服务”水平和政府治理效能得到快速提升。

1. 政务服务水平持续提升

顺应“互联网 + 政务服务”发展趋势，依托一体化平台推进政务服务一站式“网上办”“掌上办”，形成一体化的“互联网 + 政务服务”体系，实现群众办事“减、便、快”。

“减”：通过电子证照、数据共享方式减少群众提交证照材料，2021 年上半年省本级共 1969 项依申请类政务服务事项实现“一次不跑”或“只跑一次”，比例达 95.3%。截至目前，省本级“一次不跑”“只跑一次”事项共办理 755 万件，市、县两级共办理 3.5 亿件。

“便”：全面推行“一窗式”办理和延时错时预约服务，在工作日午时、非工作日，为企业和群众办事提供延时服务。目前，全省共计办理延时错时预约服务 744 万件。

“快”：推行容缺受理和区域性评估审批模式，实现政府投资项目 79 个工作日以内办结，企业投资项目 60 个工作日以内办结。率先实施项目备案“全程网办”，实现一般不动产登记 7 个工作日办结，抵押登记 3 个工作日办结。

案例：“赣服通”平台。

为深入贯彻落实党中央、国务院关于推进“互联网 + 政务服务”的决策部署，江西省依托电子政务一体化平台，开发建设了政务服务移动平台“赣服通”，如图 6-19 所示。在两年多的时间里完成“赣服通”平台从 1.0 版到 4.0 版的迭代更新，不断完善平台功能，优化服务内容，推动“赣服通”成为家喻户晓的“江西品牌”。老百姓只需在“赣服通”上进行实名实人认证，就能“一次不跑”享受各类政务服务。目前，平台用户已达 3437.2 万，上线 6855 项服务事项和 240 种电子证照，服务事项数和证照种类均居全国前列。累计访问次数超过 22 亿人次，近期单日访问量超 200 万，日均活跃用户超 30 万。实现电子证照跨省互认互通，政务服务跨省通办。一大批过去需要现场排队才能办理的公积金、社保、医保、公安户政、出入境、车管等服务，现在随时随地指尖一划即可办成，掌上服务能力跻身全国前列，真正实现“手机一开、说办就办”。“赣服通”平台作为国务院第六次大督查发现的典型经验做法被国务院办公厅在全国通报表扬，特别是李克强总理在江西视察时听取了“赣服通”建设情况汇报，给予高度肯定。

图 6-19　“赣服通”江西服务平台

2. 政府治理能力稳步增强

依托电子政务一体化平台，高效建成了网上审批系统、公共资源交易平台、公共信用信息平台、“双随机一公开”行政执法监督平台、生态云大数据平台、“互联网＋监管”平台、公务用车信息化平台、“赣政通”平台等一批跨部门应用系统，为规范权力运行、提升行政效能发挥了重要作用。

（1）公共信用信息平台。开发建成全省统一的公共信用信息平台和“信用中国（江西）”网站，推动信用信息的归集整合和推广应用。目前，平台连接了48个省直部门，归集信用数据19.2亿条，对外提供近1.6亿次信用查询服务。在全国信用信息平台网站观摩培训活动中，江西省公共信用信息平台得分位居全国前列。

（2）公共资源交易平台。根据国家要求，不断深化交易平台整合，升级完善平台功能，优化平台服务能力，保障所有项目安全平稳交易。平台的交易整合工作获国家发展改革委通报表扬并在全国推广。目前，平台累计完成公共资源交易超过19万宗，成交金额24 098.4亿元。

（3）生态云大数据平台。开发生态文明“一张图”、“一张屏”、生态文明建设考核等系统，全面汇聚融合涉生态数据，初步形成生态文明大数据体系，为江西省生态文明建设提供了有力支撑。

案例：“赣政通”协同办公平台。

为推动政务部门间业务协同，提升政务效能，采用“全省统一规划、省市县分级建设”模式建设“赣政通”协同办公平台（见图6-20），归并整合各地各部门政务移动办公App，推动传统线下办公逐步向线上迁移，融合对接OA办公、行政审批、业务管理、行政执法等各类政务应用，统筹建设协同办公、视频会议、政务云盘、考勤打卡、公务助手等8个共性应用系统，实现全省政务移动办公统一入口、统一身份认证、统一数据管理，解决政务App繁多、数据碎片化、使用不便、基层单位无政务移动办公系统等问题，有力支撑跨部门、跨层级数据共享和业务协同。平台共联通13 237个组织机构，接入931个政务应用系统，注册实名用户33.5万，基本实现省、市、县政府机构和工作人员全覆盖，政务办公全覆盖。目前，各地各部门依托“赣政通”发送即时消息302万条，公文办件740万件，召开视频会议6400余次，有效提升了办公效率，降低了行政成本。“赣政通”平台可与“赣服通”平台进行联动，形成“前店后厂”的网上政务服务新模式。

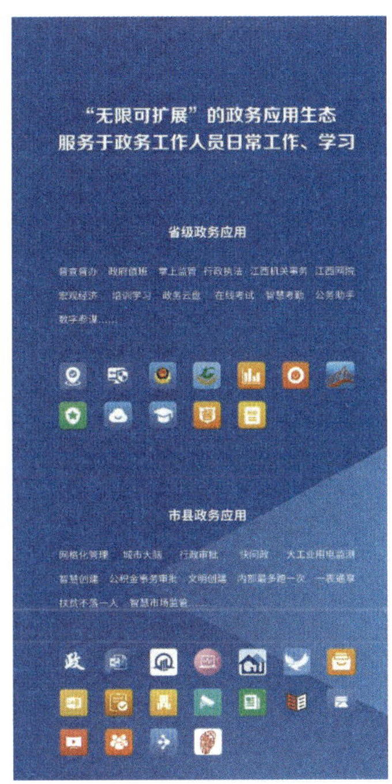

图 6-20　“赣政通”协同办公平台

3. 数据创新应用成效初显

基于归集共享的数据，支持鼓励各地各部门积极开展数据创新应用，在经济调节、社会治理、政务服务、民生服务等领域涌现了一批示范应用。特别是在新冠肺炎疫情暴发以来，江西省充分发挥信息化、大数据作用，着力构建“一码一图三系统”，为疫情防控与复工复产提供有力支撑。

一码，即赣通码。按照江西省疫情防控应急指挥部的部署，依托省电子政务一体化平台，将全省各地出行码、健康码等数据归集整合，形成全省统一互认的江西健康码，实现“一次申报、全省通用、动态管理、分类管控”。

一图，即企业复工复产态势图。利用各地各部门的沉淀数据和实时采集数据，通过大数据整合加工，以大数据展现的方式，形成了全省企业复工复产态势图。态势图从企业复工率、产能恢复率、人员到岗率等多个维度展现分析企业复工复产数据，摸清企业实际情况，为全省企业复工复产提供宏观指导。

三系统，即口罩预约申购系统、视频融合会议系统、复工复产备案系统。① 口罩预约申购系统。基于“赣服通”平台开发口罩申购系统，支撑了“线上平台预约摇号，线下药店售卖配送”方式的口罩发放活动。活动累计投放口罩 2000 多万只，220 万人成功购买到口罩。② 视频融合会议系统。充分利用政务外网统一网络平台覆盖广、技术强的优势，迅速搭建了全省疫情视频指挥平台，为省新冠肺炎应急指挥部视频调度各地新冠肺炎应急指挥部、各级卫健委、各新冠肺炎治疗定点医院等单位发挥了重要作用，有效提高了指挥调度效率。③ 复工复产备案系统。依托“赣服通”平台，推动全省企业复工复产备案一键自主申报，申请材料线上流转，备案环节全程记录，相关部门在线办理，实现企业复工备案“不见面”，做到“数据多跑路，企业安全复工、疫情全掌控”。

案例：疫情形势大数据分析。

疫情发生后，江西省充分利用信息化手段对省疫情发展趋势进行大数据分析，为领导决策以及出台相关政策提供决策支撑。基于江西省疫情主要是输入性病例、疫情防控重点是外地返赣人员及其密切接触者的特点，通过移动基站数据、疫情公开数据、舆情数据和省政府出台防控政策数据，分析研判大规模外地人员返赣时间、密切接触者出现时间和病毒感染者发病周期，科学研判省疫情发展趋势，并预估累计确诊病例人数。大数据分析相关成果专报省委、省政府领导并获重要批示，“大数据分析助力疫情防控应用案例”荣获中国信息协会颁发的“2020 政府信息化卓越成就奖”。

6.4.4 经验总结

数字政府建设是一个系统工程，涉及面广、牵扯部门多，需要平台、数据、应用、体制机制等层面通力合作，协同推进。江西省以一体化平台建设为牵引，通过集约化的一体化平台支撑数据归集共享、业务协同联动、体制机制改革，从而赋能政府治理能力现代化建设、政务服务水平提升和营商环境优化。

1. 强化顶层设计

多年来，江西省委、省政府始终坚守“一盘棋”大局，坚持绿色低碳、集约发展的思路，统一思想、统一规划、统一实施，集约建设、集采数据、集中维护，有效整合资源，避免重复投资。基础设施建设方面，严格按照省委、省政府既定的工作部署，统筹抓好网络、云以及公共支撑平台的规划编制和实施，集约化推进信息化基础设施建设，避免形成新的分散建设、重复建设和信息孤岛。应用系统建设方面，坚持问题导向、需求导向，紧紧围绕“放管服”改革和“互联网 + 政务服务”的需要，统筹应用物联网、大数据、云计算、人工智能等新一代信息技术，探索实践政府治理、政务服务新模式、新应用，不断提高政务服务水平，有力支撑政务服务“一次不跑”。技术标准制定方面，统筹制定一批平台和数据的技术标准规范，推动省、市、县三级信息系统互联互通、政务数据共享共用。

2. 强化协同推进

在云网建设、跨部门应用系统开发以及打破信息孤岛过程中，省、市、县信息系统建立了良好的沟通协作机制，同心协力做好各项工作。省信息中心充分发挥牵头作用，聚焦一体化平台、数据共享、数据应用、跨部门重大平台等重点工作，加强指导调度，督促各项任务落实。市、县信息中心积极争取当地党委政府的支持，加大人员、资金保障力度，加快工作进度，确保各项工作不掉队、不拖后腿。省直部门、信息部门积极调动业务处室积极性，汇聚各方力量，共同推动信息化项目建设。

3. 强化数据应用

数据的价值在于应用。近年来，江西省积极开展数据共享应用试点，重点围绕“放管服”改革、民生服务、政府治理等领域，打造一批有亮点、有特色的试点示范，让数据共享取得看得见、摸得着，实实在在的成效，让群众和企业有更多的获得感。聚焦群众办事堵点，提升服务能力。围绕群众办事过程中最现实、最紧迫的需求，通过部门间数据共享，减少各类证明材料，提升办事效率。聚焦企业办事痛点，提升工作效率。紧紧围绕企业反映最多、办理量最大的审批服务事项，通过部门间数据共享，实现政府批文、电子证照、项目材料等数据共享共用，真正减轻企业办事负担。聚焦政府治理难点，提升治理水平。开展政务数据在社会态势感知、宏观经济预警预测、形势分析研判方面的示范应用，推动政府决策和社会治理用数据说话、用数据决策、用数据管理、用数据创新。

4. 强化安全保障

坚守安全底线，筑牢安全防线，增强风险防范意识，提升安全保障水平。自觉把网络安全贯穿于信息化建设全过程，确保网络信息安全与信息化项目建设同步规划、同步建设、同步运行。严格落实网络信息安全等级保护测评制度，对关键基础设施和业务系统开展等级保护测评，确保物理环境、网络、应用和数据安全。加强对重大平台的威胁感知、安全监控、主动防御能力建设，建立安全应急预案，定期开展安全应急演练，提升突发事件应急处置水平。

新时代，新使命，新征程。习近平总书记指出，要以信息化推进国家治理体系和治理能力现代化，统筹发展电子政务，更好地用信息化手段感知社会态势、畅通沟通渠道、辅助科学决策。江西省将按照党中央和国务院的部署，坚持绿色发展、集约发展原则，不断丰富“江西模式”内涵，为数字政府建设贡献江西智慧。

6.5 山东省——数字治理篇

数字政府建设是贯彻落实习近平总书记视察山东重要讲话、重要指示精神，推动山东加快新旧动能转换和高质量发展的具体举措，对于引领数字山东建设，加快实现“走在前列、全面开创”目标具有重要意义。近年来，按照国家推进数字政府建设要求，山东省积极行动，数字政府建设全面提速，山东省数字中国省级指数、数字政府建设指数、省级开放数林指数均居全国第一方阵。

6.5.1 综述

数字政府建设，对于山东省深化供给侧结构性改革，拓展经济发展空间，构建现代化经济体系，不断满足山东人民日益增长的美好生活需要，提高社会治理能力现代化水平具有重要意义。

近年来，山东省全面推进“互联网+政务服务”，各级各部门电子政务建设和应用取得了很大进展，为建设高效协同“数字政府”奠定了坚实基础。一是政府信息建设管理已形成制度化；二是各相关职能部门各司其职，形成了较为稳定的多部门协作的管理体系；三是政府信息化基础设施集约化建设水平不断提高。然而，随着移动互联网、云计算、大数据、物联网、人工智能等技术的发展，各种基于信息技术的创新应用不断在社会生活中出现，社会对政府履行行政职能提出了新的要求。政府信息化建设经历了以网络建设为中心，以系统（平台）建设为中心的阶段，现在已经步入了以数据建设为中心的阶段。但是仍然还存在一些问题：如互联互通难，数据资源共享开放难，业务协同难，网络不联通、系统不贯通、数据不汇通是阻碍山东省数字政府建设的现实障碍。面对目前各部门数据标准不统一、业务系统建设“统”而不“通”的现状，如何建立完善数据资源体系、做好数据治理、推进数据资产运营和创新应用、加强数据资产安全保障是面临的挑战。

6.5.2 措施

1. 加强数字政府顶层规划

2018年，山东省政府印发《数字山东发展规划（2018—2022年）》（以下简称《发展规划》），明确提出着力提升数字化治理和服务水平，打造数字政府样板区。决定全面开展数字政府建设，持续提升各级各部门的电子政务协调能力和业务协同能力，实现审批流程更简、政务服务更优、监管能力更强，进而提高政府治理体系和治理能力现代化水平。

为加快实施《发展规划》，全面提升山东各级政府数字化治理和服务水平，努力打造数字政府样板区，2019年3月，山东省政府常务会议原则审议通过《山东省数字政府建设实施方案（2019—2022年）》（以下简称《实施方案》）。《实施方案》立足提升全省各级政府治理能力和服务水平，聚焦服务乡村振兴、新旧动能转换等重大战略实施，从支撑山东高质量发展、引领数字山东建设全局和长远出发，系统提出山东省数字政府建设的基础支撑、重大任务和保障措施。根据轻重缓急、分步推进的原则，确立了数字政府建设“三步走”的思路。第一步：2019 年，夯实基础、补齐短板；第二步：2020 年，重点突破、打造样板；第三步：2021—2022 年，巩固提升、全面引领。《实施方案》推进的时间节点与《发展规划》基本一致，提出的 41 条大项任务、123 条分项任务中，约四分之三安排在2020年前完成，力争用头两年的时间集中攻坚，实现突破。

为贯彻落实《发展规划》，全面推进数字强省建设，山东省人民政府每年制定并出台具体行动方案，对数字政府建设提出明确的行动方案。2019 年 3 月，山东省人民政府办公厅印发《数字山东 2019 行动方案》，要求打造协同高效的数字政府。推动政务服务数字化转型、完善应用“爱山东”App、推动协同办公数字化转型、全面推广“山东通”App、推动宏观决策数字化转型。2020 年 4 月，山东省人民政府办公厅印发《数字山东 2020 行动方案》，要求加快建设数字政府。推进政务服务“一次办好”、推进机关办事“一次办好”、推进决策服务数字化、推进基础支撑一体化。2021 年 4 月，山东省人民政府办公厅印发《数字山东 2021 行动方案》，要求加快建设整体高效的数字政府。优化提升“互联网 + 政务服务”、加快建设一体化综合指挥平台、推进机关内部“一次办好”、实施数字政府强基工程、构建一体化数据资源体系、全面提升安全防护水平。

2. 开展数字政府建设“四个一”重点任务攻坚

为加快全省数字政府建设，在前期“统云”“并网”“聚数”基础上，围绕流程再造，全力推进“一个平台一个号、一张网络一朵云”建设，着力构建全省统一的基础支撑体系。“一个平台”即构建一体化大数据平台，加快基础库、主题库、专题库和通用办公库“四库”数据资源体系建设，推动数据统一汇聚到一体化大数据平台，组织编制部门数据汇聚、共享、开放“三张清单”，持续加大数据共享开放力度。“一个号”即推行“一号通行”，以公民个人的身份证号码和法人单位的统一社会信用代码作为唯一标识，“一人一号”“一企一号”即可办理所有网上政务服务事项，以“一号”为索引，为个人和企业建立电子证照“卡包”，努力提供“记录一生、管理一生、服务一生”的全生命周期服务。“一张网”即完善全省电子政务“一张网络”，全省电子政务网实现省、市、县、乡、村五级覆盖，增强网络可用性和稳定性。“一朵云”即打造全省电子政务“一朵云”，省级政务信息系统迁移上云实现“应上尽上”，进一步优化政务云布局，提升云服务层级和支撑能力。破除信息孤岛和数据烟囱，构建全省统一的数字政府基础支撑体系，打通信息“咽喉”，让各类信息汇聚，方便于民。

为推进落实“四个一”重点攻坚任务，加快推进数字政府基础支撑底座，2020 年 4 月 30 日，山东省常务副省长王书坚主持召开数字政府建设“四个一”重点任务攻坚推进专题会议，落实各市各部门“一把手”责任制，与 32 个省直部门签订目标责任书，建立多层级的数字政府建设领导机制和推进落实机制，构建职责明确、统筹推进的数字政府建设格局。各级各部门建立完善推进机制，细化目标任务措施，确保工作落实到位。对“四个一”建设任务做了安排部署。由省大数据局成立工作专班，创新考核和精准督查机制，将数字政府建设列入重点督查内容。强化工作措施，半月一调度、一月一通报，以工程化方式抓好工作落实，省直各有关部门立足职责分工，积极协同推进，保障数字政府建设有序推进。

3. 提升全省一体化大数据平台技术支撑能力

为提升全省政务服务、行业监管、辅助决策能力，推进保障流程再造、优化营商环境工作深入开展，提供稳定、可靠、安全、高效的数据支撑，按照省委、省政府部署，统筹构建全省一体化大数据平台，集中实现了全省大数据计算、存储、服务支撑等基础设施资源的集约共享，大力破除信息孤岛、数据烟囱。山东省一体化大数据平台主要包括数据存储与计算、数据治理工具、数据高速汇聚、数据共享和数据开放、数据安全。

山东省政务信息资源共享交换平台是目前支撑全省政务数据共享开放工作的主要基础性平台，为山东省基础信息资源提供数据交换服务和数据服务的统一发布。健全完善常态化数据供需对接机制，横向上，推动无条件共享数据直接获取，有条件共享数据限时反馈，数据共享更为简捷高效；纵向上，通过开展国、省、市三级系统级联，完善省级数据向各市返还机制，实现数据跨级流动，法人单位登记注册、生态环境监测相关数据已在各市落地应用。

山东省基础信息资源库系统采用 Hadoop+MPP 架构建设，主要满足结构化数据、非结构化数据存储及数据统计分析的需求，主要建设内容涵盖建立人口库、法人库等政务基础信息资源库，实现基础库数据的存储、治理，提供数据分析和数据服务。

山东省公共数据开放网实行全省统筹建设模式，在省级层面对数据统一汇聚、平台后台实行统一管理，并在数据方面与省级共享交换平台共享交互，提高数据开放数量，保证“应开尽开”。省级和 16 市公共数据开放网站进行分站管理、分布式部署，既确保网站架构统一，又因地制宜满足了个性化需求。这种集约化建设模式有效避免了重复建设和重复投资，确保财政资金高效规范使用，又便于与国家开放平台对接。

4. 加快全省一体化数据资源体系建设

山东省实行数据资产“目录化”管理，根据各部门（单位）权责，迭代梳理更新数据“三张清单”（汇聚清单、共享清单、开放清单）。汇聚清单即部门专题库中的数据资源清单，是各部门对现有数据资产进行全面盘点，梳理形成的清单；共享清单是指部门汇聚清单中的可共享数据资源（政务部门之间可无条件或有条件共享的数据资源）；开放清单是指部门共享清单中的可开放数据资源（可向社会无条件或依申请开放的数据资源）。推动公共数据按照目录和数据属性依法依规有序共享开放，完成“三清单”数据资源在省一体化大数据平台归集，依托省政务信息资源共享交换平台、公共数据开放网，实现清单内所有数据共享开放，引导用电、用水、通信、交通等公共数据按需提供服务。

山东省加快基础库、主题库、专题库和通用业务库“四库”数据资源体系建设，形成共建、共享、共用的“数据湖”。山东省依托统一的云网和大数据平台，推动全省人口、法人单位、公共信用、宏观经济、空间地理和电子证照六大基础信息资源库建设；分期分批开展应急管理、社会综治、交通出行、生态环境、社会保障、医疗健康、市场监管、金融监管、知识产权、政务公开、执法监督、农业农村主题信息资源库和通用业务数据库建设，构建形成规范、完备、安全、高效的“6N”全省一体化政务信息资源体系，实现所有政务数据全打通、全汇聚、全共享，为提升公共服务、社会治理、产业发展和辅助决策水平提供全面数据支撑和保障。

为完成山东省数字政府“四个一”重点攻坚任务，为进一步实现数据资源体系建设的目标，山东省大胆创新，通过购买数据服务的形式，满足数据资源在汇聚、治理、应用、上报等多环节的需求。通过数据对接、进一步摸清各业务部门数据家底，按照数据汇聚的流程，需要依次完成数据的初始化并根据数据实时性要求建立数据更新的策略，建立数据汇聚过程异常情况的处理机制，确保数据汇聚及时、准确，解决当时数据共享不充分的问题。汇聚到原始库的数据资源面临着数据质量不高、数据标准不统一、数据更新不及时、多源数据不一致等问题，通过数据质量检测、数据清洗比对、数据标准化等一系列实施服务，一方面将高质量数据发布服务，一方面将问题数据向原部门进行反馈。在数据汇聚基础上，不断优化提升政务数据质量。政务信息资源体系的建设，重点是发挥数据“用”的效能，为了更好地挖掘数据价值，应按照不同数据需求和业务场景做好数据服务接口开发、代理、融合、替换等工作，对外提供高质量、高可用的服务接口。与此同时，需要根据业务场景需求，做好数据分析、比对、标签化工作，包括基础统计分析、数据建模、基础数据比对、内容检验比对、数据资源标签化等工作。

5. 组织开展“大数据创新应用突破年”行动

山东省以业务应用为抓手，自 2020 年开始，连续两年积极开展“数聚赋能”行动。2021 年 3 月，数字山东建设专项小组办公室发布《山东省大数据创新应用突破行动方案》，要求组织开展“大数据创新应用突破年”行动，全领域、全方位、全生命周期打造大数据创新应用场景，充分发挥大数据在优政、惠民、兴业中的基础支撑和创新驱动作用，提标提速推进数字山东建设，推动数字强省建设不断取得新突破、新成效。扩大数据开放范围，提升开放质量，整合数据开放渠道。探索建立数字实验室，面向企业、高校和科研机构开放公共数据，提供数据分析工具和应用测试环境，推动数据融合开发利用。通过举办数据应用创新创业大赛，吸纳社会力量共同参与数字强省建设，在全省建设数据应用标杆单位，打造推广数据应用解决方案和典型应用案例。

1）全面提升企业全生命周期服务水平

围绕开办企业、办理建筑许可、获得电力、获得用水用气、登记财产、纳税、跨境贸易、办理破产等衡量企业全生命周期的 8 个一级指标，重点在“减环节、减材料、减时限、减费用、增便利”等方面攻坚，力争在深化“一业一证”改革、深化工程建设项目审批制度改革、优化市政接入服务、推行“交房即办证”、拓展国际贸易“单一窗口”功能、优化纳税服务、提高破产案件处置效率等方面实现更大突破。

2）全面提升企业投资贸易便利度和吸引力

围绕获得信贷、保护中小投资者、执行合同、劳动力市场监管、政府采购、招标投标等反映投资便利度和吸引力的 6 个一级指标，重点在建立健全信息共享、绩效评价、纠纷化解、权益保护等工作机制方面攻坚，强化要素支持保障、健全多元纠纷化解机制、优化就业服务、保障公平竞争。

3）全面提升政府监管服务能力

围绕政务服务、知识产权创造保护运用、市场监管、包容普惠创新等反映政府监管与服务水平的 4 个一级指标，重点在提升服务能力、健全监管体系、激发创新创业活力等方面攻坚，加快数字政府建设、推行“跨省通办”、加强知识产权保护、加快科技创新、优化基本公共服务。

4）全面清理规范各类涉企收费

清理行政事业性收费、政府性基金、中介组织和行业协会商会收费中的不合理和违规收费。落实各项减税降费政策，探索降低总税收和缴费率，减轻市场主体负担。动态调整行政事业性收费、政府性基金和实行政府定价的经营服务性收费目录清单，做到定期更新、在线查询、清单之外无收费。建立健全违规收费投诉举报机制，发现问题严肃整改问责。

6.5.3 建设成效

1. 数据底座更加坚实

山东省加快推进一体化大数据主体建设平台，组织各部门编制数据汇聚、共享、开放“三张清单”，按照分级分类、分步实施的原则，推动政务数据资源集中管理、统一提供服务。山东省数据汇聚力度及共享开放水平等保持在全国第一方阵。2020 年底，省级共享平台累计提供服务 28.2 亿余次，是年初的 8.5 倍；全省已开放数据目录达 12.9 万个，覆盖所有市和 52 个省直部门，发布数据 36.3 亿余条，是年初的 4.4 倍。在最新地方政府数据开放第三方评估中，山东省位列省级政府第 3 名，潍坊等 7 个市跻身全国前 20 名。

持续完善人口、法人单位、空间地理、电子证照、公共信用、宏观经济六大基础库，全面开展主题库、专题库建设，加快推动历史数据电子化，建立数据汇聚高速通道，推动各领域数据高质量汇聚并及时更新，基本建成基础库、专题库、主题库、通用办公库“四库一体”的数据资源体系。加强数据治理和质量核查，数据质量进一步提高。目前，一体化大数据平台共汇聚数据 1313 项、200 多亿条。

坚持统筹规划、集约节约、统建共享，持续强化省级政务信息系统项目归口管理，山东省政务信息化共享、利旧、集约水平不断提高。开展项目统一运维试点，提升项目运维管理的规范化、标准化水平。全面加强安全保障工作，加大安全检查和风险排查力度，建成省级政务安全态势感知平台和电子政务云数据安全防护平台，实现全天候、全方位安全态势感知和有效防护。

2. 政府服务和监管水平持续提升

全面推动电子证照应用。围绕企业和群众办事难点、堵点问题，聚焦高频服务领域，推动电子证照跨层级、跨地域、跨部门共享应用，切实提高政务服务和便民服务水平。目前，教育入学、道路执法、跨市就医结算等 18 个试点场景已全面落地实施，身份证、营业执照、不动产权证等 9 类高频电子证照正在全面推广应用。身份证电子信息已接入省、市两级 128 个业务应用系统，累计调用 356 万余次，青岛、淄博、临沂等 7 个市已在政务服务大厅全面部署应用；电子营业执照已接入省、市两级 94 个业务应用系统，全国排名第一，在滨州、聊城等市的政务服务领域开始应用，国务院办公厅和国家市场监管总局对山东省电子营业执照应用工作提出表扬。

加强“爱山东”移动政务服务推广应用。加快“爱山东”市县分厅的应用服务和“一链办理”事项接入进度，进一步提升“爱山东”服务能力和水平。加强技术支撑，加快平台升级和客户端改版，推进“政策直通车”应用，对省直各部门最新政策及时采集、解读分析，并将相关政策与省统一身份认证平台的企业、人才等相匹配，实现主动精准推送。加强推广运营，截至 2020 年底，接入服务事项超过 1.5 万项，注册用户超过 4500 万，基本实现“一部手机走齐鲁”。

推进“互联网 + 监管”。建立“互联网 + 监管”工作推进机制，整合省发展改革委、省司法厅、省市场监管局等部门相关系统，实现与“互联网 + 监管”工作平台对接。深化监管数据汇聚共享，依托监管数据中心，为各级监管部门提供数据支撑。目前，省监管数据中心已汇聚各类监管数据 9983 万条，其中法人监管行为数据 2187 万条、非法人监管行为数据 3158 万条、其他数据 4638 万条；向国家系统上报数据 9805 万条，其中监管行为数据 5345 万条。整合市场主体各类监管数据，将全省各级监管部门统一社会信用代码与部门监管行为建立联系，形成执法人员、监管对象、监管行为相关联的一张网，构建统一、规范、多级联动的“互联网 + 监管”体系。

3. 协同办公更加智能高效

加快一体化综合指挥平台建设。按照省委、省政府工作部署，加快推动平台建设工作。制定平台建设工作方案，编制技术方案，明确平台的技术架构和具体实现路线，并初步搭建起平台原型系统。围绕“一屏观全省、一网管全省”，整合各级各部门指挥调度和综合运行类系统及相关数据资源，实现已接入系统和数据“一屏观”可视化应用。

4. 数据应用创新成效明显

“数聚赋能”下的山东省，群众生活愈发便利。山东省坚持需求导向，强化应用牵引，深入开展“数聚赋能”行动，聚焦教育、就业、医疗、出行等领域难点、堵点问题，研究大数据解决方案，各级各部门打造了义务教育入学“零跑腿”、医保电子凭证“一码通刷”、养老待遇资格“静默认证”等一大批智慧应用，加快实现政府公共服务获取的便捷化、均等化和普惠性，让数据多跑路、群众少跑腿。截至目前，“爱山东”接入服务事项超过 1.6 万项，注册用户突破 4800 万，省、市两级前 30 位高频服务事项全部实现“掌上办”，电子证照已归集 531 类证照、2.8 亿条数据，基本实现存量证照数据“应归尽归”，其中，身份证电子信息、电子营业执照实现在政务服务领域全面应用，194 类证照实现“亮证即用”。

在优化营商环境方面，围绕企业关注的注册、审批、融资等方面的问题，打造了一批典型应用案例。企业开办“一窗通”、工程建设项目审批“多评合一”、不动产登记“一网通办”、企业居民获电“零证办”等已在全省实现。建设融资服务平台，加强政务数据在融资服务领域的汇聚、开放和应用。截至 2020 年底，平台已入驻金融机构 13 家，上线产品 35 款（个人 16 款，企业 19 款），完成授信 5480 笔、9.26 亿元，放贷 3.45 亿元。

在推动社会治理方面，积极推动大数据在公共卫生、生态治理、应急处置等领域的融合应用。在全国率先搭建了覆盖产业发展全链条、监管服务全环节的一体化畜牧大数据监测分析系统，助力“保价稳供”。新完肺炎疫情发生后，会同市场监管部门建成冷链食品疫情防控管理系统，实现对相关企业、食品、车辆的追溯，为疫情防控提供大数据支撑。

5. 典型事例

新冠肺炎疫情伊始，山东省充分发挥信息化、大数据技术优势，依托国家和省市一体化政务服务平台，积极推进电子健康码建设应用，不断优化拓展服务功能，全力打造“一码两库三查四统一”的电子健康码服务管理系统，助力疫情防控工作科学精准开展。截至 2021 年 5 月 16 日，全省健康码累计发放 1.2 亿张，亮码应用总数 137.59 亿次，发放数和使用数均居全国前列。

1）聚焦“互通互认”，全面推动健康码“一码通行”

（1）迅速建立互通互认系统。坚持疫情防控需要什么，信息技术服务就支撑什么。依靠技术优势，2020 年 2 月，仅用 7 天就研发上线了山东省电子健康码管理系统。借助电子健康卡的分布式、高可用、高并发、弹性增容特性架构，采取“省市一体化”建设模式和大数据比对自动签发，实行统一规划、分布部署、集中管理，以省级节点及 16 市节点为集群，形成“1+16+N”区块链节点形式，实现跨系统、跨机构、跨地域互联互通、信息共享和业务协同，成为全国第二个上线健康码的省份。同时，不断优化系统设计，先后增加多码出示、健康码打印、健康码代查、自助客服等模块，简化申领流程，申请人仅需填写姓名、证件号码、手机号码、居住地址四项基本信息并做出承诺，后台自动比对即可赋码 (红、黄、绿码)。

（2）迅速实现重点覆盖。坚持疫情重点在哪里，健康码服务就在哪里。聚焦重点场所和重点人群，加快推进健康码互认应用和跨地区多场景普及应用工作，在餐饮、购物、酒店、医疗、教学、文化旅游、交通工具、政务服务大厅、办公楼和社区等公共场所和重点场所使用健康码，部分机关企业事业单位、医疗机构还配备健康码扫码设备，进一步提高验码通行效率。聚焦老年人和中小学生等特殊人群，在全国首创“为家人代办”功能，设置专门模块，对不使用或不会操作智能手机的老人、儿童、视障听障残疾人等特殊群体，由亲属代为其申领和绑定健康码；积极服务教育复学，为全省中小学生发放纸质健康码 1745 万张，为高考等各类考试核验学生健康码信息数据 504 万次。

（3）迅速跟进建章立制。坚持技术服务拓展到哪里，政策规范就跟进到哪里。先后制定《山东省健康通行码应用工作暂行规定》，发布数据汇聚、批量转码、接口服务等技术规范。进一步加强和规范健康码管理以方便群众出行，全面落实健康码信息互信互认要求，群众凭国家平台防疫健康码“无异常”信息或各省健康“绿码”即可在山东省全域通行，不需再重复出示其他疫情防控码或申领山东健康码，实现“一次申报、动态管理、跨域互认、全省通用”。同时，明确不把健康码作为人员通行的唯一凭证，三大运营商“通信行程卡”也可作为不使用智能手机群体的辅助行程证明。

（4）迅速构建多方合作机制。建立多方联动技术保障体系，综合省卫生健康委健康码“软件”和省大数据局基础设施“硬件”优势，完善健康码技术保障体系。省卫生健康委、省大数据局以及电子健康卡、爱山东、支付宝等系统平台的建设企业共同参与，制定完善应急处置预案，建立系统升级风险研判机制，定期开展健康码系统评测，保障系统平稳有序运转。卫生健康、公安、大数据、通信管理等部门建立数据联动工作机制，通过省电子政务平台进行数据交换，实现健康码数据互通共享，确保健康码基础数据库及时更新。

2）聚焦“数据汇聚”，全面强化健康码“两库保障”

（1）建立重点人群动态管理防疫数据库。充分利用国家一体化平台提供的“四类人员”、入境人员核查，全国政务平台“健康码”信息查询以及国家卫建委风险地区等级等 12 个数据接口，整合省公安厅、省大数据局、省通信管理局、省外事办等部门数据，建立重点人群动态管理防疫数据库，加强对个人申报信息核验和数据共享，准确识别重点人员，实现精准管控。在“三色码”规则基础上建立红黄码动态管理负面清单，明确省内发放红黄码人员情形，有效引导群众主动申领、各类场景管理人员主动查验健康码。同时，基于省政务平台向省教育厅实时共享学生和教师健康码动态管理数据，实现全省师生健康信息全程在线管控，保障学校复学工作安全有序。

（2）建立完善山东省全量检测信息库。在“应检尽检”和“愿检尽检”工作基础上，开发了核酸快速检测系统（群众仅凭身份证即可快速登记检测信息），建立了山东省全量检测信息库，含入境人员检测信息库、国内疫情重点地区入鲁返鲁人员检测信息库、其他重点人群核酸检测信息库、核酸检测机构信息库等多个数据库，居民在山东省内任何一家机构进行核酸检测的结果，均能及时上传至省全量检测信息库。在整理各数据库信息基础上，对检测阴性和检测阳性但经医学观察已排除感染的人员建立健康码人员信息源，作为重点人群赋码依据，严防通过虚报检测信息获取健康码。截至目前，山东省全量检测信息库已收录核酸检测信息 8066.5 万条。

（3）建立健全全省疫情防控大数据。在重点人群动态管理防疫数据库和山东省全量检测信息库的基础上，以居民健康状态为基点，以居民身份信息为索引，以电子健康码作为数据汇聚入口、数据治理平台和数据查询出口，融合通信行程数据、核酸检测数据、疫苗接种数据、重点人群动态健康数据、社区摸排数据、返鲁来鲁人员数据、中高风险地区及境外来鲁人员数据，建立存储无上限、运算能力强、响应速度快、处理效率高的全省疫情防控大数据库，创建一站式的疫情数据治理模式，为全省疫情防控工作提供强大的数据支撑。

（4）建立健全信息安全管理体系。牢固树立国家大安全观，严格落实疫情防控和信息安全领域国家安全要求，始终将健康码信息安全工作放在首要位置。在系统设计建设初期，就基于国家电子健康卡管理体系、技术框架和应用体系，将全省健康码数据全部存储在省政务云，严格进行系统评测并采用国家密钥体系进行加密，由省电子健康卡管理服务平台统一生成，实行全省统一认证、统一标准、统一标识和统一管理“四统一”管理模式。在密钥体系上，严格遵循国产商用密码相关法规和健康卡密钥管理相关规定，采用国密 SM2/SM3/SM4 等加密算法和国家卫生健康委的密钥体系，确保数据安全；在电子健康码数据的传输和存储上，采用省统一的信息安全保障平台密钥体系，利用各医疗机构部署的电子健康卡加密前置一体机，保障电子健康码数据的安全传输和安全存储。电子健康码在上线投用后，凭借安全可靠的密钥体系和稳定高效的数据加密设计，在零安全事故、零泄密事件的安全基石之上，为全省居民提供了抗并发能力好、抗压能力强、响应效率高的健康码服务。

3）聚焦“服务优先”，全面拓展健康码“三查询”功能

（1）拓展核酸检测结果查询服务。2020 年 10 月，青岛市突发聚集性疫情，按照

全员核酸检测要求，连夜紧急开发健康码核酸检测数据服务功能，第二天即部署上线，迅速实现居民健康码查询核酸检测信息功能；同时，汇总省内各级核酸检测机构信息，形成健康码“核酸检测机构地图”，居民可以查询距离最近的核酸检测机构，并融合腾讯、高德等主流导航方式实行一键导航直达，极大方便了居民核酸检测。进一步拓展核酸检测查询区域，及时与国家政务服务平台共享数据，省内省外核酸检测数据实行“一码查询”。

（2）拓展通信行程信息查询服务。为方便群众在社会交流和人群流动中主动加强个人防控，进一步降低传播风险，山东省利用健康码融合通信大数据行程卡，居民只需要一次授权，就可以查询展示近 14 天内途经城市的行程数据，对途经的中高风险地区进行标注，实现对途经中高风险地区的人员进行分类分群精细化服务和管理，有利于社会公众及时主动采取有效防控措施，支持和参与疫情防控。

（3）拓展疫苗接种结果查询服务。新冠病毒疫苗接种工作全面推开后，健康码迅速对接预防接种信息系统，及时上线疫苗接种查询功能。居民通过健康码可以查询到疫苗接种机构、接种时间、接种针次和接种疫苗的类型与厂家，同时标注是否完成全程接种，指导群众和防控人员做好后续防控。始终关注健康码的切身体验，主动吸收网友、媒体建议，于 2021 年 5 月 3 日在全国率先升级上线金色健康码，居民接种完新冠病毒疫苗后，健康绿码周边将增加金色边框，左上角增加针剂和盾牌标志，表示持有人已受新冠病毒疫苗保护，既增加了群众的感受度，也提升了目标人群的接种意愿。

6.5.4　经验总结

1. 政策先行，保障得力

“没有规矩，不成方圆”，数字政府建设需要各个主体相互配合、整体联动。建立行之有效的政策机制和组织保障是山东省数据政府建设取得积极成效的关键。

1）成立省市大数据局

2018 年 10 月 31 日，随着山东省新旧动能转换的推进，山东省决定组建山东省大数据局，作为省政府直属机构。加快推动“互联网 + 政务服务”以及全省大数据规划基础建设。根据《中共山东省委山东省人民政府关于山东省省级机构改革的实施意见》，山东省大数据局的主要职能：一是负责牵头制定并组织实施全省大数据发展应用规划和政策措施，加快建设“数字山东”和“互联网 + 政务服务”；二是统筹规划大数据基础设施建设，建立完善数据开放平台和标准体系，推动政府数据开放共享利用，承担政务服务平台建设管理工作；三是指导协调大数据产业发展，健全大数据安全保障体系等。同时，山东省 16 地级市相继成立市大数据局或大数据主管部门，省市联动共同推进山东数字政府建设。

2）出台数字政府建设实施方案及配套标准

注重政策机制牵引，数字山东自 2018 年正式提出，工作中注重加强系统谋划，出台《数字山东发展规划（2018—2022 年）》，就数字山东建设做出全面部署。为加快实施发展规划，全面提升山东各级政府数字化治理和服务水平，努力打造数字政府样板区，2019 年 3 月，山东省政府常务会议原则审议通过《山东省数字政府建设实施方案（2019—2022 年）》，并每年制定《数字山东行动方案》，从制度层面初步搭建起数字山东建设的“四梁八柱”。同时，为统一标准，提升工作成效，山东省加快实施数字山东标准提升工程，及时将工作中形成的管理和技术规范等转化为标准，目前已发布地方标准 235 项、工程标准 18 项，正在制 / 修订地方标准 156 项、工程标准 29 项，为山东省各单位推进数字政府建设提供有力的政策指引。

3）加强工作监督考核及落实

山东省大数据局积极发挥牵头作用，成立工作专班，由常务副省长担任专班组长，按照“全省一盘棋”原则，在省数字山东建设专项小组统筹领导下，各市、各部门落实“一把手”责任制，签订目标责任书，建立多层级的数字政府建设领导机制和推进落实机制，构建职责明确、统筹推进的数字政府建设格局。各级各部门建立完善推进机制，细化目标任务措施，确保工作落实到位。山东省将数字政府建设列入重点督查内容。建立重点工作台账，进一步明确分工，落实责任，定期调度具体工作进展，强化跟踪问效。各级各部门也制定工作推进方案，细化目标与任务，推动各项工作落实到位，保障数字政府建设有序推进。

2. 统一部署，规划先行

山东省坚持以“走在前列、全面开创”为目标定位，统一部署、规划先行，提出“四库一体”“三清单”创新模式，全省上下一盘棋，围绕“四个一”重点任务进行攻坚突破。规划全省一体化大数据平台，统一构建互联互通、先进适用、安全可控的应用支撑体系。组织各部门编制数据汇聚、共享、开放“三张清单”，按照分级分类、分步实施的原则，推动政务数据资源集中管理、统一提供服务。加强数据汇聚，基本建成基础库、专题库、主题库、通用办公库“四库一体”的数据资源体系。探索购买数据服务模式，加强数据治理和质量核查，数据质量进一步提高。

3. 应用催化，滚动发展

山东省通过举办公共数据开放大赛并在全省开展大数据创新应用突破行动，以应用催化数据供需，激发数据要素市场活力。公共数据开放大赛是山东省“政府 + 企业 + 顶尖大数据人才 + 创新创业团队”多轮驱动模式的探索，成为政府汇集民智的新平台，企业挖掘优秀人才的掘金矿，优秀数据人才的竞技场，创新创业团队的大舞台。通过大赛搭建数据供需对接会，让数据供需双方直接面对面，深度对接，互动交流，为政务数据和社会数据融合应用、激发“数据要素”价值潜能提供了新思路和新方法。

6.6　湖北省——高效服务篇

湖北省推进“高效办成一件事”，是贯彻落实党中央、国务院决策部署，把“放管服”改革推向纵深的关键举措，对加快转变政府职能，提高政府服务效率和便利群众办事创业，进一步激发市场活力和社会创造力具有重要意义。湖北省树立以人民为中心的发展思想，围绕应勇书记提出的“努力使湖北成为审批事项最少、办事效率最高、投资环境最优、企业获得感最强的省份之一，使营商环境成为湖北疫后重振、浴火重生的金字招牌”，对政府部门的业务流程进行革命性再造，对跨部门、跨层级、跨区域的办事流程进行系统性重构，切实解决办事难、办事慢、办事繁问题，切实让市场主体和群众有实实在在的获得感。

6.6.1　综述

湖北省深入贯彻落实党的十九大关于建设“网络强国、数字中国、智慧社会”的战略部署，坚持以习近平新时代中国特色社会主义思想为指导，认真落实习近平总书记视察湖北重要讲话精神。湖北省委省政府紧紧围绕优化营商环境总目标，以提升民生服务和城市治理能力为重点，以体制机制创新为保障，坚持“一体化”建设原则，强力推动数字政府建设。

按照全省标准统一、数据五级集中、平台分级部署、网络全面覆盖的数字政府信息化建设要求，依托省级平台与市级平台之间的协同联通，实现触手可及的“优服务”、规范高效的“快审批”、在线可用的“智数据”、融合开放的“紧协作”、安全可靠的“强支撑”的数字政府信息化建设目标。

6.6.2　措施

1. 重构科学有序的事项管理体系

建立政务事项动态管理机制，制定湖北省政务服务事项标准规范，通过标准化、精细化和场景化梳理，厘清底数，确定责权。完成全省政务服务最细颗粒度的业务办理项梳理，达到政务服务事项编制标准化、调整规范化和管理系统化，为全省政务服务“一窗通办、一事联办”打下坚实的基础。

1）政务服务事项编制标准化

在国家“四级四同”的要求下，湖北省出台了118个事项要素编制标准，实现政务服务事项基本目录模板化、清单化管理。标准规定了全省统一的事项基本要素（48项），由省直部门统筹编制，确保省、市、县三级政务服务事项名称、法律依据、受理条件、受理对象的全省一致。各级实施部门根据自身实际情况填写办公地点、联系电话等个性化要素（70项），各级政务管理部门分层级对事项要素编制进行审核，最终确认发布。

2）政务服务事项调整规范化

为规范政务服务事项管理，湖北省出台了《湖北省依申请及公共服务事项管理暂行办法（试行）》，一是强化省直部门对行业条线政务服务事项的指导责任；二是规定了5种具体管理情形；三是明确了两种集中调整受理频次说明。

3）政务服务事项管理系统化

建立全省集中统一的政务服务事项管理系统，提供统一的事项导图的集成服务，在事项颗粒化梳理过程中，针对梳理事项情形工具，业务部门可以进行可视化的确认，支持在线的编辑修改。整个事项梳理过程更加连贯，部门确认更加直观，极大地提升了事项颗粒化梳理的效率。平台采用分布式、微服务技术架构，将过去巨大单体式应用分解为多个服务方法解决了复杂性问题。具备降低复杂度、可独立部署、容错性高、扩展性强等优势。

2. 建立线上线下统一协同流转体系

按照全省标准统一、数据五级集中、平台分级部署、网络全面覆盖的要求，持续优化全省一体化政务服务平台，构建功能互补、标准统一、服务同源、信息共享的立体政务服务体系。为进一步提升线上线下办事服务体验，推动更多事项实现“网上办、一窗办、就近办、即时办”，应用中台应运而生。应用中台成为上承应用服务，下接数据支撑的桥梁，为政务服务过程全量感知、材料全量汇集、成效客观评判，打通政务服务“最后一公里”，提供稳定、高效、便捷的服务支撑。

依托应用中台联通国家垂直管理系统（以下简称“国垂系统”）与省级平台、省级平台与省垂直管理系统（以下简称“省垂系统”）、省级平台与市级平台，形成高效的业务流转星状拓扑结构，并为进一步推动“全省通办、跨省通办”乃至“全国通办”打牢基础。

1）优化重构业务流程

政务服务一体化办理流程可通过线上和线下两种路径进行办理，如图6-21所示。

（1）线上：企业和群众使用省政务服务网、“鄂汇办”App实现政务服务事项网上办理。

（2）线下：依托各地政务服务实体大厅综合窗口进行现场办理。

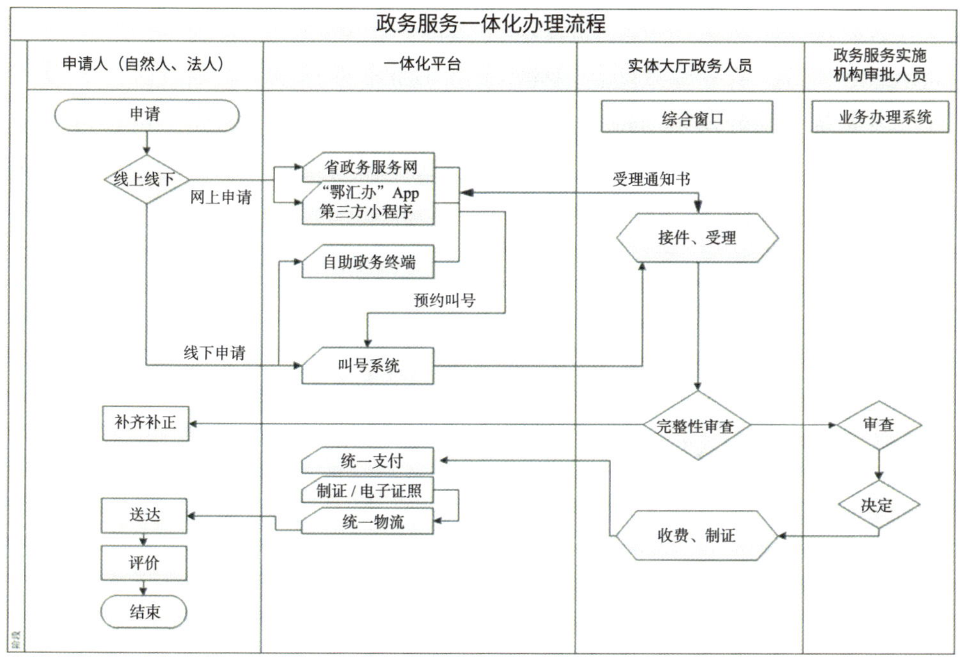

图 6-21　一体化办理流程

2）全省推行“一窗通办”

遵循“统一开发、全省通用、分级部署、市州拓展”的原则，省级统一开发统一受理平台，制定集成接入规范和数据标准，实现业务对接（综合窗口受理系统技术架构见图 6-22）。市州县复用统一受理平台，可根据实际情况二次开发，拓展应用，实现线下“一窗通办”。

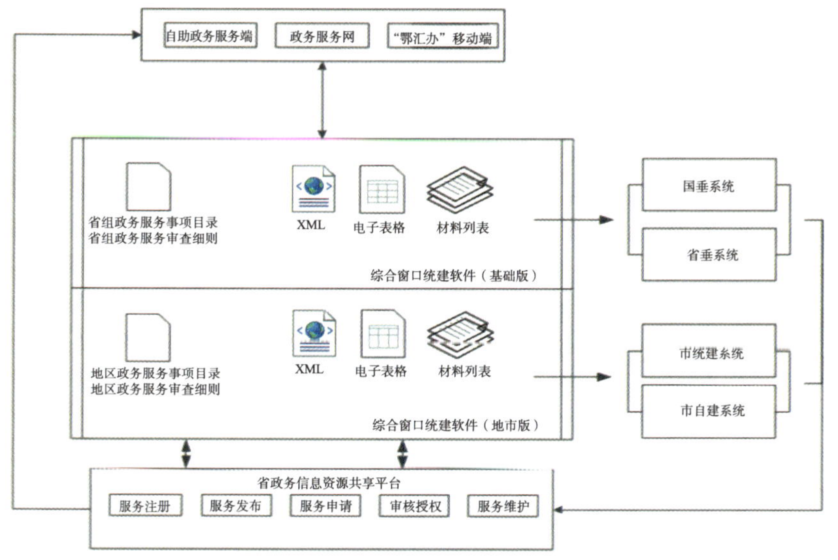

图 6-22　综合窗口受理系统技术架构

一是统一受理业务分发双接口模式（示意图见图 6-23）。

统一受理平台、政务服务网、“鄂汇办”的业务办件申请，通过统一受理平台中的业务分发系统自动分发至通用业务办理系统，国家、省厅、市州、区县自建业务办理系统，实现业务统一受理分发、自动分类办理、统一反馈。统一受理业务分发系统主要提供以下三个功能。

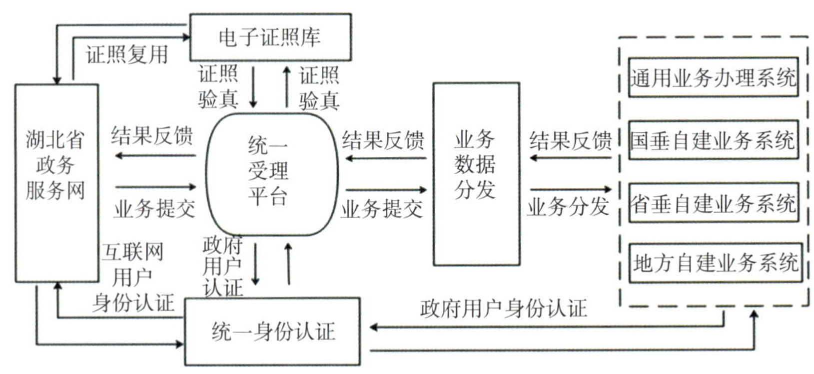

图 6-23 业务分发双接口模式示意图

（1）赋码：为线上线下受理的政务服务事项赋予唯一的受理编码。

（2）接口：提供全省统一受理编码生成接口，为部门自建系统提供接口服务。

（3）分发：将省政务服务网和实体大厅综合窗口收件智能分发给各级业务办理系统。

二是电子表单建设。

政务服务事项需要用户填写的申请表实现电子化表单，满足统一受理平台填写或获取业务办理所需基本数据需要，需标明数据核验标准，满足填报核验和自动数据填充需要。

（1）自动填充。电子表单中涉及用户姓名、性别、身份证号、手机号、联系地址等，或者法人名称、统一社会信用代码、经营范围等政务信息资源共享平台和电子证照库可提供的信息，实现在线表单自动数据填充。

（2）历史表单。企业和群众办理事项已提交过的电子表单数据，除部分会因时间发生变化的内容外，应实现从历史表单自动提取。

三是线上线下办件数据汇聚（流程见图 6-24）。

各地各部门办件数据通过省政务信息资源共享交换平台完成办件数据汇聚。办件数据、用户数据最低交换频率不低于 1 次 / 天。市州业务办理系统将办件信息上传至前置库，省统一受理平台从市州前置库抽取办件信息，整理后将基本信息及结果数据推送全省统一办件库。省级部门将国家、省垂管业务系统办件数据通过前置库或接口方式，汇集到省办件库。市州申请办件数据落地的，由省级办件库将市级部门数据下发至前置库。

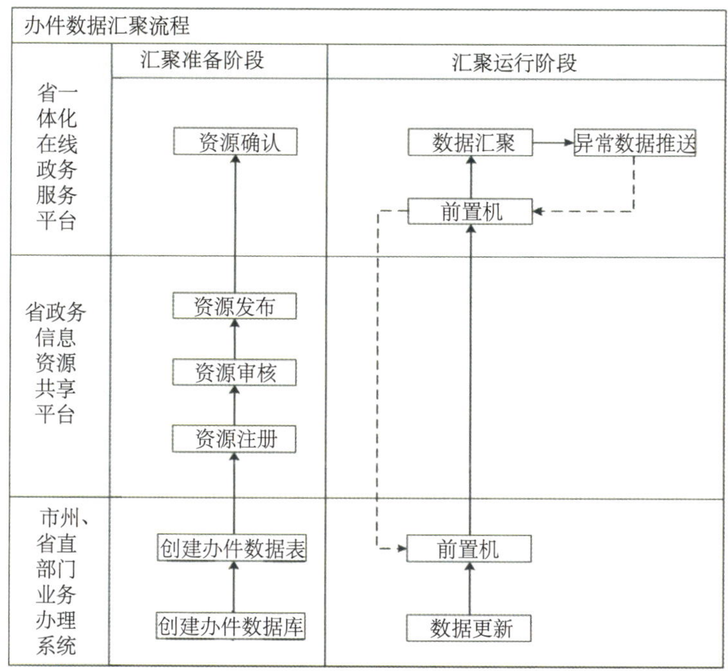

图 6-24　办件数据汇聚流程图

3）大力推进“一事联办”

“一事联办”是以企业和群众办好“一件事”为导向，对涉及多个部门、多个办理环节的业务，进行流程再造、环节精简，变“一事项一流程”为“一件事一流程”。例如，企业一件事、工程建设项目审批、不动产登记、开超市等。

一是形成清单。以办成“一件事”最后一个环节的政务服务实施机构作为责任单位（有明确规定的除外），协调相关部门全面梳理“一件事”所涉事项。按照合法、合理、精简、便民、共享的原则，精简优化申请材料，部门出具的证明、证照、批文等，能通过数据共享核验的，不再要求申请人提交；涉及多个部门的同一材料，由系统共享，不再要求申请人重复提交，最大限度减少申请材料，同时明确申请材料要求及受理标准，编制完成“一件事”的申请表单和办事指南。

二是再造流程。理顺“一件事”所涉事项的前后置关系，对于能够并行的环节，进行并行处理，缩短审核周期。通过深度梳理、优化、再造流程，最大限度精简审批环节、压缩审批时限，完成相关事项办理流程再造工作。以开网吧为例，根据流程设计，综合受理以后，市场监管局进入受理阶段，系统将基本信息及申请材料分发到后置涉及部门，后置部门对申请材料进行容缺预审。出具营业执照以后，信息同步至各部门进入正式办理，最后统一出证，如图 6-25 所示。

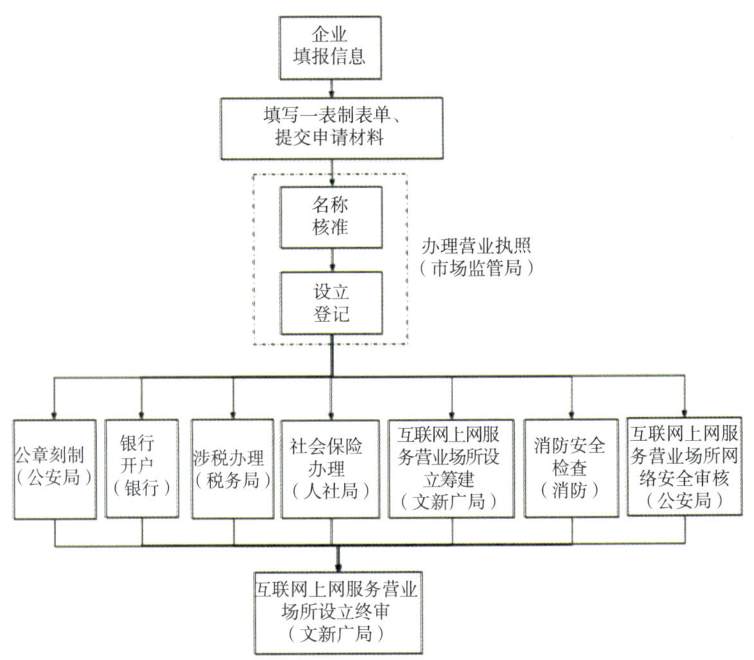

图 6-25 开网吧流程示意图

三是运行分析。按照“成熟一个、实施一个、上线一个”的原则，逐项推动“一件事”上线应用。根据上线运行情况，对办理时限、提交材料数、跑动次数进行比对分析，根据结果进一步优化事项办理流程。

4）重新规划实体大厅

湖北省根据国标及“一窗通办”相关要求，出台《湖北省政务服务大厅基础设施和政务服务规范》，全省使用统一标准进行“一窗通办”政务服务大厅改造（建设）、业务办理、设施配备、服务评价、考核管理。

各市州县依据相关标准以及信息化设备对接数据标准，升级改造现有大厅或新建大厅，按照服务功能统一规划为咨询导办区、综合受理区、后台审批区、统一出件区、自助服务区、休息等候区。

乡镇（街道）、村（社区）便民服务场所建设由县市区统筹，应具备“五个一”：一个场地办公，在乡镇（街道）、村（社区）党群服务中心或街道办事处、村委会开辟一个专门的办公场地，配备计算机、打印机（具备复印、扫描功能）等设备，方便群众办事；一班人马服务，配有从事政务服务工作的工作人员；一张网上办事，连接政务服务网，可网办的事项全部网办；一套制度管事，明确工作职责，公开服务承诺，规范工作流程；一家物流快递，统一由中国邮政进行代办或实物资料传递。

鼓励探索与邮政、银行、通信等网点合作建设便民服务场所，发挥其网点遍布的优势，采用联合建设或引进自助服务终端等方式，推进企业和群众“就近办”“马上办”。

5）充分运用数据共享

完善省大数据能力平台建设，建立和完善政务数据采集、共享、开放、维护、管理长效机制，强化省大数据能力平台数据资产管理能力、数据共享支撑能力、数据治理分析能力，提升政务大数据的准确性、完整性、一致性，为所有省直部门和市（州）提供全面、高效的数据服务支撑。

一是建立完善全省统一的数据资源目录。以原有共享交换平台资源目录作为全省统一数据资源目录，建立健全全省统一的信息资源目录体系。

二是建立完善全省统一的大数据仓库。建设物理集中、实时更新的大数据仓库，数据总存储量约为 1PB。整合完善人口基础库，2020 年底，全省人口库关联字段达到 2033 个。整合完善法人基础库，2020 年底，法人库关联字段达到 3059 个。整合完善空间地理基础库，建成全省统一的自然资源和空间地理基础数据库。整合完善信用信息基础库，实现与省信用信息平台的全量备份和动态更新，完成信用数据接入。整合完善电子证照基础库，支撑省一体化在线政务服务平台亮证服务应用。

三是建立完善全省统一的数据监管体系。依托省共享交换平台，完善数据接入、数据管理和数据服务功能区，新建数据治理功能区，实现对数据采集、存储、治理、分析、管理和服务全生命周期的有效管理。

四是建立完善全省统一的数据服务平台。以原有共享交换平台资源目录作为数据服务统一出入口，建设数据开放平台，将可开放的数据统一展示，提供查询、下载等功能。

五是形成全省统一的数据集成入口。以原有共享交换平台作为政务数据第一入口，各系统平台开展业务工作所需的外部数据，通过省共享交换平台从各政府部门采集汇聚至省大数据能力平台。

六是形成全省统一的数据服务出口。省大数据能力平台开发的数据服务接口均注册至省共享交换平台，由其统一代理发布后，为相关政务信息化系统提供共享服务。

七是形成“一地两中心”的数据双活架构，保障数据安全。按照同城数据双活的要求，实行“一地两中心”部署。

6.6.3　建设成效

1. 建设成果

2020 年，湖北省克服新冠肺炎疫情的影响，坚持以“高效办成一件事”为优化营商环境、提质增效的目标导向，以服务事项规范梳理为基础，以业务系统深度对接为路径，以收受审分离模式创新为驱动，大力推进全省统一受理平台建设运行，构建省、市、县、乡、村五级全面覆盖的线下综合窗口审批模式，创新政务服务线上线下融合，逐步实现全省各层级、各部门服务全程监督、数据全量汇聚、质效全面感知。

湖北省一体化政务服务平台依托统一受理平台功能，为线上线下办件提供全省统一受理（办件）编码并将受理信息分发至业务系统办理，打造“统一编码、统一表单、统一流转、标准对接”业务架构，全面实现省一体化政务服务平台线上线下融合。线上通过政务服务网、政务服务移动端（“鄂汇办”App），线下通过政务服务大厅综合窗口，由统一受理平台统一生产办件流水号，实现线上线下统一受理。建设全省统一办件库，汇集全省线上线下业务办理系统产生的过程和结果数据，省、市两级按照全省统一标准和数据质检规则，数据实时归集至省统一办件库，实现业务办件全量感知。

湖北省政务服务事项管理系统、电子证照库、电子材料库、统一支付、统一物流、12345 热线系统（含“好差评”系统）是统一受理平台的业务和数据支撑保障，用于支撑统一受理的物流、支付、评价等各个环节，如图 6-26 所示。

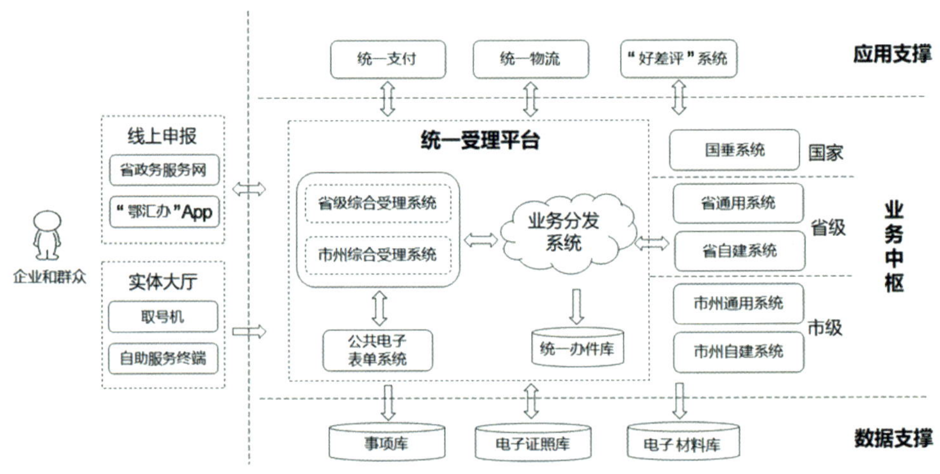

图 6-26 湖北省统一受理平台业务架构图

以梳理发布的全省五级事项清单为依据，明确各事项办理的系统（无系统对应的事项，入驻通用审批系统），拟订方案开展精准深度对接，实现业务协同。以具体事项业务办理成功为标准，省直部门负责统筹国垂、省垂系统，打通并接入省级统一受理平台，市州可复用省级对接成果；市级负责打通市、县两级的自建系统，全部接入市级统一受理平台。遵循“统一开发、全省通用、分级部署、市州拓展”的原则，省级统一开发统一受理平台，制定集成接入规范和数据标准，实现业务对接。市州县复用统一受理平台，可根据实际情况二次开发拓展应用，实现线下“一窗通办”。

2. 特色创新

1）构建标准规范的事项管理体系

深入开展事项编制标准化工作，统领线上线下服务同质化、无差别办理。在国家一体化政务服务平台“四级四同”的基本要求基础上，制定湖北省政务服务事项 118 个事项要素标准：公共要素 48 个，由省直部门统筹编制，省、市、县三级统一；个性要素 70 个，由实施部门根据实际情况填写。各级政务管理部门审核、发布，实现清单模板化、清单化管理。事项管理系统化，建立全省五级统一的政务服务事项管理系统，提供统一的事项导图的集成服务，在事项颗粒化梳理过程中，业务部门可以进行可视化确认，提升事项颗粒化梳理效率。通过分析事项材料、环节、时限、服务标准等要素，为持续推进“四减”“四办”提供支撑。实现事项调整动态化、规范化，出台《湖北省依申请及公共服务事项管理暂行办法（试行）》，明确了政务服务事项调整的情形、权限、程序以及罚则。

亮点：省、市、县、乡、村事项要素“5 级 48 同”。

2）建立线上线下的服务感知体系

依托统一受理平台，为线上线下办件提供全省统一受理编码并将受理信息分发至业务系统办理等三大功能，打造“统一编码、统一表单、统一流转、标准对接”业务架构，全面实现省一体化政务服务平台线上线下融合。线上通过政务服务网，线下通过综合窗口，由统一受理平台统一生产办件流水号，实现线上线下统一受理入口。建设全省统一办件库，汇集全省业务办理系统产生的过程和结果数据，实现业务办件全量感知。

亮点：覆盖全省五级的线上线下办件同质化服务。

3）逐步实现窗口无差别跨域受理

采取“分步实施、全省推进”的方式解决窗口人员使用统一受理平台进行办件受理的职权界定问题，开展小区域、小范围的试点，推动“小综窗”建设，将业务按主题进行分类，容易掌握的业务优先纳入“小综窗”。同步建立窗口人员培训机制，不断提高窗口人员的能力素质，逐个单位签署“授权”协议，最终实现“无差别受理”。基于全省政务服务事项标准化、精细化管理，使行政相对人在线上线下不同场景均获得同质高效的办事体验。推行一窗受理后，通过数据共享、材料共享共用、业务流程再造，实现了多个事项联审联批，套餐式、集成式的“一件事”审批。通过与国家政务服务平台深度融合，加快与国家、省直垂管业务系统和数据的互联互通，完善了全省一体化政务服务体系，推动实现“异地通办、跨省通办”。

亮点：以统一受理平台为枢纽，“一事联办”“跨省通办”同步推动。

6.6.4 经验总结

1. 同标准理事项、破壁垒做整合，以“一件事”为政务服务改革起点

同标准理事项：湖北省采用“省级统筹，全省联动，条块结合”的模式进行全省政务服务事项标准化、颗粒化梳理，实现了省、市、县三级事项要素“3 级 48 同”，镇、村两级事项要素“2 级 57 同”。通过分析事项材料、环节、时限、服务标准等要素，为持续推进“四减”“四办”提供支撑。实现事项调整动态化、规范化，出台《湖北省依申请及公共服务事项管理暂行办法（试行）》，印发全省五级事项清单，明确了政务服务事项调整的情形、权限、程序以及罚则。

破壁垒做整合：以线上线下融合为目标，开展系统打通和业务整合。一是“一网通办”覆盖全省。已经建成上联国家，涵盖省、市、县、乡、村五级 204 万项政务服务事项的政务服务网。按照国办考核标准，全省政务服务事项可网办率为 98.6%，其中标注为全程网办的事项比例为 90.8%，省、市、县三级网办件占总办件量的 45%。二是以办好“一件事”为导向，梳理 39 个主题“一事联办”，集成套餐、联办事项，编制发布了“我要开药店”“新生儿落户”等“一件事”联办套表、材料清单、办理流程及办事指南，结合线上线下办理途径，围绕常见场景，推广多部门联合审批服务，实现了关联事项“一表申请、一事联办”，提升企业群众办事体验；实现了省、市、县三级涉及多部门审批事项“一事联办”。三是通过数据共享等手段，打破部门的行政壁垒，促进业务流程的融合，做到了“一号申请、提交一套材料、一个窗口取件”。四是“跨省通办”有序推进。全省发布第一批民生领域全省通办事项 312 项，省级层面与广东、河南、安徽等 12 个省市签署“跨省通办”合作协议，全省 17 个市州均已与外省市开展“跨省通办”合作，事项累计达 1000 余项。武汉、襄阳、宜昌城市圈分别发布区域通办事项 106 项、356 项、171 项。

2. 通系统、通网络、通数据、通业务，以“办成”作为对办事人的承诺

湖北省基于一体化平台总体架构，制定全省统一的对接技术规范，按照网络通、数据通、业务通的原则实现统一受理平台与各级业务办理系统打通，实现业务双向协同。推进业务“受审分离”改革，在系统打通的基础上，所有业务入驻统一受理平台，实现综合窗口“一窗收件、分类流转、集中出证”。基于全省政务服务事项的同源发布，统一受理平台以及各级自建业务系统通过接口方式实现即调即现。

全省统一分发，业务全量感知。建设全省统一受理平台（内含业务分发系统），联通上至国家，下至市、县等的四级业务办理系统，并集中管理和应用国家级、省级业务办理系统以及市级业务办理系统服务接口，配置调用服务接口的路由寻址，实现全省统一受理平台和各级业务办理系统双向协同，业务办件全量感知。

全省统一办件，实时质检归集。建设全省统一办件库，汇集全省业务办理系统产生的过程和结果数据，省、市两级按照全省统一标准和数据质检规则，通过接口将业务受理信息、过程信息、特别程序信息、申请材料信息、办理结果信息等数据实时归集至省统一办件库。

通系统：全面梳理国垂、省垂、省直、市县自建业务系统约 200 余个，按照省统一的对接规范，实现各级业务系统与省级平台双向接口联通，形成了湖北一体化服务平台。

通网络：全省政务网络体系改造升级，网络承载能力、数据交换能力、业务支撑能力、网络信任能力大幅提升，政务外网网络带宽分别达到省到市双 10G，市到县双 2G，县到乡双 200M，省级横向双 2G。建设完成安全保障体系，逐渐展开新技术应用。打通了国、省、市三级各个业务部门网络，涉及公安、人社、自然资源等部门专网，实现了业务数据互联互通。

通数据：提供“一人一企一档”专属个性服务。全面梳理资源目录清单，归集电子证照，采集电子印章，建成数据“物理集中”或“物理分散、逻辑集中”的“1+17+N”云资源共享平台，推进省一体化政务服务平台的“一人一企一档”，为企业和群众打造“一次录入、多次复用、管理一生、服务一生”的专属数据空间，全面支撑自然人、法人基础信息展示及“电子卡包”的特色应用。

通业务：基于湖北一体化服务平台，实现省、市、县、乡、村五级业务系统纵向互联互通。以企业和群众办好“一件事”为导向，对涉及多个部门、多个办理环节的业务，进行流程再造、环节精简，变“一事项一流程”为“一件事一流程”，实现业务横向联通。围绕“高效办成一件事”目标，以制度创新、流程再造为重点，优化制度供给，将一个行业经营涉及的多张许可证集成为一张行业综合许可证，打造“一证准营，全省通用”新模式，提高集成化服务效能，最大限度利企便民。

3. 减事项、减时限、减材料、减跑腿，将“高效”打造成服务成效的金字招牌

基于省大数据能力平台，充分运用数据共享，推进一体化政务服务平台服务能力。从项目建设、共享责任和考核等方面对数据共享进行约束，强化了规范性管理。依托全省统一的政务资源目录和共享交换体制，全面推进各级部门之间数据共享，促进“一网通办”。

“数据多跑路，群众少跑腿”。以“一网通办”为目标，研究在线办理数据需求，运用电子表单进一步推动数据的规范化、标准化治理，实现用户填报信息的自动填充和在线核验；进一步推动电子证照在行政审批、利企便民的场景化应用，减少材料提交；结合国务院部门重点垂直管理业务系统与全国一体化政务服务平台对接契机，进一步推动国垂系统及其政务数据的打通与归集，破解多年来国垂系统数据无法共享、无法

通办的问题。

畅通办事渠道。全省已实现市、县两级政务服务中心全覆盖，综合窗口占比分别为 50%、40%，实现“前台综合受理、后台分类审批、综合窗口出件”工作模式，提升了群众和企业线上线下办事的体验感，充分释放数据共享的红利，解决了企业和群众多部门跑、多窗口跑的切身之痛。

容缺受理。实现信用承诺和联合惩戒。积极探索区块链技术在政务服务与大数据领域的应用；推动涉企信用信息全量归集共享和依法公示，以信用监管为基础，探索包容审慎监管，完善审管衔接机制。行政相对人在通过线上线下渠道申报时，会同时查询相对人信用，根据信用等级实现“容缺受理”“绿色通道”或受限不予办理，使“失信者处处受限、诚信者一路通行”。

大力推进“四减”，提升简政放权质效。一是减事项。市、县两级事项压减率分别为 13%、32.8%。二是减时限。省、市、县三级审批事项承诺办理时限分别比法定时限减少了 72.4%、84.5%、86.7%。三是减材料。通过电子证照调用减材料全国大部分省市还处在探索阶段，湖北省推出 51 本高频电子证照，共涉及申报材料 1154 个，已标注为“免提交”的有 1106 个。各地各部门还通过数据比对等方式直接在办事指南中“硬减”材料 4.62 万份，占办事材料总数的 6.2%。四是减跑腿。全省即办事项比例达 65.9%，全省“最多跑一次”比率达 99.92%，其中 11 余个市和 109 余个县达到 100%。

6.7 重庆市——数字生态环境篇

6.7.1 综述

党中央、国务院高度重视大数据在推进生态文明建设中的地位和作用。习近平总书记指出，要加强生态环境领域大数据运用，加强生态领域人工智能运用，运用人工智能提高公共服务和社会治理水平。重庆市肩负着“筑牢长江上游重要生态屏障”“在长江经济带绿色发展中发挥示范作用”的重大任务，近年来，重庆市高度重视数字生态建设，提出以智能化促进山清水秀美丽之地建设，强化智能化在生态环保领域的运用，构建以大数据技术为支撑的生态监管体系，促进生态产业化、产业生态化，推动发展方式和生活方式绿色化转型。

重庆市深学笃用习近平生态文明思想，牢固树立创新、协调、绿色、开放、共享新发展理念，全面落实习近平总书记视察重庆时的重要讲话精神，始终把智能化作为创新驱动发展的主攻方向，先后出台《重庆市以大数据智能化为引领的创新驱动发展战略行动计划（2018—2020 年）》《重庆市新型智慧城市建设方案（2019—2022 年）》，提出“智慧环保”建设内容，明确“建设天地一体、上下协同、信息共享的全域立体智能环境监测网络，实现大气、水、土壤、生态等领域时空分析、精准治理、重点区域管控等智能化应用”。2020 年 6 月，《重庆建设国家数字经济创新发展试验区工作方案》提出推进智慧生态建设，打造长江经济带绿色发展示范；综合利用物联网、无人机、卫星遥感等技术，推进天地一体、上下协同、信息共享的生态环境监测平台建设；加速生态环境大数据平台建设，创新开展生态环保智慧应用，助力建设“长江风景眼、重庆生态岛”。2020 年 11 月，《重庆市构建现代环境治理体系实施方案》明确提出提升生态环境领域智慧监管能力，建立完善全市一体化、智能化的生态环境监管大数据平台和智能环保服务支撑体系。

重庆市始终牢记习近平总书记“绿水青山就是金山银山”的重要发展理念，不断提高生态环境治理水平，围绕全市打赢污染防治攻坚战的重点任务，全力打造重庆市智慧环保大数据平台，按“1+5+N”架构，以一个全要素、高频度、多用户的生态环境大数据平台为基座，构建了涵盖大气、水、声、土壤、自然生态五大环境的综合应用系统和多个专项业务管理系统，基本形成一次采集、多方使用，业务融合、开放服务的工作格局的生态环境大数据应用体系，建立了动态分析、污染溯源、科学研判和精准施策的生态环境治理体系。

6.7.2　措施

1. 统筹规划，整体部署，全面调动全员参与

一是将大数据纳入市级重点任务。将“智慧生态”纳入重庆市大数据智能化引领行动计划、新型智慧城市建设、重庆建设国家数字经济创新发展试验区、重庆建设国家新一代人工智能创新发展试验区、成渝地区双城经济圈生态共建共保等统筹建设。二是成立专项小组，形成工作合力。以生态环境大数据建设专项工作小组为载体，生态环境局主要负责人任组长，专题研究布置、统筹实施；机关各处室、各直属单位和区县生态环境部门全面参与，形成“全市一盘棋”工作合力。三是制定大数据建设任务表和施工图。市生态环境局出台《重庆市生态环境大数据建设工作方案》，制定了大数据“1+5+N”总体框架、3 大类 16 项重点项目和 4 项保障措施，明确用两年时间全面实现大数据“聚、通、用”。四是开展顶层设计，擘画发展蓝图。编制完成《重庆市生态环境大数据“十四五”规划》《重庆市生态环境大数据总体规划纲要》《重庆市生态环境局信息化整合建设总体方案（2022—2024 年）》等，明确“十四五”期间持续深化“1+5+N”的生态环境大数据应用体系，构建“一平台、两体系、三中心”，

即建立全市统一的生态环境大数据平台、统一保障体系（涵盖规划设计、工作机制、标准规范、机构队伍等）和统一安全体系（涵盖安全管理、安全技术、自主可控、运行维护等），以及生态环境的大数据智能感知中心（基础设施层）、大数据资源管理中心（数据资源层）和大数据创新应用中心（业务应用层），如图 6-27 所示。

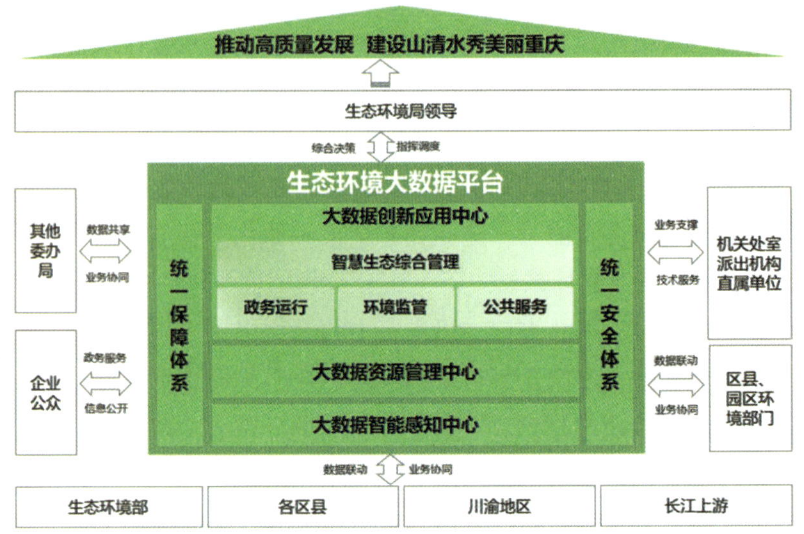

图 6-27 重庆市生态环境大数据平台总体架构

2. 强化整合，协同推进，不断夯实数字底座

一是落实全市云长制工作目标，下大力气整合系统和数据，协同打造全市性的环保云平台，实现 100% 迁移上云、系统整合率 81%、数据接入率 100% 的考核目标。二是构建“空天地一体化”生态环境智能感知体系，利用大数据、物联网、卫星遥感、无人机、走航车、视频监控与 AI 识别等技术，形成涵盖 122 个水环境自动监测站点、74 个大气环境国（市）控自动监测站点和 933 个大气环境网格化微型监测站、21 个功能区噪声自动监测站、350 个重点污染源废水和废气自动监控站点、近 100 个视频监控点以及生态环境地面观测站等共计 1500 余个点的生态环境感知网络体系。三是打造全市统一的生态环境空间大数据服务平台（见图 6-28），动态汇集多渠道数据 48 亿条，包括 35 大类业务数据和 6 大类文档；提供业务专题数据服务 100 余项、专题服务产品 1500 余种，涵盖空间二维数据 2339 万条、579 个图层，三维空间数据 1 075.92GB；卫星及航测数据 9.2TB，图片、视频、全景等附件数据 248GB。四是推动跨区域、跨部门、跨层级数据共享，实现生态环境数据资源共享清单、需求清单和责任清单管理，提高共享效率。与生态环境部、区（县）生态环境部门共享数据 2.5 亿余条（次）；与四川省生态环境厅、重庆市各委办局共享数据 8200 余万条（次），其中川渝共享数据 1700 余万条（次）。

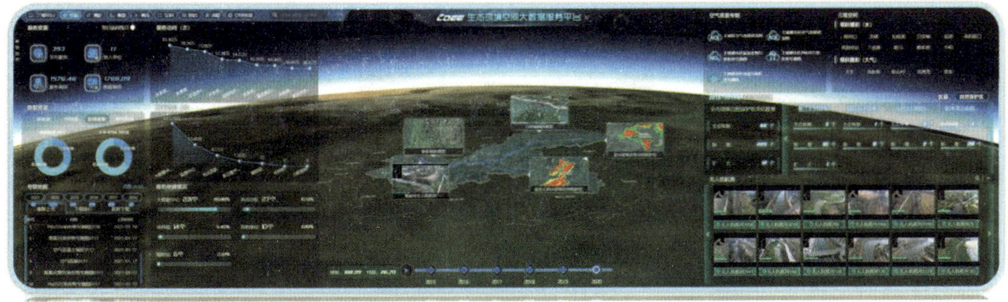

图 6-28 重庆市生态环境空间大数据服务平台

3. 聚焦重点，建用一体，创新技术应用实效

围绕服务“打好污染防治攻坚战”主战场要求，充分运用大数据、物联网、卫星遥感和 AI 识别等技术，采用建、用、管一体化服务方式在大气、水、土壤、固危废、自然生态和监管执法等主要业务板块进行建设。既有项目组按市局管理决策要求进行功能布局和系统建设，又有专人围绕一线人员完善监管、巡查的操作功能，还有数据人员在后台专人、专岗服务。目前已制作发布专题服务功能 800 余项、数据报告 400 余份。

6.7.3 建设成效

在数字生态环境治理模式支撑下，重庆市在 2019 年度《水污染防治行动计划》（即“水十条”）综合评估中排名居全国首位，在 2020 年“水十条”考核中获得“五个一百”的优异成绩。2020 年，重庆市空气质量优良天数达 333 天，评价空气质量六项指标首次全面达标。重庆市生态环境大数据平台推动了重庆生态环境管理从“人防”到“技防”，再到“智防”的转变，助力生态环境保护信息化建设、支撑长江大保护，体现了重庆生态环境治理的精细化程度和治理水平，具有较高的推广价值。

重庆市生态环境大数据平台建设成果先后多次在数字中国建设峰会、国际智能产业博览会、国际大数据产业博览会上展出交流，并成为重庆市智慧城市运营中心的重要板块，在全国各省级生态环境部门、市级各部门中位列“第一方阵”。其中，“重庆市长江经济带战略环评智检服务平台”获数字中国建设峰会生态分论坛优秀案例；“长江入河排污口整治智能监管系统”获 2020 智慧城市先锋榜优秀应用案例；“重庆市水环境管理大数据系统”入选 2021 年重庆大数据智能化蓝皮书典型案例。该平台建设主体重庆市生态环境大数据应用中心于 2021 年成功入选中央网信办等八部门组织的《国家人工智能社会化治理重庆生态环境特色实验基地》，如图 6-29 所示。

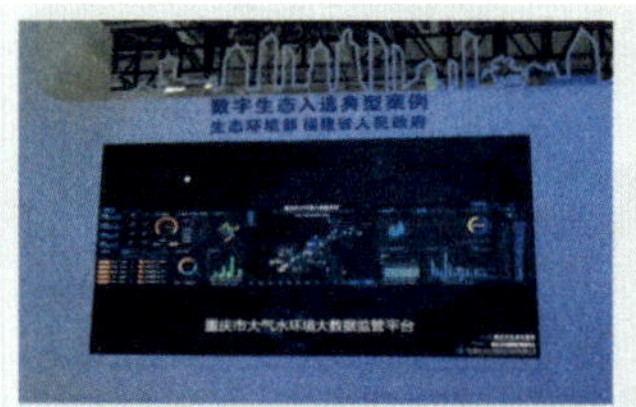

◆ 2019年5月，重庆市大气水环境大数据监管平台被生态环境部推荐为10大典型案例之一，在福州第二届数字中国建设峰会上展出，得到广泛关注，并得到环保部孙金龙书记的高度肯定。

◆ 2019年5月，重庆市水环境大数据监管平台在贵州中国国际大数据产业博览会上交流分享，探讨大数据智慧治水的科学支撑。

◆ 2018–2021年，重庆市生态环境大数据平台在重庆智博会上作为“智慧城市”五类政务智能化创新应用之一进行展出，展出期间受到唐良智市长亲临指导，并得到高度肯定。

图 6-29 重庆市生态环境大数据平台在全国发挥示范作用

1. 为打赢蓝天保卫战“攻坚助力”

一是对大气环境质量实时监测数据进行挖掘分析，实现大气环境质量实时监控。实现重庆市 17 个国控空气质量监测站和 54 个市控空气质量监测站、100 个扬尘监测站、20 个 TVOC（总挥发性有机物）监测站和 933 个微型监测站以及预警预报、无人机航飞、遥感解译以及气象、交通、市政、工业、生活等多源异构数据分析汇总，面向区域、监测站开展时间对比、空间比较等多维数据分析，包括历史同期主要污染物水平、历史同期重污染出现频次、历史同期首要污染物等的可视化比较分析。助力环保部门掌握污染物的变化趋势和规律，对造成空气污染的主要污染源进行准确溯源，为从源头上治污提供了科学依据，为改善辖区内空气质量起到了及时调度、监督作用。二是通过寻找问题差距，研判达标形势，实时智能分析，倒逼目标管理，形成“考核目标－空气现状－发现问题－治理措施－成效反馈”的闭环流程。实现了用 2.79 亿余条数据为大气环境质量画像，形成了“空气质量研判－污染源管理－预警应急－指挥调度－考核评估”的工作模式。实现大屏工作会商调度系统和市、区县两级大气环境污染防治信息系统以及 App 相互配合，对层层落实年度目标任务、动态把握大气污染防治工作、全面摸清重点污染情况、有序推进工程措施进度有重要意义，助力环保部门明确职责定位，准确把握污染源，进行靶向治理，实现精细化管理。三是实现大气污染防治工作常态化监管，服务于大气污染防治工作会商调度。实现计算机及 App 端关于大气污染防治攻坚战、控制臭氧污染告知、治理措施台账、VOCs（挥发性有机物）企业治理、重点突出问题等的业务管理，加强治理短板，形成市、区县两级一体化大气污染防治信息管理工作平台，支撑建立天地一体、上下协同、信息共享的大气污染防治攻坚战大数据平台。四是基于气象网格划分标准，深化在主城区的大气污染溯源分析应用，将主城区划分为 5138 个 1km*1km 的网格，为每个网格赋予含地理信息、气象、空气质量、污染源、排放量、道路、流量、企业用电、弱扩散、人为活动等的多维异构大气环境数据，将网格进行时空数字化。通过网格空气质量预警，进行大气环境问题溯源。五是基于时空分配算法模型，建立大气污染精细化网格排放量。结合风速、风向等气象数据计算污染来源网格内大气污染物的排放量，并找出超标区域内污染源、管理行为等信息，最终形成疑似污染源列表，提供大气环境形势分析、网格预警、问题溯源等智能化功能，有效将大气环境问题溯源由“站点周边”精确至“网格”“污染源”，极大提升溯源效率和精度。大气环境大数据系统和主城区大气污染网格化分析系统推动了大气污染防治从“点位周边”到“网格预警”的转变，推动了大气污染防治工作精细化巡查的转变，如图 6-30 和图 6-31 所示。

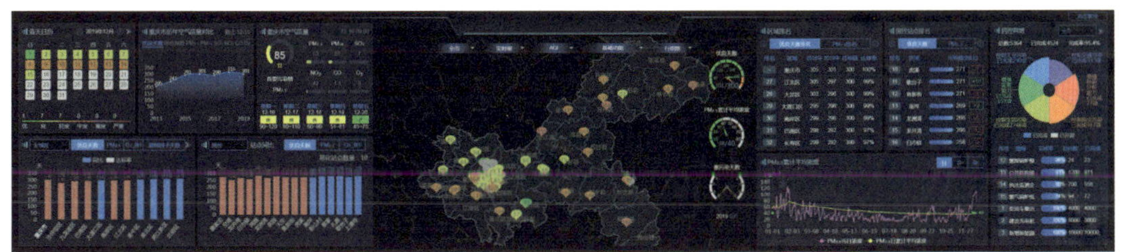

图 6-30　重庆市大气环境大数据系统

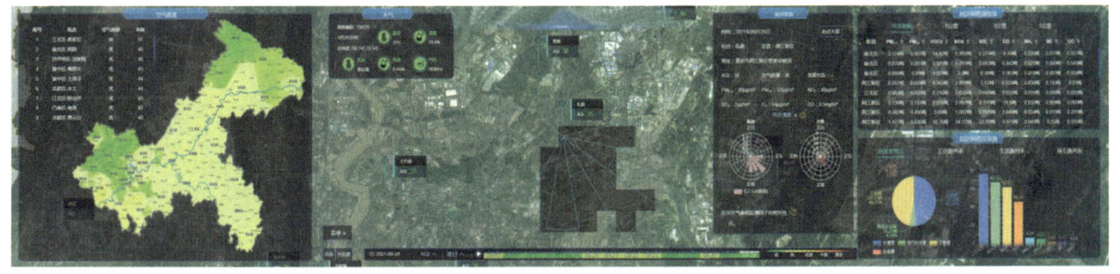

图 6-31　重庆市主城区大气污染网格化分析系统

2. 为打好碧水保卫战“问诊把脉”

一是水环境大数据基础库初具规模。建成流域水环境智慧管理数据库，全面汇集水背景、水空间、水质量、水污染、水监管、水模型六大涉水数据 2.3 亿条，动态更新各类数据，用数据说话，客观反映水环境形势，实现流域大数据画像（见图 6-32）。二是水环境“空天地一体化”智能感知体系初步建立。综合运用视频监控、无人机、自动监测、卫星影像、视频监控，提升水环境问题发现能力，对 81 个重点断面进行实时监控，探索运用 AI 技术智能识别可疑污染，派发区县跟踪监管，累计发送视频问题、水质预警短信 3 万余条，助力流域污染早发现、早预警、早处置（见图 6-33）。三是水环境管理大数据“智慧大脑”初步建成。按照“目标 - 现状 - 问题 - 措施”闭环管理思路，面向宏观决策层、处室管理层、区县执行层三类用户，建成了水环境管理大数据系统的指挥调度大屏端、日常管理计算机端、巡查管理移动端三大应用，全程提供数据服务、分析服务和智能服务三类服务，全面支撑环境形势综合研判、事中事后环境监管、重点工作会商研究、日常移动巡查等工作，开展水环境监管专题数据分析，将水环境研判由线下迁移至线上，分析频次由每月一次提升至 4 小时一次，建立水质变化趋势和风险预警的在线数据服务工作模式，初步形成动态分析、问题发现、预测预警、污染溯源等模式，有效支撑靶向治污、精细管控。四是初步实现三峡库区和长江流域生态环境保护智能防控。形成较为完备的环保治理大数据服务模式，提升了重庆市水环境治理水平。“十三五”期间，通过大数据应用，2020 年长江干流重庆段水质为优，42 个国家考核断面水质优良比例首次达到 100%。

图 6-32　重庆市水环境大数据系统

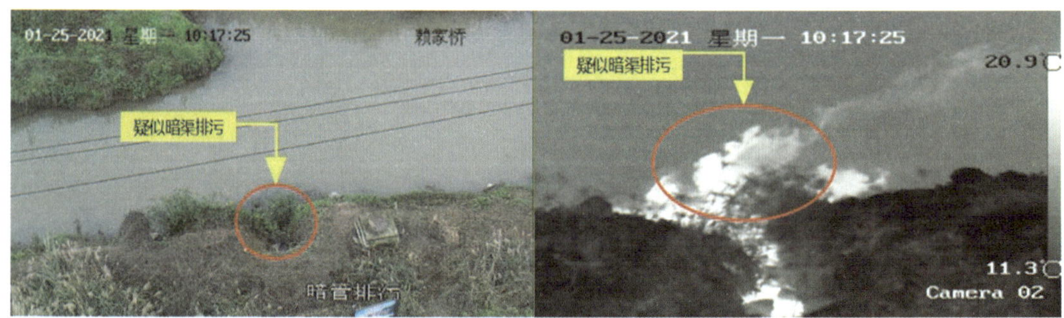

图 6-33　重点流域视频监控问题识别预警

3. 为推进净土保卫战“摸清底数”

一是建设土壤环境管理系统（见图 6-34），实现建设用地地块基本信息、评审管理信息应用，为重庆市第二次土壤污染详查提供数据服务，支撑市局、区县局土壤地块审批电子化办理。推进农业农村大数据系统、农村黑臭水体排查治理信息系统、农村环境综合整治调查系统建设，进一步摸清农村污水和黑臭水体底数。二是建立固体废物（以下简称“固废”）污染防治综合管理系统（见图 6-35），初步形成固废管理“一张图”，实现固废、工业危废、医疗废物等产、转、处数据分析应用，通过转运联单数据建立精细化管理模块，支撑“无废城市”年度任务管理。

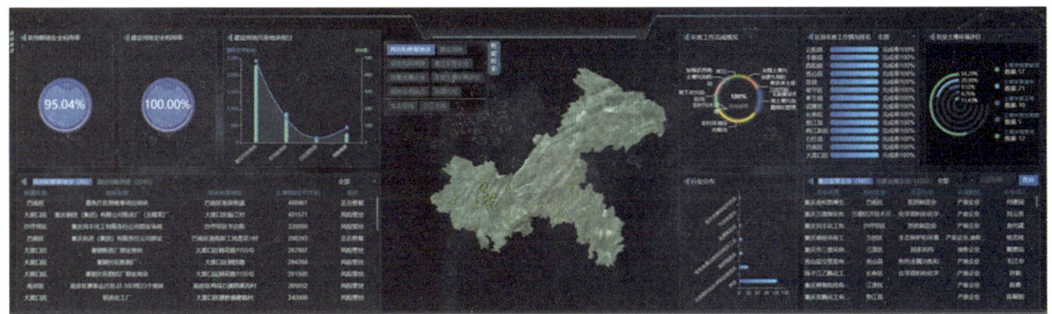

图 6-34　重庆市土壤环境大数据综合应用系统

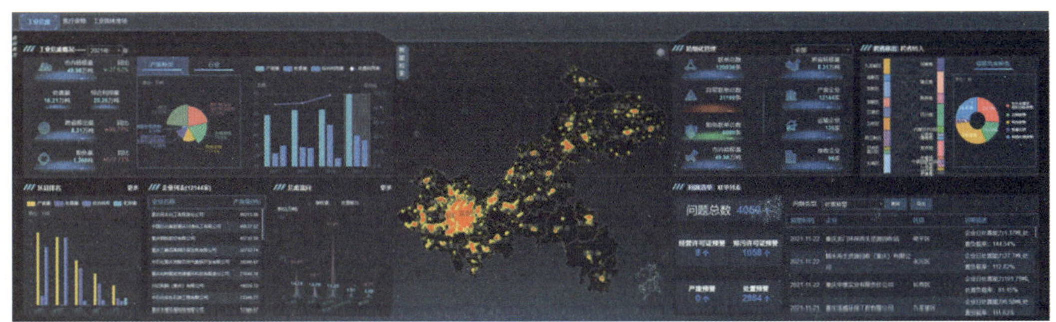

图 6-35　重庆市固废环境大数据综合应用系统

4. 为长江经济带生态保护“创新借力”

一是探索拓展“空天地一体化”生态监控新路径。依托“生态环境部卫星环境应用中心遥感应用基地”、重庆市“长江上游生态环境大数据工程研究中心”等科研创新平台，初步建立卫星遥感从接收到解译的数据分析服务模式，助力国家“绿盾行动”等，先后在国家生态保护红线监管培训会、省级生态保护红线监管平台现场工作会上交流。二是建成自然生态环境大数据系统，建立全市重要生态功能区疑似人类活动问题台账、核查及整改台账，初步建立卫星遥感从接收到解译的数据分析服务模式。三是重庆市“三线一单”信息管理平台（见图 6-36）投入运行，为建设项目的技术复核、环评审批、项目选址优化等提供服务，实现了数据的动态管理与智能应用，为环境管理工作提供了决策支撑。四是建成长江入河排污口智能监管系统（见图 6-37），完成了长江沿线 5400 平方千米的无人机影像数据和 4000 余个入河排污口数据入库应用，提高入河排污口监管工作效率，系统作为国家在重庆市渝北区、两江新区试点的亮点工程，入选第十四届中国智慧城市大会“2020 智慧城市先锋榜”优秀案例。

图 6-36　重庆市“三线一单”信息管理平台

图 6-37　重庆市入河排污口智能监管系统

5. 污染防治攻坚和督察问题整改“一体化指挥”

一是梳理固化全局性任务分配、整改落实、检查跟踪等流程，建立全局“任务清单”和“问题清单”，污染防治攻坚战 1.2 万余项任务清单、4700 余个问题清单，第二轮中央生态环境保护督察 3800 余个投诉问题清单在指挥大屏上一目了然（见图 6-38）。二是建立全局性工作指挥调度系统，涵盖中央生态环保督察、蓝天、碧水、净土四大工作板块，嵌入环境质量工作目标，做到每项工作见事、见人、见图，实现全市污染防治攻坚战 34 个指标、206 项重点工程、第一轮中央生态环境保护督察 37 项整改措施和 115 个问题整改落实工作的“一体化调度”。

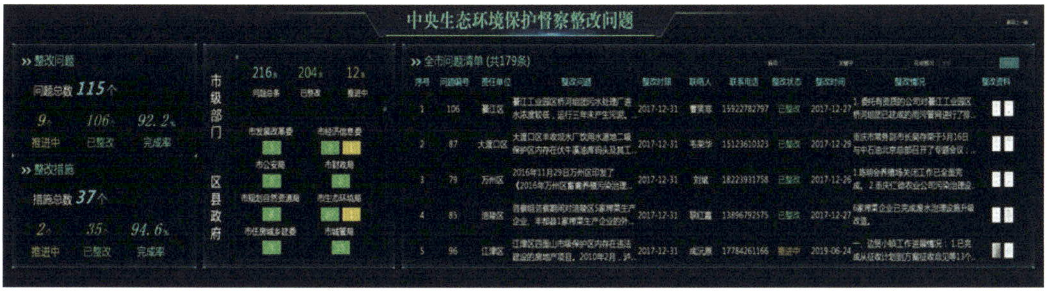

图 6-38　重庆市生态环境保护督察系统

6. “互联网＋政务服务”能力大幅上升

一是深化“互联网＋政务服务”，优化营商环境。建立完善政务服务事项动态调整、网上运行、业务协同、考核评价、监督问责等制度；编制完成 204 项政务服务事项实施清单，实现全部行政许可事项在重庆市网上行政审批平台统一运行，累计办理行政审批 1.3 万件，办结率 100%。市生态环境局政务服务水平在 2020 年重庆市级部门综合评比中排名第四。二是强化“互联网＋监管”能力。配合市政府开展“互联网＋监管”信息平台建设，承接生态环境部监管下沉地方事项，开展环保事权系统建设，整合全市生态环境部门监管事项，为全市企业风险评估、趋势预测提供数据支撑和技术保障。三是提升政府网站服务水平。不断优化以网站为中心的全方位信息公开平台，强化信息公开，拓展公众参与的广度和深度，完善线上线下互补的政务服务模式。网站于 2020 年迁移至重庆市政府网站集约化平台，建站以来累计访问量达 839 万，其中网站政务公开工作在 2019 年度生态环境部评估中获全国第一。

6.7.4　经验总结

重庆市乘着数字政府建设的强劲东风，坚持以数字化建设为抓手，在生态环境治理与大数据深度融合上先行先试。借助云计算、大数据、人工智能等互联网技术，按照“目标 - 现状 - 问题 - 措施 - 成效”工作主线，全面整合生态环境数据资源，全力打造了“1+5+N”智慧环保大数据平台，实现了技术、业务、数据的深度融合，探索出建、用、管一体化的信息化建设模式，积极构建汇集展示、分析研判、指挥调度、监督管理、移动巡查等多个实用型功能模块，从点、线、面上推进生态环境治理数字化转型，实现生态环境治理向“智”理的转变，探索走出一条生态环境保护数字化、智能化、精准化的新路子。

下一步，面对碳达峰、碳中和目标以及成渝地区双城经济圈建设要求，重庆市智慧环保将抓住新一轮科技革命机遇，推进智慧生态环境治理体系建设，进一步提升大气、水、土壤、生态等生态环境领域智能化、精细化治理能力，深化环境监测、环境执法与应急、碳排放等智能化创新与应用，深入构建川渝生态环境协同治理信息化示范区。

6.8 贵州省——大数据篇

6.8.1 综述

党的十九届五中全会指出，要“坚持把发展经济着力点放在实体经济上，坚定不移建设制造强国、质量强国、网络强国、数字中国，推进产业基础高级化、产业链现代化，提高经济质量效益和核心竞争力”。贵州省深入贯彻习近平总书记关于大数据战略的系列重要指示精神，全面落实党中央、国务院决策部署，实施大数据战略行动。2016 年 2 月，国家发展改革委、工业和信息化部、中央网信办批复贵州省建设全国首个国家大数据综合试验区。同年 8 月，贵州省出台《中共贵州省委贵州省人民政府关于实施大数据战略行动建设国家大数据综合试验区的意见》等“1+8”系列文件，积极开展大数据制度创新、数据中心整合利用、数据开放共享、大数据创新应用、大数据产业集聚发展、大数据资源流通与交易、大数据国际交流合作等 7 项试验任务，拉开了实施大数据战略行动、建设国家大数据（贵州）综合试验区的帷幕。经过 5 年的建设，7 项试验任务取得阶段性成效，探索出贵州模式、总结出贵州经验、发展出贵州速度，为全省圆满完成全面建成小康社会目标任务做出了应有的贡献。贵州省第十二届委员会第八次会议指出，要“创新数字治理模式，完善提升‘一云一网一平台’，深入实施‘数字政府’建设行动”。作为首个国家大数据综合试验区，贵州省积极探索、先行先试，以建设核心基础设施“一云一网一平台”为抓手，深化政府数字化应用，健全数据治理运行机制，推动数字政府建设向纵深迈进。

6.8.2 措施

1. 建设完善“一云一网一平台”，打造数字政府核心基础设施

1）建设“一朵云”，实现数据汇聚

“一朵云”即云上贵州系统平台，是全国首个实现全省政府“统筹存储、统筹共享、统筹标准和统筹安全”的云计算平台，通过电子政务外网和互联网，为政府、事业单位和企业单位提供云计算、云存储、数据库、云安全、国产商用密码及数据共享开放等多项服务。通过不断完善人口、法人、空间地理、宏观经济四大基础数据库，

加快电子证照、公共信用、电子文件和政务服务事项等政务服务库建设，加快提升和丰富精准扶贫、智慧交通、生态环保、卫生健康、食品安全等主题库，形成一数一源、多源校核、动态更新、纵向贯通、横向连通的政务数据资源体系。2020 年，该平台完成联通、电信、移动、广电 4 个节点扩容，实现政务系统云上云下互联互通和跨节点云资源灵活调度，上云数据量比 2019 年提升 47%，云存储数据量由 2005 年的 10TB 上升到 2360TB，省、市、县三级政府部门政务应用实现了网络通、数据通、打得开、能使用，支撑全省政府数据“集聚、融通、应用”。

2）建设“一张网”，推进互联互通

“一张网”即政务服务一张网。以电子政务外网为核心，整合部门业务专网，针对群众办事的难点、痛点、堵点，推动全省政务服务“一网汇聚、一网受理、一网反馈”。一是推进全省电子政务外网建设，提升网络基础支撑能力。通过省电子政务外网三期工程项目建设，完成全省电子政务外网广域骨干网主链路扩容及备用链路建设，省到市带宽从 300M 提升至 1G，市到县带宽从 100M 提升至 200M，县到乡带宽从 10M 提升至 50M，网络基础支撑能力大幅提升。二是推进部门业务专网整合，提升政务服务网上办理深度。按照“整合是原则、孤网是例外”原则，持续推动部门业务专网整合，2020 年新增 12 家省直单位、27 个业务专网系统与电子政务外网互通，累计完成 23 家省直单位业务专网整合，86 个自建业务系统与电子政务外网互联互通，基本实现“网络可达、业务可访、数据可用”。三是推进政务服务移动端建设，提升移动政务服务能力。建成开通“云上贵州多彩宝”政务专版和支付宝、微信服务小程序，截至 2020 年底，接入高频政务和民生服务 1467 项，较 2019 年增长 114%；实名注册活跃用户达到 1366 万人，较 2019 年增长 388%；群众通过移动端查询办理服务事项 7400 万余件，累计服务超过 4 亿人次。移动端逐渐成为全省政务服务的重要渠道和窗口。

3）建设“一平台”，深化数据应用

“一平台”即智能工作一平台。整合全省各级各部门审批系统、办公系统，建设全省统一的政务服务平台、政务数据平台和一批“大中台”。一是建成全省政务服务一体化平台，与国家政务服务平台互联互通。采用基于语音的人机交互技术，统一用户界面，实现全网搜索、智能分析和可视化呈现，推动政务服务标准化、政务服务平台化、政务服务智能化、安全及运营保障一体化，构建贵州省“四位一体”政务服务一体化体系。二是建设全省统一的智能化政务数据平台。以共享为基础、需求为导向、应用为抓手、安全为支撑、制度为保障，搭建集数据采集、治理、分析、应用、发布为一体的统一的政务数据共享开放平台，推动全省各级各部门政务数据信息向政务大数据共享开放平台迁移集聚，简化优化群众办事流程，打造公共服务和社会治理的新模式。三是建成一批部门通用“大中台”，强化“一平台服务”。把多部门高频率、可重复使用的技术组件、系统等整合，建设一批中台提供公共服务。“数据共享交换平台”与国家平台实现数据级联；“视频中台”接入政法、公安、交通、水利、旅游、林业等19个部门、视频资源2268万路，占省管政务视频资源的64.8%；“地图中台”为省级15个政务信息化项目提供支撑，发布地图服务11个、场景服务22个、数据服务83个；“移动政务中台”整合接入各类政务应用20余个；“身份认证中台”接入贵州CA数字证书、银联用户库、运营商用户库、公安身份认证和人脸识别等认证源，实现登录用户身份识别；“数据中台”实现数据目录共享交换、清洗加工、质量核验等调度管理，提供数据共享14亿批次，交换数据超过5245亿条。

2. 深化政府数字化应用，推进政府治理体系和治理能力现代化

1）政务服务一网通办

“十三五”时期，贵州省加大“放管服”改革力度，政务服务实现从“跟随跑”到“领先跑”的跨越发展。2020年，李克强总理到贵州省视察时，对贵州省“一网通办”工作给予充分肯定，并在全国“放管服”会议和国务院常务会议上两次提及并表扬。一是推进“全省通办、一次办成”改革。2020年，梳理并公布首批“全省通办、一次办成”事项清单共671项，横向覆盖36家省直部门，纵向联动4100余家市县部门，占省、市、县三级总服务事项的30.5%。全省共设置通办窗口717个，邮政窗口109个，配备窗口人员1800余人，寄递费用由政府“买单”。改革启动以来，共办理通办业务110万余件。二是实现政务服务“省市县乡村”五级覆盖。构建“省级为引领、市州为枢纽、区县为阵地、乡村为延伸”的五级政务服务体系，79万个政务服务事项进驻贵州政务服务网，乡村政务服务站点从1.2万个增长至1.9万个，覆盖率从76%增长至100%，实现了基层群众“小事点上办，不出村、就近办”。截至2020年底，省、市、县三级政务服务事项实现100%网上可办，网办量从每年600万件上升到8300万件，年均增长270%，五年累计办件量1.7亿件。三是探索“跨省联办”贵州模式。依托全国一体化政务服务平台，打破地域限制，因地制宜率先探索出政务服务“跨省联办”模式，进一步优化营商环境，让“群众少跑腿、数据多跑路”，企业有更多时间“跑市场”，少花时间“跑手续”，该经验已在全国推广。同时，通过与全省社保、公积金、教育等重要公共服务平台统一办事入口、用户互认共享，全省2.9万余政务服务事项可通过数据共享减少提交办事材料。

2）政府运转一网协同

依托电子政务外网和云上贵州系统平台建设贵州省电子政务网，构建全省公务人员工作、学习、管理、交流总平台，是深入推进数据资源和应用系统一体化设计、一体化建设，推行电子政务一站式办公、一体化服务，探索利用大数据提升政府治理能力的重大举措。近年来，经过持续建设和推广，贵州省电子政务网已实现省、市、县、乡四级政府系统全覆盖。一是围绕“统一入口”定位，着力构建覆盖全省的组织机构人员数据库及服务平台。通过建立单点登录认证系统，授予相应系统的使用权限，有

效解决以往“门多钥匙多”的问题，为各政务系统数据互通奠定基础。统一政务工作台，进一步整合业务系统入口，为全省公务人员开展日常政务工作提供前端统一界面，实现协同办公。二是以“一体化公文”为核心抓手，建设公文处理和事务办理系统。实现电子公文的全流程打通和跨单位无障碍交换，公文流程各环节无缝衔接，各地各部门公文的拟办、签批、转办等事项均可在网上进行。通过超期提醒、催办督办等功能，实现公文全流程可管可控，有效增强行政管理决策的精准性，提供了标准规范。三是强化交流、管理、学习功能，建设省电子政务网综合应用系统。搭建总门户、单位门户、处室（部门）空间、个人空间 4 层信息共享门户，结合政府日常工作特点，开发建设政策大脑、通知公告、工作台账等工具性模块，丰富日常办公业务应用。四是聚焦“指尖办公”，构建安全统一的移动办公应用。移动安全接入平台集中解决了移动终端、移动应用和数据传输安全问题，在此基础上建设和部署政务微信贵州版，实现与省电子政务网各应用系统深度融合，为全省公务人员提供了“微信式”的移动办公体验。截至 2021 年 2 月，贵州省电子政务网已涵盖全省 14 万家单位 20 万公务人员，累计在线发文 409 万件，事务发起 2039 万件，信息发布 498 万条，记录台账 1158 万条，政务微信注册人数达 1.4 万人。

3）社会治理一网统管

“十三五”时期，贵州省利用大数据不断提升政府管理服务水平，打造大数据民生工程，推动治理能力和治理体系现代化。一是在社会治理上，一网统管建设取得成效。通过“一云一网一平台”建设，初步建立了以大数据辅助科学决策和社会治理的机制，推进政府管理和社会治理模式创新，实现了政府决策科学化、社会治理精准化、公共服务高效化。《2019 年中国省域治理科技指数评价结果》显示，贵州省治理总指数为 5349，全国排名第 6 位，其制度保障指数为 1453，全国排名第 2 位。二是一批提升政府治理能力的典型应用持续升级。各“云长”单位大力推动大数据在本行业本领域的应用，有效提升管理服务水平，一批典型应用走在行业前列。省公安厅“刑事犯罪大数据应用”获公安部肯定并向全国推广；“交通运输安全监管系统”“工程投资领域预警监督平台”有效支撑安全生产和建设管理精准化；“公共资源交易”接入点实现工程招标、政府采购领域“不见面”“零跑腿”；“全省社会保险信息系统”形成线上线下融合、衔接有序的社会保险服务新格局；“贵州信用云”实现上联国家、下接地方、横向与行业部门信用平台联通，成为全省信用信息共享交换的总枢纽。毕节市公共资源交易全程电子化“不见面交易”系统，完成 588 个项目“不见面交易”；贵安新区“掌上贵安”获“2019 政府信息化管理创新奖”；铜仁市“禁毒链条式管理系统”“大数据 + 城市综合执法云项目”获“2020 政府信息化管理创新奖”。三是进一步提升跨部门大数据办案平台，打造智慧司法。通过电子卷宗规范化，不断提升电子卷宗质量，并在部分区试行简单刑事案件全流程网上单轨制办理；制定统一的政法机关跨部门数据交换标准和接口方式，实现从审查批捕、移送审查起诉、提起公诉、审判执行、减刑假释、罪犯释放、社区矫正、电子换押等执法司法全流程网上办理。贵州省网上电子换押单轨制比例已经接近 60%，真正实现“数据多跑路，干警少跑腿”。2020 年，贵州省政法机关跨部门大数据办案平台流转协同业务 20 余万件（次），获评全国政法智能化建设“智慧治理”十大创新案例。

4）改善民生一网服务

一是让数字民生成为“贵州样板”。“十三五”期间，贵州省加快大数据与服务民生深度融合，优化民生服务。“云闪付”累计新增用户 171 万，全国排名第一；“通村村”平台覆盖 15 万个行政村，形成一张完全覆盖全省县乡村出行和物流基础设施的大网，在湖南、甘肃等 8 个省份推广应用；“云上贵州多彩宝”在疫情防控期间，向广大群众提供“网上办”“远程办”“不见面办”办事服务，为全省打赢疫情防控攻坚战提供有力支撑保障。2018—2020 年，贵州省连续 3 年在全省范围内开展省级数字治理、数字民生典型示范项目申报和评选工作，累计确定数字治理省级典型示范项目 26 个，数字民生省级典型示范项目 15 个，数字治理市州级典型示范项目 60 个，数字民生市州级典型示范项目30个，面向全省推广应用。此外，积极争取国家示范项目申报，一大批示范应用成为全国首创。二是利用“健康医疗云”保障民生医疗服务。自 2017 年贵州省启动国家健康医疗大数据中心试点建设以来，省、市、县、乡四级远程医疗服务体系和公办医疗机构全部接入远程医疗服务网络，建成远程医疗专网。2020 年，为推进国家健康医疗大数据西部中心建设，全省远程医疗服务总量 54.2 万例次，其中远程会诊 1.3 万例次，远程影像诊断 40.2 万例次，心电诊断 12.7 万例次，让居住在不同地区的群众共享优质医疗服务。三是“扶贫云”有效助推脱贫攻坚。“扶贫云”打通扶贫、公安、教育、医疗等 17 家省直部门的实时动态数据，建立大扶贫数据交换机制，形成部门互通、上下联动的大扶贫大数据，实现全省扶贫数据“通”和“准”，累计向 19 家省直部门提供贫困数据 2.8 亿条。“脱贫攻坚挂牌督战大数据平台”在“9+3”县区推广试用，“劳务扶贫大数据平台”实现人、岗智能匹配，累计促进贫困劳动就业 29.4 万人次，涉农补贴“一卡通”系统发放 2020 年度补贴资金 177.9 亿元。四是智慧教育让教育资源更均衡。2019 年，“阳光校园，智慧教育”平台建设列入省政府十件民生实事，完成 199 所学校建设，超目标任务近 2 倍。2020 年初，为确保疫情期间停课不停学，全省中小学（含教学点）接入“阳光校园，智慧教育”平台，670.7 万中小学生均通过“阳光校园，空中黔课”接受线上教育，最大限度地减少疫情对教育的影响。

3. 健全数据治理运行机制，提升政府数据深度融合应用水平

1）建设统一政务信息系统，构建全新数据治理模式

2018 年，贵州省实行省级政务信息化建设新机制，印发《贵州省省级政务信息系

统建设管理办法（试行）》，明确将数据治理作为项目建设核心要件，数据资源目录梳理上架、数据资源治理发布前置为政务信息系统验收条件，创建数据融通新模式，改变了以往的数据治理模式，贵州省数据治理由“后治理”变为“前治理”，从源头解决了困扰多年的政务数据治理难题。2020 年，贵州省新建的 108 个系统在上线运行前已全部完成数据资源目录梳理并上架贵州省数据共享交换平台。

2）重塑共享交换流程，构建全省共用数据共享模式

贵州省作为国家大数据（贵州）综合试验区，在数据共享整合领域先行先试，建立数据调度机制，重塑数据共享流程，推动数据共享规范化、流程化开展。一是建立全省一体化数据调度机制。构建了“数据使用部门提需求、数据归集部门做响应、数据共享管理部门保流转”的数据调度新格局，推动实现各级政务部门数据跨层级、跨地域、跨系统、跨部门、跨业务的协同共享。二是建成实体化贵州省数据调度中心。以数据需求为导向，提供线上调度、线下会商以及办公场所。线上调度塑造了“数据使用部门申请，数据调度中心受理，数据提供部门审核，省大数据主管部门签发”的数据调度流程，构建了“前店后厂”的线上数据调度模式。三是探索提出“三权五可”政务数据共享理论。从数据权属关系出发，探索提出数据共享归集权、使用权、管理权的“三权”分治模式；从数据生命周期管理出发，提出数据调度可有、可用、可视、可控、可溯的五可目标。

3）建成数据共享交换平台，推动政务数据集中共享

2016 年，贵州省数据共享交换平台建成，并于 2017 年首批接入国家共享交换平台，与国家平台实现互联互通、数据共享。经过几年的优化完善，数据共享交换平台已成为全省一体化数据调度共享枢纽。一是汇聚数据资源稳步增长。2020 年，全省 38 个省级部门、8 个市州新增上架数据资源 1354 个，累计上架数据资源 8727 个。二是数据调度次数大幅上升。2020 年，全省 62 个单位参与数据共享调度工作，完成数据调度 2865 批次，同比增长 126%。三是数据共享交换量呈指数增加。2020 年，全省交换数据 1.4 亿余批次、5245 亿余条，分别同比增长 492%、1562%。

4）建成政府数据开放平台，推动政府数据服务社会

为加快培育发展政府数据要素市场，充分发挥政府数据要素价值，催生数字经济产业蓬勃发展，2016 年，贵州省建成面向社会公众提供政府数据的门户窗口——贵州省政府数据开放平台。截至 2020 年底，87 个省直部门在省政府数据开放平台开设账号，开放数据资源 1433 个，可机读率达 100%，开放平台累计被访问 1 362 126 次，15 万余批次数据被下载使用。省内 9 个市州、贵安新区分别建设了政府数据开放平台，开放辖区内政府数据，充分发挥辖区政府数据要素价值。

5）发挥数据要素价值，赋能提升生产应用水平

党的十九届四中全会指出，要健全数据生产要素由市场评价贡献、按贡献决定报

酬的机制。2020年，中共中央、国务院发布的《关于构建更加完善的要素市场化配置体制机制的意见》指出，要加快培育数据要素市场。同年，贵州省成为“公共数据资源开发利用试点省”。为此，贵州省着力推动数据资源集聚，推进公共数据开发利用，加快培育发展数据要素市场，催生数字经济新产业、新业态、新模式，充分发挥数据要素动能，推动经济高质量发展。一是创建安全可靠的开发利用模式，打造50个以上场景应用，建立一批制度和标准，形成一批产品和服务。二是开展公共数据资源管理立法调研。三是建立完善公共数据安全管理和开发利用安全管控机制。四是围绕云上贵州公司引进培育一批公共数据资源开发利用企业。

6）建设安全保障体系，构筑数据安全防线

落实网络安全等级保护制度，完成电子政务外网省级平台等级测评，筑牢网络安全防线。开展商用密码应用，建成省电子政务外网商用密码体系基础支撑平台，提升电子政务外网安全服务能力；建成省级政务外网安全监测平台，实现对全省政务外网省市县广域骨干网、省级城域网、互联网出口等政务外网重要区域进行全流量、全天候安全监测；建立省电子政务外网安全运营响应中心，对全省电子政务外网进行安全态势分析与实时监测和精准防护。2020年，依托政务外网安全监测平台监测到恶意程序、暴力猜解、弱口令攻击利用等安全告警事件共计17万余次。通过加强省际边界防火墙策略管控，成功阻断恶意程序连接以及高危可疑访问操作67亿次，实现政务外网安全防护从被动自主防护向主动监测联防的转变。举办大数据及网络安全精英对抗演练，不断提高安全水平。贵州省人民政府政务服务中心切实落实政策要求，就贵州省网上办事大厅审批服务系统中核心业务数据、用户个人信息、重要审计数据通过密码技术的融合，以密码产品和服务为系统提供最有效的保护支撑。

6.8.3 建设成效

“十三五”时期，按照国家赋予贵州省建设大数据综合试验区的任务和省委、省政府的战略部署，全省扎实推进，先行先试、探索创新，取得令人瞩目的成就。

1. 率先探索大数据制度创新，形成协同高效的体制机制

贵州省持续推进政策制度突破、体制机制探索和服务模式创新，不断强化改革政策统筹，是全国大数据体制机制创新最活跃的省份之一，建立起有利于推动大数据创新发展的政策制度体系。

1）大数据立法探索走在全国前列

“十三五”以来，贵州省充分发挥地方立法权，围绕数据权益、个人信息和隐私保护、数据安全管理等领域探索开展大数据促进和管理法规的制定工作，为营造良好的大数据发展软环境、激活和释放数据价值做出积极贡献。2016—2019年，先后颁布

全国首部大数据地方性法规《贵州省大数据发展应用促进条例》，政府数据共享开放地方性法规《贵阳市政府数据共享开放条例》，大数据安全管理地方性法规《贵阳市大数据安全管理条例》，以及《贵州省大数据安全保障条例》，同时出台了《贵州省实施大数据战略行动问责暂行办法》，制定了《贵州省政务数据资源管理暂行办法》等系列制度，2020 年，颁布实施全国首部省级政府数据共享开放地方性法规《贵州省政府数据共享开放条例》。贵州省率先开展大数据立法，成为大数据领域立法最多的省份。

2）标准化建设取得新进展

贵州省先后编制一系列大数据关键共性标准，为数据的采集、管理、共享、开放、安全等方面提供了标准支撑。获批建设全国首个国家技术标准创新基地（贵州大数据）并通过专家验收，标志着贵州省在抢占大数据标准化“制高点”上迈出重要步伐。《贵州省大数据标准化体系建设规划（2020—2022 年）》作为国内第一个省级大数据标准化体系规划，被国家市场监管总局（国家标准委）列为编制国家规划的参考蓝本。截至 2020 年底，贵州省大数据企业和相关单位牵头编制了 7 项国际标准、17 项国家标准、77 项大数据领域的贵州省地方标准，贵州省大数据领域社会团体创制了团体标准 40 项，实施了企业标准 90 余项，发布首个区块链国际标准、10 项国家标准、28 项地方标准、3 项团体标准。其中，2020 年新增发布大数据领域 6 项国家标准，26 项地方标准、团体标准和行业标准。大力推进标准应用验证，开展国家标准《数据管理能力成熟度评估模型》（DCMM）宣贯和试点验证，贵州省成为全国首批 9 个贯标试点地区之一，10 户企业通过工业和信息化部 DCMM 贯标认证。同时，《云上贵州系统平台使用管理规范》等一系列大数据发展应用规范颁布实施，大数据发展应用工作水平大幅提升。

3）政策环境不断优化

作为全国大数据策源地，贵州省不断加强顶层设计，推动整体政策环境加快改善，着力打造全国大数据发展首选“试验田”。2014—2020 年，先后印发《关于加快大数据产业发展应用若干政策的意见》《中共贵州省委贵州省人民政府关于推动数字经济加快发展的意见》《关于加快推进全省 5G 建设发展的通知》《省人民政府关于加快区块链技术应用和产业发展的意见》《贵州省数字经济发展“六个重大突破”推进落实工作方案》等一系列政策文件，加快推进全省大数据产业发展和新型基础设施建设，助推数字经济引领高质量发展。设立大数据发展专项资金，成立大数据发展基金，出台《贵州省大数据发展专项资金绩效管理办法（试行）》，从保障建设用地、降低用电成本、支持创业创新等方面全面推动大数据项目落地。2020 年，为助推复工复产，省大数据发展管理局印发《关于全力支持大数据企业抗疫情促发展十条措施》，引导大数据企业积极应对疫情影响、推动健康稳定发展。

2. 优化数据中心整合利用，成为国家关键信息基础设施核心节点

贵州省充分发挥资源优势，实施数据资源汇聚工程、信息基础设施建设三年攻坚会战、“六网会战”等专项行动，大力引进优质数据资源，加快关键网络基础设施建设，着力突破信息基础设施瓶颈。“十三五”期末，建成“贵州·中国南方数据中心示范基地”，基本形成以贵阳贵安为核心、黔西南为补充的“两地三中心”数据中心发展布局，信息枢纽地位进一步凸显，成为国家关键信息基础设施核心节点。

1）建成中国南方数据中心

截至2020年底，贵州省投入运营及在建的重点数据中心有23个，规划标准机架59万架，规划服务器数超过400万台，其中超大型数据中心11个。三大运营商及苹果、腾讯、华为、富士康等一批国际级、国家级、行业级数据中心、灾备中心，48个国家部委、行业和标志性企业数据资源落户贵州，被称为“中国天眼”的500m口径球面射电望远镜在贵州建成，每秒产生3.9GB数据，吸引全世界天文科学家的关注与参与。数据中心重点项目建设成效显著，贵安超算中心建设顺利推进，国家北斗导航位置服务数据中心贵州分中心、中科院生物医学大数据中心、FAST数据中心、公安部备份数据中心、国家铁路集团数据中心、人行数据中心等正在加快建设。数据中心加快绿色化发展，两批共计10家数据中心入选国家绿色数据中心名单，数量位居全国第四，仅次于广东省、北京市和上海市。富士康绿色隧道数据中心PUE值低至1.05，成为全国唯一获得国际上最高等级认证的绿色数据中心建筑。世界银行原行长金镛称赞贵州为“世界的大数据中心”。

2）信息基础设施迈入全国第二方阵

“满格贵州”“光网贵州”“数字乡村”和5G网络建设成效显著，信息基础设施水平从2015年的全国第29位大幅提升至第15位，成为光网信息高速公路的西南枢纽。城乡高速宽带网络水平大跨步前进，所有行政村均实现光纤宽带和4G网络全覆盖，30户以上自然村4G网络覆盖率达到99%，通信光缆由2015年的60万千米增长至2020年的140.95万千米（其中2020年增加30.75万千米），固定家庭宽带下载速率处于西部领先水平。5G基站建设和前沿应用加快推进，截至2020年底，全省累计建成5G基站20 721个。其中2020年成效显著，建成18 683个5G基站，实现9个市州及贵安新区重点城区5G网络全覆盖和“5G网络县县通”；翰凯斯5G车联网、贵阳市“5G+区块链+智慧妇幼”平台、青岩古镇智慧旅游景区、遵义会议纪念馆“5G+VR智慧导游”、“移动5G智慧小区管理平台”、茅台机场“5G+AR”飞机远程检修等一批应用项目落地。贵阳市成为国家发展改革委批准的首批5G试点城市。核心节点和通道建设取得重大突破。建成贵阳·贵安国家级互联网骨干直联点，跻身全国十三大互联网顶层节点，已实现17个城市直联，初步形成全国信息存储交换重要枢纽，省内互联时延由原来的约30ms降至3ms左右，丢包率接近于零，跨网

访问国内网站平均速度提升 2 倍，网络和通信质量与水平显著提高。建成根镜像服务器和国家顶级域名节点，成为中西部地区第 1 个根镜像服务器节点、第 3 个国家顶级域名节点。建成贵阳・贵安国际互联网数据专用通道，240 Gb/s 带宽"直达"国际出入口，打通了国际互联网直达高速链路，国际通信网络性能和地位大幅提升。全省互联网出省带宽从 2015 年的 3000Gb/s 增长到 2020 年的 17 000Gb/s，其中 2020 年新增 5000Gb/s，占全部增量的 35.7%。

3. 提升数据开放共享水平，进入政务数据共享开放全国第一方阵

2016 年以来，围绕数字政府建设和政府治理能力提升，贵州省深入开展政务数据共享开放各项工作，成果丰硕。2017 年，贵州省获批成为国家政务信息系统整合共享应用试点，国家电子政务云中心体系南方节点落户贵州。2018 年，"贵州省政务信息系统整合共享应用实践"被中央网信办、国家发展改革委评为"数字中国建设"年度最佳实践。2019 年，贵州省统筹"一云一网一平台"建设、提升"一网通办"效能的做法得到国务院通报表彰。2020 年，贵州省成为国家公共数据资源开发利用试点省，继续在公共数据资源共享、开放、开发方面深入探索。

1）政务信息系统实现互联互通

2017 年以来，贵州省以"国家政务信息系统整合共享应用试点"建设为契机，以"聚通用"攻坚会战为抓手，强力推动政务信息系统整合，通过几年的不懈努力，贵州省、市、县三级政务信息系统全部接入云上贵州系统平台，构建形成统一的大应用程序。根据授权，接入云上贵州系统平台的政务信息系统都能打得开、看得见、能使用，实现云上贵州"一朵云"统揽全省政务信息系统。截至 2020 年底，云上贵州系统平台实现政务信息系统云上云下互联互通和跨节点云资源灵活调度，累计承载 854 个应用系统，省级政务云资源使用量达 11PB。

2）数据共享交换调度机制日趋完善

为打破数据壁垒、破除数据孤岛，贵州省探索政务数据归集权、使用权、管理权"三权分治"，建立"数据使用部门提需求，数据归集部门做响应，数据共享管理部门保流转"的数据调度机制，明确部门职责分工、权利和义务，提高数据服务质量和数据治理能力。其中，政务数据归集权主要指各级政府部门对于按照职能所获取和产生的政务数据拥有归集管理的权利和义务，各级政务部门对按照职能所获和产生的政务数据拥有全生命周期的管辖权，即"谁拥有，谁负责"；政务数据使用权主要指各级政府部门（或社会团体）按照相关规程在明确的授权范围内，依法依规合理使用其他政府部门政务数据的权利和义务，各级政府部门有申请使用其他部门政务数据的权力，同时也有确保政务数据合理安全使用的义务，即"谁使用，谁负责"；政务数据管理权主要指按照政府职能赋予某个部门拥有统筹管理该区域所有政府部门政务数据的权利和义务。截至 2020 年底，全省 62 个单位累计参与数据共享调度 4182 批次，其中 2020 年共享

调度 2865 批次、占调度总批次的 68.5%。

3）数据共享开放水平不断提升

几年来，贵州省先后建成贵州省数据共享交换平台、贵州省政府数据开放平台，以平台应用为抓手推动数据共享开放水平大提升，数字治理、数据共享开放水平始终保持在全国第一梯队，在“2020 中国开放数林指数”和《2020 中国地方政府数据开放报告》评选中，贵州省政府数据开放平台位居全国前列。2016 年，贵州省建成全省统一的数据共享交换平台，于 2017 年首批接入国家共享交换平台，2019 年，升级后具备调度功能的数据共享交换平台上线运行。依托数据共享交换平台，贵州汇聚省内资源 8782 个，62 个单位交换数据近 2 亿批次、4615 亿余条，28 个单位使用国家数据资源 3890 万余批次、40 亿余条。贵州省政府数据开放平台通过鼓励政府数据有序开放，极大地提升了政府数据开放服务能力。数据价值得到充分挖掘和利用。

4. 拓展大数据创新应用，助推政府治理能力提升和民生服务更加便捷

“十三五”以来，贵州省持续推进大数据创新应用试验，坚持以应用为核心，实施大数据创新应用示范工程，每年打造一批典型示范应用，努力建设全国政府治理大数据应用示范区、大数据惠民便民示范区。

1）提升政府管理能力

通过推进数据开放共享，政府治理行为更加科学高效，政府业务流程优化，提升了管理效率，涌现出“数据铁笼”“贵州信用云”“党建红云”“社会和云”等一批典型应用。省政府办公厅“贵州省电子政务网”荣获“2019 中国政府信息化卓越成就奖”，省发改委“贵州信用云”荣获“2019 中国政府信息化管理创新奖”；省公共资源交易中心“数字证书互认”向全国推广，省机关事务局作为全国唯一省级机关事务信息化专项试点顺利通过国家验收；贵州省大数据助推司法改革的典型经验在全国司法改革会议上进行推广，“政法机关跨部门大数据办案平台”实现执法司法全流程网上办理，荣获“2020 全国政法智能化建设‘智慧治理’十大创新案例”。

2）提升政府决策能力

通过对跨部门、跨领域数据进行分析，政府和企业决策更具超前性、准确性和科学性，涌现出“智慧法院”“东方祥云”等一批典型应用。一是推进公检法和工商业务应用系统智能化典型应用。省检察院“智能辅助办案系统”成为全国首个上线运用的统一业务应用系统，省司法厅“贵州省刑事案件智能辅助办案系统”实现全国首个司法智能化应用。贵州工商大数据、公安大数据分别成为全国工商、公安系统先进示范。二是推进“互联网+政务服务”“人应急”“工程项目审批”等人系统建设。“工程项目审批”系统形成向上连接国家、向下连接市州、横向连接部门的并联审批体系，审批事项从 155 项压缩至 84 项，审批时长从 300 多个工作日压缩至 80 个工作日以内。“互联网 + 政务服务”完成人社、司法、市场监管等部门 6 个系统 29 个服务事项梳理。

“大应急”形成覆盖省、市、县三级的应急指挥网络和应急视频会商体系。“数字贵州”工作平台完成指标体系建设，包含监测指标 33 个、评价指标 129 个。三是推进视频中台、移动政务中台、地图中台等大中台建设。25 个视频中台汇聚公安、政法、交通等 10 个省级部门 22 万路视频资源。移动政务中台完成主体功能建设，14 个移动应用模块接入移动政务中台，政务微信开展试点使用。地图中台发布地图服务 11 个，场景服务 22 个，数据服务 83 个，为省级政务信息化项目提供支撑。

3）助推政府职能转变和“放管服”改革

贵州省围绕以大数据推进政府职能转变和“放管服”改革为重点，打造了一批提升政府治理能力和服务民生的创新应用。一是数据系统支撑“全省通办”成为全国典型标杆。建成“全省通办”系统，推动 101 个自建业务系统与贵州政务服务网对接融合，汇聚 120 类电子证照 6000 万余条数据，较 2019 年增长 1 倍，推进电子印章建设和应用，支撑“一网通办”省、市、县三级政务服务事项网上可办率达 100%，省级政府网上服务能力连续 4 年位列全国前三，“全省通办”成为全国一体化平台建设的典型标杆。二是数据共享助力网上政务服务能力连续位居全国前列。依托“一云一网一平台”汇聚数据，推动跨层级、跨部门数据共享、业务协同办理，提升网上办事率，实现省、市、县三级政务服务事项 100% 网上可办，2016—2019 年省级政府网上政务服务能力连续 4 年位居全国前三。三是移动端逐渐成为全省政务服务的重要渠道、重要窗口。开通“云上贵州多彩宝”政务专版和支付宝、微信服务小程序，推动 1467 项高频政务民生服务事项接入移动端办理，实名注册用户达 1366 万人。群众通过移动端累计查询办理服务事项 7400 万余件，累计服务超过 4.3 亿人次，服务精准性、个性化水平大幅提升。四是一批国家试点任务圆满完成，得到国办充分认可。政务服务“好差评”试点圆满完成，实现省、市、县、乡、村五级全覆盖，27 个自建业务系统整合，实现统一评价、统一差评整合，实现短信、评价器、App 等多渠道评价。电子证照试点取得阶段性成效，营业执照、残疾人证、律师执业证等 11 个证照在安顺市、黔南州等试点地区应用，工商营业执照等通过贵州政务服务网实现“原件免核验、材料免提交、亮证可登录”，安顺市、黔南州等试点地区实现身份证电子凭证亮证住店等社会化应用。

4）服务疫情防控和助推复工复产

疫情期间，专设了指导复工复产工作的部门，指导企业开发疫情防控、远程问诊、线上生产生活服务平台等产品，化危为机、推动发展。一是“贵州健康码”成为疫情防控重要抓手。疫情发生后，贵州省用不到一周时间建成“贵州健康码”系统，包含重点人群数据库、健康码小程序、后台大数据分析预警系统等，汇集了省公安厅、省卫计委以及运营商相关数据，与国家、浙江省、广东省、重庆市等数据互信互认。用户通过扫码立即生成相应颜色健康卡，在全省各类社会防控基本单元、公共场所、公共交通工具以及产业园区、办公楼宇、项目工地通道入口等重点场所应用，帮助属地实时精准掌握人员流动、健康状况，实行重点人员分类管理，有效提高了疫情防控的科学性、精准性和针对性。截至 2020 年 12 月 31 日，“贵州健康码”累计注册用户数 4055 万人，访问量 35 亿人次，扫码亮卡 18 亿人次。二是“云服务”推动经济发展。“云上贵州多彩宝”整合 700 余项在家办事高频服务，减少群众出门办事。疫情防控期间，通过“云上贵州多彩宝”发放 103 万套 1.08 亿元餐饮购物消费券，直接拉动消费超过 4.1 倍；发放 2 万套 0.45 亿元新购汽车加油券，拉动汽车消费 26.87 亿元。开通复工复产专区，助力企业高效、有序、安全复工复产，实施“云使用券”助推企业上云，全省企业云平台应用率达 41.6%。编制发布五批《强化疫情防控灵活复工复产优惠云服务应用推荐名录》，提供 59 家云服务商、336 款优惠云服务应用，其中开放短期免费权限 274 款。国家发展改革委将“贵州省创新发放云使用券多措并举激励企业上云”作为数字化转型案例向全国推广。货车帮、电商云、多彩宝、得意音通申报的 4 个案例入选工业和信息化部“全国疫情防控和复工复产复课大数据产品和解决方案名单”，数量排名全国第五。

6.8.4 经验总结

“十三五”时期，贵州省按照“一个坚定不移、四个强化、四个加快融合”部署，深入实施大数据战略行动，扎实推进国家大数据（贵州）综合试验区建设，承担国家级试点示范 45 项，率先实施政府数据“聚通用”，通过建设系统互通、网络互联、数据共享的“一云一网一平台”，打造数字政府的核心基础设施，数据共享开放水平保持在全国第一梯队，省级政府电子服务能力综合指数排名全国第一，省级政府网上政务服务能力连续 4 年排名全国前三，数字政府建设取得显著成效，有力助推政府治理体系和治理能力现代化。

1. 强化顶层设计，健全政策保障

一是研究编制《贵州省数字政府建设顶层规划》《贵州省数字政府建设三年行动方案》《贵州省人民政府关于促进大数据云计算人工智能创新发展加快建设数字贵州的意见》《贵州省推进“一云一网一平台”建设工作方案》等规划方案和政策文件。二是颁布《贵州省大数据发展应用促进条例》《贵州省大数据安全保障条例》《贵州省政府数据共享开放条例》等法律法规。三是出台《贵州省政务数据资源管理暂行办法》《贵州省省级政务信息系统建设管理办法（试行）》《贵州省政府数据资产管理登记暂行办法》等管理制度。四是成立全国首个省厅级大数据管理机构，负责统筹数据资源建设、管理，统筹政务数据采集汇聚、登记管理、共享开放，推动社会数据汇聚融合、互联互通，统筹推动全省信息化发展和信息基础设施建设。

2. 创新管理机制，实施“四变四统”

一是变分散规划为统一规划。对省直各部门报送的三年规划及年度计划进行汇总，编制“一云一网一平台”建设三年规划及年度计划，重点保障国家试点等工作任务。二是变分散建设为统一建设。“一云一网一平台”所涉及的信息化建设由云上贵州大数据集团作为业主筹集资金，统一投资建设。三是变政府直接投资为统一购买服务。“一网一平台”年度服务采购方案，经政府采购流程，通过单一来源采购方式、分批次向云上贵州大数据集团采购服务。四是变分散资金保障为统筹资金保障。在清理摸底、合理规划基础上，按照“钱随事走”原则，采取集中支付方式保障“一云一网一平台”服务采购。

3. 健全工作体系，构建一体平台

一是推进平台一体化建设。按照“集成共用、统一支撑”的原则开展政务应用建设，建立“大中台、小应用”新模式，推动应用系统快速开发迭代，形成业务应用和数据管理相分离，最大限度地减少重复建设统一数据标准，使政务服务更加高效，业务工作更加敏捷灵活。二是建立健全标准体系。围绕“一云一网一平台”建设，相继发布了一系列地方标准。例如，为强化政务云建设发布了《政务云・贵州省电子政务网应用平台接入规范》系列标准；为规范政府数据管理发布了《政务数据开放工作指南》《政府数据资源目录》《政府数据・核心元数据》等 7 项省级地方标准。三是构建双向评估体系。通过政府采购，按照公开择优的原则选择第三方机构，独立对用户服务方案的技术和资金进行评审，对用户单位需求和使用情况、云工程建设成效与项目建设单位服务水平和质量情况进行双评估，提高省级信息化建设全生命周期的闭环管理的成效。

6.9 宁夏回族自治区——基于云、网、安全的统筹集约篇

宁夏回族自治区（以下简称“自治区”）作为黄河流域生态保护和高质量发展先行区，持续贯彻落实习近平总书记网络强国、数字中国战略思想，加快推进全区数字政府建设，构建适应治理体系与治理能力现代化要求的数字化工作体系。

在全区政务信息化和社会信息化建设中，率先进行数字化转型，并认真践行新发展理念，坚持全区一盘棋谋划、一体化推动、一张网布局，充分运用 5G、大数据、云计算、人工智能、区块链等创新技术，加快提升数字政府基础支撑能力和应用水平，

加速政府数字化转型，着力实现政府决策科学化、社会治理精准化、公共服务高效化，助力政府职能转变、营商环境优化和经济社会高质量发展，数字化治理方面成效显著。

6.9.1 综述

近年来，自治区党委和政府深入贯彻党中央、国务院决策部署，加快推进政务信息化和社会信息化建设，信息化基础设施日趋完善，率先建成了省级统一云平台，构建了自治区、市、县、乡、村五级全覆盖的电子政务外网，实现了云网一体运行，全区统一的人口库、法人库、空间地理库、宏观经济数据库基础框架基本形成，完成了与全国政务服务一体化平台的全面对接，为数据互通共享和业务高效协同奠定了坚实基础。信息化应用水平持续提升，建成覆盖全区的政务服务“一张网”和一体化信用信息、公共资源交易、投资项目在线审批、企业登记注册等服务平台，“互联网＋教育”“互联网＋医疗健康”示范区建设稳步推进，构建了自然资源和地理信息“一图管理”、生态环境和污染防治物联网感知、水利水务协同管理“水慧通”、食品药品监管等重点领域应用体系。深化“互联网＋公安”部署，综合治理、社会管理、交通运输、城乡管理等领域的可视化、常态化应急指挥调度能力逐步增强。建成全区政府系统协同办公平台，经济运行、统计分析、督查审计等决策支撑能力得到强化。特别是以“我的宁夏”政务 App 建设为牵引，加速构建统一身份认证、电子证照、电子签章、公共支付等共性应用支撑体系，打破系统孤岛和信息烟囱，全面提升信息化服务能力，率先推出“防疫健康码”，便利群众出行和复工复产，集约集成效应明显，为深化数字政府建设积累了新经验、创造了新条件。

6.9.2 措施

1. 基本原则

坚持人民至上、需求导向。以人民群众新期待和新需求为导向，着眼于惠民利企，加快解决企业和群众办事的难点、堵点、痛点，全面提升政府效能，持续优化营商环境，使人民群众有更多的幸福感和获得感。

坚持系统观念、整体联动。把系统观念作为基础性思想和工作方法，契合全区经济、人口规模特征，统一规划、统筹建设、分别负责、分级管理，形成上下一体、协同联动的工作格局。强化信息资源深度整合，提升集约集成建设水平。推进党政机关电子政务联动建设、融合发展。

坚持对标一流、高点建设。借鉴先进省市好经验、好做法，高标准谋划、高起点建设、高质量推进。提升基础能力建设层级，拓展基础应用功能，创新“建管用”机制，紧跟前沿、适度超前、利旧建新、有序迭代，持续增强服务群众、赋能治理、促进发展的能力。

坚持安全可控、开放共享。建立健全技术和管理融合的安全保障体系，强化制度、标准、技术、责任支撑能力，确保平台、网络、应用和数据安全。依法有序推动数据开放共享，创新理念、流程、模式，加快推动数据资源要素化、市场化应用。

2. 总体目标

通过整体性、系统性、协同性推进数字政府建设，到 2023 年基本形成上接国家、下联市县、纵向贯通、横向协同、跨省通办的数字政府体系。全区统一的云网数底座和基础支撑体系基本完备，跨层级、跨地域、跨行业、跨部门、跨业务的一体联动应用体系初步形成，网络化办公、数字化执法、智能化治理、智慧化服务成效明显，一网通办、一网通管、一体协同的工作格局逐步强化。数据治理能力不断加强，数据要素市场化应用稳步推进，“互联网 + 教育”“互联网 + 医疗健康”“互联网 + 城乡供水”等示范区建设成果丰硕，政府数字化转型迈出坚实步伐，智能化应用取得积极进展，智慧化发展实现新的突破，数字政府、数字经济、数字社会融合生长、蓬勃发展。

3. 实施总体框架

按照全区一盘棋、一体化、一张网思路，明确全区数字政府的总体框架。

1）总体架构

紧紧围绕治理体系和治理能力现代化，创新政府管理和社会治理模式，以“12345”总体架构为抓手，建设全面网络化、高度信息化、服务治理一体化的数字政府。

“1”：指构建全区统一的数字政府基础底座，包括政务云、电子政务外网、政务大数据中心与数据共享交换等基础平台设施和统一的身份认证、电子证照、电子签章、公共支付等共性应用支撑体系。

“2”：指打造数字政府两大移动入口，主要是“我的宁夏”政务 App 办事入口和“宁政通”政务 App 办公入口。

“3”：指政务服务、社会治理、政府运行三条应用主线，主要目标是实现一网通办、一网通管、一体协同（一屏通联）。

“4”：指四大保障体系，主要是统一标准体系、统一安全防护体系、统一投诉反馈体系、统一联动的运营运维体系。

“5”：指自治区、市、县、乡、村五级贯通、一体联动的应用体系。

2）层级架构

按照“分级分类、稳步推进”原则，自治区重点构建政务云、电子政务外网、公共数据基础设施和统一的共性支撑体系；自治区重点职能部门按照数字政府总体规划，可有序规划、申请建设跨行业、跨领域的行业云或产业云、行业大数据分中心；地级市结合业务需求和发展需要，可有计划地申请建设城市云和地级市大数据分中心。行业云、产业云、城市云与自治区政务云实现多云节点、多网融合互通，形成融合、耦合、联合、一体发展的云网体系。

基于自治区统一能力部署，市、县两级重点构建市域治理体系和惠民利企应用生态体系，并结合实际建立智慧城市指挥调度中心，实现数据和业务的协同应用；自治区重点职能部门也可根据需要建立全区统一的行业或系统指挥调度中心。自治区各部门指挥调度中心和各市、县（区）指挥调度中心统一接入自治区指挥调度平台和应急、值班值守平台。乡镇（街道）、村（社区）、园区、学校等基层单元，基于市、县两级指挥调度中心和治理需要，构建集服务与治理于一体的指挥调度平台。

4. 基于云、网、安全集约规划的政务云实践

自治区数字政府“基建”的内容重点在政务云平台、政务大数据中心、电子政务外网，同时具备安全保障体系。通过对云、网、安全的集约化统筹规划，践行适合自身发展的数字政府建设之路。

1）集约化的政务云平台

宁夏电子政务公共云平台自 2015 年投入使用，基于云、网、安全的统一规划，经历 2015 年一期、2020 年二期项目规划建设，已经初具规模。目前形成以区级政务公共云平台为主，辅以定制化的各地市级政务云或云业务专区，具备统一的网络规划，制定安全体系化保障能力，具备监管体系，总体通过多云管理平台实现资源一体化管理、安全管理（权限和用户管理）、外部平台衔接、服务管理、多数据中心管理、运维管理等基础性功能，同时具备一定的定制开发能力，满足多云管理平台与现有周边系统对接、功能扩展、功能优化等需求。

宁夏电子政务公共云平台一期始建于 2015 年，当时主管单位宁夏回族自治区信息化建设办公室根据智慧宁夏总体规划，形成“一网一库一平台”的建设布局，采用云计算技术在银川与中卫两地建设云数据中心，通过专线高速互联，具备资源统一管理、应用及数据互为备份的统一云平台架构。云平台与宁夏电子政务外网无缝对接，承载全区机关事业单位业务应用系统的部署运行和安全保障，如图 6-39 所示。

宁夏电子政务公共云平台一期由宁夏电信基于银川、中卫数据中心资源建设，采用阿里飞天平台技术，底层采用标准的 x86 服务器，通过在银川市、中卫市两个物理节点，部署云操作系统将各个产品按照集群进行整合，面向自治区各级政府单位提供统一的云服务。公共云平台划分电子政务外网互联网区、电子政务外网公共区和部门内部网络区三个不同业务应用部署区域，满足不同类型应用的部署需求。

宁夏电子政务公共云平台一期银川中心、中卫中心分别于 2015 年 7 月 10 日、11 月 20 日投入运行，均通过了国家信息安全等级保护三级测评。截至 2020 年 9 月，平台总容量达到 7880 个标准云主机、1600 个关系型数据库、4100TB 对象存储的服务能力，已部署全区 292 家单位的 959 个应用系统，为全区政务数据服务提供了安全有效

的支撑。覆盖了自治区 80% 的厅局单位和 30% 的地市、县级单位，形成了集中、统一、安全的云数据中心，如图 6-40 所示。

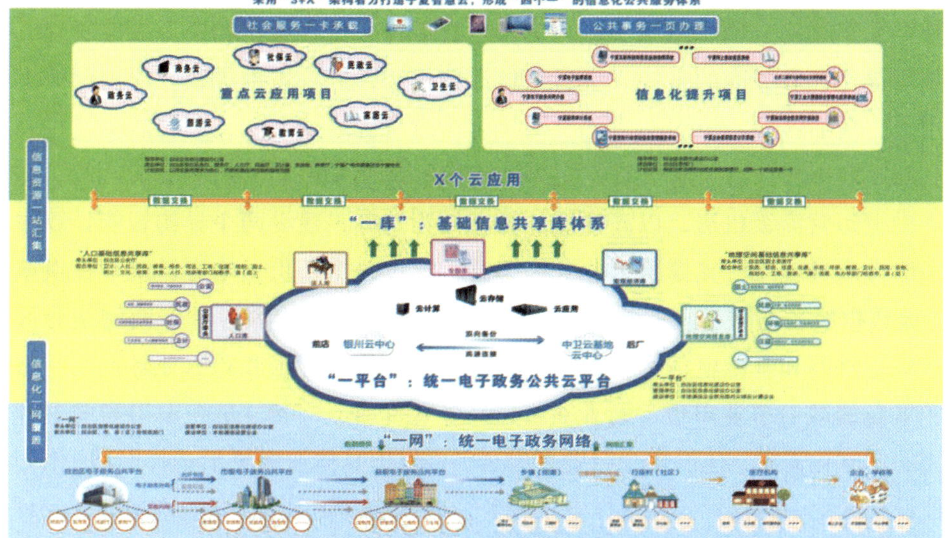

图 6-39　自治区政务民生信息化建设总体框架

图 6-40　宁夏电子政务公共云系统示意图

宁夏电子政务公共云平台二期服务始于 2020 年 9 月，主管单位为自治区人民政府办公厅，继续贯彻“一网一库一平台”的顶层架构设计思路，对自治区电子政务外网、公共云平台建设运维进行了进一步的规划和提升。

电子政务外网、公共云平台建设围绕“3+X”总体战略部署，从可靠性、合理性、经济性和安全性四个方面对新一期建设运维工作提出新标准和新要求，建设层面：聚焦一网、一平台，在夯实前期建设成果基础上，优先保障现网业务平稳过渡，坚定双平面建设思路，坚持云网融合的技术路线指导云平台建设和布局，开放引入多云，提升互联互通、异构容灾和云服务承载能力建设；运维层面：围绕以 X 个云应用为代表的政务应用服务保障，着力搭建运营监管体系，强化云租户自身业务安全防护，丰富运行数据采集和安全风险监控手段，完善运营审计、流程优化和资源效能管理，建立面向使用单位和服务商的事中、事后考核评估机制，进一步推进政务应用便捷上云、高效用云、精细管云。

二期规划中，自治区电子政务公共云平台采用“3+N+1”总体架构，“3”是选择银川和中卫运营商级机房，以高性能计算存储为基础，建设两个异构智能计算中心，承载一般性政务应用，支撑跨云业务级容灾；建设一个备份云中心，统一提供全区同城 / 异地数据级备份服务。3 个云中心均设置互联网、公用服务和专网网络分区，智能连接政务外网和基础电信运营商本地网络，智能管理多云和跨云业务调度，智能服务自治区各级政府事业单位、行业企业和中小型企业。“N”是在银川和中卫针对政务应用的定制化需求，建设多个行业专有云，可根据具体业务灵活选择网络分区。“1”是指建设全区统一的监管云，支撑电子政务管理单位对使用单位进行业务指导和评估，并对云网服务商服务进行考核监督、资源调度管理和网络信息安全管理，如图 6-41 所示。

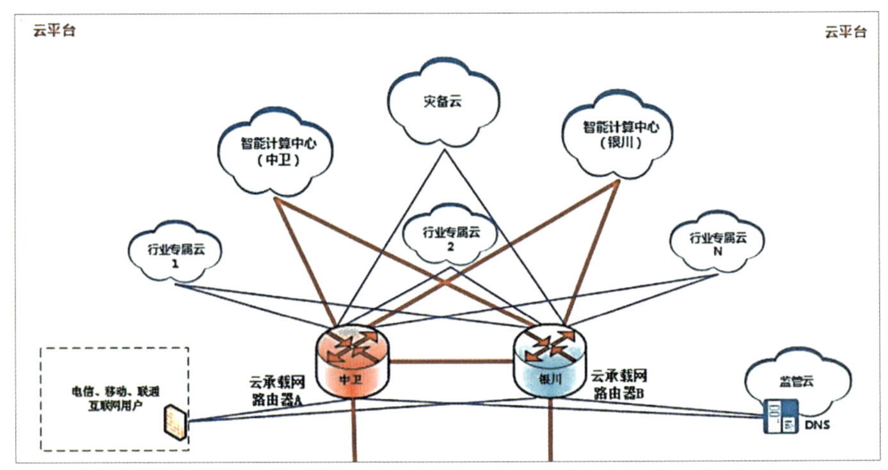

图 6-41 宁夏电子政务公共云平台网络示意图

宁夏电信成功中标一标段，继续依托于政务云平台的银川、中卫双中心和定制化五地市的行业云专区，在保证运维工作的延续性和业务平稳过渡的基础上，继续为自治区行业专属云（见图 6-42）以及覆盖全区范围内的重点项目提供快速、安全、可靠的云资源与定制云服务，为自治区政务民生信息化应用提供有效的能力创新、快速部署、集约调度和安全建设支撑。

图 6-42　宁夏电子政务公共云体系

2）高性能电子政务外网

依托自治区“智慧宁夏”总体规划，即“一网一库一平台”的建设布局，经过 5 年多建设运营，已经形成了贯通区、市、县、乡、村五级的“一张网”和全区统一的电子政务公共云平台。

二期云网建设以现有建设成果为基础，坚定双平面建设思路，坚持云、网、安全融合的技术路线，指导云平台建设和布局，开放引入多云，提升互联互通、异构容灾和云服务承载能力建设，升级为“3+N+1”架构，形成纵向贯通、横向协同、上接国家、覆盖全区的数字政府体系的自治区电子政务总体目标。

全区电子政务外网由广域网、城域网、部门接入网、公共网络区、专用网络区、互联网接入区以及网络管理区、安全管理区构成，采用 MPLS/VPN 技术架构，A、B 双平面建设，星形架构分别使用不同运营商的链路资源，银川作为全区核心节点与国家电子政务外网骨干设备互联，银川、石嘴山、吴忠、固原和中卫市级节点分别上联核心。

在网络发展中，持续加大软件定义网络（SDN）、网络功能虚拟化（NFV）、IPv6 等网络新技术的应用力度，避免高强度政务数据传输需求下的网络供给能力不足。

3）云网安全体系

宁夏电子政务公共云平台集中优势资源，建立标准统一、立体化、纵深防御、分区分级加固的安全体系。经过多年安全攻防技术积累，依托云计算的高弹性扩展和大数据分析能力，为各行业用户提供产品化安全服务。从物理、网络、云平台、系统、应用和数据层面提供全面的安全防护，如图 6-43 所示。

电子政务外网与公共云平台在网络安全隔离和跨网络安全数据交换上有明确的规划与要求，保障网络通信正常进行的同时，保障在网络上传输的信息的安全。

对接入全区电子政务外网的用户局域网终端做了安全规划，保障政务外网相关业务连续性和整体安全性，按照《接入政务外网的局域网安全技术规范》（GW0206—2014）、《国家数据共享交换平台（政务外网）省级平台接入指南（试行）》、国家及自治区相关管理部门的要求，在自治区和每个地市骨干网设置终端安全管理平台，实现对用户局域网终端的实名认证、业务域切换、审计溯源、防仿冒、按需部署等各项安全管理功能。

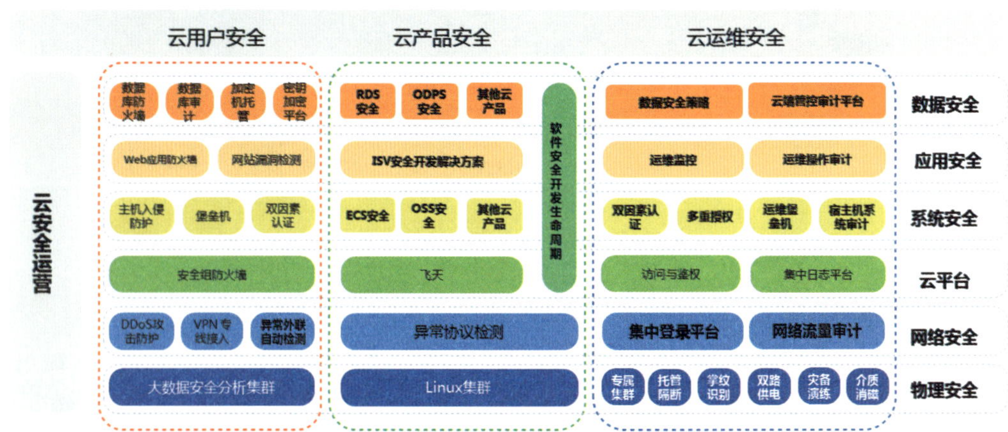

图 6-43　宁夏电子政务公共云网安全体系

二期项目自治区电子政务外网、公共云平台全面支持 IPv6，同时考虑政务应用平台改造难度，全面保障在不改变原有 IPv4 政务应用的架构和安全基础上，对上云客户支持 IPv6 升级改造。

在云网自身安全规划与安全服务设计的基础上，为进一步保障政务业务系统安全，公共云平台还提供了丰富的国产虚拟化安全产品等一系列可定制化安全服务，为帮助上云客户系统符合等级保护三级要求，使用单位可根据自身需求和应用开发情况按需采购。

4）政务云大数据服务

宁夏电子政务公共云平台一期建设中，同步建设了大数据开发平台，于 2015 年 10 月交付使用，解决数据交换和数据共享难题。政务云大数据服务架构如图 6-44 所示，服务机制如图 6-45 所示。

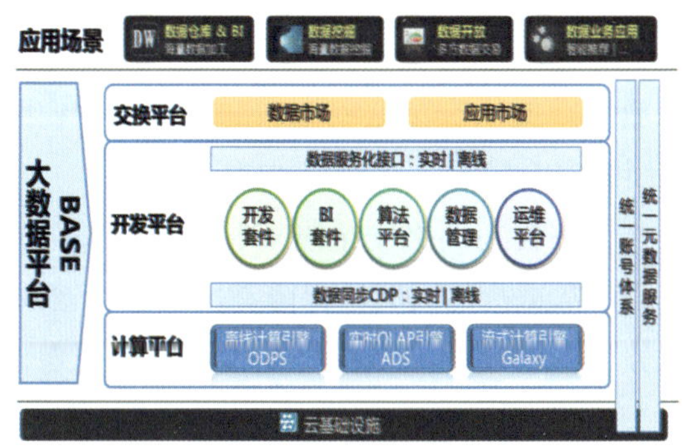

图 6-44　宁夏电子政务公共云大数据服务架构

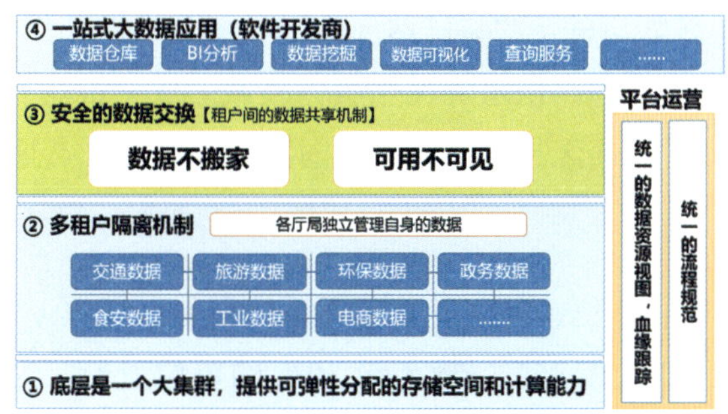

图 6-45　宁夏电子政务公共云大数据服务机制

大数据云平台基于分布式架构，通过大规模、可扩展的并行计算框架，对海量数据提供高效的存储、计算和分析能力。支持 TB/PB 级别的应用场景，为进一步的数据分析与统计、数据挖掘、BI 等业务应用提供支撑，可按需扩容，首期存储总容量为 500TB，计算容量为 75TB。支持多租户、数据安全、水平扩展等特性，采用抽象的作业处理框架为不同用户对各种数据处理任务提供统一的编程接口和界面。主要服务于批量结构化数据的存储和计算，可以提供海量数据仓库的解决方案以及针对大数据的分析建模服务。该平台的目的是为用户提供一种便捷的分析处理海量数据的手段。用户可以不必关心分布式计算细节，而达到分析大数据的目的。

实时计算服务针对百 TB 级别数据进行低延时、高并发查询的大数据分析服务，主要应用于 OLAP（联机分析处理）相关多维 / 灵活的检索、分析业务，如业务报表、实时分析和实时数据仓库等领域，可按需扩容，提供 5TB 的计算能力，64 个（60GB）实时计算实例。

数据开发平台服务为数据的拥有者、开发者和使用者提供统一的工作平台，基于大数据计算平台和实时计算服务可以构建 PB、EB 级别的数据仓库，实现超大规模数据集成，对数据进行资产化管理和深度挖掘。以大数据计算平台和实时计算服务作为底层计算引擎，面向多租户采用 SaaS 方式提供 Web IDE 编程和调试环境，具备一站式集成开发环境，可满足大数据环境下的数据同步、数据查询、数据融合、数据授权等需求，一期支持 100 个用户。

宁夏电子政务公共云大数据平台为统计分析、深度挖掘等大数据的高性能分析提供大数据资源；提供海量数据离线处理，支持 SQL/ 分布式计算 / 机器学习等多处理模式，提供跨地区、跨部门的数据交换共享服务，数据不搬家，可用不可见。

6.9.3　建设成效

自治区已建成覆盖全区的政务服务“一张网”和一体化信用信息、公共资源交易、投资项目在线审批、企业登记注册等平台，政府协同办公平台应用全面推广，“我的宁夏”App用户量超过全区人口的70%，1314个事项能够“指尖办”，3368个事项可以“掌上查”。在医疗、教育、交通、供水等民生服务领域形成一批具有示范效应的典型应用场景，盐池县、平罗县、利通区、西夏区入选国家数字乡村试点地区。

1. 提升政务服务

全区已上云290多个单位、900多个应用系统及数据资源，形成了集中、统一的政务数据中心。实现自治区级85%、地市级30%的单位上云，为政务信息的互通共享打下了坚实基础。

依托宁夏电子政务公共云平台，建设全区OA云平台，覆盖全区5地市、22个县（区）政府及65家自治区政府部门。

自治区政府与各地各部门之间开展了电子公文交换、视频会议和应急指挥等公共应用，行政审批和公共服务受理系统已经覆盖多个厅局、业务事项。

基于政务云平台，建成新闻监测监控系统，每天采集、处理、分析、入库1000万～3000万条新闻信息，日入库量达到200～500GB。

共享18家厅局数据，形成数据共享目录198项，共享数据1600万条，开放数据34万条，印发标准规范2个。

2. 提升民生服务

公安厅、卫生健康、人设部门分别依托电子政务云平台建设了人口信息共享库和流动人口信息库、免疫规划、远程医疗服务、医保药店系统、医保结算、机关养老及社保一卡通等系统。

依托电子政务公共云平台，国土资源厅建设了覆盖全区1：10000以上的地理空间信息库以及不动产信息登记库，交通运输部门建设了公路水路信用系统、治超联防及联网售票等系统。

发改委依托电子政务云平台建设了信用信息系统一期、二期系统及信息库。商务厅建设了商贸应用综合系统及共享数据管理。

依托政务云平台建设自治区教育云平台，以教育云应用为抓手，实现家、校、学生互动。服务能力已经覆盖全区各级地市及偏远地区，一定程度上实现了教育资源的均衡化。

3. 获得的荣誉

宁夏电子政务公共云平台于2018年、2019年、2020年、2021年连续四年达到工业和信息化部中国信息通信研究院的“政务云综合水平先进级”和“可信政务云”要求，并荣获2019年度全国“十佳政务云”大奖（见图6-46），在全国树立了标杆。

4. 社会效益和经济效益

通过政务数据的集中存储、集中管理和集中服务，可以一体化地解决政府各部门电子政务的建设、运行和维护问题；为各部门和社会公众提供及时、准确、完整的信息服务；实现电子政务信息共享和业务协同；提高信息资源开发利用的总体水平和信息安全水平；提升政府职能，建立服务型政府和知识型政府。

图 6-46　宁夏电子政务公共云平台获奖情况

云平台为自治区重点厅局以及覆盖全区范围内的重点项目提供快速、安全、可靠的云资源与定制云服务，为自治区政务民生信息化应用提供有效的能力创新、快速部署、集约调度和安全建设支撑。通过云平台统一规划、管理自治区信息化项目，为政府同比节约信息化投资 40% 以上，也为政务大数据的应用奠定了良好的基础。

6.9.4　经验总结

宁夏电子政务公共云平台在一期、二期建设中，注重云、网、安全能力的统筹，在实践中发掘上云系统的需求和特征，不断总结经验和教训，通过持续的规划、演进和能力提升，更贴切全区政务客户的信息化发展支撑需求，因此带来较好的规模发展效应。

在运营模式上，在全国领先采用了“政府管理、企业运营”的方式，在自治区政府下设宁夏电子基础设施运营支撑中心，如图 6-47 所示。

1. 管理部门

自治区政府是政务公共云平台的领导和管理机构，整体规划，协调政府各级各部门的工作关系，聚合政府资源，牵头负责政务云的推广工作。

2. 运营中心

宁夏电子基础设施运营支撑中心由宁夏电信公司联合阿里云公司组建专业团队，

发挥技术、资源、人才优势，为外网提供专业化、高水准的网络及应用运营、维护和技术服务。

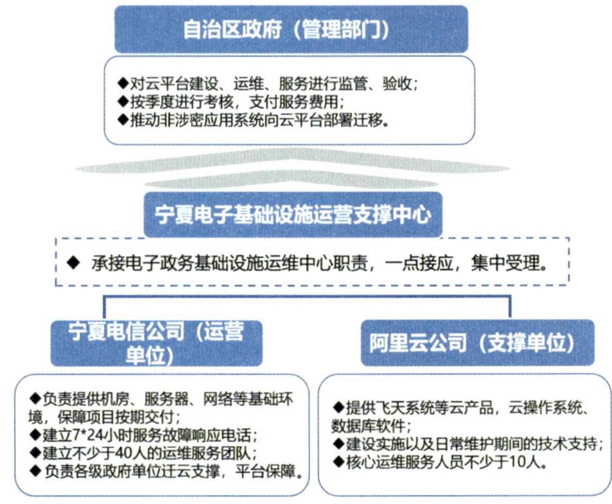

图 6-47 宁夏电子政务公共云平台运营机制

宁夏电信公司联合云提供商负责运营，发挥了国企担当及本地化服务优势，将国内领先的云计算技术应用于宁夏全区政府信息化应用，为宁夏的“互联网 + 政府”“互联网 + 医疗”“互联网 + 教育”以及水利云在全国的创新试点中，提供了强有力的支撑和后盾。

6.10 杭州市——城市安全篇

杭州市作为中国互联网之都，从2014年开始，就将“发展信息经济、推广智慧应用”列为“一号工程”，在信息经济方面高速发展，特别是为了更好地提升政府服务的效率，让公众更便捷地享受各种基本公共服务，杭州市政府在全国率先开展了“最多跑一次”改革工程，利用数据资源，让“数据多跑路，百姓少跑腿”，大大提升了政府服务的满意度，而这一切都得益于政府数据资源的开放、共享和基于大数据技术的开发与利用。然而大数据技术引发的数据利用的新模式与保护数据安全之间存在着天然的冲突，数据的高共享和高利用势必会加大数据泄露的风险，造成数据利用与保护国家重要数据资源和数据利用与保护个人隐私等多方面的矛盾。为有效促进大数据产业的健康发展，加强对政务数据资源的安全保障能力，杭州市逐步建立起全市政务数据安全保障体系和全域安全联动运营机制，适应数字政府建设方向，护航数字经济第一城建设。

6.10.1 综述

数字经济是杭州市的“柱”和“梁”，体现着城市发展的“高度”，2018 年 10 月，杭州市提出打造全国数字经济第一城，推进数字产业化、产业数字化、城市数字化“三化融合”，把数字资源变成产业新蓝海，为传统产业插上新翅膀，打开城市治理新密码，争取在数字经济前沿基础和关键核心技术创新、重点产业领域数字化转型、社会治理数字化应用等方面领跑全国乃至领跑全球，为数字中国建设当好先锋、提供样本。

树立正确的网络安全观是开展各项网络安全工作所需要遵循的基本方法学。习近平总书记出席全国网络安全和信息化工作会议时发表重要讲话，指出没有网络安全就没有国家安全，就没有经济社会稳定运行，广大人民群众利益也难以得到保障。要树立正确的网络安全观，加强信息基础设施网络安全防护，加强网络安全信息统筹机制、手段、平台建设，加强网络安全事件应急指挥能力建设，积极发展网络安全产业，做到关口前移，防患于未然。

1. 第一个市级数据局成立，归集数据，明晰安全职责

自杭州市数据资源管理局成立以来，杭州市进行了一场数据归集共享的大会战，将全市各部门的数据进行梳理，重点集中在不动产登记、商事登记、投资项目审批、公民个人办事事项四大改革领域。市委市政府主要领导亲自挂帅，建立约谈机制，强力推进，无条件打通共享，将政务数据按照规定、标准、需求一次性归集整合，实现部门间政务数据的共享交换、有条件使用，打通信息孤岛。利用大数据、云计算等先进技术，推动城市运行管理由经验判断向数据分析、由被动处置向主动发现转变。不动产是数据管理归集后改革的切入点，更是群众办事的痛点。市民“过去办证要准备 3 套材料，跑 3 个部门窗口，现在只要准备 1 套，在 1 个综合窗口就可以办理了。”通过数据推送、接口调用和页面查询三种方式，及时将归集的数据向各部门共享。截至 2017 年 11 月 30 日，累计推送 202.31 亿条数据；发布接口 310 个，日均调用 3.6 万余次；开通 75 项数据查询权限，日均访问用户 600 余次。

值得一提的是，为了明晰政务数据安全各方职责，杭州市政府出台《杭州市政务数据安全管理工作意见（暂行）》，落实政务数据安全和信息化工作同步规划、同步建设、同步实施、同步发展的建设要求，建立政务数据安全监督检查、通报和事件责任追究制度。

2. 城市数据大脑惊艳出世，实现城市安全治理

“城市数据大脑”（以下简称“城市大脑”）在杭州市诞生既是惊艳出世，又是水到渠成的结果。杭州市除了出台行动计划，落实配套措施，还以大胆的想象与前瞻性视野进行布局，推进城市大脑建设，打造社会治理与服务监管等领域的智慧全场景

系统。杭州市城市大脑作为城市新一代关键信息基础设施的核心，将逐渐与数字化改造后的城市基础设施以及传统的较为封闭的工控系统进行连接赋能，如公路、建筑、桥梁、电网、给排水系统、油气管道、电力等传统基础设施，并通过互联网实现智能化管理，实现城市的智能化运行，助力杭州市“新基建”的发展。这样一来，针对城市大脑的网络安全威胁将扩展到杭州市的一系列城市基础设施，外部敌对势力和不法分子可以借助互联网威胁杭州市城市基础设施的安全，导致城市所面临的网络安全风险不再仅仅是信息泄露、信息系统无法使用等“小”问题，而是会对现实世界造成直接的、实质性的影响，如交通信号灯运行异常导致的交通瘫痪、城市运行停滞，能源设备运行停滞导致的停水、停电、停气、停供暖，火警系统损坏导致的火灾事故，环境检测设备失灵导致的环境污染甚至人员伤亡等，因此城市大脑自身的安全性变得格外重要。

针对城市大脑的安全规划，通过建立“智慧城市安全底座”归集安全数据，打破信息孤岛、数据烟囱等，对安全数据的共享、建模、挖掘等，为智能化分析、应用支撑及精准决策提供数据支撑。利用大数据技术进行智能化分析和决策，建立“安全大脑”对城市大脑中枢、平台、系统、创新场景等进行统一的资产安全管理、风险预警与通报、风险控制与联动处置，以此为基础，建立城市级安全运营体系，从而快速有效地感知、预警、调度和处置全市网络安全风险，提高管理决策的科学性和精准性。将城市大脑各服务方所需的各类安全能力统一集成为安全基础资源，并以服务的方式统一对外提供，通过建立资源服务管理平台实现对安全基础资源的统一注册、统一调度、统一监控，并按需统一对外提供标准化的安全服务，实现城市大脑中枢、平台、系统、应用场景等各要素的安全赋能。同时，以底座提供的安全技术与管理支撑，完善城市大脑等保测评、个人信息保护、重要数据保护等合规建设，全面提升城市安全合规能力。

3. “最多跑一次”改革开启，制定全国首个数据安全规划

杭州市全面贯彻党的十九大精神，以习近平网络强国和数字中国战略思想为指导，践行以人民为中心的发展思想，深入落实省、市政府数字化转型决策部署，按照全省一盘棋、一张网、一朵云要求，以“最多跑一次”改革为总牵引，以建设“移动办事之城”“移动办公之城”为总目标，以“城市大脑”（综合版）为关键支撑，以全市大数据资源中心为基础设施，以构建业务协同、数据共享两大模型为基本方法，全面推进经济调节、市场监管、公共服务、社会管理、生态环境保护、政府运行六大领域政府数字化转型，打造实时、在线、共享、安全和整体协同、运行高效的数字政府，促进政府治理体系和治理能力现代化，当好“八八战略”再深化、改革开放再出发的排头兵，加快建设独特韵味别样精彩世界名城，打造展示新时代中国特色社会主义的重要窗口。坚持“安全可靠、有序运行”的原则，统筹提升政府数字化发展水平和网络安全保障能力，坚持网络安全与系统建设同步规划、同步建设、同步运行。构建网

络安全综合防御和国产化自主可控体系，保障关键信息系统和公共数据安全。

2017 年 12 月 19 日，国内首个数据安全规划——《杭州市数据安全保障体系规划（2018—2020）》（以下简称《规划》）顺利通过专家评审。《规划》明确提出，需要提升全市数据安全管理水平。建立杭州市数据安全管理组织，自上而下地推动数据安全管理的方针和策略，同时根据方针、策略在各政务部门完善数据安全相关的管理制度和规程，将数据安全纳入风险管理范畴，使数据安全管理从被动防御向主动发现发展。补强数据安全“短板”。基于数据全生命周期各阶段的安全风险，提出各阶段有效的安全防护技术措施，指导各政务部门进行查遗补漏，补齐防护“短板”。加强数据安全运营监管，进一步健全监管体制，建立完善监测、预警、通告、检查等技术措施，实现对全市政务数据安全风险的监督管理，确保政务系统能够在可管理、可监视、可预见的状态下运行。提高数据应急恢复能力，加强数据安全事件应急响应处置及恢复能力的建设，通过建立应急保障队伍、编制应急预案和应急演练流程等，提高政务数据安全突发事件的快速反应和处置能力。夯实基础设施安全保障能力，加强政务系统基础设施安全保障能力，严格落实网络安全等级保护制度，定期开展风险评估和等保测评工作，推动全市政务系统向政务云迁移，依托政务云集约化的安全防护能力，整体提高政务系统安全保障水平。

4. “三化融合”建立健全网络和数据安全保障体系

杭州市以习近平新时代中国特色社会主义思想为指导，深入贯彻“八八战略”，抢抓全球科技产业变革和城市转型发展机遇，聚焦浙江省加快建设全国数字产业化发展引领区、产业数字化转型示范区、数字经济体制机制创新先导区和具有全球影响力的数字科技创新中心、新型贸易中心、新兴金融中心（以下简称“三区三中心”）的总体部署，坚持数据驱动、创新引领、融合带动，坚持不懈抓数字产业化，持续提升创新能力和产业能级；集中攻坚抓产业数字化，全力推动数字技术与全产业各领域的深入融合；全面系统抓城市数字化，以城市数据资源深度开发利用为支撑，打造多元参与、成果普惠的数字治理“杭州模式”，在浙江省率先实现“两个高水平”目标，加快建设独特韵味别样的精彩世界名城，为打造展示新时代中国特色社会主义的重要窗口提供坚强保障。提出大力发展拟态防御、态势感知、数据加密等网络安全新技术和新产品，加快推动数据安全等服务业发展，打造具有全球影响力的自主可控网络安全产业和数据安全服务业中心。要求建立健全数据安全、网络安全保障体系，提升网络安全风险防范和数据流动监管水平，打造基于主动防御的数据、网络安全体系架构。

5. “数字化改革”确立网络安全体系地位

浙江省数字化改革是在“最多跑一次”改革和政府数字化转型基础上的迭代深化。这些年，浙江省按照习近平总书记在浙江工作期间做出的“数字浙江”建设部署，坚持以人民为中心的发展思想，深化“最多跑一次”改革，大力推动政府数字化转型，并撬动经济社会全方位数字化转型，省域治理体系和治理能力现代化程度显著提升。当前，进入数字化改革阶段，这是数字浙江建设的新阶段，是政府数字化转型的一次拓展和升级，是浙江省立足新发展阶段、贯彻新发展理念、构建新发展格局的重大战略举措。浙江省数字化改革是新发展阶段全面深化改革的总抓手。要对标国际一流、国内先进，着力构建系统配套、远期和近期相衔接、定性和定量相结合的数字化改革工作体系，找准工作发力点和努力方向，推动改革螺旋式上升。当前的重点任务是加快构建“1+5+2”工作体系，搭建好数字化改革“四梁八柱”。

2021 年 3 月 31 日，杭州市召开数字化改革暨“数智杭州”建设攻坚年推进大会，发布《关于“数智杭州”建设的总体方案》，重点突出“七个两”，明确五大重点任务，并成立了杭州数据安全联盟，努力打造全球数字变革策源地。“七个两”即突出赋能治理和赋能发展“两个赋能”、政府端和社会端“两个端口”、强化顶层设计和鼓励基层创新“两个层面”、盆景变风景和场景变全景“两个转变”、数据共享协同和数据优质安全“两个保障”、有形之手和无形之手“两个推手”、理论体系和制度体系“两个体系”，高水平推进“数智杭州”建设。五大重点任务具体包括推进“数智杭州”总门户及一体化智能化公共数据平台建设、做强做优城市大脑、加快建设产业大脑、构建数字化改革理论体系、构建数字化改革制度体系。杭州市明确以“城市大脑”“产业大脑”对应承接五大综合应用，其中“城市大脑”对应党政机关整体智治、数字政府、数字社会、数字法治，支撑数字治理第一城建设；“产业大脑”内涵即数字经济，推动数字经济与制造业高质量协同发展，支撑数字经济第一城建设，为高水平打造“数智杭州·宜居天堂”、加快建设社会主义现代化国际大都市做出新的贡献。将网络安全体系纳入数字化改革中一体化智能化公共数据平台的“四横四纵”重要部分，说明网络安全作为数字经济、数字未来的重要防护屏障和基石，在数字化改革中发挥不可替代的重要作用。

6.10.2 措施

1. 建设、修订、完善安全制度

杭州市于 2018 年对全市数据安全现状进行调研和评估，认真梳理了全市政务部门的数据安全防护情况及存在的主要问题，并在广泛借鉴国内外数据安全保障经验的基础上，依据国家相关政策法规和技术标准规范编制了《杭州市政务数据安全保障体系规划》，这是对《促进大数据发展行动纲要》《政务信息资源共享管理暂行办法》《“十三五”国家信息化规划》《浙江省公共数据和电子政务管理办法》《杭州市政务数据安全管理办法》等文件关于加强数据安全保障要求的细化与落实，要求各政务部门参照执行，在本市范围内承担政务系统建设、运营的服务机构也参照本规划内容配合政务部门完善数据安全保障体系建设。该规划明确了杭州市 2018—2020 年的政务数据安全保障主要目标与任务，从制度建设、标准规范体系建设、技术体系建设、安全运营体系建设等方面进行了设计与构架，明确了阶段性的建设目标。

在制度建设与标准建设方面，杭州市数据资源管理局也牵头陆续出台了一系列数据安全标准与规范性文件，如对各政务部门数据资源的管理和共享工作进行一定程度的约束和指导的《政务数据共享安全管理规范》（DB 3301/T 0276—2018）；指导数据资源管理部门开展数据安全监管的《数据资源管理　政务数据安全监管规范》（DB 3301/T 0322.1—2020）；规范数据各参与方安全责任的《数据资源管理　政务数据安全责任要求》（DB 3301/T 0322.2—2020）；指导数据分类分级方式的《数据资源管理　政务数据分类分级指南》（DB 3301/T 0322.3—2020）；规范数据共享交换流程的《数据资源管理　政务数据共享流程规范》（DB3301/T 0322.4—2020），并配套下发相关指南。

2. *形成区域一盘棋的网络安全组织保障机制*

1）厘清网络安全保障权责关系

网络安全管理组织体系由数据资源管理机构和各区县（市）、各部门共同构成，共同保障一体化智能化公共数据平台的安全建设。

数据资源管理机构负责政务外网、政务云、一体化智能化公共数据平台等的安全工作。应建设安全资源组件与技术支撑能力，并向各区县及委办单位提供云上安全基础服务；应对各地区、各部门提出相关安全管理指导意见，并对各地区、各部门在云上运行的和接入一体化智能化公共数据平台的应用系统进行在线监测，对发现的问题进行预警并通告给相关单位，由相关单位进行整改，并将监测到的统计数据上报给相关网络安全主管部门。

各地区、各部门负责本单位在政务云上运行的和接入一体化智能化公共数据平台的应用系统和数据资源的安全管理工作，有责任配合数据资源管理部门的安全监管监测工作，充分利用数据资源管理部门提供的云上安全产品和服务建设体系化的安全防护能力，如有特殊需求可向外部安全厂商购买符合标准（外部安全厂商入云标准）的安全产品和服务，进行定制化的安全建设，对数据资源管理部门通告的安全问题进行及时整改。

2）建设数据资源管理单位网络安全管理组织

首先建立专职网络安全管理机构。成立决策层，由专职安全管理机构的主要领导作为首席安全官，应对各区域网络安全“把方向、抓大事、谋全局”，进行网络安全制度、技术等管理层面的主要决策，数据资源管理单位首席安全官与委办单位建立紧密联系，以全局安全观对城市的网络安全进行主导。

在各政务部门现有的信息安全管理组织的基础上建立或指定专职网络安全管理机构，形成安全管理层，明确职责及内部每个安全管理岗位的职责，根据组织的业务发展规模、增长速度，设置并及时调整网络安全管理机构规模和人员数量。除传统的安全管理员、网络管理员、系统管理员、审计管理员等岗位外，加强安全与业务的协同，根据数据生命周期各阶段的业务活动特征和关键控制点，建立相关业务网络安全管理岗位。

专职网络安全管理机构建立合理的分工机制，尽量将不同的工作分配给不同的人员来担任，权力不能过于集中在某个人或某些人手里，应相互牵制、相互制约。同时，保证网络安全管理人员活动所涉及的范围是受到限制的，不能越权访问，任何网络安全管理人员都不得打听、了解或参与其职责以外的任何与安全有关的事情。

第二构建一体化安全运营组织。

在执行层面采用“1+2+N”的模式进行管理规划，“1”是数据资源主管单位网络安全专职机构，作为数字化改革网络安全建设的统筹管理方；“2”是执行层，包括系统建设运营方和安全运营方，参与数字化改革建设、平台运营和安全运营；“N”是多个服务提供方，提供安全和业务系统的技术支撑。

数据资源主管单位网络安全专职机构负责编制数字化改革中涉及的基础设施、数据资源、应用支撑、业务应用等领域的安全规划，对各业务部门系统安全建设提供安全建议。通过安全服务采购的方式引进安全运营总包方，并负责对安全运营总包方进行选择、监督、管理和考核，明确安全运营总包方的职能范围和工作要求。协助执行相关的管理和技术支撑工作，通过监管监测等机制，将发现的安全问题及时通报给相关部门和人员进行处置和整改。

系统建设运营方负责落实平台开发建设和日常运维管理工作，根据数据资源管理机构及安全运营总包方提出的安全要求落实相关安全管控机制。可自主选择安全服务提供方协助开展业务系统生命周期安全建设和管理及运营工作，并负责监督、考核安全服务提供方安全工作。

安全运营方主要负责落实一体化智能化公共数据平台安全监管监测、安全态势感知、通报预警、应急处置等相关技术支撑和运营工作，负责落实所辖安全监测监管、安全态势感知、通报预警、安全管理等相关系统的技术支撑和运营工作，协助数据资源管理机构进行常态化安全运营，对各地区、各部门进行安全预警通报，开展定期或重保时期的安全检查工作，并接受数据资源管理机构的安全监督、考核。安全运营方负责筛选和整合第三方安全服务提供方的产品及服务，并对相关服务提供方进行监督、考核。

另外，应内设监管机构或选用外部监管机构作为监审方对公共数据安全防护工作开展监督审计，以第三方视角对系统建设运营方和安全运营方的数据安全防护、监测等工作进行监督、落实，保障数据安全的动态更新和持续优化。

监审方通过建立第三方安全监管技术平台，实现对所有外包运营单位的安全监管，通过远程探测、远程验证、大数据收集与分析、行为分析与识别，实现对外包运营单位的安全漏洞监管、安全操作监管、策略执行监管、异常行为监管、安全管理监管、安全合规监管等，定期输出安全监管报告，实现对所有外包运营单位安全评价管理及安全考核管理，监督外包运营单位的运营活动和安全活动，提升外包运营单位的运营服务质量。

3. 网络安全整体集约化建设

在市级数据资源管理部门层面，依托杭州市政务云平台天池系统集约化的安全防护能力，安全服务团队快速的应急处置能力，有效提高了政务系统的安全保障水平，系统服务效率显著增强。同时，基于市电子政务外网，对市级政务部门网络进行了有效的整合迁移，形成上至国家各部委，下至各区、县（市）政府部门的纵向业务网络，以及跨部门的横向业务网络，通过厘清边界、规范网络出口，加强了边界安全防护建设，有效提高了网络安全防护能力，网络攻击事件显著减少。

在数据安全层面，成立数据安全联盟，牵头各安全厂商共同研究并制定数据安全防护方案与策略，并逐步落实。数据安全保障技术已覆盖数据采集、存储、挖掘和发布等关键环节，已具备传输安全和 SSL/VPN 技术、数据恢复技术、身份认证和强制访问控制技术、基于日志的安全审计和静态脱敏等保障技术手段，保护数据安全。此外，数据防泄露（DLP）技术、云平台数据安全等数据安全防护专用技术的研究与方案制定也在不断探索。

4. 整体安全监管策略

围绕着杭州市一体化智能化公共数据平台的业务应用，覆盖党政机关整体智治综合应用、数字政府综合应用、数字经济综合应用、数字社会综合应用和数字法治综合应用五大领域，针对数字化改革中的重点应用场景，以业务为脉络进行安全监管监测。利用大数据、人工智能、智能算法等相关技术，通过对安全监管对象的多维度分析，实现对数据安全态势的可见、可感、可知，通过对数据安全监管对象的数据态势、攻击态势、事件态势等进行综合分析，并对发现的数据安全风险进行提前预警和处置，实现数据安全监管对象安全建设的可知、可管、可控。

通过对一体化智能化公共数据平台的基础设施、数据资源、应用支撑、业务应用等进行全方位、全天候的持续安全监测，通过大数据技术对安全日志进行数据建模、机器学习和复杂关联分析，结合最新安全情报深度感知未知安全威胁、新型漏洞攻击，同步开展远程网站安全监控，快速发现安全事件和失陷主机，多渠道进行通报预警，辅于本地化服务团队积极响应和处置，快速止损，定位漏洞，找出风险，通过安全设备策略优化、补丁更新、访问控制、临时下线等技术和管理手段进行安全风险控制，形成安全闭环的管理机制，提高整体安全防护能力。

5. 安全运营整体强化

在各区县及部门层面，各区数据资源管理单位及重要政府部门政务云平台等重要平台和系统都已完成等保测评，不断加大在信息安全人员和技术力量的投入，扎实推进信息安全等级保护工作、全面提高安全防护能力、建立健全制度规范，技防＋人防综合运用，强化安全保障体系。利用杭州市下发的数据安全管控子平台，围绕区县本地实际情况，完善区域内政务数据安全保障体制机制，建立了数据安全管理与技术支撑体系。

6.10.3 建设成效

1. 重保安全——重要活动助推城市发展，安全助力活动开展

二十国集团（G20）领导人第十一次峰会于 2016 年 9 月 4 日至 5 日在杭州市成功举行。加强安保工作是各国举办重要活动的国际惯例，安全保障正是这些重大活动的命脉。在互联网飞速发展的今天，网络信息安全保障已成为当前重大活动安保的重要组成部分。保障 G20 峰会期间相关信息系统的安全稳定运行，避免境外黑客组织的恶意破坏，具有十分重要的意义。G20 峰会网络安全保障技术支撑单位历经近 360 天精心准备、投入 309 位技术骨干一线奋战，圆满完成了 G20 峰会的网络安保任务。

G20 峰会网络安全保障技术支撑单位规划了由核心至外延、由主会场至外围的深层保障体系，涵盖了本届峰会网络安全保障目标所需重点关注的全部保障对象，通过企业自主知识产权的最新大数据态势感知系统及应急处置工具箱、工控检查工具箱等二十多种产品平台，为 G20 峰会网络安保构建了全网全程网络安保和应急支撑监测体系、防御体系和服务体系。

1）保障工作 G20 峰会全网络全覆盖

G20 峰会网络安保建设工作旨在通过整体的网络安全保障与运营手段达到促进 G20 峰会成功举办的目的。安全建设内容覆盖了公安部重保系统检查、峰会酒店内网检查、WebShell 专项检查、灯光秀网络安全检查、峰会主会场网络安全检查、工业控制系统安全检查、2 万多个备案站点安全检查等各维度，确保一体化网络安全保障与运营工作有工具支撑、有数据决策、有人执行。

安全保障服务维度包含相关网络、业务系统、相关人员的各项安全检查和加固，包括业务威胁分析、漏洞扫描、配置策略检查、代码审计、主机应用设备三合一渗透测试、安全加固整改、攻防演练测试及应急预案编写、攻击应急应对预案编写、等保三级测评，以及对人员的安全意识培训和社工测试。在前期的安全保障中，发现 G20

峰会注册网 15 个各级漏洞，二十四国集团工商峰会（B20 峰会）注册网 20 个各级漏洞，以多种技术手段保障安全服务全覆盖。

2）省、市两级重点系统保障

根据属地管理原则，在杭州市公安局的领导下，以 G20 峰会网络安全保障为契机，开展了杭州市网络安全态势感知通报预警平台建设，并把各项涉峰会安保工作与态势感知通报预警平台进行紧密结合。用实战检验大平台建设成果，通过实战来完善大平台设计和技术实现。

2016 年 4 月开展初步摸底排查，通过"先知"平台结合人工渗透测试服务，共发现 175 个网站中有 200 多种高危漏洞，通过专家验证后及时把漏洞通过 App 方式通报给公安和网站所属单位，大部分单位收到预警后非常重视，及时对相关问题进行了整改，并通过 App 方式把整改结果上报到杭州市公安局。2016 年 8 月开展二次复查，此次共检测到各类漏洞 94 个，其中高危漏洞 7 个，中危漏洞 12 个。从结果看，通过约 4 个月的通报预警整改，杭州市范围内重点网站的整体安全性得到了极大的提升。自 2016 年 9 月 1 日起，保障团队为省、市 42 个重保单位互联网应用站点重点做了全天候的安全监测，包括可用性监测以及篡改监测，并安排 7×24 小时值班人员负责实时排查问题，确保站点在出现异常后及时恢复。

3）保障机制全流程闭环

在安全运营流程方面，建立"发现—响应—决策—处置—恢复"的全生命周期处理流程，以达到国家级安保"实时监测、快速响应、主动防御、积极反制"的要求。

（1）安全值守：采取 7×24 实时安全监测，把控物理、网络、主机、应用、数据各个层面的安全威胁情况，事件秒级响应。

（2）专家分析：经验丰富的安全专家分析常规性扫描、潜在威胁、APT 高级持续攻击、拒绝服务攻击等多种攻击行为。

（3）安全决策：制定影响服务质量、业务可靠性、数据准确性、在线服务能力、隐私保护等不同级别应启动的安全应急处置预案。

（4）安全处置：综合采取主动防御、流量清洗、访问控制、数据保全、资源转移、攻防对抗、积极反制、快速恢复、攻击溯源、总结与加固等不同处置方法。

（5）网络安保团队以远程和现场人员安全检测，结合部署基于云与大数据技术的远程安全监测、大会系统现场各重要驻点安全值守、会议安保指挥中心四方互联，多地支撑的形式，为大会召开保驾护航，确保峰会期间未发生安全事件与服务中断事件，圆满完成了本次峰会的网络安保任务。

（6）G20 峰会官网：自 2015 年 12 月 1 日 0 点开放以来，提供正常访问 2 亿多次，共拦截恶意攻击行为 300 余万次，阻断恶意 IP 万余次。

（7）G20 峰会注册网：自 2015 年 11 月 18 日 0 点开放以来，共服务 38 场系列会议代表注册、1 场峰会代表注册和 5 场媒体注册，期间共计拦截非法访问 2900 万余次，抵御针对注册网的直接攻击 112 万余次，人工梳理阻断恶意攻击 IP 地址近千个，共注册代表 5200 多人、媒体记者 4800 多人。

（8）B20 峰会注册网：自 2016 年 7 月 4 日 0 点开放以来，共提供正常访问 22.5 万余次，拦截攻击 8.7 万余次，查封 92 个恶意 IP，注册代表 1000 多人。

（9）5 家境外注册媒体入住酒店官网：提供正常访问 883 万余次，拦截攻击 54 万次。

2. 抗疫安全——数字应用守护人民，安全支撑团队守护数字应用

1）健康码

2020 年 12 月 16 日，国家语言资源监测与研究中心发布“2020 年度中国媒体十大新词语”。其中“复工复产”“新冠疫情”“健康码”等新词语格外引人注目。助力新冠肺炎疫情期间复工复产，控制人流流动的“健康码”起源于杭州。2020 年 2 月 11 日，浙江省杭州市率先推出健康码模式，实施市民和拟进入杭州人员的绿码、红码、黄码三色动态管理，并与钉钉企业复工申请平台打通。领取绿码的人员凭码通行，领取红码和黄码的人员需按规定隔离并健康打卡，满足条件后将转为绿码。大量返岗复工人员在支付宝内申领健康码，上线首日访问量即达到 1000 万次。

健康码保障了疫情之下的出行安全，然而健康码的信息安全性该如何保障？为此，安全支撑团队采取了技术和管理两手抓的方式，并在关键时期 7×24 小时实时保障。做到提高防护水平，利用技术手段保障，并不断完善技术方面的管理，杜绝漏洞的出现；针对泄露数据的行为进行严惩。健康码信息涉及面广泛，造成的影响会更恶劣，唯有严惩才能起到震慑效果；严抓内部管理，尤其是开发运维人员的操作监管，将健康码信息泄露扼杀于萌芽状态。安全保障团队在抗疫的紧要关头，始终保持高度警惕，不断打好“补丁”，确保健康码数据安全，不给抗疫添乱。

2）亲清在线

如果说杭州健康码是在疫情下依靠大数据赋能防控疫情和恢复生产生活的有效尝试，那么同样发布于疫情期间，初衷是兑付惠企承诺的“亲清在线”实则已经跨越疫情，实现了政府服务企业的能力大提升。通过该平台，政企服务“一键达”，抽象的“亲清”政商关系变得可操作、可考量、可评价，这是极具长远意义的“杭州模式”。

“亲清在线”的上线时间紧、任务重且涉及大量个人、企业隐私信息，关乎财政支付安全，因此其安全保障十分重要。为了“亲清在线”数字平台的安全上线，安全厂商紧急组建了安全保障专家团队加入专班，在疫情期间连续通宵工作，仅用四天时间完成了从平台的安全防护体系设计，到部署相应的安全防护系统，并通过各类安全测试，最终完成了平台的上线和安全检查，并持续保障平台安全。

“亲清在线”系统安全整体架构如图 6-48 所示。

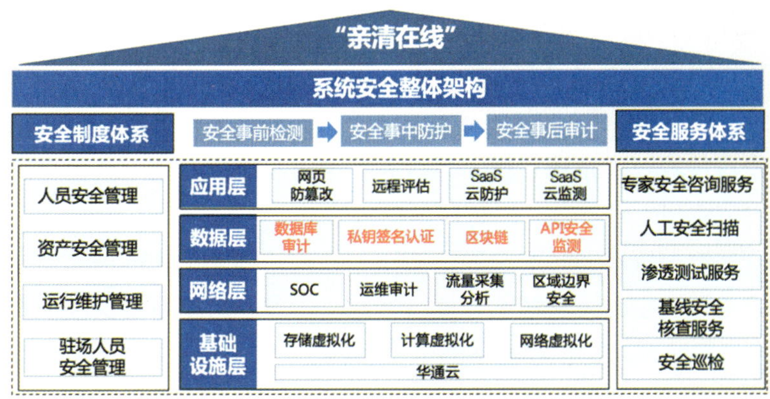

图 6-48 “亲清在线”系统安全整体架构

基础设施层：基础设施安全技术保障设计主要遵循国家电子政务和等级保护的要求，利用“一个中心，三重防护”即“一个安全管理中心，通信网络、区域边界和计算环境安全防护”的保障理念进行设计，对“亲清在线”相关的如基础网络、云平台等进行安全控制域的划分，并根据安全控制域内保护对象来分别确定各个环节的保护强度，通过安全 SaaS 化、组件化技术来进行安全防护。

网络层：网络是信息系统赖以存在的实体，离开了网络平台，信息的传递、业务的开展将无从依托，因此如何保障网络的安全是构建整个网络系统安全架构的基础工作。网络层安全主要解决运行环境的安全问题，主要技术手段包括边界防护、流量监测分析、加密传输、数据安全网关等。

数据层：数据安全是信息安全中非常重要的一部分，随着数据价值的不断提升，对于数据本身的安全防护也越来越被重视，尤其是“亲清在线”系统中流转着政府、企业、个人的敏感数据，因此数据安全尤为重要。针对数据层安全威胁，主要通过 API 安全监测、数据库审计、私钥签名认证、区块链等手段来保障数据的安全。

应用层：应用是对外提供服务的窗口，往往会成为外部攻击的首选，包括恶意代码注入、DDoS 攻击、网页篡改等。针对应用层威胁，需要采用抗 DDoS、网站监测、网页防篡改等手段保障业务的可用性和连续性。

“亲清在线”网站实现在线兑付和线下兑付。真正实现“数据多跑路，企业不跑路”的创新应用场景时，涉及大量资金的快速兑付，因此保障资金成功安全兑付，应充分考虑证书的安全性，需对用户证书和应用系统进行隔离，故提出如下解决方案：通过支付转发服务对应用的请求进行转发并对证书进行加密、隔离，确保证书不被应用开发厂商运维人员接触。

为避免原有的旧私钥停留在开发商手里造成的安全隐患，开发商将“亲清在线”原有的私钥从“亲清在线”应用服务器中全部剥离出来，并向支付宝申请新私钥以替换原有旧私钥，新私钥将加密存储在认证服务器内，并对接支付宝认证 SDK，开发商存放在应用服务器中的旧私钥就不会对现有环境造成安全隐患。

申请完新私钥后，“亲清在线”系统向认证服务器发起签名请求，认证服务器对“亲清在线”系统的身份做认证。当身份认证通过后，利用私钥计算签名，认证服务器对签名信息加密后传输至“亲清在线”系统，“亲清在线”系统上传签名至支付宝支付服务器，支付宝收到支付信息后即打钱到指定账户。

签名信息加密传输至“亲清在线”系统，在传输链路加密的前提下对签名数据本身再加密，双重加密保障签名信息安全。认证服务器通过主备双活的部署模式，可以随着业务量的增加平滑扩容，保障业务的稳定性。

3. 日常安全——一体化实现网络安全建设

杭州市始终走在数字政府建设的前列，对于安全的建设已经不满足于基础安全建设，正朝着整体安全运营、协调配合的方向努力，因此常态化采取实战化攻防演练对全市安全能力进行检验和提升。杭州市多家监管单位联合组织政务信息系统网络安全攻防演练，在数据安全联盟支持下，由数据局驻场的安全运营人员和安全总包方的安全技术人员组成的攻防演练防护和监测团队，基于已建设的数据安全管控平台和其他安全产品，联动数据局的云、网、系统服务厂商，通过对接入数据安全管控平台的政务云流量数据、部门安全数据进行分析，发现安全风险并通知相关部门负责人及时响应，实现攻防演练中攻防互动，达到提升杭州市安全应急响应能力的目的。

4. 西湖论剑——做好安全技术和意识宣传

除做好安全防护运营工作，提升数字政府建设安全水平外，提升全民安全意识、催生安全技术的开发是杭州市一直在努力的方向。西湖论剑自 2012 年首届成功举办以来，已经成为中国网络安全行业影响深远的安全峰会，是中国信息安全领域的一张金名片。一起举办的网络安全技能大赛旨在通过实战化竞赛发现更多网络安全人才，为国家网络安全提供智力支撑。2021 年的西湖论剑以“安全：数字化改革之根基”为主题，聚焦影响数字化改革的网络安全前沿领域技术，院士、各行业主管部门领导、专家学者、业界精英及生态伙伴齐聚一堂，分享各行各业的数字化改革经验与思考，探索数字化改革的必由之路，洞察新技术、新场景的网络安全发展趋势。

6.10.4 经验总结

1. “一个脑通治”汇聚安全大数据，形成城市安全数据大脑

通过归集市公共服务部门、企事业单位、基础设施资源、第三方厂商等掌握的安全信息及元数据，统筹建立统一的安全数据大脑，将原本零散的安全数据整合为统一规范的安全数据资源并对外提供数据服务，使得这些数据可以有效支撑安全运营管理

及常态的威胁发现和应急处置，提高城市管理者决策的科学性和精准性，从而将全市的安全监管及各个单位组织联动起来，为智慧城市安全决策提供支撑，提高公共数据安全治理能力的现代化水平。

2. “一张网通览”实现市域范围内重要网络及信息系统的数字化安全监管监测

以安全数据大脑为支撑，建立覆盖全域的态势感知与通报预警系统，利用大数据安全态势感知、异常流量监测等安全保障技术，对互联网、电子政务网等网络出口、公共数据应用的重要系统等进行全天候、全方位的安全监测，通过“实时、全样”的安全大数据建立全程在线、全域覆盖、实时反馈的“安全态势地图”，多维度、多层次、多视角地展现公共数据安全运行状态、各类安全措施的有效性以及安全威胁的变化态势，提前预警相关的安全威胁，及时通报安全事件，有针对性地推进各项防护工作的技术实现，逐步实现从“基于威胁的被动保护”安全体系向“基于风险的主动防控”安全体系的转变，保障公共数据安全健康发展。

运用大数据态势感知技术以及与云端数据共享联动机制，实现平台的安全预警功能，对僵尸网络地址、0day 漏洞信息、恶意 URL 地址等威胁情报进行动态的在线监测，增强被测系统的主动防御能力，形成信息系统生命周期的安全运营。

3. “一朵云通防”实现全市重要信息系统的云端防护

城市级安全运营中心着力完善城市数字基础设施建设，全面推行“云优先”战略，加快推动政府、企事业单位业务应用上云。利用云计算集约化、服务化的能力优势，构建覆盖全市全域范围的云端安全防护系统“玄武盾”，为全市政府部门及企事业单位的重要系统提供基础安全防护能力，实现统一的安全监测、防御和预警处置，降低信息系统被入侵的安全风险，有效缓解各单位自行建设导致的投入大、防御能力参差不齐的问题，促进政府和企事业单位安全地拥抱互联网和云计算，为政府和企业的数字化转型保驾护航。

利用“天池”云安全运营平台将安全基础资源遵循分层解耦、异构兼容的方式，让产品资源化、资源目录化、目录全局化、全局标准化，聚合公共数据安全所需的安全能力，为防护对象提供统一化、标准化的安全能力支撑。打造一体化的云上安全资源服务体系，将安全技术能力服务化，实现按需、弹性地分配安全资源服务给云服务单位。

4. “一块屏通析”满足城市级安全应急协同指挥需求，形成安全闭环

在“一张网通览”能力的基础上，利用安全管控平台形成安全运营指挥可视化能力，实现城市级安全协同指挥能力，提升城市应对突发安全事件的能力。以最快时间发现政务网及重要单位各类重要信息系统发生的各类安全事件、存在的各类漏洞、发现的各类威胁等，通过实时感知，以数字化、可视化形式及时告警。根据网络安全事件告

警级别、事件类别、危害程度等相关指标，形成数字化安全报告，辅助管理者或决策者进行判断与决策，真正实现“用数据说话、用数据决策、用数据管理”，通过自动化的流程完成安全事件快速处置和任务分配，提升安全事件应急响应能力，形成安全事件处置的闭环管理。

6.11 合肥市——数字赋能篇

6.11.1 综述

近年来，合肥市积极响应国家及省政府号召，大力推进信息化建设，信息系统建设与应用能力显著增强。合肥市高度重视政务服务数字化发展，及新一代信息基础设施建设，探索通过技术、业务及数据的融合，以政务信息能力集中和共享为手段，实现全面协同管理和服务的新模式。2016 年 11 月，合肥市人民政府印发《智慧合肥建设“十三五”规划纲要》，强调以信息共享、互联互通为重点，突破区划、部门、行业界限和体制性障碍，充分整合信息基础设施和城市公共信息资源，推进跨部门、跨领域信息共享。2017 年 8 月，合肥市人民政府印发《合肥市加快推进“互联网 + 政务服务”工作方案》，要求 2017 年底前，基本建成市级一体化网上政务服务平台，实现“一号一窗一网”目标，政务服务事项全部网上公开，服务流程显著优化，服务模式更加多元，政务服务标准化、规范化、网络化水平大幅提高，群众办事满意度显著提升。

合肥市坚持以“创新、协调、开放、共享、共治”五大发展理念为指引，紧紧围绕“强政、兴业、惠企、利民”的总目标，以优化政府管理、政务服务为重点，以数据共融、共享、共治为驱动，以新型信息技术为手段，以体制机制创新为保障，深化“最多跑一次”改革，加快推进以合肥“城市大脑”为统领的城市数字化转型工作，通过搭建“政务云 + 城市中台 + 典型应用”的“城市大脑”框架体系，建成全国首个“城市中台”及“城市大脑”，信息系统建设与应用能力得以显著增强。目前，合肥市各市级委办局业务系统种类较多，但政务云（设施底座）+ 城市中台（数据底座和能力底座）构成了城市大脑的“数字底座”，以数字底座支撑各类信息系统的建设推广，极大提升了政府工作效能，让政府服务方式从“零散化”转变为“一体化”，群众、企业办事从“多个部门来回跑”转变为“部门协同办”，运用云计算、大数据、人工智能等数字技术，促进政府履职和政府运行，形成即时感知、科学决策、主动服务、高效运行、智能监管的新型治理形态。

6.11.2　措施

合肥市聚焦城市数据的“聚、治、用、管”，围绕数据资源采集、传输、存储、计算、处理、使用、流通、赋能等环节，建设机制化运营流程。通过对跨部门结构化、半结构化、非结构化等不同格式的数据进行离线或实时“抽取－转换－加载－存储”，实现“聚数”；通过对原始数据、脱敏处理数据、模型化数据、业务化数据和人工智能化数据等不同数据开发层级的分级治理，实现“治数”；通过开放数据集、提供数据接口、数据沙箱、微服务、微应用等多种方式，形成丰富的标准城市信息能力，满足了政府社会治理、公共服务和社会服务的“用数”需求；通过数据共享责任清单、数据资源目录和城市信息能力标准体系，建立了健全的“管数”机制，解决了跨部门、跨地区、跨层级数据标准不一、数据理解难、机器可读性差、语义分歧等问题，打破了部门数据壁垒，促进了合肥市数据流通融合。

1. 政务云建设

按照全市“一朵政务云”原则，合肥市以“云网合一、云数联动”为基础，以电子政务外网为依托，充分集成应用大数据、云计算等前沿技术，建成全市逻辑统一、精益服务、高性能、低成本的政务云体系架构。统筹全市计算、存储和安全防护等基础资源，简化云资源申请使用流程，丰富云服务内容，形成新的“网购式”云服务超市，为数据资源层、能力层、应用层提供基础设施、支撑软件、应用系统、信息资源、运行保障和信息安全等服务支撑。

2. 大数据平台建设

合肥大数据平台以城市基础库、主题库建设为主要内容，统一数据标准规范和数据资源目录体系，通过全市政务数据、物联数据、社会数据、经济数据的汇聚治理，完善人口、法人、自然资源与地理空间、信用、电子证照等基础库和营商环境、交通、金融、医疗、环保等主题库建设，形成数据丰富、标准统一、共建共享的城市“数据资源湖”。

3. 信息能力整合支撑平台建设

合肥市政务信息能力整合支撑平台（即城市中枢支撑平台，简称合肥市城市中台）是基于合肥市目前已建设的政府信息化平台和未来规划的信息化平台项目，汇集技术能力、业务能力及信息能力，并将这些能力面向政务、企业和民众充分开放共享，其逻辑架构和功能架构分别如图 6-49 和图 6-50 所示。

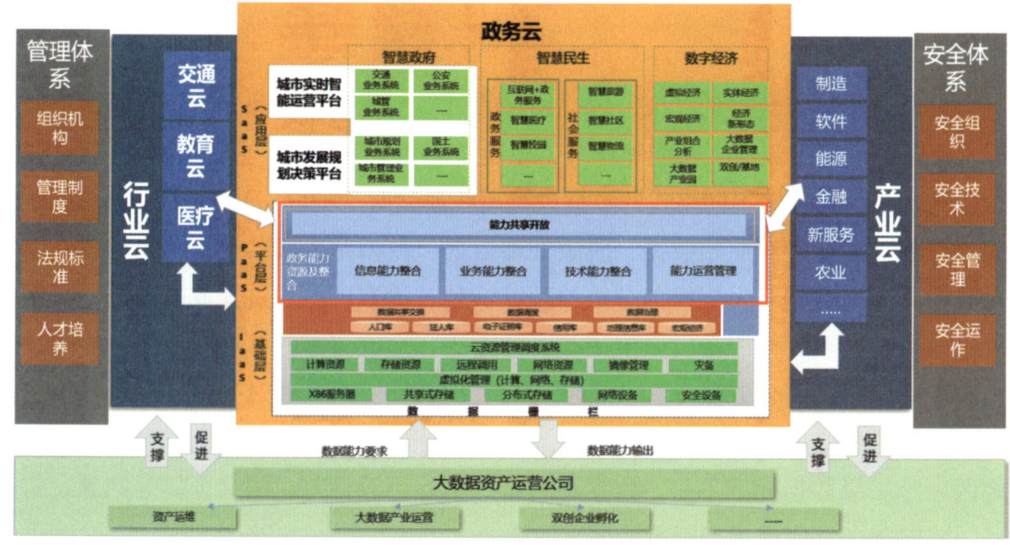

图 6-49 合肥市城市中台逻辑架构

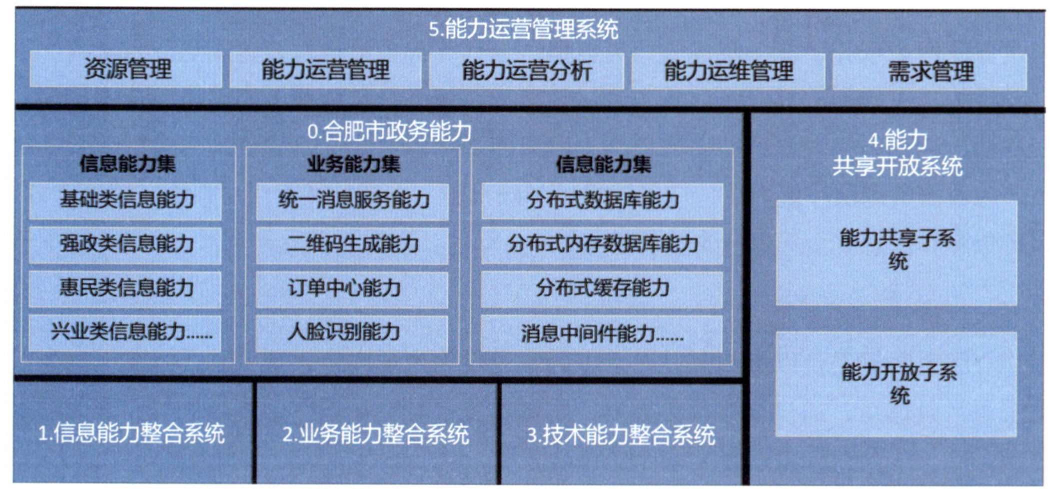

图 6-50 合肥市城市中台功能架构

1）信息能力整合系统

信息能力整合系统（见图 6-51）将信息资源视图、信息标签视图、业务信息视图，以信息能力的形式封装起来，为各委办局系统和第三方系统提供基于各类协议的统一的数据访问和获取接口，并将这些接口进行统一的管理、管控。

信息能力整合系统可实现对信息能力、标签、模型进行统一管控，实现对信息能力封装配置、标签体系、模型生命周期等模块的管理，并在全生命周期中提供信息能力封装、信息能力标签、信息能力模型、元数据、信息质量检查、信息访问权限、统一调度等管理服务。

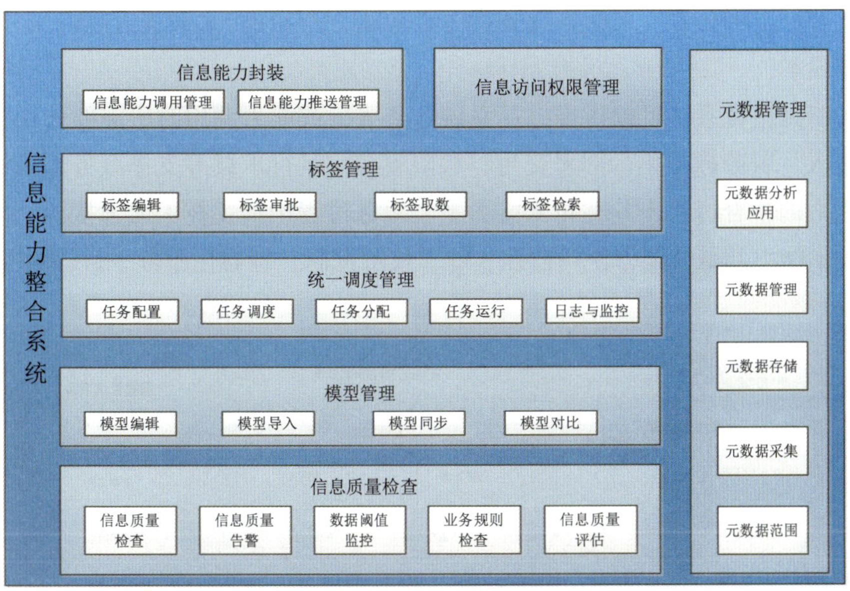

图 6-51　合肥市城市中台信息能力整合系统

2）业务能力整合系统

业务能力整合系统（见图 6-52）对业务能力的封装、引入、发布、使用等流程进行统一管控，将业务能力集成到平台，并进行能力编排、调用控制、协议转换等，通过平台将能力开放给能力使用者。通过协议适配方式，将能力提供者的能力接口集成封装为通用接口并开放给能力使用者。

业务能力整合系统可提供包括应用管控、能力管控、安全管控、策略控制、数据采集和异常监控等在内的业务能力管控服务。

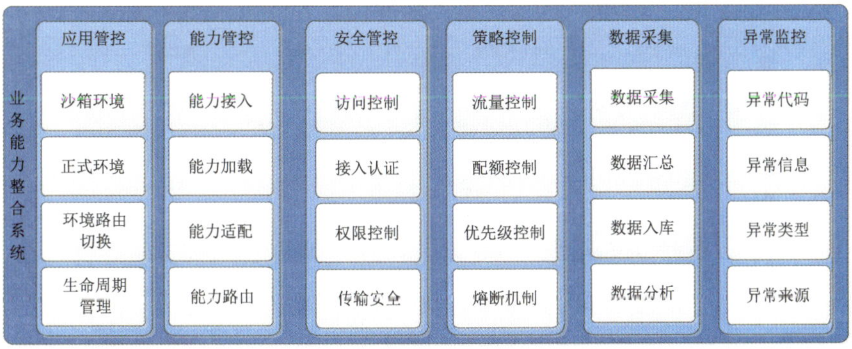

业务能力整合系统

应用管控	能力管控	安全管控	策略控制	数据采集	异常监控
沙箱环境	能力接入	访问控制	流量控制	数据采集	异常代码
正式环境	能力加载	接入认证	配额控制	数据汇总	异常信息
环境路由切换	能力适配	权限控制	优先级控制	数据入库	异常类型
生命周期管理	能力路由	传输安全	熔断机制	数据分析	异常来源

图 6-52　合肥市城市中台业务能力整合系统

3）技术能力整合系统

技术能力整合系统（见图 6-53）对技术组件进行统一建设和管理，对外提供一站式 PaaS“管家式”服务，应用系统不用再关注软件运行所需技术组件，随需申请即可，这样开发者可以将精力投入业务价值及功能完善中，从而可大大提升软件服务的效率，节省企业成本。

技术能力整合系统可提供委办局系统业务入云或能力调用时所需要使用的基础技术能力接入、服务标准化、部署交付、权限管控、运行承载等支撑服务，最终实现政务技术能力的整合提供，并在技术能力整合服务过程中提供技术能力接入、能力软件管理、技术能力部署、能力使用监控、能力权限控制、容器化服务平台等服务。

图 6-53 合肥市城市中台技术能力整合系统

4）能力共享开放系统

能力共享开放系统（见图 6-54）是合肥市城市中台面向公众和政府进行能力查看、申请、使用等的统一入口，由面向公众用户提供服务的能力开放子系统，以及面向政府内部委办局部门、区县组织等提供服务的能力共享子系统构成。

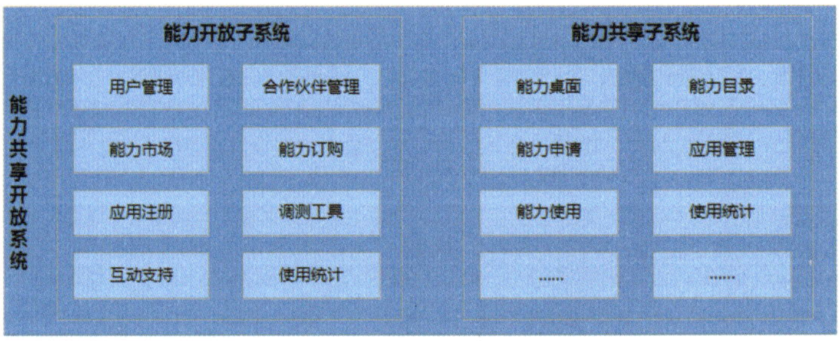

能力共享开放系统
能力开放子系统
用户管理
合作伙伴管理
能力市场
能力订购
应用注册
调测工具
互动支持
使用统计
能力共享子系统
能力桌面
能力目录
能力申请
应用管理
能力使用
使用统计
......
......

图 6-54 合肥市城市中台能力共享开放系统

5）能力运营管理系统

能力运营管理系统（见图 6-55）是合肥市城市中台运营和管理的统一入口，主要提供资源管理、能力运营管理、能力运营分析、能力运维管理、需求管理等功能，为整个城市中台提供保障服务，为各类系统和能力提供资源能力支撑。

图 6-55 合肥市城市中台能力运营管理系统

4. 数字赋能体系构建

合肥市城市中台数字赋能体系主要包含信息、业务、技术三大类，其中信息类服务能力是对政务、民生、产业领域各类数据资源进行深度挖掘、分析组合，面向公共领域进行开放共享的标准化信息服务；业务类服务能力是对各类系统的核心功能、业务逻辑进行聚类组合，面向公共领域进行开放共享的标准化业务服务；技术类服务能力是对各类信息系统建设所需的技术平台、技术工具进行集中建设，面向公共领域进行开放共享的标准化技术服务。

1）信息能力建设

信息能力建设主要以合肥市政务大数据为基础数据，根据不同业务场景需求，对数据进行建模、计算加工，并封装形成信息服务能力对外共享开放。数据安全对不同的使用者、应用、行业有着不同的限制要求，信息能力将严格执行数据安全等级要求，通过多种安全管控方式满足各应用对政务数据的使用需求。信息能力建设主要包含四大类，即基础类信息能力、强政类信息能力、惠民类信息能力、兴业类信息能力。

2）业务能力建设

业务能力建设将城市各部门信息系统建设或跨部门业务系统过程中存在的共性的、公共的业务服务或业务组件进行封装，形成的业务服务能力对外共享开放，以快速满足各部门信息系统建设、业务协同的需求，提高政务服务跨部门协同响应速率。业务能力建设主要包括统一消息能力、二维码能力、订单能力、人脸识别能力、指纹识别能力、支付中心能力、认证中心能力、业务接入能力等，如图 6-56 所示。

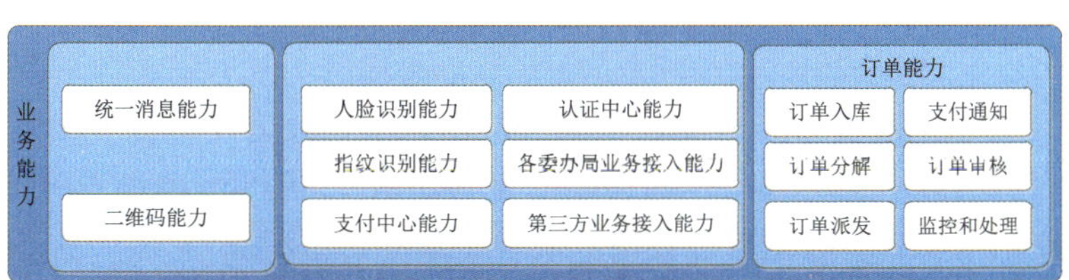

图 6-56 合肥市城市中台业务能力建设

3）技术能力建设

技术能力建设将城市各部门信息系统建设过程中存在的可重复使用的、公共的技术工具进行标准化，封装形成技术服务能力对外共享开放，并引入第三方的技术工具，以快速满足城市各部门信息系统的建设需求，提高系统建设速率及降低城市整体信息化建设投入。技术能力建设主要包括分布式数据库、分布式缓存、消息中间件、互联网信息获取工具、可视化工具、数据治理工具、统一日志管理、应用监控等。

5. 标准规范制定

合肥市城市中台建设为保障平台运行及为各委办局部门系统提供赋能支撑的高效、快捷、稳定推进，建设一系列技术、数据、运营等方面的标准规范，具体包含但不限于数据标准规范、业务流程规范、技术开发规范、平台操作规范、运营服务规范等。

6.11.3 平台建设成效

合肥市城市中台是聚合数据、共享技术、协同业务、赋能服务和运营能力的数字城市信息化中枢平台，是城市大脑核心中枢系统。它由三部分组成，分别为设施底座、数据底座、能力底座，从下往上，统筹基础设施建设，促进部门数据融合，打通数据共享交换通道，探索推进数据治理，实现数据要素流通变现，解决信息资源整合难、城市公共服务协同难、信息基础设施统筹难等问题。

1. 设施底座：集约建设、安全可控

2019 年初，按照“集约建设、安全可控”的原则，合肥市探索在市级层面统筹建设新型政务云，选取电信和移动两个运营商搭建统一政务云平台，建成规范统一的云网体系，基本实现基础设施和能力支撑两大类资源“网购式”服务，已建成覆盖市、县、乡、村四级的电子政务外网，有效开展量子通信在电子政务外网等领域的探索应用，完成合肥市政务应急指挥调度数字通信专网、视频专网建设；已建设完善新一代电子政务外网政务云、市级视频云、行业云应用，初步形成较为完善的政务云体系，基本实现全市“一朵政务云”。

目前，合肥市政务云平台具备约 1500m^2 的专用运营商级别 A 类机房，资源规模指标如下：计算资源 CPU 总物理内核 2.2 万，内存规模为 40TB，存储约 1800TB，40G 互联网出口带宽和 40G 政务外网出口带宽，并提供系统安全服务能力。截至 2020 年 12 月 30 日，合肥市政务云平台累计资源分配项目总数 83 个，包含虚拟机开通 245 台、网络策略开通配置变更 824 条、负载均衡配置及变更 72 条、网络带宽需求配置 46 次、公网业务开通 95 次、远程安全运维开通 11 次，添加堡垒机资源 128 台、数据备份 421 台、等级保护测评配合 8 次、安全态势监测日报、故障申报处理 39 次、资源核减 72 台，承载 65 个局办单位、81 个业务系统，在线主机 407 台。

合肥市政务云平台管理系统如图 6-57 所示。

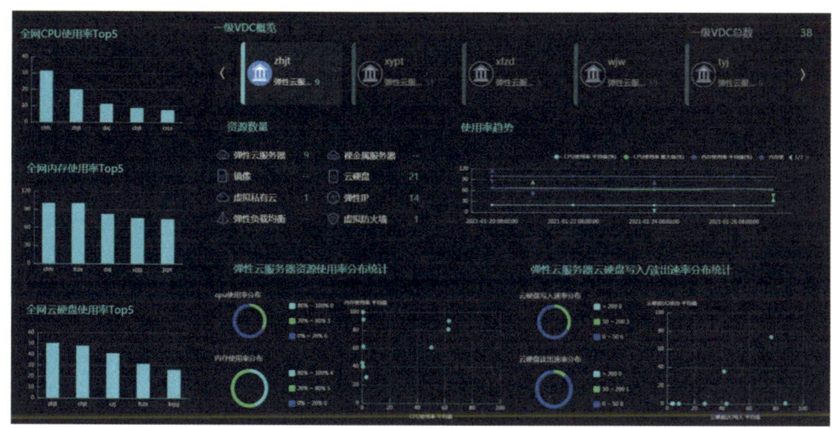

图 6-57　合肥市政务云平台管理系统

2. 数据底座：建库聚数、共治共享

数据底座汇聚存储全市政务数据、物联数据、社会数据、经济数据，融合结构化和非结构化数据，并对数据进行治理，统一规范和标准形成城市“数据资源湖”，主要解决数据“聚、治”问题。合肥市按照“1+2+4”建设思路，即一个中心：政务共享数据中心；两个体系：政策标准规范体系和安全保障体系；四个主要功能：政务信息共享交换、政务数据治理、政务大数据开发、政务数据开放，推动全市各部门政务数据接入、治理、共享、交换，构建完善的人口、法人、地理信息、电子证照等基础数据库，促进部门数据融合、打通数据共享交换通道、探索推进数据治理，实现全市数据资源的精细化管理和精准服务。

1）促进城市跨部门间的数据融合

数据底座建设改变传统网状数据交换模式，以全市统一的政务信息资源目录为基础，建立星形数据共享交换模式，为统筹全市数据资源管理奠定基础。已打通市公安、市场监管、市税务、市交通等多个垂直领域跨网络系统，截至 2020 年 12 月底，累计汇集 63 个市直部门、96 个区县部门 311 亿条数据，数据范围覆盖了政务数据、社会数据、经济数据。

2）打通跨部门间数据共享交换通道

推动全市各部门政务数据的接入、治理、共享、交换和开放，构建完善的人口、法人、地理信息、电子证照等基础数据库。“数据跑路”为政府精细化管理和精准化服务提供了重要支撑。截至 2020 年底，数据底座打通全市近 200 个信息系统，归集 311 亿条数据，基本完成跨系统、跨业务、跨部门、跨层级的数据共享。省、市、县各级单位申请数据资源 1859 次，已编制上线 12 523 类数据资源共享目录，对外提供了 204 亿条次数据共享服务，如图 6-58 所示。

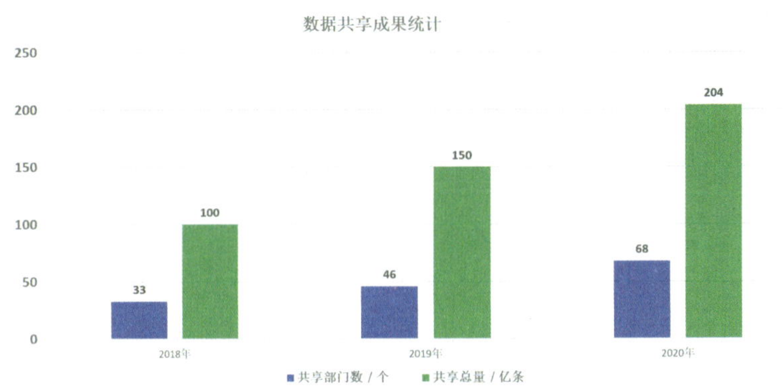

图 6-58　合肥市数据共享成果统计

2020 年新冠肺炎疫情期间，合肥市数据底座发挥了重要作用，共交换数据 481.3 万条，向“皖事通”推送数据 53.7 万条，向省数据资源管理局报送合肥返程人员信息 187 万条，在疫情发现、预警和应急处理中发挥了重要作用。

3）推进全市政务数据的汇聚治理

基于政务信息资源目录，对海量原始数据进行包括数据转换、清洗、脱敏等多种方式的数据治理，实现“一数一源”。通过规范数据的生成以及使用，持续改进数据质量，保证数据安全，最大化数据价值。

3. 能力底座：业务驱动、创新赋能

能力底座是在城市“数据资源湖”基础上将数据业务化、价值化，快速响应各委办局及行业客户的业务需求，将数据生产为一个个具有业务价值的数据 API 服务，以更高效的方式为业务提供服务，主要解决数据“用”问题。

能力底座整合各类数据资源，以成熟的技术手段和统一的安全管控策略，形成信息、业务、技术能力，并对外共享开放。能力底座赋能支撑建设成果颇丰，深度挖掘政务、民生、产业领域各类数据资源，全面分析政府各部门业务事项和应用场景，赋能支撑各个政府部门。截至 2020 年 12 月，能力底座访问量 30 910 次；用户数 505 人；生产上线 1870 个信息能力，13 个业务能力，10 个技术能力，服务 31 家市直、区县委办局及企事业单位 64 个应用系统，覆盖不动产登记、住房保障审核、中小学报名、合肥通社会综合服务等近 350 个应用场景；共减少居民和企业 1007 万余次跑腿及材料提交，使业务办理更方便、快捷、高效，如图 6-59 所示。

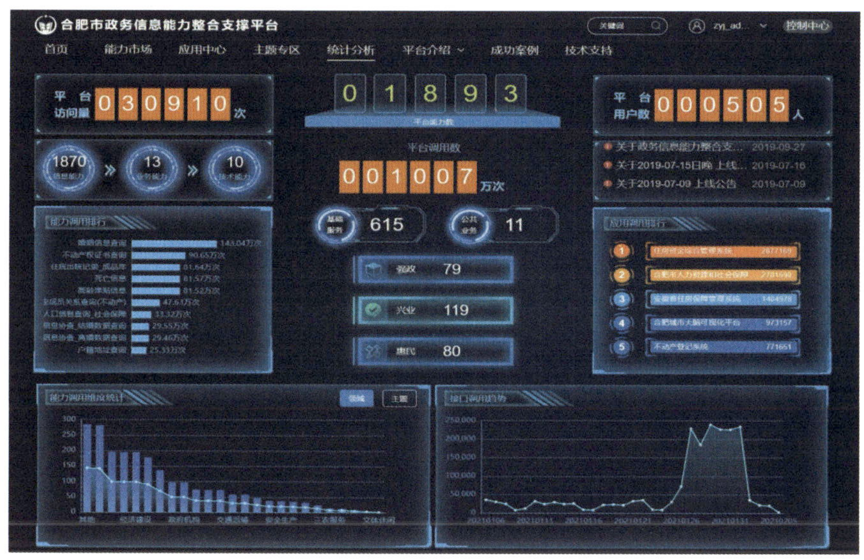

图 6-59　合肥市政务信息能力整合支撑平台能力运营总览

1）建设信息能力解决要素流通问题

截至 2020 年 12 月底，已对全市 311 亿余条政务数据进行深度挖掘及分析，生产出 1870 个信息能力，其中包含 1153 个部门能力、199 个基础能力、497 个主题能力、21 个省部级能力。

2）建设公共业务服务能力解决协同问题

目前，能力底座已统筹建设区块链、二维码生成、统一支付、统一消息、安康码身份认证、订单能力、业务接入六大类公共基础业务能力。截至 2020 年 12 月底，为一码通域、不动产登记、智慧人才、数字蜀山等 60 多类应用进行快速支撑，实现技术资源充分共享、业务服务高度协同，快速响应各类应用建设需求，减少公共资源重复采购，降低信息化建设运营难度。

3）建设公共技术服务能力解决烟囱问题

基于能力底座完成分布式数据库、分布式内存库、分布式消息、互联网网络爬虫工具、统一日志、应用监控、基础监控、数据质量工具、数据可视化工具 9 个公用技术能力建设。截至 2020 年 12 月底，为合肥市人才安居、合肥电子证照库、智慧人才申报、运动合肥等 5 个委办局 7 个业务系统提供基础技术组件；协助合肥市市委党校、市司法局、市房管局、市消防局等 7 个委办局完成 10 余个业务系统的上云工作。快速响应各部门 IT 系统建设，减少低公共技术资源的重复建设，提高合肥市整体信息化建设投入效益。

6.11.4 数字赋能成效

1. “云网合一”，夯实城市智能基础设施

合肥市政务云利用云计算、大数据等先进理念和技术，基于“集约、共享、安全、按需”的原则，以“云网合一、云数联动”为构架，依托市政务外网，完成公共服务区云平台和互联网接入区云平台建设，支撑市级政务部门大型业务应用部署、海量数据存储等需求。

通过完善安全防护体系、网络信任服务平台建设，制定城市云数据中心体系相关技术标准规范，基本实现云计算综合服务、云资源调度和运维安全监管，初步形成面向市级政务部门的一体化服务能力，实现市政府各部门基础设施共建共用、信息系统整体部署、数据资源汇聚共享、业务应用有效协同。

2. “业务上云”，助力降本增效

传统 IT 场景中，业务上云需经过完整的 IT 平台设计、选型、搭建以及高昂的团队维护成本，业务上线慢、资源无法弹性伸缩、缺乏完善的灾备能力；在业务上云后，云端快速部署、自由扩展，用户可按需进行资源申请，使网站、应用上线、迭代更加灵活，提高了信息系统的运营效率，大大缩短了业务上云周期，节省了运维成本。截至 2020 年底，合肥市政务云依靠先进的行业解决方案及成熟的服务体系，已陆续完成 65 个局委办、81 个业务系统的快速迁移上云工作。

3. “化零为整”，推进数据要素整合汇聚

基于合肥城市大脑数字底座，打通市公安局、市市监局、市税务局、市交通局等多个跨网络、垂直领域系统，汇聚政务、社会、经济等不同类型数据，数据要素整合示例如图 6-60 所示。截至 2020 年 12 月底，累计汇集 63 个市直部门，96 个区县部门，近 200 个信息系统共 311 亿条数据，以政务信息资源目录为基础，由传统网状数据交换模式转为星形数据共享交换模式，为统筹全市数据资源管理奠定基础。

4. “共享共建”，畅通数据要素流通渠道

基于合肥城市大脑数字底座，融合数据、技术及业务三大智慧应用基本要素，建设信息能力、技术能力、业务能力，实现数据资源有效分类、技术资源充分共享、业务服务高度协同，快速响应各类智慧应用建设需求，解决要素流通过程中存在的安全问题、烟囱问题、协同问题；以标准化、规范化的能力生产方式创新数据资产运营模式；以透明化的数据需求链形式，明确数据要素确权机制和数据要素责任机制，保障要素流通安全高效、自主有序。

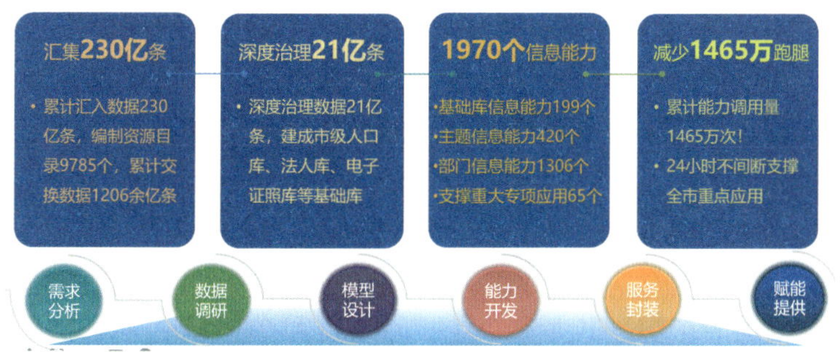

图 6-60　合肥市数据要素整合示例

5. “要素上链”，首创区块链 + 数据需求管理新模式

基于合肥城市大脑数字底座建设“政务数据需求链”，将合肥市各个委办局作为区块链节点，让数据需求清单、数据责任清单、数据资源目录、能力目录上链，推动政务数据共享领域向以需求为导向、多中心协同、动态更新、精准服务、全流程管理的模式转变，推动政务数据跨部门、跨区域共同维护和利用，促进业务协同办理，创优营商环境，为人民群众带来更好的政务服务体验。

自 2019 年 11 月“要素链”上线以来，已完成全市 170 个数据需求清单、28 个数据责任清单及 1870 个能力清单上链，助力政务数据跨部门、跨应用真实安全地共享和平等高效地应用，让政务数据有效流动、产生价值，成为真正的社会生产和服务要素。

6. “联动协同”，提升跨部门政务服务质量

基于合肥城市大脑数字底座将城市范围内跨行业、跨部门、跨系统的政务数据、物联数据、经济数据和社会化数据进行汇聚、治理，并依据业务需求进行加工后，封装形成信息化服务能力对外提供使用，实现城市数据互通共享共用，促进跨部门业务数据的协同，变“群众来回跑”为“部门协同办”，实现办事材料线上提交、线下办事一次办结，缩短办事审批流程，提升办事效率，真正做到“数据多跑路、群众少跑腿”，甚至“零跑腿”。

7. “赋能金融”，金融服务更普惠

合肥市与建设银行、市科农行、市兴业银行、肥西农商行等银行开展“赋能金融”工作，帮助个人和小微企业在特殊时期纾困解难，渡过难关。在保障数据安全前提下，协同各银行积极开展数据验证及建模工作，建设并提供 12 个信息服务能力，全面助力金融服务提质增效。自 2020 年 11 月建行“合肥快贷”上线以来，已成功贷出 3 亿元，助力中小企业经营发展。

8. “招商引资”，营商环境更透明

融合合肥市市监局、市发改委、市自规局、市城建局等多部门数据，为合肥市招

商引资项目审批提供了6类数据资源、60个数据项、12个信息服务能力。根据合肥市投促局信息化建设情况，依托数字底座基础设施开发了可视化微应用，促进招商引资项目审批流程再造，变“线下电话确认”为“线上查询核验”，优化了业务流程，确保项目审批准确、实时、高效。

9. “一键办理”，民生服务更精准

为不断提升民生工作精细化管理水平，合肥市新站高新区借助数字底座打通“社区居委会－社区－区直单位”内部数据共享渠道及“个人－政府－银行”外部信息循环通道。通过整合市公安局、市民政局、市自规局等部门数据，助力新站高新区“民生工程监管服务平台”打通数据壁垒，实现跨部门共享数据，为新站高新区民生工程进行数据赋能。自2020年9月上线至今，已实现11万余次能力调用。通过倾听“民声”，采纳“民意”，关照“民心”，让民生政策更有温度，服务措施更有精度，达到受众群体发现“早”、政策宣传“准”、救助服务“快”的效果，相关报道截图如图6-61所示。

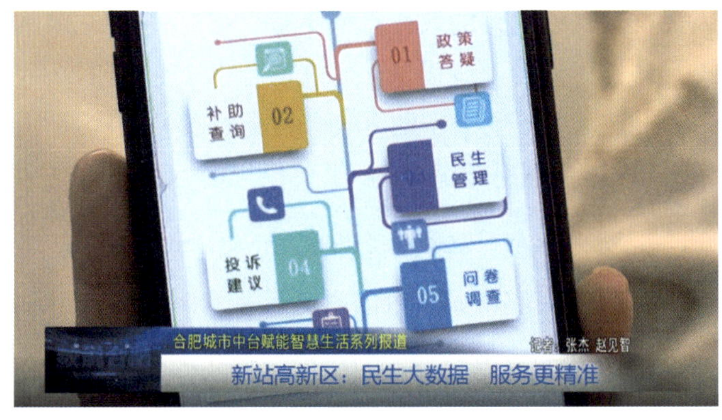

图6-61 合肥城市中台赋能智慧生活报道

10. “精准扶贫”，数据联动实现精准施策

基于市公安局、民政局、人社局和市监局等多部门共享的人口库和法人库数据，融合6家市直委办局的15个数据项，生产并提供10个专题信息服务能力。运用大数据技术手段精准核查困难群众家庭经济状况，并依托数字底座为合肥市总工会开发上线“困难职工查询”可视化微应用，实现困难家庭的精准施策。

11. “合理入学”，妥善解决入学难问题

建设教育专题，提供街道内入学适龄儿童信息统计、贫困家庭核验等信息能力。协助教育工作者预判入学人数、合理规划学校布局、强化师资队伍建设、加大教育投入、筹措教育资金，妥善解决入学难问题，同时助力贫困家庭学生资助更规范。自2020

年 7 月上线以来，已实现 40 余万次的能力调用。

12. “一网通办”，助力数字长三角一体化

目前，合肥市与宁波市已实现个人社保、婚姻、不动产等业务的异地查询办理。数字底座汇聚市民政局、人社局等部门的 20 余项业务办理数据，建设并提供 13 个信息服务能力，通过两地政务服务自助终端即可查询办理两地人员的个人业务。依托合肥市城市中台数字底座，落实强化长三角一体化大战略，助力实现居民及企业业务办理“少跑腿”的目标，一码覆盖长三角城市群服务如图 6-62 所示。

图 6-62　一码覆盖长三角城市群服务

13. 保障性住房申请“更便捷”

合肥市城市中台数字底座融合市公安局、市民政局、市教育局、市人社局、市自规局等多部门政务数据，为住房保障专题提供 19 类数据资源、98 个数据项、9 亿余条数据量，根据业务需求生产 15 个信息能力。截至 2020 年底，能力累计调用量高达 130 余万次，为住房保障业务减少了 90% 的纸质申请材料，极大优化了公租房申请、保障性住房申请、住房租赁补贴申请等业务的审核流程。

14. 不动产登记“再提速”

合肥市城市中台数字底座整合市房产局、市公安局、市民政局、市市监局等多部门数据，向市不动产登记中心开放 22 类数据资源、98 个信息项、5000 余万条数据，根据业务需求生产 20 个信息能力。截至 2020 年 12 月底，能力累计调用量近百万次。在数字底座的支撑和业务部门的业务挖潜共同努力下，不动产登记、转移、抵押三个业务的办结从原来的 15 日缩短至 5 日，其中，80% 环节均可实现线上办理，切实利企便民。

15. 人才安居“零跑腿”

合肥市城市中台数字底座有序整合市人社局、市房管局、市自规局等部门数据，

为“合肥市重点产业企业人才安居平台”提供15个信息服务能力支撑。人才安居平台后端系统可自动比对验证学历、住房、社保、纳税等信息，实现住房租赁补贴、高层次人才购房补贴等项目全流程网办、智能审批、自动办结、协同管理，申请者在线填写少量信息即可申请补贴。截至2020年12月底，人才安居能力调用频次高达35万余次，实现让“数据多跑路、人才零跑腿”。

16. 公积金办理“更便民”

合肥市城市中台数字底座有序整合市公积金管理中心、市房管局、市民政局等多部门数据，规划生产29个信息服务能力，实现41项业务全程网办，线下纸质材料数据项由原来的283项减少至130项，其中偿还公积金贷款、租房公积金提取、到龄退休提取、离职外地户口提取等16项业务基本实现无要件办理。公积金专题信息能力自上线以来总调用量达282万余次，优化了办事流程，减少了工作人员的工作量，提升了市民的办事效率，相关报道截图如图6-63所示。

图6-63 城市中台赋能公积金办理报道

17. 社会民生保障“更高效”

基于合肥市城市中台数字底座，有序整合市公安局、市民政局等部门数据，为合肥市人社局规划生产常住人口信息查询、个人居住证信息查询等12个信息服务能力，实现养老保险“线上办”。外地灵活就业人员在办理城镇企业职工基本养老保险时，不再需要线下提交居住证等纸质材料，整体提升30%的业务事项办理效率。

18. 司法工作“更智慧”

合肥市城市中台数字底座汇聚市公安局、市民政局、市市监局等部门的个人和企业数据，为司法专题生产封装13个信息服务能力，融合多个部门百余条数据项，截至2020年底，累计调用量达20多万次。基层社区矫正、法律援助和司法鉴定等数据核查工作由“被动提供”转变为“主动核查”，助力“数字法治、智慧司法”。

19. 市民服务“更贴心”

合肥市城市中台数字底座整合市民政局、市人社局、市公安局等部门数据，为“皖事通”“合肥通”等公共服务 App 提供 16 个政务信息便捷查询服务，满足市民衣、食、住、行、学、娱、业、诉等各方面的信息需求，助力“皖事通”“合肥通”为合肥市民提供一站式综合服务。

20. 疫情防控、复工复产“两不误”

1）助力疫情科学防控指挥

新冠肺炎疫情期间，城市中台数字底座为疫情防控系列应用服务提供了数据支撑和基础保障。依托数字底座，搭建全市疫情数据共享交换专用通道，使疫情数据传输更高效，更好地支撑前端防控应用的开发工作；以信息化为导向、大数据为支撑助力合肥市疫情防控，保证安徽省及合肥市疫情联防联控工作科学、有序、高效开展，助力疫情发现、预警和应急处理。

在“安康码”服务推广阶段，合肥市城市中台数字底座报送安康码申领数据 160 万条、每日健康打卡数据 37 万条、安康码核验信息 15.6 万条、安康码颜色变更记录 2.7 万条，为广大群众健康及生产生活提供了安全便利的服务。

2）中小学教育打卡安全保障

疫情期间，为切实做好全市教育系统中小学校师生及员工的健康监测工作，在“皖事通”App 安康码中上线了“教育打卡”应用，用于全市中小学校教职员工和学生进行每日健康情况报告。在应用规划建设期，合肥市城市中台数字底座整合了各教育部门数据，快速搭建起数据桥梁，为“健康打卡”应用的快速上线的稳定运行做好数据支撑和基础保障。

3）汇聚新冠疫苗接种人员信息

后疫情时代，为满足新冠疫苗接种的智慧化管理需求，合肥市城市中台数字底座主动对接各级医疗部门，积极汇聚疫苗接种人员信息，使其与“皖事通”“安康码”信息系统实现互联互通。目前，数字底座已汇聚 13 万疫苗接种人员数据，为皖事通 App 中即将升级上线的“健康通行”“电子卡包”等应用场景做好充分的数据支撑准备。

6.11.5　经验总结

近年来，合肥市通过不断地探索与实践，搭建了“政务云 + 城市中台 + 典型应用”的城市大脑框架体系，旨在全面提升城市治理、政务服务、社会服务的水平和能力，为居民提供更便捷、更舒适的城市公共服务，实现城市管理者决策更加智能化、科学化、民主化，推动合肥市全方位数字化转型的高效、高质量、可持续的发展。

合肥城市大脑数字底座整体以政务云体系为核心基础设施，以城市中枢平台为抓手，打造城市数据流通融合、共享共用、开放赋能的公共服务赋能支撑体系，形成统一规划、互联互通、安全可靠的城市级数字资源供应链。合肥城市大脑数字底座是合肥城市大脑建设的核心支撑，主要包含政务云（设施底座）、城市中枢平台（包括数据、技术、业务和运营中台，即数据底座 + 能力底座）和业务前台，旨在通过数字底座的建设，实现城市数字资源的统筹规划、集约建设、统一赋能，结合实际场景的业务需求，对跨部门数据资源需求、业务协同需求、技术工具共享需求等进行梳理、加工、封装、集成，形成公共的、可共享共用的数据、技术、业务能力资源中台，并通过业务前台统一对外提供能力资源赋能，面向城市治理、公共服务、产业发展，提供统一、标准的数字化服务支撑。

目前，从合肥城市大脑数字底座的建设经验总结来看，数字底座建设的目的，是在实现城市数字化转型过程中，进行跨部门所需的数据、技术、业务等能力资源的沉淀、封装，形成可集中对各部门前端业务系统进行赋能支撑的公共服务平台，全国各省、地市在规划建设时，可结合本地信息化建设现状及各部门数字化转型需求、数据需求、业务需求，构建形成自己的、具有本地特色的城市大脑数字底座。合肥城市大脑数字底座整体架构如图 6-64 所示。

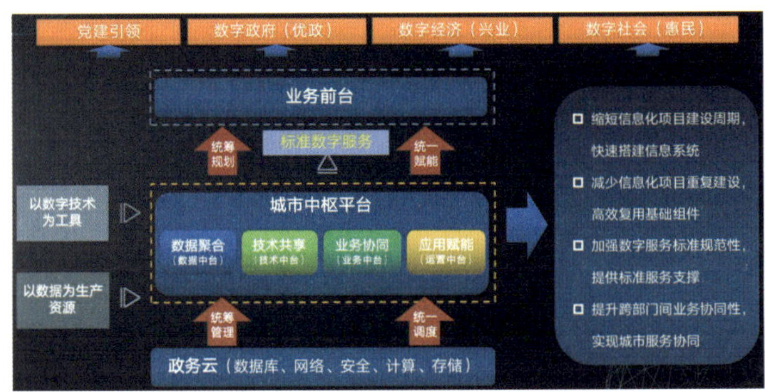

图 6-64　合肥城市大脑数字底座整体框架

1. 保障制度规范先行

合肥城市大脑数字底座是城市全行业数字化转型建设的统筹、赋能、支撑平台，将面向政务服务、城市治理、公共服务、产业发展等多个领域场景提供关于数据、业务、技术、运营等服务，在提供赋能服务的过程中，为了保障需求调研、需求梳理、能力生产、赋能服务等流程、工作的安全、稳定、高效、规范，需先行制定相关的制度规范。制度规范建设采用“总体建设方法、问题识别与定义、标准 / 规范描述方法、规范化 / 标准化”四方面标准编制关键问题，编制所用业务、技术、运营须遵循或参考技术要求、标准和管理规定，具体包含但不限于数据标准规范、业务流程规范、技术开发规范、平台操作规范、运营服务规范等，其中，数据标准规范主要是指城市全行业、全范围数据资源汇聚、治理、融合、建模、建库等的相关标准规范；业务流程规范主要是指跨部门业务流程、业务协同、业务调度、业务审批等流程体制、机制规范；技术开发规范主要是指数据共享交换、应用支撑、门户集成、统一组织及用户信息、用户认证、公共软件接口开发等技术方面的标准；平台操作规范主要是指平台对外赋能业务规范性要求和规则，包括用户接入、用户操作、能力申请、能力调用等；运营服务规范主要是指持续对外赋能运营服务的规范，如业务运营、市场运营、IT 运营和能力生产等。

2. 打牢数据汇聚基础

合肥城市大脑数字底座的建设是为了实现聚数赋能、共治共享，以城市全行业数据资源的汇聚、治理为基础，如政务服务数据、城市治理数据、公共服务数据、产业发展数据等，打通跨部门数据资源共享交换通道、促进跨部门数据资源的流通融合，加速城市数据资源的汇聚、梳理、治理，形成城市级统一的“数据资源湖”，为进一步发挥数据资源的潜在赋能价值提供全方位的数据资源支撑；同时，依据不同部门、不同场景、不同业务的数据多样化需求，实现基础数据库、专题数据库、主题数据库等的建设。目前，全国各省、地市政府部门都存在数据资源分散于各业务系统部门、数据不集中、数据不可用、数据交换风险大、数据难治理等问题，为了解决这些问题，建议建设城市大脑数字底座之前，逐步实现城市全行业、跨部门数据资源的汇聚、梳理，以城市级数据湖的汇聚建设为基础，结合业务需求导向，持续运营、长期赋能服务，实现数字底座数字化服务资源（包括数据、技术、业务等）的统筹集约建设、集中统一赋能。

3. 坚持统筹集约原则

合肥城市大脑数字底座建设的初衷是实现城市全行业、跨部门数字化服务资源统筹集约建设目的，总体应坚持统筹规划、集约建设原则，以实现数字化服务资源的共建、共享、共用为目标，将跨部门所需的基础设施资源、资源数据资源、可共享共用技术工具、共性业务流程等进行抽取、封装，形成独立的、各部门可重复申请使用的服务资源，主要包括云网资源、信息能力、技术能力、业务能力，并统一对外开放使用。其中，云网资源统筹建设主要是指建设城市统一的服务器、计算、存储、内存、网络、带宽等政务云环境，各部门 IT 系统的建设均可单独、按需、灵活申请，以解决传统各部门独立部署所带来的资源重复建设、资源利用率低等问题。数据资源统筹建设主要是指将城市范围内政务、经济、社会化等方面数据资源进行汇聚、治理、融合，并依据业务场景需求进行加工、封装，形成城市级公共数据服务资源，并以信息能力的方式，加速推动城市跨部门间数据资源的协同融合、安全流动，全面实现城市数据资源的聚、治、通、用。技术资源统筹建设主要是指为避免标准技术组件重复建设，将通用软件底层框架、标准技术引擎、程序中间件、通用技术平台等技术工具进行聚合、引入、封装，形成城市级公共技术服务资源，并以技术能力的方式，实现城市公共技术工具共建、共享、共用，集中建设、统一赋能，避免重复、降低成本。业务资源统筹建设主要是指以城市跨部门业务协同、融合、智慧化和标准化为目标，对城市上层业务应用系统中的公共业务部分进行抽取、封装，形成城市级公共业务服务资源，并以业务能力的方式，统一为城市跨部门场景的业务协同提供公共服务支撑，实现城市业务服务一体化发展。

4. 坚持业务驱动导向

合肥城市大脑数字底座对外提供赋能服务的能力资源的统筹建设，是以城市数据湖的汇聚、梳理、融合建设为基础，并通过应用解耦、资源复用、灵活调配等手段，为城市各部门提供数据资源赋能服务、技术工具共建共享、业务组件协同互通等强大的数字化基础服务支撑，面向业务需求“万变”而保持基础支撑“不变”，整体规划建设基于场景及价值驱动，实现业务前台快速迭代、后台灵活响应。城市数据湖的建设目的是汇聚城市全行业数据资源与各部门业务属性无关联关系，而提供赋能服务的能力资源，与各部门的业务场景需求具有强相关。

因此，城市大脑数字底座的建设必须坚持以各部门前端业务系统的业务诉求为驱动导向，将各部门所需的数据资源进行业务化、价值化、产品化，将跨部门均需要的技术、业务资源进行共性化、公共化、产品化，持续运营、生产各部门所需的数字化能力资源，包括信息、技术、业务三大类能力资源。

5. 坚持聚数赋能核心

合肥城市大脑数字底座作为城市全行业、多部门数字化转型升级的统筹支撑平台，应坚持业务驱动、共建共享、聚数赋能的核心价值，统一、集中地为城市各部门前端业务系统提供数据、技术、业务等数字化资源支撑。城市中台主要通过构建数据、业务、技术、运营四大中台，通过城市全行业、跨部门数据要素资源的聚、治、通、用，持续释放数据作为关键生产要素的强劲动能，为城市公共服务、城市治理、产业发展、政务服务等提供数据赋能。通过聚合、封装城市公共业务服务，实现城市各行业业务服务的组件化、能协同、可复用；公共技术及人工智能工具的共建、共享、共用，为城市全行业、各部门业务应用提供基础技术资源及公共技术工具的赋能支撑。同时，平台配套提供一整套科学、合理、规范的运营赋能服务体系，以保障城市整体数字化转型的稳定运行、持续经营，并为城市全行业、各部门业务系统的需求提供个性化、定制化赋能服务。

6. 推动全面协同机制

合肥城市大脑数字底座建设存在涉及面广、牵动范围大、部门协同难、业务局需求梳理复杂等特点，为确保城市大脑数字底座建设的安全、稳定、高效，持续、长效地发挥底座对上层的赋能服务价值，需要配套制定城市全行业、跨部门协同体制机制，以调动各部门配合建设的积极性，推动各部门对外进行数据共享开放，强化市直各部门、区县各部门、基层组织单位等对数字底座建设的认同和支持，整体、协力促成城市大脑数字底座的建设，整体、全面实现数字底座的建成效果及赋能服务效果。因此，建议全国其他省、地市、地区在建设城市大脑数字底座前，以市级及以上层级部门牵头成立工作领导小组，下级各部门领导作为小组参与责任人，并整体制定各部门全面协同体制机制，全力保障数字底座建设高效、稳定推进。

7. 坚持长效运营机制

面对城市全行业的数字化转型升级，合肥城市大脑数字底座的建设是基础，建立长效运营机制才是保障，能够持续、稳定地发挥数字底座对政务服务、城市治理、产业发展、公共服务等的赋能服务价值，其实现逻辑如图 6-65 所示。结合合肥城市大脑数字底座的建设经验，建议全国其他省、地市在推行城市大脑数字底座的建设时，预先制定并坚决执行长效的运营赋能保障机制，建立面向政府各部门、区县单位、基层等部门业务及数据的需求分析、数据建模、能力生产、赋能使用等运营流程机制，逐步、持续不断地扩大数字底座数据赋能范围、业务支撑、用户群体服务范围，全面保障并提升数字政府建设、城市治理建设、公共服务建设、产业发展建设的现代化治理能力和水平。

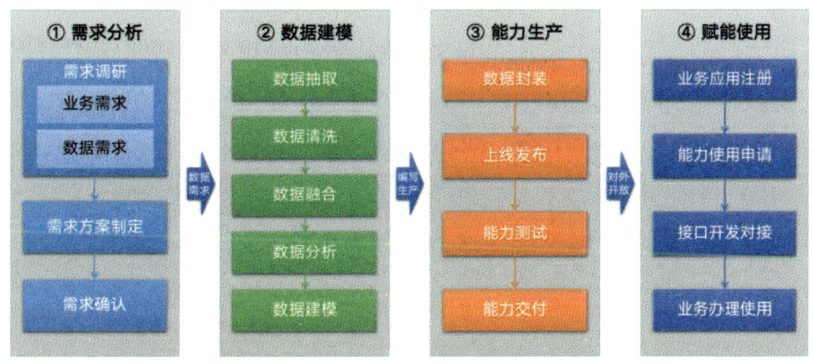

图 6-65　城市大脑数字底座赋能实现逻辑

在图 6–65 中，① 需求分析：根据已明确的调研内容、调研方式，对政府各部门的业务需求、数据需求进行深入调研，并制定有针对性的需求解决方案，再与政府各部门进行反复需求确认。② 数据建模：根据确认好的数据需求方案，对政府各部门针对需求相关的数据资源进行抽取、清洗、融合、分析，以及数据建模等一系列数据治理操作。③ 信息能力生产：将处理好的相关数据资源，以政府各部门业务特性为导向，进行加工、封装，然后以信息能力的形式进行上线发布、测试、交付。④ 赋能使用：

信息能力通过测试、交付后，政府各部门可在线申请使用，需经过业务应用注册、能力使用申请、接口开发对接等步骤才能完成最终的业务办理使用，且政府各部门在使用信息能力时仅能查看业务办理结果，无法看到具体的数据明细。

通过长期、持续地对该运营服务流程进行执行，持续生产信息能力资源、持续为各部门提供服务支撑，进而持续地发挥数字底座赋能服务价值。

6.12 海口市——对外开放篇

6.12.1 综述

2018 年 10 月，国务院印发《中国（海南）自由贸易试验区总体方案》，支持海南全方位大力度推进改革创新，加强改革系统集成，以高水平开放带动改革全面深化。海口市是海南自由贸易试验区建设的“前沿者”，在海南省加快建设具有中国特色的自由贸易港过程中，海口市扛起省会城市担当。海口市对标国际自由贸易港的建设规范，整体布局，加大新基建建设，优化营商环境，全力推进智慧城市建设。

2018 年 10 月，海口市同阿里云达成合作，按照自由贸易试验区战略定位要求，紧紧围绕改革重点、城市治理难点、民生热点等问题，建设以云计算、人工智能为支撑的城市大脑，以提高城市综合治理能力和公共服务水平。

海口城市大脑的规划建设秉承“三融五跨”的指导思想，逐步落实城市管理理念，在近两年的实践体验和调整优化过程中，逐步建立起“1+2+2+N”的智慧城市治理机制，即基于全市“一朵云”、两个中台、两个入口、N 个智能化应用，打通国家、省、市、区四级数据烟囱。目前，海口城市大脑已形成上千亿条的数据池，支撑着海口市在交通、政务、医疗、文旅、城市治理等多领域的场景，有序推动城市治理能力与治理体系的现代化建设。

2020 年 5 月，由 IDC 组织评选的 2020 年度亚太区智慧城市大奖中，海口城市大脑从 215 个参选项目中脱颖而出，荣获行政管理领域大奖，IDC 认为，“海口城市大脑能够实时处理城市情况并为城市的公共安全、交通、医疗等领域提供服务”。

2020 年 12 月，海口城市大脑荣获“2020 IDC 中国政府行业数字化转型重点技术应用场景创新大奖”，这是海口城市大脑智慧城市建设成果第二次获得国际权威机构的认可。

6.12.2 措施

海口城市大脑的建设，围绕着海口市打造海南自贸区（港）先行示范区的定位，以“优政、惠民、兴业”为主线，以“新管理、新体验、新运营”为要求，开展海口智慧城市的设计和建设，积极探索用数据思维赋能城市管理模式，提高城市综合治理能力和公共服务水平。

1. 新管理：跨部门数据融合，以穿透式管理促“优政”

海口市“新管理”的建设思路，着力在“穿透式管理”方面进行创新。以海口市数字城市指挥中心建设升级为抓手，打破部门局限性，进行内外数据融合，实现围绕人、车、场、物、事、时、地等全要素的动态管理指挥；通过整合统一的城市执法端，实现海口数字化城市管理指挥“纵向到底、横向到边、全覆盖、全触达”的高效化、精细化，为海口市树立现代化治理能力全国典范。

2. 新体验：多系统服务融合，以包围式服务促“惠民”

过去城市提供的服务是独立的、单点的、不连续的，靠被服务的人自己连接起来。海口市“新体验”的建设思路是让城市里的每一个人享受城市全体系、全要素融合的“包围式”服务，让整个城市对人的服务尽量接近人的思维和行动组织方式，服务一定符合人的思维逻辑才是智慧的。

3. 新运营：城市资源融合，以微粒化运营促“兴业”

智慧城市三分靠建设，七分靠运营。在打造海南自贸区（港）先行示范区的过程中，政府和企业需在充分认识城市资源基础上，运用政策、市场和法律的手段对城市资源进行数字化融合、优化、创新，从而取得城市发展最大化。

海口城市大脑在智慧文旅、智慧商街、智慧停车、医疗支付、市民云及政务一网通办等领域，探索通过数字化、智能化的方式，针对不同服务对象群体精准画像、精准匹配，以创新运营模式，发挥政府引导和市场创新的合力，综合提升海口市“数字化”营商环境，促进大批优秀企业落地和产业动能的释放。

另一方面，海口市依托海南省政务服务平台的“好差评”能力，通过线上线下全面融合，让群众对政务服务进行点赞或打分，表达办事体验，增强群众办事的获得感、参与感、满足感，营造良好的营商环境。

6.12.3 建设成效

海口市政府在进行数字化转型中，其海口城市大脑项目从五个维度体现了代表性和创新性。

1. 领先技术的融合运用

海口城市大脑底层采用了被实践过的行业先进核心技术，从技术的先进性和稳定性保证了海口城市大脑项目在全国智慧城市领域的领先。从拥有全部知识产权和被“双十一”超大并发峰值验证过的自研飞天云平台、大数据平台、分布式中间件技术、微服务架构，到阿里巴巴达摩院提供的人工智能和机器学习技术平台，以及各种最新的包括在蚂蚁金服金融行业使用的区块链技术在内的各种技术。

2. 跨层级、跨部门数据融合连通

海口城市大脑平台已接入6个国家部委的16个共享数据接口，29个省级单位、40个市级单位的政务数据全部上云。城市大脑项目新建的交通、医疗、旅游等业务应用对数据资源平台的日均调用次数达16万次以上，近一个月累计超过500万次数据接口调用和320万条数据的交换量。对比国内其他城市，海口城市大脑数据接入范围和数据融合后的效果在全国保持领先水平。另外，海口城市大脑在国内首次创造性地提出城市级主题域数据模型的概念，也就是按照业务主题域对数据进行全域融合，构建了自然人、法人组织、公共服务、行为事件、宏观经济、城市资产、自然资源、感知设备、地理空间、电子证照十大城市主题域数据模型，覆盖城市运营治理的方方面面。

3. 多领域业务融合

海口城市大脑在建设之初的设计理念就是让社会的公共资源能得到更合理的分配，让市民和游客能更好地享受到城市发展给老百姓生活带来的改变。所以，海口城市大脑的智慧应用板块均强调要实现跨部门之间的业务融合、协同，打破部门之间的行政壁垒。

例如，积水点信息发布打通了交通部门、市政部门以及气象部门的业务系统，通过城市大脑统一信息发布平台，面向积水点周围指定范围内人群定向通知；“12345”市民平台建立了市、区、镇街、网格的“四级联动指挥”，在“12345”处置过程中有效融合城市大脑数据智能的能力，通过指挥中心与网格员实时沟通，单兵设备不再“单兵作战”。

4. 服务融合，一站式终端触达

“椰城市民云”作为服务海口市社会公众的唯一入口，累计注册用户上百万个，服务数量600多个，入驻单位达到56家，覆盖海口市80%的家庭，其中预约过海、社保查询、车辆通行证、医院查缴挂等高频应用月访问量超过50万次，可提供200项公共服务和68项不见面审批业务，从打通的部门数量、提供的服务数量等多个维度来横向比较和统计，“椰城市民云”已经进入全国省会城市同类App

的第一阵营。

5. 提供丰富的融合场景，做好“一件事”

1）智慧政务

做好政务服务一件事。海口市全面改善营商环境，从“商事业务”一网通办、“税务业务”全城通办、“人才服务”主题式一窗办理、“社会服务事项”一窗一网办、“不动产”业务网办、工程建设项目网办，到“一生办”场景引导服务个人、企业全生命周期，“一件事一次办”开饭店、便利店、服装店、健身房、酒吧 5 个套餐主题事项集实现一次办理。

2）智慧交通

做好治堵缓堵一件事。海口市实现人工智能的信号灯控制优化策略。海甸岛、府城片区的 42 个红绿灯无人干预，智能调控放行时长，出岛通行时间节省 3 分钟，排队及等待时长降低 50% 以上，未来应用将逐步扩大到全市范围，海口市是全国唯一一个大范围使用智能红绿灯调控并取得显著效果的城市。

3）智慧医疗

做好市民看病服务一件事。海口市通过“椰城市民云”App 为市民提供预约、挂号和缴费服务，市民还能通过该 App 实时查询海口市的海南省属、市属二级以上 12 家医院的病床数及其他各种实时数据，同时，12 家医院数据互联互通，在其中任何一家都可以查阅到患者在这些医院的诊疗记录，避免患者重复检查，提高诊疗效率和准确率。目前在全国省会城市中海口市已经是领跑者。

4）智慧文旅

做好游玩消费一件事。海口市全力打造“一键游海口”功能，通过高德应用向市民和游客提供智慧化服务，游客可享受景区景点、酒店、餐饮、行程导航等一站式服务，在一个应用上将旅游信息全部掌握。同时，帮助来海口市的旅行团实现全程服务，杜绝“零负团费、虚假合同、强迫购物、欺客宰客”等乱象。

海口城市大脑在旅游前利用电子行程单规范旅游合同内容，旅游中利用导游签到等物联网技术动态管理游览全过程；旅游后利用服务评价、信用体系对企业行为溯源，帮助政府建立旅游行业诚信商家和负面清单。旅游服务从此实现全链路综合治理。

5）智慧物联

做好市民出行一件事。在暴雨季节发生道路积水后，城市大脑部署在美舍河的智慧排水系统自动将积水点信息发动到高德地图，通过高德地图实时为老百姓进行展示和交通路线改道推荐，而城市大脑将自动向指定范围内的市民和车辆发送积水点位置和积水情况，避免因积水造成的事故或财产损失。同时，美舍河可通过安装的物联网基础设施实现事件自动报警，及时触发并保证终端处置人员的快速指派，进行全闭环管理。

6）疫情防控

在疫情防控严峻时期，高速路口检疫区域逢车必查、逢人必检，容易造成车辆聚集、交通拥堵。为保障交通路网的正常运行，减轻道路交通压力，海口市相关管理部门进驻疫情检疫站，第一时间建立城市大脑疫情联防联动机制，上线了海口市疫情检疫站交通监测预警系统。

疫情检疫站交通监测预警系统不仅能够实时显示各检查站车辆通行情况，还能对严重拥堵情况进行预警、播报，辅助交巡警做好分流、疏堵工作，提高指挥调度的精准度。此外，系统能对即将进入海口各检查站的车辆进行语音预先提示，提醒乘驾人员提前做好配合疫情检查工作，缩短检查时间，提高检查站的工作效率。该系统与海口市疫情登记系统协调联动，加强疫情防控交通保障工作联防联控以及信息共享、沟通引导，最大限度减少检疫站的通行压力，缩短车辆通行时间。

海口市疫情检疫站交通管理预警系统在疫情严峻时期协助各部门更快更好地完成“外防输入，内防扩散”的防控工作，助力海口市全面打好防疫阻击战。

7）“不见面办事”

失业登记和失业保险金申领事项原来仅支持线下窗口办理，且月均增办量高达700多件，是高频事项中的“超高频”。在疫情暴发的关键时期，海口市政务管理局与海口市就业局等相关部门快速推出“不见面办事”入口，与失业群众共度时艰。“不见面办事”流程如图6-66所示。

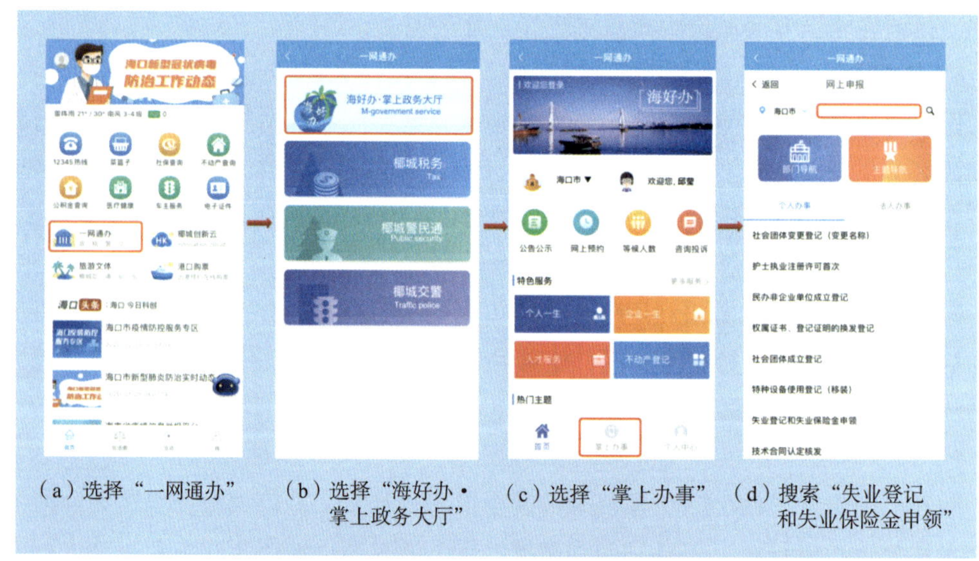

（a）选择“一网通办”　（b）选择“海好办·掌上政务大厅”　（c）选择“掌上办事”　（d）搜索“失业登记和失业保险金申领”

图6-66 “不见面办事”流程

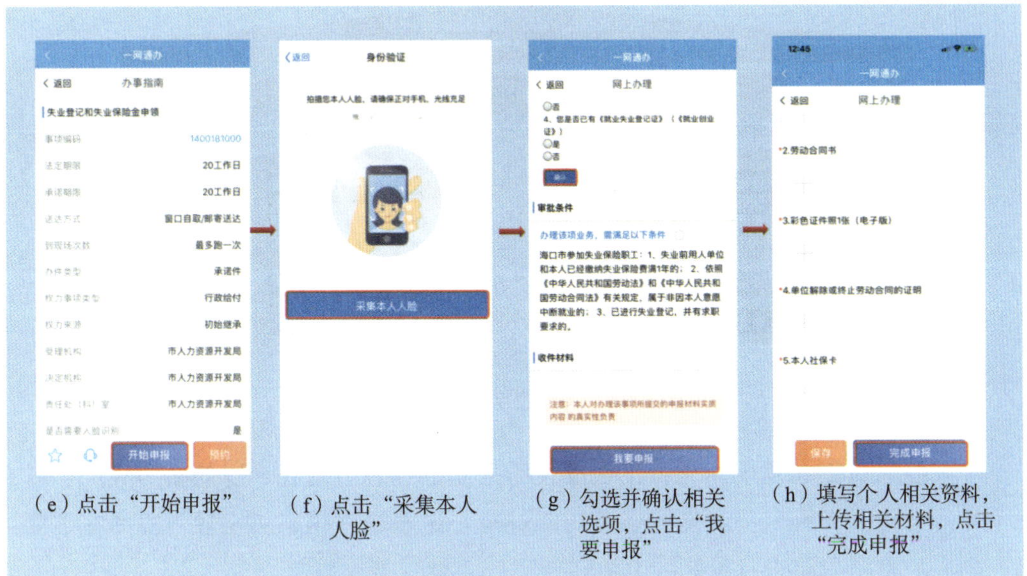

（e）点击“开始申报”　（f）点击“采集本人人脸”　（g）勾选并确认相关选项，点击“我要申报”　（h）填写个人相关资料，上传相关材料，点击“完成申报”

图 6-66　“不见面办事”流程（续）

“不见面办事”为办事群众节省了许多信息填写、材料核验的人力、时间，使办事效率大为提升。在线办理后续通过短信提醒或网上查询得知办件进展，办件结果将通过 EMS 快递免费寄送到办事人手中，“零跑腿、不出门”即可完成失业登记和失业保险金申领业务办理。

下一步，海口市政务管理局将与海口市各职能局共同加速推进更多事项实现“100% 网上办”，使海口这座城市成为有“人件”、有“灵魂”的城市，让百姓有惊喜、有感动、有获得感。

6.12.4　未来规划

海口城市大脑的建设作为海口市推进改革开放和创新发展的重要举措，将全面贯彻并落实《智慧海南总体方案（2020—2025 年）》的工作部署和海口市“十四五”工作规划方案，以新一代信息技术为手段，把“落实以人民为中心新理念、创新城市现代化治理新手段、培育高端产业发展新业态”作为任务目标，全面支撑海南自贸区（港）先行示范区的建设，全力推进海口市政府数字化转型与城市智慧化建设。

海口城市大脑的价值在于基于“数字智能城市”理念，为城市治理提供“一屏观天下”、为城市运行提供“一网管全城”以及为城市产业转型发展提供“一智兴百业”的数字化转型方略，如图 6-67 所示。

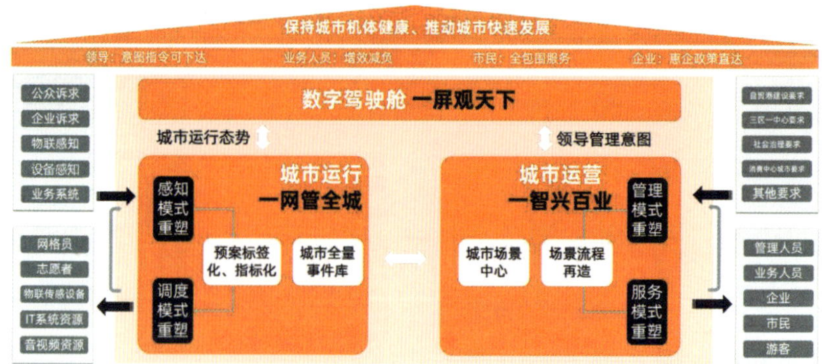

图 6-67　海口数字智能城市理念

今天的海口正在发生变化，正在成长为一座以生态为基底、以创新为导向、以人民为中心、以“大脑”为智能的数字智能城市。这座城市越来越年轻，生活在这座城市中的人们将享受越来越美好的生活。

6.13　黔南布依族苗族自治州——数字经济治理篇

近年来，贵州省黔南布依族苗族自治州（以下简称“黔南州”）高度重视数字政府建设，把数字政府建设作为深入贯彻落实国家大数据战略行动的突破口，通过 3 年的努力，黔南州在数字政府建设上取得了实质性突破，尤其是在社会治理、数字经济治理领域成效明显，其中在数字经济治理领域，围绕“优政、惠民、兴业”，建设黔南州数字经济运营中台（以下简称黔南州数字中台，其政策背景如图 6-68 所示），以数字经济治理为切入点，将数字技术应用于政府管理服务，推动政府治理流程再造和模式优化，提高决策科学性和服务效率。

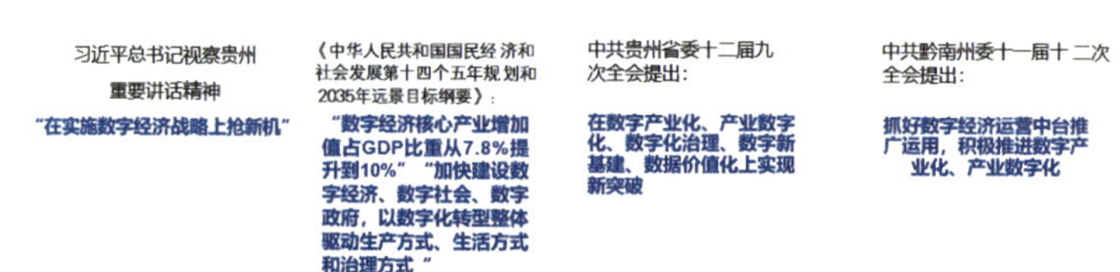

图 6-68　黔南州数字中台政策背景

6.13.1　综述

2021 年 2 月 3 日到 5 日，习近平总书记考察贵州时指出“贵州要在实施数字经济战略上抢新机”，以信息化培育新动能，用新动能推进新发展。2020 年 3 月 30 日，中共中央、国务院出台《关于构建更加完善的要素市场化配置体制机制的意见》，首次将数据与土地、劳动力、资本、技术等传统要素并列为要素之一，强调要从推进政府数据开放共享、提升社会数据资源价值、加强数据资源整合和安全保护等方面加快培育数据要素市场。我国“十四五”规划和远景目标纲要提出，要推进网络强国建设，加快建设数字经济、数字社会、数字政府，以数字化转型整体驱动生产方式、生活方式、治理方式变革。2021 年 9 月 1 日，《中华人民共和国数据安全法》全面实施，从法律层面确定大数据为国家战略。

贵州省是全国首个获批建设国家大数据综合试验区的省份，省委、省政府高度重视，将大数据战略行动作为贵州省三大战略行动之一，省委书记谌贻琴提出要深入学习贯彻习近平总书记视察贵州重要讲话精神，全力抢抓国家强力推动数字经济发展的战略机遇，围绕“抢新机”的主攻方向重点发力，着力构建现代化信息基础设施体系，努力在数字产业化上实现新跃升，在产业数字化上展现新作为，在数字化治理上取得新成效，在数据价值化上多出新成果。

当前，黔南州数字经济生态发展面临原有基础设施主要是物理和实物形态、重要数据泄露和个人隐私数据受侵犯、市场竞争环境不公平、资金税收外流等问题，治理难度较大，如图 6-69 所示。

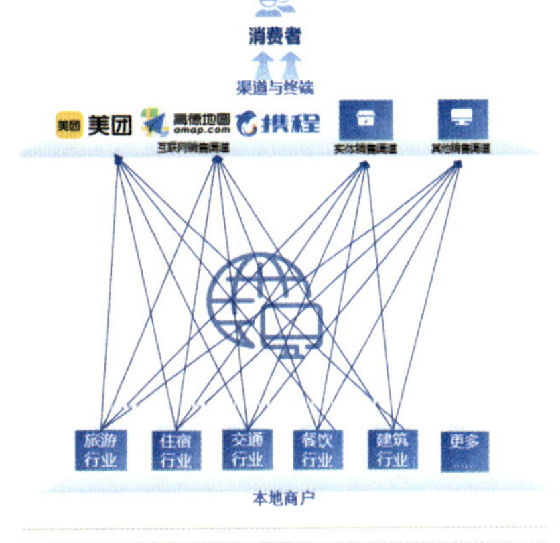

图 6-69　数字经济生态发展面临的问题

黔南州以数字经济治理为切入点，以目标导向和问题导向相结合，建设、推广、运用黔南州数字中台，它是黔南州贯彻落实习近平总书记视察贵州重要讲话精神“贵州要在实施数字经济战略上抢新机”的重要举措，是黔南州加快培育数据要素市场，促进数字经济新产业、新业态、新模式发展的重要抓手，是基于云计算、大数据、区块链、人工智能、数字支付综合技术所构建的支持各经济生态产业互联网建设和运营的数字交易市场。黔南州数字中台通过重构生产关系、服务关系和交易关系，支持各交易场景的支付结算，促进数产融合，实现金融赋能，提升政府的市场组织和服务能力，是黔南州重要的数字经济基础设施。从技术层面来看，黔南州数字中台底层由五大核心技术支撑，包括云计算、大数据、人工智能、区块链、数字支付等新兴技术。基于云计算、区块链技术，构建起针对旅游、住宿、交通、餐饮、建筑等行业的行业云。基于数字支付技术，构建起支付结算中心，使黔南州数字中台具备交易支付、自动结算、资金管理、安全服务等能力。基于大数据和人工智能技术，构建起一个大脑及四个中心，分别为对外展示数据分析、建模、分类、整理的数字经济大脑；为运营管理员提供的，对页面、权限配置和企业或互联网服务商准入审批等操作进行管理的运营中心；向本地实体企业提供的，供其上传自身具备的能力、接口、产品及服务的开发中心；向渠道服务商提供的，可以调用平台能力、调用各类系统的接口、获取产品及服务的服务中心；向政府相应管理人员提供的，用于查看平台当前技术指标、访问量、能力及接口调用情况，管理数据存储及安全的治理中心。从业务层面来看，黔南州数字中台一端连接本地实体企业，另一端连接渠道服务商，包括携程、美团、飞猪、驴妈妈等互联网服务商，一码游贵州、一码贵州、荔波旅游等本地服务商，贵州本地及外地旅行社、包房公司、票务公司等线下服务商。同时，政府相关部门可通过黔南州数字中台完成对本地实体企业的准入管理，实现参与管理及服务实体企业的目标，主导地方产业生态健康发展。最后，随着沉淀数据的不断增加，政府相关部门可通过黔南州数字中台获取真实、鲜活的交易数据，助力金融机构筛选优质客户，为实体企业提供更好的融资服务，如图 6-70 所示。

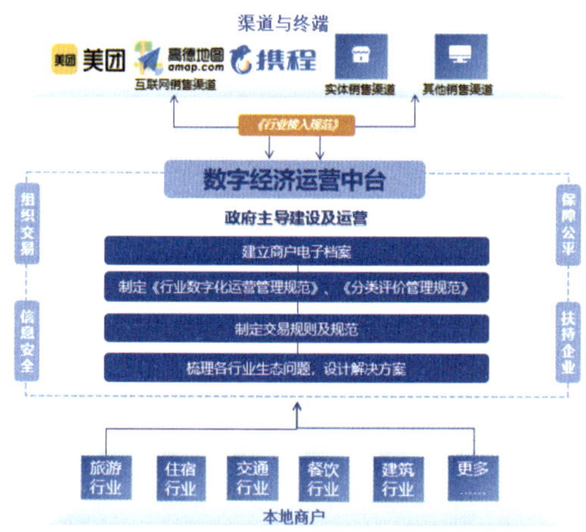

图 6-70　黔南州基于数字中台的数字经济治理模式逻辑架构图

6.13.2　措施

黔南州通过构建经济运营中台、集聚核心生产要素、打造场景应用功能、创新服务保障机制，探索出了一套符合黔南州实际的有效做法，形成了可供复制推广的黔南州数字中台模式。

1. 深入实施大数据战略行动

“十三五”以来，在州委、州政府坚强领导下，黔南州深入实施大数据战略行动，以智慧黔南建设为主线，不断深化大数据应用，夯实数字基础设施，推动数字经济向高质量发展，为黔南州数字中台的数字经济治理模式打下了坚实的基础。

1）抓智慧黔南综合平台建设，完善大数据发展顶层设计

建成智慧黔南综合平台，填补了黔南州在智能化云平台建设方面的空白，成为黔南大数据发展的顶层设计、重要支撑。一是夯实电子政务“一张网”。采取开放市场、开放资源的方式，完成电子政务外网三期工程建设，建成省州 3 条千兆、州到各县（市）4 条万兆骨干链路，接入单位带宽达到 1000M，接入单位 2900 余家，电子政务外网网络实现全面提质升级，基础带宽达到全省领先水平，为全州各级行政机关提供优质网上办公环境。二是建成智慧黔南“两中心”。建成智慧黔南综合平台云计算中心和运营指挥中心，为全州大数据应用集中部署、集中展示和调度提供基础平台。三是构建数据支撑“三体系”。基于贵州省数据共享交换平台，构建黔南州数据资源、数据共享、数据安全“三体系”，成为数据资源共享开放的重要载体。深入推进数据“聚通用”，实现省、州部门 280 余项高频数据集汇聚共享，数据交换量达 6.55GB，为大数据应用场景打造提供有力数据支撑。四是建设推广“N 应用”。基于智慧黔南综合平台，先后建成生态文明云、工业云等 57 个应用平台，推动管理和服务效能提升。抓好省电子政务平台、政府网站平台推广应用，极大提升行政办公效能，提升黔南网上影响力，州政府门户网站评估排名连续两年（2019 年和 2020 年）保持全国前二十、全省前三。

2）抓大数据产业发展，不断壮大数字经济总量

一是强化政策扶持。出台《黔南州支持大数据发展十条政策措施》《黔南州促进平台经济发展若干措施》《黔南州关于支持网络货运平台企业发展的通知》等政策措施，及时足额向企业兑现政策奖励，争取上级资金，扶持大数据企业做大做强。二是强化企业服务。成立大数据企业服务专班，分年度制定服务大数据企业方案，摸清企业发展面临的困难问题，实行“一企一策”，切实推进解决，让企业安心发展。三是强化招商引资。组建大数据电子信息产业招商专班，分年度制订招商计划，编制项目清单，高频次外出开展招商洽谈，引进落地一批优质大数据企业和项目，为黔南数字经济发展提供新动能。2018 年以来，共引进大数据企业 101 家，其中包括黔云通、浪潮集团、神玥软件等优强大数据企业。四是强化载体建设。指导惠水将百鸟河数字小镇打造成为数据服务、数字融合应用、创新创业的“智慧小镇”，小镇大数据主营业务收入达到 54.16 亿元，入驻大数据企业 44 家，获批成为省级数字经济发展示范小镇。指导独山做强经济开发区电子信息产业园，入驻企业 9 家，产值达到 12.61 亿元，形成电子信息制造产业集聚区，获得省级数字经济试点示范园区称号。指导都匀、龙里等有条件县（市）探索数字经济集聚区建设，已初具雏形。五是大力发展平台经济。推动灵活用工、网络货运等平台经济业态在黔南迅速发展，全州平台经济主营业务收入突破 10.9 亿元，惠水县获批成为全省三个平台经济创新发展示范区之一。

3）抓示范项目打造，推进大数据与各领域融合发展

一是实施“万企融合”大行动，鼓励引导州内实体企业运用大数据技术开展数字

化升级改造，推动大数据与三次产业融合发展。2018 年以来，共计实施大数据与实体经济融合项目 211 个，罗甸火龙果大数据种植项目、贵定烟厂智能车间等一批项目被评为省级大数据与实体经济融合标杆，2020 年，黔南州大数据与实体经济融合指数达到 38.2，位列全省第四。二是建成脱贫攻坚大数据管理平台，实现对贫困户进行精准识别、分类标记、动态调整，推动农村人口精准化、数据化管理，形成脱贫攻坚作战“一张图”，促进脱贫攻坚打法更精准、发现问题更精确、工作更高效，有效助力全州脱贫攻坚取得全面胜利。三是建成黔南 12345 政府服务热线（原政务 110），对各类民生诉求“统一受理、统一调度、统一考评”，有效解决群众诉求和办事问题，2020 年获全国政务热线最佳服务案例奖。平台共接到群众来电反映问题 360 万次，满意率达到 98.47%。四是建成“智慧黔南”移动门户，推动 1124 项政务服务事项、154 项民生服务事项实现“掌上通办”，实名用户达 171 万人，服务群众达到 3.1 亿次，被评为 2019 年度贵州省数字民生应用示范项目。五是建成基层减负暨数字乡村大数据平台，实现部门表格共性数据共享共用，提升农村基层治理能力。2020 年，减少州级制发表格 365 个，精简率达到 54.7%，得到省委领导肯定。项目在长顺试点推进，正在进一步总结试点经验，逐步推广。同时，支持指导各县（市）开展智慧城市、智慧社区、数字乡村建设，都匀、荔波、长顺等县（市）智慧社区、数字乡村建设工作初显成效；龙里、贵定被列为政法“单轨制办案”全省试点。

4）抓数字基础设施建设，夯实大数据发展根基

一是推进“满格黔南”建设。协调指导通信运营商加快基站、光纤网络等数字基础设施建设，不断夯实数字基础设施。2018 年以来，数字基础设施完成投资 31.5 亿元，累计铺设光缆 24.18 万千米，基站总数达到 2.6 万个，光纤到户覆盖数由 241.4 万户提升至 297.49 万户，城市和农村宽带接入能力分别从 20M、8M 逐步提升到 300M、100M。二是夯实农村数字设施。加快推进电信普遍服务试点项目建设，推动农村数字基础设施提质升级。2018 年以来，在农村地区建成基站 1177 个，实现行政村和 30 户以上自然村 4G 网络全覆盖；加快 4G 信号扫盲，2018 年以来累计消除信号盲区、盲点 1 万余个，全州通信网络覆盖质量进一步提升。三是加快 5G 建设。成立 5G 建设工作专班，积极向上争取项目和资金，推动黔南州 5G 基站建设，累计建成开通 5G 基站 1200 个，实现 5G 信号“县县通”，黔南州成为全国率先迈入 5G 时代的少数民族自治州。

2. 高位推动强化要素保障

一是强化组织保障。成立由州委、州政府主要领导担任双组长的黔南州数字中台领导小组，下设七个工作组，由各场景牵头部门主要负责同志担任组长，涉及责任部门的分管负责同志为成员，各工作组具体负责场景打造工作的推进，各县（市）成立数字中台领导小组及专班。先后印发《黔南州数字经济运营中台建设运营实施方案》《黔南州数字经济运营中台深入推广运用实施方案》《黔南州数字经济运营中台工作

领导小组办公室工作协调调度机制》等文件，打造黔南州城市生活服务平台以及全省乃至全国产业互联网标杆。高规格召开黔南州大数据发展领导小组 2021 年推进会，专项安排部署黔南州数字中台推广应用工作，创新数字经济模式，推动全州产业互联互通和业态融合发展。二是强化人才保障。通过采取政府支持、寻求合作、专职聘用等方式，黔南云码通数字产业运营有限公司（以下简称“黔云通公司”）组建了 238 人的技术开发团队，为黔南州数字中台前端运营、后端研发在云计算、大数据、人工智能、区块链、数字支付等方面提供了全方位的技术支持与保障。由州级层面统筹，各场景涉及部门和各县（市）均明确了专门的联络员和责任领导，具体负责各场景打造相关工作。州大数据局成立场景调度专班，实行一场景一专人机制，负责协调调度指导各场景日常工作。三是强化资金保障。通过股东直接投资方式筹措项目资金，并严格按照黔云通公司财务制度进行支付审批，确保资金实实在在用于黔南州数字中台建设和运营。2021 年底，黔南州数字中台项目已到位注册资本 10000 万元。

3. 构建本地数字交易市场

一是搭建黔南州数字中台。按照“政府引导、企业主建、社会参与、应接尽接”原则，运用数字化工具将平台一端与本地实体企业连接以聚合本地产品和服务资源，另一端与各类渠道服务商连接以将本地产品和服务资源统一对外输出，从而形成以数字化交易市场为核心的，由政府主导建设和运营的，具有互信保证机制和渠道拓展能力的新型数字经济交易市场，通过“资产化”企业数据实现持续的数据资产运营。黔南州数字中台呈现三个特征：黔南州数字中台及其产生的数据归属于政府；黔南州数字中台是服务实体企业的产业互联平台，例如，消费者在预订州内景区门票、酒店客房服务时使用的仍是“携程”App，但“携程”App 不直接面向消费者而是通过后端从黔南州数字中台获取产品及服务；黔南州数字中台是一个公平开放的平台，为接入黔南州数字中台的实体企业及互联网渠道赋能。二是推进专网融合。依托黔南州数字中台，建立汇聚金融服务、支付结算、渠道分发、销售管理、商品聚合等功能的市场组织型本地交易网，一端连接以公共服务、行政服务、税收服务、奖励服务和准入服务等为主要内容的政务服务型专网，另一端连接以服务各类市场主体生产经营活动为核心的产业组织型专网，实现了各类渠道服务商和本地实体企业的连接，推动产销信息纵向联通，实现了政府职能部门和本地实体企业之间数据横向联通，有效融通商务、民生、政务信息数据，营造公平、公开、非歧视性的本地营商环境。三是挖掘数据价值。黔南州数字中台在交易组织过程中沉淀的海量真实鲜活的消费数据、经济行为数据，通过数据挖掘分析等新技术应用形成服务于本地政府决策和企业经营的数据资产，鼓励和引导各类企业、行业协会、社会组织、教育机构、科研院校等参与黔南州公共数据资源合规开发利用，创新数据场景应用，释放数据价值。截至 2021 年底，数字中台已接入各类渠道服务商 360 余家，本地实体企业 14 000 余家，2022 年计划新增接入本地实体企业5000余家。

4. 打造普惠功能应用场景

1）打造景区场景

通过黔南州数字中台整合区域旅游资源，促进行业内和跨行业数据互联互通，帮助区域内各景区实现数字化升级改造，实现线上渠道直连交易，如图6-71所示。例如，“一码游贵州”通过黔南州数字中台直连荔波大小七孔、水春河、瑶山古寨、茂兰、冰雪水世界等景区，线上渠道直连交易为游客提供了便利，赢得了游客的认可。通过黔南州数字中台还实现了分时预约和扫脸入园，游客可凭身份证一卡通游，有效解决旅游旺季购票排队和入园拥堵难题。目前，黔南州数字中台已接入景区19家。

图6-71 黔南州数字中台助力企业数字化转型升级

2）打造住宿场景

通过黔南州数字中台为酒店提供线上渠道直连交易、旅行社线上交易、酒店房态管理及公安实名制入住等数字化服务功能，实现酒店行业和其他行业互联互通，销售其他产业产品及服务。截至目前，黔南州数字中台累计接入酒店1663家，顾客平均办理入住时长从超过3分钟减少到不到1分钟，有效提升了酒店经营效率和顾客入住便捷度。

3）打造餐饮场景

通过黔南州数字中台实现扫码点餐、预约就餐、收单支付、线上评价等集成式服务，为企业免费提供数字化运营工具，解决企业订单管理、支付收款等实际问题，提升餐饮企业经营效率，降低餐饮企业管理成本。例如，黔南州与贵州大学联合开发的“省时点”餐饮小程序既可以降低企业运营成本、优化群众点餐就餐流程，又可以帮助小程序开发者提供创业、就业机会。目前，黔南州数字中台累计接入餐饮企业3716家。

4）打造停车场场景

通过黔南州数字中台将全州停车场服务信息统一输出到高德地图、百度地图等服务渠道，向百度、高德等导航平台输出实时空余车位、收费标准等数据，提升停车场车位利用率和服务体验，为本地居民及游客提供便民停车服务，如图 6-72 所示。截至 2021 年底，黔南州数字中台累计接入停车场 266 家。

图 6-72　黔南州数字中台停车场场景

5）打造一体化服务场景

依托黔南州数字中台组织连接能力，打造“社保一卡通”应用，拓展和丰富社保卡的应用场景，探索打造外卖配送、网约车等灵活用工场景，推动黔南州劳动用工一体化平台的应用项目规划和启动，实现本地企业用工和劳动者精准匹配，试点推行交通出行、旅游观光、文化体验“同城待遇”，推进“证、卡、码、脸、温”在公共图书馆入馆借阅、博物馆入馆、旅游景区购票入园等场景的多码互认、一码通行。截至 2021 年底，黔南州数字中台已与省劳动用工大数据平台互联互通，建立全州 450 万人电子档案，累计监管发放工资薪酬 18.5 亿元。

6）打造房产普惠金融场景

通过黔南州数字中台搭建房产抵押普惠金融“线上窗口”，组织和规范黔南州相关金融机构提供房产普惠金融服务，为企业（个人）实现抵押合同签署、抵押贷款、抵押登记等线上办理，开拓“互联网 + 金融服务 + 不动产登记”便民利企新渠道，并为不动产登记业务提供信息共享和协同工作，减少企业（个人）跑腿次数，发挥数据便民惠企作用，为进一步优化营商环境提供平台支撑。例如，黔南州创新金融服务模式，通过黔南州数字中台引入金融机构为地方政府提供流动性资金支持，快速将各类投资转化为固定资产用于融资化债。房产普惠金融场景自 2021 年 11 月试运行至今，已助力企业用户融资 480 万元。

7）打造全域统一支付场景

依托黔南州数字中台支付服务云，打造消费者通过微信、支付宝、云闪付、银行 App 等工具进行支付的聚合二维码，消费行为产生后由银行向实体企业补贴相应支付渠道的手续费，既实现了资金的本地化归集，又降低了实体企业的交易成本。黔南州数字中台通过统一支付服务入口，可为消费者提供门票预订、酒店预订、特产销售等城市生活服务及产品。截至目前，黔南州数字中台已打通贵州农信、工商银行、建设银行、农业银行4家本地银行服务通道，“黔南一码付”已在980家实体企业开展试点运行，帮助实体企业降低6‰的支付渠道佣金。同时，黔南州也强化需求导向，持续将黔南州数字中台向农特产品供销、国有资产管理、智慧商圈等产品拓展。黔南州数字中台部分服务场景如图6-73所示。

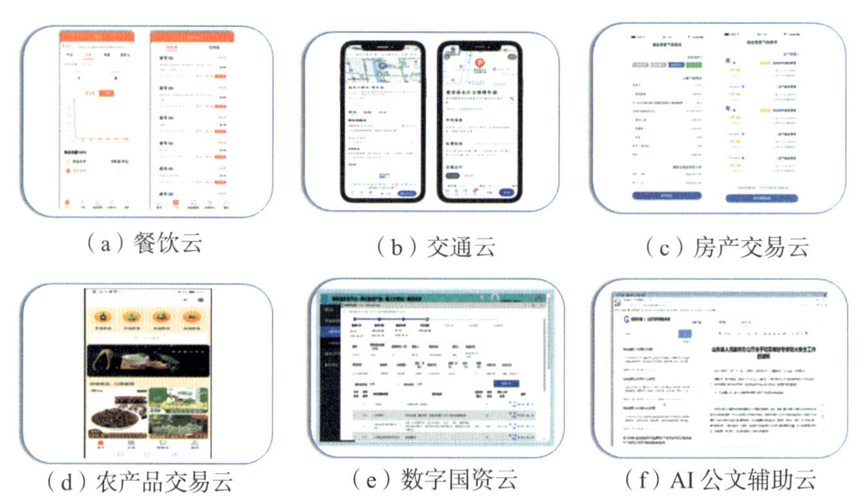

（a）餐饮云 （b）交通云 （c）房产交易云

（d）农产品交易云 （e）数字国资云 （f）AI公文辅助云

图6-73 黔南州数字中台部分服务场景截图

5. 加快培育数据要素市场

一是推进政府数据共享开放。先后制定了《黔南州政府数据共享开放管理办法（试行）》《黔南州数据共享开放工作指南》等政策规范，建设“一人一档”基础数据库，有序推动政府数据共享开放。2020年以来，黔南州政府数据共享调用1922余万批次，交换数据总量2877余万条，汇聚高频政府数据集280余项，已为黔南州数字中台、黔南州公积金综合业务管理系统、黔南州生态文明云平台等州内重点应用提供有力数据支撑。二是提升社会数据资源价值。通过深入挖掘和分析黔南州数字中台在组织交易过程中因连接各类渠道服务商和本地实体企业而沉淀的海量实时交易和行为数据，形成数据资产，最终服务政府决策和本地实体企业。例如，在应用场景的打造方面，通过对海量沉淀数据进行针对性的提炼和分析，极大提升应用场景的普惠功能，降低应用场景打造成本，为场景打造和开发提供高效的服务。同时，以海量沉淀数据为基础的大数据构成了黔南州数字中台的中枢数据湖，为将来开发更多应用场景提供了源源不断的基础数据支撑。三是加强数据资源整合和安全保护。集约建设政务云平台，推进政务信息系统云迁移，制定《黔南州政务信息系统整合和数据共享开放实施方案》，推动数据资源整合，依托黔南州数字中台，沉淀各类社会数据，基于贵州省数据共享交换平台黔南专区，促进政府数据和社会数据按需有序融合，建设数据治理平台，提升数据治理，丰富数据产品，探索数据确权，强化网络、云平台、系统、数据安全体系建设，加强对政府数据、企业商业秘密和个人数据的保护。

6. 坚持走市场化运营道路

一是混合所有制经营。由州级层面统筹，按照“政府引导、企业主建”原则，成立黔云通公司作为黔南州数字中台项目建设经营主体，由州国有资本持股 45%、市场化主体持股 45%、战略投资者持股 10%，实行混合所有制经营。通过引入国有资本，增强市场化主体和战略投资者投资黔南州数字中台项目的信心。同时，坚持市场化运营，保持黔云通公司的发展活力。二是分级分权管理。遵循“让专业的人，做专业的事，这样才能提高效率，节约成本”的企业生存法则，让不直接产生数据的最大数据管理者——政府（州大数据管理局），在不干涉企业具体经营活动、确保企业自主经营的前提下，履行数据存储、数据管理、数据安全等职责，对数据拥有管理权；让拥有专业技术团队的项目经营主体——黔云通公司履行数据计算和分析职责，为数据计算和分析提供专业平台，对数据拥有运营权；让有强烈数据分析成果运用需求的本地实体企业从复杂的数据计算和分析中解放出来，专心生产，从而提升企业生产经营效率，对数据拥有所有权。三是政企共同管理。在开展市场调查与预测、选定产品发展方向、制定长期发展规划、进行科学决策和达到预定经营目标等具体经营活动中以企业为主体，确保企业拥有自主经营权。政府以国有资本持股方式对企业拥有与市场化主体同等的控股权，在企业生产、采购、销售、财务、项目、人力资源、统计、信息管理等方面同企业一起共同行使管理权，既是对企业管理的参与，也是对企业行为的监督，推动企业朝着既定的目标发展。

6.13.3 建设成效

通过黔南州数字中台（界面见图 6-74），构建本地数字经济交易市场，打造景区、住宿、餐饮、停车场、一体化服务、房产普惠金融、全域统一支付等应用场景，推广黔南州数字中台各场景企业端，连接本地实体企业，形成本地产业互联网，提升本地实体企业在数字经济生态上的议价权，通过组合产品和服务，打造新业态，为实体企业降本增效，促进数据要素融合、流通、利用，基于黔南州数字中台大数据分析能力和沉淀的各类社会数据及交易资金，推广应用黔南州数字中台政府端，推进政府运行方式、业务流程和服务模式数字化、智能化，提升政府治理数字经济生态的能力，提高数字政府建设水平。同时，黔南州数字中台可为各类法人和自然人提供在政府监管下有效的场景金融服务，丰富便民服务产品，提升群众获得感，促进新型消费。目前建设取得了初步成效，实现了“三个回归”。

图 6-74 黔南州数字中台界面

1. 实现交易数据回归

创新交易逻辑及服务模式，将原本由州外互联网服务商与州内实体企业点对点连接的传统模式转变为必须经过黔南州数字中台才能实现州外互联网服务商与州内实体企业连接的模式，黔南州数字中台成为州外互联网服务商与州内实体企业交易数据的中转站，两者之间产生的所有交易数据都会进入黔南州数字中台，从而实现交易数据运营权的回归。政府通过黔南州数字中台可以实时监督、管理相关交易行为，依法打击和处理交易垄断、佣金不合理、二选一等问题，实现对交易数据管理权的回归。例如，原本由携程、美团等大型互联网企业掌控的交易数据，通过黔南州数字中台即可“要回”本地。截至目前，黔南州数字中台共计沉淀交易数据 5.8 亿条。

2. 实现资金交易流水回归

通过在全州服务业推广运用黔南州数字中台全域统一支付码牌——黔南一码付（见图 6-75），为本地景区、住宿企业、餐饮企业、停车场、零售、商超等提供统一的收单工具，将原本经消费者通过微信、支付宝、云闪付、各银行 App 等工具进行支付后需要在支付工具总部所在地完成的结算，转变为支付工具总部需要将资金交易流水反馈到黔南州数字中台才算完成的交易过程，从而实现对资金交易流水的本地化归集，使线上消费资金流水回归本地实体企业。例如，截至 2021 年底，黔南州数字中台累计组织交易金额达 29.9 亿元。其中，黔南州全域统一支付码牌（“黔南一码付”）自 2021 年 9 月全面推广以来实现 9400 余万元交易流水回归。2022 年黔南州数字中台全面运营后，预计可累计实现组织交易金额达 50 亿元以上。

- 统一支付入口，降低企业交易成本
- 打造城市服务和产品销售的入口
- 实现资金的本地归集

聚合百亿级交易流水

手续 0 费率

图 6-75　黔南一码付

3. 实现议价话语权回归

各类渠道服务商通过接入黔南州数字中台，可便捷地获取丰富的产品及服务，降低地推成本，成为本地实体企业要回议价话语权的“底牌”。同时，本地实体企业通过黔南州数字中台还可以组建本地数字经济产业联盟，从而成为降低互联网交易佣金，提升区域实体企业议价话语权的重要筹码。

黔南州数字中台自 2020 年 8 月上线运营以来，重点围绕景区、住宿、餐饮、停车场、一体化服务、房产普惠金融、全域统一支付等场景，重构生产服务关系、制定自动化业务图谱、再造交易流程，推动本地实体企业通过数字中台统一对外输出服务。截至目前，已与携程、美团、“一码游贵州”、“一码贵州”等 360 余家渠道服务商连接，接入州内景区、酒店、餐饮、停车场等共计 6200 余家实体企业，累计交易额达 5 亿元，累计为实体企业降低线上业务佣金 3500 余万元，其中，景区板块线上佣金从 10% 降到 2%。黔南州数字中台的价值体现如图 6-76 所示。

价值体现

实体企业

1. 实现数字化升级改造

为实体企业提供数字化工具，提升企业经营效率，2022年实现黔南州内50%的企业使用数字化工具经营。

2. 帮助实体企业降本增效

为实体企业拓展销售渠道，构建产业联盟，降低交易佣金30%，提升交易渠道量50%。

3. 为金融机构服务实体企业创造条件

通过沉淀实体企业真实、鲜活的交易数据，打通金融服务实体企业“关键一公里”，解决中小微企业融资难、融资贵的问题。

销售渠道/消费者

1. 渠道商降低地推成本，快速获得服务能力

帮助渠道服务商快速连接本地资源，降低地推成本，便捷地获取更丰富的产品及服务，推动业务快速落地及运营。

2. 消费者获得实惠和便捷的产品及服务

互联网佣金降低，实体企业成本减少，使得商品价格下降，消费者能够获得更实惠的产品及服务。

在中台的支撑下，支持更多的销售服务渠道发展，为消费者提供更多的选择。

政府

1. 构建区域交易结算市场

构建连接本地生产主体、服务主体及消费主体的产业互联，组织本地产品和服务的交易及统一结算。

2. 提升政府的实体经济组织和服务能力，推动产业发展

政府主导，针对区域实体产业制定《分类评价规范》和《数字化运营服务接入工作规范》，促进政府精准施政，赋能各实体企业，助力产业发展。

3. 打造公平透明的营商环境，促进创业就业

为渠道销售服务商提供开放的通道，推动互联网反垄断政策有效实施。为创新创业者提供接入本地实体经济产品和服务交易的便利通道。

图 6-76　黔南州数字中台的价值体现

黔南州围绕“优政、惠民、兴业”，以数字经济治理为切入点，以黔南州数字中台为载体，促进数据要素产业化发展，推动政府治理流程再造和模式优化，提高决策科学性和服务效率，得到省、州认可，数字中台项目入选2021年度贵州省委全面深化改革重大调研课题、2021年贵州省大数据融合创新发展工程、2020年度全州优秀改革案例，在2021年中国国际大数据产业博览会上，获得中国信息协会颁发的“2021数字政府管理创新奖”，其技术服务商（黔云通公司）入选《贵州省大数据与实体经济深度融合实施指南》2020年度应用试点企业。2021年6月22日，省长李炳军到荔波县调研时做出“研究推广黔南州数字经济运营中台”的指示，省大数据局主要领导立即做出部署，分管领导带队赴黔南州专题调研，对数字中台建设模式和成效给予充分肯定，指出黔南州立足实际，通过搭平台、建机制、强保障，深入推进场景打造和应用，探索出一套可供复制的、推进产业数字化和数字经济发展的成功经验，建议复制推广到全省，推动全省数据要素市场化配置改革，进一步促进区域数字经济快速发展。

6.13.4 经验总结

除上述做法及成效外，在黔南州数字中台推广应用过程中，还形成了以下经验启示。

1. 坚强的组织保障是核心

围绕国家关于产业互联网发展和数据要素配置的总要求，黔南州在数字经济战略中大胆创新探索，坚持高站位谋划、高效率推进、高质量落实，提出了黔南州数字中台的目标定位、建设和运营模式，出台了一系列相关规范和标准，建立了一套工作体制机制，有力、有序推动数据要素市场化、数字产业化发展。

2. 聚焦赋能产业，服务民生是关键

黔南州在数字中台建设推广中，坚持问题导向、需求导向，立足消费互联网存在的痛点，以赋能产业为出发点，以服务民生为落脚点，聚焦服务企业、服务群众，通过搭建应用场景，强化运营服务，不断提高各类服务质效，降低互联网佣金，为企业降本增效，助力产业发展，提升群众获得感、幸福感。

3. 掌握数据要素主动权是根本

数据是数字经济时代最核心的生产要素，抓住了数据要素，就抓住了数字经济发展的“牛鼻子”。黔南州数字中台通过组织数字化交易汇聚和沉淀的各类公共数据、市场数据，由政府按照法律法规统一管理和运用，通过依法依规共享、开放数据，将海量数据作为生产要素，催生新的数据资产运营业态；同时，打造更多数字化治理场景应用，为公共服务和行政决策提供数据支撑。

4. 坚实的技术保障是基础

黔南州在数字中台建设过程中，充分运用云计算、大数据、人工智能、区块链、数字支付等新一代科技信息技术，有力支撑了黔南州数字中台七大场景的运营。运用云计算、区块链技术，构建了行业云，解决了产业链上下游数字化交易问题；融入数字支付技术，构建支付结算中心，支撑数字化交易的支付结算。

5. 守住平台资金，交易数据安全是底线

黔南州在数字中台建设运营中，注重守好安全底线，特别是注重平台资金、交易数据安全。在黔南州数字中台管理运营方面，政府直接参与管理，负责审批数据资源及能力开放，防止资金数据、交易数据滥用，杜绝发生数据泄密事件。技术层面，通过加固人防、技防等措施，不断提升黔南州数字中台数据安全防护水平，打造安全、可靠的数据流通、存储、交易载体。

6.14 中卫市——云天中卫篇

6.14.1 综述

以习近平新时代中国特色社会主义思想为指导，全面贯彻党的十九大及十九届二中、三中、四中、五中全会精神和习近平总书记视察宁夏重要讲话精神，深入落实总书记网络强国、数字中国战略思想，认真践行新发展理念，坚持自治区一盘棋谋划、一体化推动、一张网布局，充分运用 5G、大数据、云计算、人工智能、区块链等创新技术，加快提升数字政府基础支撑能力和应用水平，加速政府数字化转型，着力实现政府决策科学化、社会治理精准化、公共服务高效化，助力政府职能转变、营商环境优化和经济社会高质量发展，为努力建设黄河流域生态保护和高质量发展先行区，继续建设经济繁荣、民族团结、环境优美、人民富裕的美丽新宁夏提供有力支撑。

2019 年以来，按照自治区党委、政府和自治区推进“数字政府”建设领导小组的部署要求，自治区政府办公厅按照“一体化、一盘棋、一张网”的思路，夯基础、强弱项和补短板，推动全区“数字政府”建设全面提速，网上政务服务能力稳步提升，为统筹做好疫情防控和经济社会发展，助力高质量发展提供了有力支撑。

党的十八大以来，中卫市认真贯彻落实新发展理念，着力打好“三大攻坚战”，大力实施创新驱动、脱贫富民、生态立市“三大战略”，朝着经济繁荣、民族团结、环境优美、人民富裕，与全国同步建成全面小康社会的目标迈进。中卫市先后荣获“迪拜国际改善居住环境最佳范例奖”“全国十佳生态文明建设示范城市”“国家园林城市”“中国特色魅力城市 100 强”“全国双拥模范城市”等殊荣。2020 年，全市完成地区生产总值 440.32 亿元，比 2019 年增长 0.3%；全年居民消费价格比上年上涨 1.5%；全年全市居民人均可支配收入 17 864 元，比上年增长 5.7%。

工业向高端化迈进。宁钢炼铁高炉升级改造、华御离子膜烧碱等项目基本建成；中化尼龙 66、瑞泰工业盐循环利用等项目开工建设；天元锰业被国家确定为金属锰战略储备基地。2020 年，全市工业完成增加值 145.99 亿元，年均增长 3.9%，形成了以新材料、新能源、冶金制造、精细化工等为主导的工业体系；锰基新材料产值突破 100 亿元，新能源发电并网装机规模达到 736 万千瓦。

农业向现代化发展。2020 年，全市完成农林牧渔业总值 138.14 亿元，年均增长 4.0%。建成富硒农产品标准化示范基地 25 万亩（约 167 平方千米），创建富硒高标准产业园 16 个，枸杞产业产值突破百亿元；打造天宁、沐沙、新希望、润厚源等一批标杆牧场，奶牛产业养殖规模不断扩大；枸杞、设施蔬菜、肉牛、小杂粮等特色产业规模优势逐步凸显，畜牧业产值占农业总产值的比重达到 32%，现代农业产业体系、生产体系、经营体系初步建成。

现代服务业蓬勃发展。“云天中卫”建设稳步推进，软件和信息技术服务业增加值增长 20.8%。全域旅游示范市建设扎实推进，中卫市沙坡头区成功创建国家全域旅游示范区，全市接待游客人次、旅游总收入年均实现两位数增长。顺丰三级分拨中心落户中卫，中宁国际陆港投入运营，中国物流中卫物流园、天元锰业一期保税仓库建成投运，物流集聚效应初步显现。截至 2020 年底，全市服务业增加值达到 197.38 亿元，年均增长 7.3%。全市各类科技型企业达 271 家，国家高新技术企业 20 家，自治区科技型中小企业 136 家，自治区级科技创新平台 36 家。

“我的宁夏”政务 App 为数字政府建设添活力、增动力、献力量。“我的宁夏”政务客户端已涵盖社会保障、营商办企、医疗健康、就业创业、公安服务等多个高频主题服务“掌上办”“指尖办”。截至 2020 年 9 月末，App 累计注册用户超过全区常住人口的 72%，实现了近 1000 个政务服务事项可办和 3300 多个事项可查，累计办件量近 70 万件。在疫情期间，全区有 479 万人领取了防疫健康码，占全区常住人口的 70%，累计健康打卡达 1.1 亿次，对复工复产、经济社会的恢复发挥了重要作用，为全区人民打开了线上政务服务的“民生窗口”。

2019 年 12 月 29 日，银中（银川至中卫）高铁开通运营，中卫市正式迈入“高铁时代”。2021 年 4 月 28 日，中卫南至西安北高铁正式开通运营，中卫市全面融入全国高铁大网络，迈上加快发展新征程。

“云天中卫”是引领中卫市转型追赶、高质量发展最鲜明的标识。2020 年 12 月 16 日于北京、中卫两地同步举办的“2020 云天大会”是一场云计算领域交流、合作的思想盛宴，而中卫市已连续 3 年成功举办。“云天中卫”作为中卫市的“一号工程”，经过几年努力，云集了亚马逊 AWS、奇虎 360、美利云、中国联通、美团等 140 多家云计算及配套企业，西部云基地服务器装机能力达到 50 万台、上线运营 30 多万台。截至2019年6月底，云计算产业累计完成投资64.74亿元，已建成机房面积20万平方米，安装机架 8774 个、服务器 18.1 万台，服务器装机能力达到 20 万台，云计算产业解决就业 3000 人。国家新型互联网交换中心在中卫市落户，给中卫市带来了千载难逢的重大机遇。中卫市将着力打造云生态，致力于东数西移、东数西储、东数西算，加快推进信息技术创新应用与开发，大力推动区域数字经济发展，让西部云基地成为聚集、聚能、聚智的创业福地、产业高地。同时，中卫市建设的高安全性超大型数据中心，为国内打造新一代数据中心提供了可借鉴的经验。

“云天中卫”是宁夏回族自治区“数字政府”建设要求，根据《国家信息化发展战略纲要》《“十三五”国家信息化规划》《2019 年宁夏回族自治区政府工作报告》，2019 年中卫市大数据局基于中卫现状提出落实“数字中卫”计划及实施方案的建议。依据“1+1+3+N”的总架构，整合各部门政务数据资源，打破信息孤岛；制定统一的数据共享交换标准，构建政务数据共享交换平台，助推政府数据互联互通；建立政务大数据运营分析系统，促进信息惠民，提升政府治理能力现代化水平。2019 年 7 月，“云天中卫”总体框架基本形成。

“云天中卫”总体框架通过建设“一云”（公共云平台），“一库”（城市综合信息库），“一脑”（“城市大脑”），“一网格”（网格化管理服务平台），“一中心”（城市运行指挥中心）和“一平台”（基础支撑平台）等基础设施，为全市数字政府建设提供有效保障，助力大力发展数字经济，提升数字政府治理能力和治理水平，实现高质量发展；同时，助推服务型政府建设，促进全市结构调整、产业转型升级，带动以电子信息制造和云计算为核心的相关产业发展，打造中阿网上丝绸之路的数据中心，加速信息产业发展，最终实现基础设施智能化、公共服务便捷化、城市管理精细化、智慧产业集聚化、信息安全长效化的高质量发展新格局，使中卫市更加宜居、宜业、宜游。

“云天中卫”建设总体思路如图 6-77 所示。“云天中卫”遵循“开放兼容、要素集成、融合共享”理念，结合中卫实际情况，建立涵盖政务、行业和公共基础数据的城市综合数据库，为宏观决策提供数据支持；以区域专属云和城市数据中台为抓手，充分整合对接现有政务、医疗、环保等信息化应用系统，实现数据归集共享；同时，全面推进网格化管理服务平台建设，进一步深化城市治理领域创新应用，形成“一体系，全联动”；以城市大脑为指挥中枢，支撑城市日常运行、管理、决策和应急指挥，初步实现政府决策科学化、社会治理精准化、公共服务高效化。

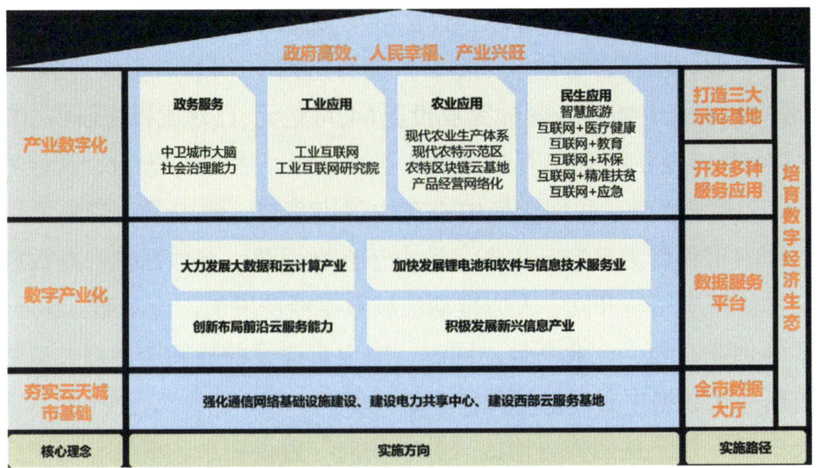

图 6-77 “云天中卫”建设总体思路

6.14.2 措施

“云天中卫”建设立足中卫市信息化现状，依托自治区政务云平台，为城市综合信息库、城市大脑、社会治理网格化管理中心服务平台、城市运行指挥中心及多云服务平台等业务系统提供统一的云计算基础服务，各应用系统均基于政务云平台架构进行建设和部署，同时，通过对云资源池的升级扩容，提供海量、安全、低成本、高可靠的云计算、云存储、云网络服务，构建“云天中卫”基础设施。以云为基础，通过城市综合信息库和城市大脑，打造“云天中卫”数字底座。城市综合信息库整合汇聚城市基础信息、政务信息、物联感知信息和社会信息，实现海量数据存储管理；城市大脑提供从数据共享、数据交换、数据分发到数据分析 4 个阶段的全过程治理能力。数字底座向上可支持应用的快速开发部署，向下通过与云端的连接，实现数字层与物理层的打通。同时，积极运用 5G、大数据、AIoT、区块链等先进技术，开发部署社会治理网格化管理服务平台、城市运行指挥中心、“云天中卫”多云服务平台等智慧化应用，进一步整合数据资源，夯实基层社会治理、城市运行监督、信息惠民服务的大数据分析应用能力，如图 6-78 所示。

1. 夯实云天城市基础：构建全市数据大厅

（1）统一数据汇聚。2019 年，依照全周期、全样本、全方位采集原则，拓宽公共数据采集的时间和空间维度。结合数字政府建设需求，建设统一高效、互联互通、安全可靠的数据资源服务体系，构建中卫全域块数据资源池，建立块上数据存储、管理、共享、开放与服务的城市块数据公共服务平台。2020 年，加强社区治理、环境监测、食品安全、城市管理、市场监督、安全生产、公共安全等领域的数据收集与分析，并与国家有关机构开展数据互换、信息互通，建设社会管理大数据库。2021 年，推进政府、企业和社会全面参与数据资源采集与开发，建立多方主体参与、多种手段并用的数据采集、汇聚机制，实现全社会数据资源应采尽采、应存尽存。搭建完善的数据资源“数据大厅”，推动数据战略资源价值加快释放。

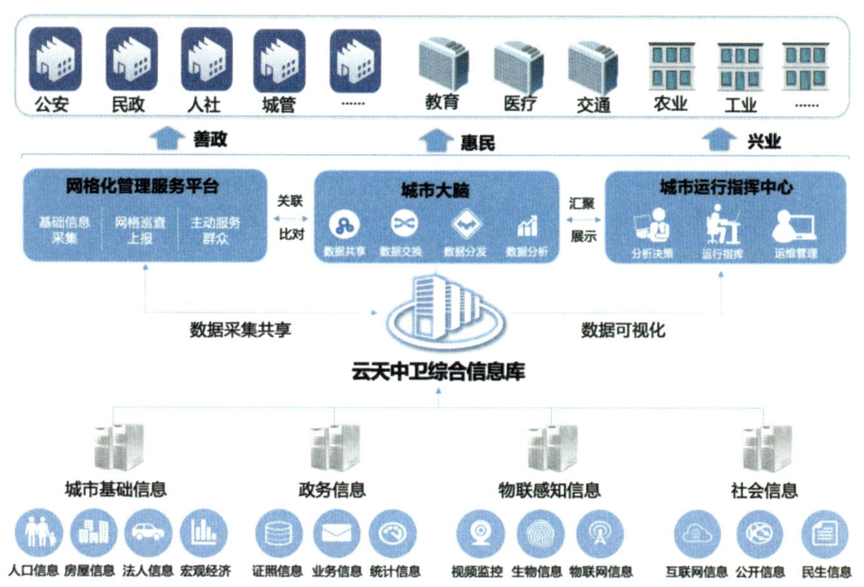

图 6-78　“云天中卫”建设总体架构图

（2）统一数据标准。2019 年，加快推进信息资源共享目录体系建设，组织编制信息资源共享相关标准规范。提升政务信息资源共享交换平台服务能力，深化人口、法人、电子证照等基础信息资源的共享共用。2020 年，围绕投资项目、涉企涉税、市场监管、社会保障等重点领域，统筹推进跨区域、跨部门、跨层级的政务数据交换共享。建立信息资源共享绩效评价制度和共享交换监控机制，推动部门信息资源共享应用，打造共享协同的政务服务体系。2021 年，全市各部门业务应用系统按需接入中卫政务信息资源共享交换体系，部门自有数据归集渠道全部在统一平台部署。

2. 加强数字政府布局：搭建数据服务平台

（1）建设公共数据服务平台。2019 年，初步构建“云天中卫”大数据服务平台，完成安全管控体系和标准规范体系的建设，实现面向民生、行业的基础服务支撑能力。2020 年，运用云计算构建行业数据融合平台，形成具有行业特色的云数据 DaaS——数据即服务模式。实现对全市政务云资源使用、数据存储、共享交换等综合指挥调度。2021 年，形成完善的公共数据服务平台，能够实现完整模块调用。

（2）建设分行业数据服务平台。2019 年，运用云计算、人工智能等技术，持续打造基础数据平台上的分行业系统平台，重点打造旅游、农业等特色数据服务平台基础功能。2020 年，着力完善数据管理、数据分析共享等功能，优化平台服务能力，提升数据库、中间件、工作流引擎、数据分析、通用件等服务。2021 年，扩大分行业数据服务平台范围，扩展到教育、医疗等行业领域，深挖数据服务平台服务能力，搭建分平台的数据支持能力。

3. 推进数字产业应用：开发应用、打造示范

1）开发多种服务应用

（1）建设“互联网 + 政务”平台。围绕政府政务服务不同对象、政务监管不同条线的信息化需求，分三年建设完善政务服务一体化平台。结合平台建设进度，分步骤开发包括政务服务网站、App、微信、呼叫中心等服务渠道，并在适当的时候与支付宝等第三方渠道结合，形成覆盖全渠道的政务服务体系。2019 年，完成社区、企业服务及其评价考核，政务监察监管，以及政务行业监管（如综合城管、法律司法、交通交管、公路运输等）需求的基础平台建设。政务服务方面初步建成政务服务网站、App、微信、呼叫中心等服务渠道及后台支撑系统，实现基本查询、办事、咨询等功能。2020 年，基于前期成效建设信息化系统，扩大信息化系统的应用场景与覆盖面，并通过与大数据、云计算等技术的结合，实现大数据应用赋能。政务服务方面基于城市大数据体系的完善，实现更全面的数据查询服务，并实现政务办事通过系统对接和数据流转实现真正的“数据多跑路，群众少跑腿”。2021 年，基于信息化系统提供的丰富数据资源，实现更全面的大数据应用。此外，面对企业两化融合发展的需求，2019 年，整合政府及社会资源，完成面向企业建设两化融合云服务平台；2020 年，建立中小型企业信息化发展补贴机制，支持企业购买信息化服务，促进企业上云。推进中大型企业深度两化融合，帮助企业降低成本、吸引投资。2021 年，推动智能制造示范基地建设，引导企业运用新技术、新工艺、新设备进行改造，逐步推广智能制造项目。

（2）建设全域旅游信息化体系。按照“一个中心、三大应用、两类示范”（一个中卫即旅游分数据中心，三大应用即旅游信息公共服务体系、旅游综合管理体系、旅游营销体系，两类示范即智慧景区、智慧乡村旅游建设）的智慧旅游建设方向，协调相关部门完成涉旅数据共享对接，建成面向管理、营销、服务及景区的全域旅游信息化体系。2019 年，实现旅游营销服务平台基础能力建设，旅游管理基础平台建设及数据体系建设，重点旅游景区信息化能力提升。2020 年，扩大营销、管理、服务平台的覆盖面，并实现旅游大数据平台的完善与数据丰富；扩大景区信息化提升的覆盖范围。2021 年，基于前期营销、管理、服务平台的建设基础及数据积累，实现游客服务定制化、旅游营销精细化、旅游管理精准化，实现旅游景区信息化提升在更大范围内的覆盖。

（3）建设“互联网 + 教育”体系。2019 年，主要以校园信息化管理水平提升为目标，实现全市主要校园的信息化覆盖。2020 年，进一步提升校园信息化水平，不仅提升业

务系统，更要提升校园基础设施管理信息化水平，提高业务管理和校园管理效率。拓展社会化教育体系建设，通过建设丰富的线上学习平台，提高教育趣味性和学习积极性，构建全民学习氛围。2021 年，实现大数据技术与教育信息化的结合，实现教育业务、校园管理的教学支持、分析预警，以及社会化教育的精准、精细服务。

（4）建设“互联网 + 环境”体系。“互联网 + 环境”体系以环境感知体系、标准规范体系、安全运维保障体系三大体系为依托，以提高环境监测能力、提升环境管理服务效能为抓手，全面提升中卫市环保的智慧化应用水平。2019 年，建立环境综合指标监控体系，实现在中卫市区及重点环境监控区域的数据监测及预警；2020 年，扩大环境综合指标监控体系的覆盖面，实现环保分析预报及发布。2021 年，实行常态化的环境监管工作，为环境执法和污染事故的调查处理、应急指挥及调度工作提供科学准确的决策依据。

（5）建设“互联网 + 医疗健康”体系。围绕惠民、赋能、治理三大场景，以居民就医全流程、远程诊疗体系、家庭医生签约服务、互联网 + 公共卫生一体化、互联网 + 医疗健康监管、医疗健康大脑等方向为重点，为普通百姓、医院及医生、政府监管部门以及产业上下游企业提供全方位的数字化服务。2019 年底，启动县、乡级医疗健康上云用云计划；完成健康数据服务平台的搭建，实现面向民生的健康管理、智能医疗大数据服务的落地。2020—2021 年，县、乡级医疗健康上云用云进度显著；医疗健康分平台功能进一步完善。重点加强医疗健康在政府、产业群体的应用和推广。

（6）建设城市综合应急管理平台。中卫市城市综合应急管理平台以“连得通，看得见，叫得应”为基础目标来实施，提升城市应急管理日常工作的信息化水平，实现平时能管，战时能战。“连得通”解决通过语音连接进行沟通的需求；“看得见”解决视频图像采集、传输和呈现需求；“叫得应”解决指令即时下达和反馈的指挥调度需求。2019 年，通过对城市应急各类基础数据的梳理，形成城市综合应急管理平台的基础能力建设和基础数据体系建立，实现应急指挥调度的初步功能，做到能管、能战；2020 年，通过物联网信息采集体系的建立，实现应急管理数据采集、分析，并通过大数据分析等技术的应用，实现应急指挥调度的预测、预警能力的建立。2021 年，实现城市应急管理平台能力全覆盖。

2）打造三大示范标杆

（1）特色农业示范标杆。2019 年，推广富硒产业农作物现有种植技术，实现枸杞、硒沙瓜示范种植及初加工。拓展电商平台销售保障渠道，探索物联网保证质量管理体系，初步尝试区块链防伪技术应用，确保产品质量。2020 年，拓展电商销售渠道，尝试农特产品特色化经营，例如与旅游、农家乐等结合推广。加强质量认证管理，强化品牌意识，深化质量保障体系。2021 年，进一步扩大农特产品示范种植范围，拓展示范模式到全市范围，形成中卫农特产品冠军品牌。

（2）特色旅游示范标杆。2019年，以智慧旅游为主题，引导中卫智慧旅游城市建设，尤其在智慧服务、智慧管理和智慧营销三方面加强旅游资源、产品的开发和整合，形成沙坡头等特色品牌示范景区。2020年，利用互联网、移动互联网、云计算、大数据、人工智能、物联网等技术，采集包括景区、酒店、民宿、购物商场、交通、票务等旅游数据资源，整合各部门数据，形成中卫特色的“吃、住、行、游、购、娱”六方面一站式旅游服务示范基地。2021年，形成中卫旅游品牌，形成中卫特色旅游示范模式。

（3）云计算产业示范标杆。2019年，基本规划建设完成中卫大数据、云计算园区，为“大众创业、万众创业”提供良好的起步发展环境。2020—2021年，以云计算驱动创新创业，培育发展新业态，构建西北云服务承载中心，吸引周边地区先进企业入驻，培育发展新业态，形成产业集聚，构建成西北云计算、云服务承载示范基地。

6.14.3 建设成效

以数字政府、数字产业化、产业数字化为主线，夯实西部云服务基地基础，打造数字产业服务体系，壮大新一代信息技术产业，推动数字技术与实体经济深度融合发展，重点在农业、旅游等方面以产业经济数字化应用为抓手，全面提升数字计划在政务服务、社会服务、产业服务方面的能力。

1. 夯实云天城市基础

（1）强化通信网络基础设施建设。建设完善直连北上广深和中西部核心节点城市的4×100G光纤骨干网络，成为北京、上海、深圳等大城市的“数据郊区”。完善城市光纤网络覆盖，提升农村网络覆盖质量，推进全市重点公共场所的免费无线网络建设，预计城市家庭宽带接入能力达到100Mb/s，行政村光纤通达率、4G覆盖率达到100%。建设基于NB-IoT等低功耗广域网技术、5G网络的城市局域网，建立城市基础设施物联网，面向制造业、农业、医疗、教育、环保等重要领域开展应用示范，促进产业数字化应用集成创新与规模化。建设城市级物联网接入管理与数据汇聚平台，加强公共数据与社会数据融合汇聚，助力推动感知设施统一接入、集中管理和数据共享利用。

（2）建设电力共享中心。以新能源发电技术、储能节能技术以及信息技术等为基础，建设电力共享中心，整合周边风光弃电、余电资源，推动能源供应从传统集中式向集中式、分布式、微电网、户用式等多元供应模式发展。通过统一规划、集中采购、集约化运营，降低电力共享中心建设运营成本。按照“管住中间、放开两头”的体制架构，深化电力体制改革，有序放开配电网业务，鼓励社会资本投资、建设、运营增量配电网，通过竞争创新，为用户提供安全、方便、快捷的供电服务。建设推进共享电力中心，逐步组建电力资源池，通过共享的方式为数据中心、周边企业提供低成本的、可靠的电力保障。

（3）完善建设西部云服务基地。西部云服务基地实现“基地展示服务、云天大会会址、基地运营服务”三大功能。西部云服务基地展馆以“云科普、云推广、云应用和云企业服务”为主线，聚集以亚马逊为龙头的大批云计算、大数据企业落户中卫，展示云基地和国家军民融合大数据产业示范区建设成果。实现服务于基地、服务于产业、服务于企业、服务于旅游、服务于招商的功能，并逐步打造为“云天大会”的主会场和永久会址，营造云产业集聚发展的良好氛围，助力打造“云天大会”中卫云计算品牌；积极搭建公共服务平台，为云计算企业提供技术咨询、招商、数据中心代建、管理咨询等专业服务，并为入驻企业提供办公、住宿、餐饮、其他生活配套服务。

2. 加强数字政府、数字产业布局

1）大力发展大数据和云计算产业

（1）构建大数据和云计算在各领域支撑能力。打造云天数据基地，集聚工业制造业、农业、服务业等不同领域的先进技术，围绕“互联网 +”医疗健康、政务、工业、教育、旅游、农业等方面展开试点，利用好亚马逊的云计算平台，在互联网界形成“南有乌镇、北有中卫”的格局。在“互联网 + 医疗健康”方面，打造“互联网 + 医疗健康”大数据产业园，建设孵化创新医疗企业，推进数字医疗关键技术、设备发展突破，夯实“互联网 + 医疗健康”发展基础。在“互联网 + 政务”方面，建设市、县级数据交换平台，规范数据格式，开放各级政务数据，为实现电子政务一体化奠定基础。在“互联网 + 工业”方面，结合中卫工业小而精的特点，引进优质企业搭建创新平台，培育、突破支撑智能制造发展的核心技术，孵化新型工业互联网高端科技示范项目，逐步形成数字产业优势，为“互联网 + 工业”发展提供技术支撑，提高中卫市工业科技发展水平，带动自治区制造业企业创新升级。在“互联网 + 教育”方面，推动信息技术发展，提升教育信息化水平，为宁夏回族自治区“互联网 + 教育”示范区建设提供数字基础支撑。

（2）培植大数据和云计算产品服务体系。围绕中卫数字化发展需求，积极培育云计算产品和服务，支持面向农业、旅游等重点行业领域的云服务平台建设，积极发展基于云计算的个人信息存储、在线工具、学习娱乐等服务。推动大数据服务新业态发展，壮大数据采集、数据挖掘、数据分析、数据安全等大数据服务，支持企业研发面向工业、农业、服务业数字化转型升级的大数据应用解决方案。引导中小企业和社会大众基于开放的数据资源发展创新应用，发动社会各界力量挖掘大数据应用潜力，不断丰富大数据产品和服务体系。

（3）打造“一带一路”跨境云服务基地。借“一带一路”发展契机，充分发挥自身综合优势，在中卫云基地打造跨境云服务，为“一带一路”跨境企业提供国际云服务，节省企业信息化成本。

2）加快发展锰、锂电池产业和软件与信息技术服务业

（1）培育发展锰、锂电池产业。依托天元锰业、利安隆高分子材料、中化集团公司、华御化工、宁夏红、恒兴果汁、顺元堂公司等骨干企业，加快提升锰、锂电池，农特产品等制造规模，推进高性能产品、智能制造等关键技术和产品研发，面向智能可穿戴设备、工业控制等领域，积极引入产业链服务企业，提升智能制造支持能力。与吉利合作，以 5G 网络为基础，建设自动驾驶、工业互联网、高清视频等应用的 5G 场景实验室，支持企业大力发展 5G 装备制造业，研究 5G 的商业应用模型，为工业互联网发展奠定基础。

（2）加快壮大软件与信息技术云服务业。与中软国际合作，共同建设网上软件交易超市，积极引进国内一流的软件企业，加强基础软件和面向商务、教育、医疗、文化、旅游等领域的应用软件研发，提升高端化软件供给能力，为全国的软件供应商提供网上交易平台，为需求企业提供软件采购竞价平台，基于互联网众包模式甄选全国优质供应商，提高采购资金使用效率，降低项目成本。

3）积极发展新兴信息产业

（1）大力推进人工智能产业化。提升人工智能科技创新水平，推进自然语言处理、自主无人系统、虚拟现实、知识计算引擎与知识服务等重要技术的突破，加强人工智能人才培育和引进。积极开展人工智能在工业生产、农业生产、电子商务、民生服务、社会治理等领域的应用示范，加强人工智能技术向各领域融合。推动人工智能与实体经济深度融合，形成数字经济新增量。

（2）加快布局区块链产业。加快引进和研发区块链技术，积极参与对区块链参考架构、数据格式规范、交互操作、智能合约等方向标准体系的研究。鼓励社会资本加大对区块链创业创新的支持，积极培育本地企业和自主技术团队。探索区块链技术应用场景，推动区块链与数据交易、金融、物流、医疗、能源等行业的广泛深度融合，促进区块链专业服务加快发展。

（3）成立工业互联网研究院，提升产业发展核心竞争力。依托本地骨干企业、自治区高等院校、科研机构，引入国内领军企业，共同成立工业互联网研究院，并以工业互联网研究院为基础，推动共建协同创新平台，聚焦产业现状痛点，对共性、关键技术进行联合攻关，升级改造产业现有技术，开发创新产业应用，推动传统产业数字化升级。依托互联网研究院，建立数字经济领域创新平台、技术研发中心等，在云计算、工业物联网、物联网、大数据、区块链等领域针对性开展关键技术研发、产品研发和标准研究，形成“技术—产品—应用”垂直孵化能力，以创新技术推动数字经济产业化发展。

3. 推进落实数字产业应用

1）建设城市大脑，提升政务服务监管能力

（1）构建一体政务平台，打造中卫“城市大脑”。按照“统一机构、统一规划、统一网络、统一软件”总体要求，优化调整全政务云布局，建成统一的行政服务云和政务云灾备服务体系，加快推动业务系统云化迁移。依托统一的基础服务框架建设中卫“城市大脑”，形成城市综合管控决策平台，有效整合环境质量、基础设施、交通运输、社会治理、城市安全、民生服务、产业经济、社会舆情等多个领域数据资源，综合集成大数据、人工智能等技术应用，开发大数据应用产品和服务，实现社会治理智能化。

（2）提升社会治理能力，加强政府服务应用。建设创新精准的一体化网上政务服务平台，构建“数字政府”移动服务门户，为本地、外地群众、企业等提供差异化、一体化、便捷化政务服务。深化市场监管、环境治理、防灾减灾、食品药品安全、社会信用、社保就业、健康医疗、农业气象、教育文化、交通旅游、城乡建设、招商引资等社会治理和公共服务领域大数据应用，推动构建精准治理、多方协作的社会治理新模式和以人为本、惠及全民的公共服务新体系。加强对社会治理相关领域数据的收集、发掘及关联分析，提高气象等各类灾害的智能识别、预测预警和辅助决策的能力，加强全国对中卫“高性能计算中心”定位，为妥善应对和有效处置重大突发公共事件提供数据支撑。

2）落实工业应用，提升智能制造支撑能力

开展工业互联网应用，探索智能制造发展新模式。围绕化工等优势行业，鼓励龙头企业搭建工业互联网平台，通过数据集成、平台管理、优化决策等服务，推动行业数据共享、协同采购、协同生产、协同营销，帮助企业降低成本、吸引投资。依托锂电池等重点项目建立智能制造示范基地，推进数字车间、智能工厂试点建设，引导企业运用新技术、新工艺、新设备进行改造，促进企业节能降本，推动产业积累数字化发展经验，逐步推广智能制造项目，形成具有一定竞争力的智能制造产业集群，推动传统产业创新可持续发展。

3）促进农业应用，提升特色数字农业水平

（1）打造数字化现代农业生产体系。加快物联网、大数据、空间信息、智能装备等新一代信息技术与农业生产过程的全面深度融合和应用，全面采集土壤、大气、水资源等农业环境信息和农作物、畜禽、水产生长情况信息，实现现代农业生产实时监控、精准管理、远程控制和智能决策。依托沙坡头区、中宁县等生产基地，进一步加强打造建设国家级示范科学种植基地。

（2）打造数字化现代农特示范区。围绕“1+5”特色优势产业和“四区七带”农业产业布局，依托“一带两廊”建设要求，选取富硒产业、枸杞种植等重点领域，提升现代农特产品特色化经营，建设粮食绿色增产模式攻关区、玉米水肥一体化技术示范基地、富硒农产品基地、富硒高标准产业园，打造中宁枸杞、中卫硒砂瓜、沙坡头苹果三个全国富硒农产品“单品冠军”，力争打造一批数字化现代特色农林业示范区，引领农业生产数字化发展。

（3）打造西部农特产品区块链溯源服务。统筹特色农产品发展规划，采用区块链、人工智能等技术深化溯源应用，提升农情信息管理、农业自然灾害监控预警、农产品产销价格监控预警、农业地籍信息管理、农村土地确权和流转管理等智能化水平。建设农产品质量安全可追溯平台，聚焦水果、蔬菜、畜禽等特色农产品，形成生产有记录、信息可查询、质量有保障、责任可追究的农产品质量安全可追溯体系，加大富硒农产品品质品牌保护力度，推进大数据与农业管理深度融合，打造西部农特产品区块链云基地。

4）深化民生应用，提升数字红利惠民水平

（1）加快智慧旅游服务发展。完善景区通信网络基础设施，提升景区宽带网络能力，形成宽带、泛在、安全的旅游网络基础设施。完善旅游大数据支撑体系，推进旅游数据对接西部云基地，对接各级旅游数据服务平台，为各类智慧旅游应用服务提供业务支撑。打造“一体多端”的智慧旅游公共服务体系，满足游客游前、游中、游后在吃、住、行、游、娱、购等各方面的服务需求。围绕沙坡头重点景区推进智慧旅游景区建设试点，扩大 5G、VR、无人驾驶、视频对讲等智能设施部署规模，推动现有智慧旅游应用项目迭代升级，实现旅游信息采集、设备状态感知、数据挖掘分析、资源统筹管理，全面提升景区智慧管理水平。

（2）推进“互联网 + 医疗健康”升级。大力发展普及“互联网 + 医疗”服务，鼓励发展互联网医院，拓展药学服务，推动分级诊疗全覆盖，普及“互联网 + 公共卫生”服务，为人民群众提供个性化、特色化和智能化的医疗健康服务。实施智慧医疗便民惠民工程，深化 5G、人工智能等数字技术在养老、保健、康复等领域的应用，培育形成一批新型智慧医疗服务企业。

（3）助力“互联网 + 教育”部署。充分发挥教育信息化在教育现代化建设中的支撑和带动作用，基本建成与智慧城市、学习型城市建设以及教育现代化发展目标相适应的中卫教育信息化创新发展体系。依托全市统一大数据平台，建设智慧教育公共服务平台，作为区域教育数据存储和计算、交换和处理、分析与应用服务的中心和枢纽，探索利用人工智能技术实现课堂互动、课后作业、考试评价、校园管理等各类校园教育场景及课外教育、职业教育、技能培训、远程教育等社会教育场景下的智慧教学与管理应用。深化教育数据应用，积极应用教育大数据服务教师与学生的知识学习、合作交流、个性化诊断与分析等。

（4）深化“互联网 + 环保”监管。充分协调、互联国家、省、市、县（区）环保四级平台，做好环境保护大数据的互通联动，依托政务云及中卫西部云基地环保数据分平台的环境和资源，建设环境保护主题数据库，实现环保大数据的采集整合、共享共用。充分依托环保相关部门、企业行业、社会机构和公众的力量，构建并优化环境保护监测网络，形成随时发现、随时管理的治理局面。

（5）落实“互联网 + 精准扶贫”。建立精准扶贫大数据平台，做到底数清、问题清、对策清、责任清、数据准确、管理规范。管理扶贫资金向贫困村聚集、帮扶力量向贫困对象聚合，做到“六个精准”，真扶贫、扶真贫，让贫困群众真正得到实惠，将返贫人口及时列为扶贫对象，做到有进有出，动态管理。

（6）强化“互联网 + 应急”管理。有效整合政府数据和互联网企业、基础电信运营商等社会第三方数据，建立应急管理数据服务平台，一是把分散在省直部门、各地市、互联网上的信息资源按照统一的资源分类标准建立目录，对信息资源进行主题化描述和知识化管理，提供统一检索入口，拓宽决策信息广度与深度。二是保障应急指挥信息资源数据及时有效接入与同步更新，提供稳定、可靠、有效的应急指挥信息资源服务，为综合决策提供科学、全面、准确、及时的信息支撑。

6.14.4 经验总结

“云天中卫”建设是中卫市政府着眼于推进市域社会治理能力现代化、提高人民群众幸福感和获得感、高水平推动产业集群集聚发展做出的重大决策部署，是实现数字政府、数字产业化、产业数字化，努力建设黄河流域生态保护和高质量发展先行市的必然要求。同时，做好“云天中卫”建设对中卫市来说既是重大的历史责任，也是重大的发展机遇，将极大提升西部云基地核心竞争力，为中卫市打造“一带一路”西部地区信息枢纽中心奠定更加坚实的基础，也将使宁夏回族自治区成为网上“一带一路”的关键节点，当前中卫市进入转型追赶、高质量发展的关键期、机遇期、黄金期，必须抓住这个大好机遇，以“云天中卫”为契机，持续释放优势、完善生态、提供更完善的基础设施，加快建设国家新型互联网交换中心，为进一步优化城市发展建设提供更完备的要素保障，全面实现政府服务一网通办、全域通办、就近可办，“零距离、保姆式、一条龙”优质政务服务，不断打造中卫高质量发展新引擎，培育中卫高质量发展新动能，以信息化的一片云带动业态创新的一片天，云天追梦、数算未来。

过去属于历史，未来更显辉煌。站在新起点，中卫市必将立足新发展阶段，贯彻新发展理念，融入新发展格局，紧紧围绕黄河流域生态保护和高质量发展先行市的总体目标，加快转型追赶、高质量发展进程，蓄势谋势、接续奋斗、形成声势，不断实现人民对美好生活的向往，为全面建设社会主义现代化开好局、起好步，交出无愧于新时代的精彩答卷。

6.15 国家信息中心——政务网络安全监测体系

6.15.1 网络安全风险现状

随着政务部门信息化建设的逐步推进，我国政府信息化网络也飞速发展。一般政务行业的网络由涉密网络和非涉密网络构成，本节所讨论的政务网络为非涉密网络。政务网络一般包括承载互联网业务的互联网区以及与各政务部门业务连接的公用网络区，当前已实现了网络与边界防护、监控与审计防护、主机安全防护以及应用安全防护，基本形成了全面的安全防护体系。

政务网络承载了大量的政务应用，一直是国内外攻击者关注的目标和焦点，攻击事件层出不穷，网络安全威胁防不胜防。特别是基于互联网建设的政务网络，以及跨地区、跨部门的网络连接架构，都会大大增加网络攻击风险和网络安全管理的复杂性。

面对新的安全形势，被动防御已经无法应对当前安全威胁，只有切实落实好安全监测工作，持续监测、主动发现、及时预警，才能做到“知己知彼，百战不殆”。

根据政务网络的特点，从场景化的角度出发，政务网络安全主要存在以下问题。

（1）网络情况复杂难于监管：政务网络分为互联网区和公用网络区域，政务部门的政务网络通过骨干的城域网和广域网连接各部门、通过互联网出口连接互联网，覆盖范围广且云计算和大数据技术应用广泛，面临来自互联网和各部门、下级单位的攻击风险，技术监管难度大。

（2）安全保障能力参差不齐：政务网络一般采用中央、省、市、县的架构，层级多，各层级的安全保障能力差距较大，有些部门的安全保障单纯靠传统安全产品的堆砌，呈现的维度较为单一，且存在大量误报，不具备概括性和综合性。当安全事件发生时服警信息可能淹没在大量误报当中，而且无从判断已发现的安全事件将造成怎样的进一步风险。

（3）业务众多易遭受攻击：政务网络的互联网区和公用区承载着大量的网络应用，受到国内外攻击者的关注。时刻存在攻击者用病毒、木马或者利用内部主机的漏洞等脆弱面进行的攻击以及内部人员违规操作的风险，各 IT 系统所面临的威胁严峻。

（4）内部资产难以摸清：政务网络最难的一个环节就是摸清家底，内部到底有多少资产，有多少资产存在漏洞，这些漏洞的风险级别如何，会不会给网络带来危害等，都是政府行业用户所关心的，摸清内部资产情况能够提早发现并规避大量风险。

6.15.2 建设需求分析

结合政府行业特点，适用于政务网络的网络安全态势感知系统，实质就是通过实现对政府网络系统的整体安全状态的 7×24 小时实时监控，从资产、攻击、漏洞、运行、威胁和风险各个维度全方位感知整个网络系统的安全状态与发展趋势。

具体而言，政务网络的网络安全态势感知系统首先要进行数据的自动采集和指标提炼，将数据转化为信息，直观展示网络安全现状；然后通过信息的归纳演绎和集成建模，将信息转化为知识，形成安全事件融合和关联分析所需要的规则，实现网络安全事件智能分析与实时预警；最终利用知识发现所获取的模式信息，规范、约束、推导、修正和补充安全态势模型，将知识转化为智慧，形成全局网络安全态势，实现对网络系统的全方位防护。

政务网络的网络安全态势感知系统的建设不仅仅是一个技术实现，更是一个系统工程，是包括技术平台、标准规范制度、人才队伍的完整体系。它的建设目标是形成一套全方位的网络安全保障体系，构建一个闭环的安全态势感知及处置平台。通过感知政务网络的网络安全态势，提前发现系统风险以及薄弱环节，防患于未然，做到事前感知；当网络受到外部攻击或发生重大安全事件时，即刻发现并精确定位，做到协同处置；事后，通过调查取证发现薄弱环节，进行系统加固，同时，完善情报库，提高感知能力，确保信息系统不发生安全事件、少发生安全事件或者在发生安全事件时能够得到及时处置。

安全监测平台建设不是一蹴而就的，从全天候、全方位的安全监测平台建设角度来看，具体需求如下。

（1）全方位掌握内部全局的安全态势。政务网络具有规模大、系统多的特点，因此，需要通过平台建设，实现对整个网络安全状况集中展现，尤其是对关键基础设施集中监测，实时掌握各业务系统、各关键设备是否遭受到网络攻击，及时发现内部异常安全事件，及时采取应急响应措施。

（2）全面采集内部安全要素信息。需要通过安全监测平台，采集大量的安全要素原始信息。从资产态势角度，需要采集的信息包括资产类型、系统版本、资产归属等，可以通过摸清内部资产家底，找到资产的配置缺陷。从业务运行态势角度，需要采集设备运行日志、网络运行日志、业务系统性能日志等；从发现攻击、准确定位的角度，需要采集流量信息，来进行流量行为分析。只有通过采集大量的信息，才能够做到追踪溯源，为决策提供支撑。

（3）具备处理威胁情报的能力。需要通过平台进行威胁情报的碰撞和溯源。当安全监测平台获知攻击者的攻击手段、攻击目标、攻击工具、利用的漏洞信息等情报后，就能够对攻击者进行画像，更好地帮助用户进行威胁分析。要提升精准快速的威胁判别和预警能力，有必要建立政务网络的威胁情报库，建立行业内的威胁情报体系，一方面集成外部第三方威胁情报数据源，另一方面实现政务网络自有情报加工、分析、挖掘、验证，构建政务网络原生的威胁情报库，全面提升政务网络的威胁发现和感知能力。

（4）及时精确定位高级安全事件。政务网络的网络安全监测面临信息量大、信息关联性弱、检测精度不高等诸多问题，需要同步完善前端监测手段和后台分析能力，具备从海量监测数据中准确发现安全事件的能力；结合流量数据和日志数据，为无缝还原所有安全事件的演进过程提供必要证据支持。

（5）提升安全预警联动及管控能力。政务网络可以通过安全监测平台，进一步优化与集成各下级单位上报的数据和信息，进行二次分析与处理，能及时发现各下级单位的环境、网络、通信、区域边界的风险隐患，建立安全预警联动，将业务系统信息安全事件的影响和损失降到最低，提升整体安全能力。

（6）具备响应处置手段。通过安全监测平台建设，用户可以进行威胁闭环管理。安全监测平台需要配套事件的响应和处置流程，只有通过处置，才是真正意义上的威胁闭环。因此，从安全监测平台设计上，平台需要建设威胁预警、告警和响应处置模块，来帮助用户提升线上安全处置的效率，做好威胁闭环的工作流，为安全业务的稳定运营提供保障。

（7）结合安全服务。在平台运行期间，尤其在重大值守和安全活动保障期间，只有结合安全服务才能实现用户网络的安全保障。因此，政务网络在建设安全监测平台的同时，应考虑安全服务的准备，只有快速对安全事件进行响应，才能发挥安全监测平台决策闭环的效果。根据经验，安全服务能力包括监测预警、响应处置、监督检查、持续优化等。

6.15.3 建设依据

1. 国家政策要求

当前网络面临的安全威胁呈现全天候、常态化特征，攻击源遍布国内外，面临高频次、隐蔽性强的持续性攻击威胁。针对复杂的网络攻击形势，国家从指导思想到相关的法律法规、标准文件明确了开展网络安全监测工作的要求。

（1）2016 年 4 月 19 日，习近平总书记在国家网络安全和信息化工作座谈会上发表重要讲话，指出要加强关键信息基础设施保护，感知网络安全态势是最基本、最基础的工作。要全面加强网络安全监测，摸清家底，认清风险，找出漏洞，通报结果，督促整改。

（2）《“十三五”国家信息化规划》中指要出全天候、全方位感知网络安全态势。

加强网络安全态势感知、监测预警和应急处置能力建设。

（3）《网络安全法》提出国家建立网络安全监测预警和信息通报制度。第五章“监测预警与应急处置”要求关键信息基础设施的运营者应建立健全本行业、本领域的网络安全监测预警和信息通报制度。

（4）等保 2.0 中规定，应采取技术措施对网络安全状况进行监测，开展数据分析，安全事件识别报警。

（5）《关键信息基础设施安全保护条例》中提出关于建立健全网络安全监测预警制度、开展网络安全监测以及促进网络安全信息共享的要求。

按照上述要求，国家关键信息基础设施的运营者应当重视并依法开展网络安全监测工作，建设必要的技术平台，配备专业的人员队伍，提升整体的安全态势感知和威胁应对处置能力。

2. 标准指导

在网络安全态势感知监测国家标准、行业标准方面，除了《网络安全法》和一些政府的内部政策可供参考，还有一系列监测标准。

（1）《信息安全技术　网络安全监测基本要求与实施指南》（GB/T 36635—2018）：规定了网络安全监测的基本要求，给出了网络安全监测的框架和实施指南。

（2）《信息安全技术　政务网络安全监测平台技术规范》（征求意见稿）：规定了政务网络安全监测平台的通用技术要求、扩展技术要求以及测试评价方法。

（3）《国家电子政务外网安全监测体系技术规范与实施指南》（GW 0203—2014）：给出了国家电子政务网络安全监测的体系框架以及实施指南。

（4）T/CIIA 系列监测标准：结合了中央级政务网络安全监测平台建设的实践经验，用于推动和指导全国政务网络安全监测体系的建设，规范安全监测业务服务。①《政务网络安全监测平台总体技术要求》（T/CIIA 005—2019）：规定了政务网络安全监测平台的基本要求，提出了政务网络安全监测平台技术框架和相应的技术要求。②《政务网络安全监测平台数据总线结构规范》（T/CIIA 007—2020）：规定了政务网络安全监测平台数据总线的格式内容要求及管理规范，主要用于规范平台内部各功能模块之间的数据交互、不同厂家 / 类型的监测分析子平台的数据格式统一标准化、指导行业内上下级平台之间的数据级联对接以及与第三方平台（如公安、网信平台）的数据对接。

（5）《政务网络安全监测业务服务规范》（征求意见稿）：规定了政务网络安全监测业务服务所需的服务原则、服务条件、服务内容、服务过程及服务管理的相关要求，用于指导监测业务服务的选择和开展。《信息安全技术　政务网络安全监测平台技术规范》（征求意见稿）、T/CIIA 系列监测标准已经用于规范中央级政务网络安全监测平台和部分省级试点安全监测平台的建设完善及级联对接工作。

6.15.4 建设内容

1. 监测范围和对象

政务网络主要承载各级政务部门的办公类应用、公众服务类应用，以及跨地区、跨部门业务协同和数据共享类应用。政务网络一般包含以下网络区域。

（1）广域网：各级政务部门实现上下互联互通的网络。各级政务网络通过接入设备接入广域骨干网链路。

（2）城域网：同级政务部门实现互联互通的网络。各政务部门通过接入设备接入城域网链路。

（3）局域网：承载政务部门自身业务和托管业务的网络。按照分区分域管理原则，局域网又可分为如下两个安全区域。① 互联网接入区：政务部门通过逻辑隔离安全接入互联网的网络区域，承载政务部门利用互联网开展的公共服务、社会管理、经济调节和市场监管等业务应用。② 公用网络区：与互联网接入区逻辑隔离，承载政务部门（非互联网）公共服务，以及跨部门、跨地区的业务协同和数据共享等业务应用。

政务网络安全监测平台的监测范围涵盖上述网络区域，并与政务部门管理的网络边界范围保持一致。监测的对象包括基础网络，以及部署在上述网络区域的政务云、政务应用和政务数据。当政务网络的边界或结构发生变化时，应及时调整监测范围和监测平台设备的部署。

2. 整体架构

政府行业安全监测平台应实现海量信息的采集、分析与展示，保证政府行业用户业务信息系统的安全运营，应符合并体现信息安全管理体系和等级保护的要求，并能够进行持续运营和改进。网络安全监测平台的整体架构如图 6-79 所示。

态势感知的目标是监控关键信息系统的安全运行状态，能够识别攻击事件或异常事件，基于运行数据进行合规性分析，呈现全局网络与系统安全态势。平台分为总体功能和平台运行管理两部分，由六大模块组成。

（1）监测数据采集预处理：确定平台的采集区域、采集方式、采集内容以及预处理方式。采集区域应覆盖互联网区、公用网络区、城域网、广域网等网络区域，以及基础支撑系统、业务系统、托管业务等应用。采集内容应该包括网络流量、日志、资产、威胁情报以及上下级平台交互数据等信息，数据经过采集预处理后进一步进行分析。

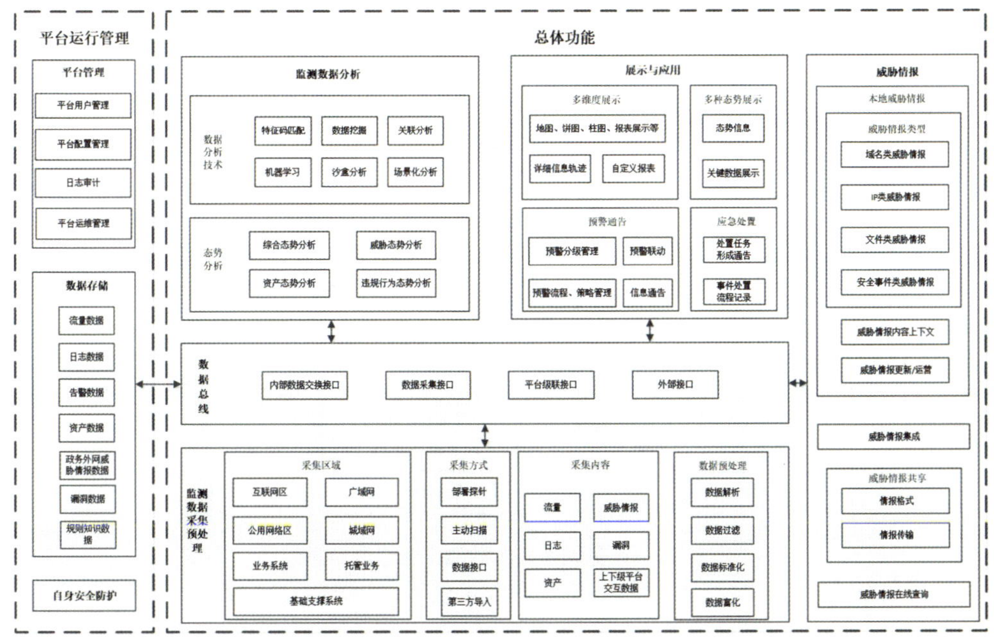

图 6-79　政府行业的网络安全监测平台整体架构图

（2）监测数据分析：通过机器学习、数据挖掘、关联分析等数据分析技术对网络的综合态势、攻击态势、威胁态势、资产态势、违规行为态势等进行分析，分析后的数据通过数据总线汇总至展示与应用模块。

（3）数据总线：利用内部数据交换接口、数据采集接口、平台级联接口、外部接口等实现平台内部和外部的数据交互。内部数据交换接口为平台内部模块之间数据的规范化交换提供服务，数据采集接口从各种监测采集设备中收集处理后的数据并进行规范化传输，平台级联接口实现行业内上下级平台之间进行总体态势、告警日志、威胁情报等数据的交互，外部接口实现平台与其他应用系统和平台（如公安、网信等第三方平台等）之间的集成和数据交互。

（4）展示与应用：根据决策者、管理人员和运维人员不同的需求和关注重点，进行多种态势的多维度展示，并且支持预警通告和应急处置。

（5）威胁情报：有效提升监测平台的能力，实现及时发现关键威胁、为事件响应提供决策需要的上下文、了解攻击者的攻击背景情报信息、提供情报运营能力以及威胁情报数据共享交换等。

（6）平台运行管理：包括平台管理、数据存储以及自身安全防护，为平台的总体功能实现提供支撑。政务网络一般为全国三级的纵向网络，平台一般采用级联部署方式，各政府单位视情况不同统一建设或者分级建设安全监测平台，通过级联接口实现数据共享、协同联动，如图 6-80 所示。

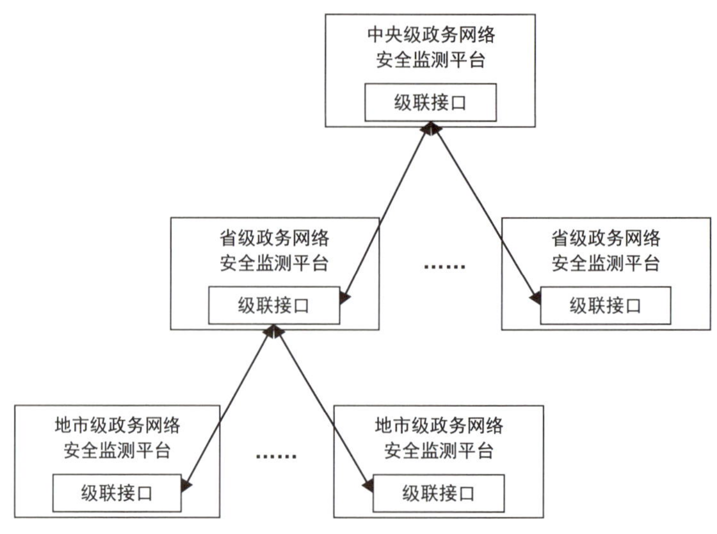

图 6-80 政务网络安全监测平台级联示意图

6.15.5 建设成效

政府单位通过建设安全监测平台，联动单位的安全防护设备、配合人员的运营服务、贴合度较高的安全运营能力，实现持续不断地对外部变化的网络安全风险威胁进行动态的策略应对。以网络安全监测预警为核心，面向网络安全保障需求，实现覆盖全网、全域、全业务和全流程的一体化网络安全保障。

政府单位以网络安全法律法规、等级保护和关键信息基础设施保护等要求为依据，以能够有效抵御有组织的攻击为尺度，以数据不泄露、业务不中断为底线，以监测发现、预警通报和应急处置为主线，覆盖网络安全、终端安全、应用安全、数据安全，构建持续（7×24 小时）、主动、闭环的安全运营体系，持续保障业务系统的安全，实现了监测预警、响应处置、监督检查、持续优化的功能，具体效果如下。

（1）安全威胁的发现时间越来越短，发现速度越来越快。

（2）安全威胁的响应时间越来越短，响应速度越来越快。

（3）安全事件的数量越来越少，最后在可接受的范围内波动。

（4）安全运营成熟度不断提高。

1. 监测预警

1）资产监测

资产管理服务提供资产识别、录入以及资产全生命周期的追踪管理，让用户清晰掌握单位资产信息，减少僵尸资产以及安全暴露面。通过在网络中部署资产探测工具，主动发现资产清单，配合服务人员全面梳理资产，形成资产台账；根据设置策略，周期性探测录入资产可用性以及资产台账变更状态（设备指纹级别）；主动发现是否有新增资产；发现资产变更或可用性问题，触发服务工单与流程，通告用户，并更新资产信息；维护资产台账。

2）威胁监测

综合运用资深安全专家的经验和丰富的威胁情报知识库，对全网流量和安全设备的安全日志进行威胁检测和关联分析，并通过资深专家对安全威胁的定位，帮助用户精准检测网络中的安全威胁。具备对漏洞利用攻击、Web 攻击、系统攻击、信息泄露攻击、数据篡改、端口扫描、口令暴力破解、病毒木马事件、僵尸网络、内部横向攻击和 APT 攻击等威胁与事件的监测能力。可通过远程与现场结合的服务方式实现全天候、持续的威胁与事件监测。

3）脆弱性监测

持续发现和识别资产存在的脆弱性，包括安全隐患和漏洞，并对漏洞被利用情况和危害情况进行监测。脆弱性监测范围包括但不限于 Web 漏洞、系统漏洞、数据库漏洞、弱口令、配置不当或缺失等；对于最新脆弱性预警信息，应根据资产清单信息进行影响面分析，迅速定位受影响的资产并修复漏洞；通过结合威胁情报、漏洞利用行为特征和安全日志信息，分析判断漏洞是否已被利用，便于及时采取应对措施。可通过远程与现场结合的服务方式实现全天候、持续的脆弱性监测。

4）分析研判

针对工具或人工产生的告警和通报信息，结合资产及其脆弱性的实际情况，进行进一步的分析、研判和分类，识别并过滤误报情况，确定安全威胁的范围及影响，分析判断是否存在其他受影响主机，确定安全告警 / 通报的类别及其对应的处置方案。分析研判的内容包括分析判断攻击源是否恶意、攻击是否成功、攻击意图，并据此判断攻击所处的阶段。可通过远程或现场的服务方式实现，以保证及时对安全监测的结果进行响应。

5）预警通报

基于资产、威胁、脆弱性监测和分析研判的结果，以及收集到的可能对各类数据及设施造成危害的网络安全威胁、漏洞及事件情报，根据严重性评估，通过预先确定的方式向相关部门进行预警和通告，便于及早开展隐患排查和响应处置工作。支持短信通知、邮件通知、即时通信通知等告警方式。通过攻击事件、处置方案、威胁情报等重要通报预警信息在相关方之间共享，利用上下级部门的级联能力将数据传输通道打通，形成预警通报传递机制，实现共同防护。可通过远程或现场的服务方式实现全天候的即时预警通报。

6）威胁情报服务

通过汇聚监管机构情报、全网自生产情报、第三方情报等数据，通过格式归一预处理、数据提纯、去误报、丰富上下文等步骤最终生成域名失陷指标（indicators of compromise，IOC）、全网 IP 信誉、黑客画像、漏洞情报、业务情报和人读高级报告几大类数据，全面赋能本地监测预警平台。通过协同服务系统提供分支节点共享能力，即主节点（国家级安全威胁情报平台）可以分发情报给下级从节点（用户侧威胁情报平台），下级从节点具备完整情报管理能力，除消费情报外，对于从节点自行生产的情报也支持上交给主节点，并由主节点进行二次分发，最终达到“单点感知，整体防御”的效果。

2. 响应处置

1）应急响应

在监测到重大信息安全事件发生时，第一时间启动应急响应预案，按照安全事件处置流程，协助在最短时间内恢复业务系统的正常运行，最大限度地挽回或减少损失，降低危害。服务人员对安全事件进行定级，并选择对应的处置流程和措施；应急响应过程中，按照应急预案定义的流程，由具备相应能力的服务人员采取调查分析、遏制事件、消除影响、业务恢复等应急处置措施进行处置；事件成功处置完成后，服务人员协助进行事件调查分析，分析事件原因，提出整改建议；通过对应急响应过程进行详细记录，并编写应急响应报告，保证事件信息和处置过程记录的准确性和完整性。服务通过现场实施的方式完成。

2）溯源取证

借助相关日志和流量数据，分析安全事件的入侵方式和攻击路径，还原整个事件过程甚至完成攻击者画像，综合进行事件调查、追踪和取证。充分利用网络流量、主机系统日志、网站服务日志、业务应用日志、数据库日志、威胁情报、恶意样本等各维度信息，结合已有网络设备、安全设备和端点设备数据，进行溯源取证分析；根据追踪的具体需求及应用环境，选择适配的追踪溯源技术；保存溯源过程中重要的攻击入侵痕迹和操作行为记录，整理形成完整的溯源取证报告，至少包含事件概述、事件背景、过程分析、根因总结、整改建议等内容，便于后续对事件进行分析和研究。服务通过现场实施的方式完成。

3）事件处置

根据监测预警结果，持续对网络环境中识别的安全威胁和发生的安全事件进行响应和处置，及时止损，消除影响。通过持续主动地对识别到的安全威胁进行处置，将网络安全处置工作的关口提前，规避威胁可能造成的不良影响，深入调查和分析原因，提出相应的安全加固和体系优化建议或方案，形成详细的事件处置报告。服务通过现场实施的方式完成。

4）漏洞管理与修复

按照一定的策略，基于脆弱性监测的成果，进行安全漏洞识别、评估、分析、修复、验证、跟踪与归档的全生命周期管理。提出可落地的漏洞修复指导，并持续跟踪漏洞的加固处置状态，使用户具备漏洞全生命周期的可视、可控和可管能力。通过定时定期对网络设备、主机、数据库、操作系统、中间件、业务系统等资产进行安全漏洞扫描与识别，保证漏洞得到及时修复和管理；结合漏洞情报和资产价值等信息综合评估分析漏洞对实际环境的危害程度，并据此确定漏洞修复的优先顺序，便于制订合理、可执行的漏洞修复计划；制定漏洞修复方案时结合实际情况进行修复风险评估与测试，规避修复操作带来的风险，确保修复方案的有效性与可落地；漏洞修复后进行漏洞复测，确保修复操作的正确性和有效性；通过工具对漏洞生命周期进行闭环管理，定期对漏洞识别、分析、修复和跟踪工作进行检视与总结，以可视化方式直观展示漏洞管理情况，对漏洞管理有效性进行评价，并整理形成漏洞管理报告。服务可通过远程或现场实施的方式完成。

3. 监督检查

1）渗透测试

在用户的授权与监督下，通过模拟攻击方法与行为，对信息系统进行非破坏性的攻击测试。以找到非法进入目标系统并取得相关权限的途径、测试目标系统安全控制措施的有效性与暴露存在的脆弱性和安全隐患为目标，不可对生产环境中的系统和资产造成任何破坏；充分挖掘和暴露安全脆弱性，直观展示其可能带来的安全危害，并给出详细的修复建议。服务可通过远程或现场实施的方式完成。

2）漏洞扫描

在用户的授权与监督下，采用漏洞扫描工具定期对资产进行漏洞识别与分析，并给出漏洞修复建议。漏洞扫描的资产范围包括网络设备、安全设备、操作系统、数据库、应用系统等；漏洞范围包括系统漏洞、Web 漏洞、数据库漏洞、弱口令、配置不当等；漏洞扫描工具支持慢速扫描能力，降低对敏感、脆弱的网络或目标系统的影响；漏洞扫描工具应具有漏洞验证能力，保证漏洞检出的准确性。服务通过现场实施的方式完成。

3）基线核查

根据定义的安全配置基线，对安全配置情况进行检查，以发现可能会被攻击者利用的安全配置不当与建设不足，达到合规要求，提升安全防护有效性。定期对网络设备、安全设备、操作系统、中间件、应用系统、数据库等软硬件进行基线核查，确保有风险的配置项得到及时调整，对配置风险项进行告警，并说明其潜在危害，形成基线核查报告；核查方式支持多种协议，如 Telnet、SSH、SMB、RDP、WinRM 等。服务通过现场实施的方式完成。

4）上线检查

在信息系统上线前进行全面的安全检测，提前发现并修复系统可能存在的安全隐患和漏洞，确保应用系统满足上线运行的安全要求，最大限度地预防和减少安全事件的发生。检测范围包括上线信息系统相关的操作系统、中间件、应用系统、数据等；检测方式应包括源代码审计、端口检测、漏洞扫描、渗透测试、配置检查等方式中的一种或多种；针对上线检查发现的问题，应提供修复建议；对安全整改完成的系统进行回归测试，确保发现的安全问题得到妥善处理。服务可通过远程或现场实施的方式完成。

5）等保测评

根据信息系统定级情况，依据国家网络安全等级保护标准规范对信息系统进行等级保护测评，验证等级保护最新标准的符合性。服务提供方应是经公安部认证的具备相应资质的测评机构；服务频率应符合等级保护相关国家政策标准对等级保护测评工作的频率要求；应严格依据《信息安全技术网络安全等级保护基本要求》（GB/T 22239—2019）、《信息安全技术网络安全等级保护测评要求》（GB/T 28448—2019）对信息系统安全技术和管理方面的安全控制措施进行检测评估。服务通过现场实施的方式完成。

6）密码应用评估

对采用商用密码技术、产品和服务集成建设的网络和信息系统密码应用的合规性、正确性、有效性进行评估，并出具评估报告。应按照《国家政务信息化项目建设管理办法》等有关规定，依据《信息系统密码应用基本要求》《政务信息系统密码应用与安全性评估工作指南》等标准指引，对信息系统的规划、建设、运行三个阶段的密码应用情况进行安全性评估；对商用密码应用安全规划建设方案进行评估，评估通过后出具方案评估报告；服务提供方应是《商用密码应用安全性评估试点机构目录》中列举的测评机构之一，具备密码测评相应资质；关键信息基础设施、网络安全等级保护第三级及以上信息系统每年至少评估一次。服务主要通过现场实施的方式完成。

4. 持续优化

1）咨询规划

遵循国际、国内网络安全法律法规、政策标准和制度规范，进行整体网络安全体系规划设计，通过设定网络安全建设目标，识别现状存在的差距，细化网络安全建设任务及其实施路线，体系化地增强网络安全风险管控能力。遵循同步规划、同步建设、同步使用的“三同步”原则；结合实际情况进行网络安全咨询规划，基于信息化顶层设计和新兴技术发展方向进行设计，以适应未来不断变化的威胁形势；咨询规划的范围应覆盖物理机房安全、网络边界安全、计算环境安全、应用安全、数据安全等领域，综合保障网络安全风险得到最大程度的管控，实现体系化规划设计的目标。服务可通过远程或现场实施的方式完成。

2）安全加固

基于监测预警、响应处置、检测评估等各服务的输出成果，对资产存在的脆弱性进行修复和加固处置，系统地对安全能力短板进行增强与补充，最大限度地增强安全控制措施的防护效果。安全加固的对象包括网络设备、安全设备、操作系统、中间件、云平台、应用系统和数据库等软硬件资产；制定加固方案时结合实际情况进行修复风险评估与测试，规避加固操作带来的风险，确保加固方案的有效性与可落地；加固完成后应进行复核验证，确保加固操作的正确性和有效性。服务通过现场实施的方式完成。

3）安全运维

结合监测、预警、处置的工作，协助完成资产维护、安全巡检、安全策略配置与变更、设备管理、日常安全事件监控与处置和其他安全运维相关工作，提供专业技术支撑，保障网络及其信息系统和业务数据长期维持在稳定的安全水平。严格遵照安全运维相关管理制度规范开展安全运维工作；服务频率应至少是 5×8 小时，即正常工作时间全程提供服务。服务通过现场实施的方式完成。

4）培训演练

根据岗位要求和业务运行的实际要求，定期开展针对信息安全工作人员的专业技能培训和针对全体工作人员的安全意识培训，并通过攻防演练模拟真实的攻击入侵及防御活动，在专业的安全人员设计指导下，通过参与实战的方式充分了解攻防双方的思路及实践方法，使得信息安全工作人员扎实掌握必要的专业理论和技能，保证其能够胜任相应的工作；用户单位全体工作人员具备更强的安全意识，更规范地使用和操作信息系统，共同提升整体应对信息安全风险的意识和能力水平。服务可通过远程或现场实施的方式完成。

5）重保特服

在重大会议、重大节日、攻防演练或其他特殊活动时期提供重保前、重保中、重保后的全周期安全保障服务。重大活动期间应根据重大活动的实际时间安排，支持不间断的安全值守服务，如工作时间全程 5×8 小时或 7×24 小时值守。服务通过远程或现场实施的方式完成。

6.15.6　经验总结

1. 平台建设间接带来经济效益

《网络安全法》明确规定了网络运行安全、监测预警与应急处置等重要条款，为构建网络安全强国、促进经济社会信息化健康发展提供了法律保障。建设国家政务网络监测平台，能够提升网络安全威胁的感知能力，提高重要信息系统的威胁响应能力，降低灾难风险损失，实现显著的经济效益。

通过政务网络监测平台工程的建设，政务监测平台对各部门政务应用的承载能力和安全保障能力将不断增强，越来越多的部门将依托政务网络监测平台来监测其业务应用和系统运行。安全监测包含中央、省、市各级政务网络的安全态势，跨部门、跨地域的政务网络安全态势通过信息系统即可实现同步处理，每年可以减少大量的人员往来奔波，节省差旅费、住宿费、交通费等各种类型的经费支出，数目十分可观。

2. 减少信息安全灾难事故损失

当今我国面临复杂多变的国际国内形势，各种紧急事件时有发生，必须做好充分的应对准备。在大型的自然灾害或人为事故灾难面前，能够顺利恢复关键数据或关键系统才能够渡过难关。信息安全事故灾难所造成的损失是无法衡量的，有时候甚至会对一个系统或者一个行业造成毁灭性的打击。政务网络安全监测平台的建设将帮助各部门政务系统有效规避此类损失。

3. 提高政府公共服务的安全能力

通过政务网络安全监测平台工程的建设，政务公用网络安全能力将进一步提高，各部门、各地方网络安全态势及网络安全形势的发展形势将被实时监控和分析，这将有效减少网络威胁，提升网络安全威胁的感知能力，为维护政务网络安全提供有力支撑，也为提高行政效率提供支持。

4. 加快互联互通，推动安全监测信息共享

政务网络安全监测平台是一个集网络安全数据采集、网络安全数据存储、网络安全威胁大数据综合分析、网络安全态势感知等功能于一体的综合平台，将汇聚各部门政务网络的安全监测信息，而共享安全监测信息有助于各部门、各地方监测平台管理部门根据数据提供对威胁的事前预警、事中发现、事后回溯功能，贯穿威胁的整个生命周期管理，为电子政务运行创造良好的基础环境。

5. 构建全流程安全监测，提高网络安全实战水平

政务网络安全监测平台建设数据采集、数据分析、预警通告和应急处置四大基础安全监测能力，从事件发现到预警通告，再到应急处置，做到全流程的安全监测，确保政务网络运行过程中无重大安全事故，对于安全威胁能够及时发现、响应、处理和解决，能够不断提高安全态势的感知能力，减少安全隐患，有效加强网络安全实战水平。

第 7 章　数字政府建设发展趋势与展望

7.1　数字政府建设发展趋势

7.1.1　数字政府基础设施建设逐步加强

数字政府建设的首要内容就是数字政府基础设施建设，它是整个数字政府建设的基石，是政务运行、行业管理、企业服务连接的枢纽，是政府资源配置的核心，支撑着政府资源的泛在连接、灵活运用、高效配置。数字政府基础设施建设有助于进一步提高“互联网＋政务服务”水平，建设服务型政府。

国家发展改革委先后印发了《关于支持新业态新模式健康发展　激活消费市场带动扩大就业的意见》（发改高技〔2020〕1157 号）、《关于加快构建全国一体化大数据中心　协同创新体系的指导意见》（发改高技〔2020〕1922 号）、《关于印发〈全国一体化大数据中心协同创新体系算力枢纽实施方案〉的通知》（发改高技〔2021〕709 号），将在京津冀、长三角、粤港澳大湾区、成渝，以及贵州、内蒙古、甘肃、宁夏等地布局建设全国一体化算力网络国家枢纽节点，发展数据中心集群，引导数据中心集约化、规模化、绿色化发展。同时，加强云算力服务、数据流通、数据应用、安全保障等方面的探索实践，发挥示范和带动作用。

从各地数字政府基础设施建设的布局来看，各地在继续进行政务云建设，加快资源集约管理，加快非涉密政务信息系统向政务云平台迁移和接入的基础之上，开始对政务网络升级改造、推进 IPv6 深度应用，以此提升政务网络服务质量。各地同时强调了数据共享开放平台建设，实现数据的高质量应用；进一步完善应用支撑平台，为各部门开发业务应用提供公共支撑。

广东省提出要统一构建覆盖全省的数字政府公共支撑体系。在基础支撑层，建立数字政府云平台“1+N+M”总体架构；在数据中心层，汇聚政府、社会数据实现数据资源开放利用；在政务网络层，对接整合各部门业务专网，实现统一、高速、稳定、安全、弹性的网络通信环境；在应用支撑层，为各类政务应用，特别是政务服务和行政办公两大类应用提供支撑平台。

浙江省提出建设集约整合的基础设施体系，实现计算资源、存储资源、服务支撑、安全保障等共性基础资源集约共享；加快电子政务外网升级改造，按需拓展网络覆盖范围；建设共建共享的数据资源体系，建立全省统一公共数据资源目录体系，完善省公共数据交换平台和共享平台，加快推动政务数据开放和社会化利用，建设全省统一公共数据开放平台；建设统一开放的应用支撑体系，包括公共支付、公共信用、可信身份认证、电子签章（签名）、电子归档、大数据算法、人工智能、区块链等通用组件，为各地、各部门开发业务应用提供公共支撑。

湖北省提出进行基础支撑建设，要求加快网络设施升级改造，提高4G覆盖水平，积极跟进5G发展，改造升级电子政务外网，增强网络的可用性和稳定性；推进省政务云平台建设，融合相关行业云和地方政务云，构建全省“1+N+17”政务云平台，实现全省政务资源的集中调度和综合服务；推动信息共享开放，加快政务数据共享交换，实现平台联通、数据共享，同时向社会优先开放交通、教育等数据，从而挖掘公共数据价值，着力提升全省信息资源开发利用水平。

山东省提出要统一构建互联互通的基础设施体系，要求完善集约化政务云平台，规范统一政务网络架构；统一构建汇聚融合的数据资源体系，扩大政务数据共享开放；统一构建先进适用的应用支撑体系，加快完善共性服务应用；统一构建可管可控的安全保障体系，要求完善安全管理机制，强化安全技术支撑；统一构建持续优化的标准规范体系，推动政务服务标准化以及数字转型标准化。

此外，江苏省、宁夏回族自治区等地在数字政府基础设施建设方面也纷纷出台相关政策文件，对数字政府基础设施建设进行规范要求。

7.1.2 数据要素驱动政府数字转型加速

2020年4月，《中共中央　国务院关于构建更加完善的要素市场化配置体制机制的意见》首次将数据与土地、劳动力、资本、技术等传统要素并列为要素之一，并提出要加快培育数据要素市场，推进政府数据开放共享。我国“十四五”规划和远景目标纲要提出，迎接数字时代，激活数据要素潜能，推进网络强国建设，加快建设数字经济、数字社会、数字政府，以数字化转型整体驱动生产方式、生活方式和治理方式变革。

当前，各地政府纷纷布局，培育数据要素市场，大力发展以数据要素驱动的数字经济。多地出台了与数据有关的条例和办法。例如，杭州市在《中共杭州市委关于做强做优城市大脑　打造全国新型智慧城市建设“重要窗口”的决定》中提出“数据与数据价值交易”，深圳市司法局在其发布的《深圳经济特区数据条例(征求意见稿)》中提出“个人数据权”。北京市、上海市、浙江省、重庆市等均陆续出台了公共数据管理和开放暂行办法等相关文件。例如，北京市政务信息化从网上、云上到数上阶段，北京市启动大数据行动计划，抛弃了传统以政务服务和应用为核心的工作模式，改为以政府“三定”职责来推动的政务数据共享机制。“北京通过建立统一数据目录，聚合全市 62 个市级部门、1000 多个业务处室的数据，基于区块链等技术，形成可靠稳定的数据资源共享开放体系。”北京市经济与信息化局副局长潘峰介绍道。

《广东省数字政府改革建设“十四五”规划》中提出，广东省目标是到 2025 年，全面建成“智领粤政、善治为民”的“广东数字政府 2.0”，构建“数据 + 服务 + 治理 + 协同 + 决策”的政府运行新范式。其中包括，在全国率先构建五级联动的省域治理体系，并实现政府数据共享需求满足率达到 99% 以上，向社会开放不少于 1 万个公共数据资源集，推动数据要素市场化改革走在全国前列。

完善数据要素市场，政府要发挥主导作用：一是完善公共数据共享交换平台体系。深化推进政务信息系统整合共享工作，构建国家信息交换体系，建立覆盖各级各类政府部门和公共部门的数据共享交换机制，推动政务数据共享的跨地区、跨部门和跨层级。二是建立完善国家公共数据开放体系。首先需要各级部门完善和健全公共数据开放体系，制定数据开放进程和计划，在加强安全和隐私保护的前提下开放相关数据集，形成国家大数据开发利用智力众包机制。三是建立完善社会化数据采集体系。清理、整合、统筹各级政府面向社会化机构的数据采集和信息报送渠道，依法依规建立社会化数据统一获取和合作机制，探索建立面向超大规模头部互联网企业的数据目录备案机制，推动政务数据与社会化数据平台化对接，充分发挥社会治理合力。四是建立国家数据资源流通交易体系。搭建包括数据交易撮合、交易监管、资产定价、争议仲裁在内的全流程数据要素流动平台，明确数据登记、评估、定价、交易跟踪和安全审计机制。建立全社会数据资源质量评估和信用评级体系。整合区块链等新技术，搭建全社会数据授权存证、数据溯源和数据完整性检测平台。在以上基础上，建设超大规模数据新型基础设施体系。打造“国家数网”，推动“东数西算”，实现东部产业资源与西部算力和能源的有效衔接，同时配合京津冀、粤港澳、长三角等国家战略建设区域数据中心，形成以数据为纽带的东、中、西协调发展新格局。

7.1.3　场景应用驱动数字政府全面融合

党的十九届四中全会通过的《决定》明确提出，“建立健全运用互联网、大数据、人工智能等技术手段进行行政管理的制度规则。推进数字政府建设，加强数据有序共享，依法保护个人信息”。新时期数字政府建设改变了过去分散建设、单部门建设模式，重点从组织扁平化、业务协同化、数据共享化改革入手，重塑组织架构、业务架构、技术架构，最终目标是建成线上线下融合的一体化服务型政府。这一时期数字政府建设的核心使命是支撑国家治理体系和治理能力现代化，基本目标是对内推动政府系统性、协调性变革，对外建设人民满意的服务型政府；关键环节是实现技术融合、业务融合、数据融合；重点方向是实现跨层级、跨地域、跨系统、跨部门、跨业务的协同管理和服务建设。

在全国一体化政府服务平台深入推进的背景下，地方政府成为连接本地需求和全国政务资源的重要接口，相应地也就成为政务服务场景创新的竞争者。当前政务服务正从单一、浅层次的需求满足逐步转向多元、深层次的需求满足，业务的复杂性、创新性要求不断提高。能否源源不断地推出类似于“最多跑一次”“政府秒批”“健康码”“电力复工指数”等的新应用场景，成为各地优化营商环境的新基石以及数字政府有效赋能的重要标识。在这个过程中，数据开放、政务服务、信用画像、市场监管以及政策创新的各个环节都需要政府部门强化生态建构的理念。换言之，谁能在更大范围、最大限度地调动内部和外部主体的参与动力和信息共享，谁将在这场竞赛中胜出。因而，为提升数字政府建设的应用效能，应以场景创新和生态建构一体化为导向构建激励制度，鼓励地方政府打造出更多的智慧政务“爆品”。

以山东省为例。2020 年 5 月，山东省开始试点不动产登记、交易、税收资料和水电气热过户综合受理：以往，群众办理不动产过户登记后，需分别到水、电、气、暖办理窗口办理过户手续，程序比较复杂。2020 年，在济南、日照等市探索基础上，全面推行不动产转移登记与水电气暖过户协同办理。在过户申请人自愿情况下，不动产登记机构综合受理不动产登记、交易、税收资料和水电气热过户申请，将转移登记结果和申请推送给当地政务服务平台，由达到协同办理条件的水电气热企业线上审核并办理过户。

7.1.4 信用体系建设赋能政府监管服务

2019 年 7 月，国务院办公厅印发了《国务院办公厅关于加快推进社会信用体系建设 构建以信用为基础的新型监管机制的指导意见》，要求各级政府加强社会信用体系建设，深入推进“放管服”改革，进一步发挥信用在创新监管机制、提高监管能力和水平方面的基础性作用，更好激发市场主体活力，推动高质量发展。目前，信用信息共享共用的全国“大动脉”已经贯通，以全国信用信息共享平台、“信用中国”网以及各级政府的门户网站为载体，形成国家部委到地方立体的信用建设网络，全国信用信息共享平台成为信用信息归集共享的总枢纽，“信用中国”网站成为面向社会公众，弘扬诚信惩戒失信的总窗口，并与所有接入部门和地方平台实现了核心数据机制化共享，每周定时向各部门和地方推送行政许可和行政处罚、各类红黑名单、企业经营异常名录等信息。据不完全统计，到 2020 年底，全国已经有 310 多个城市完成了信用信息共享平台建设。

截至 2020 年底，上海市公共信用信息平台实现了公共信用信息归集法人、自然人全覆盖，本市政府部门全覆盖，可对外提供查询信息约 40 亿条。市场信息提供初具规模。以信用为核心的监管机制已经基本形成，政府部门在日常的监管服务中，将查询信用报告、开展信用评价、联合奖惩等举措作为工作的重要抓手。目前，政府用信基本涵盖行政审批、日常监管、表彰评优等共八大类。信用促进市场广泛积极用信。“信易 +”活动收效明显。根据国家发展改革委关于“信易 +”工作开展要求，行业内具有广泛影响力的市场主体积极参与，在信贷、旅游、出行等众多场景积极用信，形成多项惠民措施，实现以信用进一步优化 B2C 的互动关系。2020 年，上海市出台《上海市人民政府办公厅关于本市加快推进社会信用体系建设构建以信用为基础的新型监管机制的实施意见》，提出全面推行政务服务信用承诺制，加强信用监管信息归集共享，打造城市信用特色名片，营造良好的信用环境。

近年来，南京市出台《南京市创建国家信用示范城市行动计划》《南京市“十三五”社会信用体系建设规划》系列文件，开展国家“十四五”前期规划研究，牵头制定国家公共信用信息公示规范，强化日常通报和年度考核机制，鼓励各区各部门争先创优，探索信用应用实践。在政务服务方面，通过区块链技术将全量信用信息推送到综合管理平台，使“服务柜台”虚拟化，实现全线上各项流程“一网通办”，推动了政府简政放权，优化了营商环境。2019 年，南京市完成“不见面审批”事项约 12000 项，可全程网办事项约 9900 项，占全部事项的 84.5%。在社会服务方面，利用大数据的分析，拓展了信用应用新场景。“我的南京”App 打通 58 个市级部门数据和服务，向市民提供就医、出行、停车、健身、文旅等多种便民服务；对企业全景画像，在股权质押和新四板挂牌中小微企业服务方面，主动为企业纯线上办理业务，“不让企业跑一次”；整合公共信用数据与金融信贷数据，“全线上、纯信用、不见面”的“南京 E 贷”已经签约 11 家银行、放款 86 亿元、不良率低于 1%。

7.1.5 数字化转型加快政府治理现代化

数字政府的建设促进政府治理能力的变革，党的十九届四中全会通过的《中共中央关于坚持和完善中国特色社会主义制度、推进国家治理体系和治理能力现代化若干重大问题的决定》提出，“坚持和完善中国特色社会主义行政体制，构建职责明确、依法行政的政府治理体系”，这对于全面推进我国国家治理体系改革和提高我国国家治理效能具有重大和深远的意义。随着数字政府建设的加快推进，政府治理体系和政府治理能力数字化不仅是国家治理体系和治理能力的重要组成部分，而且是整个国家治理体系和治理能力发挥作用的重要基础保障。国家治理体系和治理能力的现代化必然要求政府治理体系和政府治理能力的数字化和现代化，而政府治理体系和治理能力的现代化首先要求完善国家行政体制。国家行政体制包括行政决策、行政执行、行政组织、行政监督诸层次的体制及制度。在行政决策方面，逐步推进了公众参与、专家论证、合法性审查、风险评估、集体讨论决定等制度、机制的运作；在行政执行方面，逐步推进了互联网、大数据、人工智能、区块链等高科技的应用和“最多跑一次”等便民制度、机制的实施；在行政组织方面，逐步推进了以大部制、机构职能优化协同高效为目标的各项制度、机制的运行；在行政监督方面，逐步推进了层级监督、职能监督、督察监督以及自查自纠相结合的各项监督制度、机制的实施和运行。

7.1.6 数字政府增强赋能数字经济发展

数字政府的兴起是政府部门对经济演进到数字形态的自我适应，也是我国深化改革赋能数字经济发展的关键举措。面对数字经济条件下市场体系的特征变化及各种挑战，数字政府赋能的核心在于增进市场机能，进而更好地发挥市场作用；赋能的关键在于要素释放与主体培育、市场秩序有效维护以及公共政策的动态调整与创新。数字政府赋能数字经济的根本取向是相比传统经济，数字经济的协调活动更为复杂，市场主体的多元、信用风险的泛化与平台垄断的加剧都充分说明了这一点。面对市场的协调失灵，政府部门必须也必然要在市场体系培育中发挥积极作用。但这种积极有为绝不是对微观经济过程的全面干预。在数字技术的作用下，政府比以往更接近市场，能够以更便捷的方式、更低的成本实时获得市场主体的行为数据、经营数据。当实践中过于强调全流程、全方位，“天罗地网”式介入市场获取数据，甚至受资本力量、技术平台的俘获形成主动、被动式合谋时，数字政府应有的“扶持之手”将演变成“掠夺之手”，市场主体的安全感以及创新活力将受到严重抑制。首先，数字经济协调失灵广泛存在；其次，即便是拥有大量数据的政府，也不能覆盖所有的解决方案并从中选出最佳路径。面对数字经济市场体系发育程度不高、要素资源缺乏、市场秩序不稳定的现实，数字政府建设的根本取向仍然是促进市场更好发挥作用，其赋能的有效性判定在于是否为政府部门增进市场机能、推动市场体系发展与市场秩序扩张提供一种新的方法和路径。如果无法达到这一点，所谓治理模式创新或优越性均无从体现。

数字政府赋能数字经济的关键环节是数据要素。数据要素和商品的自由流动，企业的自主经营、公平竞争以及消费者自主选择、机会均等是市场在资源配置中发挥决定作用的前提，也是市场体系逐步完善的重要表征。在数字经济市场条件下，针对发展所面临的挑战，加快要素释放与主体培育、强化市场秩序有效维护以及公共政策的动态调整与创新构成了数字政府赋能的关键环节。一是赋能要素释放与主体培育。在市场增进逻辑下，政府不再参与竞争性物品和服务的生产供给，市场主体是市场体系生成和扩展的核心，当大量企业在“无意识协作的海洋中建立有意识力量的岛屿”时，辅之以充裕的生产要素，市场自主协调的可能性大幅提升。二是赋能市场秩序的有效维护。政府最积极的作用在于增强和发展每个主体的意志行使能力和经济活动能力。一个稳定、规范、公正、透明的制度环境将大幅降低经济主体自发协调与合作的交易成本，为分散化的协调试验及破解市场失灵创造有利条件。三是赋能公共政策的动态调整与创新。政府能力在很大意义上体现为有效制定和实施公共政策的能力。协调失灵的逻辑并不能证明政策干预的合理性，但也不能被看作削弱政府作用的理由。增进市场导向下政府倾向于利用市场机制来解决和协调问题，但具体效果取决于市场体系的完善程度。只要存在外部性或多主体和协调性问题，就有公共政策的作用空间。在市场发展各个阶段及重要环节，数字政府建设能否审时度势，依据民间部门能力和实际需求的变化进行公共政策的动态调整与创新，对于能否有效地发挥出市场发展引导者和助推器作用至关重要。

7.1.7 数字政府强化数字社会深度融合

数字政府建设强化数字社会的深度融合。

（1）加快数字政府建设。全面构建数字化为特征的现代化治理体系。以数字化技术推进政务服务全方位、系统性、重塑性变革，提高政府提供服务的效能。进一步推进数据开放，构建数据驱动的政府管理新机制、新平台，用数据支持决策管理。

（2）加快数字社会建设。不断深化数字技术在各个社会事业领域的应用，提升公共服务、社会治理的数字化水平，数字教育、数字文化、数字社会保障、数字社区建设取得更大突破。以数字技术助推文化、商业、旅游融合发展，以数字链接、数字体验促进以文塑旅、以文带商、以旅彰文，进一步推进国际消费中心城市建设。引导数字平台企业健康有序发展，线上线下融合互动的应用场景更加普及。

（3）建设数字化社区。建设由基础底座、核心平台和应用场景构成的社区治理服务新形式，构建超大型城市社区数字化治理模式。打通市、区、乡镇（街道）三级数据通道，形成基层社区管理和公共服务的数据基础。围绕社区生活全链条，依托线上社区数字化平台和线下社区服务机构，推动政务服务平台、社区感知设施和家庭终端联通，打通“最后一公里”社区经济圈。以社区微生态优化促进都市大产业升级，形成“数据—算法—服务”的正向闭环，推动单体设备、碎片拼凑式场景体验向跨场景全域智能体验进化，实现社区智慧化与“产城人”一体化同步发展。

7.1.8 数字政府从建设步入数字化运营

从数字政府的规划、建设、运营及用户反馈闭环来看，当前我国数字政府建设正在步入全新的数字化运营阶段，政府数字化运营正在成为推进服务型政府建设的重要抓手，成为一体化政府建设的重要助推器，成为政府治理智慧化的重要工具。政府数字化运营是指在现代计算机、网络通信等技术支撑下，政府机构日常办公、信息收集与发布、公共管理等事务在数字化、网络化的环境下进行的行政管理形式，主要包括政府办公自动化、政府实时信息发布、各级政府间的可视远程会议、公民随机网上查询政府信息、电子化民意调查和社会经济统计、电子选举等。简言之，政府数字化运营是一种全新的政府运行模式，旨在实现公共服务便民化、社会治理精准化、经济决策科学化，是顺应我国体制性改革的基本要求。数字政府建设加速了政务信息化运营能力的提升，随着“一网一云一密码一平台”的构建，建设模式、建设难度不再像过去那样复杂化、重型化，模块化、封装式、微服务、轻量化的建设模式使数字政务服务需求可以迅速得到满足以及调整；对数据要素的重视以及业务运用，使运营成为一个常态化的工作选项，无论是内容运营还是服务运营，从运营数据出发来优化内容和服务，都成为政务服务工作流程中必不可少的一部分。

以整体理论打造“政企合作、管运分离”运营模式，政府数字化运营的核心要点如下。

（1）设立数据管理部门是政府数字化运营的有力抓手。近年来，全国众多省份都设立了数据管理部门，这些部门在开展数字政府基础设施、综合型平台建设工作的基础上，不仅需要组织协调数据资源采集、整合、归集、应用、共享及开放等工作，而且需要完成项目审批、资金管理等工作，实现对各部门系统建设工作的统筹。

（2）建设政务大数据平台是实现政府数字化运营的重要支撑。政务大数据平台即以城市统一的人口、法人、部门、行业等信息资源为基础，围绕各部门资源共享范围和授权使用范围建设的信息化支撑平台，加快促进跨部门协同应用与创新，不仅是国家大数据战略的重点项目，也是数字政府建设的重要内容。

（3）设置数据运营机构是政府数字化运营的必要环节。数据运营机构主要负责政府数据运营相关工作，其核心内容一是受政府委托，采取特定形式进行政务相关数据运营；二是在政府的有效监管下，开展数据清洗、脱敏等工作，对敏感信息进行严格把控；三是对政务数据创新应用提供有力支撑。

政府数字化运营是中国数字政府建设的全新阶段，是实现政府部门横纵贯通，跨部门、跨层级、跨系统、跨地域高效协同，数据资源流转通畅、社会治理精准有效、公共服务便捷高效的重要途径。政府数字化运营需要从以下几个方面重点着力：首先，高效一体的政企合作运营模式是推进政府数字化运营的重要途径。推动政府数字化运营，需要打破部门界限，实现数据的统一管理，这就需要依靠强大的技术力量，因此互联网公司成为数字政府建设中的“最佳拍档”。例如，浙江、广东等省的数字政府建设中，互联网企业起到了至关重要的作用。其次，一体化的政府数字运营体系是推进政府数字化运营的重中之重。这点可从过去二十多年商业互联网沉淀的能力中吸取经验，即在前端提高用户体验，在后端建立起以人民为中心、以数据共享共治为基石的新型互联网架构体系，围绕“连接、在线、数据和智能”，让政府的公共数据鲜活起来，实现数据资产化、服务化和价值化，推动政府数字化建设运营。最后，切实可行的政府数据授权运营标准是推进政府数字化运营的关键环节。政府数据要从共享开放向授权运营发展，要让数据变成资源、变成价值，就需要政府把数据授权给相关有资质、有能力的企业，在安全管控的前提下，授权进行使用，这样才能使数据的使用效率更高，有价值的数据得到最佳使用。

7.1.9　信息安全与公共安全迈向大一统

在数字政府、智慧社会和数字中国建设进程中，网络安全和信息安全问题愈发重要。数字政府建设要为国家安全、社会安全和公众信息安全提供安全可靠的网络平台和数据保护。要在政府数字化建设过程中，及时构建符合国家总体安全要求的数字政府安全体系，建立健全网络安全和信息安全防范的规章制度体系，形成安全可管可控的安全保障体系。要贯彻“党委领导、政府负责、社会协同、公众参与、法治保障”的网络治理思路，协调完善数字政府建设各参与主体的责任和能动。要建立健全安全可管可控的安全管理制度和规范，实现网络平台、信息系统互操作性和开放性，形成完备的网络安全与信息安全防范、监管、通报、响应和处置机制，保障政务业务安全、数据安全、运营安全，保证数字政府建设有序推进。要采取协调一致的方式确保数字时代的隐私和安全，包括数字身份、数字社会的隐私保护，数字环境下的民主保障、网络金融和数字经济、数字化市场与消费者安全规制。通过实施有效的知识产权保护，完善促进数据交换共享和数据资源二次开发制度，形成数字治理、网络治理和智慧治理的多中心治理格局，不断增强政府治理能力和数字竞争力。

7.1.10　数字政府强化权力运行公开透明

公开透明是现代法治政府的基本价值理念。规范政府权力运行，深化政府信息公开，打造廉洁、透明、阳光的政府是反腐倡廉的重要内容。传统公共管理模式往往是封闭式的，容易产生权力寻租、公共资源配置低效、社会组织与市场组织参与度较低等问题。大数据技术使政府数据的公开和共享成为可能，实行政府信息公开制度，打造阳光透明的数字政府也逐步成为公共管理模式转型的主要趋势。数字政府通过用数据监督、过程监督、整体监督取代传统的人工监督、事后监督与个体监督，将权力关进“数字”笼子，使政府的权力运行过程处处留痕。以公开、公正的基本原则建立政府权力的公开运行制度，使政府权力在阳光透明的环境下运行，有利于构建政府权力规制的公共治理模式。

（1）数字政府加强政府权力监督。数字政府的建设能够充分运用数据留痕、不可更改等特征，编制“数据铁笼”，通过存储的海量数据搜索获取对反腐败有价值的信息，进行分析研判和跟踪，切实管好公共权力、公共资金、公共资源，加大政府权力监督力度，不断提高政府管理能力。

（2）数字政府促进政务服务公开透明。数字政府通过公开政府在决策、执行、管理、服务、结果和反馈等方面的数据和信息，以保障公民的知情权与监督权，把权力关进制度的笼子，让权力在阳光下运行，进而提高政府廉洁程度与政府公信力。

（3）数字政府推动行政运行规范科学。通过数字政府建设，有力地推动了政府数字化转型和服务型政府建设，政府治理行为变得更加规范、透明，行政流程更加优化，行政决策更加科学，行政效能显著提高，行政成本大幅降低，公共服务质量得到有效提升。

7.2 数字政府建设展望

当前，世界各国在数字政府建设方面已基本形成共识，普遍认识到通过发挥政府数字化转型的先导性作用，撬动经济和社会数字化转型，进而推动可持续发展的重要性。我国政府数字化转型在政策推动、基础建设、服务保障、平台支撑、创新探索等方面都具备了坚实的基础，数字政府建设将进入全面加速期。面对世界百年未有之大变局，展望“十四五”，我国数字政府建设将呈现以下几个方面的特征。

（1）数字政府建设将成为衡量综合国力和国际竞争力的重要标志。新一轮技术革命加速了信息技术与经济社会各领域、各行业的融合创新，已经成为引领创新和驱动转型的先导力量。数字政府建设将为各行业更好地适应信息时代发展奠定良好基础，进而推动全社会的创新发展，成为国家综合实力和现代化程度的重要标志。这次抗击新冠肺炎疫情过程中的数字化支撑就从一个侧面反映了国家的综合竞争力。

（2）数字政府建设将成为引领国家治理体系和治理能力现代化的强大力量。数字政府建设是加快政府职能转变、塑造政府公共服务理念及完善政府治理的全方位、系统性、协同式的深刻变革，对实现政府决策科学化、社会治理精准化、公共服务高效化具有十分重要的意义。随着以跨界融合为特征的新业态、新模式的不断出现，传统政府治理体系面临挑战，通过数字政府建设，探索构建与数字时代经济社会发展相适应的政府治理模式，将进一步推动实现国家治理体系和治理能力现代化。

（3）数字政府建设推动经济社会高质量发展的作用将更加凸显。“十四五”时期，经济社会发展以推动高质量发展为主题，以深化供给侧结构性改革为主线，以改革创新为根本动力，以满足人民日益增长的美好生活需要为根本目的。建设数字政府是发展数字经济和构建数字社会的先手棋，是推动经济社会各领域数字化转型创新发展的动力源。数字政府是数字经济、数字社会领域核心资源的组织者、配置者、驱动者，对形成与数字化转型相适应的发展理念、创新氛围、营商环境、持续动力具有十分重要的作用。数字政府为经济社会发展赋予新动能，必将有力推动经济社会高质量发展。

（4）数字政府建设的管理体制与整体联动机制将进一步健全。打造高标准的数字政府是一项系统性工程，需要主动顺应政府数字化转型发展趋势，不断优化完善管理体制、运行机制、发展模式。近年来，各地区各部门结合机构改革，在这些方面进行了积极的探索创新。“十四五”时期，通过构建“数据 + 业务 + 管理 + 服务 + 决策”整体联动的新机制，与转变政府职能、深化“放管服”改革紧密结合，数字政府建设的管理体制与推进机制将进一步健全，职责明确、纵向联动、横向协同、整体推进的数字政府发展新格局将加速形成。

（5）数字政府建设将使政府行政资源配置能力进一步增强。“十四五”时期经济社会发展的主要目标强调国家治理效能得到新提升，国家行政体系更加完善，行政效率和公信力显著提升，社会治理特别是基层治理水平明显提高。行政资源的优化配置是实现政府职能转变的重要内容，数字化带来的挑战首先是组织架构的挑战、资源配置能力的挑战。与传统政府治理相比，数字政府更侧重从政府组织模式、治理体系变革等新视角引领政府治理模式创新发展。数字政府建设将使政府行政资源优化配置能力显著提升，政府资源配置的科学性、精准性不断得到提高。

（6）数据驱动的新型信息服务基础体系建设将更加完备。数据作为一种新型生产要素已正式写入中央文件。数据驱动的治理能力将成为转变政府职能、促进政府治理创新的重要动力。以数据驱动为特征的覆盖所有地区、部门、层级的全国一体化无缝隙的信息服务基础体系将更加完善，将为信用社会建设以及提升政府服务能力、协同能力、监管能力、决策水平等提供有力支撑。

（7）数字政府建设将有力提升政府公共服务水平。政务服务水平的快速提升是当前我国政府数字化转型最典型的特征，数字政府建设将不断增强人民群众的获得感。“十四五”时期，覆盖省、市、县、乡、村等全区域、全部门、全层级的精准高效、便捷智慧、无感流畅的多渠道服务体系将更加完善，公共服务均等化和普惠化水平将得到大幅度提升。

（8）数字政府的安全保障体系将更加完善。安全是数字政府建设的生命线。数字政府安全涉及国家整体安全、公共安全、信息安全等内容，就信息安全而言，又涉及基础设施、网络、系统、数据、平台等全要素、多层次安全体系建设。随着数字政府建设的深入推进，符合国家总体安全要求的数字政府安全保障体系将更加完善，数据安全、隐私保护、数据伦理、数据素养、数字鸿沟等问题也将逐步得到关注和破解。

数字政府建设改变了过去分散建设、单部门建设模式，重点从组织扁平化、业务协同化、数据共享化改革入手，重塑组织架构、业务架构、技术架构，最终目标是建成线上线下融合的一体化服务型政府。这一时期数字政府建设的核心使命是支撑国家治理体系和治理能力现代化，基本目标是对内推动政府系统性、协调性变革，对外建设人民满意的服务型政府；关键环节是实现技术融合、业务融合、数据融合；重点方向是实现跨层级、跨地域、跨系统、跨部门、跨业务的协同管理和服务建设。因此，数字政府建设进一步深化了政府绩效评价体系，科学构建系统全面的政府绩效评价测度体系。建议从政府职能数字化程度、数字基础设施、数据资产价值量、数据交易能力、数字经济规模与结构、数字技术融合与应用等维度，系统构建数字政府绩效评估指标体系。构建完善的数字政府测度系统框架，开展主要城市数字政府发展水平比较研究与测评。打造数字政府绩效评价平台，逐步完善数字政府发展指数、年度发展蓝皮书等权威性产品，组织开展全国有影响力的数字政府绩效评估指标测度的发布。

参 考 文 献

[1] 蒋敏娟，黄璜 . 数字政府 : 概念界说、价值蕴含与治理框架——基于西方国家的文献与经验 [J]. 当代世界与社会主义，2020(3)：175-182.

[2] 王辉 . 基于整体性和回应性的佛山市数字政府构建研究 [D]. 广州：华南理工大学，2018.

[3] 中国信通院 . 2021 年数字时代治理现代化研究报告 [R/OL].（2021-03-08）[2021-05-21].http://www.199it.com/archives/1212511.html.

[4] 央视网 .【在习近平新时代中国特色社会主义思想指引下——贯彻新发展理念 推动高质量发展】浙江：用数字化改革 全面推进乡村振兴 [EB/OL].（2021-03-14）[2021-07-09]. https://tv.cctv.com/2021/03/14/VIDEz70CDfSVCdYXSHkGirPi210314.shtml.

[5] 王少泉 . 新时代"数字政府"改革的机理及趋向——基于广东的实践 [J]. 地方治理研究，2020(3)：2-10.

[6] 龙跃梅，唐婷，叶青 . 广东数字政府一体化运作 护航高质量发展 [N/OL]. 科技日报，2019-07-24[2021-06-08].http://www.cac.gov.cn/2019-07/24/c_1124790552.htm.

[7] 范海勤，崔雪峰 . 我国数字政府建设情况与推进策略研究 [J]. 现代工业经济和信息化，2020，10(7)：16-19.

[8] 刁生富，刁宏宇，吴选红 . 新时代数字政府建设创新探讨 [J]. 佛山科学技术学院学报（社会科学版），2019，37(2)：58-65.

[9] 张锐昕 . 电子政府内涵的演进及其界定 [J]. 社会科学辑刊，2011(5)：48-51.

[10] 王钦敏 . 统筹协调 共建共享 推进数字政府信息化系统建设 [J]. 中国行政管理，2020（11）：6-7.

[11] 陈小华，潘宇航 . 数字政府：演进阶段、整体形态与治理意蕴 [J]. 观察与思考，2021(1)：97-106.

[12] 刘锋 . 基于互联网大脑架构的智慧城市建设探讨 [R/OL]. (2015-01-10)

[2021-05-26]. https://blog.sciencenet.cn/blog-39263-858170.html.

[13] 杭州市发展和改革委员会 . 杭州城市数据大脑规划 [EB/OL].（2019-02-14）[2021-05-26]. http://www.hangzhou.gov.cn/art/2019/2/14/art_1229063390_3656579.html.

[14] 霍艳华 . 天津打造城市安全大脑 发展智能安全产业 [R/OL].（2019-06-25）[2021-05-26]. http://cic.tju.edu.cn/info/1040/2353.htm.

[15] 皮爷 . 城市安全大脑背后：一个时刻进击的 360[R/OL].（2019-08-22）[2021-05-26]. https://www.sohu.com/a/335543392_1201039739.

[16] 闪电新闻 . 人民数据“城市经济大脑”入选 2020 年大数据应用十大优秀案例 [EB/OL]. (2020-12-09)[2021-05-26].https://baijiahao.baidu.com/s?id=1685596798997051817&wfr=spider&for=pc.

[17] 孙珊珊，车铭哲 . 天津市智慧城市建设现状及问题研究 [J]. 智能建筑与智慧城市，2021(3)：22-23.

[18] 吴姗 .“一网通办”通了还要能办 [N/OL]. 人民日报，2018-04-26[2021-05-26]. http://www.gov.cn/zhengce/2018-04/26/content_5285973.htm.

[19] 巨云鹏 . 大江东丨上海治城：从一网通办到一网统管 [R/OL].(2020-05-28)[2021-05-26]. http://sh.people.com.cn/n2/2020/0528/c138654-34047134.html.

[20] 经济参考报 . 一网通办”和“一网通管”建设进入关键节点 [EB/OL]. (2019-07-11)[2021-05-26]. http://www.echinagov.com/news/257484.htm.

[21] 中央党校电子政务研究中心 .《2019 数字政府建设发展报告》在 2019 中国电子政务论坛发布 [R/OL]. (2019-08-02)[2021-05-30]. http://www.egovernment.gov.cn/art/2019/8/2/art_194_6195.html.

[22] 云计算开源产业联盟，数字中国产业发展联盟 . 数字政府新基建发展白皮书 (2020 年)[EB/OL]. (2021-08-21)[2021-08-25]. https://max.book118.com/html/2021/0820/5122322130003334.shtm .

[23] 琼海市行政审批服务局 . 琼海市行政审批服务局“十三五”工作总结及“十四五”工作谋划 [EB/OL].(2021-10-28)[2021-10-30]. http://qionghai.hainan.gov.cn/zfxxgkzl/bm/zwzx/gkml/202110/t20211028_3082644.html.

[24] 人民网 .“数字中国”助推国家治理现代化 [EB/OL]. (2019-11-25)[2021-07-05]. https://baijiahao.baidu.com/s?id=1651159521102775347&wfr=spider&for=pc.

[25] 王钦敏 . 创新电子政务发展模式 加快推动“数字中国”建设——在 2018(第十三届) 中国电子政务论坛上的讲话 [J]. 行政管理改革，2019(2)：4.

[26] 新浪财经 . 张小劲：从中国数字经济、数字社会和数字政府看全球数字治理 [R/OL]. (2021-03-21)[2021-05-30]. https://baijiahao.baidu.com/s?id=1694841655572994512&wfr=spider&for=pc.

[27] 小木 . 信通院：《全球数字经济新图景（2020 年）——大变局下的可持续发展新动能》（附报告）[R/OL]. (2020-10-15)[2021-05-26]. https://www.dx2025.com/archives/99883.html.

[28] 梁蕊 . 数字政府建设与数字经济发展水乳交融、密不可分 将实现两者互相促进、融合发展 [R/OL]. (2020-07-20)[2021-05-30]. http://news.hbtv.com.cn/p/1865171.html.

[29] 徐梦周，吕铁 . 赋能数字经济发展的数字政府建设 : 内在逻辑与创新路径 [J]. 学习与探索，2020(03)：78-85.

[30] 学习时报 ."数字社会"运行状态的四个特征 [N/OL]. (2019-08-03)[2021-05-30]. http://www.cac.gov.cn/2019-08/03/c_1124833776.htm.

[31] 本书编写组 .《党的十九届五中全会〈建议〉学习辅导百问》31. 为什么要加强数字社会、数字政府建设？ [M/OL]. 学习出版社，2020-11-01[2021-05-26]. http://www.sx-dj.gov.cn/a/zllj/20201229/39570.shtml.

[32] 国家行政学院电子政务研究中心 .《2020 联合国电子政务调查报告》解读 [R/OL]. (2020-07-13)[2021-06-10]. http://www.e-gov.org.cn/article-173572.html.

[33] 夏义堃 . 政府数据治理的国际经验与启示 [J]. 信息资源管理学报，2018(3)：64-72.

[34] Agency for digitisation ministry of finance.The Digital Strategy[EB/OL]. (2020-07-11) [2021-07-30]. https://en.digst.dk/policy-and-strategy/digital-strategy/.

[35] 张晓，鲍静 . 数字政府即平台：英国政府数字化转型战略研究及其启示 [J]. 中国行政管理，2018(3)：27-32.

[36] 姚水琼，齐胤植 . 美国数字政府建设的实践研究与经验借鉴 [J]. 治理研究，2019(6)：60-65.

[37] 胡税根，杨竞楠 . 新加坡数字政府建设的实践与经验借鉴 [J]. 治理研究，2019(6)：53-59.

[38] 数据观 . 中国地方政府数据开放报告（2020 下半年）[R/OL] (2021-01-22)[2021-08-05]. http://dsj.guizhou.gov.cn/xwzx/gnyw/202101/t20210122_66269368.html.

[39] 国脉研究院 . 国脉研究院——提高数字政府建设水平 [EB/OL]. (2021-03-10)[2021-11-30]. http://www.jjckb.cn/2021-03/10/c_139799083.htm.

[40] 郭一帆 . 数字政府建设中的法律制度完善 [J]. 云南行政学院学报，2021，23(1)：38-46.

[41] 郁俊莉，姚清晨 . 从数据到证据 : 大数据时代政府循证决策机制构建研究 [J]. 中国行政管理，2020(4)：81-87.

[42] 臧超 . 大数据时代数字政府的建设向度 [J]. 延边党校学报，2020(3)：57-61.

[43] 刘海龙，何修良 . 精准治理：内涵界定、基本特征与运行模式 [J]. 中共福建省委党校 (福建行政学院) 学报，2021(01)：109-116.

[44] 人民数据研究院 . 提升数字治理水平，“大政府”如何转换成“小政府”？[EB/OL]. (2020-10-14)[2021-06-06]. https://xueqiu.com/4863065669/160915261.

[45] 张鹏，赵映 . 互联网时代政务服务改革的兴起、审视及优化 [J]. 上海行政学院学报，2021，22(1)：56-68.

[46] 张新生 . 创新社会治理 : 大数据应用与公共服务供给侧改革 [J]. 南京社会科学，2018(12)：66-72.

[47] 朱金玉，周冬 . 互联网改善公共监督效果的实证研究 [J]. 西南民族大学学报（人文社会科学版），2019，40(10)：154-161.

[48] 刘密霞 . 推进数字政府建设的思路与对策 [J]. 中国领导科学，2020(2)：72-75.

[49] 国家信息中心 . 深入推进政务信息系统整合共享 助力政务服务“一网一门一次”改革 [EB/OL]. (2018-09-03)[2021-05-22]. http://www.sic.gov.cn/News/462/9485.htm.

[50] 刘佳晨 . 数字政府引领三位一体的数字深圳 [J]. 中国领导科学，2021(01)：100-105.

[51] 国脉电子政务网 . 方案丨浙江省一体化智能化公共数据平台建设方案 [EB/OL]. (2021-03-24)[2021-07-05]. https://www.163.com/dy/article/G5RG99FU0518KCLG.html.

[52] 中国政府网 .“十三五”国家政务信息化工程建设规划 [EB/OL].（2017-07-31）[2021-05-06]. https://www.ndrc.gov.cn/xxgk/zcfb/tz/201708/W020190905503467460109.pdf.

[53] 国家发改委 . 关于加快构建全国一体化大数据中心协同创新体系的指导意见 [EB/OL]. (2020-12-23)[2021-05-06]. https://www.ndrc.gov.cn/xxgk/zcfb/tz/202012/t20201228_1260496.html?code=&state=123.

[54] 易成岐，窦悦，陈东，等 . 全国一体化大数据中心协同创新体系：总体框架与战略价值 [J]. 电子政务，2021(06)：2-10.

[55] 周民 . 构建新型电子政务基础设施大平台 助推政务信息化“三融五跨”创新发展 [EB/OL].（2017-09-05）[2021-08-05]. http://www.e-gov.org.cn/article-164724.html.

[56] 申晓佳 . 杭州城市大脑 赋予一座城市思考的能力 [N/OL]. 重庆日报，2020-04-09 [2021-04-23]. https://epaper.cqrb.cn/html/cqrb/2020-04/29/005/content_259574.htm.

[57] 张蔚文，金晗，冷嘉欣 . 智慧城市建设如何助力社会治理现代化？新冠疫情考验下的杭州“城市大脑”[J]. 浙江大学学报（人文社会科学版），2020(4)：117-129.

[58] 浙江省人民政府网 . 浙江省数字政府建设“十四五”规划 [EB/OL]. (2021-06-04)[2021-07-05].http://www.zj.gov.cn/art/2021/6/18/art_1229019364_2305064.

html.

[59] 陈畴镛 . 以数字化改革引领现代化先行 [N]. 浙江日报，2021-03-15(7).

[60] 李季 . “十四五”期间电子政务发展趋势展望 [J]. 行政管理改革，2020(11)：4-9.

[61] 上观新闻 . 从“体制”到“体系”，社会治理制度变在哪里 [R/OL]. (2020-01-13) [2021-04-23]. https://theory.gmw.cn/2020-01/13/content_33476363.htm.

[62] 孙叶青 . 以新科技支撑社会治理共同体建设（新知新觉）[R/OL]. (2020-03-16) [2021-04-23]. https://baijiahao.baidu.com/s?id=1661268379063224940&wfr=spider&for=pc.

[63] 杨洁 . 独家述评 | 感受“一网统管”的韧性结点 [R/OL]. (2021-01-07) [2021-05-30]. https://xw.qq.com/cmsid/20210107A06EUB00.

[64] 央广网 . 助力打造“掌上办事之省” 浙里办实名注册用户突破 5300 万 [EB/OL].(2020-12-22)[2021-04-23]. https://www.sohu.com/a/439796631_362042.

[65] 殷忠好，葛伟莹 . “十二件事”变成“一件事”——浙江省军人退役“一件事”改革侧记 [R/OL]. (2020-02-14)[2021-04-23]. http://www.mva.gov.cn/sy/zzxc/202002/t20200214_35552.html.

[66] 中国高度 . 上海办大型活动为何出彩？“智慧大脑”在背后排兵布阵 [EB/OL]. (2019-11-21)[2021-08-09].https://www.163.com/dy/article/EUE4QUGC05347CM5.html.

[67] 杭州市人力社保局 .《人民日报》点赞余杭防欠薪一体化预警系统 [EB/OL].(2019-10-29)[2021-04-23]. http://hrss.hangzhou.gov.cn/art/2019/10/29/art_1587843_39536658.html.

[68] 王雅琴 . 公众参与背景下的政府决策能力建设 [J]. 中国行政管理，2014(9)：102-105.

[69] 周芳检 . 用大数据提升地方政府应急决策能力 [R/OL].（2020-05-20）[2021-04-26]. https://baijiahao.baidu.com/s?id=1667176609998822983&wfr=spider&for=pc.

[70] 浙江日报 . 和谐共生 整体智治 浙江：迈上国土空间治理现代化新征程 [EB/OL]. (2021-05-24)[2021-06-15].http://www.zj.xinhuanet.com/2021-05/24/c_1127483602.htm.

[71] 王敬波 . 面向整体政府的改革与行政主体理论的重塑 [J]. 中国社会科学，2020（7）：103-122.

[72] 谢云挺 . 衢州的专班为何如此管用？浙江衢州市创新解决问题工作机制调查 [R/OL].（2021-02-23）[2021-04-26]. http://www.banyuetan.org/jrt/detail/20210223/1000200033134991613918830450377010_1.html.

[73] 人民网 . 杭州市副市长陈卫强：城市大脑的实践与思考 [EB/OL].（2019-09-11）[2021-06-16]. https://www.sohu.com/a/340476033_649849.

[74] 鲁金萍 . 以数据为核心的“城市大脑”建设典型实践及经验启示 [R/OL].

(2020-05-18)[2021-06-15]. https://www.ccidgroup.com/info/1105/23917.htm.

[75] 大河报社 . 组“数字军团”、育万名人才，郑州城市大脑“十百千万”计划出炉 [EB/OL].(2020-12-21)[2021-06-15].https://baijiahao.baidu.com/s?id=1686693079230197637&wfr=spider&for=pc.

[76] 广东省人民政府 . 广东省人民政府关于印发广东省“数字政府”建设总体规划 (2018—2020 年) 的通知 [J]. 广东省人民政府公报，2018(33)：3.

[77] 宋杰 .“上云”故事之上海一座超级都市的“一网统管”实践 [J]. 中国经济周刊，2021(6)：14-20.

[78] 新华网 . 精细治城，上海“一网统管”提升城市“智治力”[EB/OL].(2020-06-08)[2021-06-30]. http://www.xinhuanet.com/politics/2020-06/08/c_1126088136.htm.

[79] 光明网 . 磨炼“绣花”功夫 绣出城市的品质品牌 [EB/OL].(2020-05-06)[2021-06-03]. https://m.gmw.cn/baijia/2020-05/06/33804042.html.

[80] 浙江日报 . 习近平在浙江省十届人大四次会议闭幕时讲话 [EB/OL].(2006-01-22)[2021-03-30]. http://www.gov.cn/gzdt/2006-01/22/content_167073.htm.

[81] 浙江政府网 . 我省以权力清单撬动政府改革 [EB/OL].(2020-08-21)[2021-09-30]. http://www.jinyun.gov.cn/art/2020/8/21/art_1229355349_58978684.html.

[82] 浙江省人民政府办公厅 . 2015 年政府工作报告 [EB/OL].(2015-01-27)[2021-02-18]. http://www.zj.gov.cn/art/2015/1/27/art_1546428_22505518.html.

[83] 袁家军 . 打造“整体智治、唯实惟先”的现代政府 更好统筹推进疫情防控和经济社会发展 [R/OL].(2020-07-15)[2021-07-20]. http://www.qstheory.cn/llqikan/ 2020-07/15/c_1126241874.htm.

[84] 浙江省人民政府办公厅 . 浙江省人民政府办公厅关于印发浙江省新型基础设施建设三年行动计划 (2020—2022 年) 的通知 [EB/OL].（2020-07-09）[2021-07-19]. http://www.zj.gov.cn/art/2020/7/9/art_1229019365_900639.html.

[85] 陈瑜 . 建设“整体智治、唯实惟先”的现代政府 [R/OL].（2020-07-15）[2021-07-30]. https://mp.weixin.qq.com/s/JOgJ_anSNBah3zbf_lQOdw.

[86] 江西省人民政府办公厅 . 江西省人民政府办公厅关于加强全省电子政务外网建设管理工作的指导意见 [J]. 江西省人民政府公报，2018(20)：20-24.

[87] 宁夏回族自治区人民政府 . 自治区人民政府关于印发宁夏回族自治区数字政府建设行动计划 (2021—2023 年) 的通知 [J]. 宁夏回族自治区人民政府公报，2021(6)：3-21.

[88] 庄郑悦 . 杭州市出台全国首个数据安全规划 [R/OL].（2017-12-20）[2021-12-24]. https://zjnews.zjol.com.cn/zjnews/hznews/201712/t20171220_6087343.shtml.

[89] 何晟，舒俊．全国数字经济第一城，杭州要成为这样一座城 [R/OL].(2018-10-11）[2021-06-11].https://baijiahao.baidu.com/s?id=1614033044263079317&wfr=spider&for=pc.

[90] 林海．合肥市政务大数据平台的建设思路和实践 [J]. 电子技术与软件工程，2019(4)：136-138.

[91] 宁夏“数字政府”建设全面提速 [J]. 计算机与网络，2020，46（19）：5.

[92] 杨雪．黄河两岸春潮涌 云天中卫阔步行 [N]. 中卫日报，2021-07-01(049).

[93] 张惠萍，郝宗民．把脉城市温度，助力政银“深情握手”金融科技赋能，加快建设“数字政府”：“我的宁夏”政务移动端构建智慧政务“新生态”[J]. 中国金融电脑，2020(11)：63-65.

[94] 本报评论员．为什么说“创城”和“云天中卫”建设是两大载体 [N]. 中卫日报，2020-12-25(001).

[95] 朱锐勋．数字政府建设的五大趋势 [N]. 学习时报，2019-09-13（A3）.

附录 A “十四五”规划中有关数字政府的内容

《中华人民共和国国民经济和社会发展第十四个五年规划和 2035 年远景目标纲要》中提到，加快建设数字经济、数字社会、数字政府，以数字化转型整体驱动生产方式、生活方式和治理方式变革。将数字技术广泛应用于政府管理服务，推动政府治理流程再造和模式优化，不断提高决策科学性和服务效率。

我国积极促进数字政府行业发展，国家和部分省（自治区、直辖市）在“十四五”规划中对未来五年数字政府建设做了具体的规划，如表 A-1 所示。

表 A-1 国家和部分省（自治区、直辖市）“十四五”规划中对未来五年数字政府建设的规划摘要

国家 / 省（自治区、直辖市）	规划	关于数字政府建设的规划
国家	《中华人民共和国国民经济和社会发展第十四个五年规划和 2035 年远景目标纲要》	第十七章 提高数字政府建设水平 将数字技术广泛应用于政府管理服务，推动政府治理流程再造和模式优化，不断提高决策科学性和服务效率。 第一节 加强公共数据开放共享 建立健全国家公共数据资源体系，确保公共数据安全，推进数据跨部门、跨层级、跨地区汇聚融合和深度利用。健全数据资源目录和责任清单制度，提升国家数据共享交换平台功能，深化国家人口、法人、空间地理等基础信息资源共享利用。扩大基础公共信息数据安全有序开放，探索将公共数据服务纳入公共服务体系，构建统一的国家公共数据开放平台和开发利用端口，优先推动企业登记监管、卫生、交通、气象等高价值数据集向社会开放。开展政府数据授权运营试点，鼓励第三方深化对公共数据的挖掘利用。 第二节 推动政务信息化共建共用 加大政务信息化建设统筹力度，健全政务信息化项目清单，持续深化政务信息系统整合，布局建设执政能力、依法治国、经济治理、市场监管、公共安全、生态环境等重大信息系统，提升跨部门协同治理能力。完善国家电子政务网络，集约建设政务云平台和数据中心体系，推进政务信息系统云迁移。加强政务信息化建设快速迭代，增强政务信息系统快速部署能力和弹性扩展能力。 第三节 提高数字化政务服务效能 全面推进政府运行方式、业务流程和服务模式数字化智能化。深化“互联网 + 政务服务”，提升全流程一体化在线服务平台功能。加快构建数字技术辅助政府决策机制，提高基于高频大数据精准动态监测预测预警水平。强化数字技术在公共卫生、自然灾害、事故灾难、社会安全等突发公共事件应对中的运用，全面提升预警和应急处置能力

续表

国家 / 省（自治区、直辖市）	规划	关于数字政府建设的规划
北京市	《北京市国民经济和社会发展第十四个五年规划和二〇三五年远景目标纲要》	三、加速拓展数字政府新服务。 建立“用数据说话、用数据决策、用数据管理、用数据创新”的城市管理服务机制，为市民提供更加便捷高效的公共服务。基于市级大数据平台建设城市大脑中枢，建立物联、数联、智联三联一体的新型智慧城市感知体系，实施“城市码”体系建设工程和“时空一张图”工程。加快政务网络升级改造，实现 1.4G 政务专网全覆盖。建立一体化在线政务服务平台 AI 应用服务中台，全面实现政府信息“一网通查”、互动交流“一网通答”、政务服务“一网通办”。建设“一库一图一网一端”的市区街一体化的城市管理综合执法平台，构建专兼结合、政府和社会协同的综合巡查监察数字化体系。依托市级大数据平台，构建城市管理驾驶舱，搭建城市管理大数据平台，搭建城市运行监测、环境卫生管理、市政市容管理和网格管理等四个综合业务应用平台，建成“一基一舱四平台”的城市管理大数据应用体系
天津市	《天津市国民经济和社会发展第十四个五年规划和二〇三五年远景目标纲要》	提升政府服务效能。加强城市“软环境”建设，深化“放管服”改革，做到“无事不扰、有求必应、皆大欢喜”，全力打造办事方便、法治良好、成本竞争力强、生态宜居的市场化法治化国际化一流营商环境。优化企业开办服务，实现企业登记事项全流程网上办，落实“证照分离”，扩大电子执照等应用。实施涉企经营许可事项清单管理，探索推进“一业一证”改革，实现“一证准营”。完善市场主体退出制度、经营异常名录和“黑名单”管理，简化普通注销程序，实现企业注销“一网”服务。提高项目开工建设效率，深化工程建设项目分级分类审批改革，扩大快速审批机制应用范围。提升政务服务水平，完善“政务一网通”平台功能，全面实现政务服务一网通办、全市通办、就近可办，加快推进政务服务事项跨省通办。 提升政府监管效能。完善事中事后监管制度，建立健全以信用为基础、“双随机、一公开”为基本手段、以重点监管为补充的新型监管机制。推行新产业新业态包容审慎监管，推动从“严进宽管”向“宽进严管”转变。创新行政管理和服务方式，建立健全运用互联网、大数据、人工智能等技术手段进行行政管理的制度规则，推进政府服务标准化、智能化、便利化。推进统计现代化改革，着力提高统计数据质量水平
河北省	《河北省国民经济和社会发展第十四个五年规划和二〇三五年远景目标纲要》	第二十二章　提高数字政府建设水平 创新政务信息化服务模式，推进信息资源整合和深度开发，促进政务流程协同再造，推动治理思维变革、服务效能提升、管理协同进阶，建设智能化服务型政府。 一、推进电子政务集约化建设 坚持统一规划、统一网络、统一标准，加快政务信息系统整合步伐，打造统一安全的电子政务云、政务大数据平台，依托省政务云部署交换共享平台，推动移动政务应用，推动政务数据资源共享。统筹建设省级电子档案。实施互联网出口整合计划、业务专网整合迁移计划，提升政务外网服务能力。推动省、市、县三级网络会议系统、视频监控系统接入统一平台管理。 二、推动政府数据开放共享 深入推进政府各层级、各部门间数据系统整合共享，推进公共数据开放标准、规则体系建设。健全省、市两级政务信息资源共享交换平台，推进人口、法人、电子证照等基础信息资源共享共用。探索建立省、市两级信息资源共享绩效评价制度，推进投资项目、涉企涉税、市场监管等政务数据跨区域、跨部门、跨层级交换共享。开展政府数据授权运营试点，鼓励第三方深化对公共数据的挖掘利用。 三、探索政府治理方式数字化变革 推进政府治理理念、方式变革，加强运用互联网、大数据、人工智能等技术手段进行行政管理探索创新，积极推进治理体制机制改革，以适应数据跨境流动、数字税、数字货币等新治理领域。健全数字经济统计监测体系。构建包容审慎监管的多元协同治理体系，深化包容审慎监管，探索平台经济、共享经济触发式监管模式。推进区块链技术创新应用，加快构建以信用为基础的新型监管机制。落实互联网平台主体责任，实施公众账号分级分类管理，引导互联网平台加强自律，规范管理和经营行为。加快构建第三方协同治理体系，鼓励行业协会等专业力量参与监管，拓展公众参与治理渠道，形成全社会共享共治体系。完善数据安全保障体系，加强个人信息保护。积极推动数字经济领域立法，强化法治对数字化发展的保障作用

续表

国家 / 省（自治区、直辖市）	规划	关于数字政府建设的规划
山西省	《山西省国民经济和社会发展第十四个五年规划和 2035 年远景目标纲要》	提高数字政府水平。加快政府数字化转型，重塑政务信息化管理架构、业务架构、技术架构，构建大数据驱动的政务新机制、新平台、新渠道，推进政府决策科学化、社会治理精准化、公共服务高效化。推进电子政务云建设，打造山西政务服务一体化综合平台，加快政务数据资源共享共用。深化“互联网＋政务服务”，建设完善省级政务云平台，推动部门数据资源向省级政务云平台集聚，打响“一网通办”山西品牌。提升司法服务智能化水平。建设全省“互联网＋监管”系统，提升政府统计监测和决策分析水平
内蒙古自治区	《内蒙古自治区国民经济和社会发展第十四个五年规划和 2035 年远景目标纲要》	第十九章　提升数字政府建设水平 推进公共数据开放共享，推动政府信息共建共用，增强数字化政务服务效能，提升社会治理数字化智能化水平。 第一节　推进公共数据开放共享 全面升级电子政务外网，实施电子政务网络升级改造工程，延伸政务外网覆盖范围，实现自治区、盟市、旗县、乡镇全覆盖，社区、街道、村（嘎查）灵活接入。非涉密政务专网实现“应并尽并、应迁尽迁”。建设自治区“互联网＋监管”数据中心，实现精准监管和智慧监管。建立健全准入宽松便捷、风险主动发现、执法跨界联动的多元共治市场监管体系。依托自治区、盟市政务云中心，推动全区一体化政务云建设，基本形成“1+14+N”政务云平台总体架构。 第二节　提高数字公共服务能力 探索公安、司法等部门政务信息共建共享共用和业务流程协同再造，实现相关证照办理和行政审批“一网通办”。建设智慧党建平台。推行以社会保障卡为载体的居民服务“一卡通”。建设自治区国有资产及企业大数据监管与服务平台。完善数字应急管理体系，健全政务信息化项目清单，整合部门数据资源，推动高效互通共享，加强对自然灾害、重大疫情、群体性事件、生产安全事故等突发事件预警和应急响应，构建数字技术辅助政府决策机制。推动综治联动工作机制与网格化管理相融合，推广移动网格终端，实现治安防控、矛盾化解、特殊人群、实有人口和房屋信息采集管理数字化
辽宁省	《辽宁省国民经济和社会发展第十四个五年规划和二〇三五年远景目标纲要》	构建大数据深度科学辅助的政务管理运行新机制、新平台，提高数字化政务服务效能。 完善政务基础平台。按照统一规划、统一建设、统一运营原则，建成全省统一的行政服务云。加快推动各级业务系统云化迁移，聚合业务应用和政务数据，形成省市两级云管理服务体系和政务云灾备服务体系。依托省市两级大数据和共享交换机制，建立公共信息大数据应用中心，建设网格化综合管理平台。制订完善政务服务、数据共享、业务管理和技术应用等规范标准。 推进“互联网＋政务服务”。构建省级统筹、整体联动、部门协同、数据共享的一体化政务服务体系，推进全方位协同管理和服务。完善政务服务事项动态管理机制，优化全省一体化在线服务平台功能，推动更多服务事项移动端办理。 推动数字化治理。建设应急响应和智慧决策一体化平台，完善“互联网＋监管”“互联网＋生态环境”，深化智慧交通综合治理。建立多元共治的协同监管机制，提升政府监管水平，落实互联网平台管理责任，推动治理模式升级
吉林省	《吉林省国民经济和社会发展第十四个五年规划和 2035 年远景目标纲要》	第三节　优化提升政务环境 持续推动“放管服”改革。全面实行政府权责清单制度。健全重大政策事前评估和事后评价制度，畅通参与政策制定的渠道，提高决策科学化、民主化、法治化水平。完善以“双随机、一公开”监管为基本手段、以重点监管为补充、以信用监管为基础的新型监管机制，对新产业新业态新模式实施包容审慎监管执法。全面推行行政监察备案，打造“事前报备、手机亮证、扫码迎检、事后评价”行政检查新模式。持续推动“最多跑一次”

续表

国家/省（自治区、直辖市）	规划	关于数字政府建设的规划
吉林省	《吉林省国民经济和社会发展第十四个五年规划和2035年远景目标纲要》	改革，推进高频事项一窗受理、集成服务和非涉密服务事项一网通办。深化"互联网＋政务服务"，推进政务服务"省内通办""跨省通办"，实现综合性实体政务大厅、网上办事大厅、自助终端等服务渠道线上线下融合办理。提升"吉事办"服务能力，推动更多政务服务事项"掌上办"。深化政务公开，推动政务服务标准化、规范化、便利化，建成全省统一的基层政务公开标准体系。推进投资项目全流程、全覆盖审批制度改革，规范中介服务和市政公用服务事项办理，推行从立项至竣工验收全过程网上办理。加大政府购买服务力度。常态化开展营商环境评价，持续优化市场化法治化国际化营商环境。开展法治化营商环境建设专项行动，建立支持企业发展的法治政策体系、公平竞争法治保障体系、公共法律服务体系
黑龙江省	《黑龙江省国民经济和社会发展第十四个五年规划和二〇三五年远景目标纲要》	进一步转变政府职能。深入推进"放管服"改革，加强和规范事中事后监管。加快推进"数字政府""透明政府"建设，提升全省一体化在线政务服务平台功能，塑造"全省事"移动政务服务品牌，树立黑龙江崇尚法治、务实干事、服务高效、充满活力的崭新形象
上海市	《上海市国民经济和社会发展第十四个五年规划和二〇三五年远景目标纲要》	8.3 加快提高数字化治理水平 以政务服务"一网通办"、城市运行"一网统管"为牵引，率先打造数据驱动、科学决策的"数治"新范式，提升全覆盖、全过程、全天候城市治理能力
江苏省	《江苏省国民经济和社会发展第十四个五年规划和二〇三五年远景目标纲要》	第一节　健全数字化政务系统 推进政务信息系统整合，构建全省一体化、标准化大数据共享交换体系，全面建成人口、法人、电子证照、自然资源和空间地理、社会信用等综合基础数据库，推进政务数据资源跨部门、多层级共享和"一源多用"。建设覆盖延伸至村（社区）的新一代电子政务外网，推动政务服务线上线下一体化发展。建设省市两级政务云平台，推动政务信息系统全部上云。统一建设应用"苏服码"系统。做强江苏政务服务移动端。 第二节　提升政府治理数字化水平 全面推动实施公共服务"一件事"、社会治理"一类事"、政府运行"一项事"等"三清单"，推进政府治理的流程再造、部门协同和数据共享。围绕平安江苏、信用江苏、环境资源、智慧交通、智慧应急等领域，加快构建基于大数据的新型监管机制，加快建设全省一体化监管平台，提高事前预防、事中监管和事后处置能力
浙江省	《浙江省国民经济和社会发展第十四个五年规划和2035年远景目标纲要》	推进数字政府建设。统筹数字技术应用和制度创新，构建整体智治体系。推进政府职能重塑、流程再造、业务协同、数据共享，以数字政府撬动数字经济、数字社会建设，打造数字化治理先行省。创新数字政府建设体制机制，完善"四横三纵"架构体系，加大政务信息系统统筹整合力度，提升云计算、大数据、物联网、人工智能、区块链等前沿技术在政府治理中的融合应用水平。提升省市两级公共数据平台能级，加强数据质量治理。完善"两地三中心"政务云架构，强化电子政务网络安全体系
安徽省	《安徽省国民经济和社会发展第十四个五年规划和2035年远景目标纲要》	第二十二章　提高数字政府建设水平 将数字技术广泛应用于政府服务管理，推动政府治理流程再造和模式优化，不断提高决策科学性和服务效率。 推进公共数据有序共享开放。加快搭建江淮大数据中心总平台、行业部门分平台和各市子平台，促进跨地区、跨部门、跨层级数据共享和业务协同。完善人口、法人、电子证照、自然资源和地理空间、宏观经济、社会信用等基础数据库，推进各类主题数据库建设。完善省数据共享交换平台，逐步建立"按需共享、统一流转、随时调用"的数据共享机制，推动各地、各部门间数据资源共享交换。统筹推进公共数据资源开放平台建设，推动各部门制定数据开放目录、开放计划和开放规则，明确开放范围和领域，依法有序向社会开放公共数据资源

续表

国家 / 省（自治区、直辖市）	规划	关于数字政府建设的规划
安徽省	《安徽省国民经济和社会发展第十四个五年规划和2035年远景目标纲要》	推动政务信息化共建共用。加快建设全省一体化政务云平台，布局1个省级政务云平台、16个市级政务云节点、N个行业云，打造全省政务“一朵云”。统筹全省电子政务灾备体系建设，增强电子政务灾备能力。优化提升省电子政务外网，打造数据流量和视频流量高效传输的电子政务外网骨干网，推进电子政务外网与部门非涉密业务专网的互联互通，建成覆盖全省电子政务外网“一张网”。 提高数字化政务服务效能。围绕“政府一个平台推服务，群众一个平台找政府”的目标，全面升级打造“皖事通办”平台，集成一批公共应用支撑，提供无差别、全覆盖、高质量、高效便利的政务服务和社会服务。创新政务服务方式，完善政务服务地图，推出更多服务事项“网上办、掌上办、自助办、窗口办、电视办”。推进高频政务服务事项“跨省通办”，推行跨部门、跨层级、跨区域事项“一件事一次办”，推动安康码更多场景应用。深入推进省政府五大系统广泛应用，完善“互联网＋监管”系统功能，拓展应用范围
福建省	《福建省国民经济和社会发展第十四个五年规划和二〇三五年远景目标纲要》	加快建设整体协同、高效运行的数字政府，以数字化撬动机关效能建设，提高政府业务协同和管理效率。提升政务网络支撑能力，完善电子政务外网技术架构。构建“物理分散、逻辑统一、资源共享”的数字福建政务云计算体系。全面推进电子证照生成和普及应用，实施统一政务业务协同平台（服务总线）工程。大力实施“链上政务”工程。完善“互联网＋监管”系统。拓展省网上办事大厅功能，全面提升闽政通掌上政务服务平台。推进“数字城市大脑”建设，加快城市运行“一网统管”步伐，深化社会治理智慧化应用，实现“观管防”有机统一。加强城市“神经元”感知系统建设，提供城镇交通、给排水、能源、通信、环保、应急、消防、防灾与安全生产等智慧应用服务。建设数字乡村，推进农村基层政务信息化应用，加快现代信息技术与农村生产生活全面深度融合。推进益农信息社建设
江西省	《江西省国民经济和社会发展第十四个五年规划和二〇三五年远景目标纲要》	全面实施《江西省优化营商环境条例》，优化营商环境评价体系，完善推进机制、监督机制、考核机制。纵深推进“放管服”改革，进一步精简行政权力事项，推行涉企经营许可事项告知承诺制。深化和扩大相对集中行政许可权改革试点。依法编制监管事项目录清单，强化事中事后监管，完善跨领域跨部门联动执法，提升市场综合监管能力。完善集中精简高效便捷的政务服务体系，加快一体化在线政务服务平台五级全覆盖，实现“一门办”“一窗办”“就近办”。拓展提升“赣服通”服务功能。加强“赣政通”建设，实现省、市、县三级全覆盖。坚持政务服务“365天不打烊”。全面开展政务服务“好差评”，实现评价全覆盖。深化行业协会、商会和中介机构改革，实现市场化运营
山东省	《山东省国民经济和社会发展第十四个五年规划和2035年远景目标纲要》	建设“一个平台一个号，一张网络一朵云”，打造以人为本、场景牵引、数据驱动、智能高效的新型智慧服务型数字政府
河南省	《河南省国民经济和社会发展第十四个五年规划和二〇三五年远景目标纲要》	第十五章　加快数字政府建设 推进政府管理服务数字化转型，强化数据驱动和整体协同，营造数字化发展生态，促进政府效能提升和数据资源价值实现。 第一节　推动政务信息化共建共用 强化政务信息系统集约建设、整合优化和互联互通，推进跨层级、跨地域、跨系统、跨部门、跨业务管理和服务精准高效协同。推进省大数据中心建设，完善电子政务外网，推动云网融合，建成省、市数字政府云。提升省一体化在线政务服务平台功能，推进一体化在线监管平台建设，完善全省统一数据共享开放平台，加强政务服务移动端“豫事办”等特色政务品牌建设，全面实现政务服务“一网通办”、社会治理“一网统管”、政务数据“一网通享”。推进高频使用证照电子化和信息共享互认

续表

国家/省（自治区、直辖市）	规划	关于数字政府建设的规划
河南省	《河南省国民经济和社会发展第十四个五年规划和二〇三五年远景目标纲要》	第二节 加强数据资源开发利用保护 加强数据资源统一规范管理，扩大基础公共信息数据有序开放，推动公共数据与企业数据深度对接，发展第三方大数据服务产业，探索政府、企业、社会多方数据资源融合应用新模式，支持数字技术开源社区等创新联合体发展。建设完善经济治理基础数据库和空间地理信息库，加快构建数字技术辅助政府决策机制。建立健全数据产权交易机制，培育规范的数据交易平台和市场主体，开展面向应用的数据交换和交易试点。构建数据安全综合防御体系，加强涉及国家利益、商业秘密、个人隐私的数据保护。 第三节 营造审慎包容的数字化发展环境 建立健全适应数字化发展的监管服务体系，加强对数字化发展的规划引导、政策支撑和规范管理。推动组建数字经济产业联盟，支持数字技术创新应用和新型研发机构建设，鼓励发展数字经济新业态新模式，促进平台经济、共享经济健康发展。引导互联网企业加强内部管理和安全保障，建立健全行业自律互律机制，拓展资源提供者和公众参与治理渠道，探索建立政府、互联网企业、行业组织和公众共同参与的协同治理机制。加强数字经济统计监测
湖北省	《湖北省国民经济和社会发展第十四个五年规划和二〇三五年远景目标纲要》	第三节 提高政府数字化水平 以建设人民满意的服务型政府为目标，加快政府数字化转型，推进政府治理流程再造和模式优化，实现科学化决策、精准化治理和高效化服务。 一、加强数据资源开放共享 建设完善全省物理集中、动态更新的公共基础数据库和主题信息资源库，整合共享各部门业务数据，汇聚科研机构、公用事业单位、互联网企业等社会化数据，丰富数据资源。完善省大数据能力平台，提升数据资产管理、共享支撑和治理分析能力。扩大政务信息资源共享交换覆盖范围，制定政府数据开放管理办法，编制数据开放共享目录和标准，促进公共数据有序开放和规范管理。加快开放交通、教育、文化、食品药品安全、产品质量、计量标准、检验检测等数据，鼓励公众、企业和社会机构开发利用，提供多样化、创新性便民服务。 二、提升政务服务整体效能 持续优化全省一体化在线政务服务平台，积极探索引导式、场景化服务，推进线下服务网点与政务服务平台深度融合，形成功能互补、合一通办的政务服务模式。推进各级各部门业务办理系统与全省政务服务平台深度对接，加快政务服务向移动端“鄂汇办”延伸，拓展“鄂汇办”基层应用范围，实现从“网上办”到“指尖办”。加快服务热线平台资源整合，拓展全省统一的“12345”在线服务平台功能，由咨询向办事拓展延伸。深化网上政务服务能力评估，建立公众评价和第三方评估机制，强化效能监督。 三、提高政府数字化治理能力 加快构建以大数据为支撑的决策体系，建设一屏全览的综合展示可视化平台，打造科学决策“驾驶舱”。建立数字化智库，为政府决策提供专业支撑。加强网络民意大数据采集分析能力建设，实现政府决策问政于民、问需于民。完善政府数字化监管模式，推进监管系统与各平台互联互通，创新和完善协同监管方式。深化数字化治理重点应用，加快构建长江大保护、公共安全、重大项目、营商环境等智慧应用场景，推动政务数据关联分析、深度挖掘、智能研判，提升协同治理、精准治理效率
湖南省	《湖南省国民经济和社会发展第十四个五年规划和二〇三五年远景目标纲要》	建设数字政府和数字社会。加快数字政府建设，统筹各系统各部门各市州的信息化建设和数据资源共享，推进重点领域数据资源归集，建立基于大数据分析的经济社会管理体系，构建数据驱动的政府治理新机制。加快“天心数谷”和湖南大数据交易中心等一批公共服务、重点行业和大型企业数据中心建设。加快数据资源开发利用，推动政府数据共享，促进社会数据融合，扩大基础公共信息数据有序开放，发掘和释放数据资源的潜在价值。加快数字社会建设，统筹规划建设一批行业信息化应用系统，建立重点领域的智慧化融合应用系统，提高公共服务数字化智能化水平。保障数据安全，完善适用于大数据环境下的数据分类分级安全保护制度，加强对政务数据、企业商业秘密和个人信息安全的保护

续表

国家 / 省（自治区、直辖市）	规划	关于数字政府建设的规划
广东省	《广东省国民经济和社会发展第十四个五年规划和2035年远景目标纲要》	第三节　提升数字政府建设水平 深入推进数字政府改革建设，全面增强政务服务“一网通办”、政府治理“一网统管”、政府运行“一网协同”能力，推动政府治理体系和治理能力现代化，打造全国数字政府建设标杆。 优化政务服务“一网通办”。以整体政府视角推动政务信息化建设，增强数字化履职能力，全面提升政务服务数字化、智能化水平。推动政务服务流程和政务服务方式系统性重塑，强化事项标准化，大力推进“一件事”主题服务、“四免”优化及“跨域通办”。进一步增强“粤省事”“粤商通”等平台型应用广度和深度，强化服务全流程监督管理，促进线上线下各类政府和社会服务渠道的深度融合，为企业群众提供一体化、泛在式服务。到 2025 年，高频服务事项实现 100%“指尖办”，基层高频服务事项实现 100%“四免”“零跑动”。 构建政府治理“一网统管”。构建架构一体、标准统一、数据互通的“粤治慧”平台，构建政府数字化治理新模式。加强对经济运行的监测分析。探索构建政府、平台企业、行业协会等多方参与、高效联动、信息共享的数字经济多元协同治理机制，完善数字经济行业监管体制，建立基于社会信用信息的分级分类监管制度。优化平台经济发展政策环境，进一步简化平台企业分支机构设立手续，不断完善电子商务平台企业数据库，提高“以网管网”能力。建立数字经济统计监测指标体系，加强对数字经济的统计监测和评估。 打造政府运行“一网协同”。全面推进政府机关内部数字化进程，实现“粤政易”平台全覆盖，不断拓展应用深度，推行政府内部运行和管理数字化、移动化、整体化。加强政务流程优化再造，实行政务内部办事清单化管理，全省推行在线数据报送，扎实推进基层减负。依托数字政府统一平台支撑能力，强化与政府内、外部业务协同，支持党政机关、国有企业、社会团体开展数字化建设。 夯实数字政府基础支撑能力。强化现有政务云的精细化管理能力，构建国产政务云、边缘计算平台等新一代算力基础设施。完善全省“一张网”架构，探索推进无线政务网、政务物联网建设。不断优化数字政府改革建设模式，完善健全数字政府建设的各类标准规范和法规制度。强化全周期安全防护，构建“安全可信、合规可控”的立体纵深防御体系
广西壮族自治区	《广西壮族自治区国民经济和社会发展第十四个五年规划和 2035 年远景目标纲要》	第三节　创新数字政府新模式 稳步提升云网支撑能力，优化完善“多云共治”体系，推动政务应用全面上云，自治区、市、县、乡、村五级政务部门实现政务外网全接入。建设数字政府大脑，全面推进政务数据标准化治理，提升跨部门、跨云、跨库的数据调度服务能力，实现重点领域治理“一网统管”“一屏全览”“一键触达”。推动公共政务平台集约化建设，搭建统一的政务办公、信息公开、视频会商、政务服务热线等公共平台，加快数据共享交换平台、公共数据开放平台、档案信息资源共享服务平台应用。开展政府数据授权运营试点，鼓励第三方深化对公共数据的挖掘利用。健全“互联网＋监管”体系，将政务监管事项纳入自治区“互联网＋监管”系统统一管理，推动事中事后监管方式数字化、智能化和移动化
海南省	《海南省国民经济和社会发展第十四个五年规划和二〇三五年远景目标纲要》	到 2025 年，“智慧海南”国际互联网业务开放和信息服务、国际医疗康养和旅游消费服务、数字孪生驱动的一体化智慧监管和治理模式、离岸创新创业以及数据跨境服务等特色领域综合能力领跑全国，初步将海南打造成为全球自由贸易港智慧标杆。 …… 打造精细智能社会治理样板区。打破“数据孤岛”，提升政府信息化水平。构建数字孪生治理体系，打造“全域一张网、感知一张图、治理一平台”联动治理体系。加快建设社会管理信息化、城市综合管理服务等重大平台，实现全域物流、资金流、人流等全要素数字化、虚拟化、实时可视可控。推行以社会保障卡为载体的居民服务“一卡通”。 ……

续表

国家 / 省（自治区、直辖市）	规划	关于数字政府建设的规划
海南省	《海南省国民经济和社会发展第十四个五年规划和二〇三五年远景目标纲要》	构建智慧海南大脑支撑体系。实施智慧大脑和能力中台建设工程，统筹部署数字孪生模型、关键共性技术赋能、业务协同应用等重大平台。提升可持续运营支撑保障能力，建立健全市场化运营服务、云网端一体化安全防护和智慧海南建设标准规范体系。建设海南省级智慧大脑和海口、三亚城市大脑，推动智慧城市建设
重庆市	《重庆市国民经济和社会发展第十四个五年规划和二〇三五年远景目标纲要》	加强数字社会、数字政府、数字孪生城市等建设，提升公共服务、社会治理等数字化智能化水平。……深入实施“云长制”，统筹推动管云、管数、管用，持续深化政务数据资源“聚通用”，加快全市一体化数据共享开放平台建设，强化与企业数据平台对接，有序扩大公共数据开放。探索建立数据资源产权、交易流通、跨境传输和安全保护等基础制度和标准规范，建设西部数据交易中心。推动数据资源贸易，积极参与数字贸易试点和数字领域国际规则、标准制定。开展法定数字货币研究及移动支付创新应用。加强数据、信息安全监管，强化个人信息保护，构建与法律、行政法规和规章衔接配套的网络安全、数据安全和个人信息保护制度体系。提升全民数字技能，实现信息服务全覆盖
四川省	《四川省国民经济和社会发展第十四个五年规划和二〇三五年远景目标纲要》	第一节　强化数字政府基础支撑能力 推进部门业务专网整合，全面完善和延伸统一高效的电子政务网络。优化升级省级政务云平台，推动跨区域共建共享，加快完善全省一体化政务云基础设施。建设大数据资源中心，完善人口、法人、自然资源和空间地理、电子证照、社会信用等基础信息库。完善权威高效的数据共享交换平台，实现跨部门数据资源互联互通。建设安全高效的政府数据开放平台，支撑政府部门数据的统一发布和管理
贵州省	《贵州省国民经济和社会发展第十四个五年规划和二〇三五年远景目标纲要》	第二十九章　大力推动数字化治理 加强数字社会、数字政府建设，深入实施“数字治理”攻坚战，推进政府管理和社会治理模式创新，建设智慧城市、智慧社区和数字乡村，提升政府管理、公共服务、社会治理等数字化、智能化水平，打造数字治理示范区。 第一节　着力提升数字政府服务水平 深入实施“数字政府”建设行动，加快推动大数据在市场监管、城市管理、公共服务、民生保障和社会治理等方面的示范应用，开发建立数字政府的典型应用场景，深化技术创新和应用创新，推动单纯的政府治理模式逐步向多元协同治理的模式转变。加快构建城市“数脑”，提升政府决策的精准性、预见性、科学性。实施权力清单、责任清单及负面清单透明化管理，运用数据铁笼、关联分析等大数据融合应用技术，对全省数据资源整合、共享开放和业务协同进行统一监管，提升政府在事前、事中、事后的治理能力。加快推进全国一体化在线政务服务平台试点省、公共资源交易平台整合共享试点省、社会信用体系与大数据融合试点省建设
云南省	《云南省国民经济和社会发展第十四个五年规划和二〇三五年远景目标纲要》	加快数字政府建设，深化数字技术与政务服务深度融合，提升全面网络化、高度智能化、服务一体化的现代政府治理能力。加快“一部手机办事通”迭代升级，推进更多政务服务事项“一网通办”“跨省通办”“最多跑一次”。加快“政务云”建设，推进政府内部业务办公流程整合优化，持续推进政府办公领域信创工程，推动各地各部门业务信息实时在线、数据实时流动，构建智慧政务一体化服务体系，提升政府科学决策和精细治理水平，提高政务服务管理运行效率，推动人民满意的服务型政府建设
西藏自治区	《西藏自治区国民经济和社会发展第十四个五年规划和二〇三五年远景目标纲要》	第一节　加快转变政府职能 深化行政体制改革，坚持政企分开、政资分开、政事分开、政社分开，提高政府治理能力。厘清政府与市场的关系，进一步完善和动态调整权力责任清单，积极建立市场准入负面清单，发挥市场在资源配置中的决定性作用，完善政府经济调节、市场监管、社会管理、公共服务、生态环境保护等职能。深化行政审批制度改革，营造市场化、法治化、国际化营商环境。改进监管方式，严格市场监管、质量监管、安全监管，加强违法惩戒。加快推进公共资源交易平台建设。推进数字政府建设，建强全区一体化政务服务平台，健全强有力的行政执行系统。推进政府诚信体系建设，建立健全“政府承诺＋社会监督＋失信问责”机制，增强政府公信力和执行力

续表

国家 / 省（自治区、直辖市）	规划	关于数字政府建设的规划
陕西省	《陕西省国民经济和社会发展第十四个五年规划和二〇三五年远景目标纲要》	第三十九章　以数字化提升政府服务效能 强化互联网、大数据、人工智能等技术手段在行政管理中的应用，加快数字政府建设，优化完善职责明确、依法行政的政府治理体系，努力建设人民满意的服务型政府。 加快建设数字政府。整合优化省级电子政务规划、建设、运行、管理等职责，推动政务服务、社会治理、宏观决策、区域治理等重点领域数字化转型。升级改造基础设施，优化网络结构，提升基础网络业务承载能力，建成覆盖全省的高速政务网。推进数据资源体系建设，组建省政务大数据中心，完善公共基础数据库和主题数据库，推进数据资源交换共享和开放利用，整合应急管理、公安、交通运输、自然资源、生态环境等部门信息资源，建设全省综合智慧监控系统。加强政务数据标准化建设，推动政务数据资源开发利用，推动政务服务跨区域、跨层级通办。建立统一运营和运维标准体系及管理机制，形成分级管理、责任明确、保障有力的数字政府运行保障机制。 深化“放管服”改革。推进行政审批制度改革，深化相对集中行政许可权改革试点并适时推广，进一步理顺市县两级行政审批局运转模式，全面推开“一件事一次办”，加快推进政务服务“跨省通办”“一网通办”“一网办好”。实施涉企经营许可事项清单管理，持续精简行政许可事项，对新产业新业态实行包容审慎监管，对所有涉企经营许可事项实行“证照分离”改革，推进“照后减证”。深化投资审批制度改革，推进投资项目承诺制改革，加强事中事后监管。健全以“双随机、一公开”监管为基本手段、重点监管为补充、信用监管为基础的新型监管机制和联合惩戒机制。推进政务服务标准化、规范化和便利化，打造高效便捷的政务服务环境。 持续优化营商环境。落实《陕西省优化营商环境条例》，建立健全全省营商环境评价指标体系，开展营商环境第三方评价，发挥标杆城市引领示范作用。深入开展优化营商环境“五大专项行动”，深化行业协会、商会和中介机构改革，加强“红顶中介”治理，完善招投标体制机制。加强营商环境督查检查，减少行政程序繁琐环节，清理“循环证明”“重复证明”等不合理手续，破除企业投资生产经营中的各类堵点难点痛点，加快打造市场化、法治化、国际化营商环境
甘肃省	《甘肃省国民经济和社会发展第十四个五年规划和二〇三五年远景目标纲要》	第十八章　打造数字政府 加快公共数据开放。深化数据应用，推进信息共享和业务协同。推动公共数据开放和基础数据资源跨部门、跨区域共享。促进政务数据库和公共数据库依法合规向企业开放，吸引更多数字产业落户。建立分工合作机制、数据汇聚更新机制，制定数据开放共享计划，加强数据资源的统筹管理，打通各级政府交换共享平台并推进耦合对接，提高服务协同治理能力。 促进政务信息化共建共享。推动全省政务数字化升级，整合各类政府部门信息化资源，建设统一服务社会的全省政务服务平台，推进跨区域、跨层级、跨部门的数据平台建设，实现政务服务“一网通办”。推动政府数字化转型，着力构建以短视频政务为特色的“大服务”体系。完善甘肃省涉企政策精准推送和“不来即享”服务平台。建设网络化、数据化、智能化的全天候在线政府
宁夏回族自治区	《宁夏回族自治区国民经济和社会发展第十四个五年规划和2035年远景目标纲要》	提高数字政府建设水平。提升“互联网＋政务服务”效能，增强宁夏公共云平台、电子政务外网服务能力，完善区市县乡村五级互联互通的政务信息资源共享交换系统，构建便捷智能的一体化在线政务服务平台。加快推进全区移动政务办公平台建设，扩大移动办公覆盖范围和网上指南服务。整合政务服务、便民服务、营商服务资源，拓展“我的宁夏”移动终端App应用功能，推动网办事项向移动端延伸。加快数字社会建设步伐。深入推进“互联网＋监管”，强化市场监管、生态环保、社会治安、应急救灾等领域数字化应用。实施智慧城市建设，发展智慧社区、智慧环保、智能交通、智慧市政、智慧消防、智慧气象等智慧民生服务，提升城市数字化治理水平。加快数字乡村建设，推进农村地区水利、公路、电力、冷链物流、农产品加工等数字化、智能化改造升级，推动远程医疗、远程教育、信息服务在乡村应用普及

续表

国家 / 省（自治区、直辖市）	规划	关于数字政府建设的规划
青海省	《青海省国民经济和社会发展第十四个五年规划和二〇三五年远景目标纲要》	数字政府建设工程：完善“一网一云一平台”政府信息系统框架，建强省级政务云，推进各部门应用系统云上部署、依云而建，加强省、市（州）政务服务大数据平台建设，推进跨地域、跨部门、跨层级数据共享应用，推进资源运营整合，构建全省统一的“互联网＋政务服务”体系，加快建设“互联网＋监管”平台。实施妇女儿童数字化平台建设工程，推进“12355”青少年服务台项目、“互联网＋残疾人”信息管理服务平台、省级群团信息化项目

附录 B 部分省（自治区、直辖市）数字政府有关政策规划

部分省（自治区、直辖市）数字政府有关政策规划及其主要建设内容 / 建设任务摘要如表 B-1 所示。

表 B-1 部分省（自治区、直辖市）数字政府有关政策规划及其主要建设内容 / 建设任务摘要

省（自治区、直辖市）	政策规划	主要建设内容 / 建设任务
北京市	《北京市"十四五"时期智慧城市发展行动纲要》	统筹城市感知体系。夯实云网和算力底座。强化基础平台和数据服务能力建设。深化"一网通办"服务。完善"互联网 +12345"市民精准服务体系。推动城市运行"一网统管"。建设城市大脑中枢，提升城市科学化决策水平。推进市级数据下沉赋能，推动基层治理模式升级。加强数据安全防护。推动立体化社会治安防控体系建设。建设完善"互联网 + 监管"体系，优化商务服务发展环境。强化执法公安智能应用。加强规划管理应急联动
天津市	《天津市优化营商环境三年行动计划》	加快推进"一网通办"，扩大电子营业执照等应用，简化注销企业手续，优化企业开办服务。提升网上政务服务能力，提高政务服务便利度，提升政务服务满意度，完善"政务一网通"平台功能，提升政务服务水平。加强不动产信息共享，提高不动产登记效率，加强监管信息化建设，完善市场监管机制。提升信用信息共享平台功能，完善信用体系建设
河北省	《河北省数字政府服务能力提升专项行动计划》	加快政务信息系统整合步伐，统筹政务内网、政务外网建设和应用，推动省市县三级网络会议系统、视频监控系统接入统一平台管理，健全省、市两级政务信息资源共享交换平台，推进政务数据跨区域、跨部门、跨层级的交换共享
山西省	《山西省加快数字政府建设实施方案》	一是构建数字政府运行管理体制，形成"一局一公司一中心"的管理架构。 二是建立数字政府基础支撑体系，统筹建设完善全省政务云平台，构建 1 个省级政务云、N 个行业及市级政务云的"1+N"全省域云基础架构；统筹建设完善全省电子政务外网，实现各级各部门电子政务外网全覆盖。 三是构建数字政府数据资源体系，强化大数据统筹管理，建设人口、法人单位、公共信用、宏观经济、空间地理和电子证照六大基础信息资源库，为数字政府提供核心数据基础。 四是构建数字政府服务应用支撑体系，持续完善政务服务统一身份认证系统，实现政务应用"一次认证，全网通行"；逐步推进全省电子证照统一汇聚；形成全省统一的政务服务电子印章支撑平台；实现政府非税收入网上统一支付。 五是构建数字政府安全保障体系，打造数字政府安全防护的"一城墙"，落实网络安全责任，严格执行网络安全等保技术要求和管理规范。 六是构建数字政府标准规范体系，建立完善我省数字政府建设地方标准体系，定期开展标准实施情况监督和实施效果评估，推动标准规范全面贯彻落实。 七是加快开发数字政府基本应用，依托"六大体系"开发"十类数字政府基本应用"

续表

省(自治区、直辖市)	政策规划	主要建设内容 / 建设任务
内蒙古自治区	《内蒙古自治区人民政府关于推进数字经济发展的意见》	依托全区电子政务外网推进政务信息资源整合共享，建设和完善人口、法人、空间地理、社会信用和电子证照库等基础数据库。健全数字要素资源管理体制机制，加强政府数据资源管理。强化自治区整体统筹、部门联动协同的“互联网＋政务服务”平台和“互联网＋监管”系统，构建线下办事大厅、线上政务门户、移动政务服务 App、政务服务热线等多元政务服务模式，有效形成自治区、盟市、旗县（市、区）、苏木乡镇（街道）、嘎查村（社区）五级政务服务体系，推动全区政务服务“一网通办”，实现更多政务服务事项“不见面审批”和“最多跑一次”，切实提升群众和企业的办事体验
辽宁省	《数字辽宁发展规划》（1.0 版）	建成“一云、一网、一平台、多应用”的政务信息系统。实现政务数据“一片云”聚合，电子政务“一张网”贯通，政务系统“一平台”支撑，完善政务服务“多应用”生态，构建形成大平台共享、大数据治理、大系统共治的顶层架构。 推进投资项目和工程建设项目统一服务、在线监管；推进“多证合一”和“企业开办”主题服务应用，优化不动产登记业务；推进公共资源交易和中介服务规范管理，持续疏解各类商事服务堵点，推进涉企政策精准推送和企业咨询、诉求在线服务。 完善省信息资源共享平台功能和政府数据采集机制，推进省直横向、省市县三级纵向的信息资源向平台迁移。搭建数据开放平台，逐步开放政府数据资源。持续优化全省一体化在线政务服务平台和移动端“辽事通”功能，加快构建省市县乡村五级政务服务体系，全面实现“用户通、系统通、数据通、证照通、业务通”；持续优化“一件事”集成服务、智能秒办业务，全面推广自助服务、智能 AI 服务，深入实施政务服务“好差评”，建设数字政府指挥中心
吉林省	《推动电子信息产业和数字政府建设　促进“数字吉林”快速发展工作方案（2020—2025 年）》	推进“吉林祥云”大数据平台建设。持续推进“吉林祥云”云网一体化平台的升级建设，逐步归集人口、法人、自然资源和地理空间、社会信用信息、电子证照、宏观经济六大公共基础数据资源库数据资源。 在全省范围内推动“多码合一”工作，通过资源整合，大力推行“一码通行”和“一码通用”。不断扩展“吉祥码”的应用场景，有效释放“吉祥码”在身份识别、就医问诊、公共支付、社会治理、人员管控等各个领域的应用价值。 优化吉林省一体化政务服务平台。不断提升政务服务便利化水平，实现“掌上办、指尖办”。 持续深化“工程建设项目审批制度改革”。到 2025 年，省工程建设项目审批制度改革将全面建成高效便捷的服务型新体系，实现项目申报、审批和监管全过程网上办理，电子审图、电子印章、电子档案全面应用。 持续提升吉林省社会信用综合服务平台应用能力。建立和完善社会信用综合服务平台体系，实现省市县共享共用。 构建全省数据共享交换体系。积极推进全省统一的数据资源共享交换平台建设，打通全省的数据通路，实现省市县三级在统一平台数据共享，制定、执行更规范合理的吉林省数据交换标准，提高元数据的质量。逐步建成省市县乡村全覆盖的政务信息资源管理和共享服务体系，实现 90% 以上政务数据资源的高效采集、有效整合、共享共用，政务数据共享开放及社会大数据融合应用取得突破性进展。 探索区块链应用。抢抓区块链发展机遇，强化顶层设计，深入开展区块链技术基础理论学习研究，探索建立区块链领域发展规划；加大区块链专业人才培养引进力度，为吉林省区块链发展提供人才保障；积极探索推动区块链技术在社会信用、农产品溯源、供应链管理、电子证照等方面开展试点工作
黑龙江省	《“数字龙江”发展规划（2019—2025 年）》	数字政府协同化。到 2020 年，初步建成“两地三中心”统一政务云平台，省级政务服务事项网上可办率不低于 92%，市、县级政务服务事项网上可办率不低于 80%，政务系统上云率超 85%，“诚信龙江”基本建成。到 2025 年，“龙云”计划实现省、市、县三级覆盖，政务协同办公一体化平台、省级运营指挥中心建成运行，全面实现以大数据驱动的政务服务和政务运行新模式

续表

省（自治区、直辖市）	政策规划	主要建设内容 / 建设任务
上海市	《关于全面推进上海城市数字化转型的意见》	推动治理数字化转型，提高现代化治理效能。把牢人民城市的生命体征，打造科学化、精细化、智能化的超大城市“数治”新范式。以“云网端边安”一体化数据资源服务平台为载体，形成“一网通办”“一网统管”互为表里、相辅相成、融合创新的发展格局。拓展“一网通办”建设，围绕企业群众实际需求，深化“高效办成一件事”，实现“一件事”基本覆盖高频事项，构建全方位、全覆盖服务体系。深化“一网统管”建设，聚焦公共安全、应急管理、规划建设、城市网格化管理、交通管理、市场监管、生态环境等重点领域，实现态势全面感知、风险监测预警、趋势智能研判、资源统筹调度、行动人机协同。以党建为引领，加强数字赋能多元化社会治理，推进基层治理、法治建设、群团组织等领域数字化转型
江苏省	《2021 年全省大数据工作要点》	制定出台省级“十四五”数字政府建设规划，各设区市配套出台市级规划或者实施方案，推动建立高位协调机制，宣传推广规划内容，推动数字政府和数字社会建设。按时间节点高质量完成大数据＋产业链发展相关重点工作。梳理公共服务“一件事”、社会治理“一类事”、政府运行“一项事”等实施清单，研究提出具体推进计划方案。加强数字政府建设评价研究，做好数字市县评价准备工作
浙江省	《浙江省数字化改革总体方案》	以数字化改革撬动各领域各方面改革，运用数字化技术、数字化思维、数字化认知对省域治理的体制机制、组织架构、方式流程、手段工具进行全方位系统性重塑，推动各地各部门流程再造、数字赋能、高效协同、整体智治，整体推动质量变革、效率变革、动力变革，高水平推进省域治理体系和治理能力现代化，争创社会主义现代化先行省。《总体方案》提出加快构建“1+5+2”工作体系，搭建好数字化改革的“四梁八柱”
安徽省	《安徽省“数字政府”建设规划（2020—2025 年）》	按照“11171”的总体思路，集约化、一体化推进“数字政府”建设，即通过“一套基础强支撑、一个中心汇数据、一个平台推服务”，全面推进行政办公、经济调节、市场监管、社会治理、公共服务、生态环保、区域协同等 7 个方面的数字化转型，通过全国一体化政务服务平台，实现“一个通道连国网”，建成网络互联、系统互通、数据共享、业务协同的“线上政府、智慧政府”
福建省	《福建省“十三五”数字福建专项规划》	全面推广全流程网上办事。构建便民服务“一张网”。建设“两法”衔接（行政执法与刑事司法衔接）信息共享平台。建设全省公共信用信息平台（二期）。完善建设社会治安立体保障体系和公共法律服务平台。深化信息共享，提高财税管理、市场监管等精细化水平。建设省招标投标公共服务平台和行政监督平台，推进国家电子招标投标创新试点省工作。实施政务主动精细化服务。实现“一窗受理”。推行信息统一采集、业务依职处置的基层社会管理模式
江西省	《江西省数字经济发展三年行动计划（2020—2022 年）》	政务数据共享应用工程。持续推进“一化三通”，统筹规划建设全省电子政务一体化大平台，形成“覆盖全省、共建共用、统一接入”的数字政府建设技术总体架构。加快打通市县“信息孤岛”，推动省市县三级信息系统上下贯通、横向协同。加强政务数据共享和开放管理，推动政务数据有序开放应用。…… “赣服通”升级提速工程。深入拓展“赣服通”服务功能，打造“赣服通”3.0 版和独立 App，重点突出扩大企业服务、创新证照云应用特色、探索“无证办理”、应用“区块链”、拓展平台服务功能、构建平台运营新模式，打造全国“掌上办事”新标杆。……全面推进“一窗受理”，全面实现“一网通办”。 “赣政通”建设推广工程。按照“统一平台、一体在线、协同高效”的原则，集约化建设全省统一的“赣政通”平台，整合政务业务协同、移动办公、专属通信等功能，实现组织、沟通、业务在线化、一体化，打造新型数字化政务办公模式。……

续表

省（自治区、直辖市）	政策规划	主要建设内容 / 建设任务
山东省	《山东省数字政府建设实施方案（2019—2022 年）》	在政务服务方面，对外建设一体化在线政务服务平台及 App，叫响“爱山东”品牌；对内建设一体化协同办公系统及 App，打造“山东通”平台。 在公共服务方面，围绕公众关心的就业、社保、教育、文化、出行、健康养老、救助等领域，提出了 7 项具体任务，提升公共服务均等化、普惠化水平，让老百姓的生活更便捷、更智能。 在社会治理方面，围绕平安山东、应急指挥、防灾减灾、生态治理、“互联网 + 监管”、社会信用、法治山东等重点领域，提出数字化转型的具体任务及路径。 在宏观决策方面，通过加强大数据的统筹汇聚、关联分析、挖掘应用，推动经济调节、统计监测、辅助决策更加科学高效，全面提升政府的科学决策能力和风险防范水平。 在区域治理方面，统筹城乡、陆海，围绕城市、园区、社区、乡村、海洋等重点区域治理，加强信息基础设施建设，深化数据技术应用，开展示范创新引领，提升区域治理的数字化、智能化水平
河南省	《河南省数字政府建设总体规划（2020—2022 年）》	建设 1 个省级政务云平台和 18 个市级政务云平台，逻辑上构建全省“1+18”的云平台架构，实现全省政务云资源的集中调度和综合服务，为数字政府建设提供集约化基础支撑。通过省政务“一朵云”聚合全省各级各类政务数据和应用，面向全省提供统一的云计算、云存储、云管控、云安全等云服务
湖北省	《湖北省数字政府建设总体规划（2020—2022 年）》	加快推进数字政府建设体制改革。建立“行政部门 + 事业单位 + 平台企业”的政事企合作模式，制定出台相关机构建设和人员配备的配套政策，探索建立省政务办、市（州）政务服务和大数据管理局（行政审批局）统筹协调工作机制，推进县（市、区）信息化机构整合，鼓励县（市、区）全面应用省数字政府建设的基础软硬件设施和应用支撑资源，原则上不再单独投资建设基础软硬件设施和应用支持资源，由省统一规划、统一建设、统一管理，并开展本级政务应用和服务的管理和运营。 通过完成 2020 年能力建设阶段、2021 年融合发展阶段、2022 年智慧创新阶段三大发展目标，推进政府工作数字化转型，逐步建成部门协同、人民满意的整体型政府。建设数字政府，将促进政府职能转变，推动政府治理转型，提升政府治理能力，实现公共服务高效化、社会治理精准化、政府决策科学化。
湖南省	《湖南省 2020 年政务管理服务工作要点》《湖南省 2020 年政务公开工作要点》	组建“数字政府”建设领导小组专家组，编制“数字政府”建设实施方案；梳理、完善政务信息化建设管理工作职能，探索市场化运营管理机制；出台《湖南省政务信息化项目建设管理办法》，全面深化“互联网 + 政务服务”，实现政务数据有序共享，优化网上政务服务流程
广东省	《广东省数字政府改革建设“十四五”规划》	到 2025 年，全面建成“智领粤政、善治为民”的“广东数字政府 2.0”，构建“数据 + 服务 + 治理 + 协同 + 决策”的政府运行新范式，加快政府职能转变，不断提高政府履职信息化、智能化、智慧化水平，持续提升群众、企业、公职人员获得感，有效解决数字鸿沟问题，加快实现省域治理体系和治理能力现代化，打造全国数字政府建设标杆。数字政府改革建设“广东模式”趋于成熟，对数字经济、数字社会、数字生态发展的带动和促进效果进一步彰显。我省全面数字化发展持续走在全国前列，努力成为数字中国创新发展高地
广西壮族自治区	《广西数字经济发展规划（2018—2025 年）》	推进广西数字政府建设，加快构建统一、规范、多级联动的“互联网 + 政务服务”体系，优化对数字经济领域市场主体的审批等各类政务服务，适应数字经济市场主体变化快、业态新、规模小等特点。推动建设全区一体化网上政务服务平台，提升政务服务事项网上全流程办理能力，实现网上办事“单点登录、一次认证、多点互联、全网通办”。依托政务服务中心与网上政务服务平台，实现政务服务线上线下无缝衔接、合一通办、一个系统审批服务

续表

省（自治区、直辖市	政策规划	主要建设内容 / 建设任务
海南省	《智慧海南总体方案（2020—2025 年）》	以政务服务为抓手提升数字政府治理能力。加快推进各级政务服务事项全面上网，整合纳入海南省一体化公共服务平台，实现“一网通办”。加快推进电子社保卡发放和“码上办事”平台建设工作，对接统一电子身份认证体系，集成各级政务服务和城市公共服务，实现“多码合一”“一码走遍全岛”，形成以社会保障卡（含电子社保卡）为载体的“一卡（码）通”服务模式。 创新互联网＋政务服务模式。深入推进“放管服”改革，落实“极简审批”，……推进“多证合一”“证照分离”“照后减证”。在重点产业园区推广政务超市等“一站式”服务模式，实现登记“马上办、网上办、就近办、一次办”。加强银、政数据联动共享，为企业办理金融服务业务提供最大化便利
重庆市	《重庆市新型智慧城市建设方案（2019—2022 年）》	围绕智慧政务、智慧规划、智能机关、互联网＋监管、智慧市场监管等领域，纵深推进“放管服”改革，打造服务型、民主型、透明型智慧政，着力提升政务服务供给能力，构建多规合一的国土空间规划体系扎实推进集约化、规范化的智能机关建设，提高机关行政效能和服务水平，推进跨领域、跨部门的“互联网→监管”体系建设，建立公平开放、透明规范的智慧市场监管体系，为企业提供国际化、法制化、便利化的营商环境
四川省	《四川省人民政府关于加快推进数字经济发展的指导意见》	（十三）强化数字政府基础支撑能力。加强电子政务内外网、政务云平台等政府信息化基础设施建设，完善省市县乡村五级互联互通的基础网络体系建设。推动全省政务数据、公共数据、社会数据汇聚融合，为各地各部门（单位）管理、服务、决策提供数据支撑。支持城市公共设施、建筑、电网等领域的物联网应用和智能化改造，推进数字城管与智慧社区融合发展。 （十四）提升政府数字化监管水平。完善省、市两级互联互通的政务信息资源共享交换体系，加快各地各部门（单位）整合共享样板建设，强化数字在政务、市场监管、生态环保、食品安全监管、公共区域监测监控、公共安全等领域的应用。建设“互联网＋监管”平台，通过大数据提升事中事后监管规范化、精准化和智能化水平。 （十五）提高政府数字化服务水平。加强全省一体化政务服务平台建设，全面实现“一网通办”。依托“12345”政务服务热线平台，健全全省统一的政务服务热线办理机制。推动“最多跑一次”改革向基层、老少边穷地区延伸，充分利用社会第三方拓展办事渠道，实现公共服务“就近办”。推动社会保障卡、居民健康卡、金融 IC 卡等深度融合应用；加快推进智慧法院、智慧检务和智慧司法建设
贵州省	《贵州省数字经济发展规划（2017—2020 年）》	建立统一的贵州省电子政务云服务平台，推动省、市、县三级政务办公系统向“云上贵州”迁移。完善基于“云上贵州”的数据交换平台，建成基本满足政府机关、企事业单位信息共享和业务协同需求的数据交换平台。建立统一的市场协同监管系统。构建基于大数据的全省经济运行与社会发展监测分析系统。建设数字经济运行监测分析系统。建设全省一体化的政务服务体系，鼓励各部门建设专业政务服务平台。推进“一号一窗一网”建设。开发和推广应用智能手机 App 客户端等便民方式。 构建全省一体化的政务服务体系。完善中国•贵州政府门户网站云平台、省网上办事大厅、省公共资源交易平台等政务服务平台建设，打造政务服务统一窗口，推动平台间信息共享、功能对接、业务协同，推动全省政务服务渠道畅通。建设专业政务服务平台。支持规划、司法、公安、安监、工商、税务、食品药品监管、安全生产、统计等部门基于“云上贵州”建设专业政务服务平台，实现各类政务服务的网络化。建设电子证照库。以公民身份号码作为唯一标识，实现涉及政务服务事项的证件数据、相关证明信息等跨部门、跨区域、跨行业互认共享。建设统一综合政务服务窗口、数据共享交换平台和政务服务信息系统，优化简化服务事项网上申请、受理、审查、决定、送达等流程，缩短办理时限，降低企业和群众办事成本，逐步完成自由政务服务流程的梳理、简化和标准化，全面提高政府服务效率和透明度。建设省市县乡政府行政事务“一张网”，优化简化服务事项网上申请、受理、审查、决定、送达等流程，缩短办理时限，降低企业和群众办事成本

续表

省(自治区、直辖市	政策规划	主要建设内容 / 建设任务
云南省	《云南省加快推进一体化在线政务服务平台建设工作实施方案》	2019 年底前，进一步完善全省网上平台顶层设计，推动平台功能迭代升级，标准规范、安全保障和运营管理等体系基本建立；建成政务服务数据资源中心和共享交换系统，深入推进“网络通”、“业务通”、“数据通”，推动跨地区、跨部门、跨层级协同办理；建设全省“互联网 + 监管 + 督查”、中介服务网上交易和营商环境等系统，实现全过程留痕、全流程监管；“一部手机办事通”上线运行，推动行政权力和公共服务事项（以下简称政务服务事项）“掌上办、指尖办”。其中：9 月底前，按照国家标准规范要求，升级完善政务服务事项库、政务服务门户、统一身份认证等系统，新建统一电子印章、电子证照、在线支付、物流寄递、用户体验监测等系统，实现与国家政务服务平台对接。 2020 年底前，全面整合各类办事服务平台，全省“一部手机办事通”和“互联网 + 监管 + 督查”、中介服务网上交易、营商环境在线支付、用户体验监测等系统功能完善，用户体验明显提升，“一网通办”能力显著增强。推动面向市场主体和群众的政务服务事项公开、政务服务数据开放共享，跨地区、跨部门、跨层级数据共享和业务协同能力大幅提高，网上政务服务能力国内领先。推广智能化设备集成应用，政务服务线上线下功能互补、深度融合，创新智慧通关、跨境贸易等服务，实现审批智能化、服务自助化、办事移动化。全省网上平台与国家政务服务平台应接尽接、政务服务事项应上尽上，一体化在线政务服务平台标准规范、安全保障和运营管理等体系健全完善，政府数字化转型成效明显。 2022 年底前，一体化在线政务服务平台系统功能更加完善，政务服务事项办理做到标准统一、整体联动、业务协同，除法律法规另有规定或涉及国家安全、秘密等外，政务服务事项全部纳入平台运行和管理，政务服务更加便利高效，全面实现“一网通办”
陕西省	《2021 年深化“放管服”改革优化营商环境工作要点》	8．统筹推进数字政府建设。加快编制数字政府建设总体规划，整合数字政府建设相关职能，形成全省上下贯通、协调一致的管理体制，实现信息化建设和政务数据统一管理、集约共享，数字政府建设水平进入西部前列。（省政府办公厅牵头，各有关部门、各设区市政府按职责分工负责） 9．强化政务数据治理。研究制定数据资源管理办法，推动政务信息资源整合应用，完善数据资源目录，强化数据资源安全。加快数字化平台化集成应用和政务数据开放共享，推动“云上办公”“掌上办事”，不断提升企业、群众办事的便捷度。（省政府办公厅牵头，各有关部门、各设区市政府按职责分工负责） 10．提高基础设施建设水平和支撑能力。加快政务大数据中心建设，提升网络承载能力，推进全省政务服务平台和协同办公平台建设。（省政府办公厅牵头，各有关部门、各设区市政府按职责分工负责）
宁夏回族自治区	《宁夏回族自治区数字政府建设行动计划（2021—2023 年）》	紧紧围绕治理体系和治理能力现代化，创新政府管理和社会治理模式，以“12345”总体架构为抓手，建设全面网络化、高度信息化、服务治理一体化的数字政府。 “1”：指构建全区统一的数字政府基础底座。包括政务云、电子政务外网、政务大数据中心与数据共享交换等基础平台设施和统一的身份认证、电子证照、电子签章、公共支付等共性应用支撑体系。 “2”：指打造数字政府两大移动入口。主要是“我的宁夏”政务 App 办事入口，“宁政通”政务 App 办公入口。 “3”：指政务服务、社会治理、政府运行三条应用主线。主要目标是实现一网通办、一网统管、一体协同（一屏通联）。 “4”：指四大保障体系，主要是统一标准体系、统一安全防护体系、统一投诉反馈体系、统一联动的运营运维体系。 “5”：指自治区市县乡村五级贯通、一体联动的应用体系

续表

省(自治区、直辖市	政策规划	主要建设内容 / 建设任务
青海省	《青海省加快推进“互联网＋政务服务”工作方案》	扎实推进行政审批标准化和“一网式”政府服务模式改革，运用互联网、云计算、大数据等信息技术，着力建设高效运转的统一政务服务平台，实现地区、部门间信息共享，达到互联互通，做到互联审批，推动行政服务事项网上办理。 依据共享数据目录体系，实现各部门、各层级数据信息的共享利用，按需开放部门政务数据和业务系统实时数据，依托数据交换平台和电子证照库的互认，逐步实现跨地区远程办理、跨层级联动办理、跨部门协同办理，形成全省一体化的政务服务体系创新网上政务服务模式。积极利用证照寄送、在线支付等第三方服务平台提供多样化的便民服务。 以集约化的模式建设全省一体化的政务服务平台体系和电子监察系统，未建设审批系统的各相关部门统一使用全省的政务服务平台，已自建的审批系统必须开放接口，对接到统一的政务服务平台中，使全省政务服务在统一的标准、规范和有效监督下运行。积极推进平台向移动端、自助终端延伸，提供多元化的办事渠道，逐步实现“一号一窗一网”的总体目标。 开展网上审批，建成标准化的网上审批平台，将各项审批数据录入网上审批和电子监察系统，依托电子监察系统，对已临近办结时限或超时办理的行政审批事项进行专人监督并及时督促。 推动基层服务网点与网上服务平台无缝对接。 建设省级电子政务云平台，推动“互联网＋政务服务”应用系统向政务云迁移部署，促进政务信息资源共享。 创新应用互联网、物联网、云计算和大数据等技术，加强统筹，注重实效，分级分类推进新型智慧城市建设，打造透明高效的服务型政府。 建立健全政务服务平台电子监督系统